象棋连将杀手册

赵红　赵力　编著

河南科学技术出版社
· 郑州 ·

图书在版编目（CIP）数据

象棋非连将杀手册/赵红，赵力编著. —郑州：河南科学技术出版社，2024.7
ISBN 978-7-5725-1293-3

I. ①象…　II. ①赵… ②赵…　III. ①中国象棋-中局(棋类运动)-手册　IV. ①G891.2-62

中国国家版本馆CIP数据核字（2023）第181790号

出版发行：河南科学技术出版社
地址：郑州市郑东新区祥盛街 27 号　　邮编：450016
电话：（0371）65737028
网址：www.hnstp.cn

策划编辑：董　涛
责任编辑：董　涛
责任校对：崔春娟
封面设计：王留辉
责任印制：徐海东
印　　刷：河南省环发印务有限公司
经　　销：全国新华书店
开　　本：720 mm×1 020 mm　1/16　　印张：15　　字数：300千字
版　　次：2024年7月第1版　　2024年7月第1次印刷
定　　价：39.80元

前言

怎样才能迅速提高棋艺呢？初学者甚或有一定水平的棋手常常感叹棋力小、棋太软，究根问底，中、残局力量小是根本原因。怎样才能尽快提高中、残局棋力呢？编者认为学习杀法是重中之重。象棋杀法如此重要，可是目前有关理论尚不完善，特别是实用价值更大的非连将杀，还没有规范、系统的辅导教材。编者根据多年的教学经验，广泛地搜集资料，参阅多种书籍，整理出逾千个图例，涵盖了从一步困毙杀到十步非连将杀的各种棋型。本书既是初、中级水平棋手学习提高的教材，也可以作为高水平棋手、教练员的研究资料。如果读者在阅读本书后，感到中、残局力量增强了，棋艺提高了，那正是编者所愿。

本书在编写过程中，得到特级大师柳大华、南开大学教授商思源的大力支持和帮助，武俊强（国家大师）、李少庚（国家大师）、刘欢（国家特级大师）、黄丹青、赵果、赵梓彤等高水平象棋运动员不断提出修改意见，在此一并深表谢意。

编者

说明

一至四步非连将杀系初学象棋者的必修课，是杀法练习的基本功。

五至十步非连将杀适合中级以上棋手学习，熟练掌握可以快速提高棋力。

所有图例皆为红先胜

目录

一步困毙杀

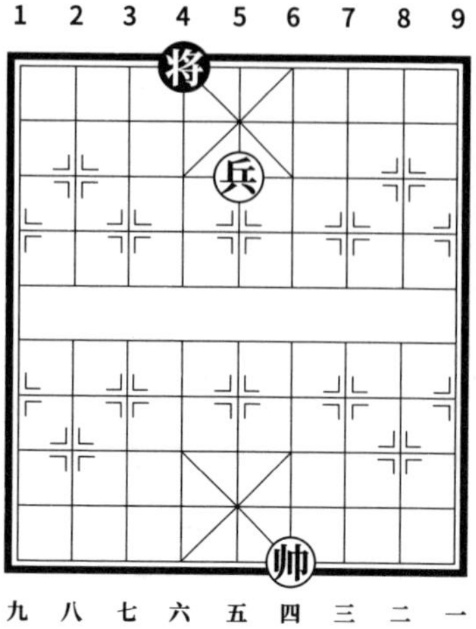

图 1-1

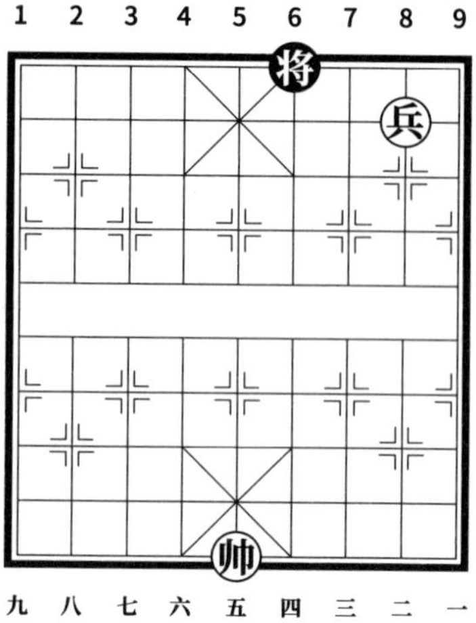

图 1-2

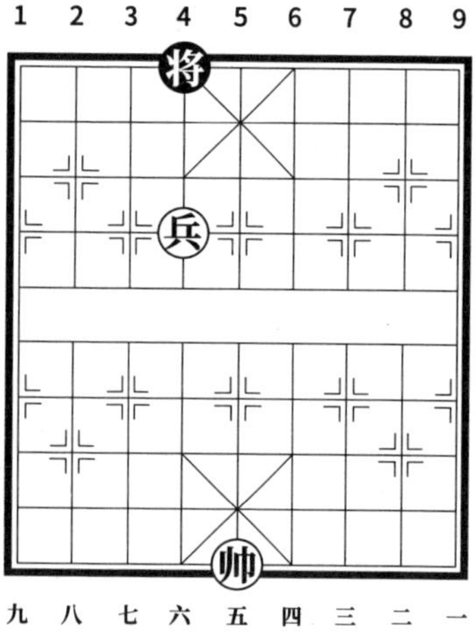

图 1-3

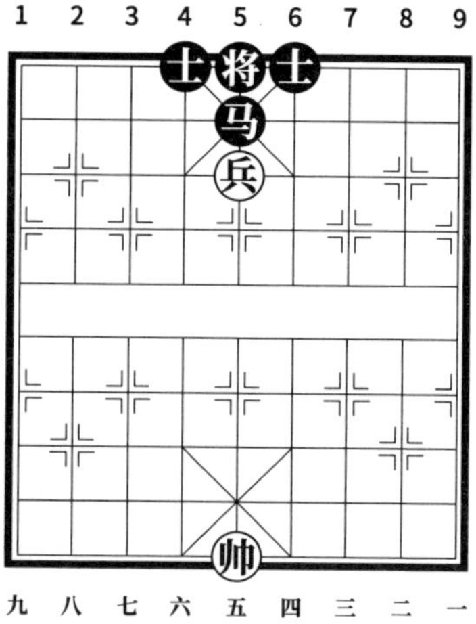

图 1-4

图 1-5

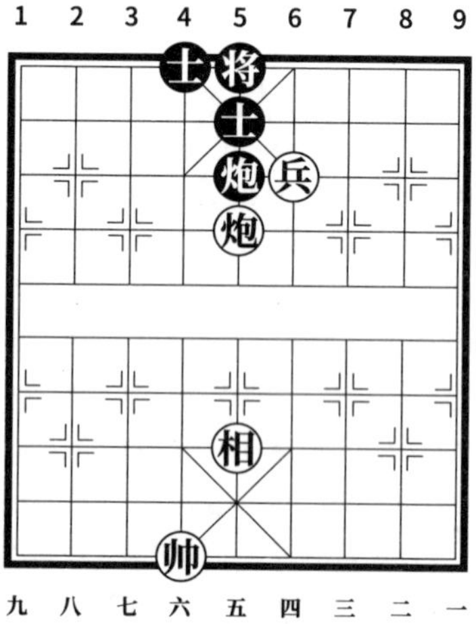

图 1-6

红先胜

本页图题答案见 196 页

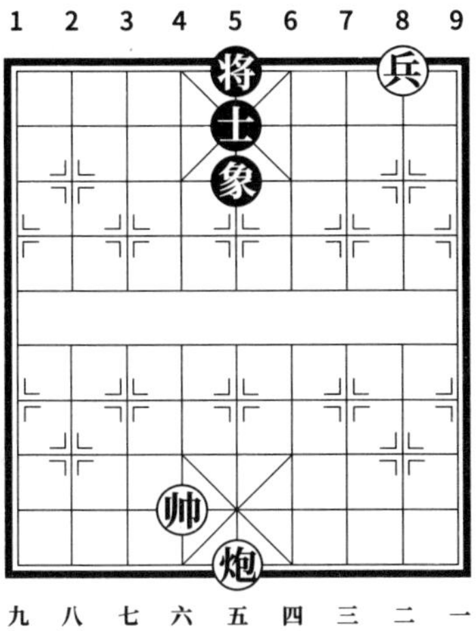

图 1-7

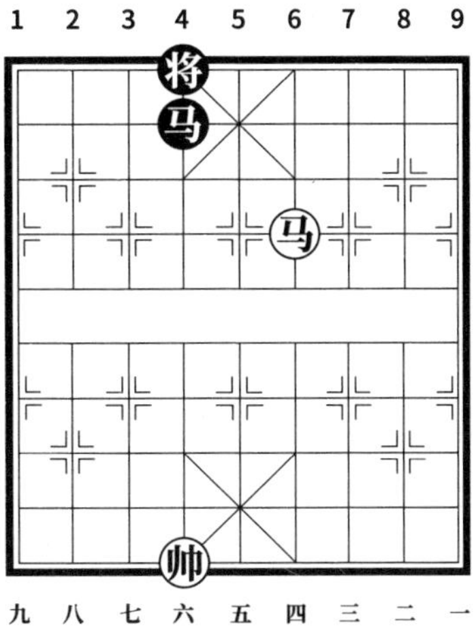

图 1-8

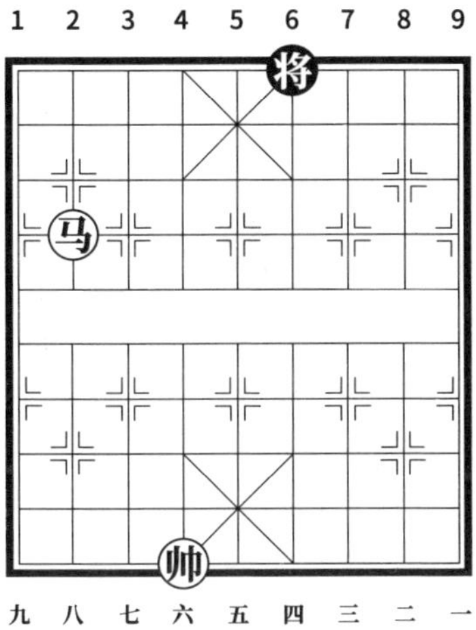

图 1-9

图 1-10

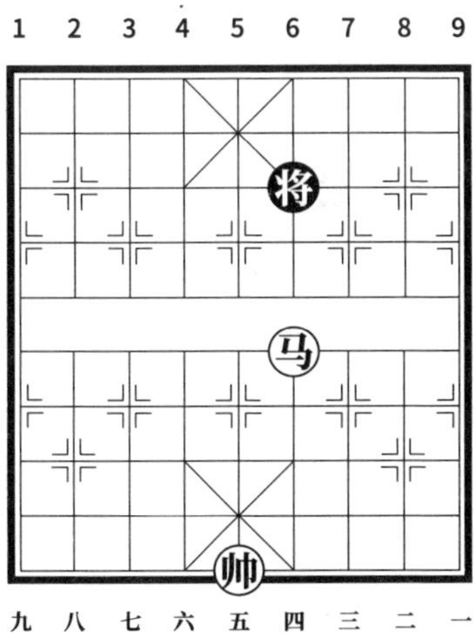

图 1-11

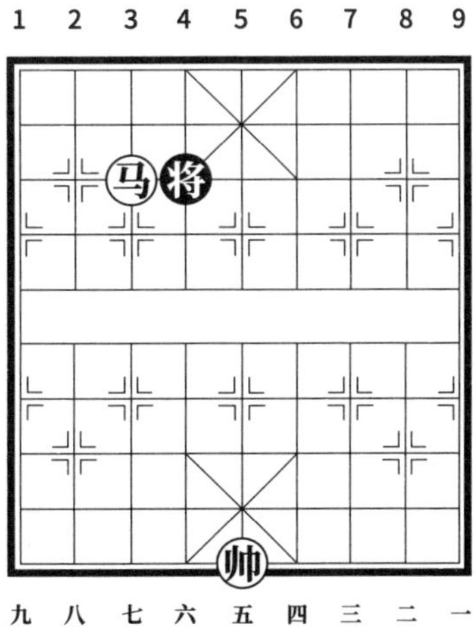

图 1-12

本页图题答案见 196 页

红先胜

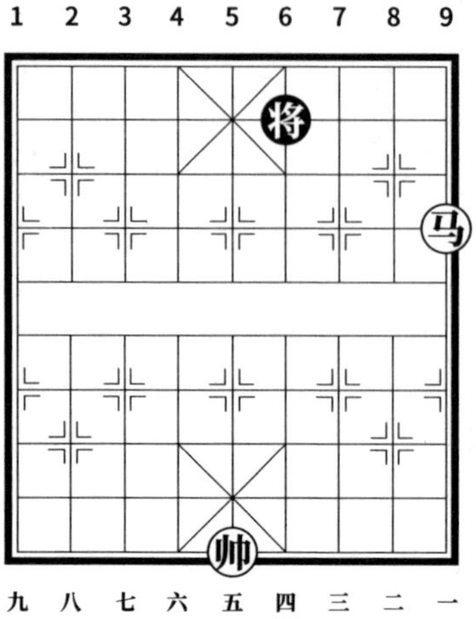

图 1-13

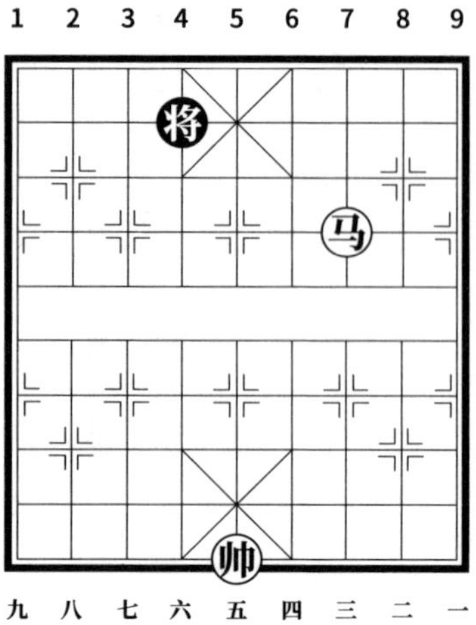

图 1-14

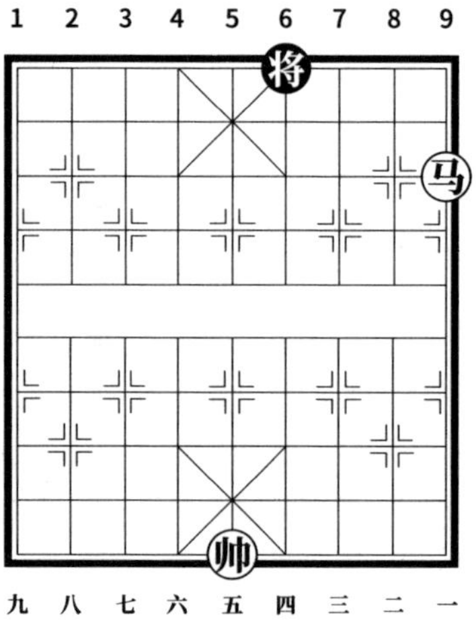

图 1-15

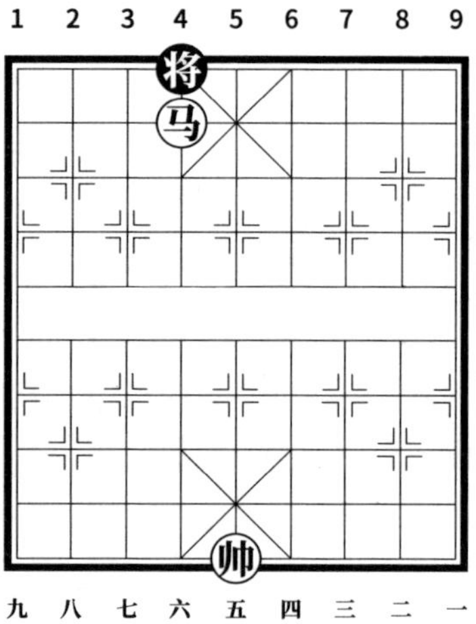

图 1-16

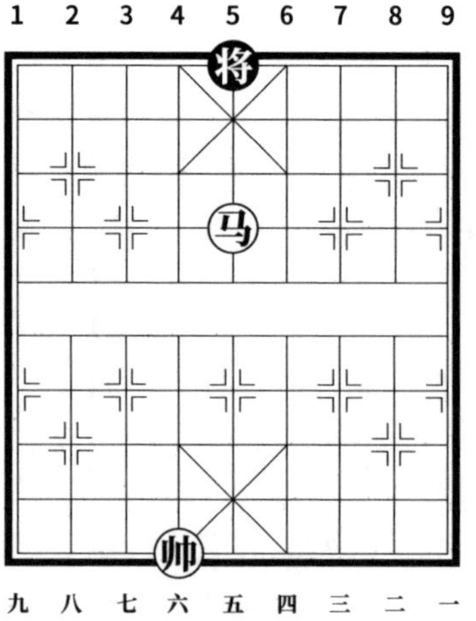

图 1-17

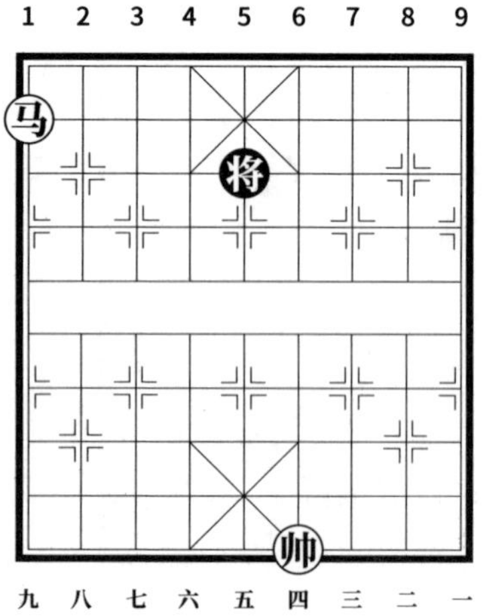

图 1-18

红先胜

本页图题答案见 196 页

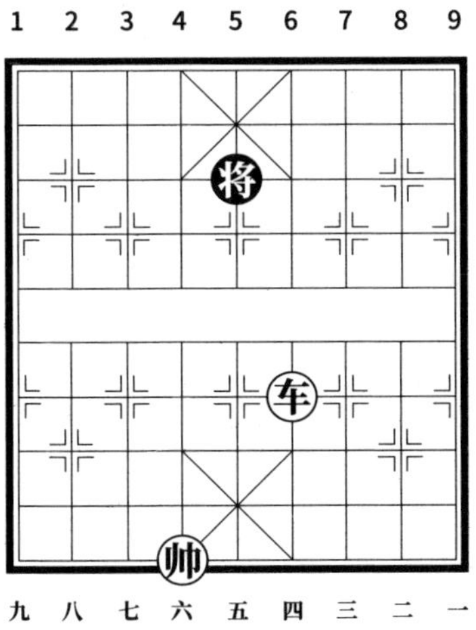

图 1-19

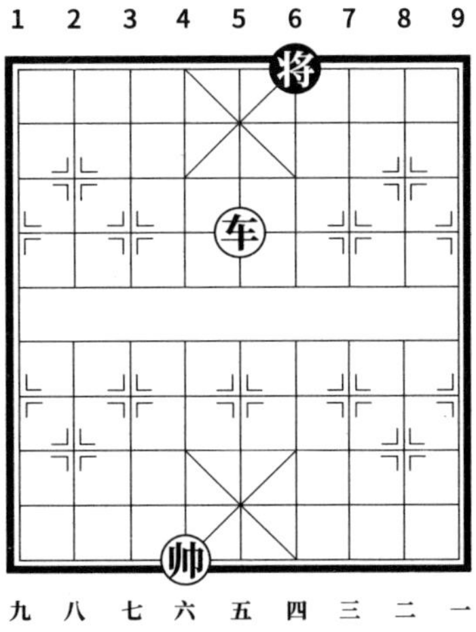

图 1-20

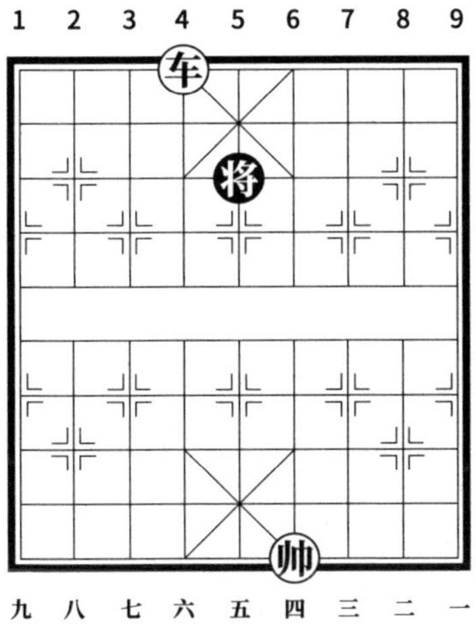

图 1-21

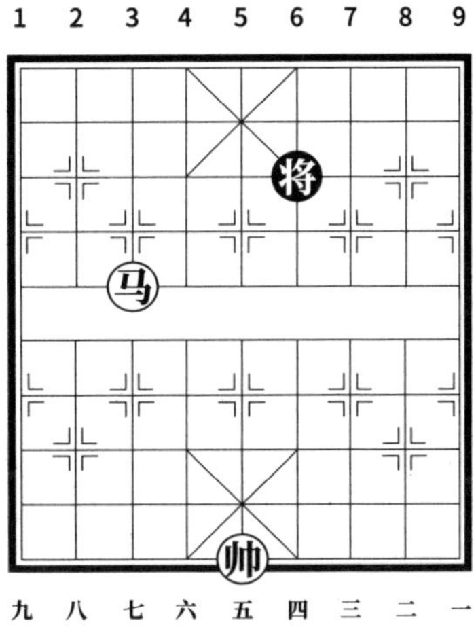

图 1-22

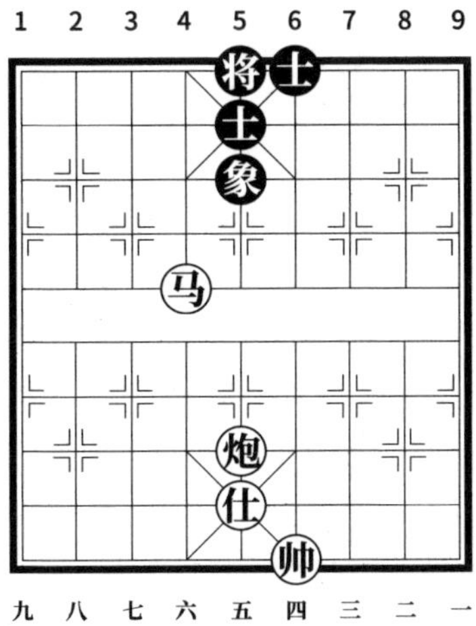

图 1-23

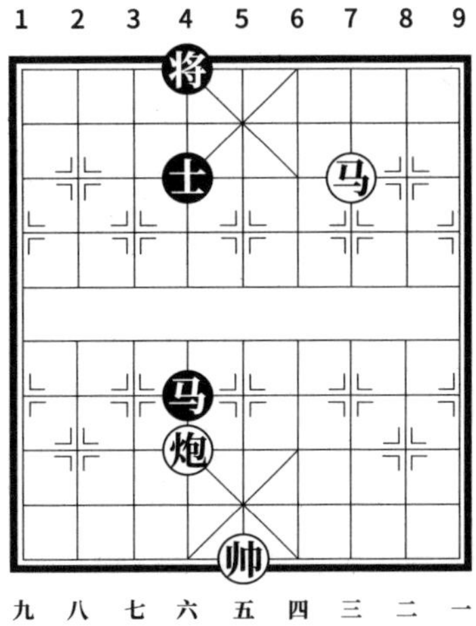

图 1-24

本页图题答案见 196 页

红先胜

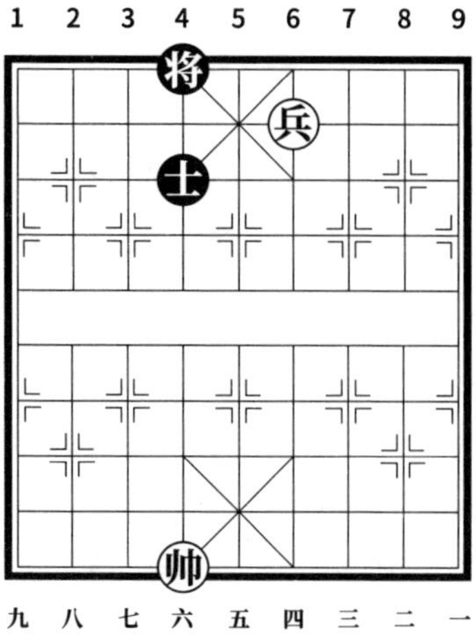

图 1-25

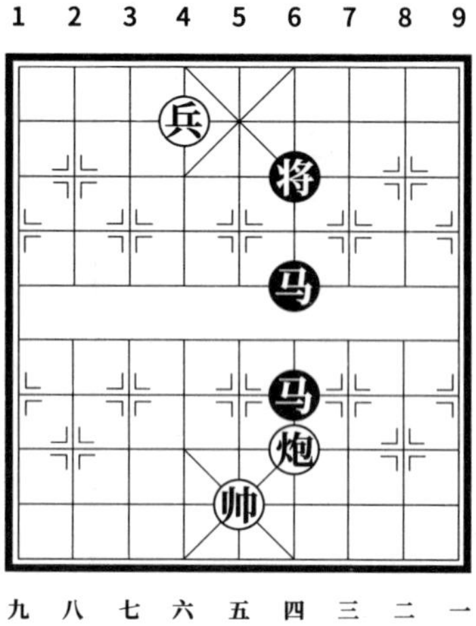

图 1-26

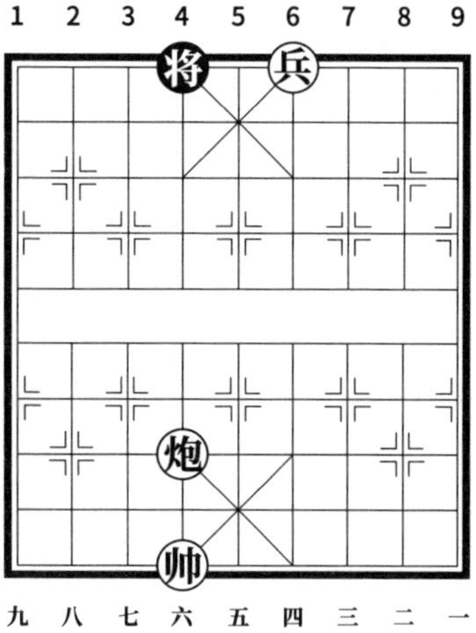

图 1-27

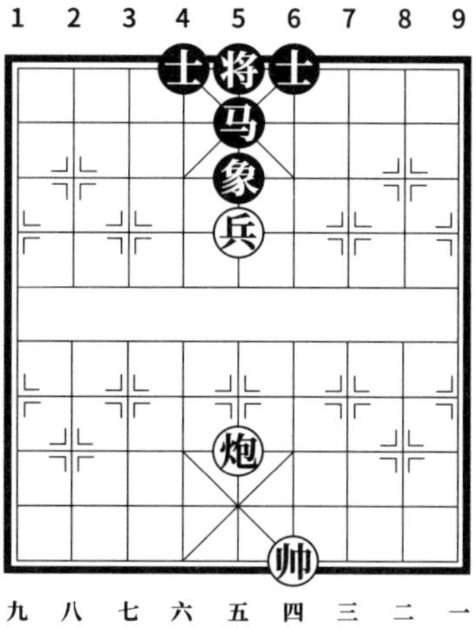

图 1-28

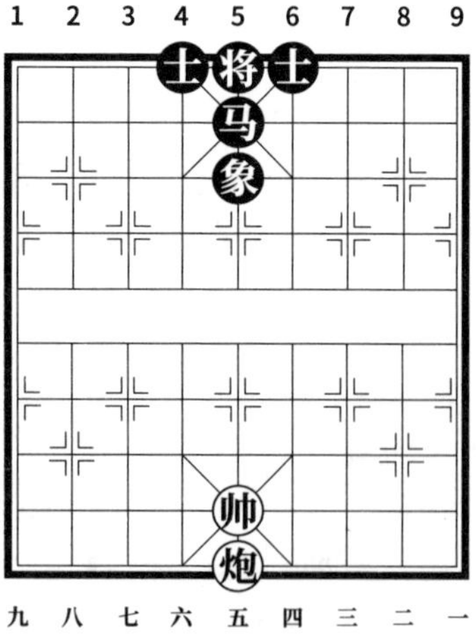

图 1-29

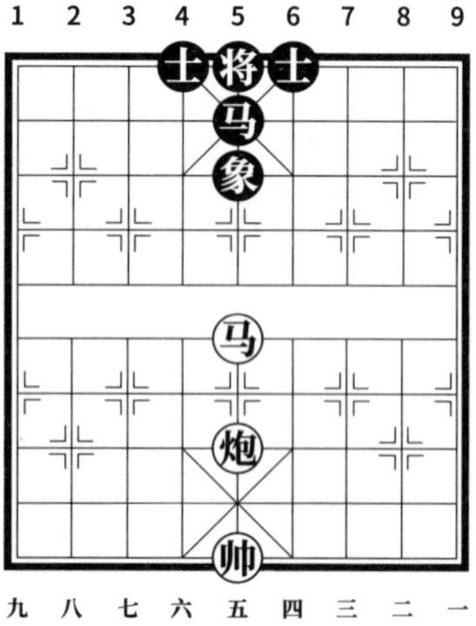

图 1-30

红先胜
本页图题答案见 196 页

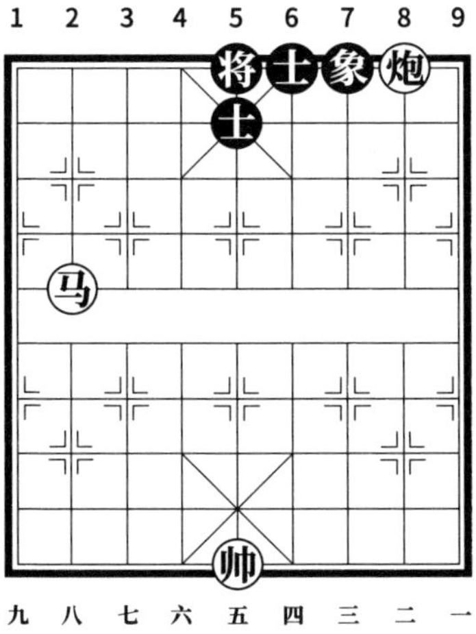

图 1-31

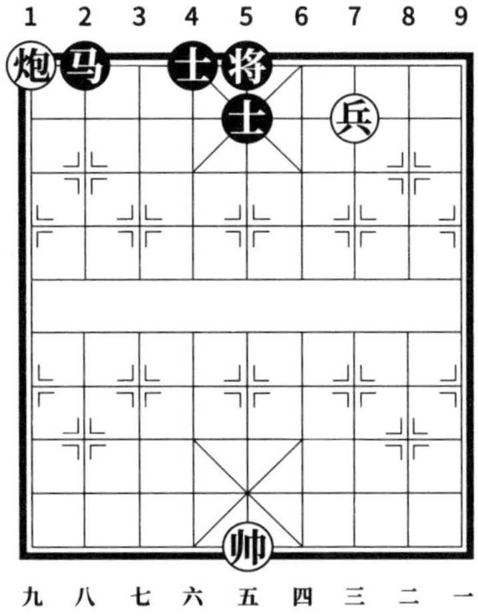

图 1-32

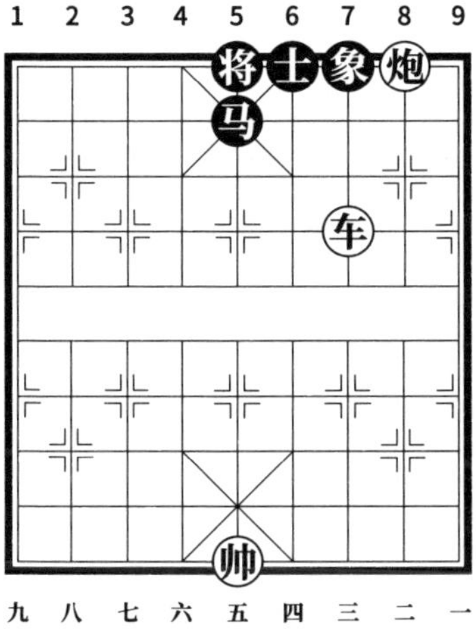

图 1-33

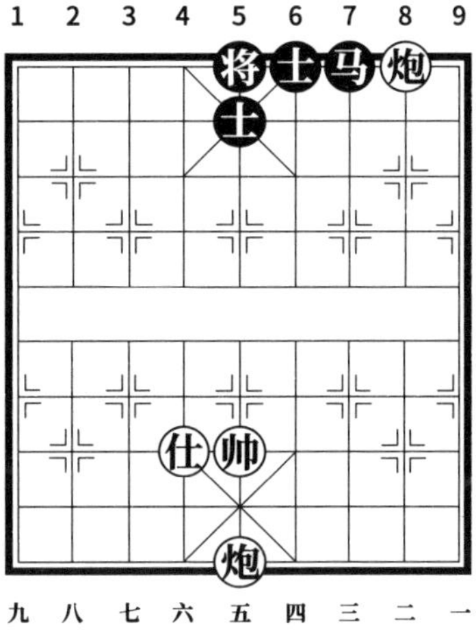

图 1-34

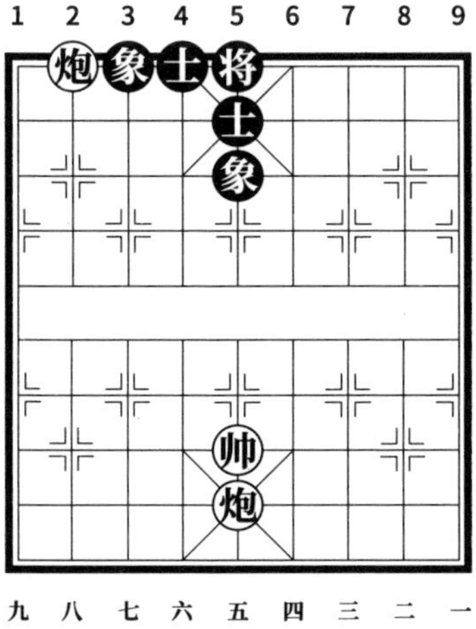

图 1-35

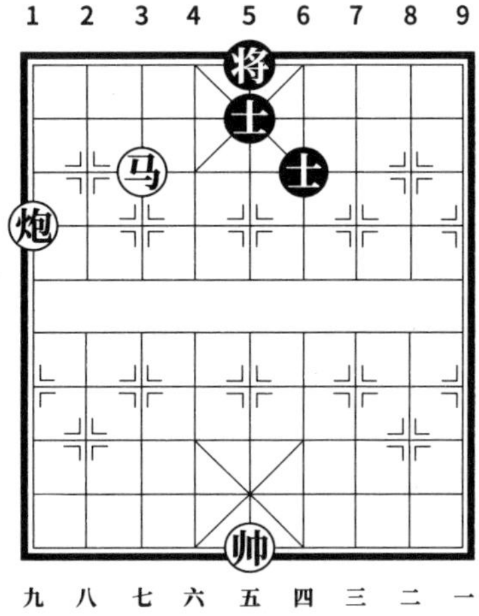

图 1-36

本页图题答案见 196 页

红先胜

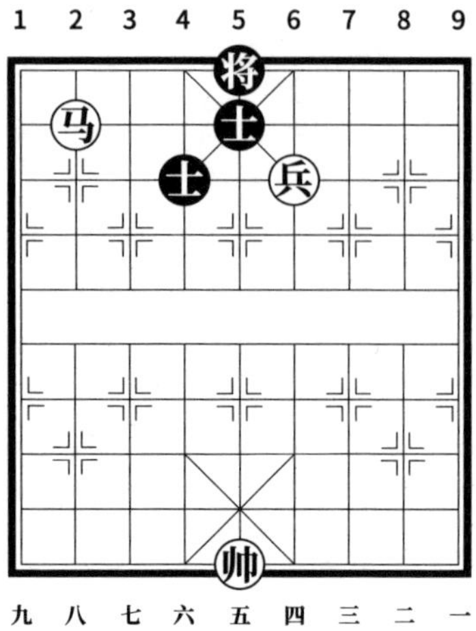

图 1-37

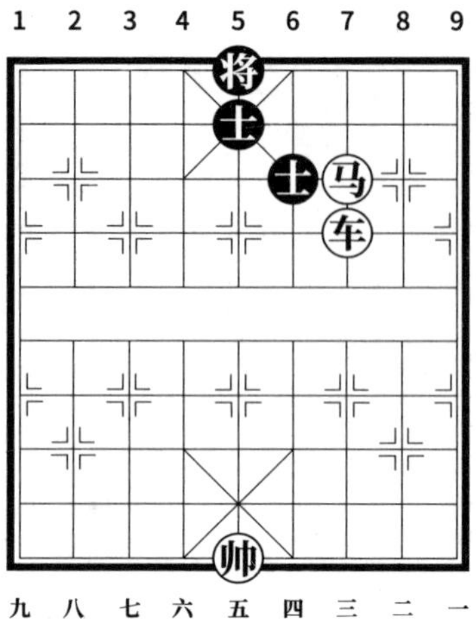

图 1-38

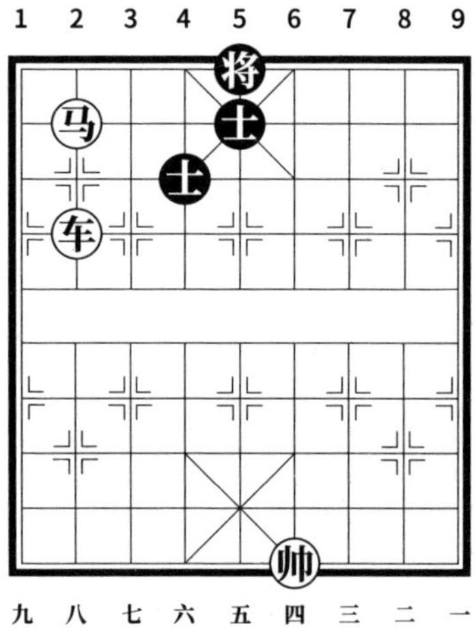

图 1-39

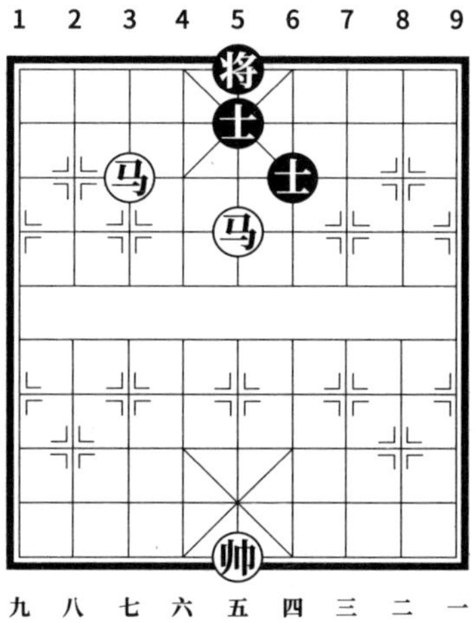

图 1-40

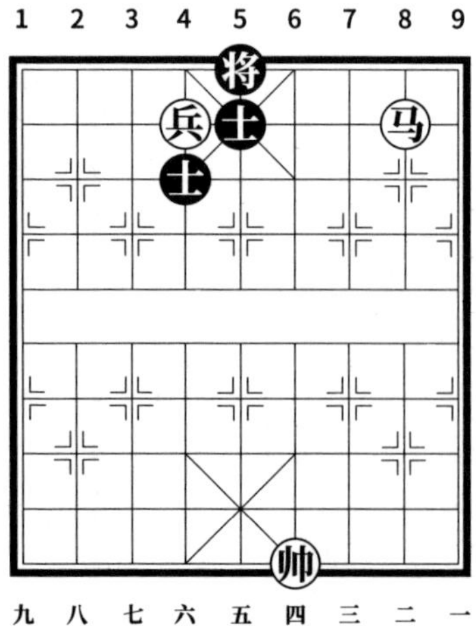

图 1-41

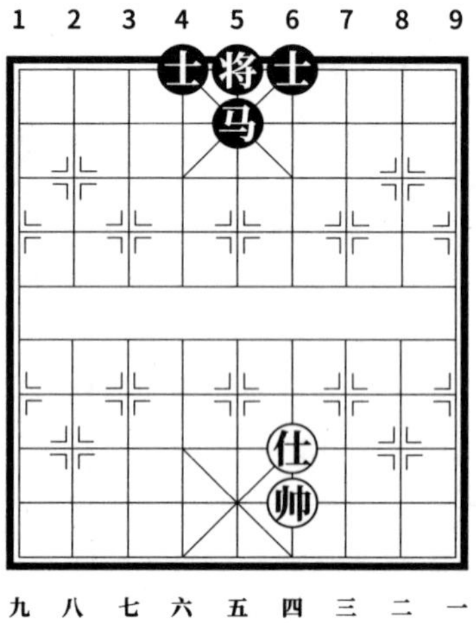

图 1-42

本页图题答案见 196 页

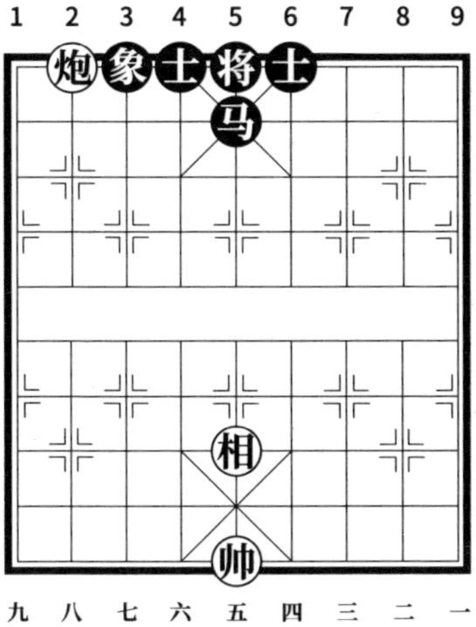

图 1-43

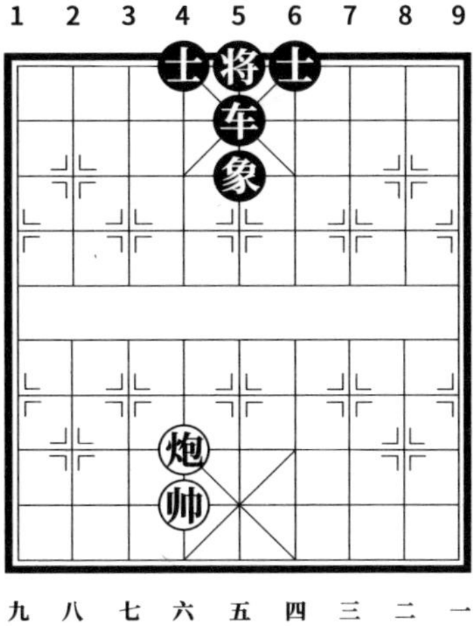

图 1-44

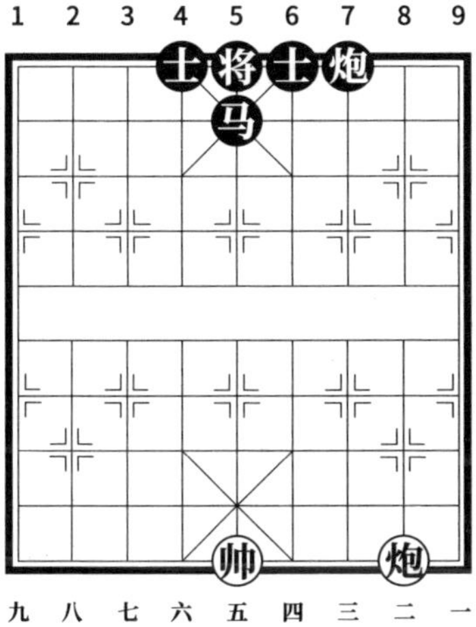

图 1-45

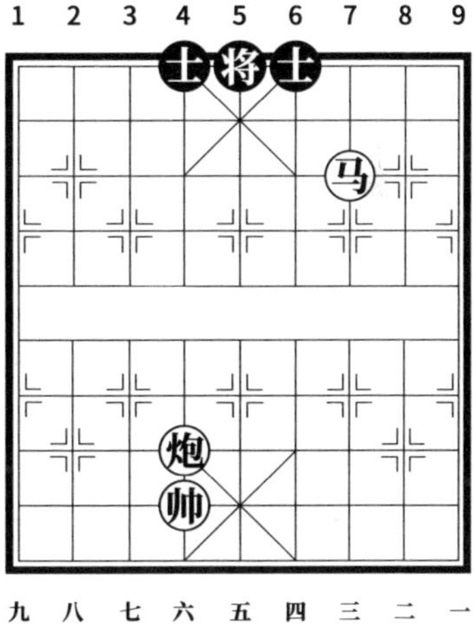

图 1-46

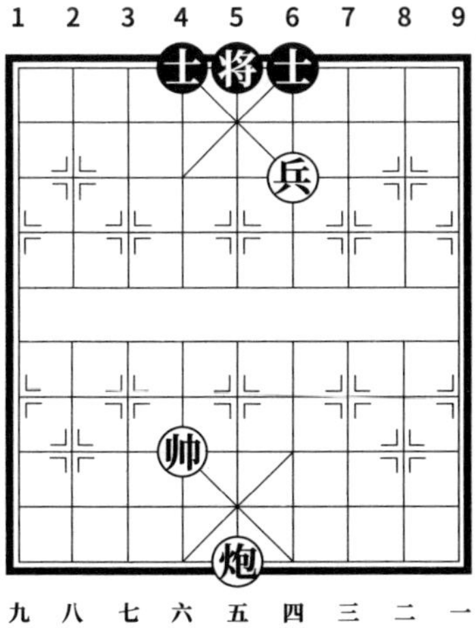

图 1-47

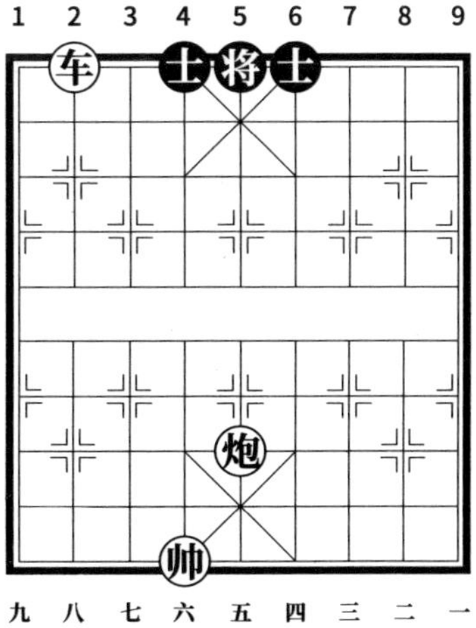

图 1-48

本页图题答案见 196 页

红先胜

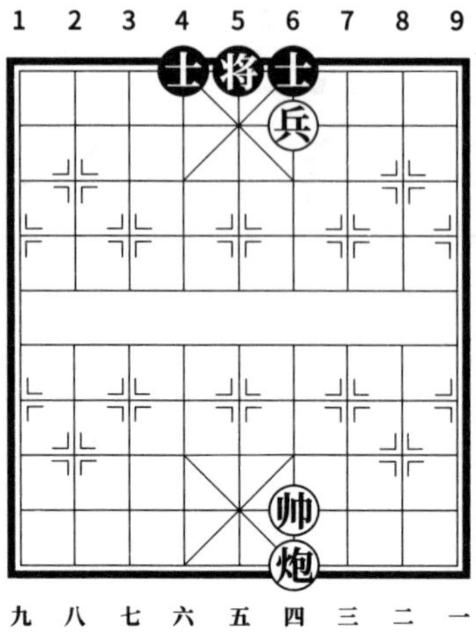

图 1-49

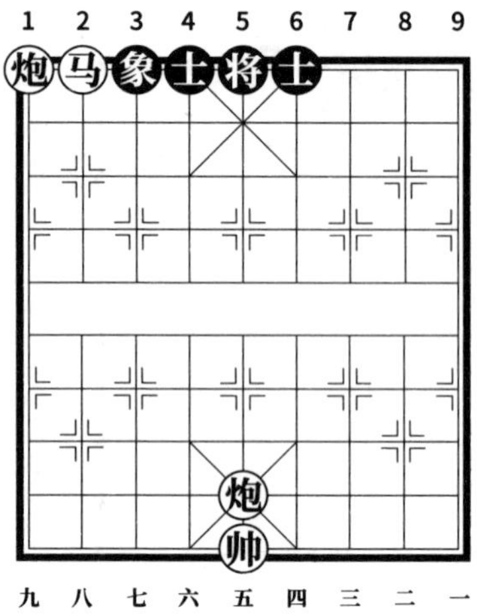

图 1-50

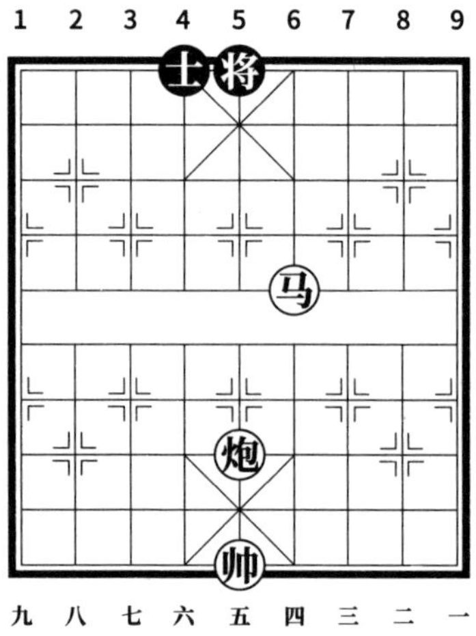

图 1-51

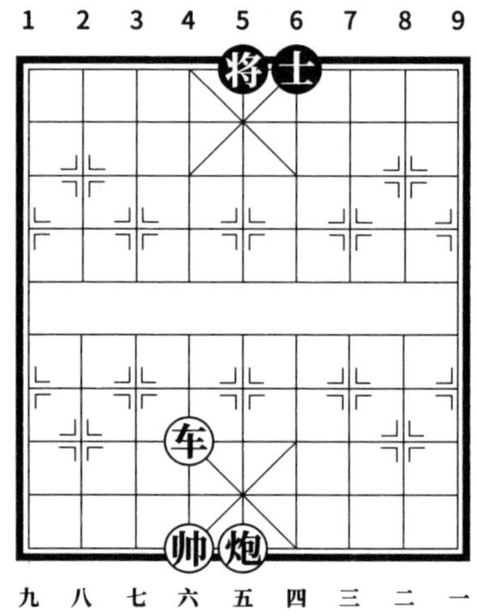

图 1-52

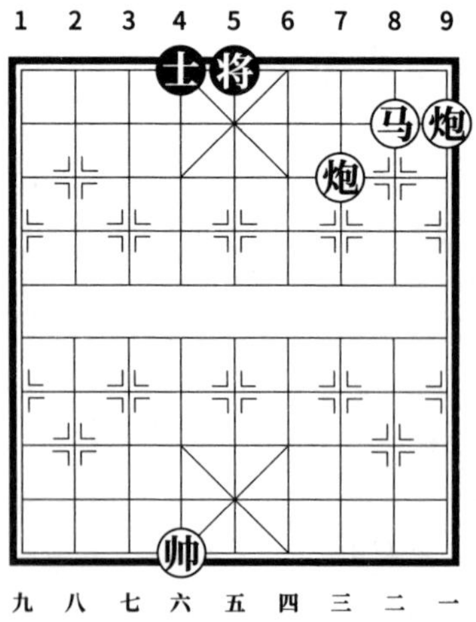

图 1-53

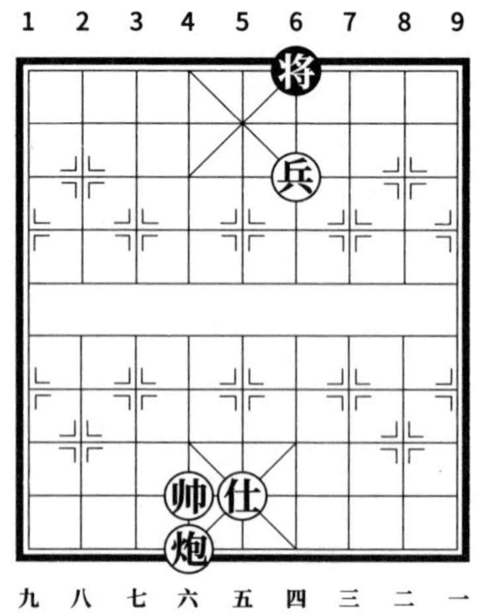

图 1-54

红先胜

本页图题答案见 196 页

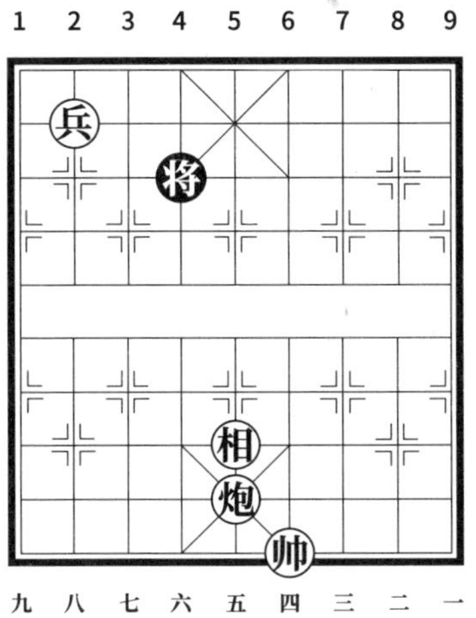

图 1-55

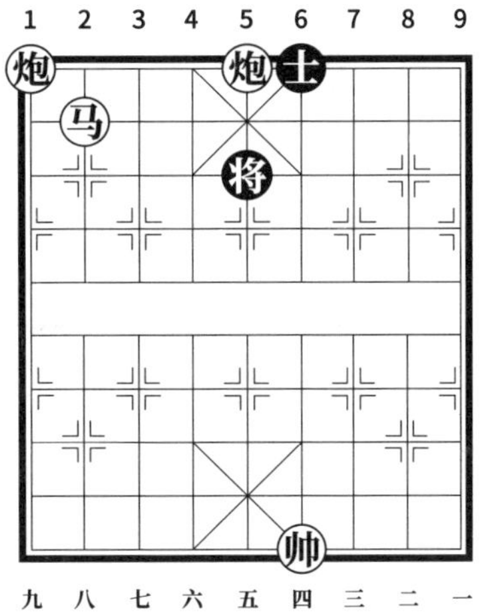

图 1-56

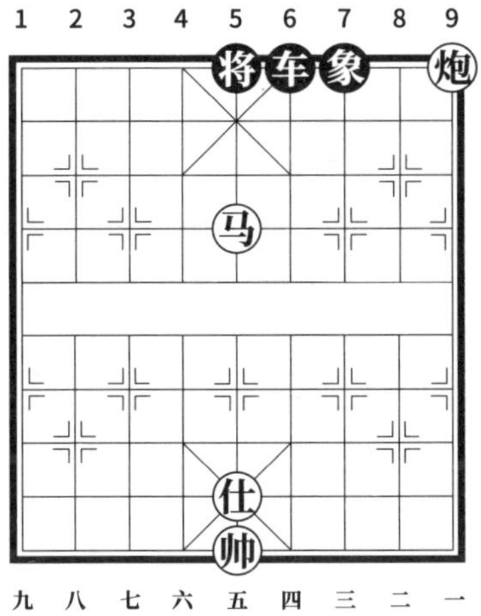

图 1-57

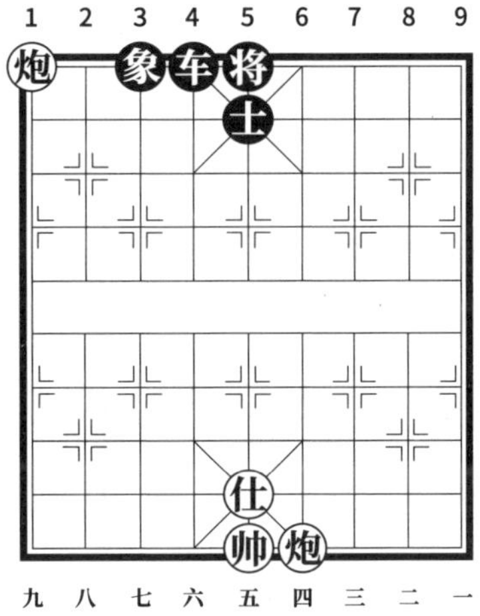

图 1-58

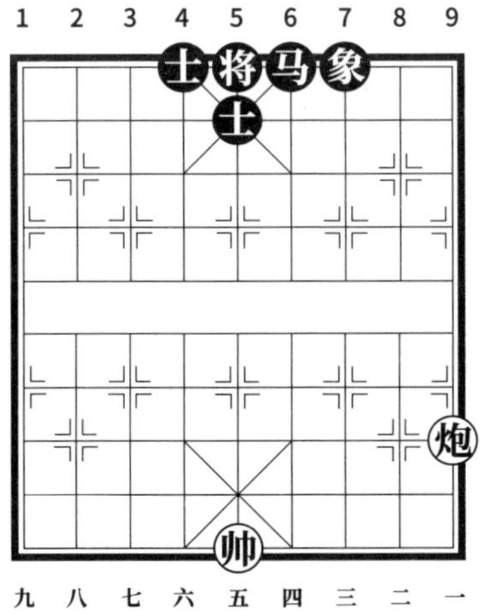

图 1-59

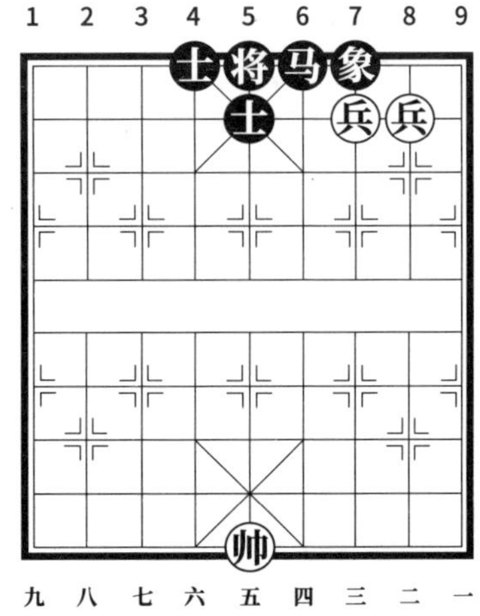

图 1-60

本页图题答案见 196 页

红先胜

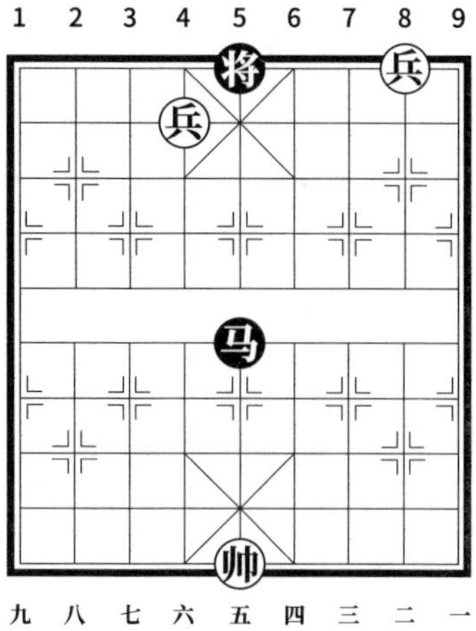

图 1-61

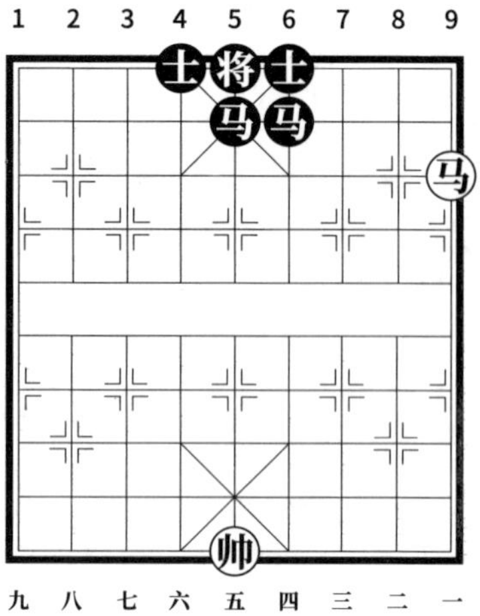

图 1-62

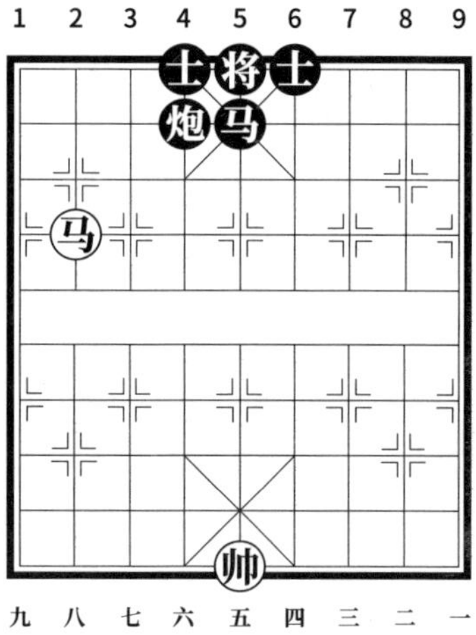

图 1-63

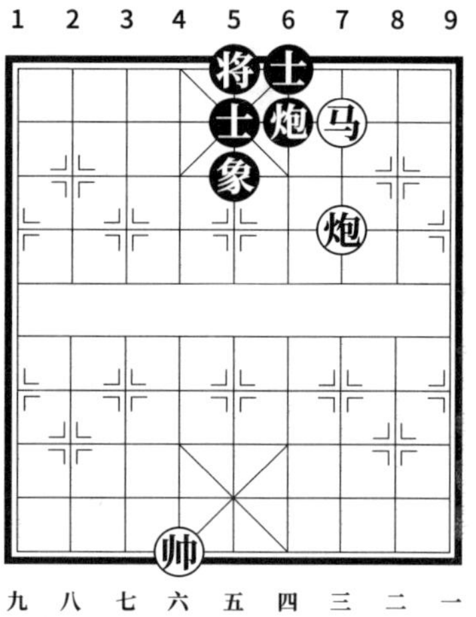

图 1-64

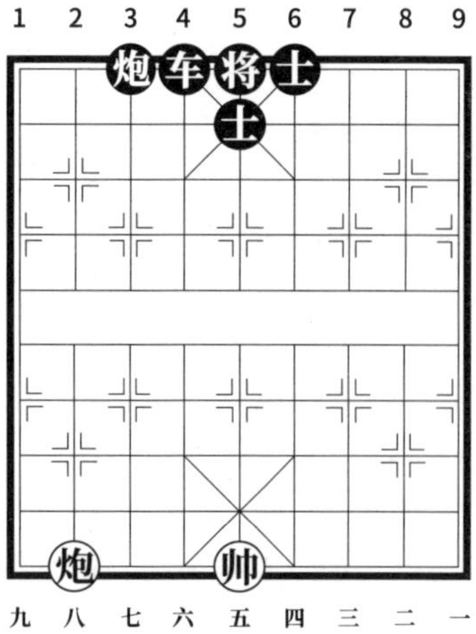

图 1-65

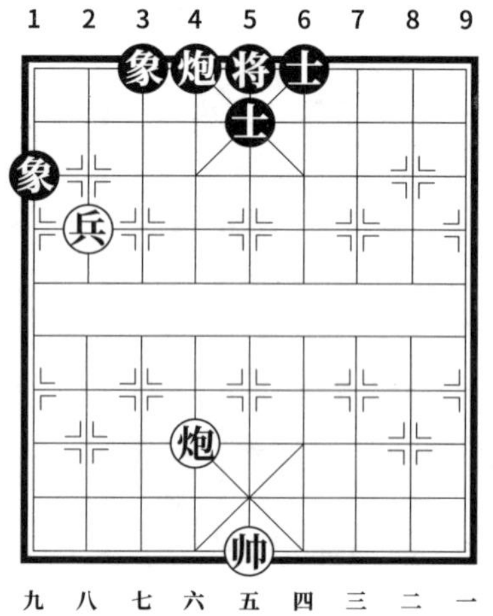

图 1-66

红先胜

本页图题答案见 196 页

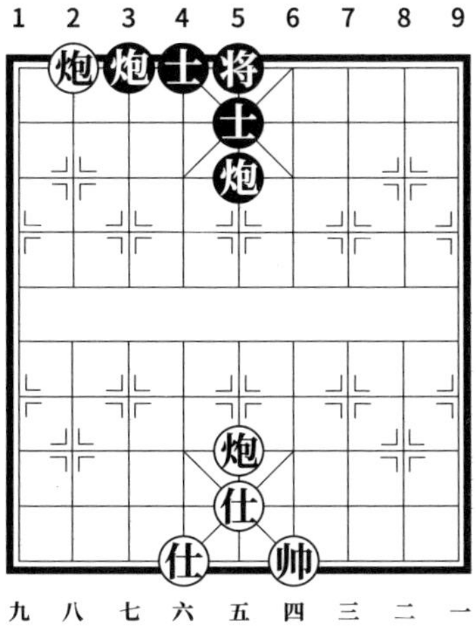

图 1-67

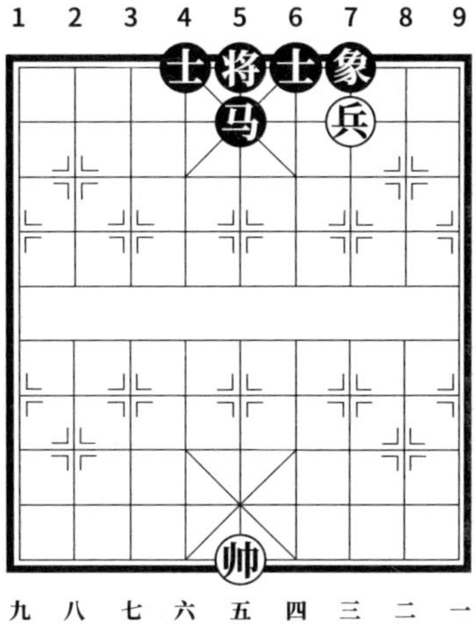

图 1-68

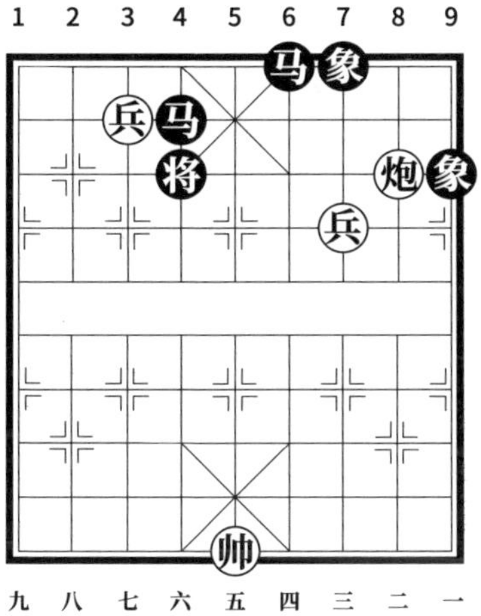

图 1-69

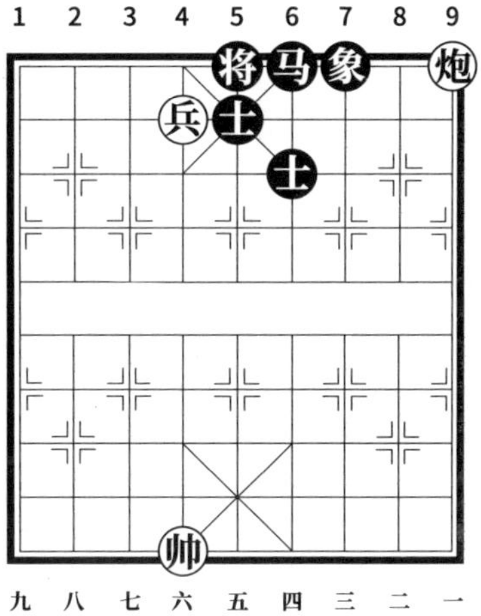

图 1-70

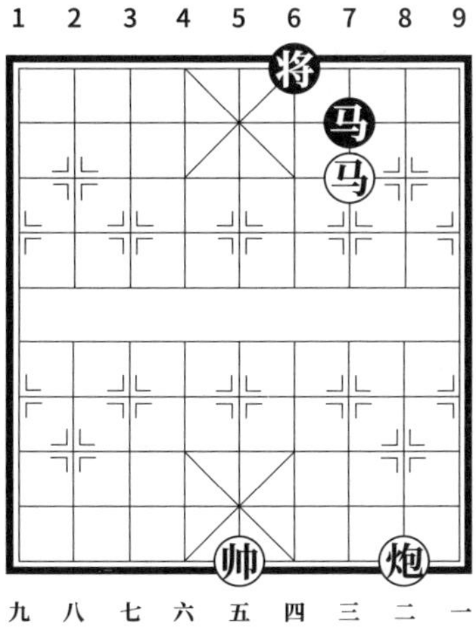

图 1-71

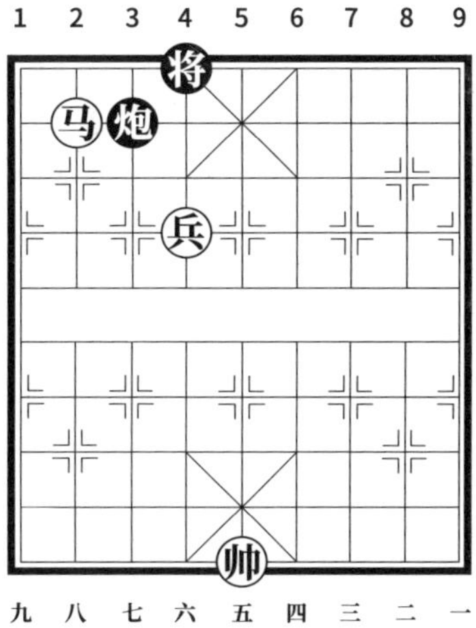

图 1-72

本页图题答案见 197 页

红先胜

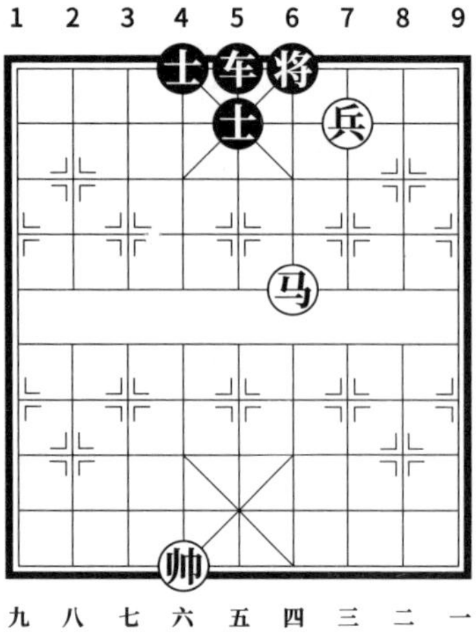

图 1-73

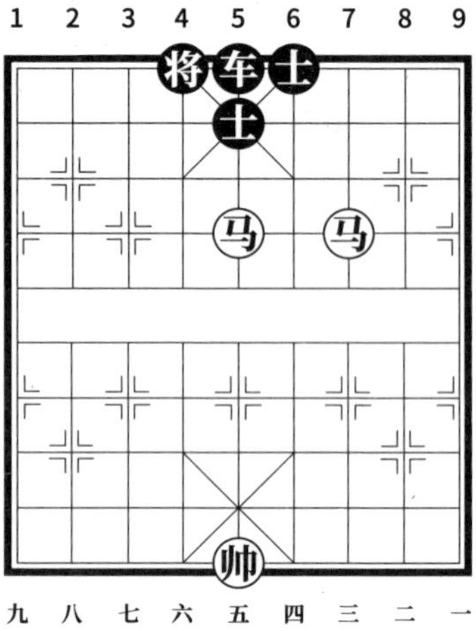

图 1-74

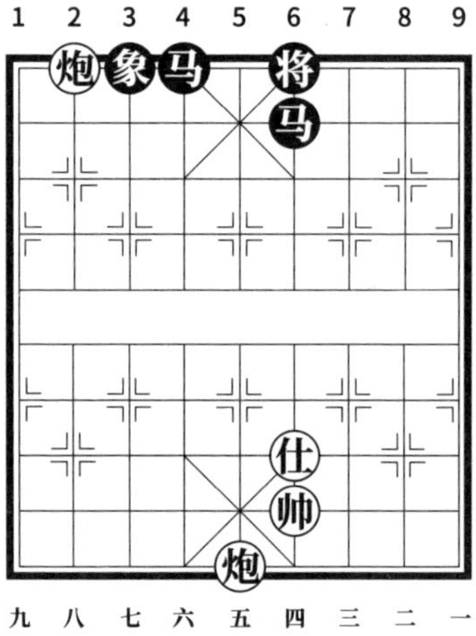

图 1-75

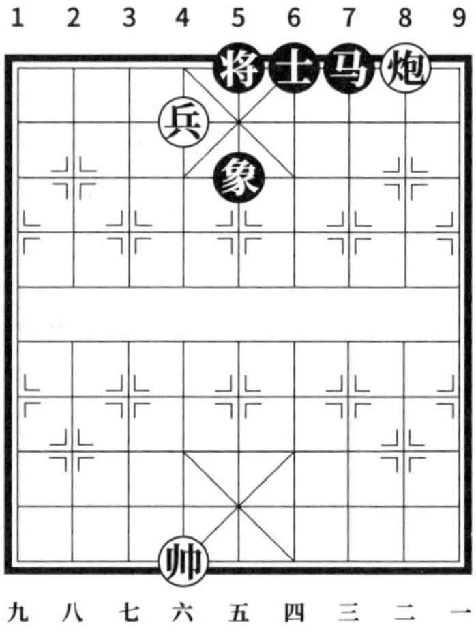

图 1-76

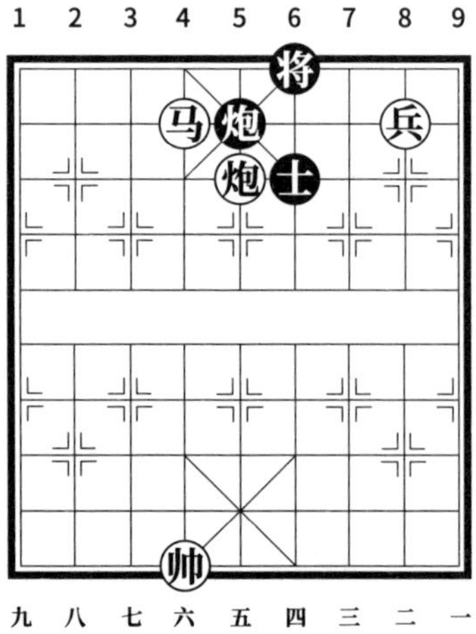

图 1-77

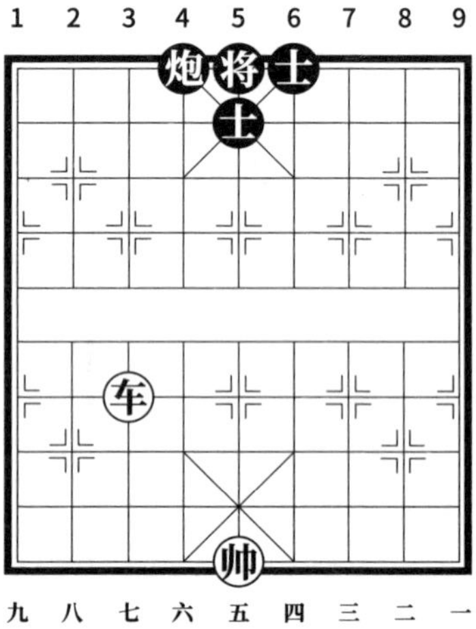

图 1-78

红先胜

本页图题答案见 197 页

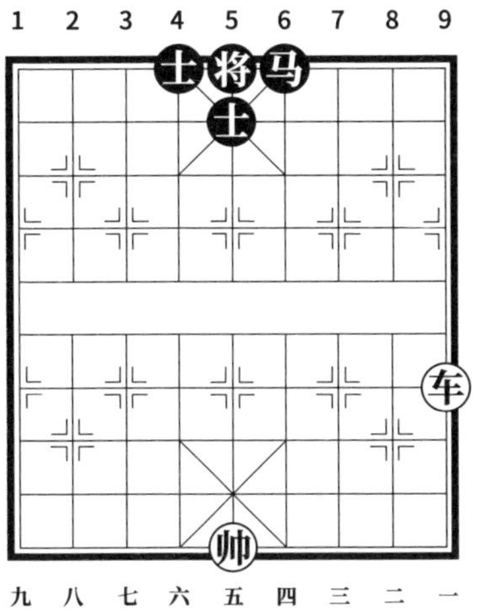

图 1-79

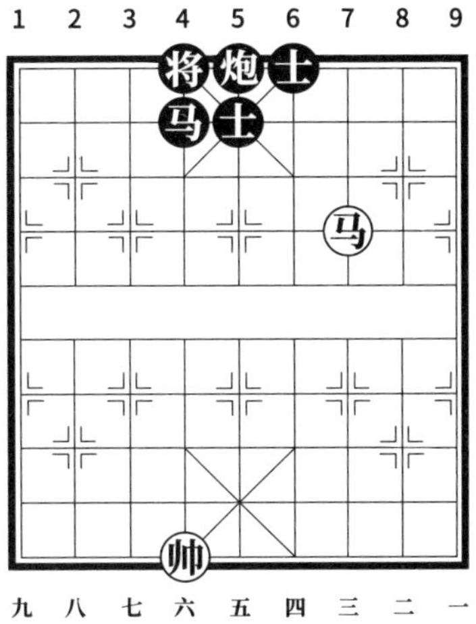

图 1-80

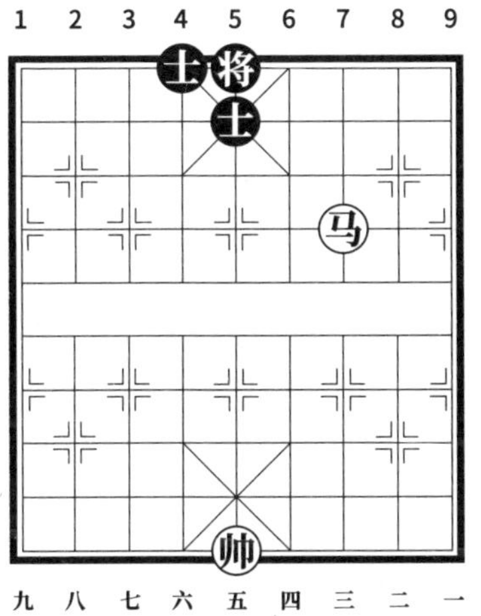

图 1-81

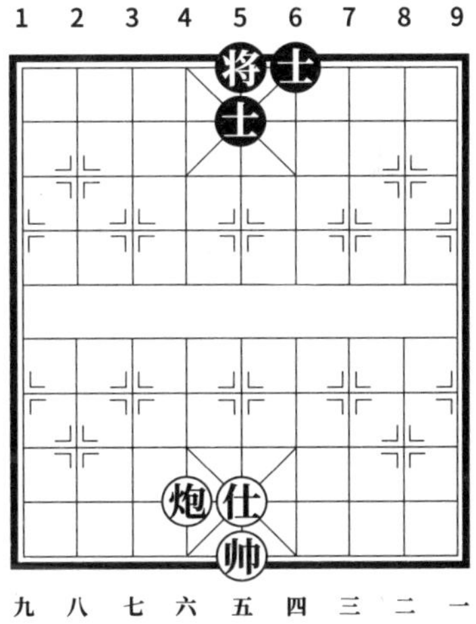

图 1-82

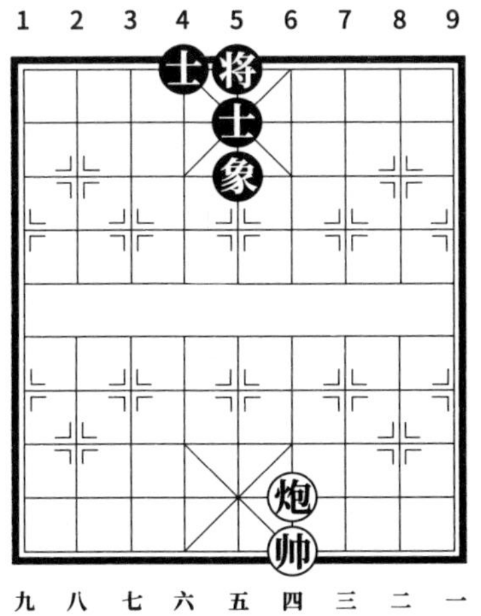

图 1-83

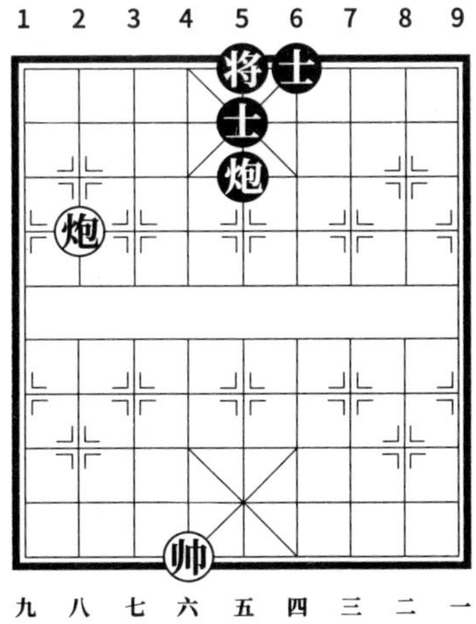

图 1-84

本页图题答案见 197 页

红先胜

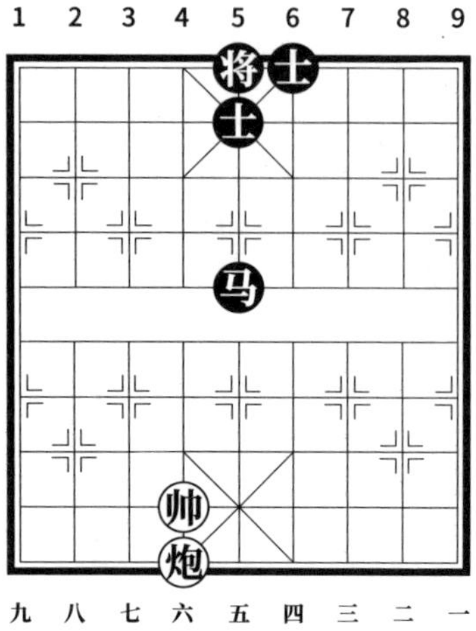

图 1-85

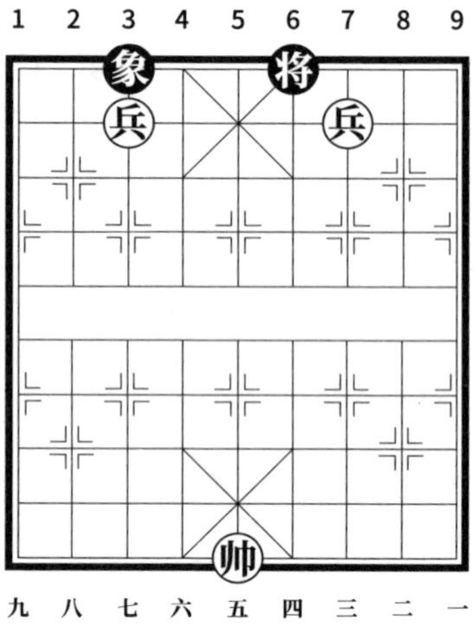

图 1-86

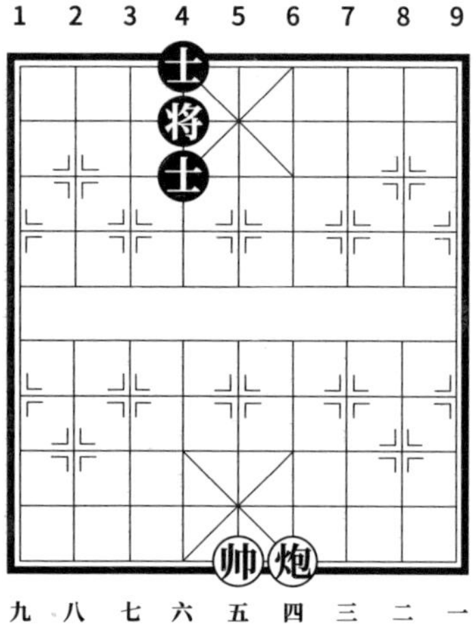

图 1-87

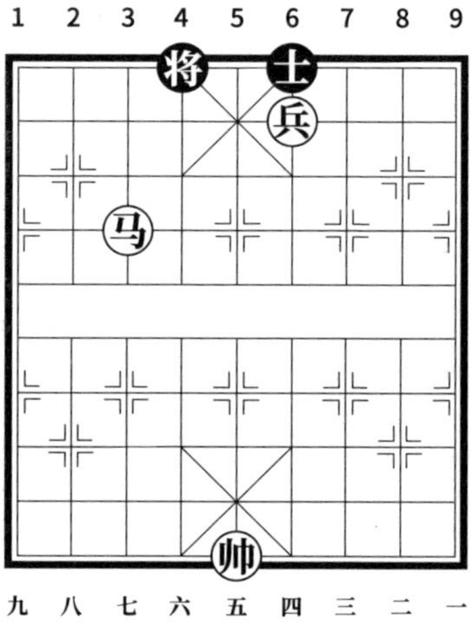

图 1-88

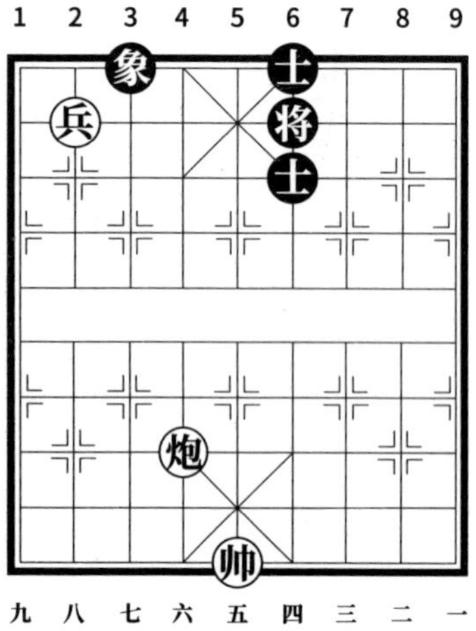

图 1-89

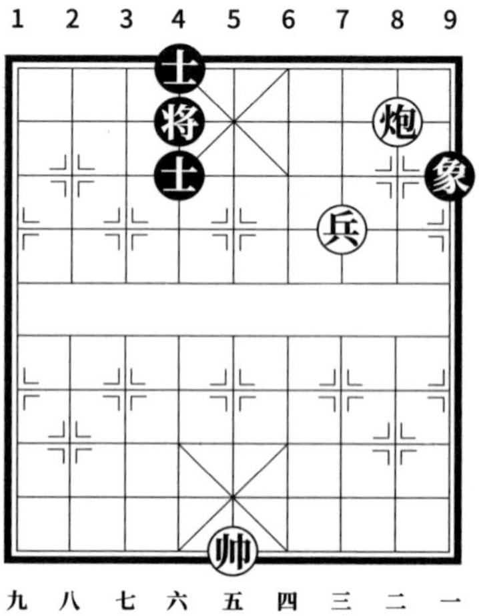

图 1-90

红先胜

本页图题答案见 197 页

图 1-91

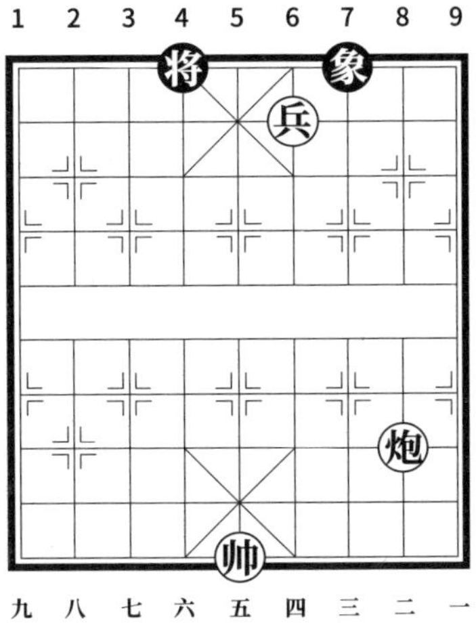

图 1-92

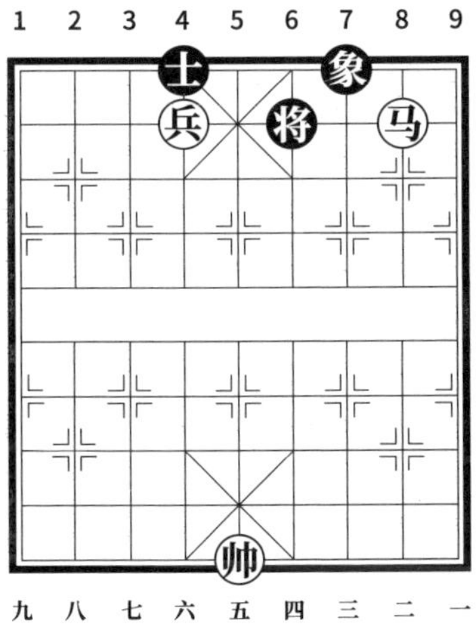

图 1-93

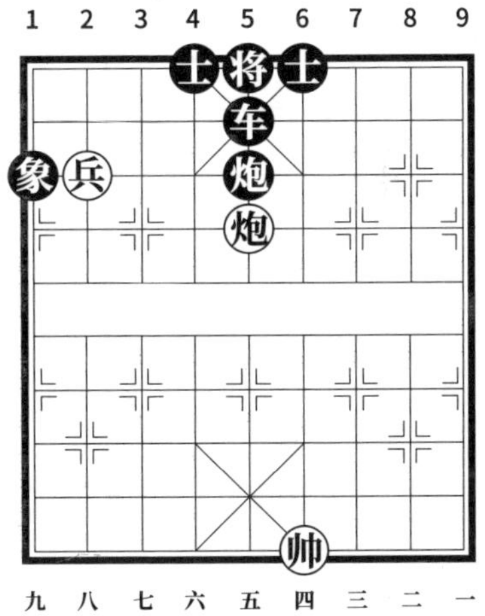

图 1-94

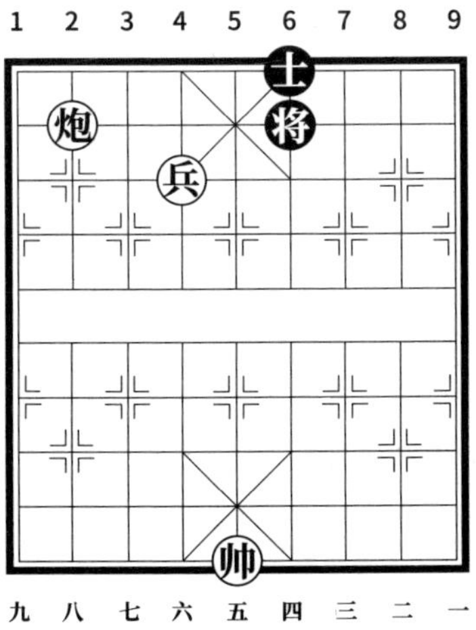

图 1-95

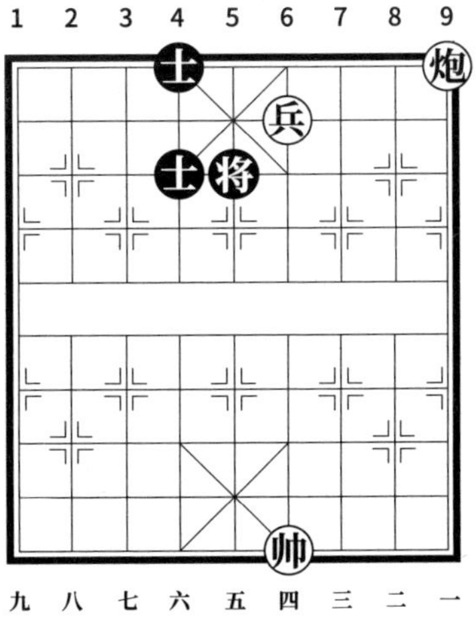

图 1-96

本页图题答案见 197 页

红先胜

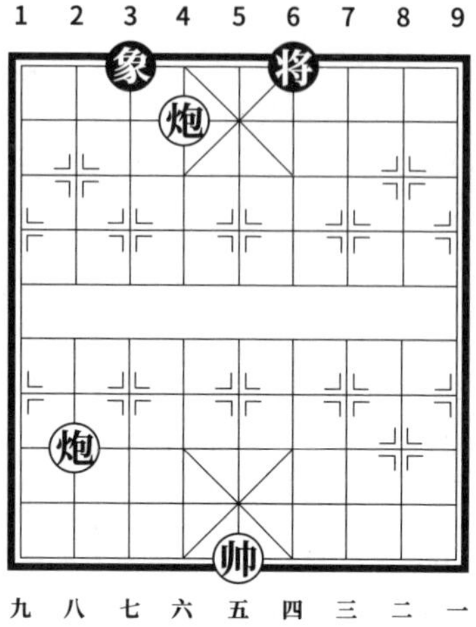

图 1-97

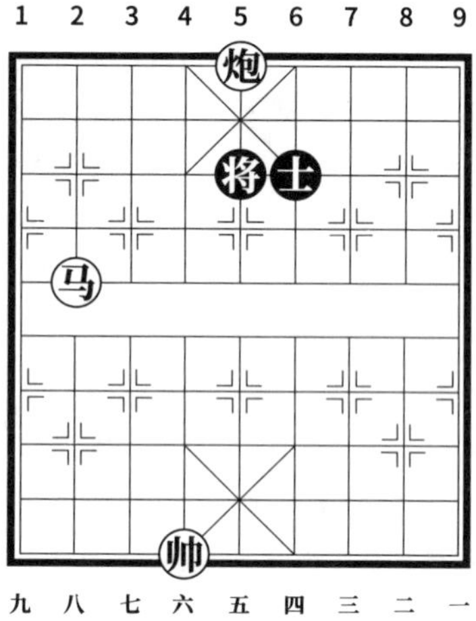

图 1-98

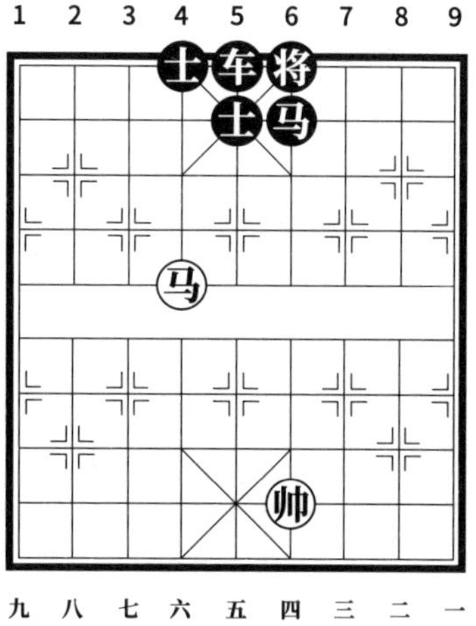

图 1-99

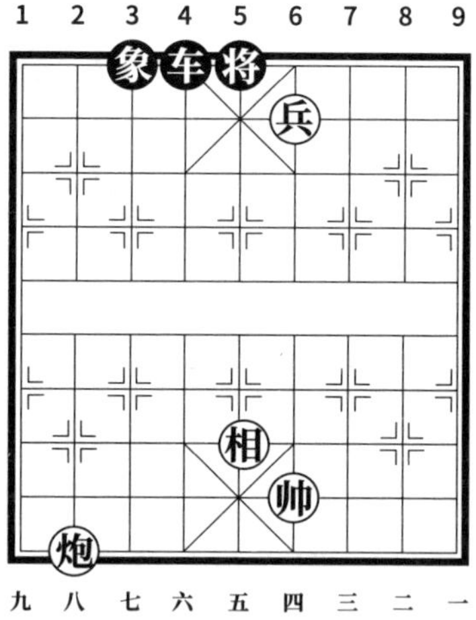

图 1-100

红先胜

本页图题答案见 197 页

二步非连将杀

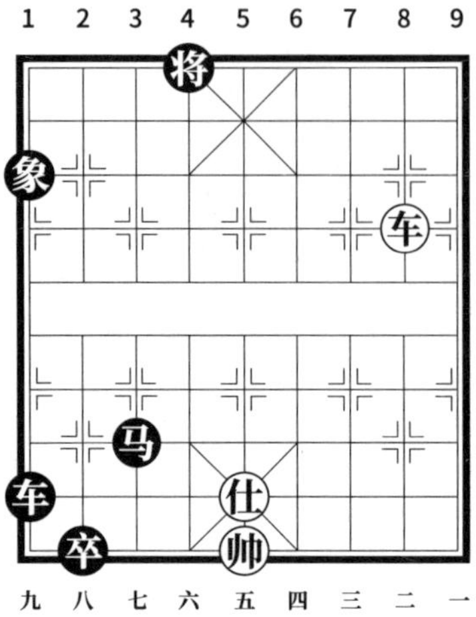

图 2-1

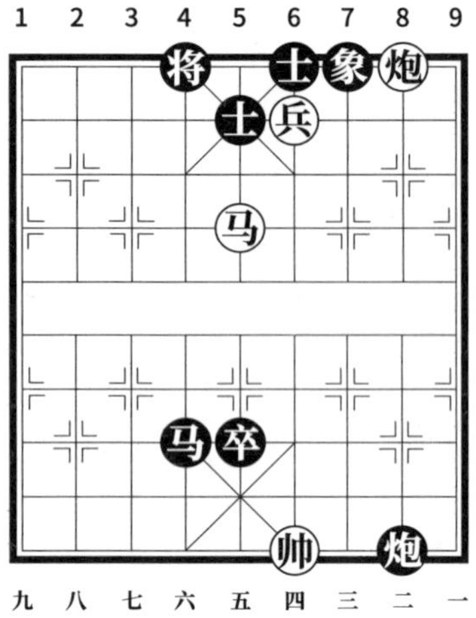

图 2-2

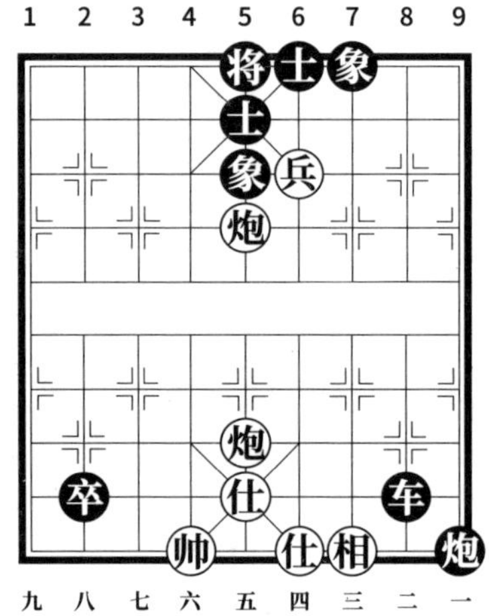

图 2-3

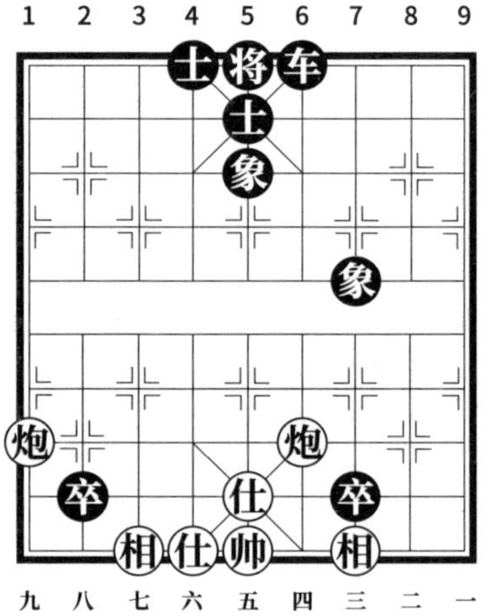

图 2-4

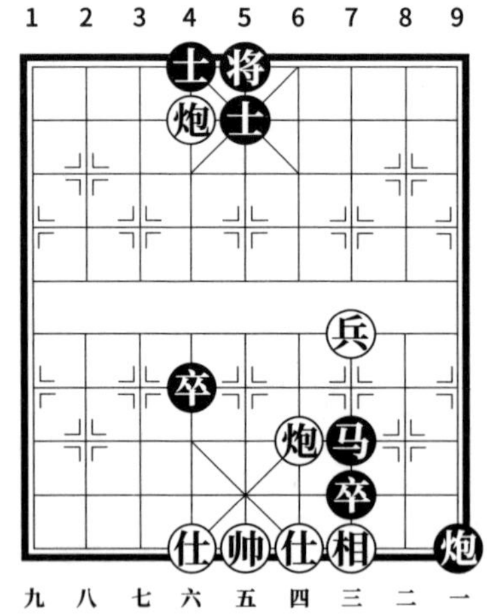

图 2-5

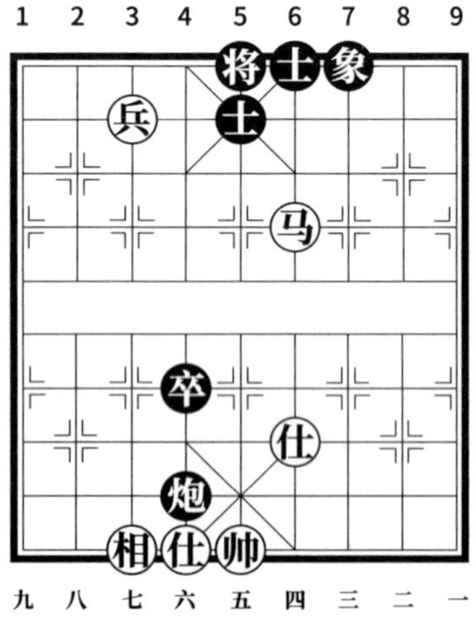

图 2-6

红先胜

本页图题答案见 197 页

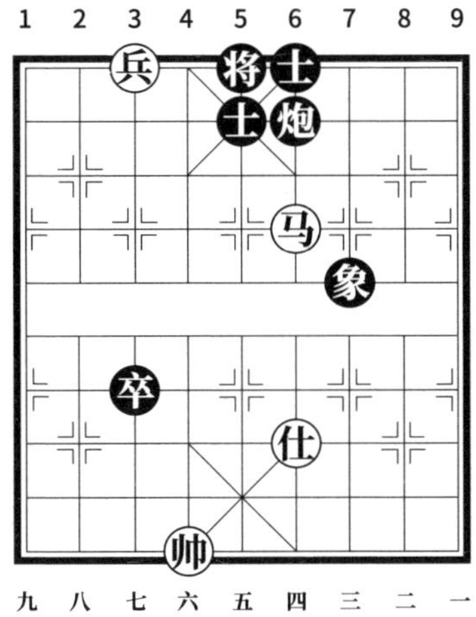

图 2-7

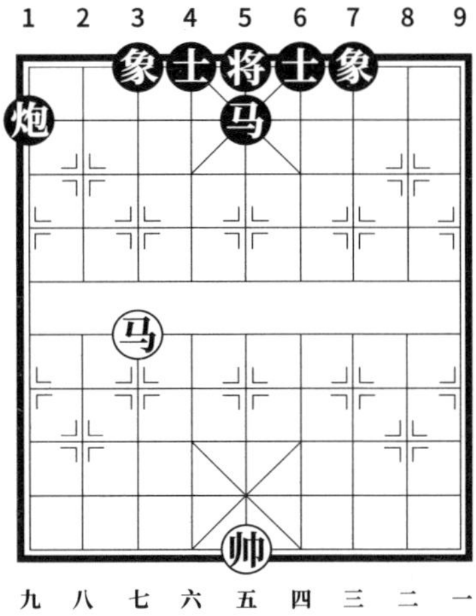

图 2-8

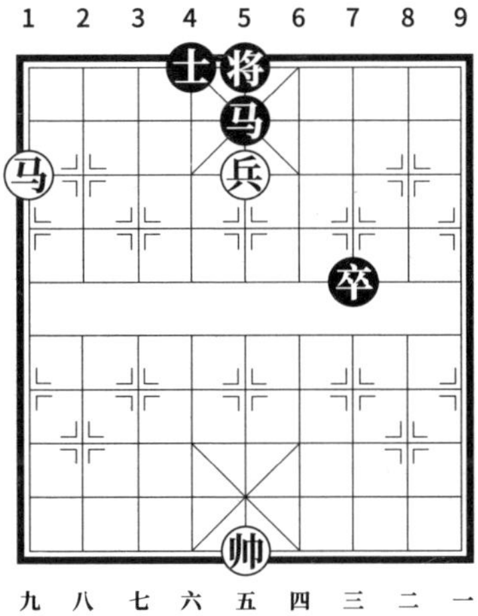

图 2-9

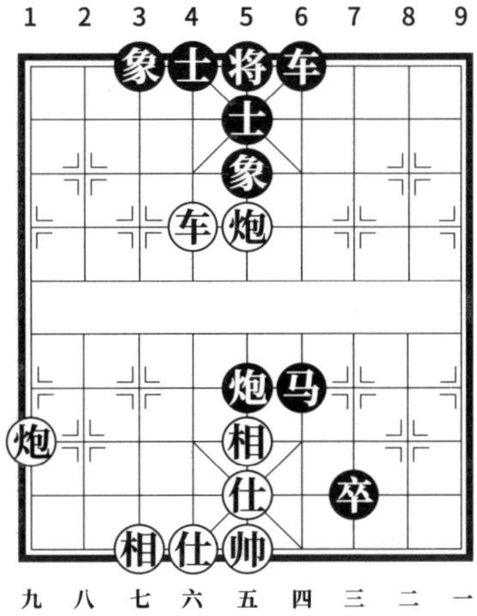

图 2-10

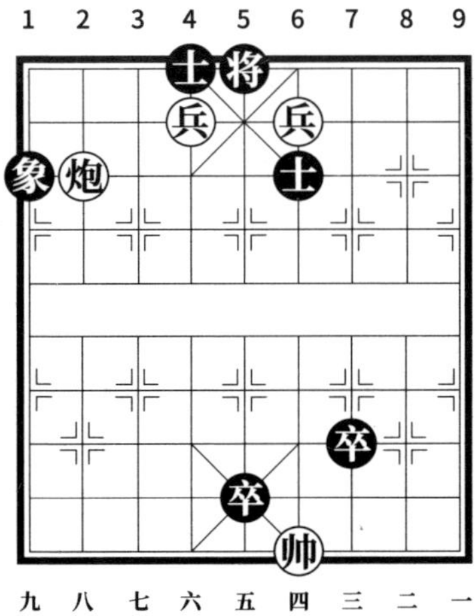

图 2-11

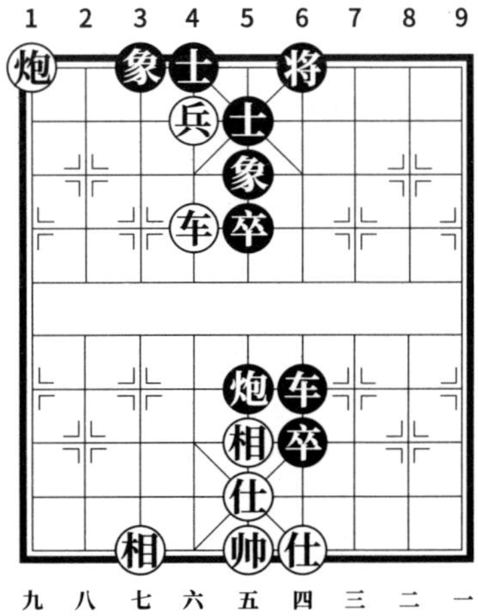

图 2-12

本页图题答案见 197 页

红先胜

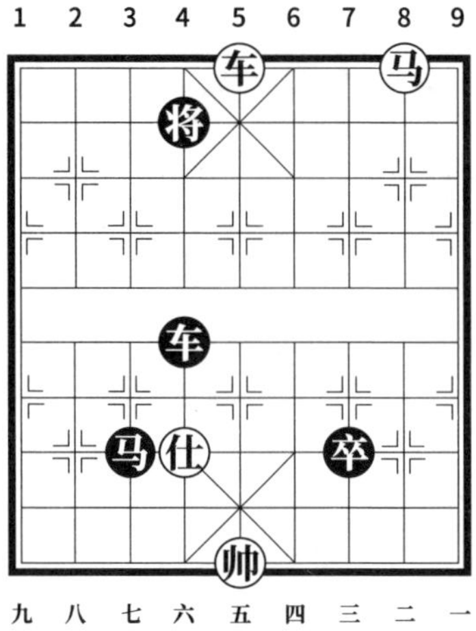

图 2-13

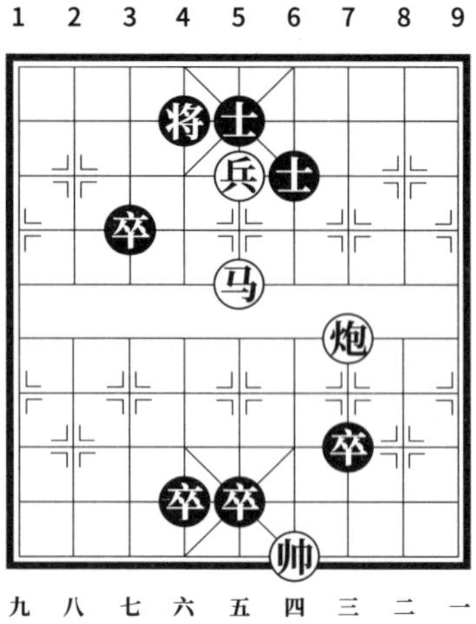

图 2-14

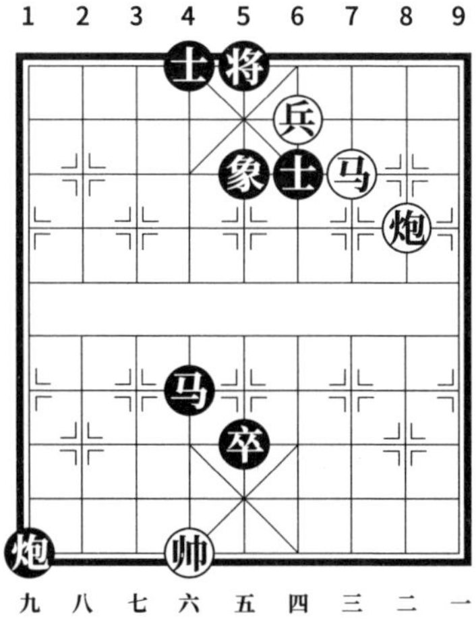

图 2-156

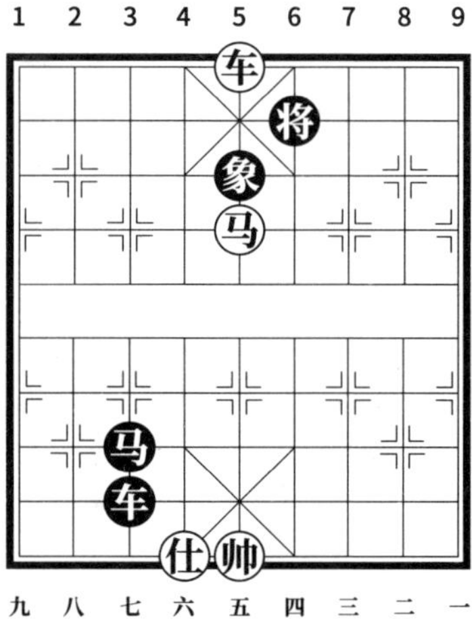

图 2-16

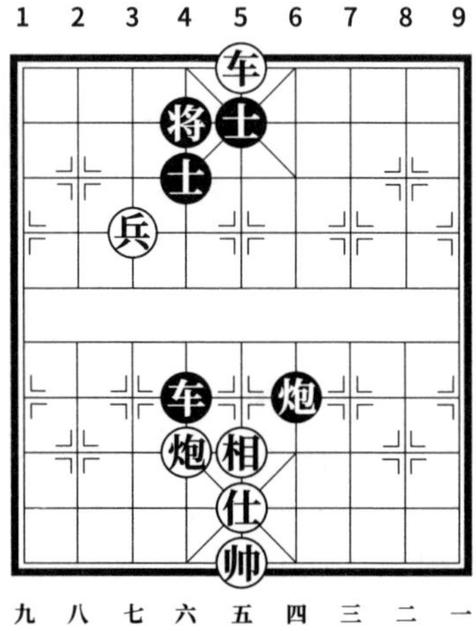

图 2-17

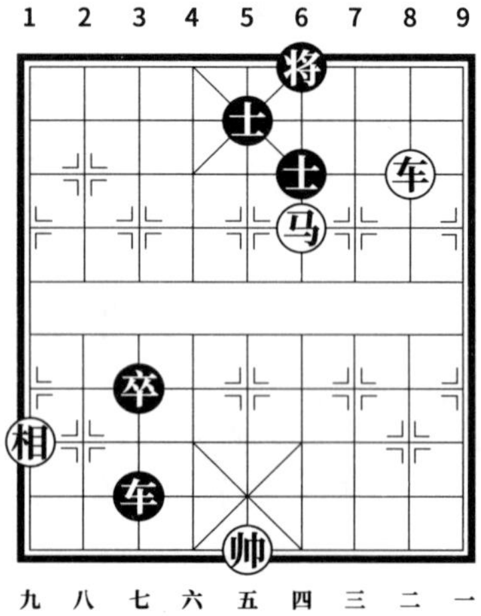

图 2-18

红先胜

本页图题答案见 197 页

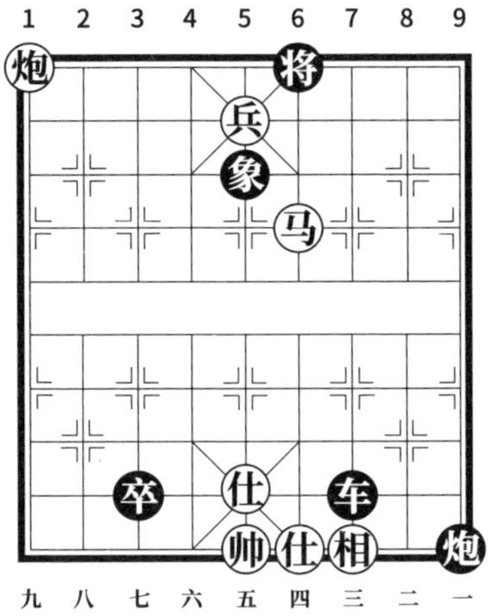

图 2-19

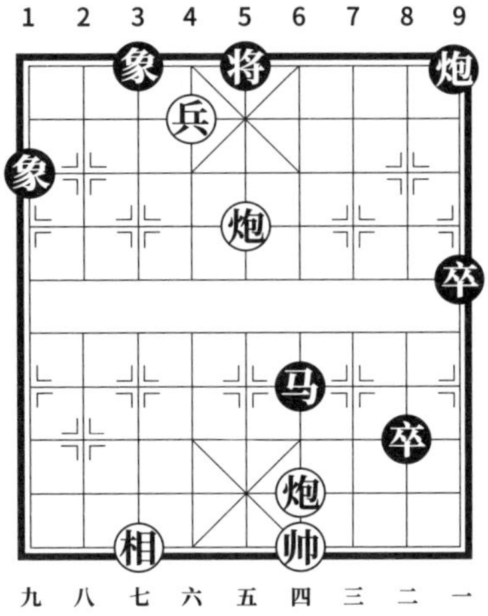

图 2-20

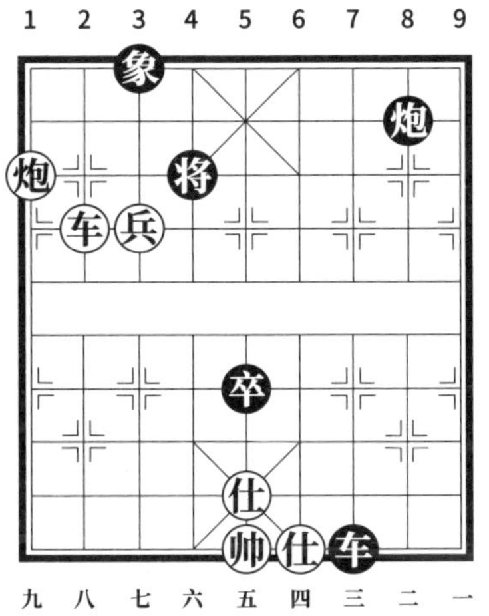

图 2-21

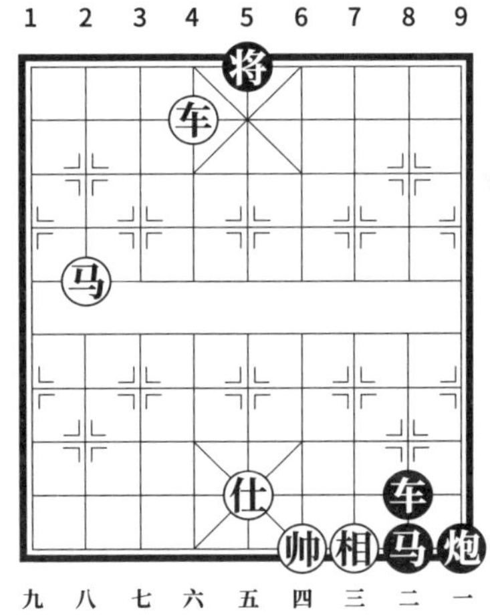

图 2-22

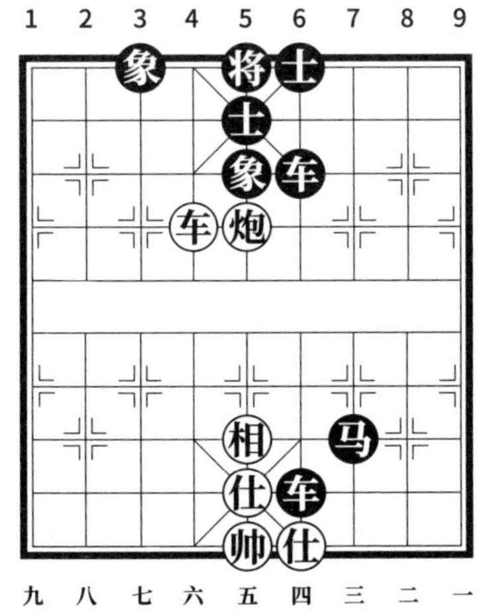

图 2-23

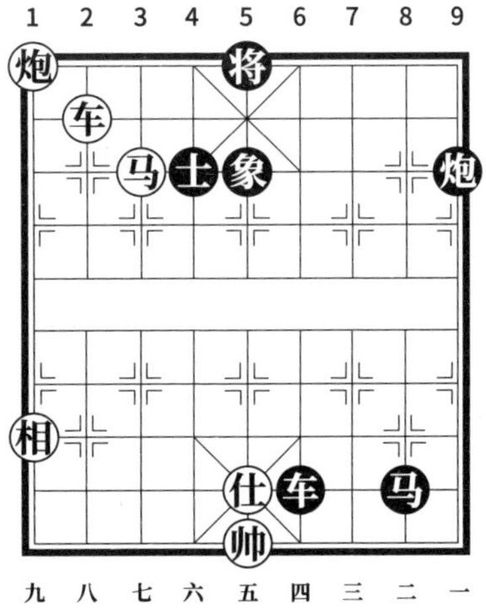

图 2-24

本页图题答案见 197 页

红先胜

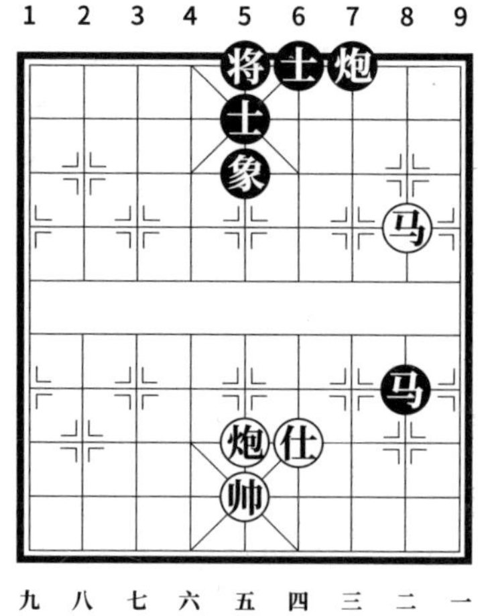
图 2-25

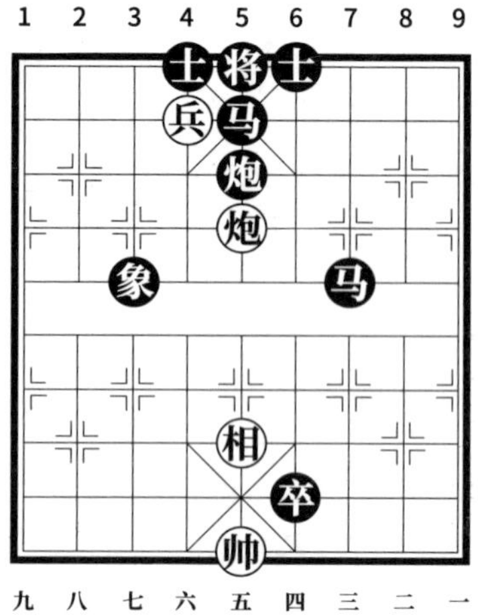
图 2-26

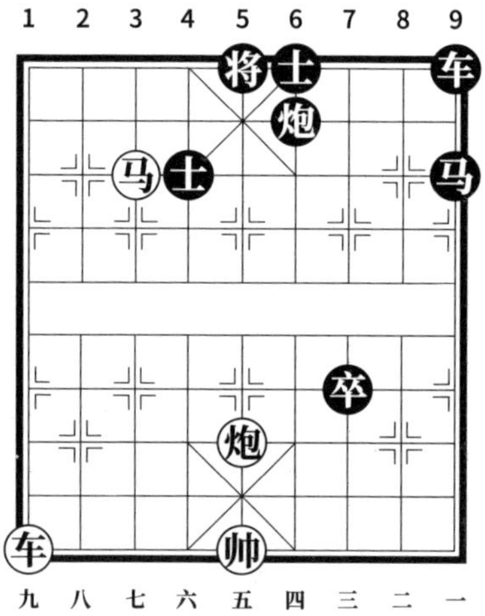
图 2-27

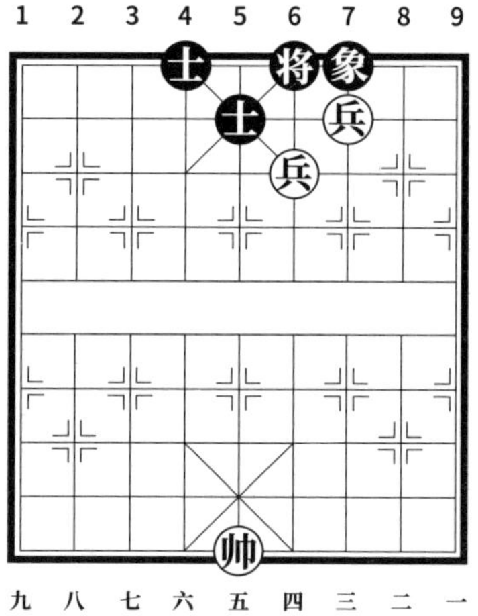
图 2-28

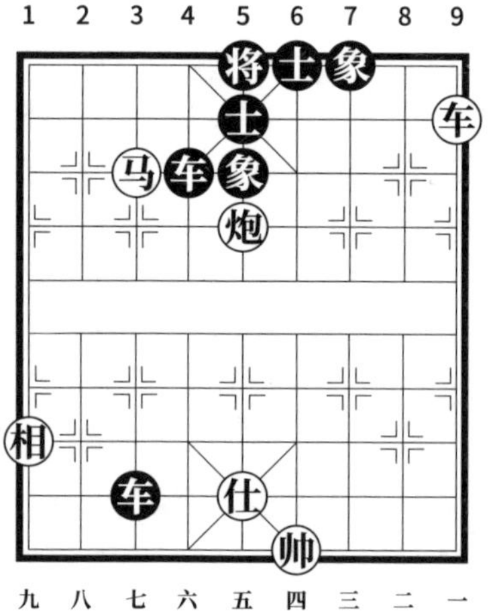
图 2-29

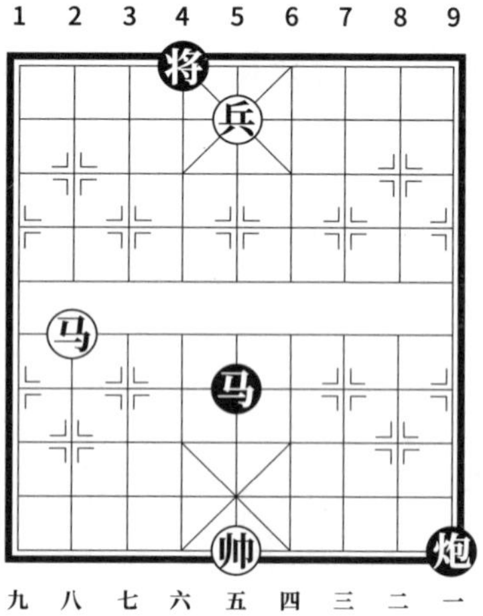
图 2-30

红先胜

本页图题答案见 197、198 页

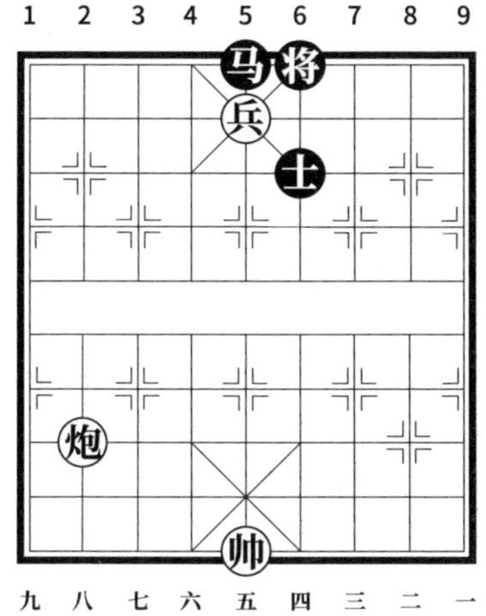

图 2-31

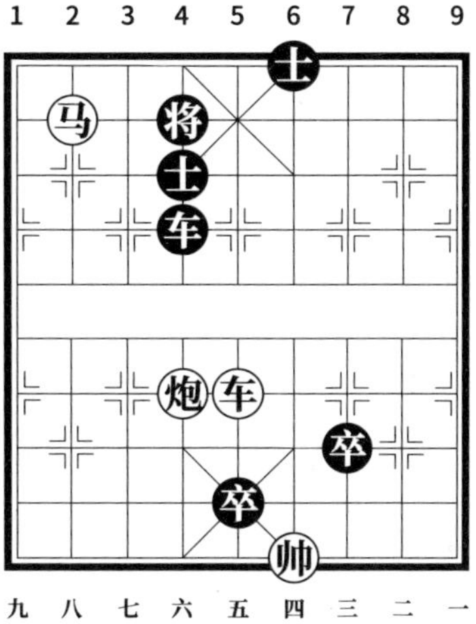

图 2-32

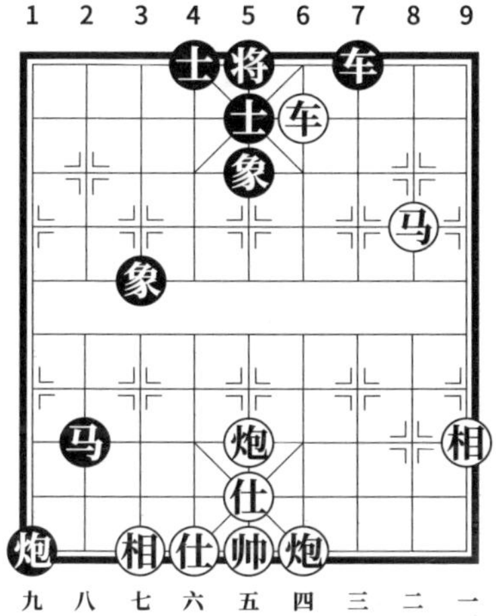

图 2-33

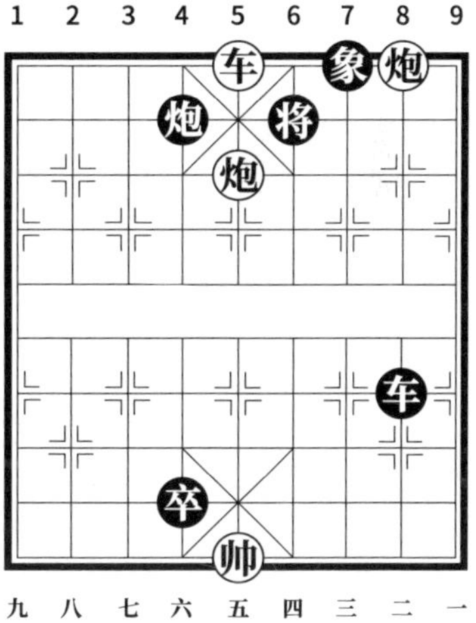

图 2-34

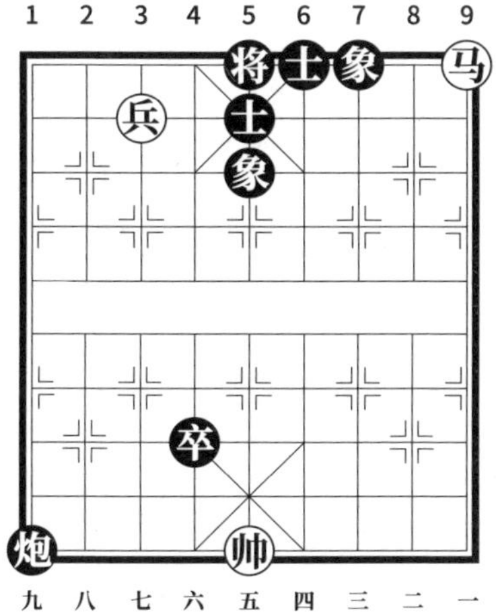

图 2-35

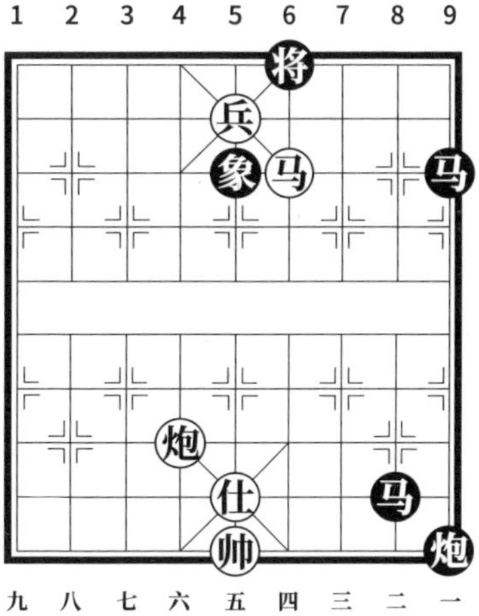

图 2-36

本页图题答案见 198 页

红先胜

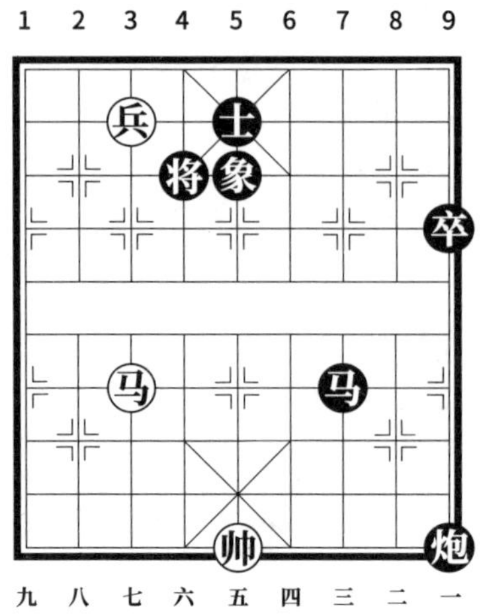

图 2-37

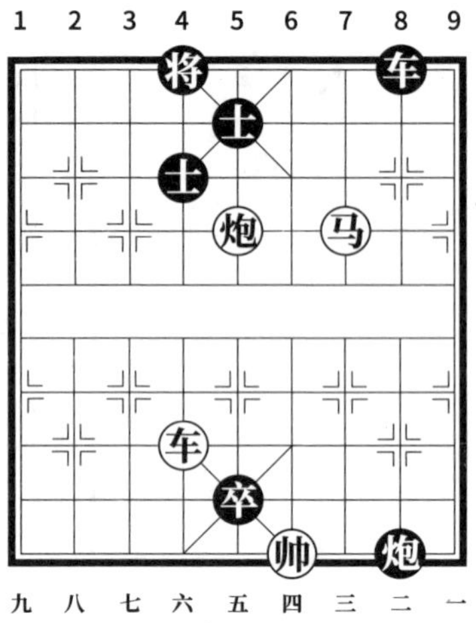

图 2-38

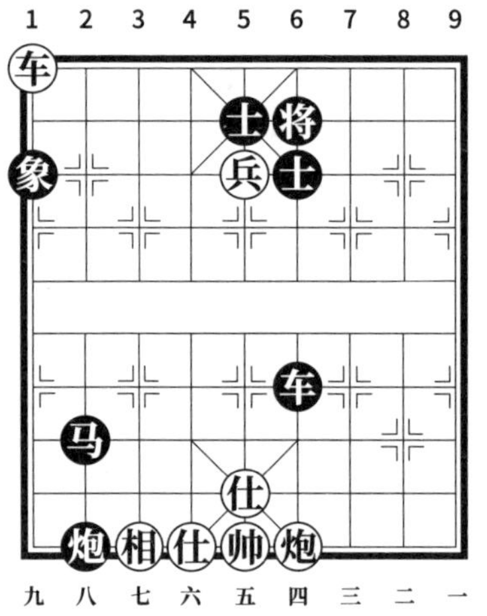

图 2-39

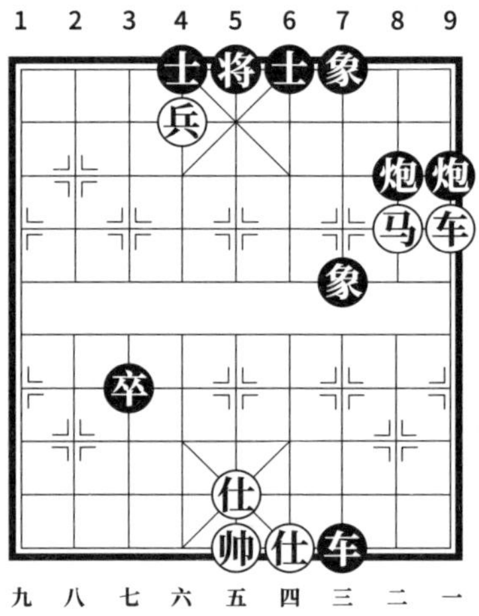

图 2-40

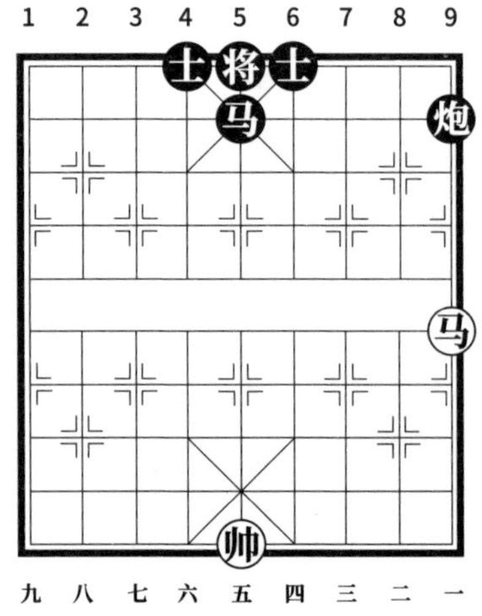

图 2-41

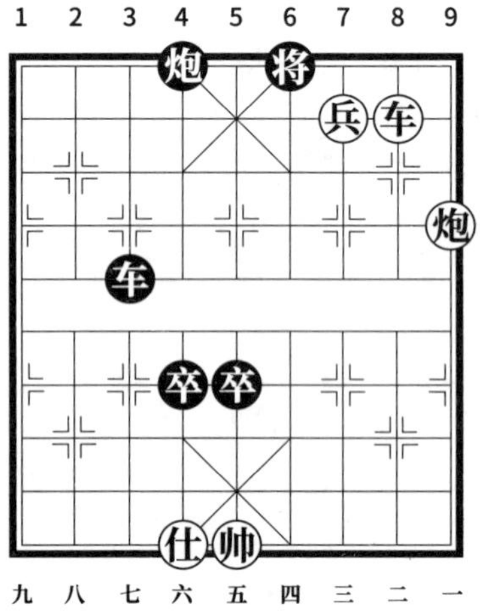

图 2-42

红先胜

本页图题答案见 198 页

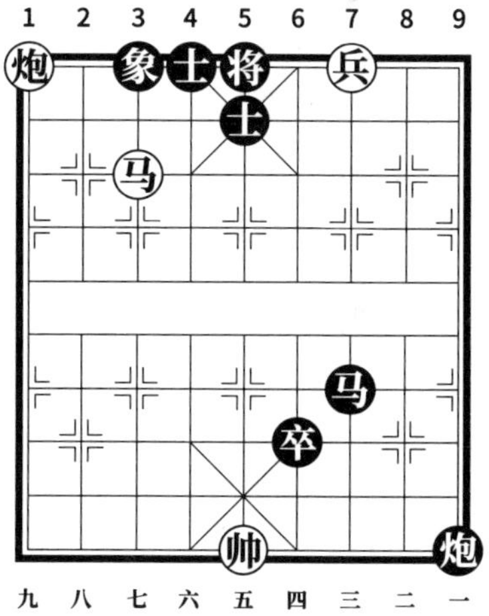

图 2-43

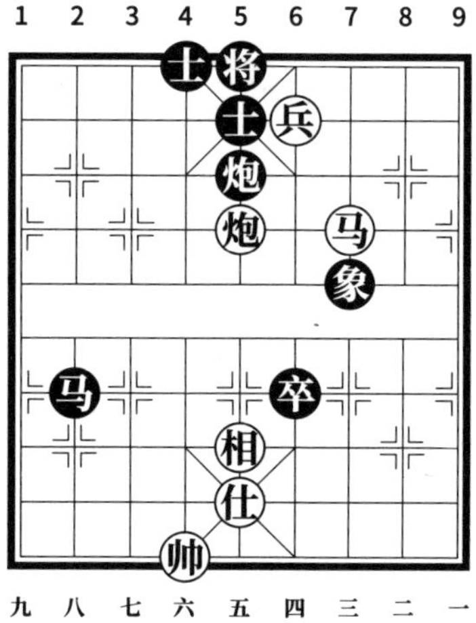

图 2-44

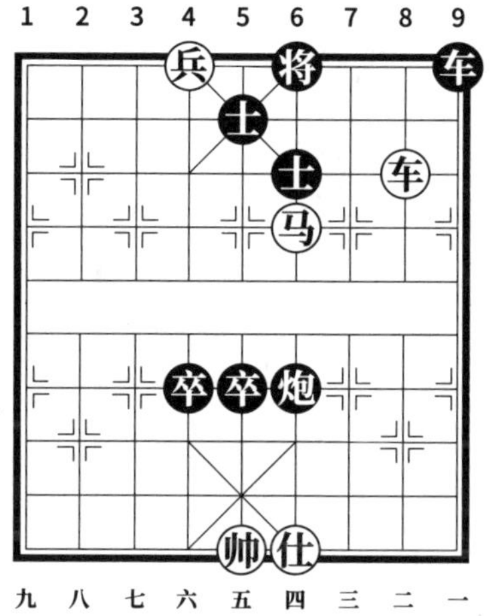

图 2-45

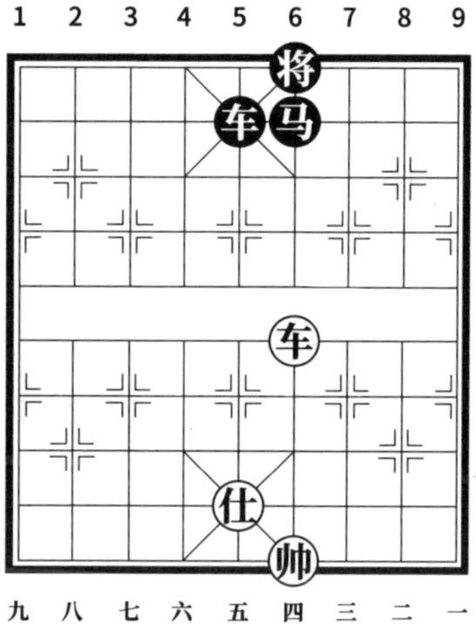

图 2-46

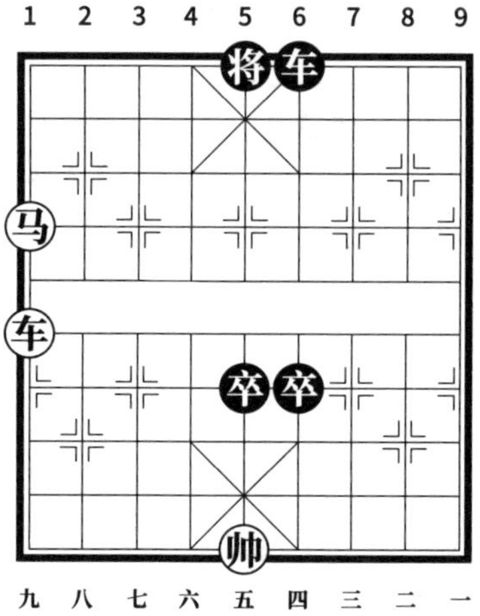

图 2-47

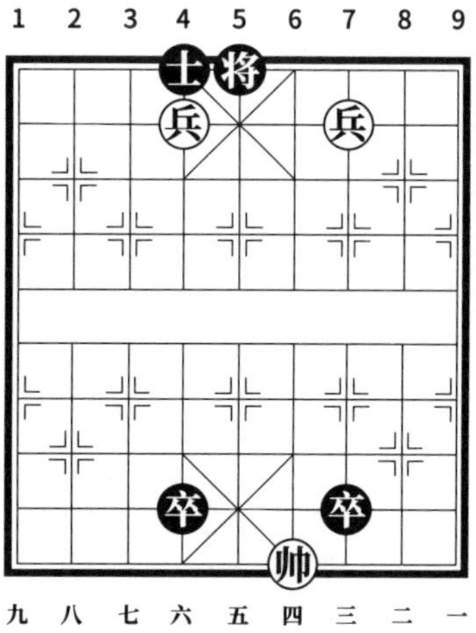

图 2-48

本页图题答案见 198 页

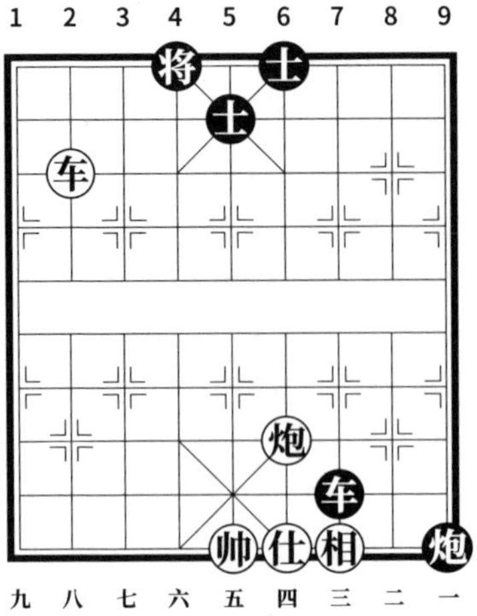

图 2-49

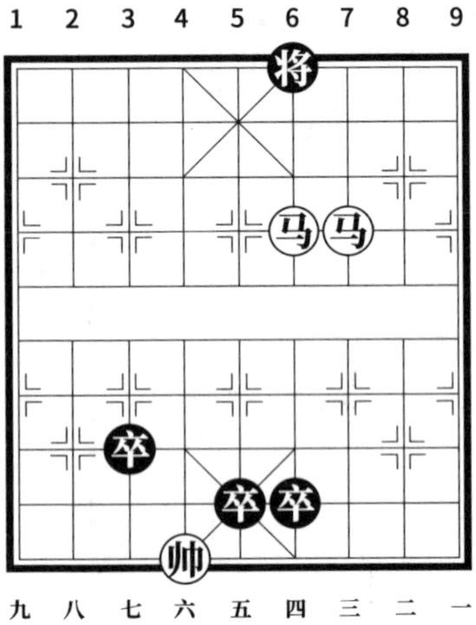

图 2-50

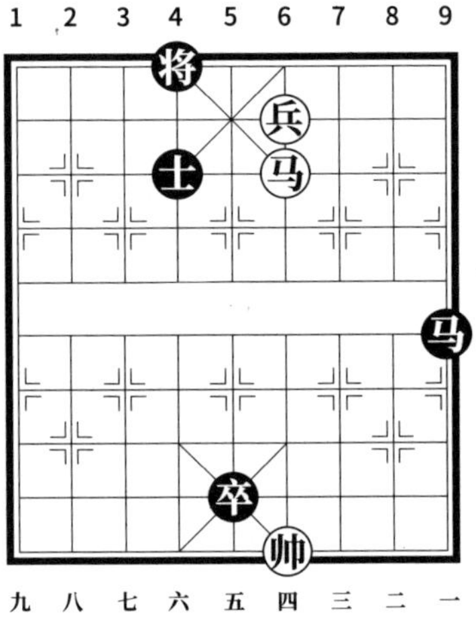

图 2-51

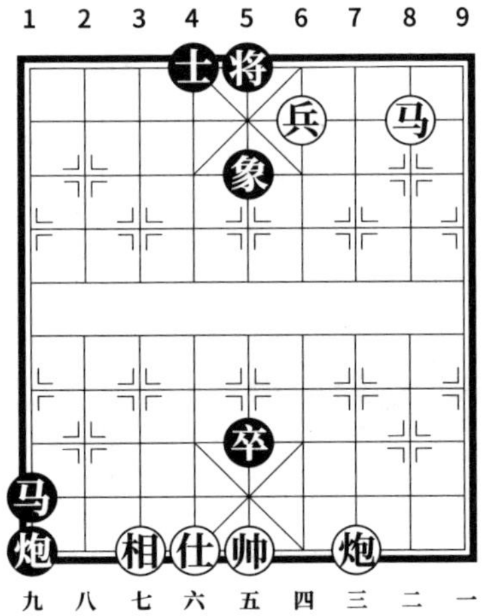

图 2-52

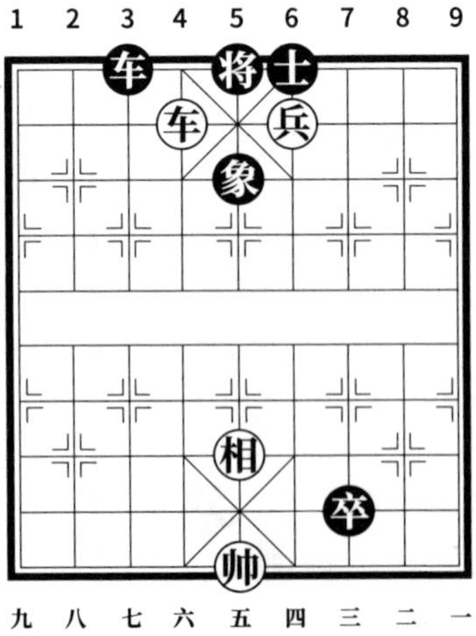

图 2-53

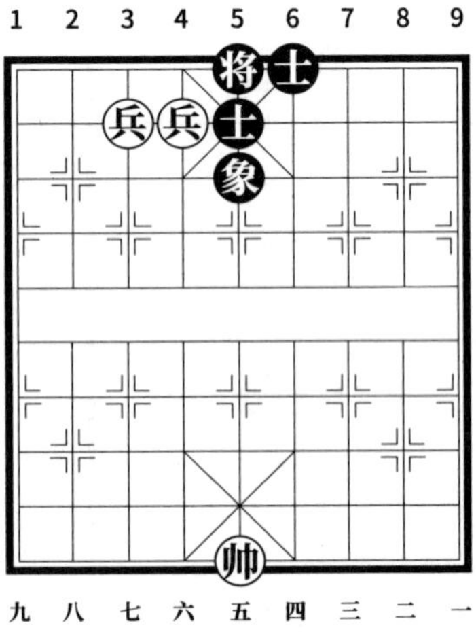

图 2-54

红先胜

本页图题答案见 198 页

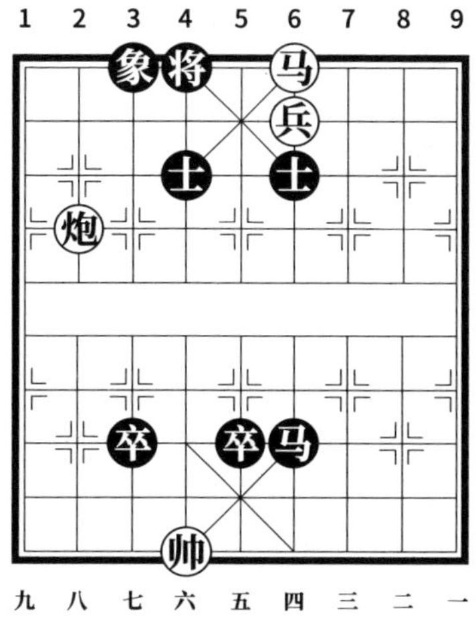

图 2-55

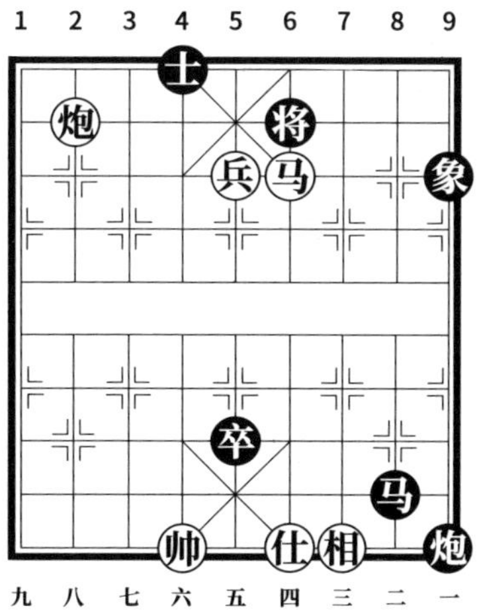

图 2-56

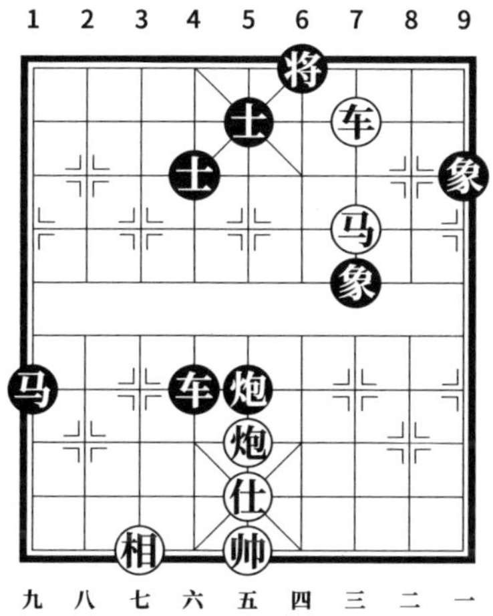

图 2-57

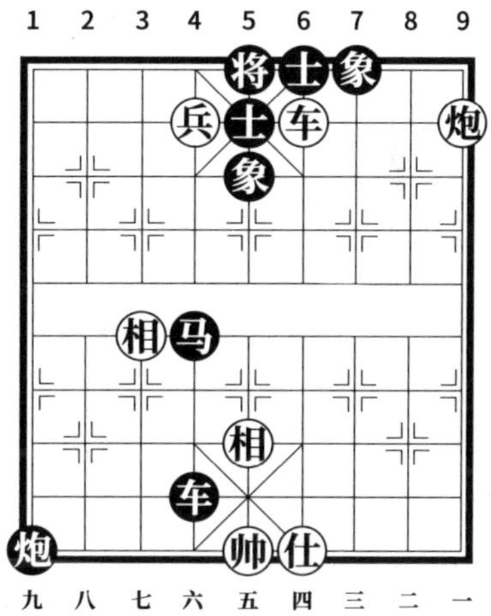

图 2-58

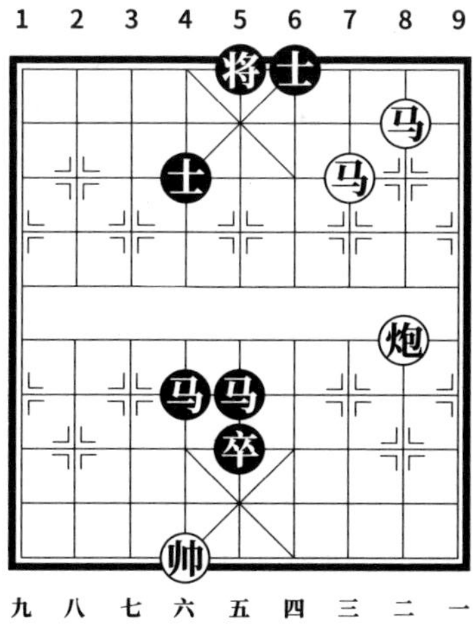

图 2-59

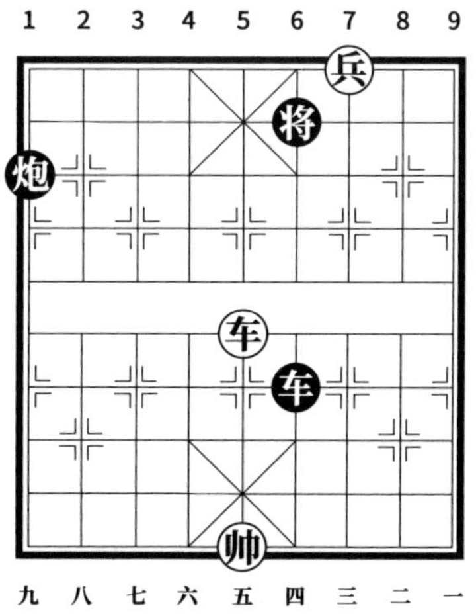

图 2-60

本页图题答案见 198 页

红先胜

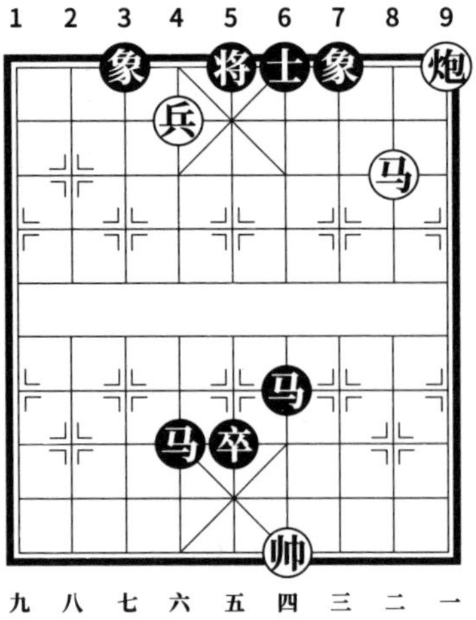

图 2-61

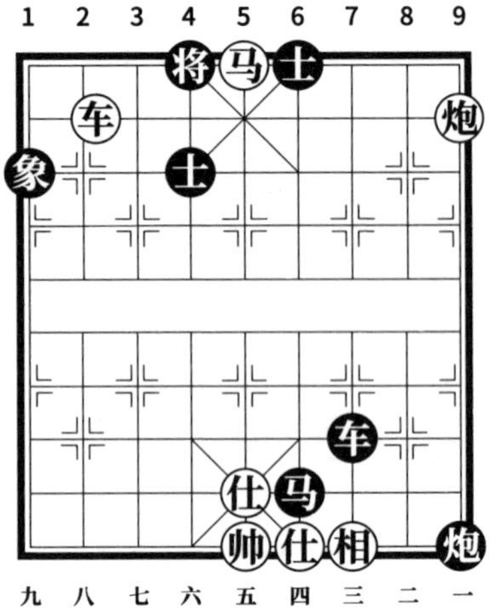

图 2-62

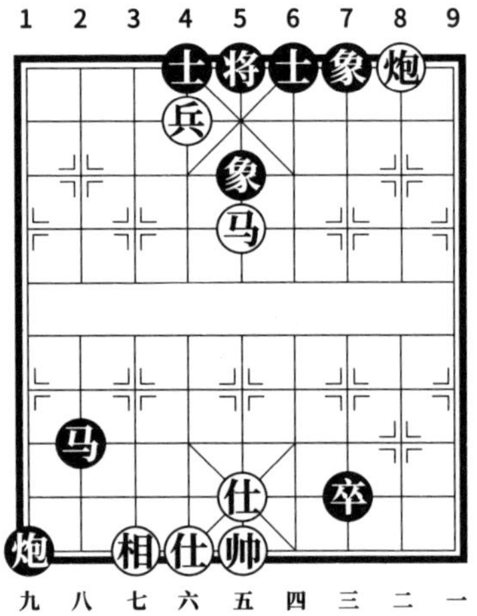

图 2-63

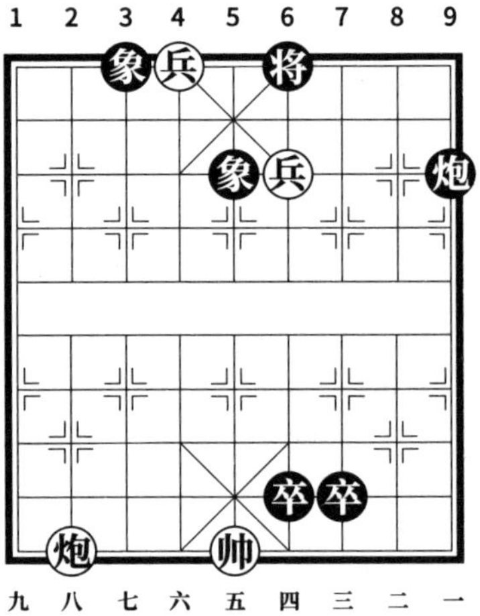

图 2-64

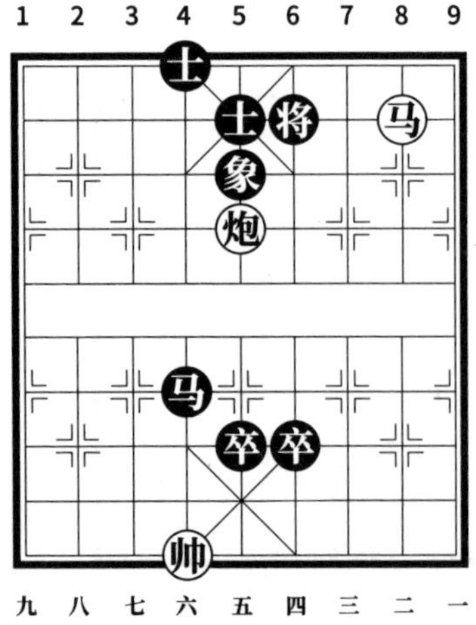

图 2-65

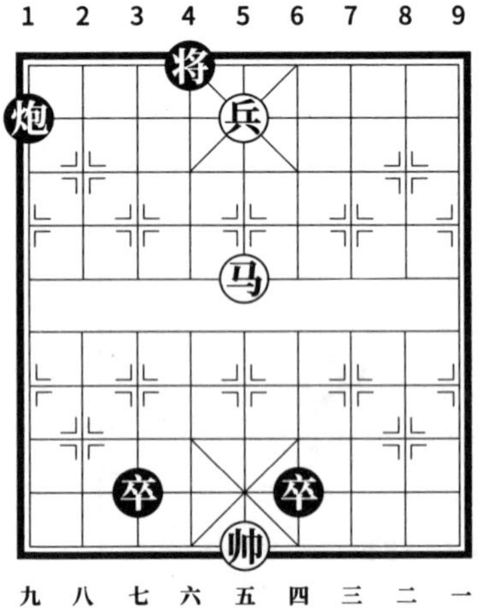

图 2-66

红先胜

本页图题答案见 198、199 页

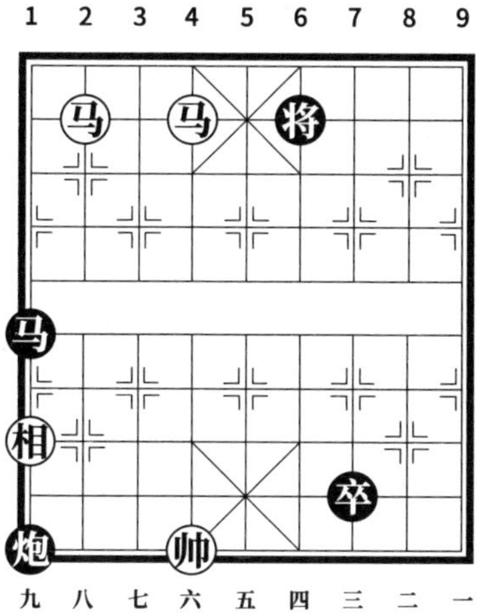

图 2-67

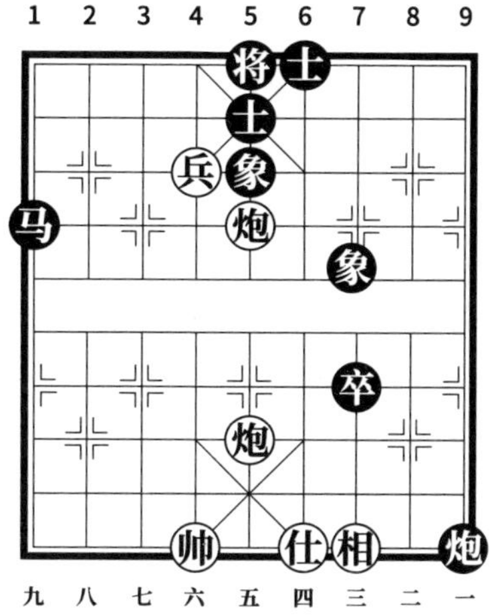

图 2-68

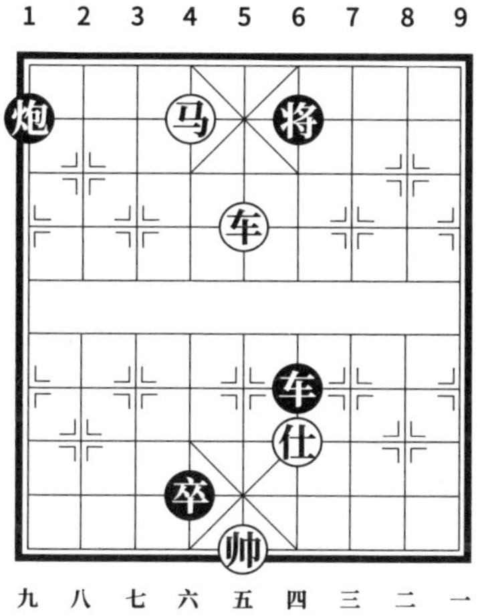

图 2-69

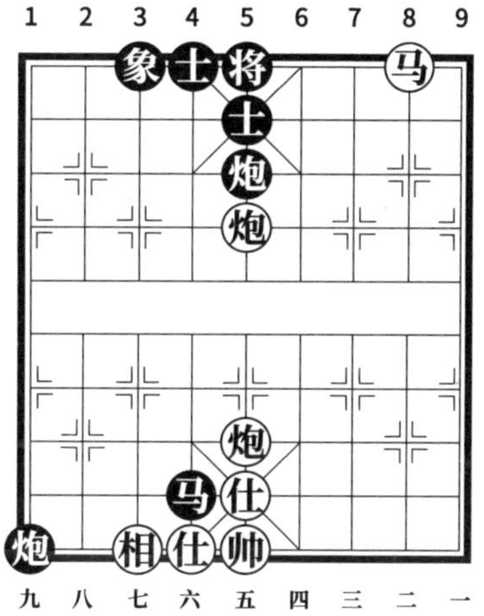

图 2-70

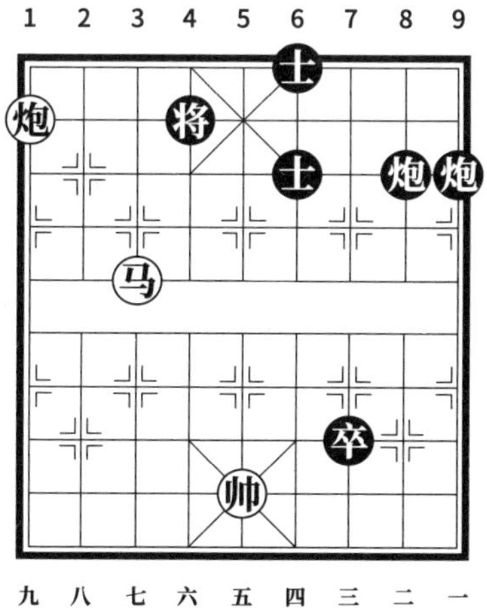

图 2-71

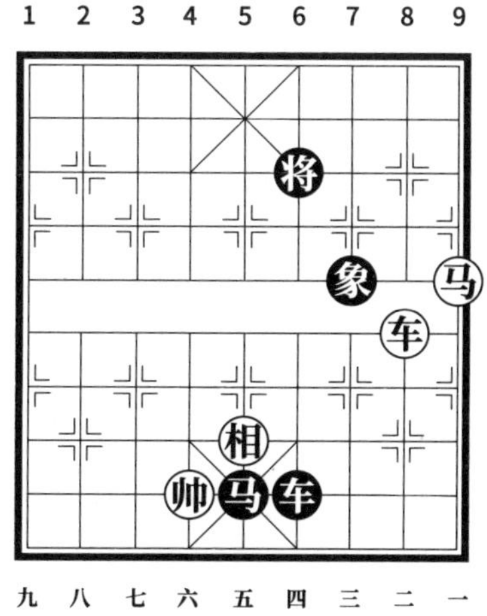

图 2-72

本页图题答案见 199 页

红先胜

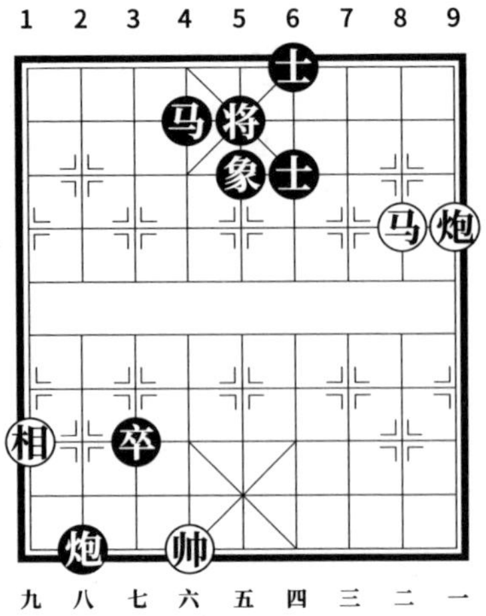

图 2-73

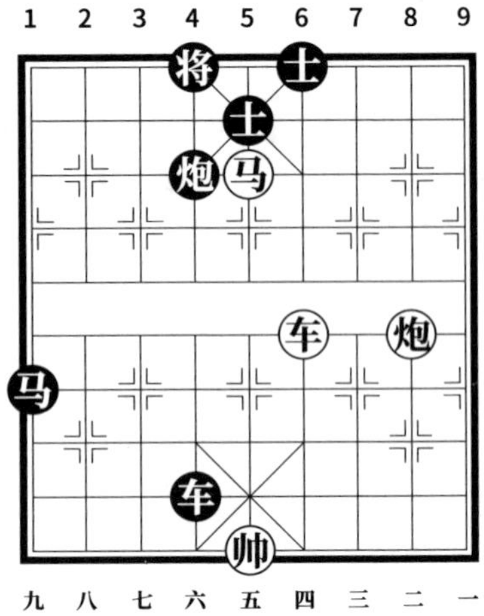

图 2-74

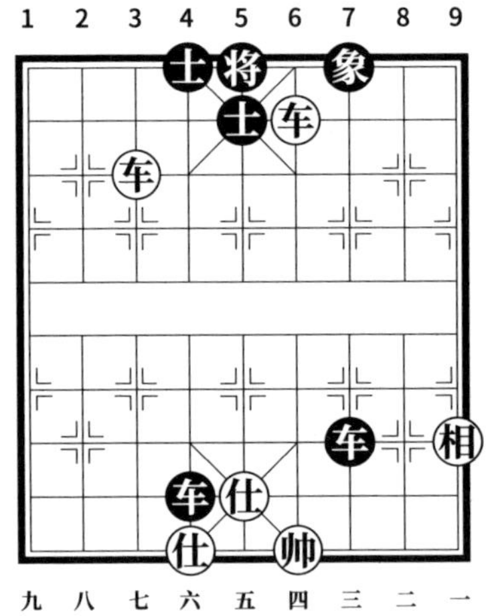

图 2-75

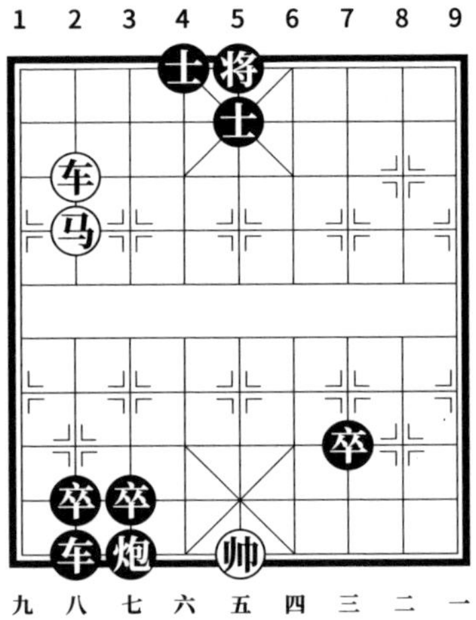

图 2-76

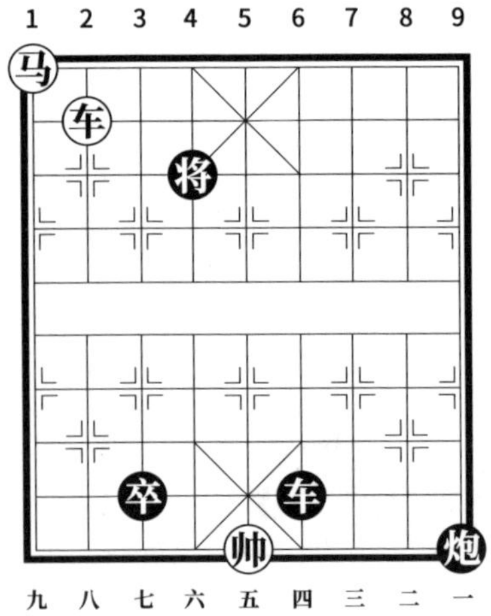

图 2-77

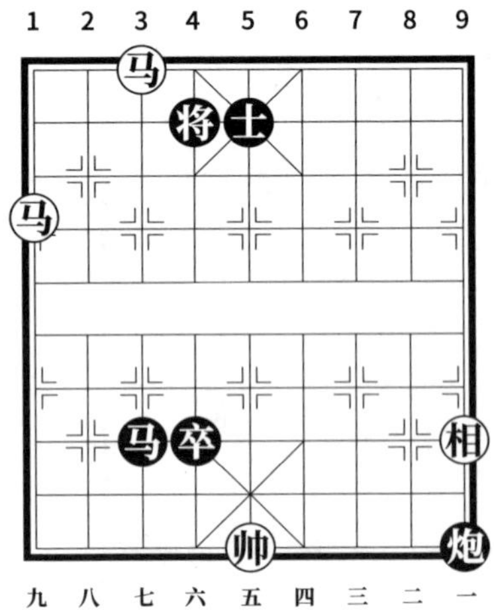

图 2-78

红先胜

本页图题答案见 199 页

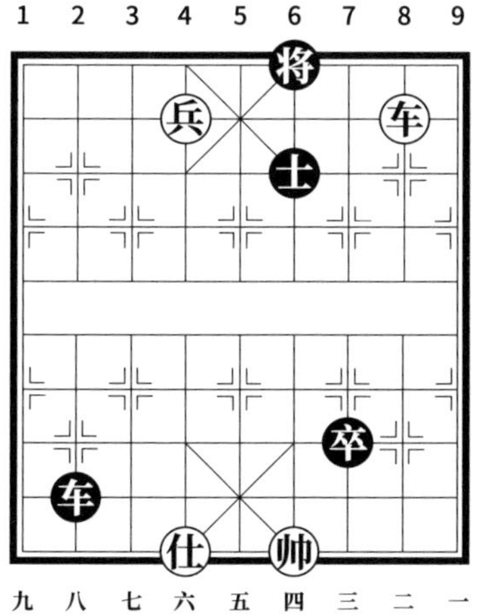

图 2-79

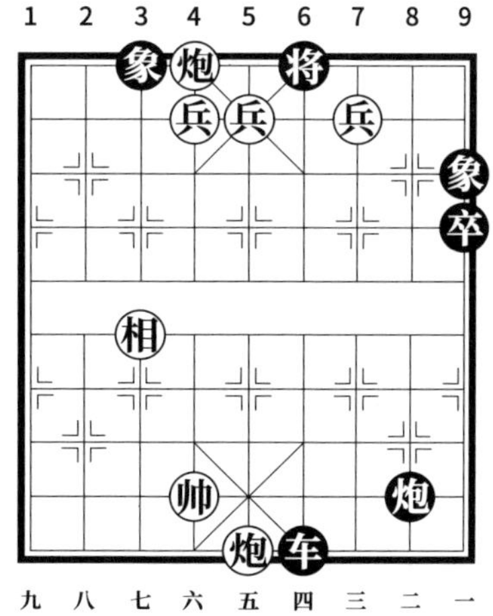

图 2-80

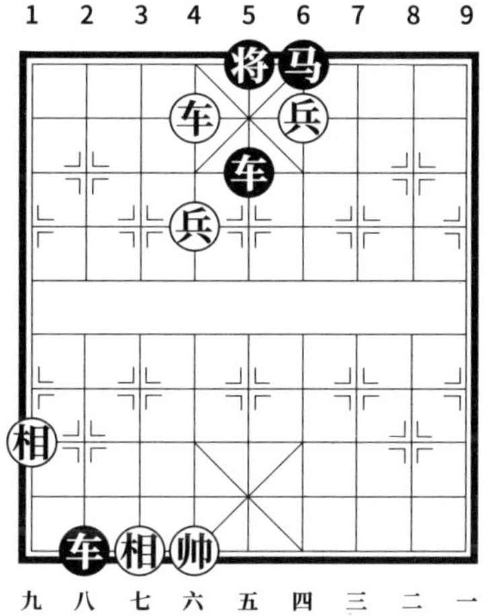

图 2-81

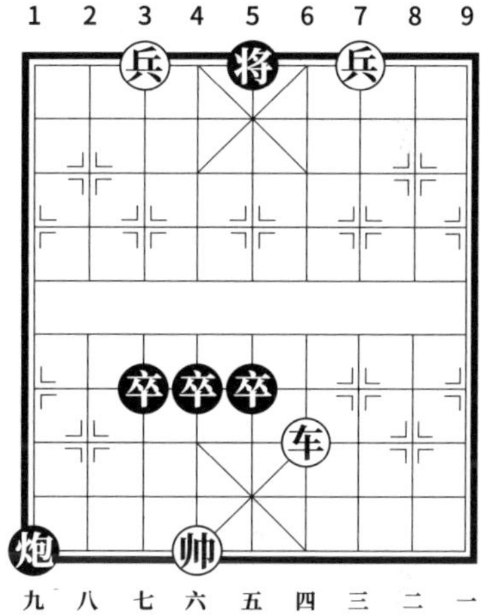

图 2-82

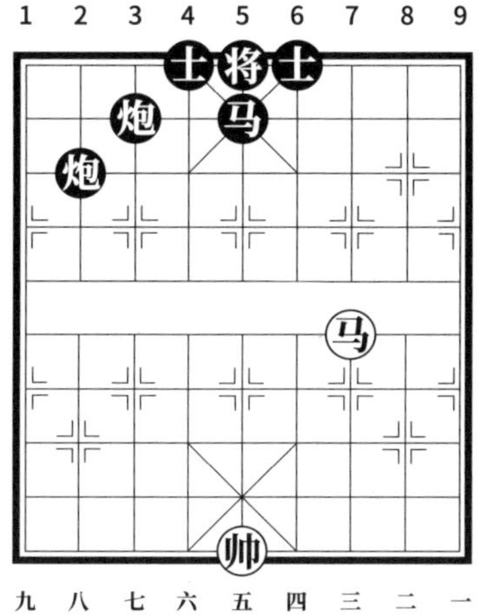

图 2-83

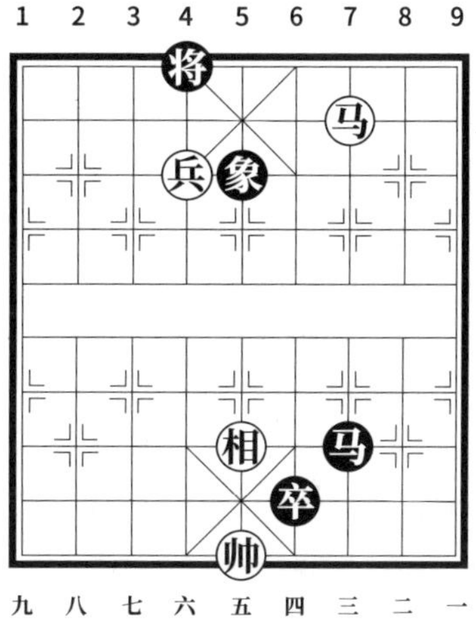

图 2-84

本页图题答案见 199 页

红先胜

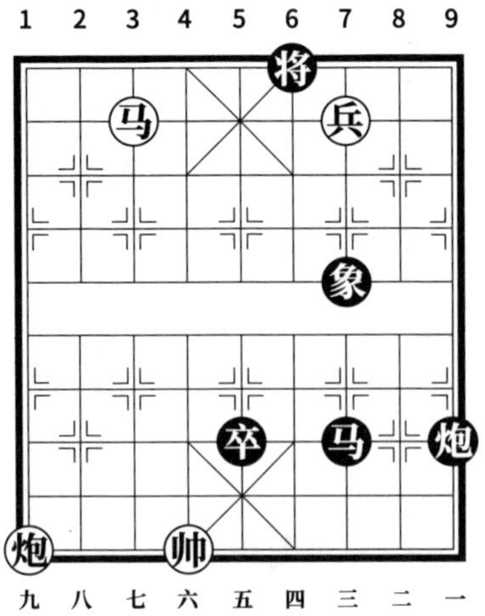

图 2-85

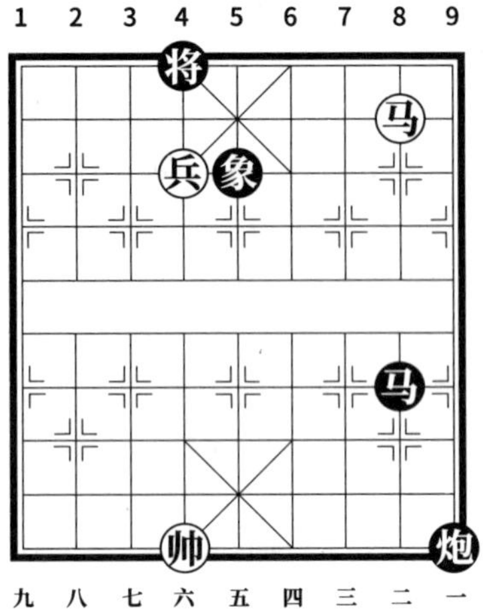

图 2-86

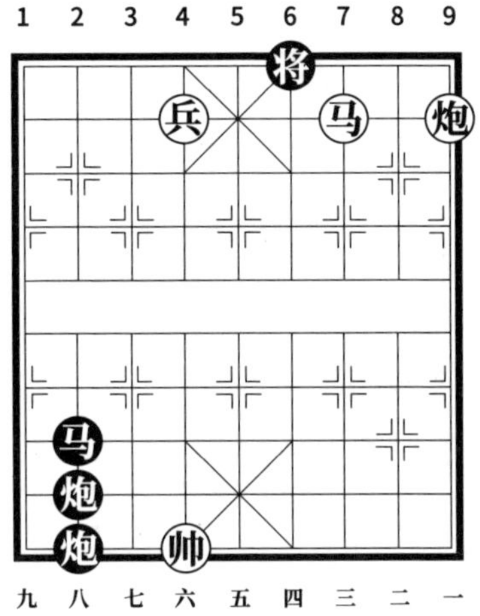

图 2-87

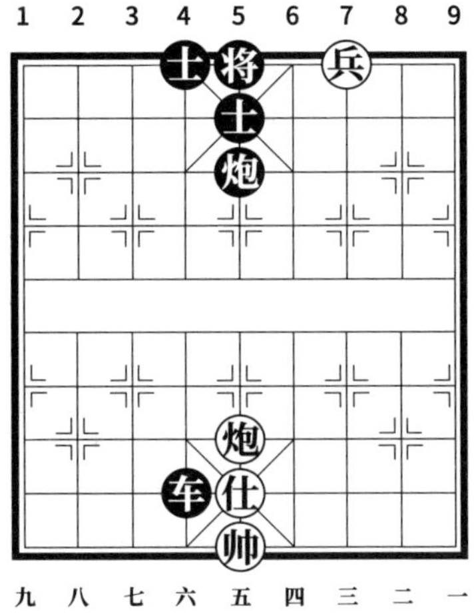

图 2-88

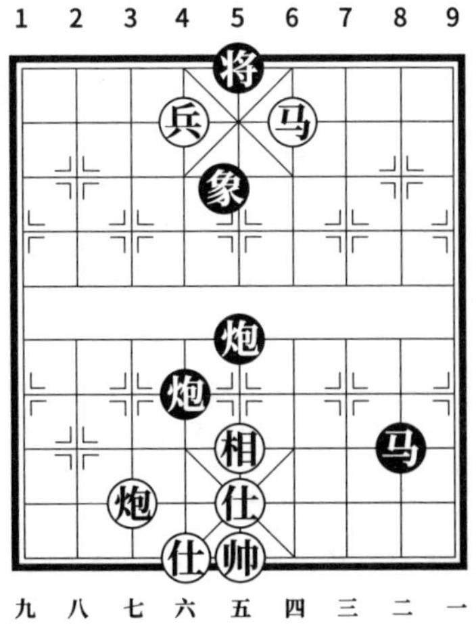

图 2-89

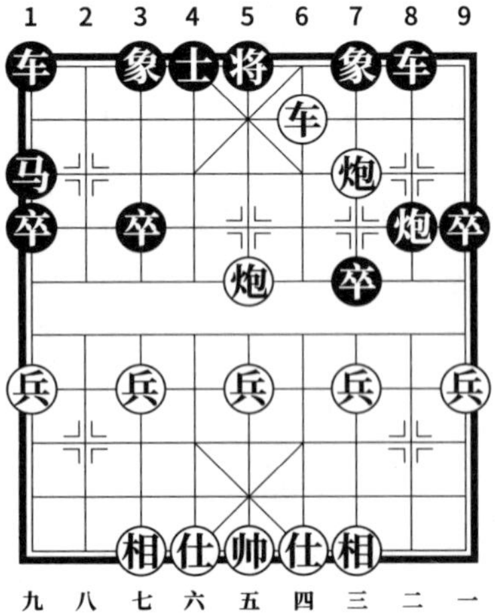

图 2-90

红先胜

本页图题答案见 199 页

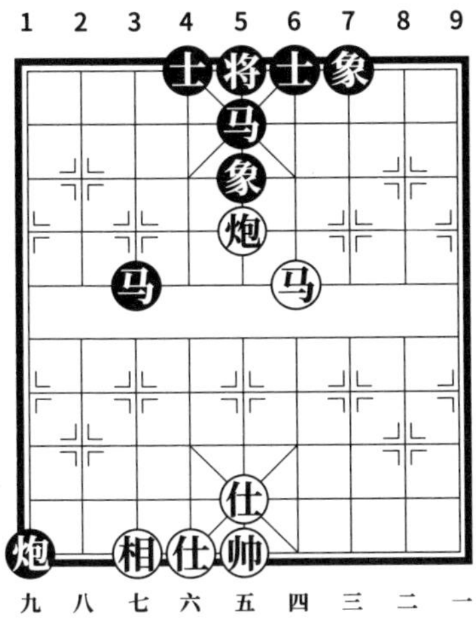

图 2-91

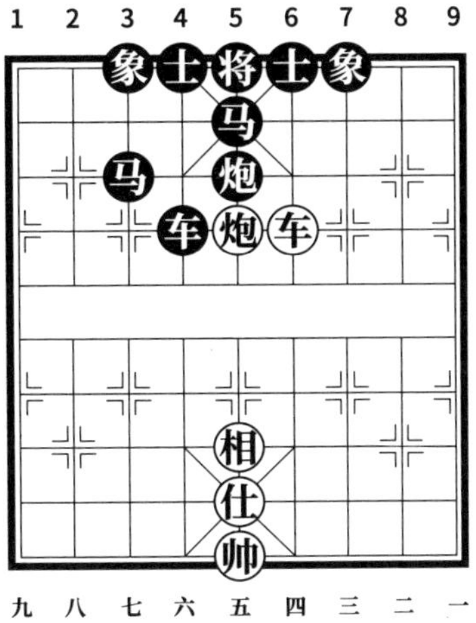

图 2-92

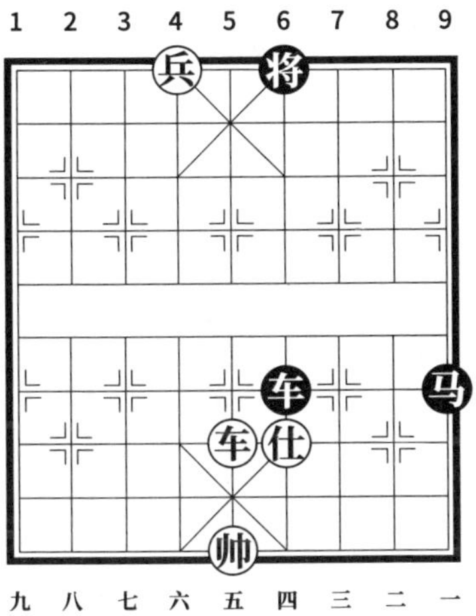

图 2-93

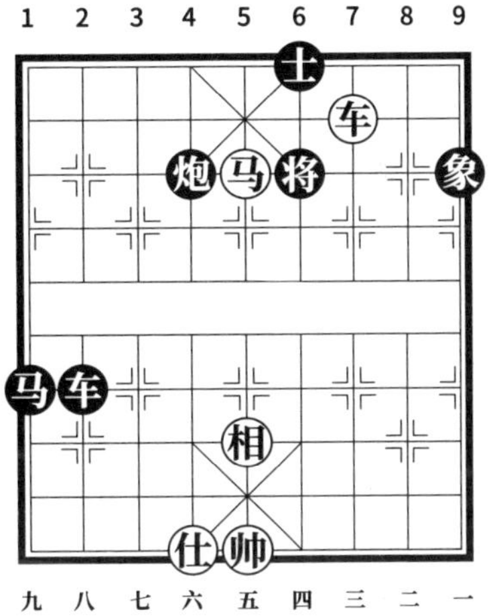

图 2-94

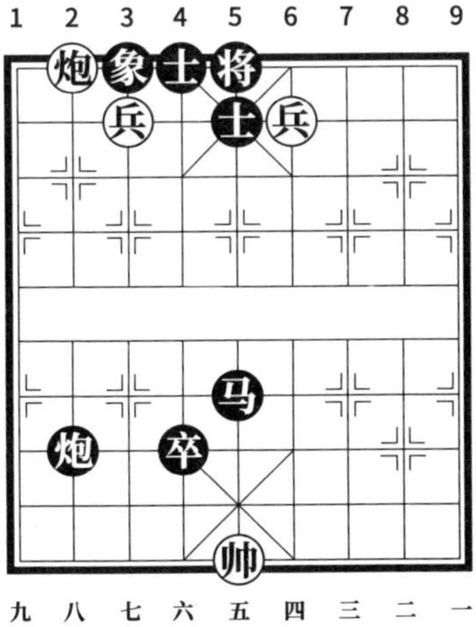

图 2-95

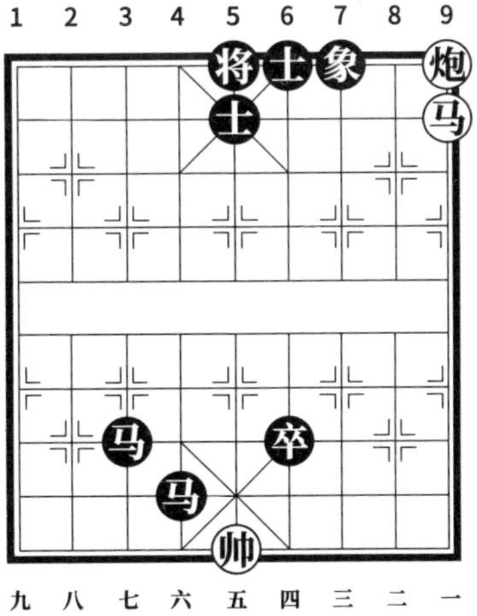

图 2-96

本页图题答案见 199 页

红先胜

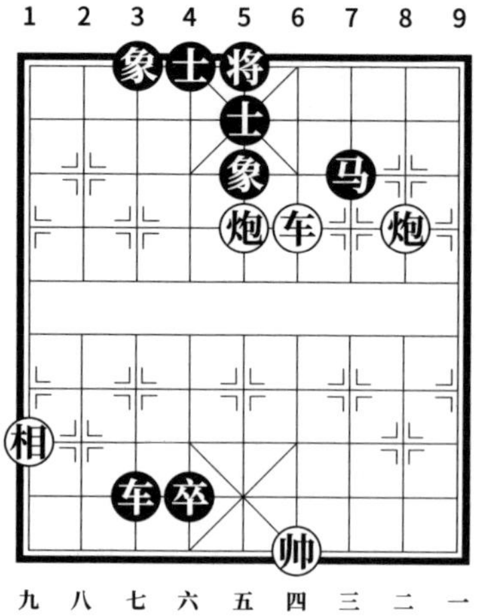

图 2-97

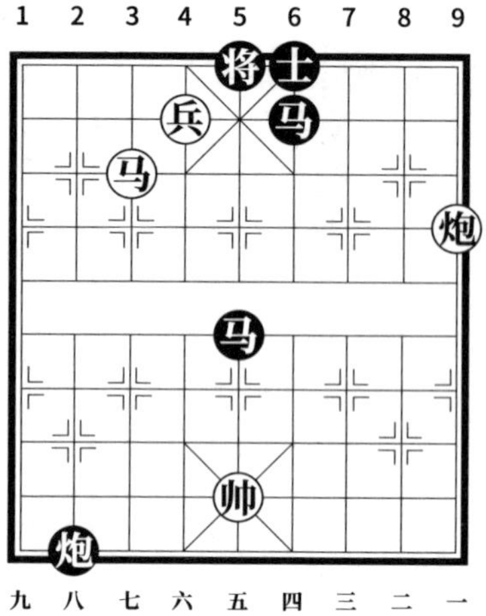

图 2-98

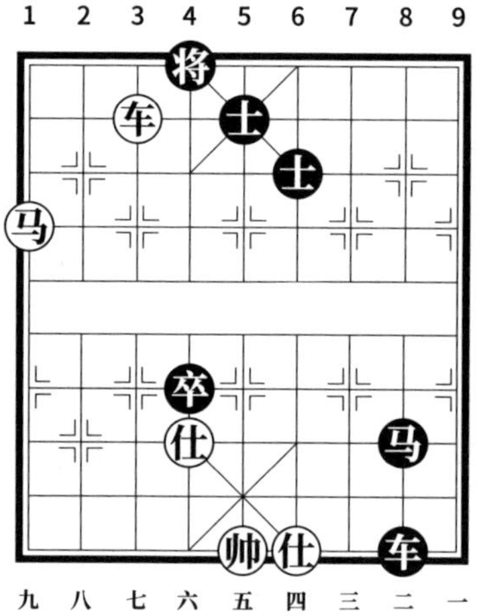

图 2-99

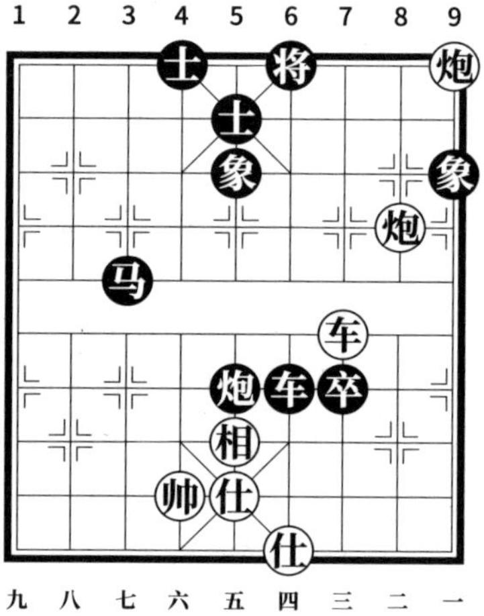

图 2-100

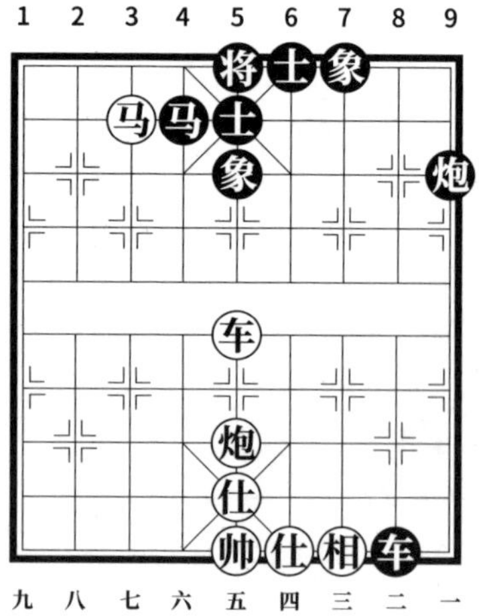

图 2-101

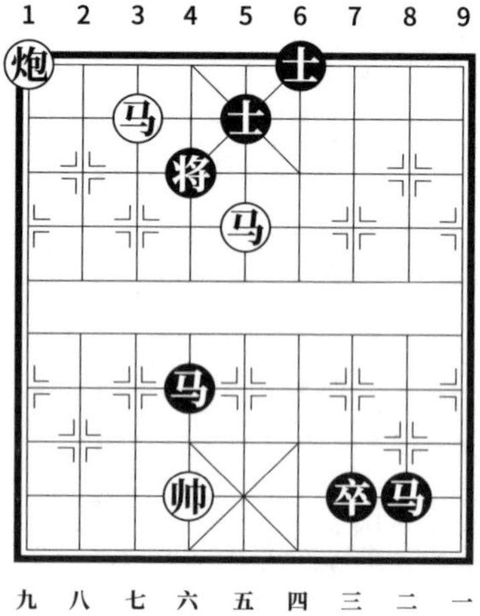

图 2-102

红先胜

本页图题答案见 199 页

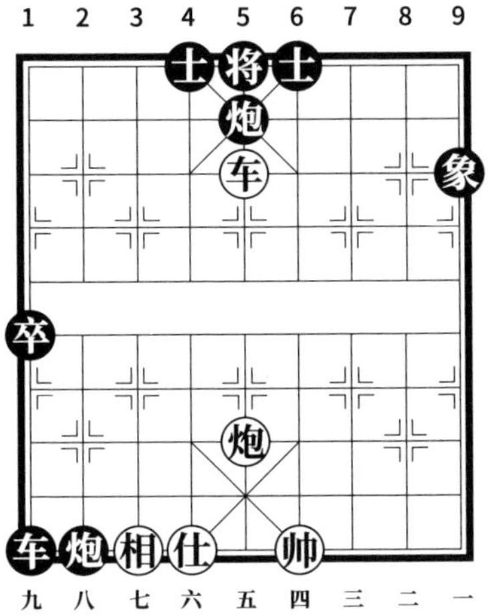

图 2-103

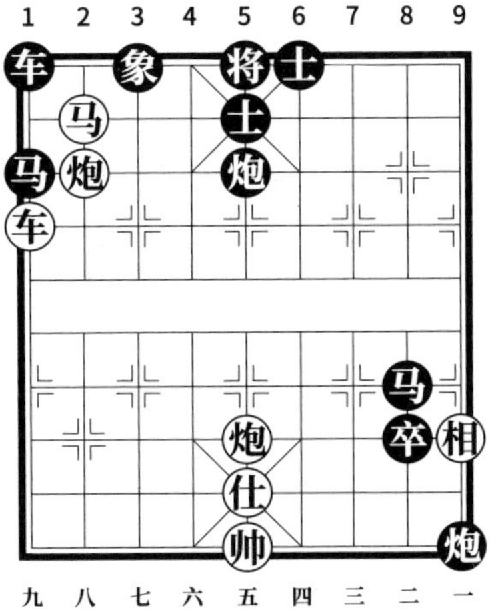

图 2-104

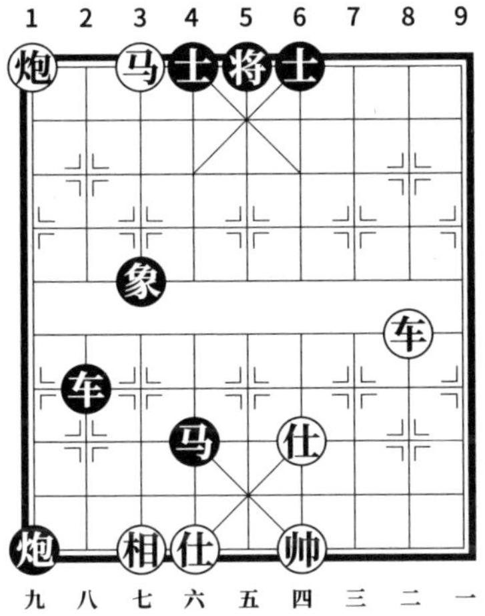

图 2-105

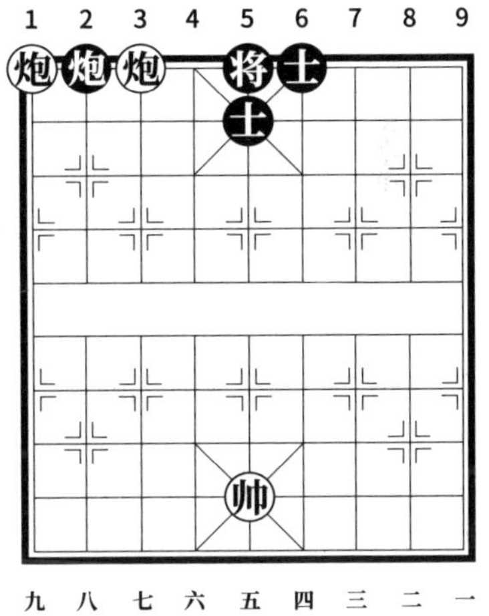

图 2-106

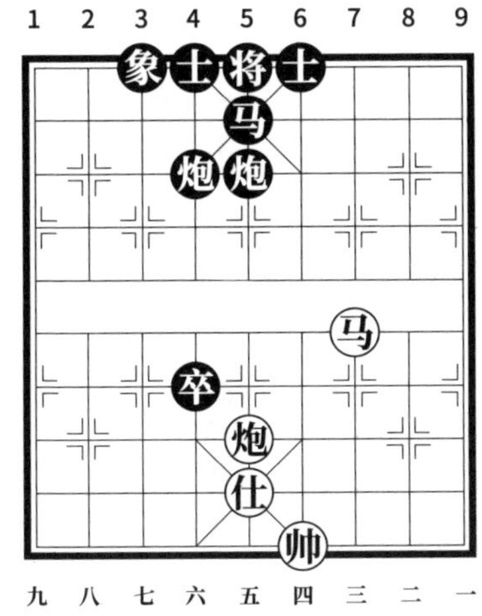

图 2-107

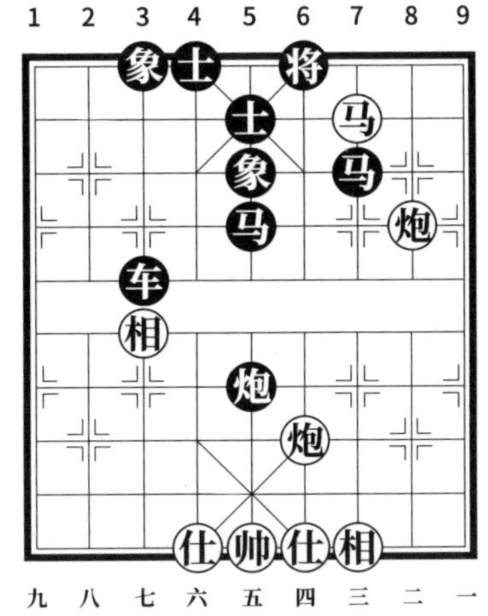

图 2-108

本页图题答案见 199 页

红先胜

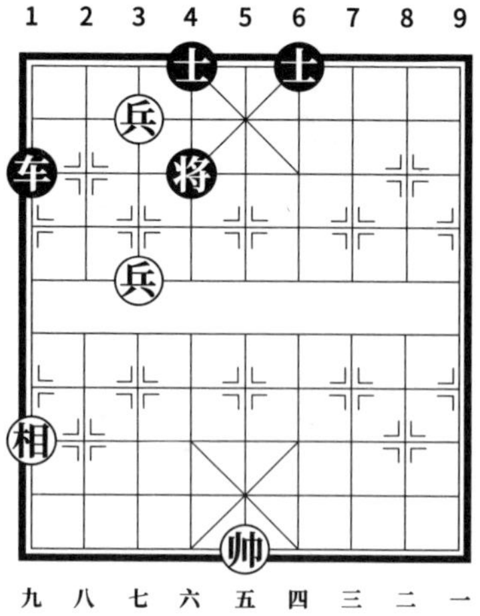
图 2-109

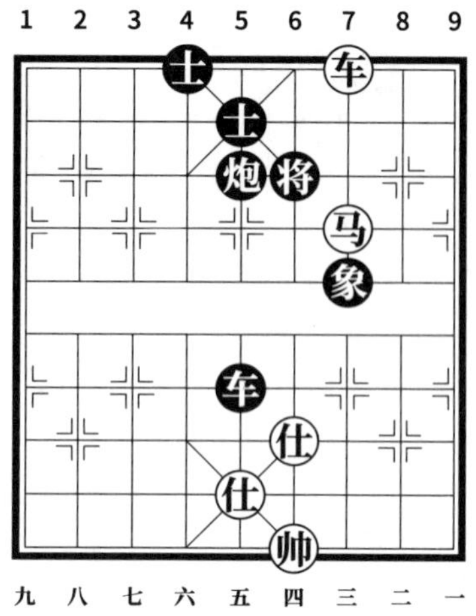
图 2-110

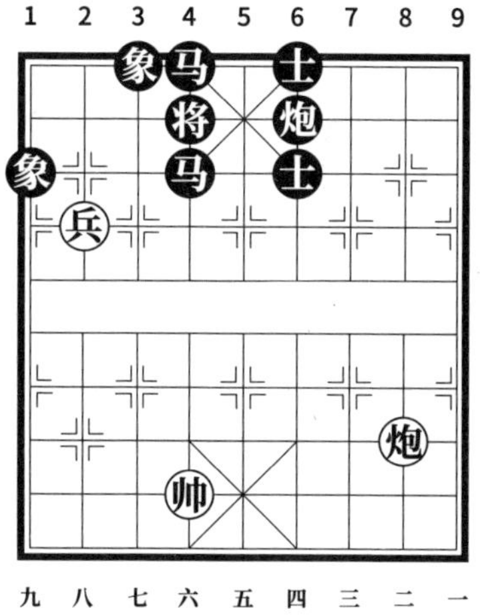
图 2-111

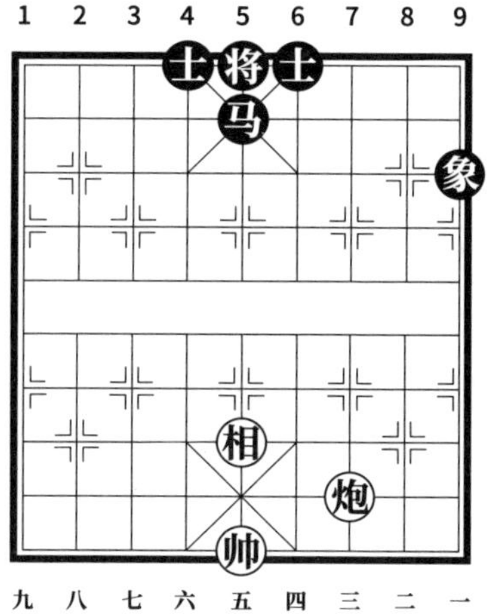
图 2-112

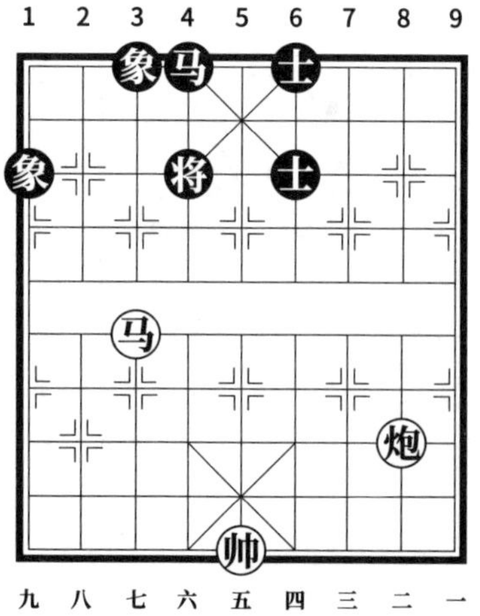
图 2-113

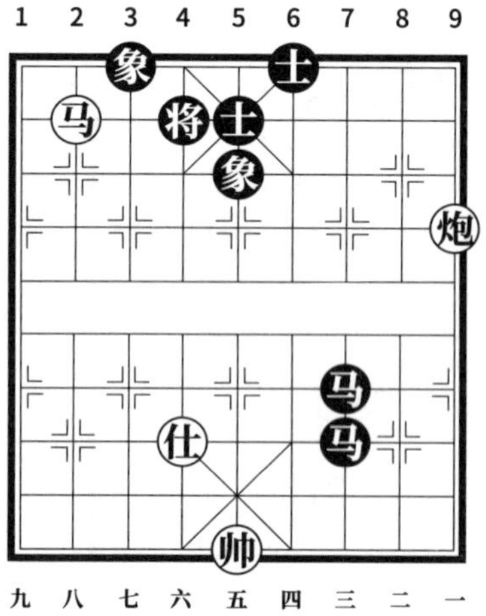
图 2-114

本页图题答案见 200 页

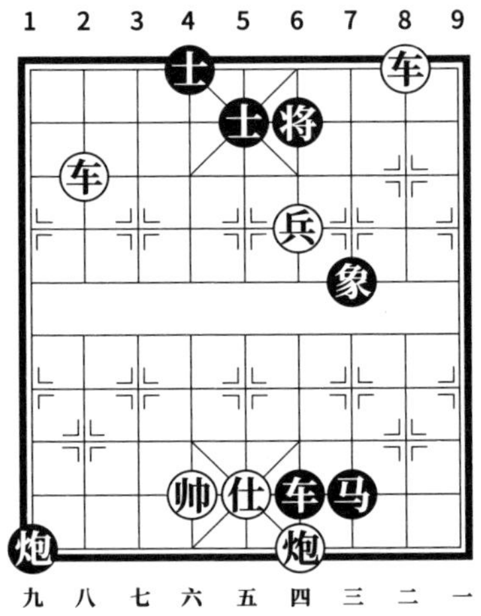

图 2-115

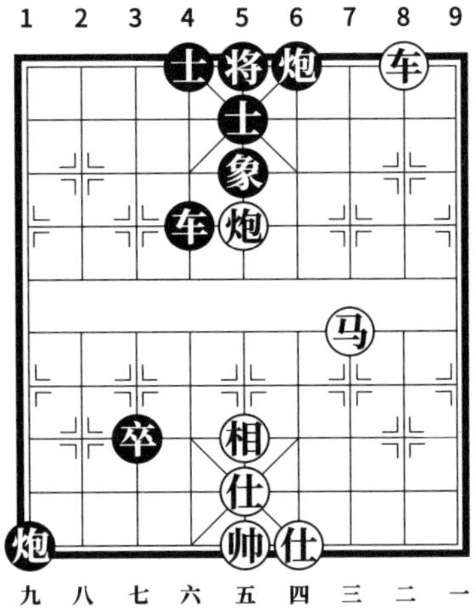

图 2-116

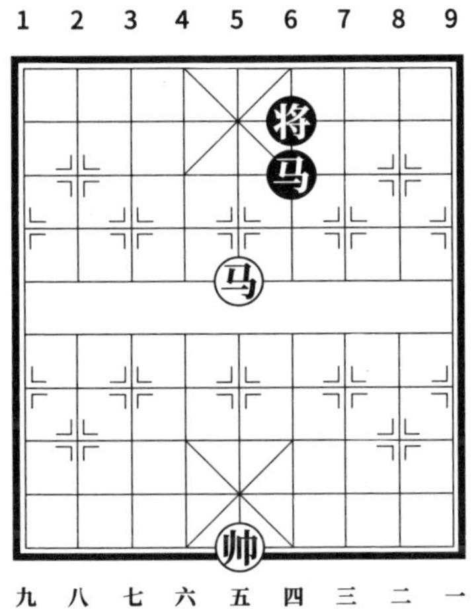

图 2-117

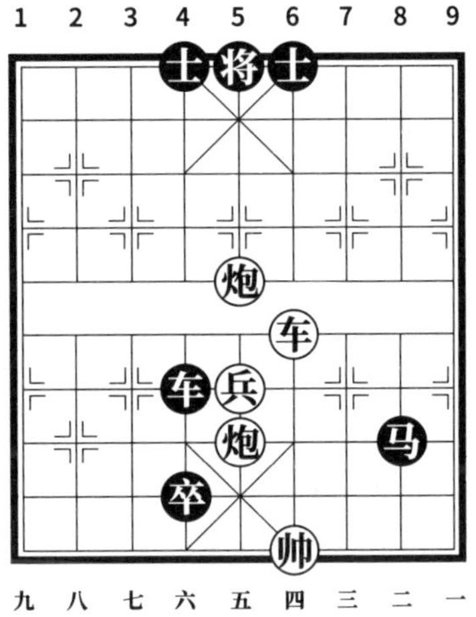

图 2-118

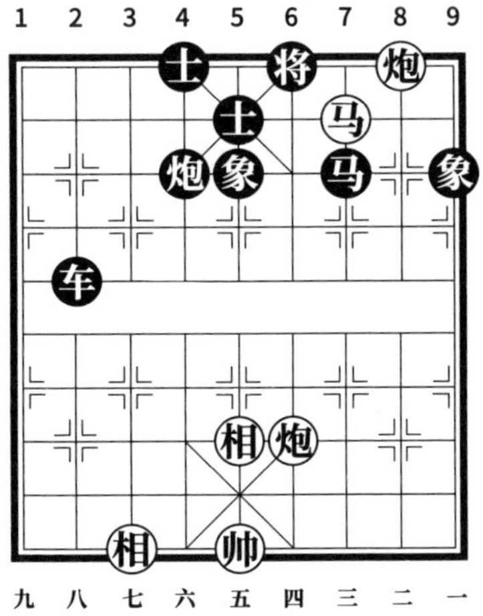

图 2-119

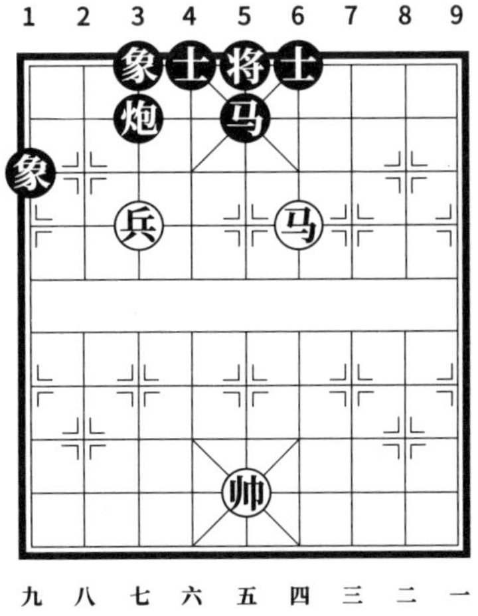

图 2-120

本页图题答案见 200 页

红先胜

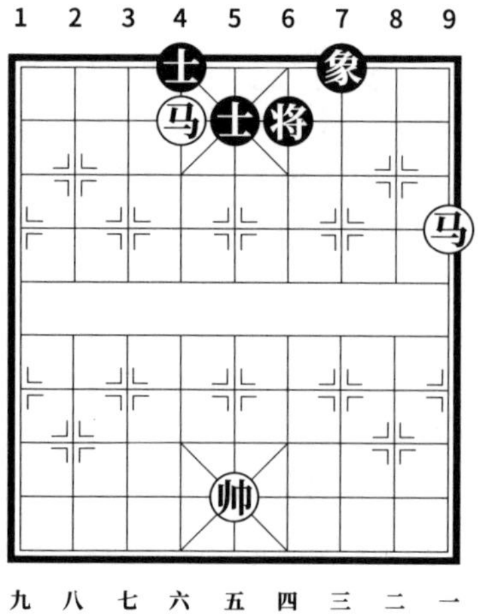

图 2-121

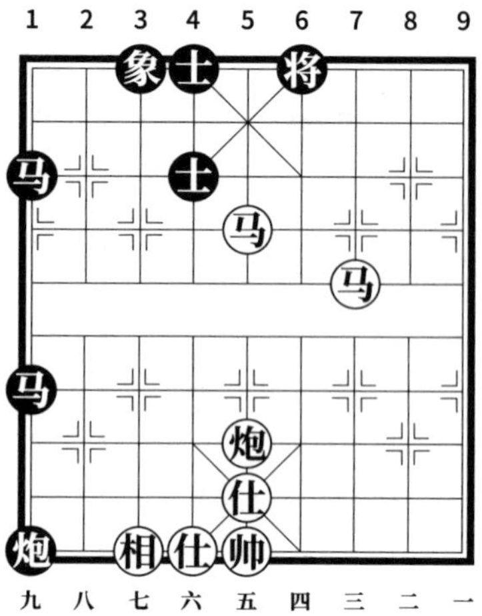

图 2-122

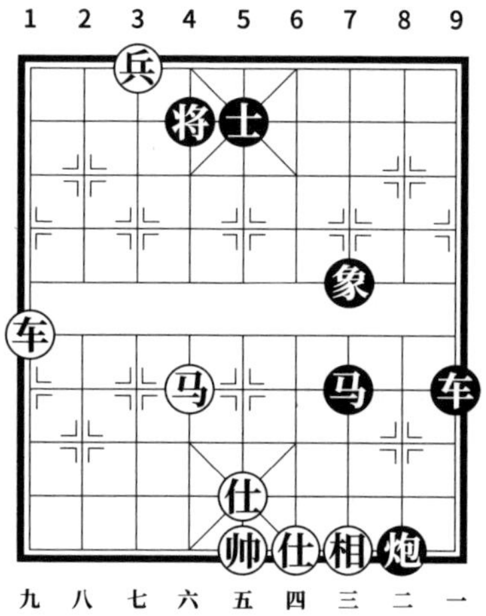

图 2-123

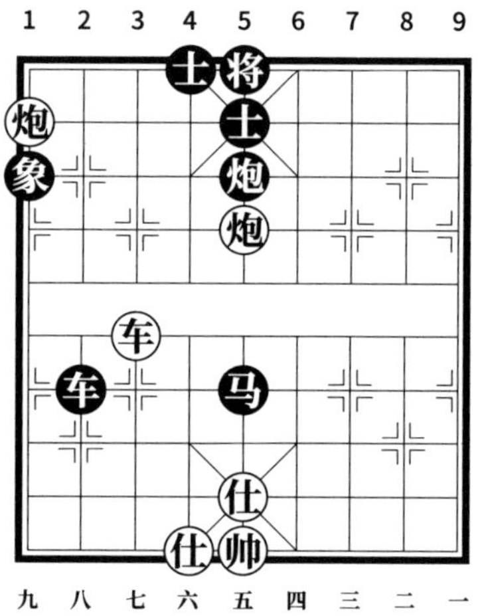

图 2-124

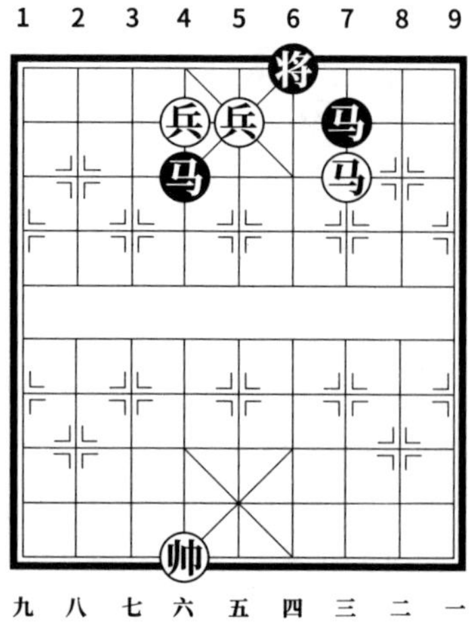

图 2-125

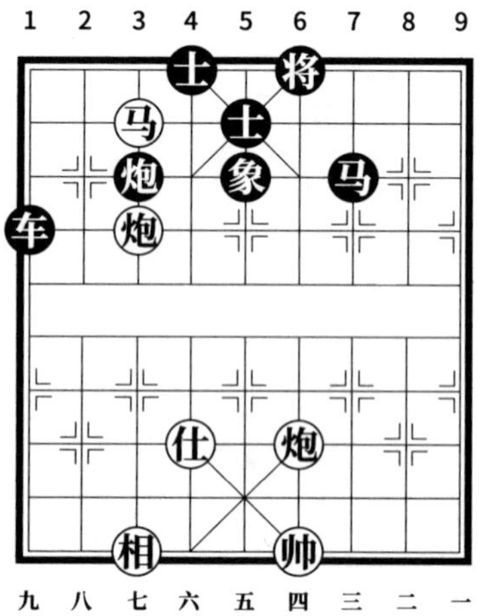

图 2-126

红先胜

本页图题答案见 200 页

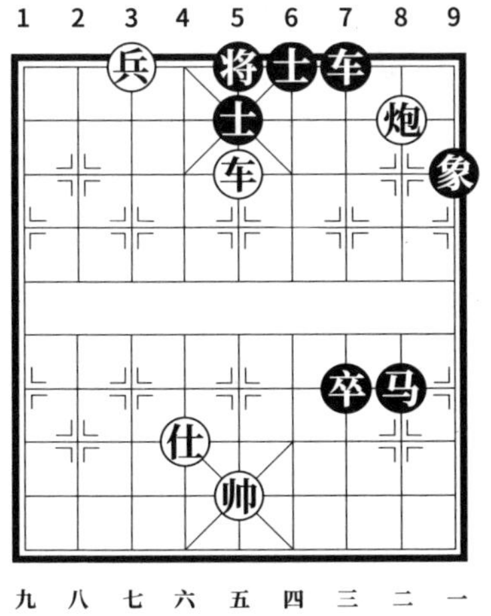

图 2-127

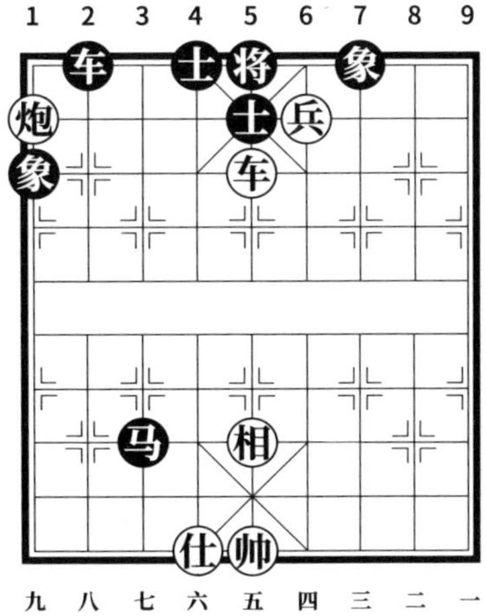

图 2-128

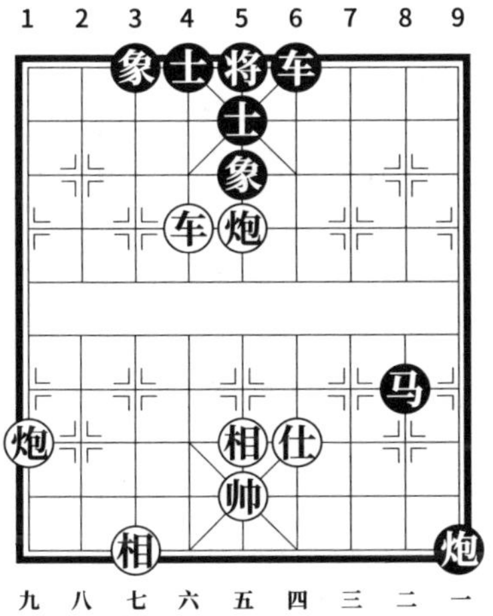

图 2-129

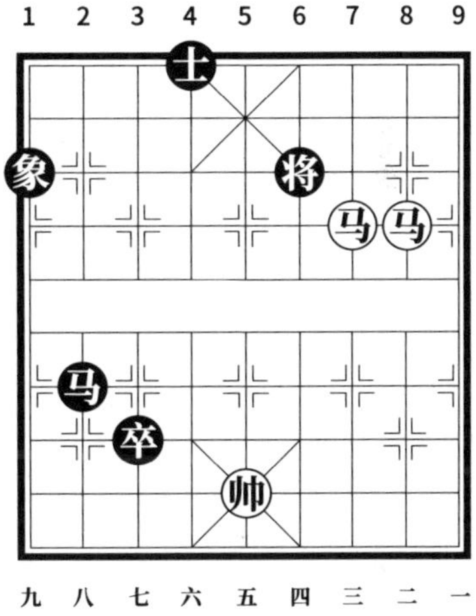

图 2-130

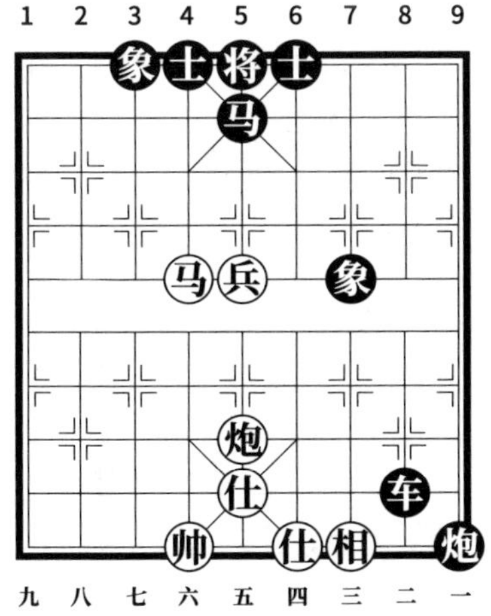

图 2-131

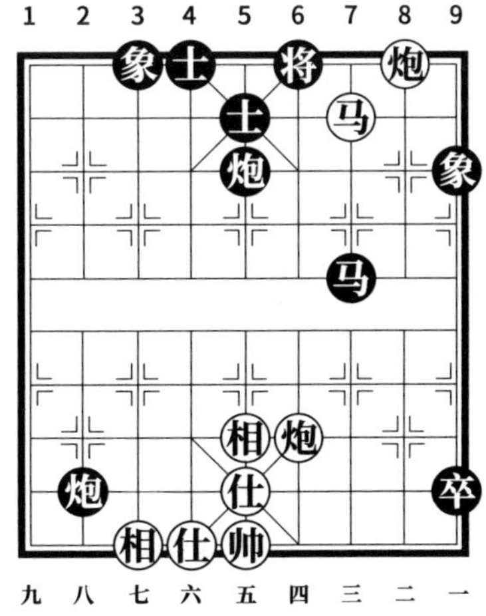

图 2-132

本页图题答案见 200 页

红先胜

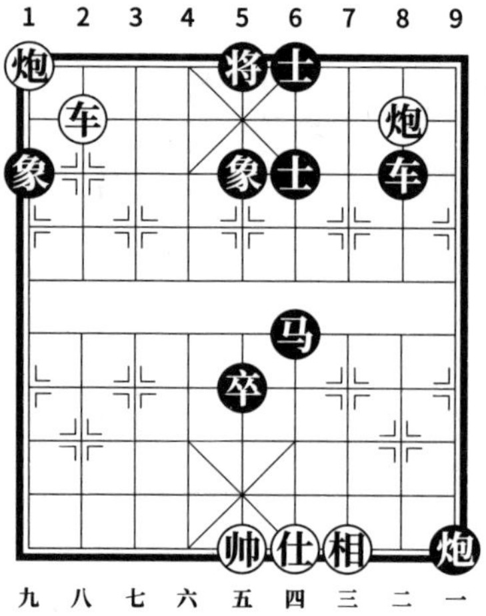

图 2-133

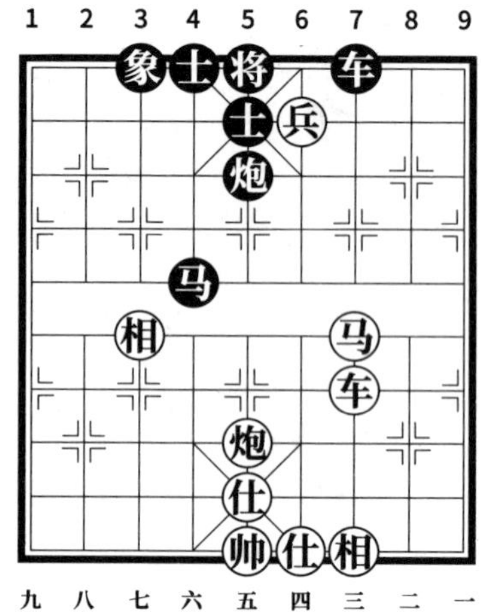

图 2-134

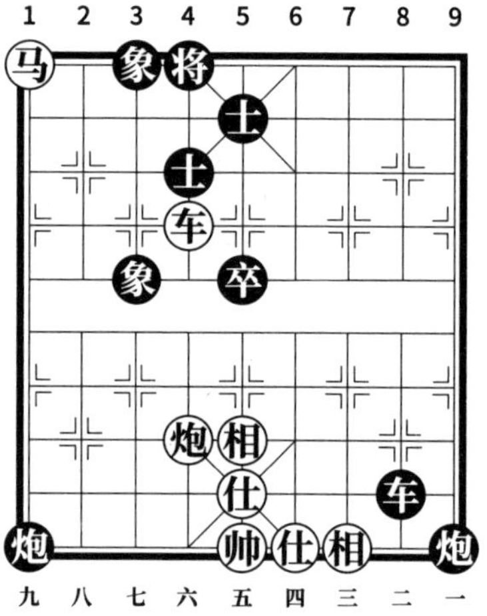

图 2-135

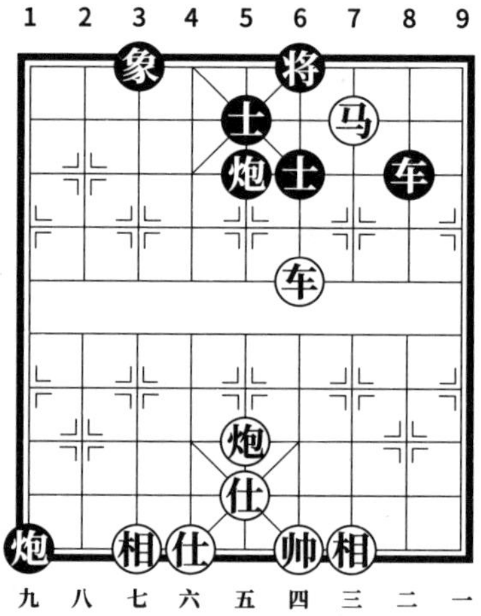

图 2-136

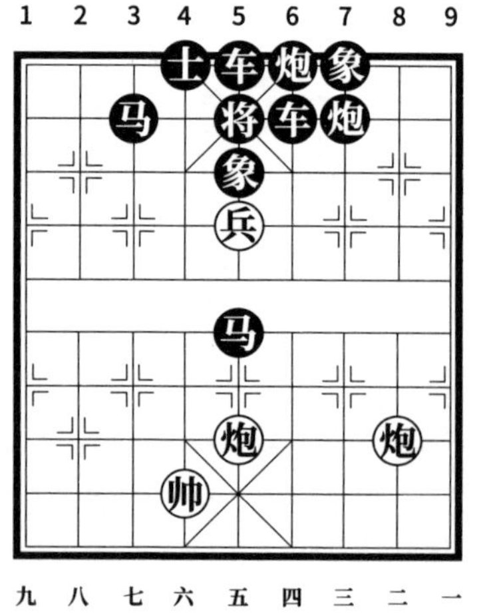

图 2-137

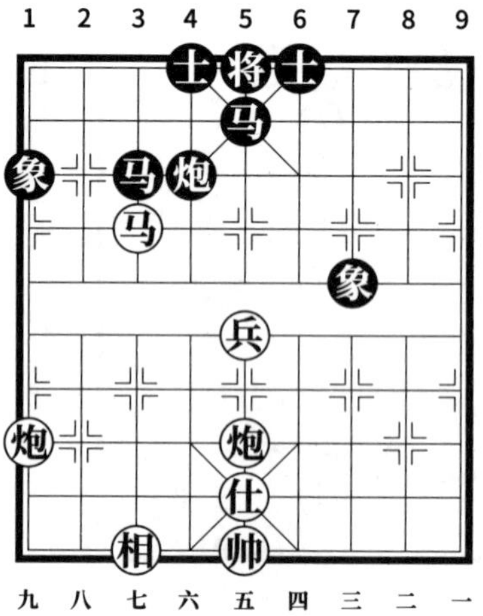

图 2-138

红先胜

本页图题答案见 200 页

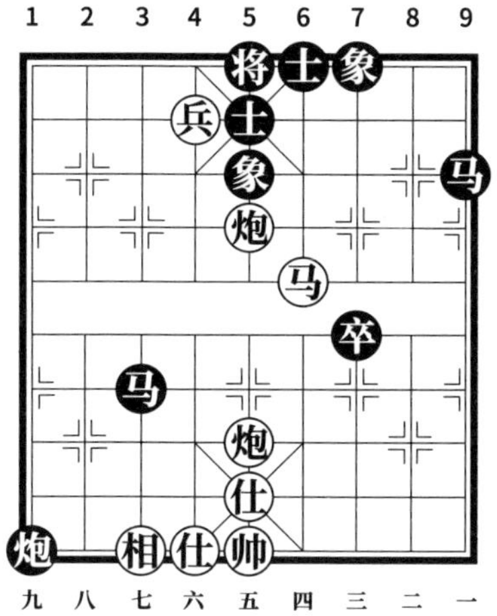

图 2-139

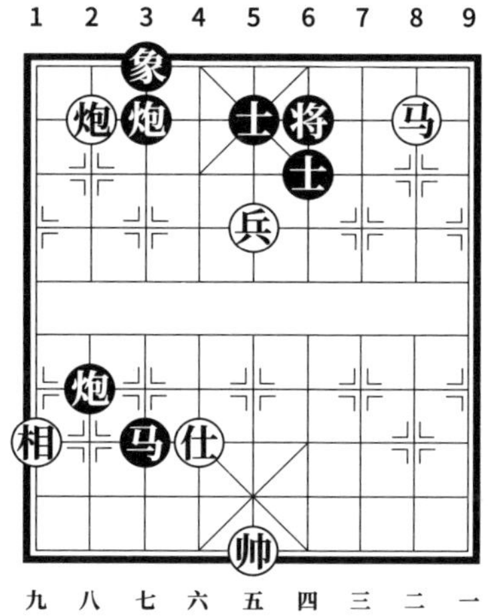

图 2-140

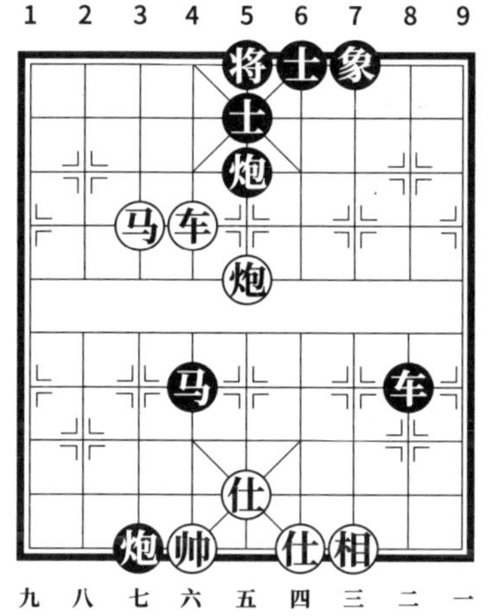

图 2-141

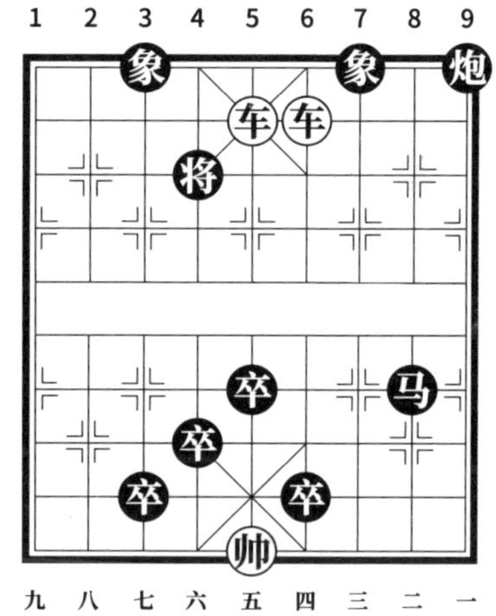

图 2-142

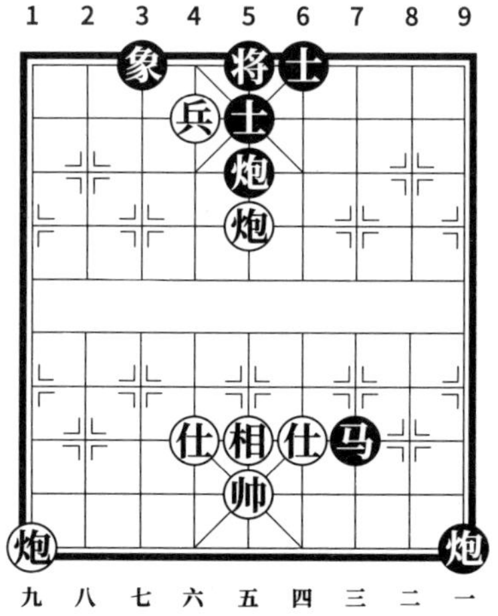

图 2-143

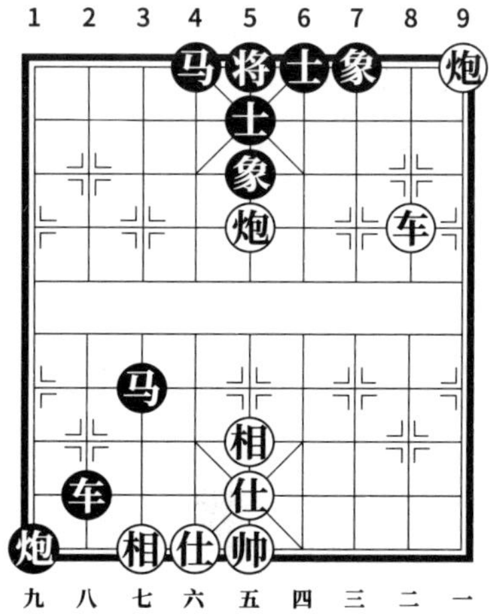

图 2-144

本页图题答案见 200 页

红先胜

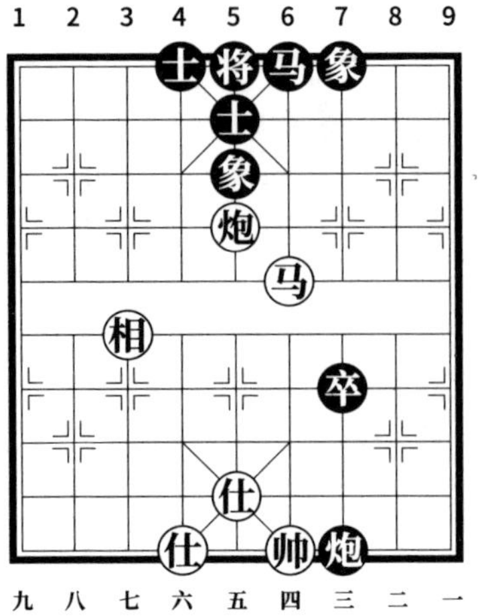

图 2-145

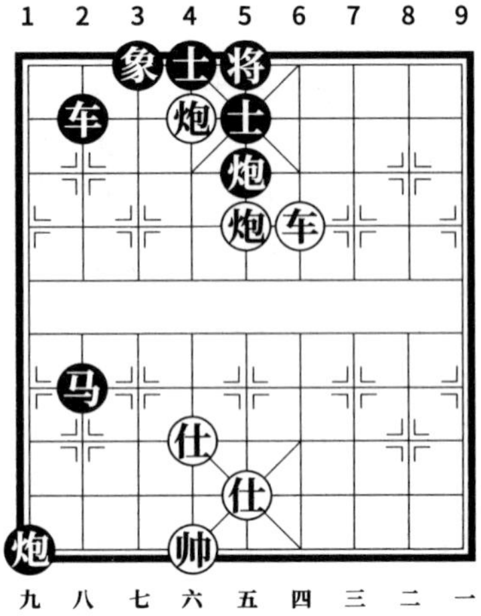

图 2-146

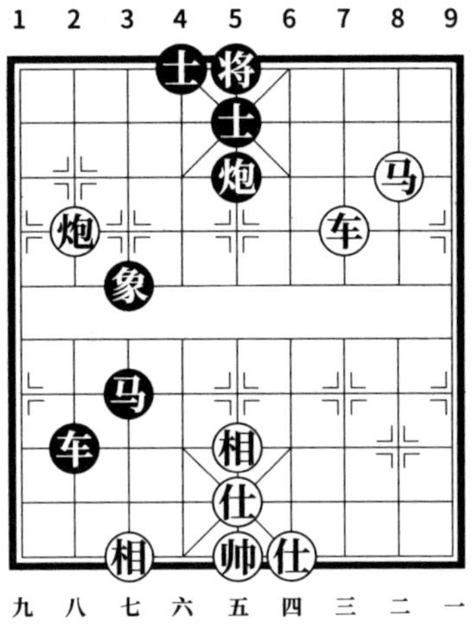

图 2-147

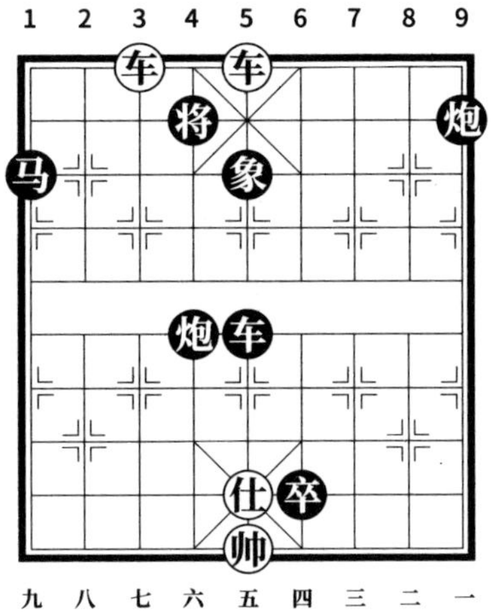

图 2-148

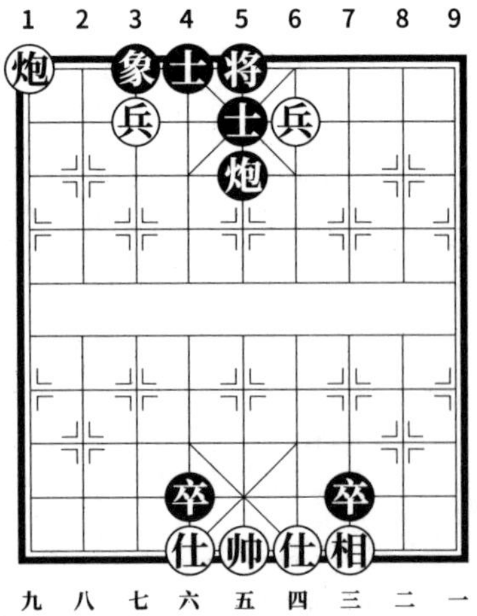

图 2-149

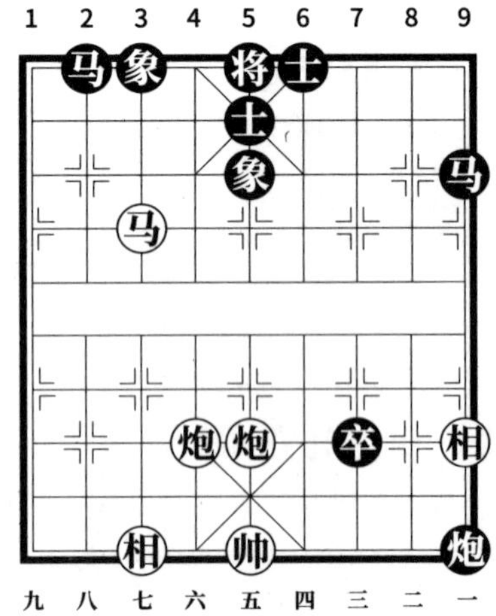

图 2-150

三步非连将杀

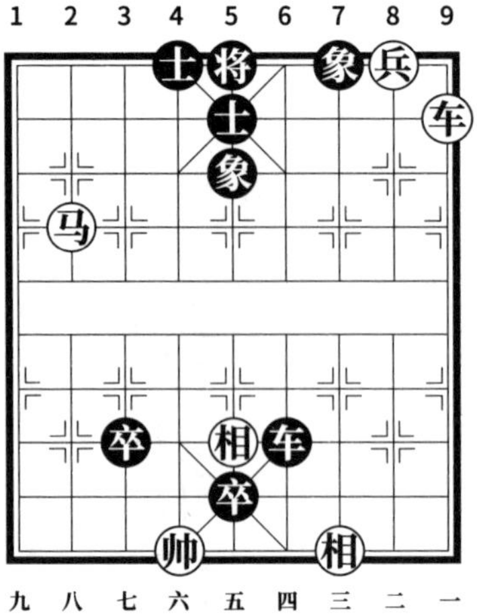

图 3-1

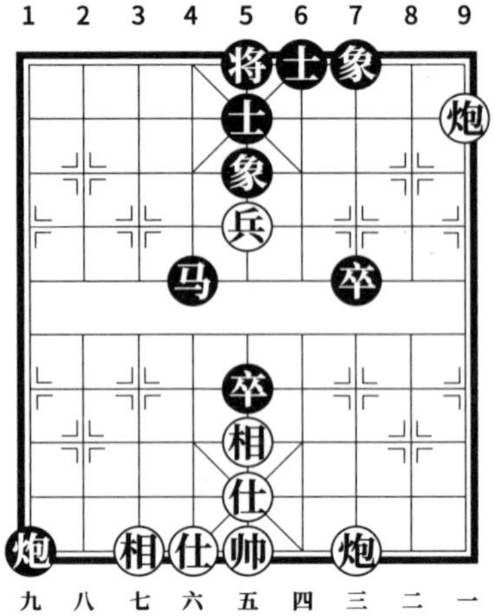

图 3-2

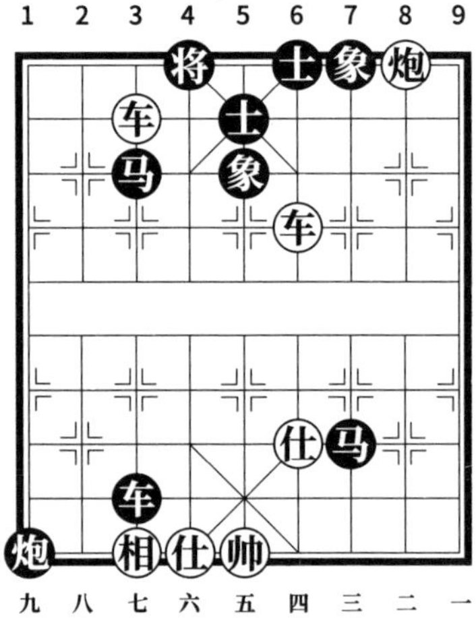

图 3-3

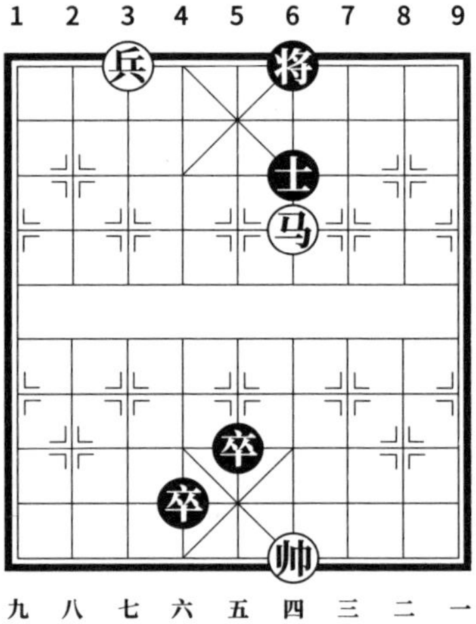

图 3-4

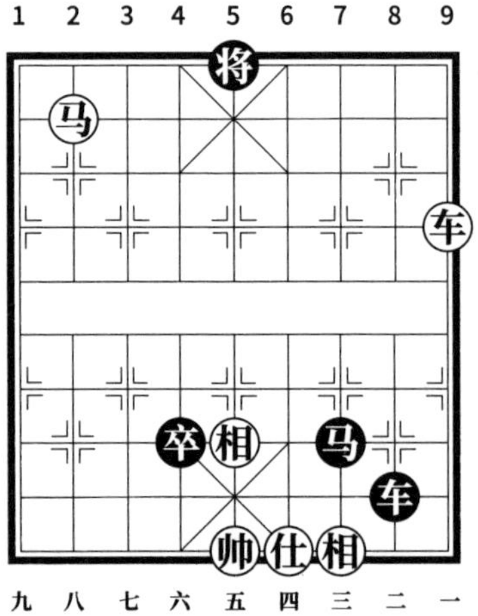

图 3-5

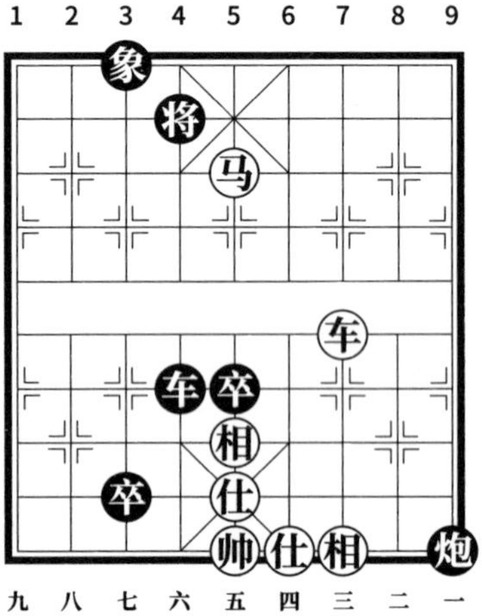

图 3-6

红先胜

本页图题答案见 200 页

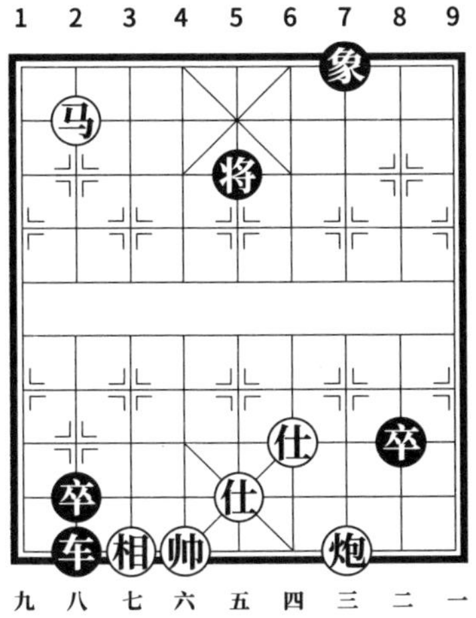

图 3-7

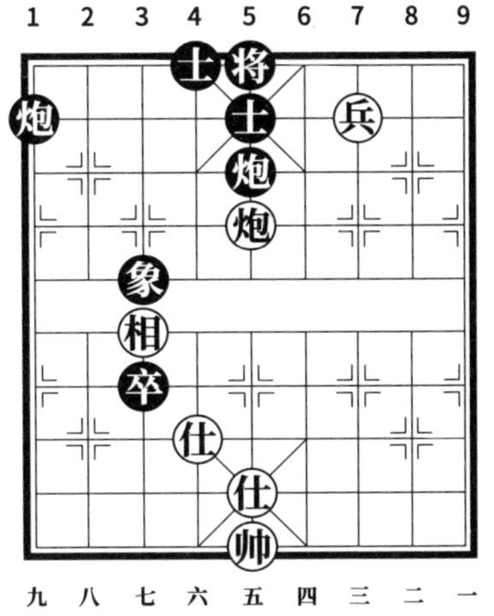

图 3-8

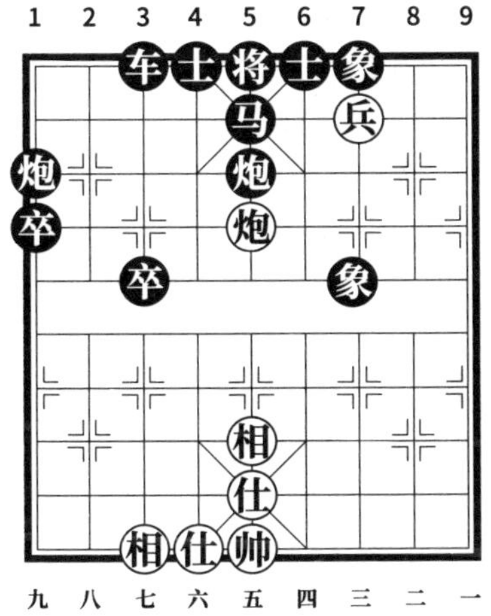

图 3-9

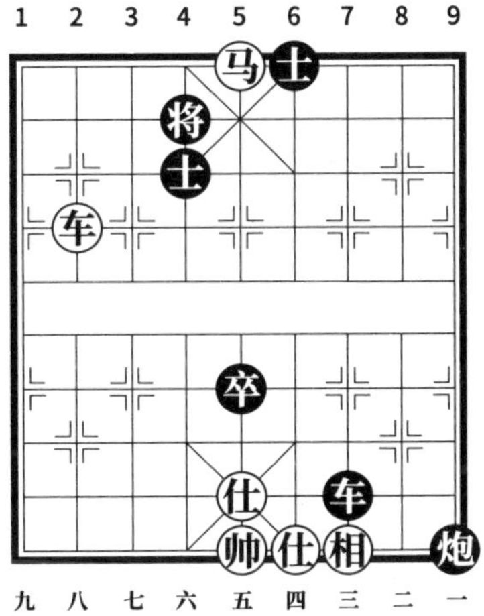

图 3-10

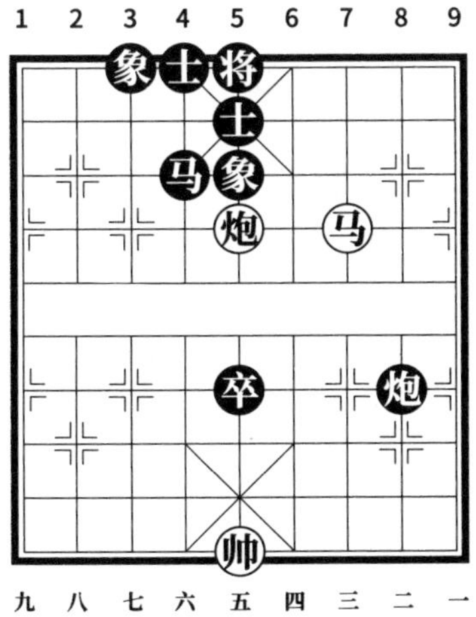

图 3-11

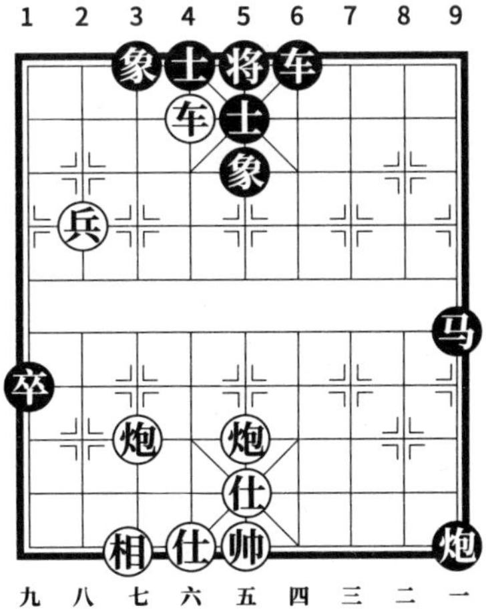

图 3-12

本页图题答案见 200、201 页

红先胜

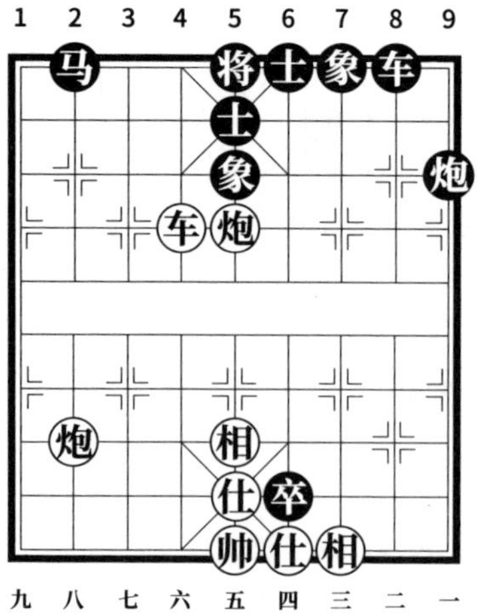
图 3-13

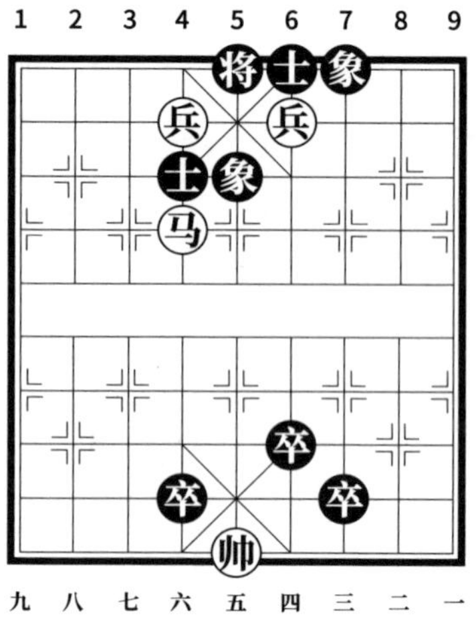
图 3-14

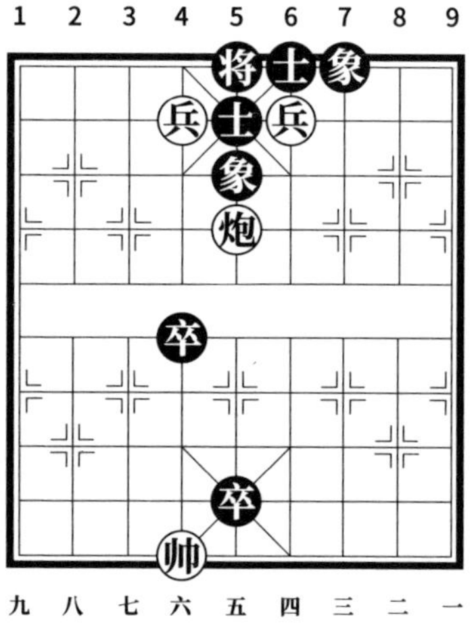
图 3-15

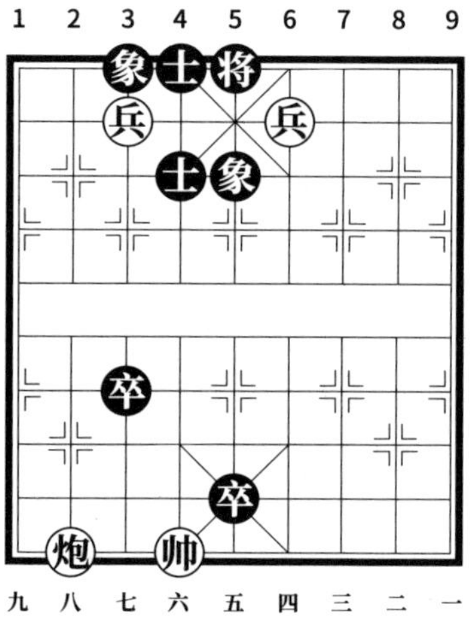
图 3-16

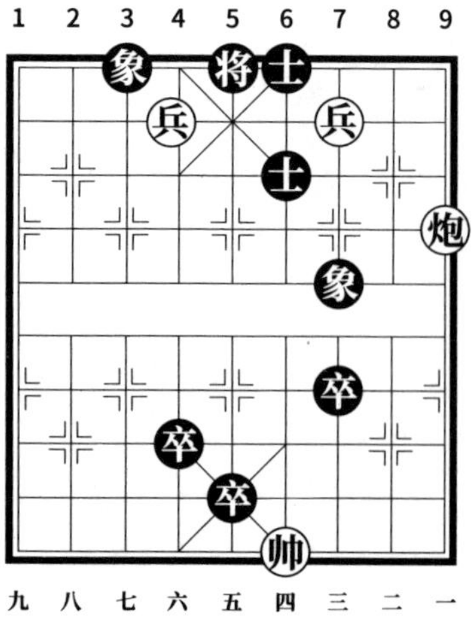
图 3-17

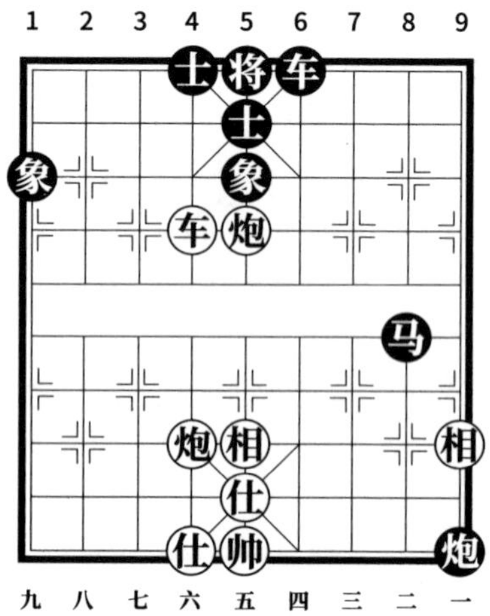
图 3-18

红先胜
本页图题答案见 201 页

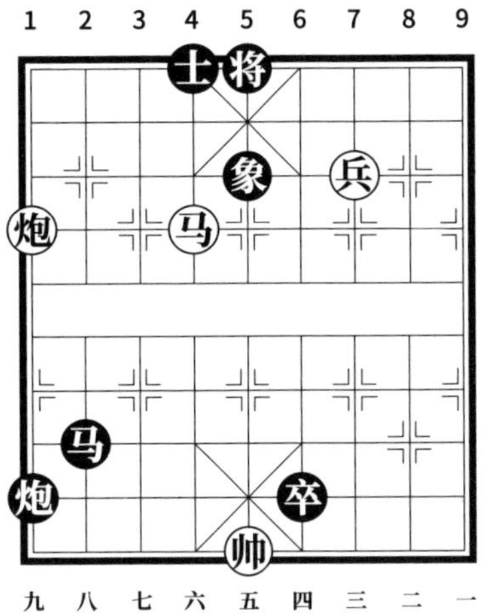

图 3-19

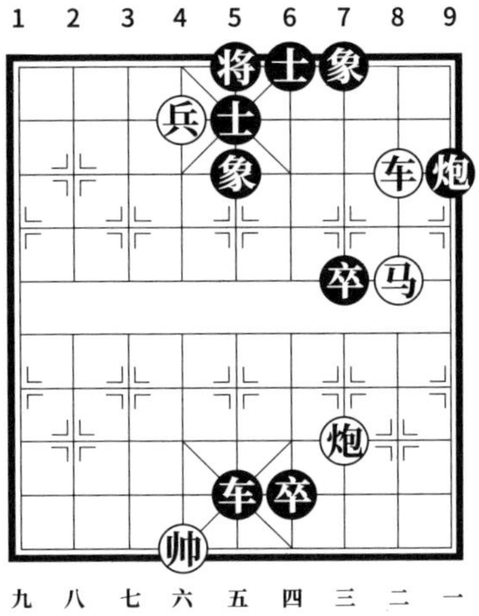

图 3-20

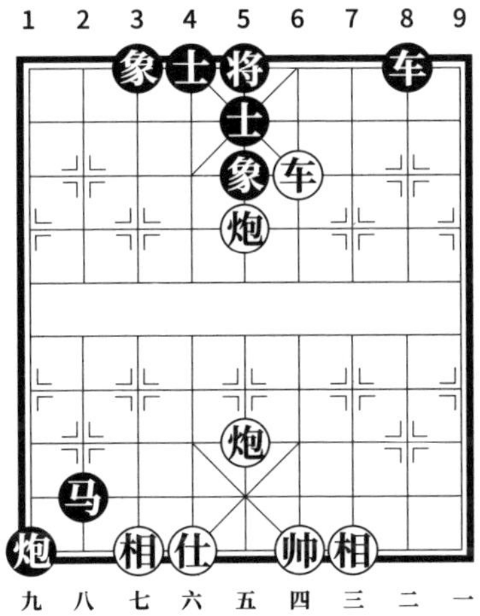

图 3-21

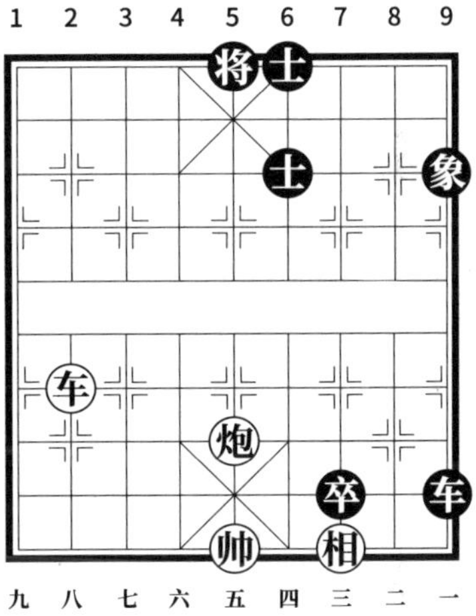

图 3-22

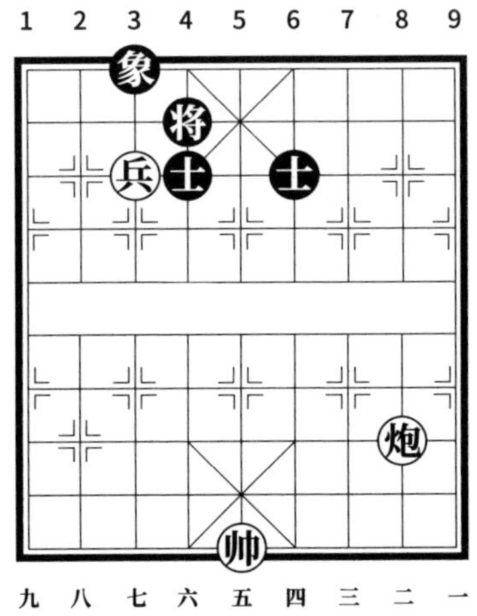

图 3-23

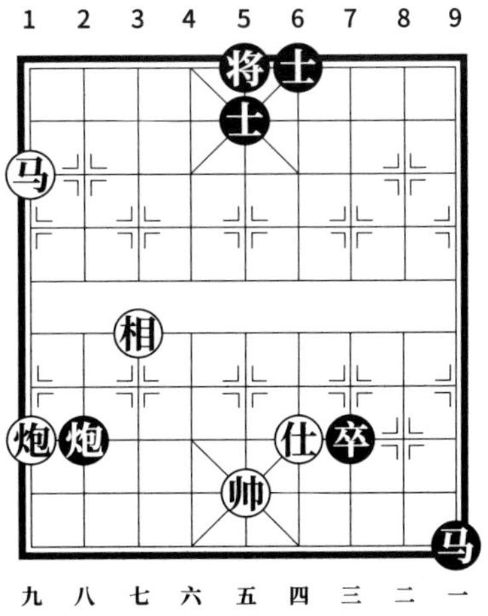

图 3-24

本页图题答案见 201 页

红先胜

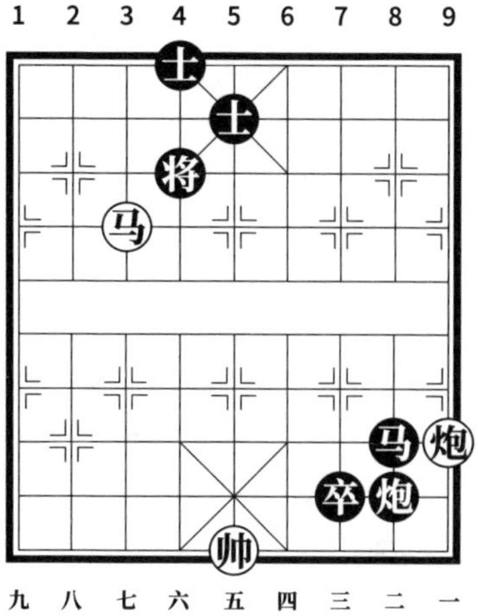

图 3-25

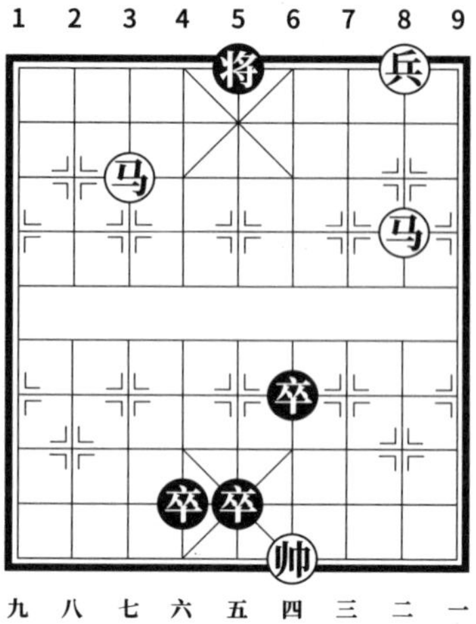

图 3-26

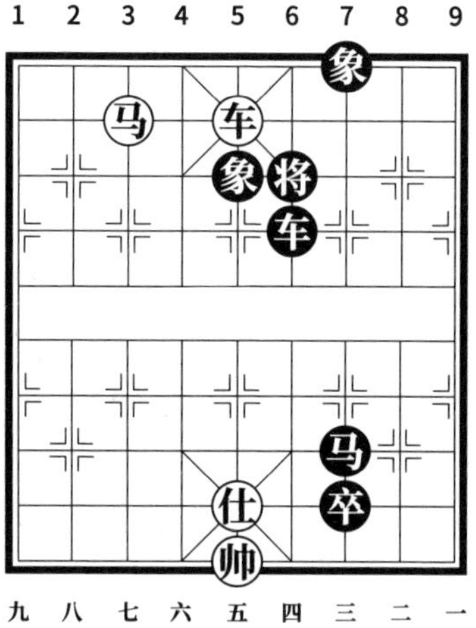

图 3-27

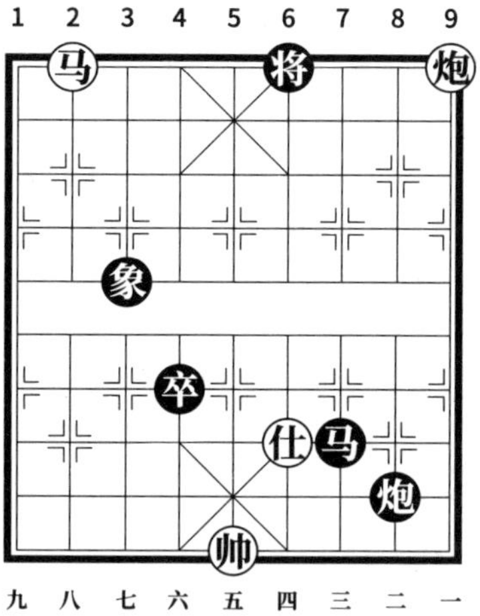

图 3-28

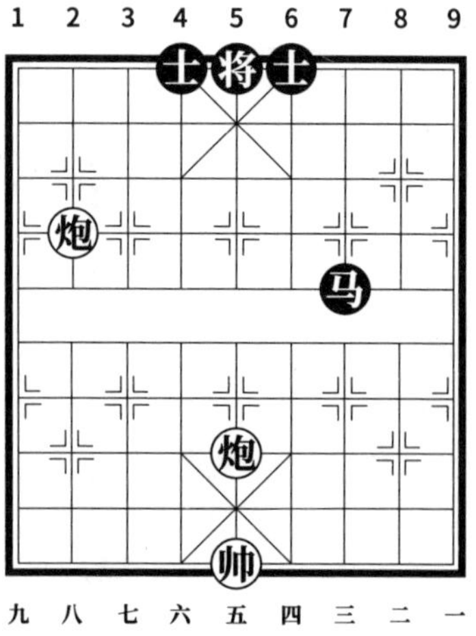

图 3-29

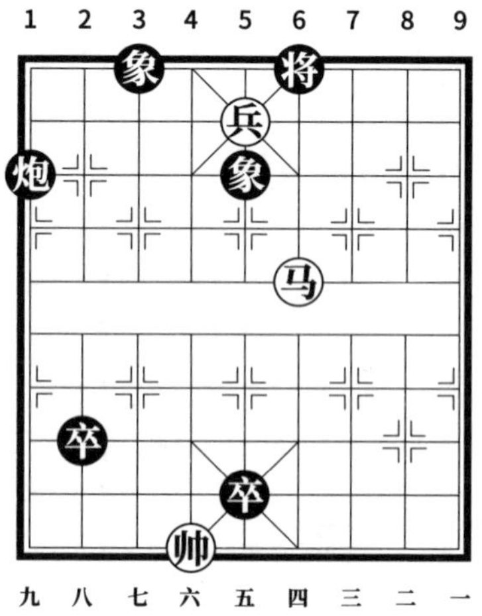

图 3-30

本页图题答案见 201 页

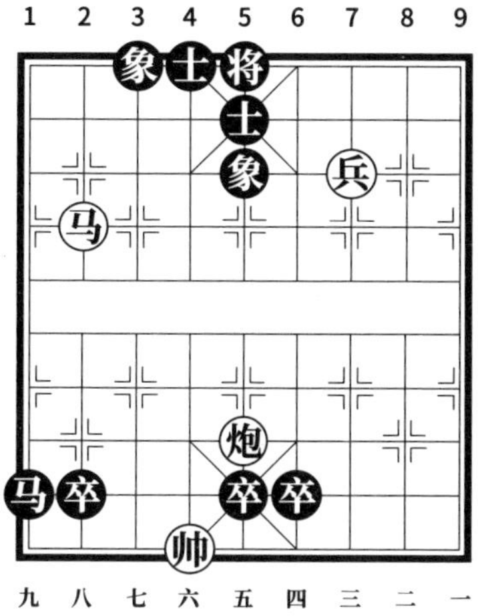

图 3-31

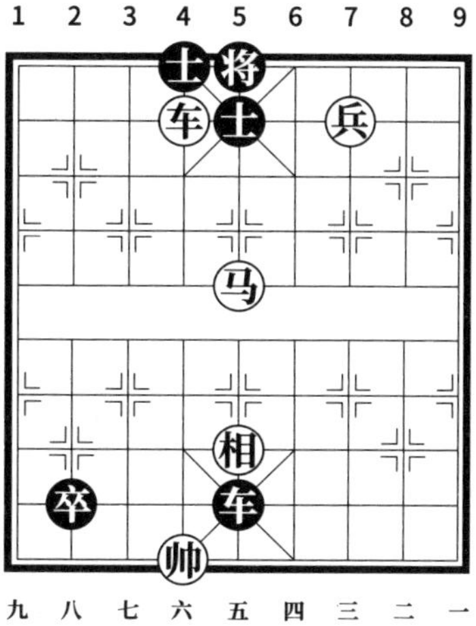

图 3-32

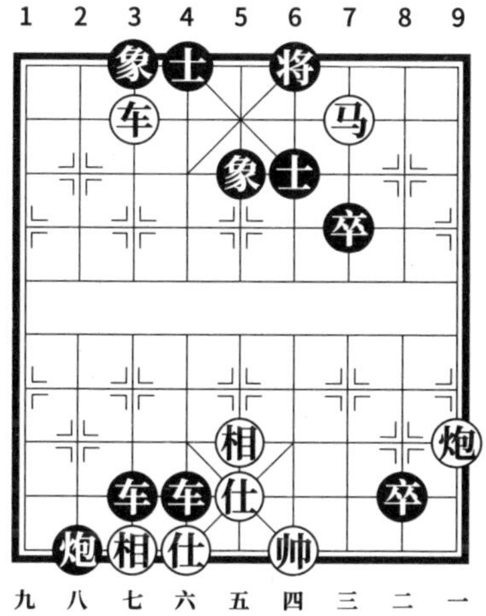

图 3-33

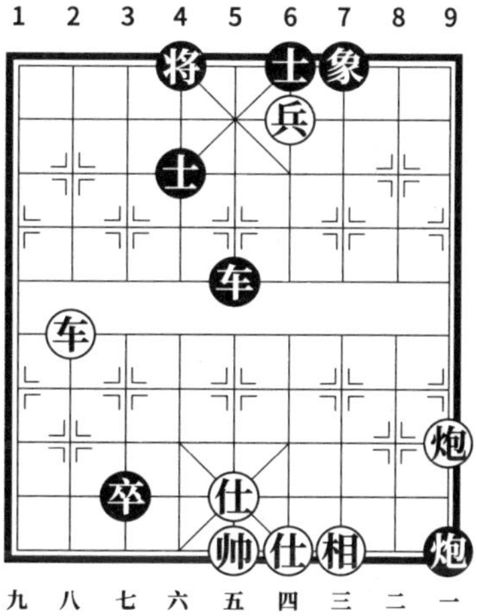

图 3-34

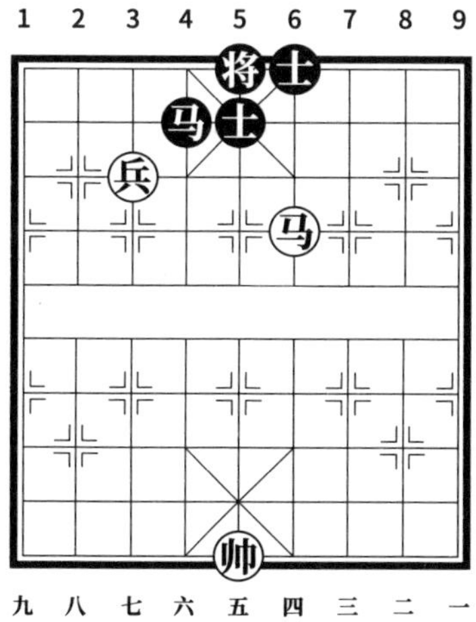

图 3-35

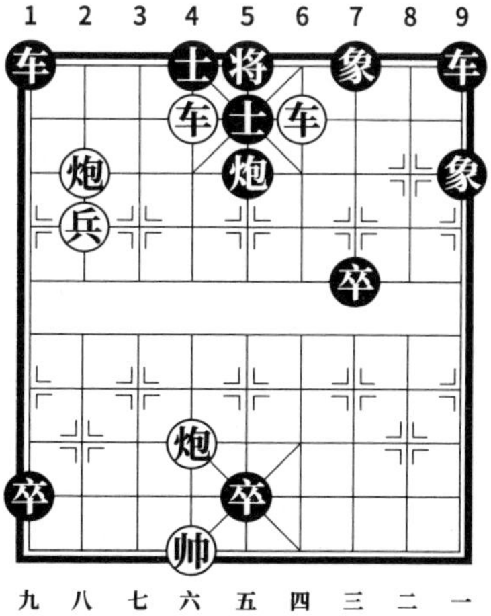

图 3-36

本页图题答案见 201 页

红先胜

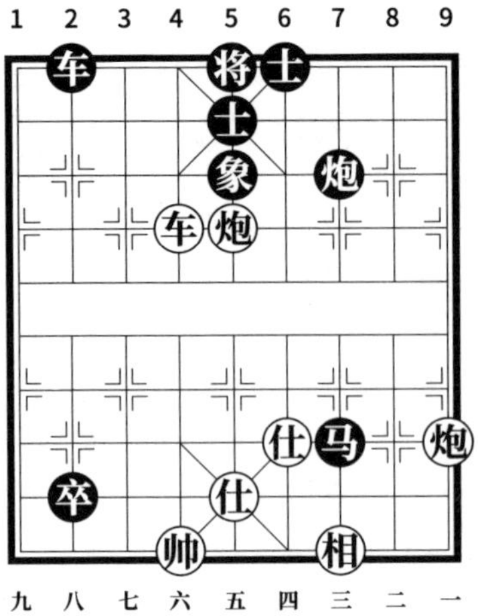

图 3-37

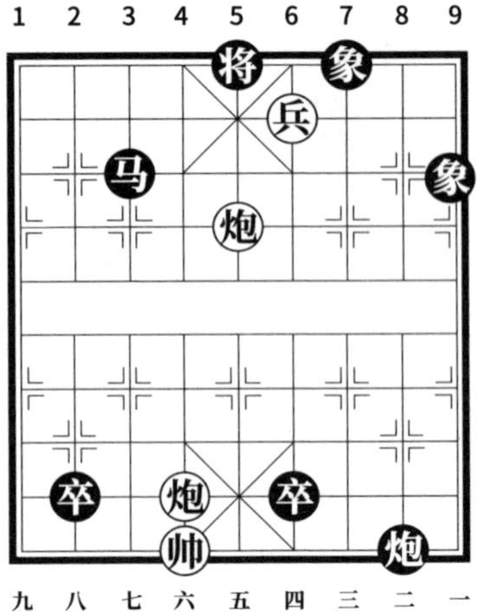

图 3-38

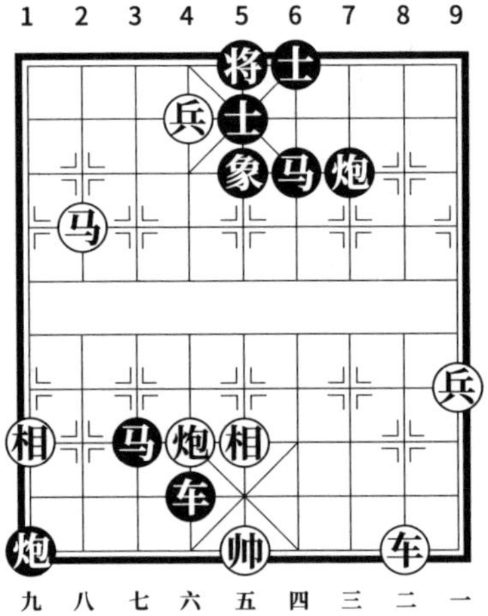

图 3-39

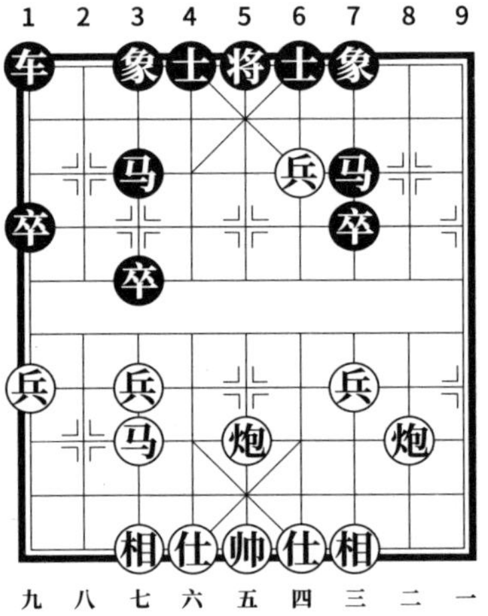

图 3-40

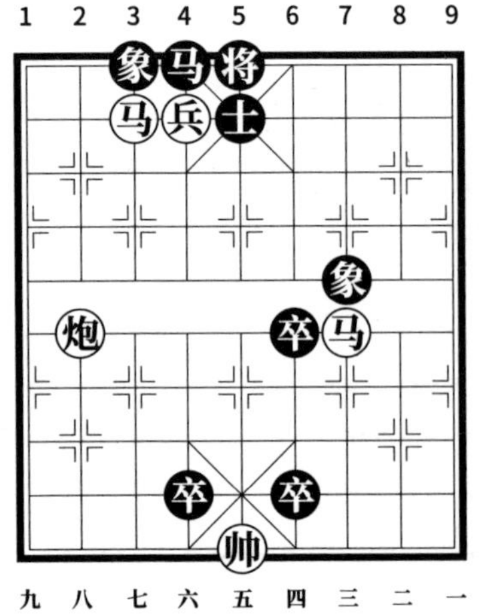

图 3-41

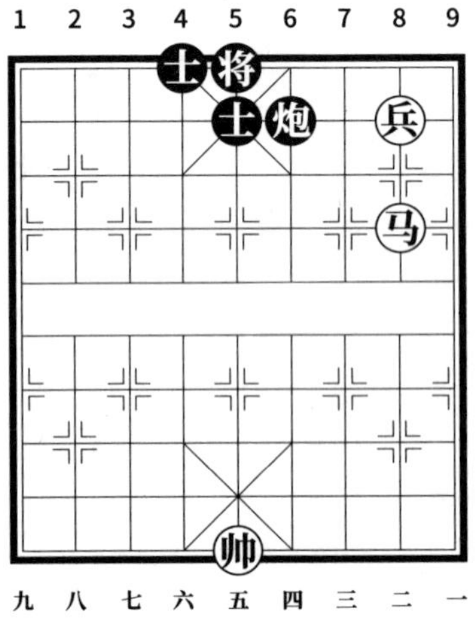

图 3-42

红先胜

本页图题答案见 201 页

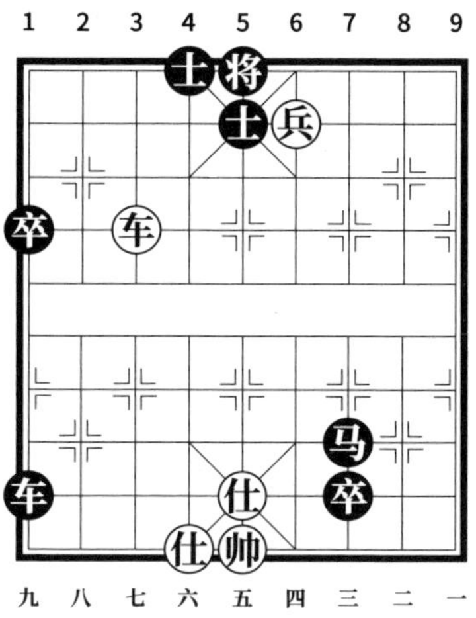

图 3-43

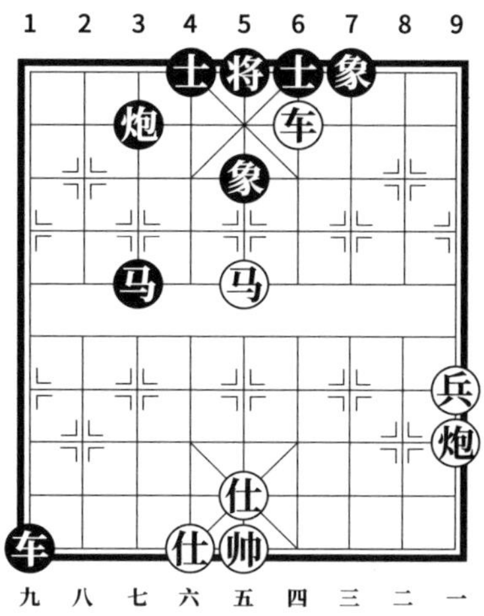

图 3-44

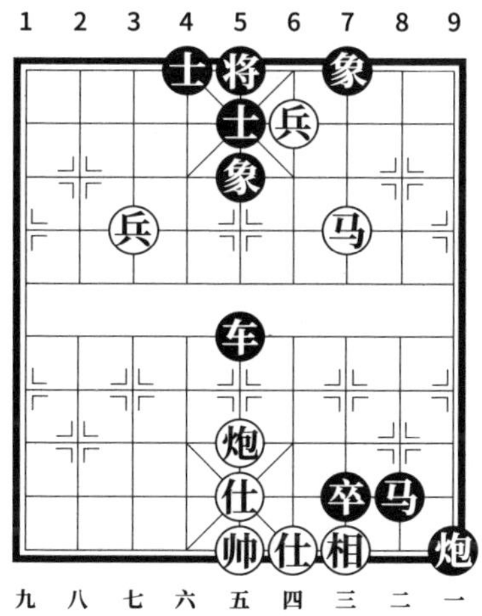

图 3-45

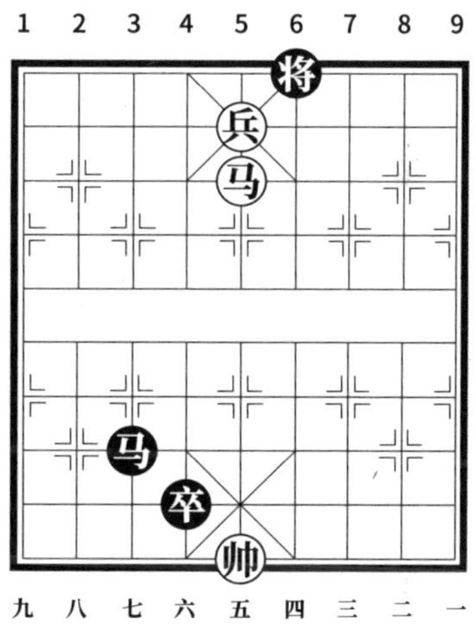

图 3-46

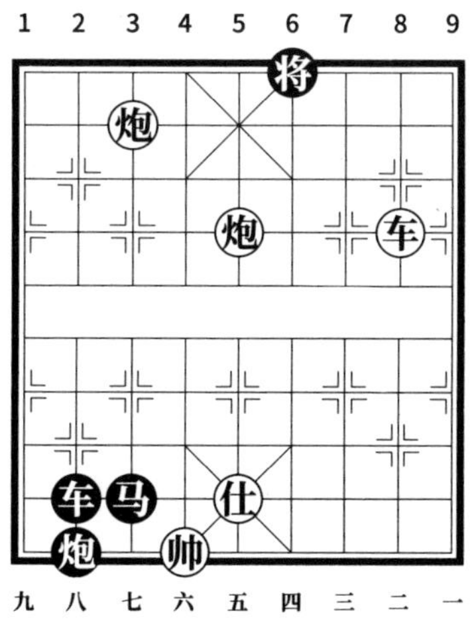

图 3-47

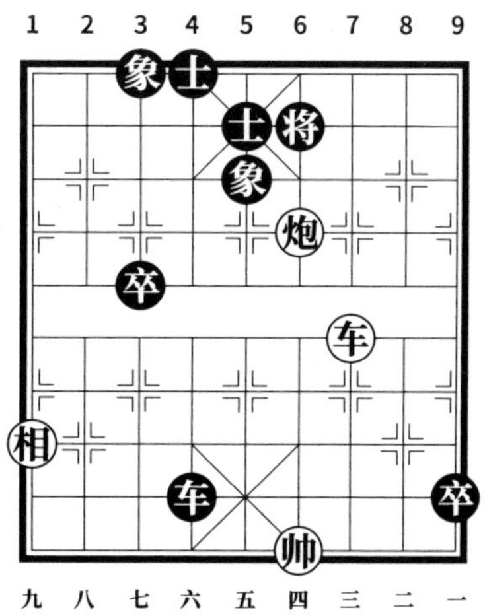

图 3-48

本页图题答案见 202 页

红先胜

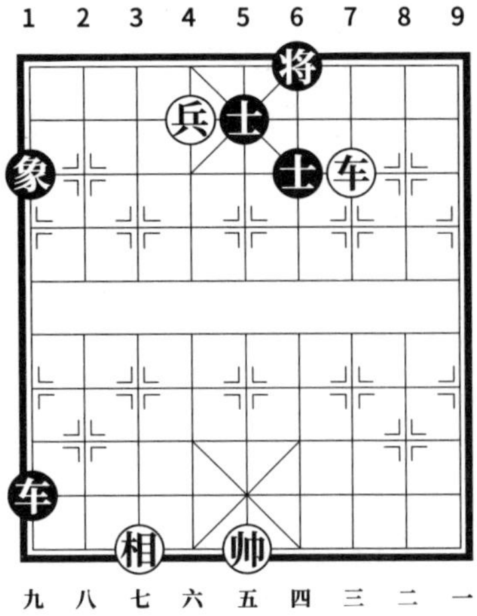

图 3-49

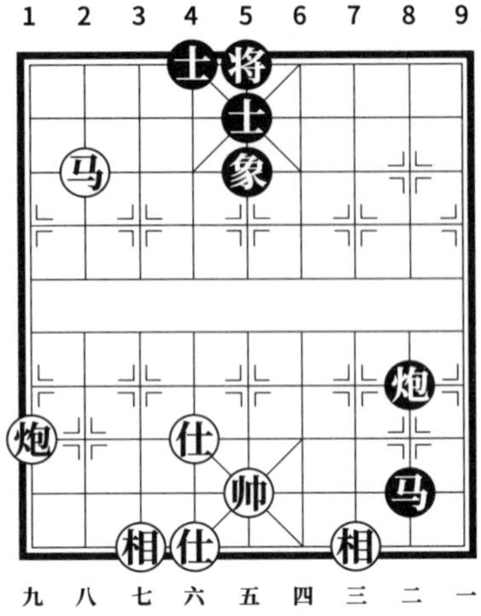

图 3-50

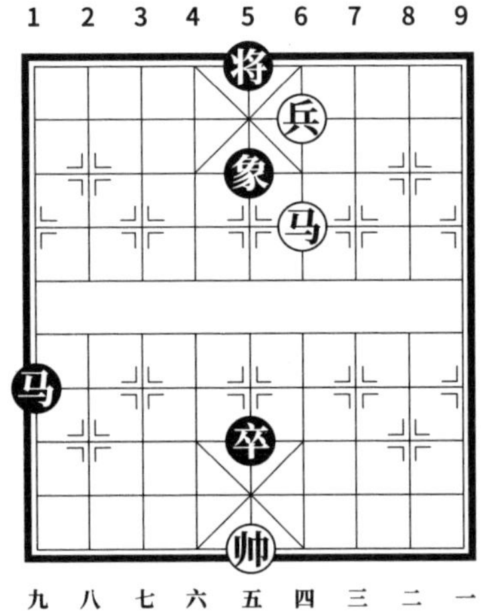

图 3-51

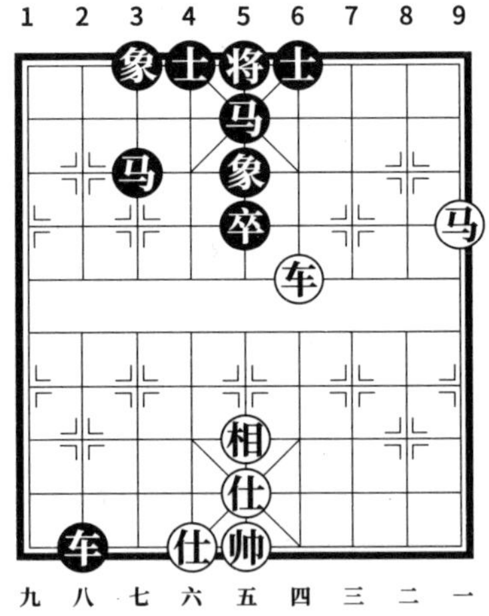

图 3-52

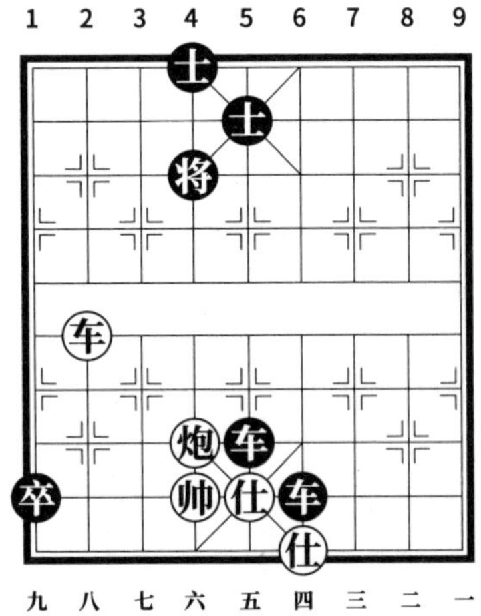

图 3-53

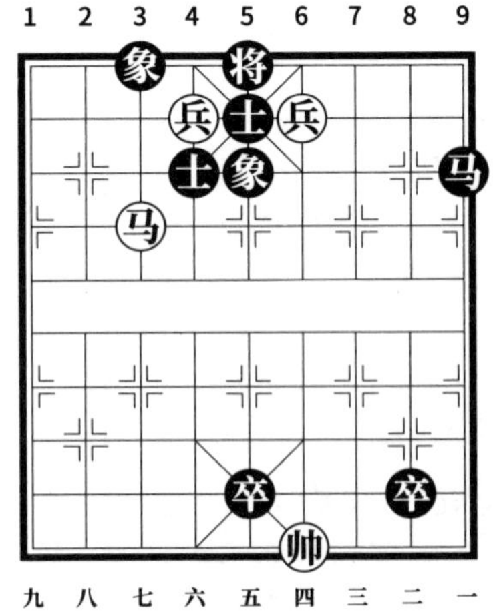

图 3-54

红先胜

本页图题答案见 202 页

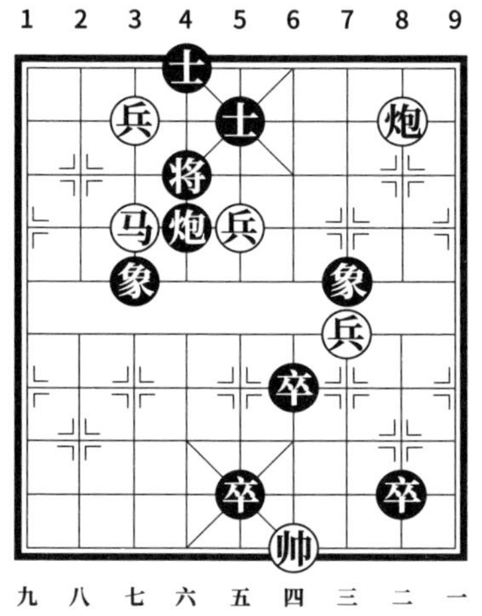

图 3-55

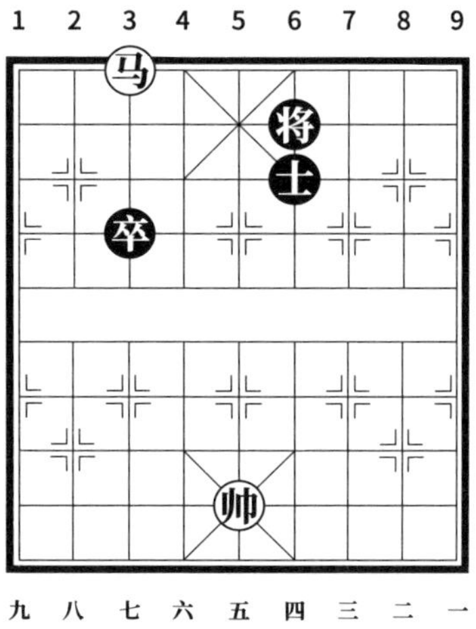

图 3-56

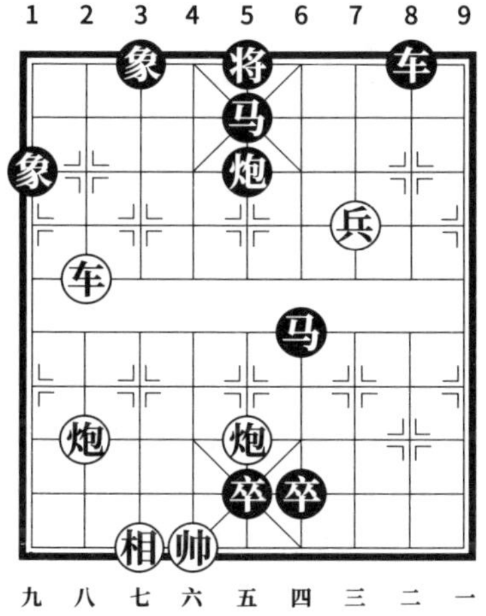

图 3-57

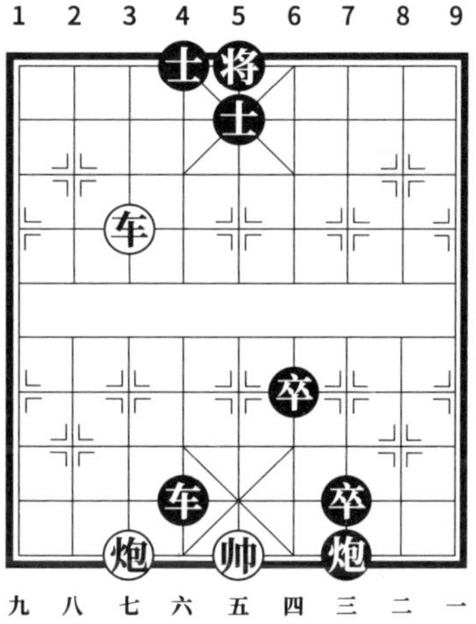

图 3-58

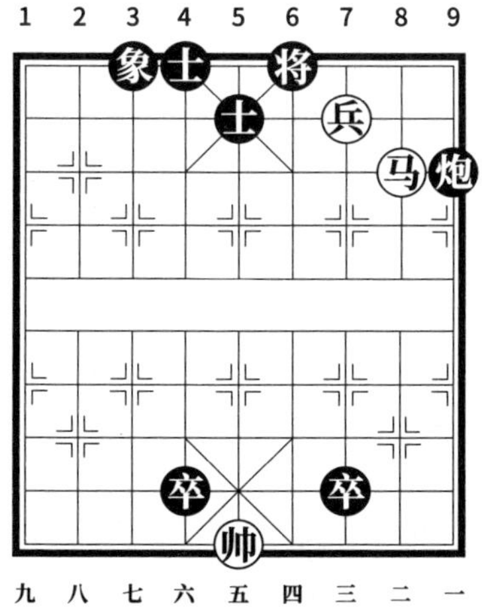

图 3-59

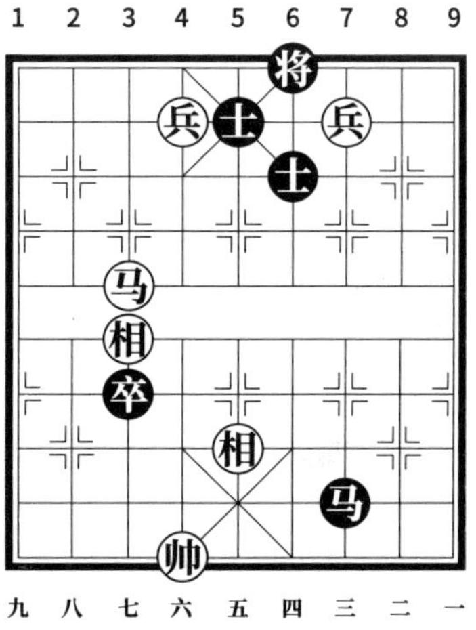

图 3-60

本页图题答案见 202 页

红先胜

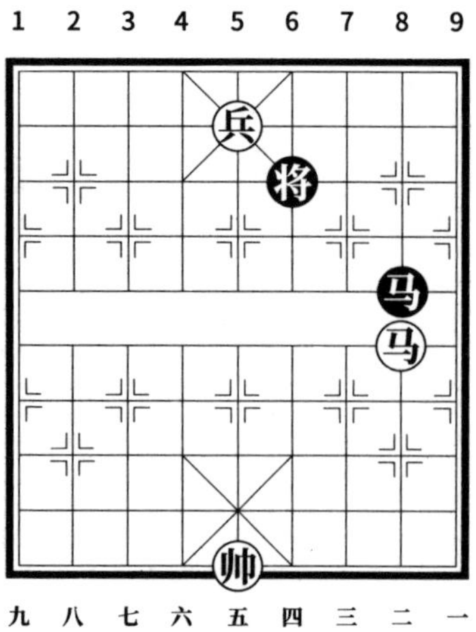

图 3-61

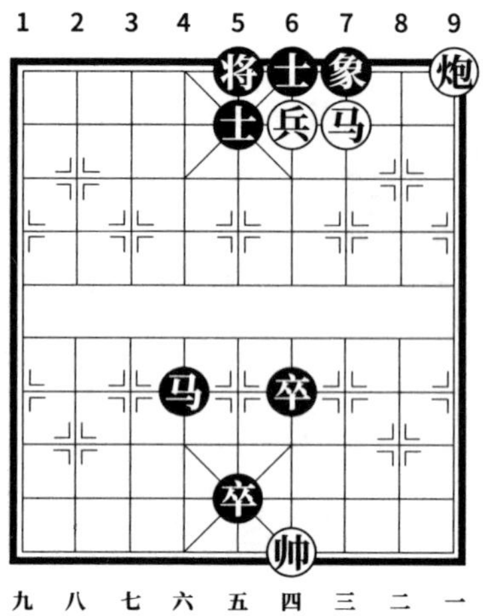

图 3-62

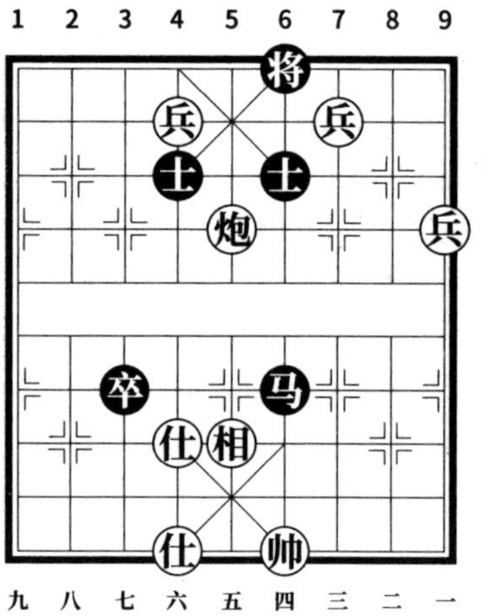

图 3-63

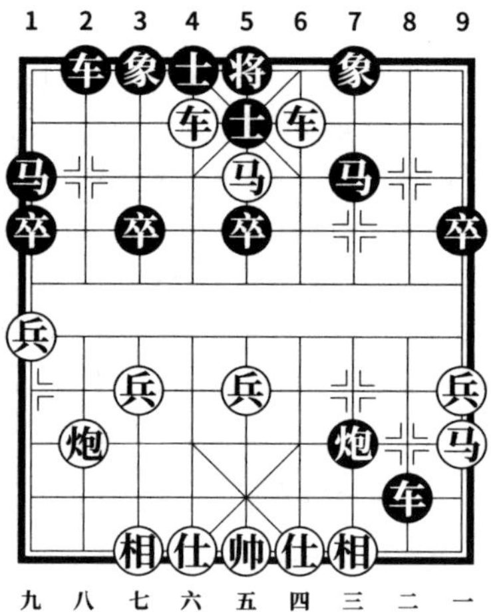

图 3-64

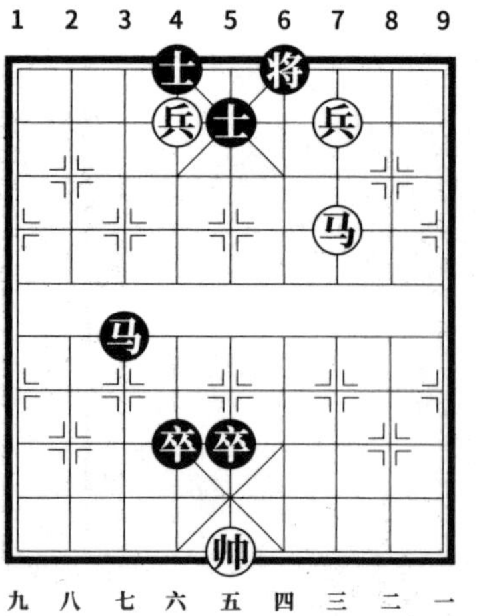

图 3-65

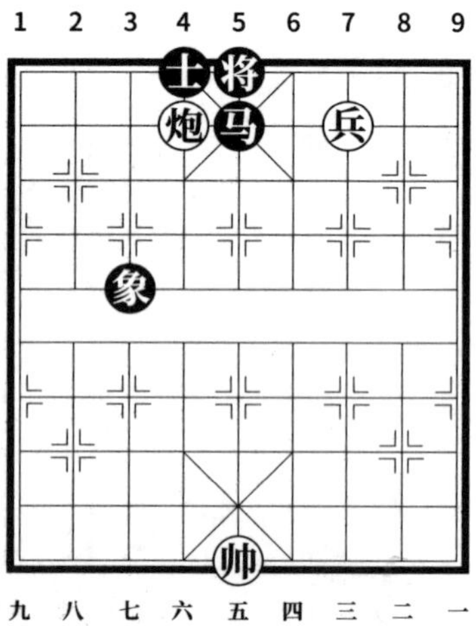

图 3-66

红先胜

本页图题答案见 202 页

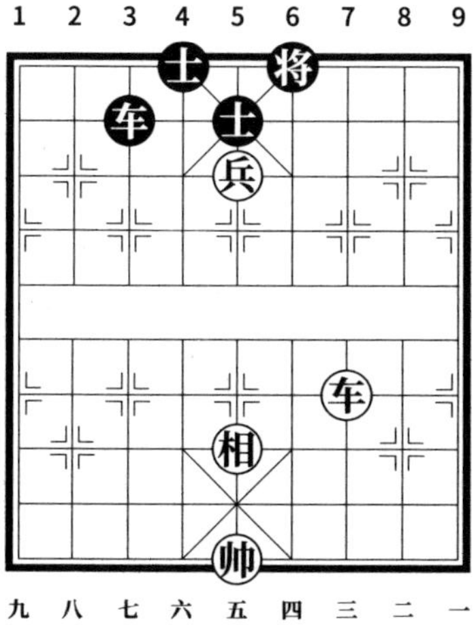

图 3-67

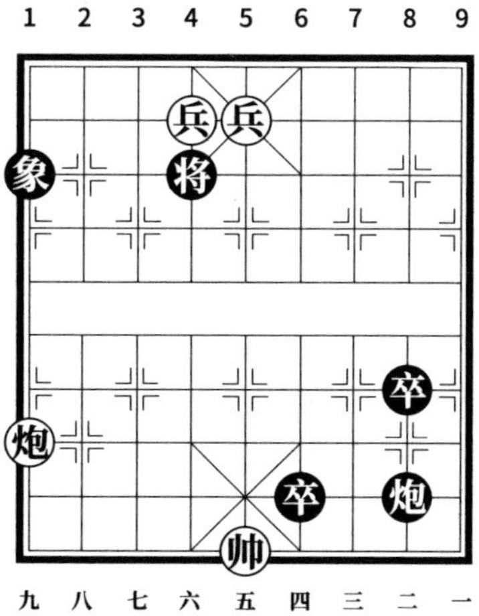

图 3-68

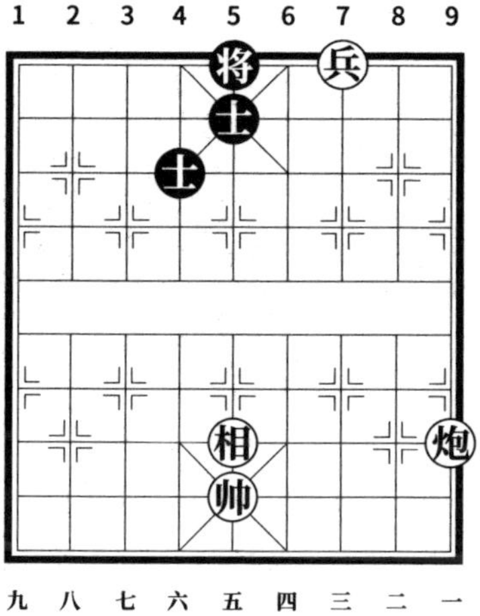

图 3-69

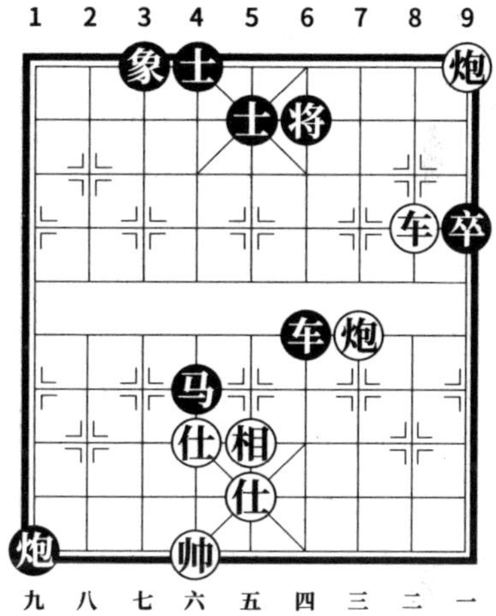

图 3-70

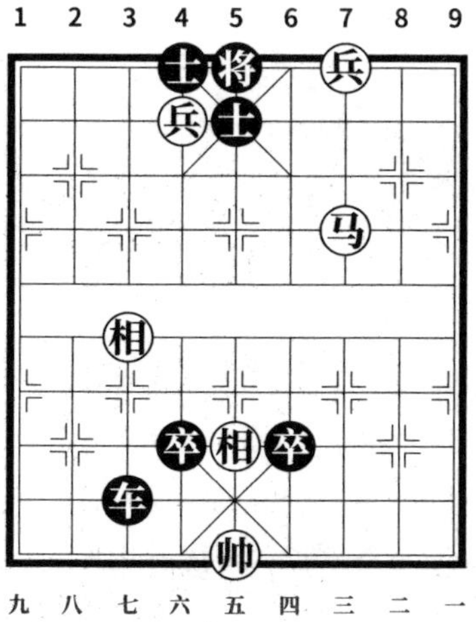

图 3-71

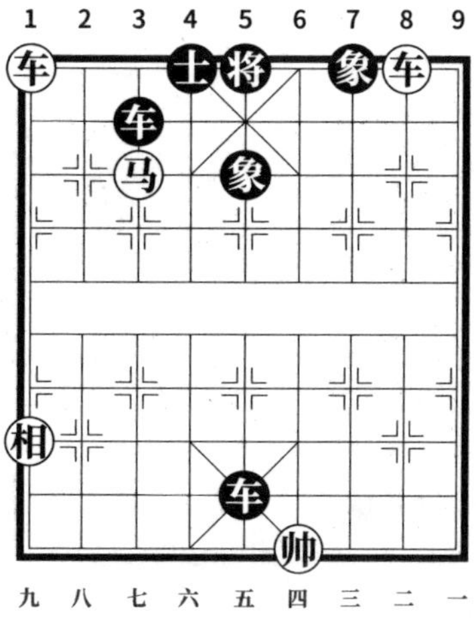

图 3-72

本页图题答案见 202、203 页

红先胜

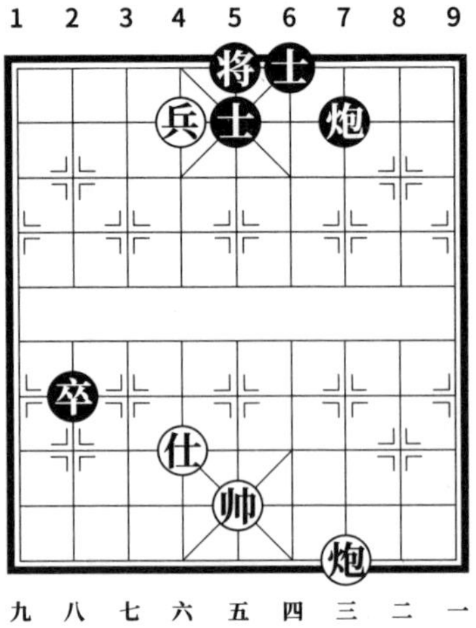

图 3-73

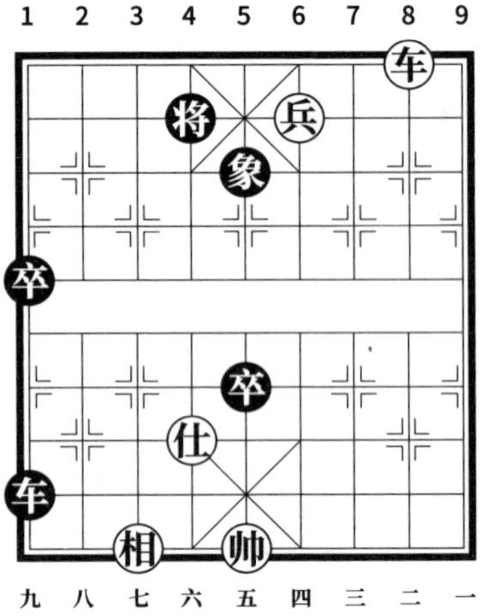

图 3-74

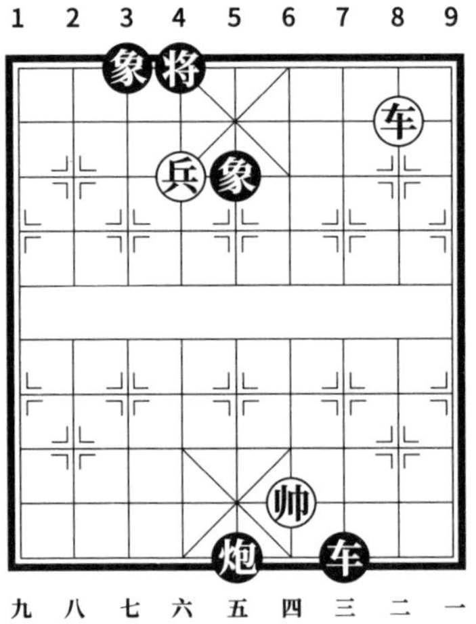

图 3-75

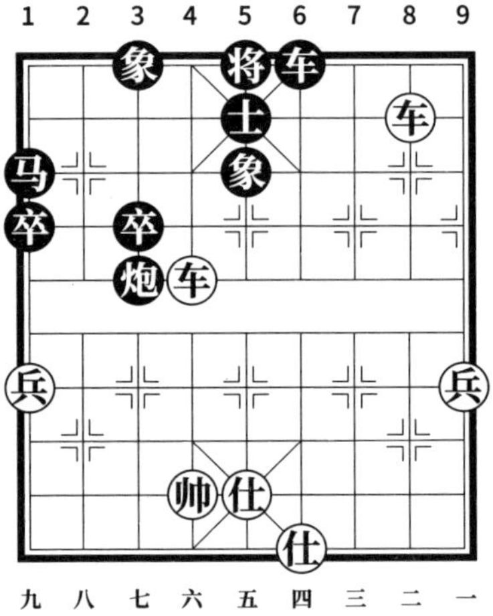

图 3-76

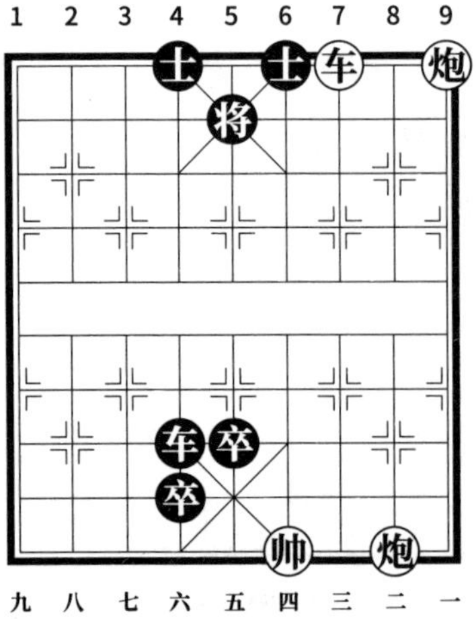

图 3-77

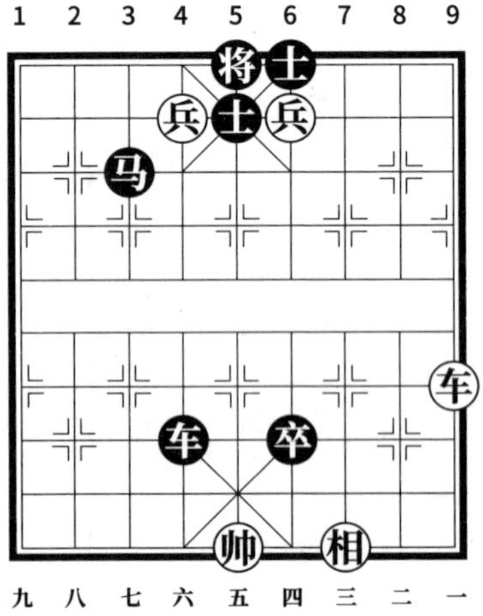

图 3-78

红先胜

本页图题答案见 203 页

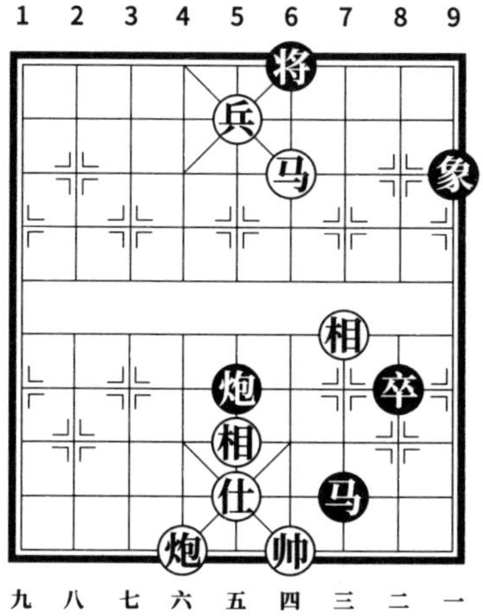

图 3-79

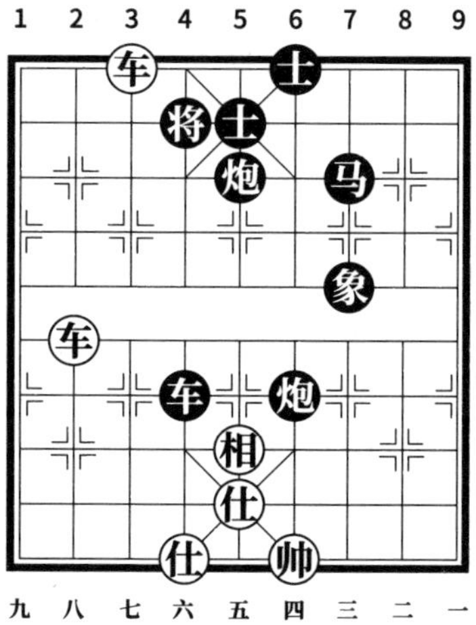

图 3-80

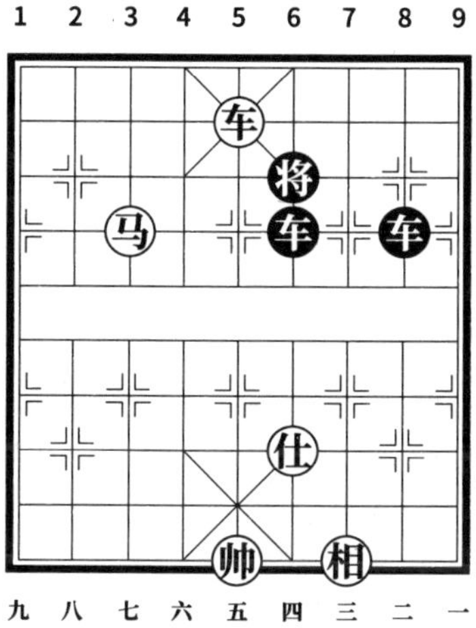

图 3-81

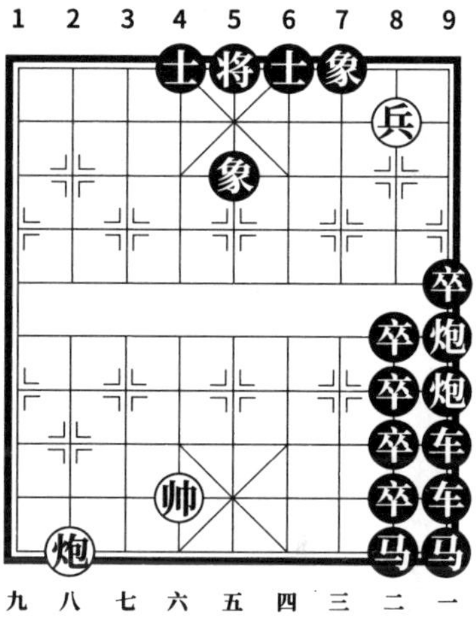

图 3-82

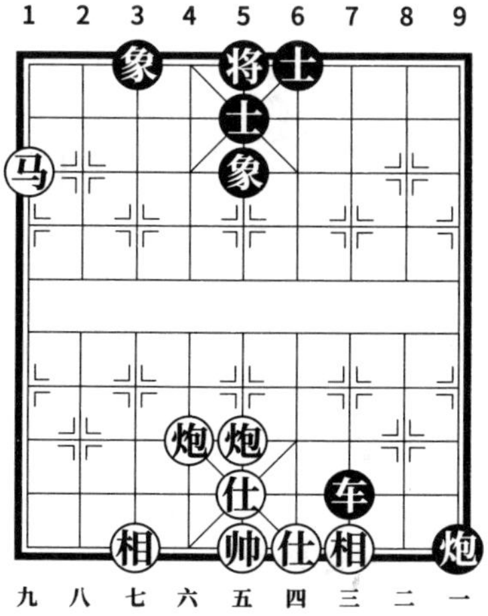

图 3-83

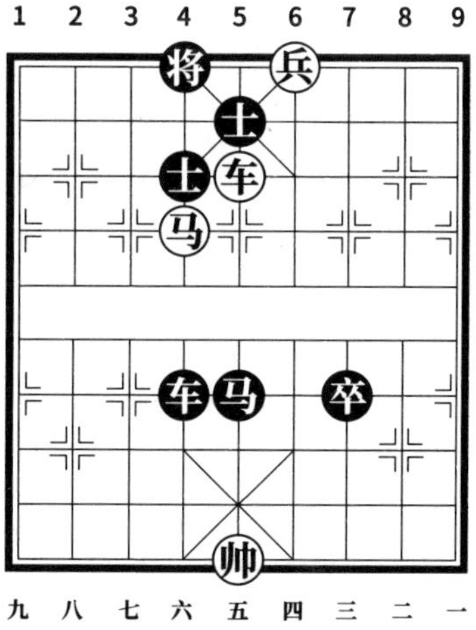

图 3-84

本页图题答案见 203 页

红先胜

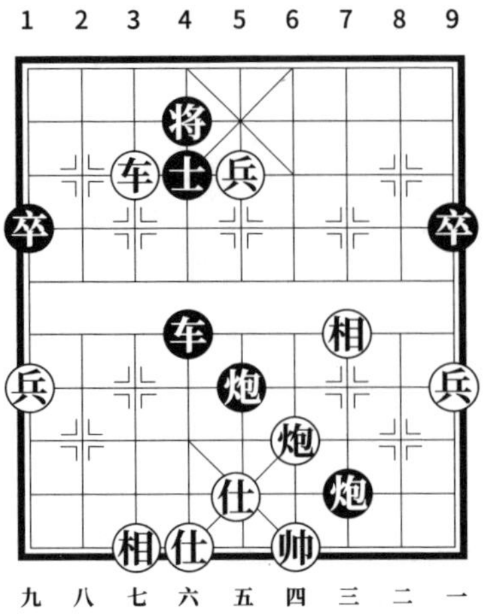

图 3-85

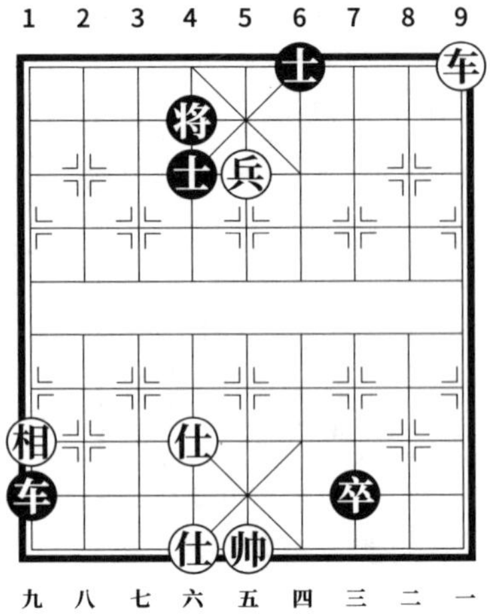

图 3-86

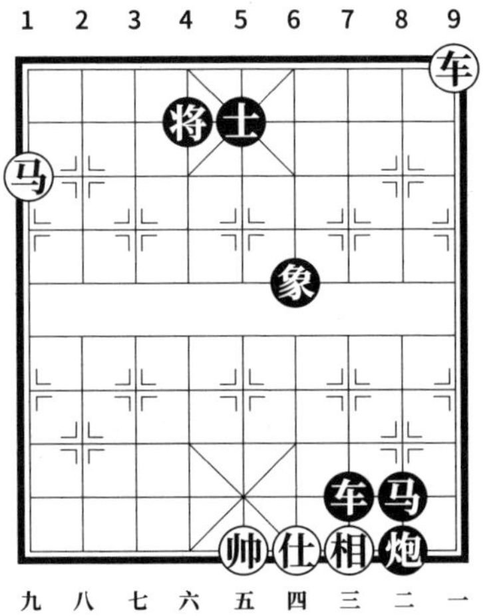

图 3-87

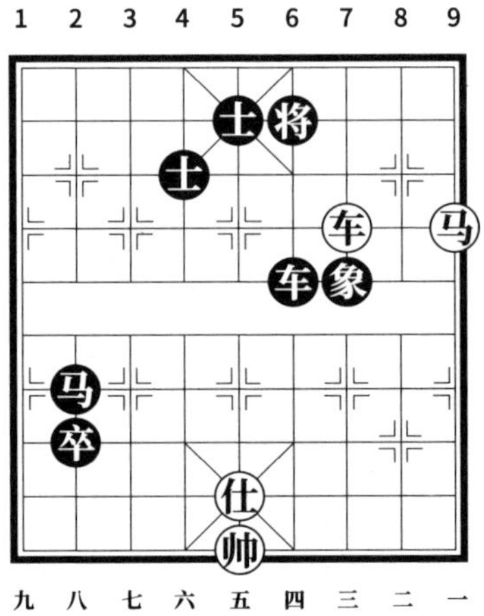

图 3-88

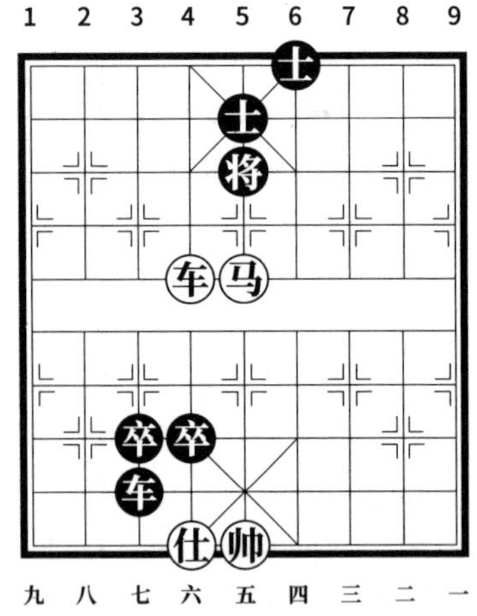

图 3-89

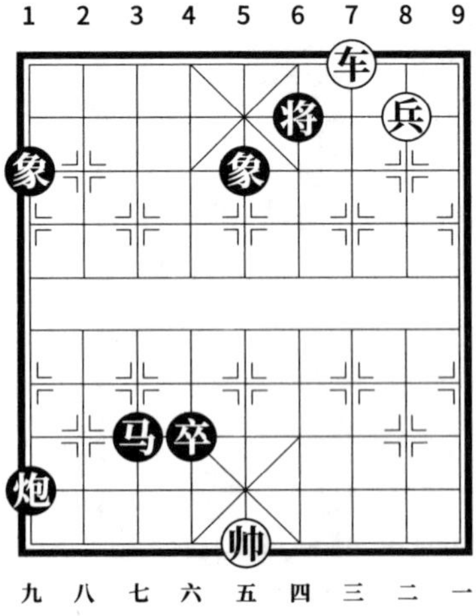

图 3-90

红先胜

本页图题答案见 203 页

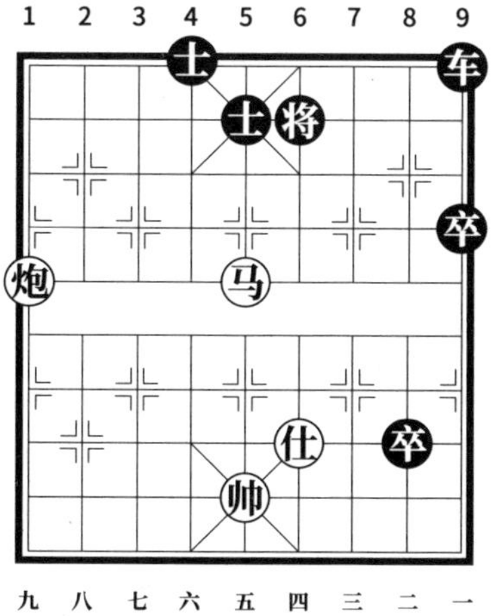

图 3-91

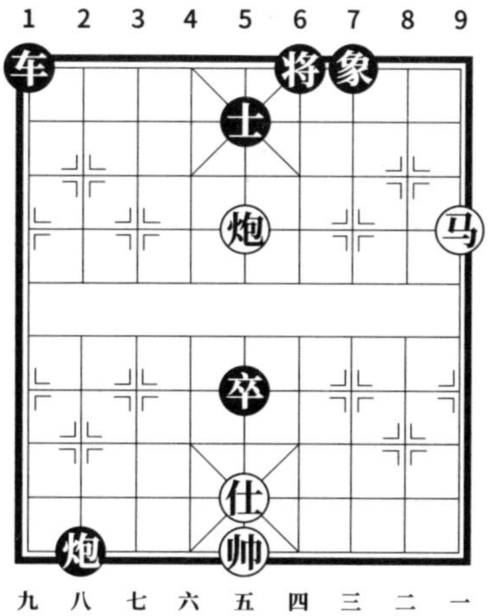

图 3-92

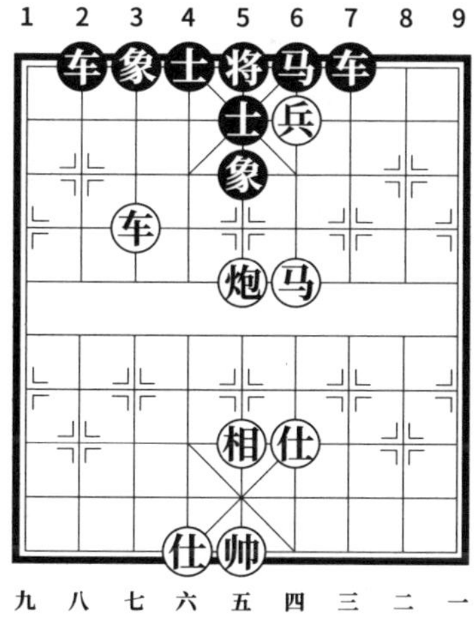

图 3-93

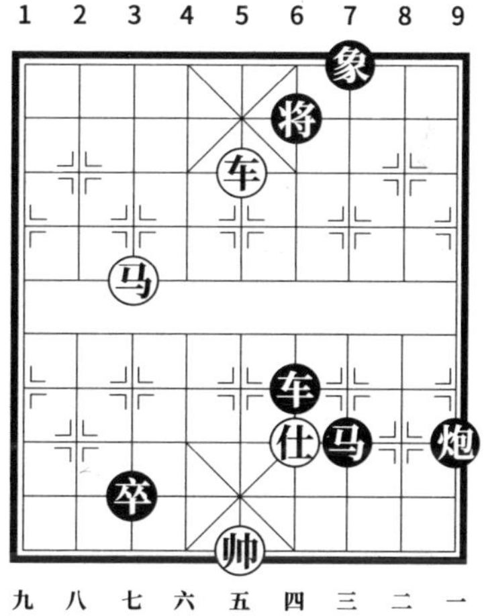

图 3-94

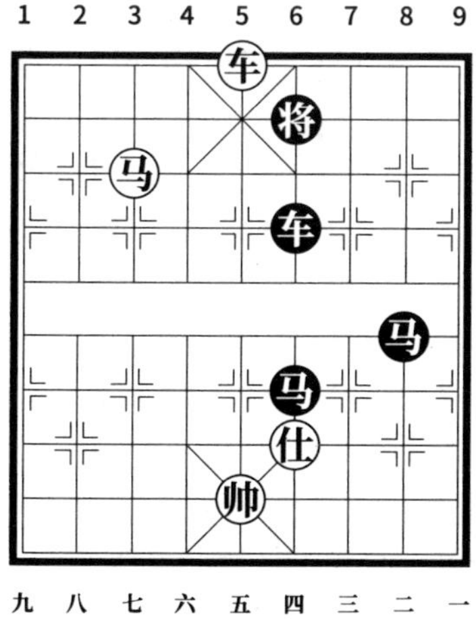

图 3-95

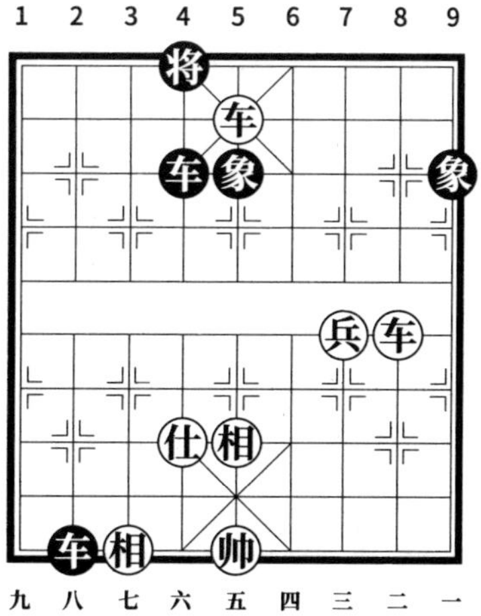

图 3-96

本页图题答案见 203 页

红先胜

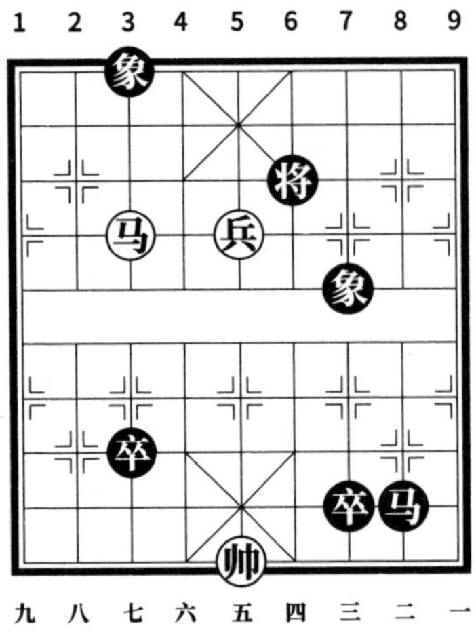

图 3-97

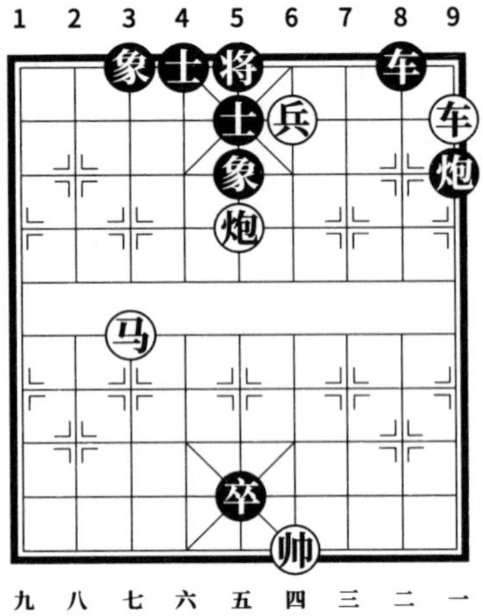

图 3-98

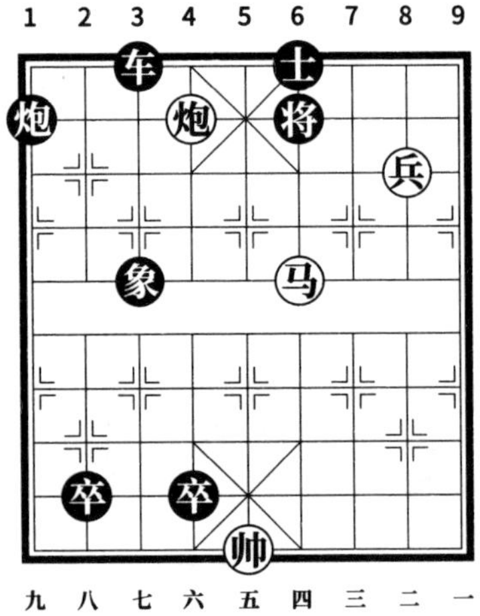

图 3-99

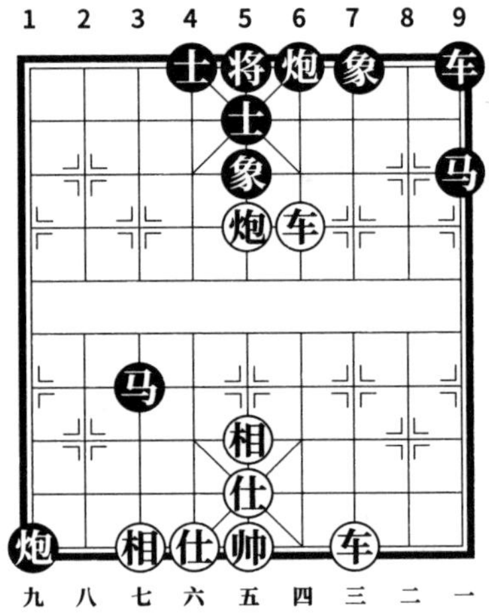

图 3-100

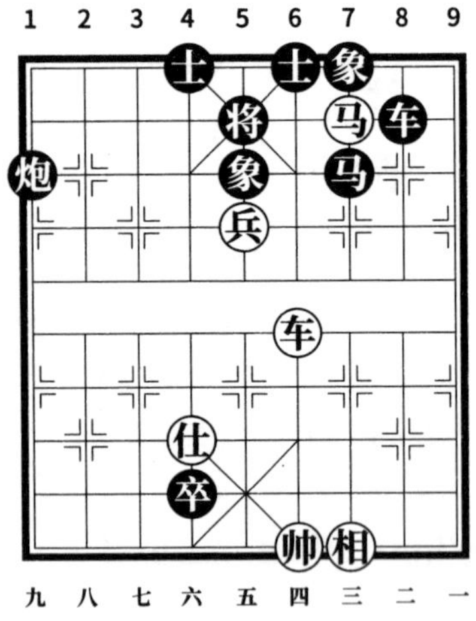

图 3-101

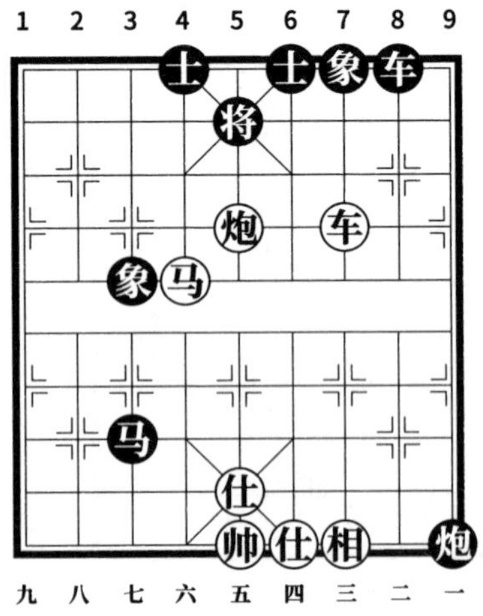

图 3-102

红先胜

本页图题答案见 203 页

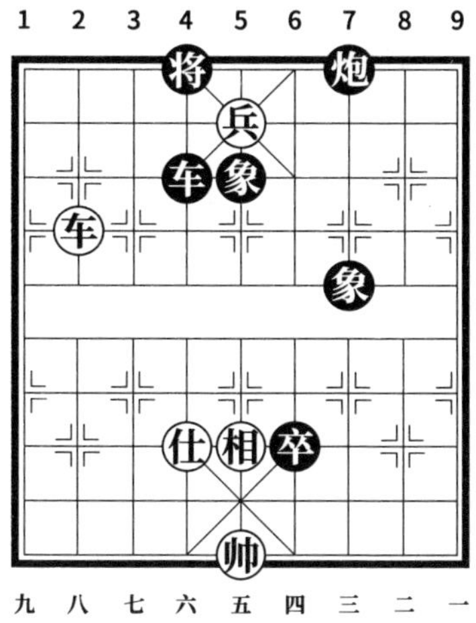

图 3-103

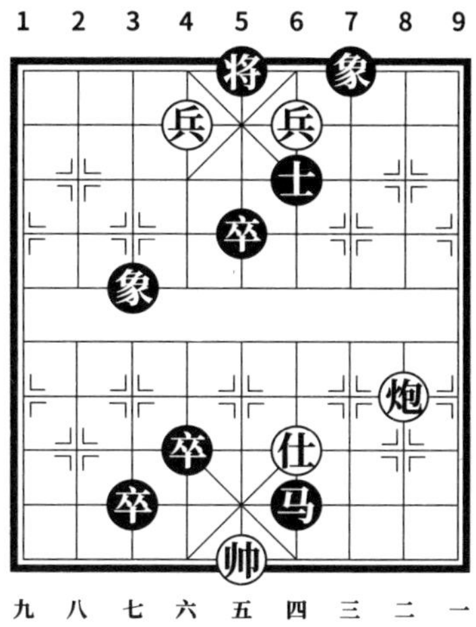

图 3-104

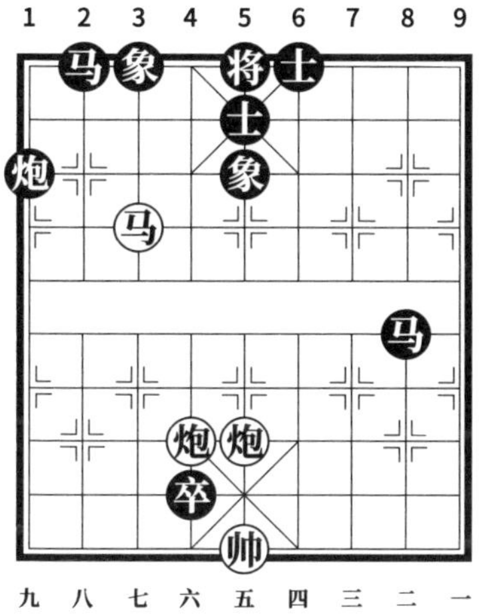

图 3-105

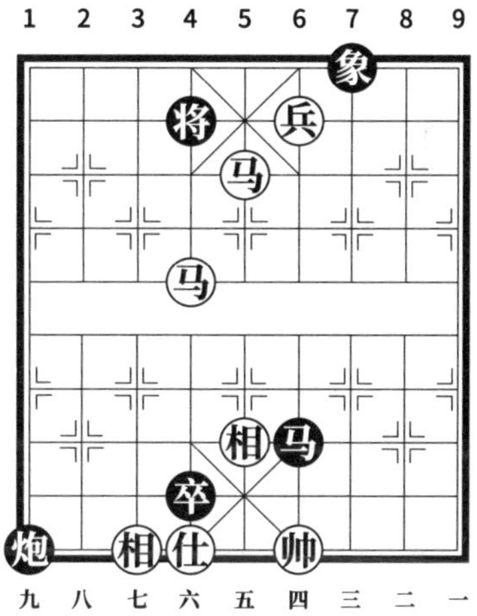

图 3-106

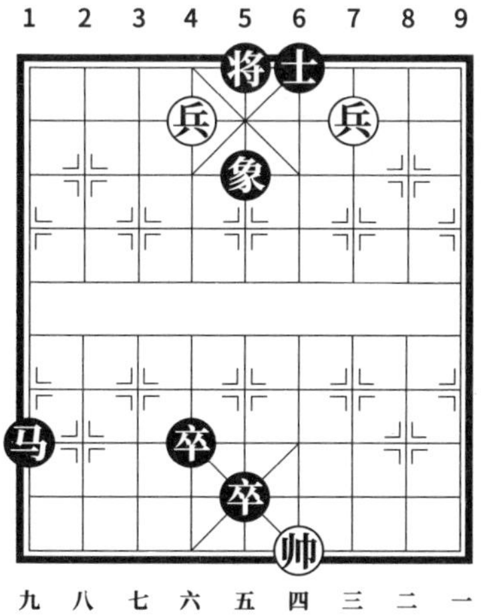

图 3-107

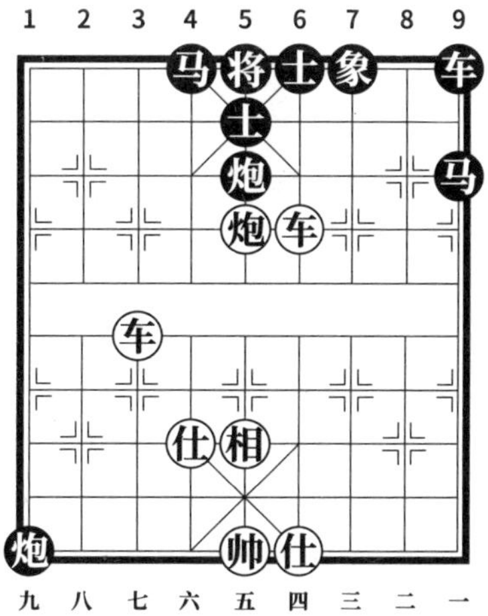

图 3-108

本页图题答案见 203 页

红先胜

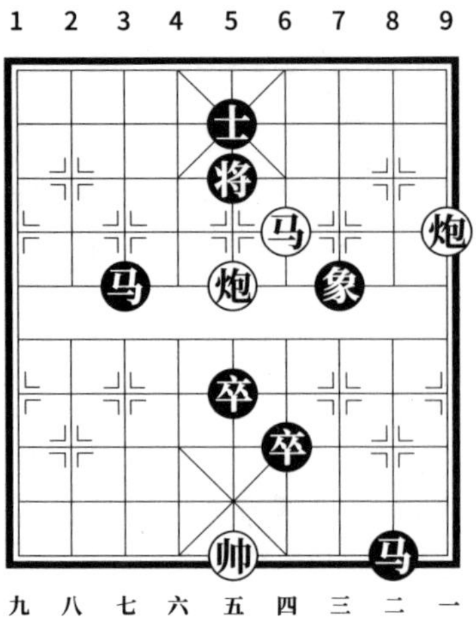

图 3-109

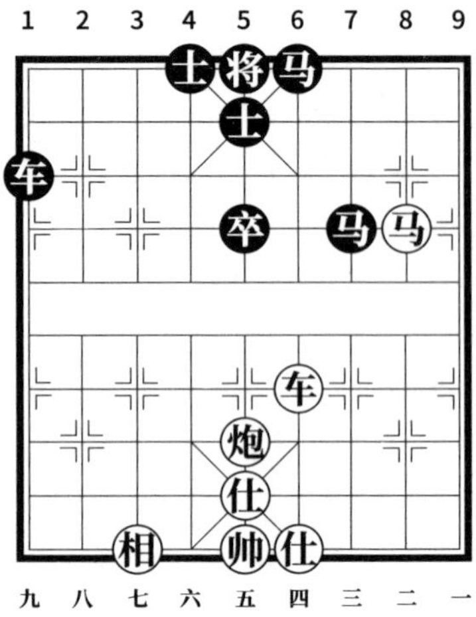

图 3-110

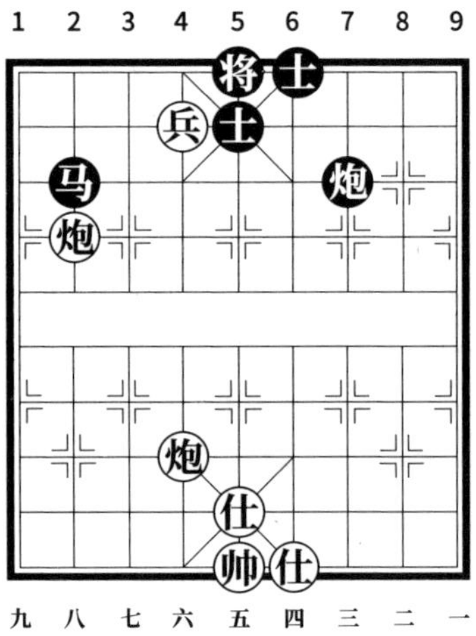

图 3-111

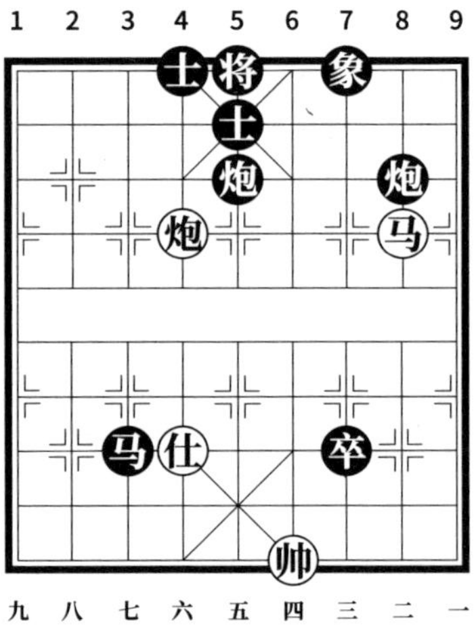

图 3-112

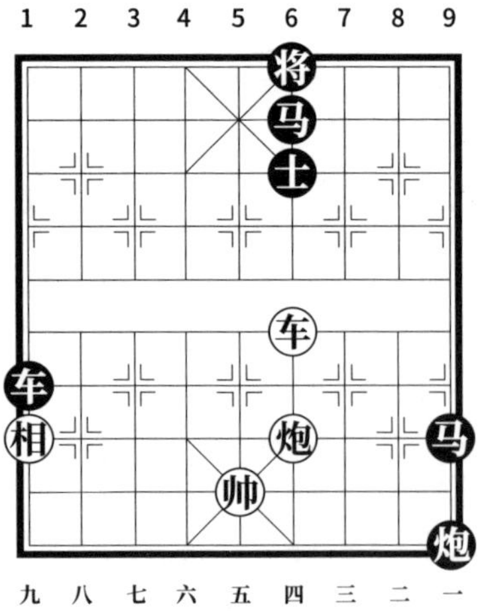

图 3-113

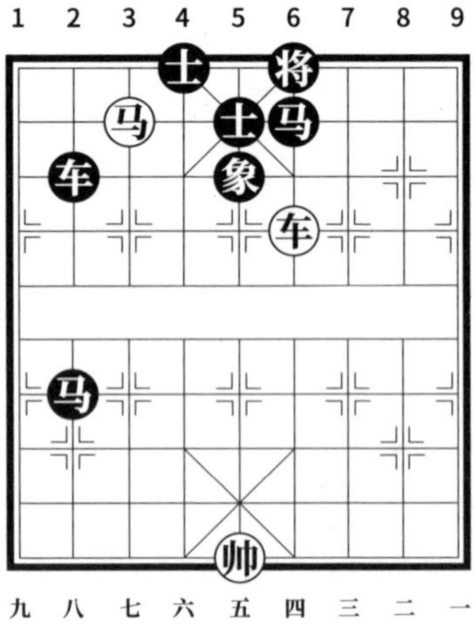

图 3-114

红先胜

本页图题答案见 203、204 页

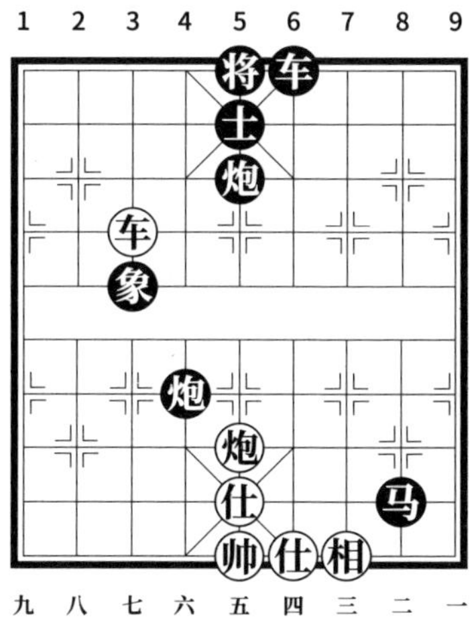

图 3-115

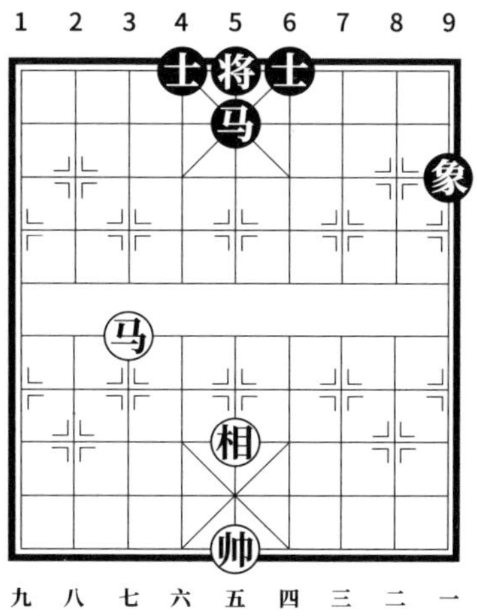

图 3-116

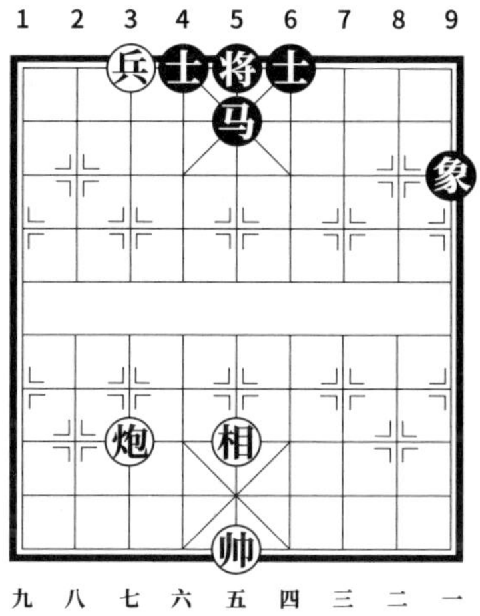

图 3-117

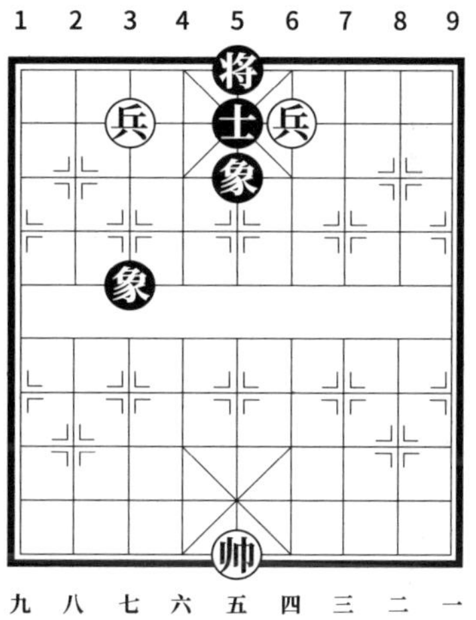

图 3-118

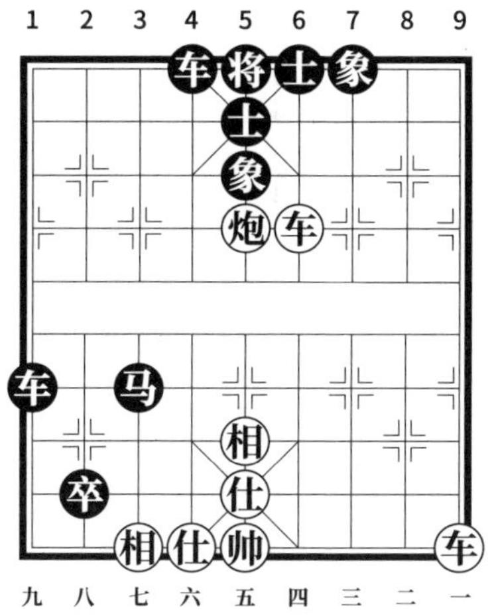

图 3-119

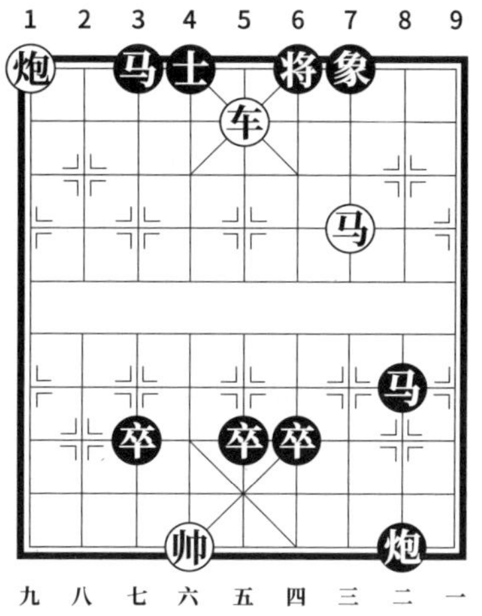

图 3-120

本页图题答案见 204 页

红先胜

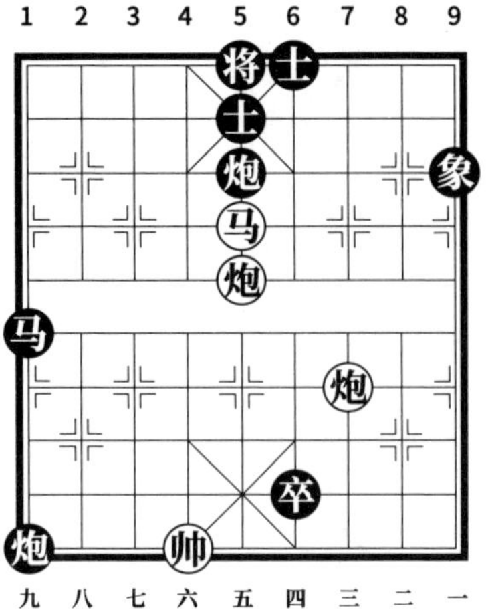

图 3-121

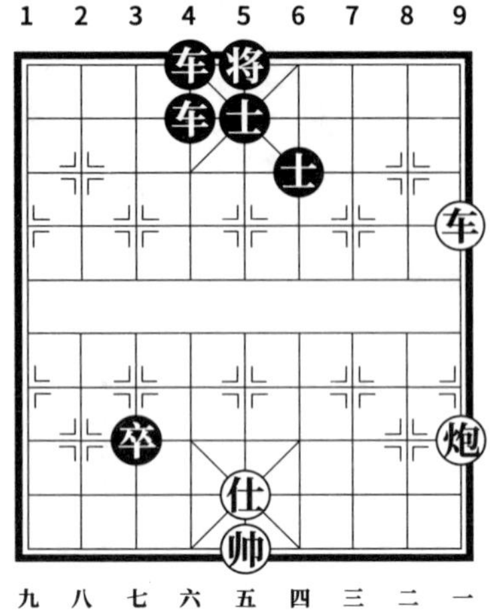

图 3-122

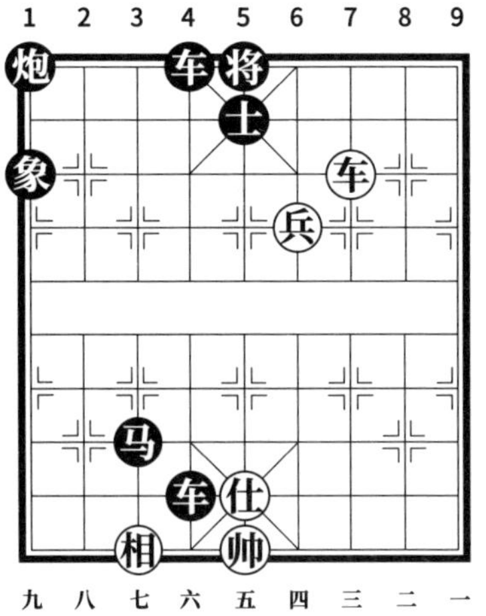

图 3-123

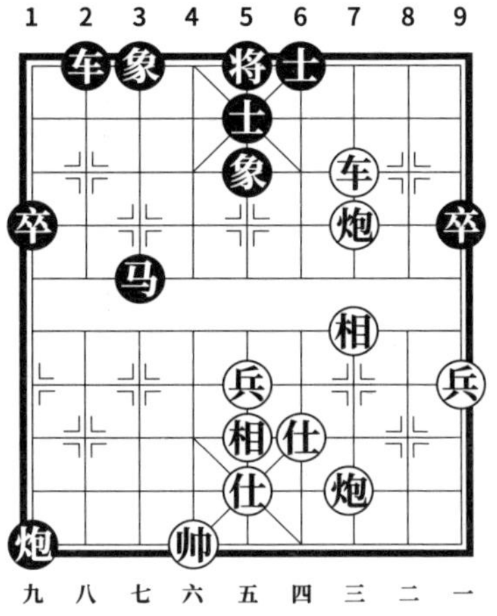

图 3-124

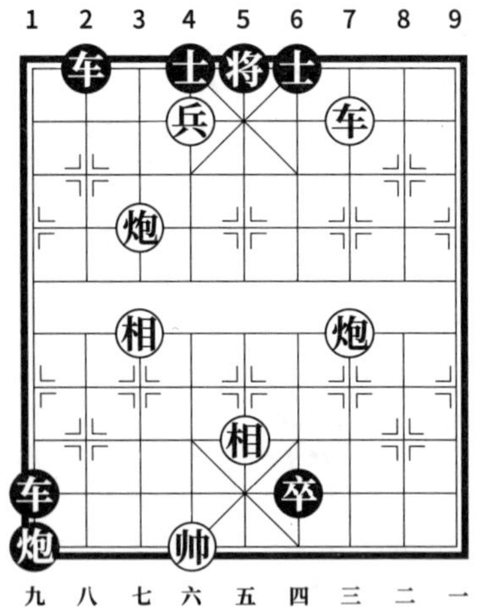

图 3-125

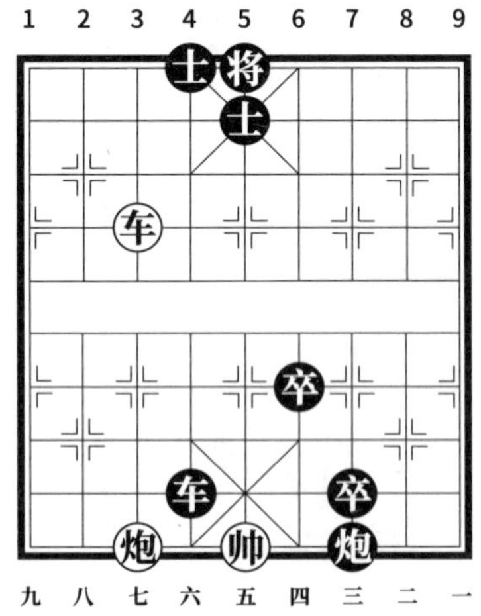

图 3-126

红先胜

本页图题答案见 204 页

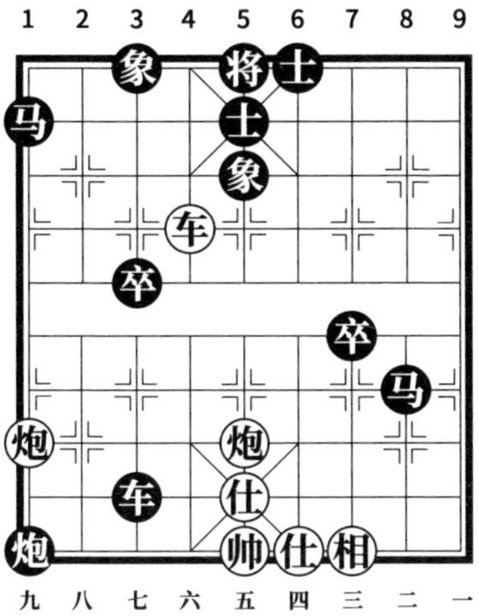

图 3-127

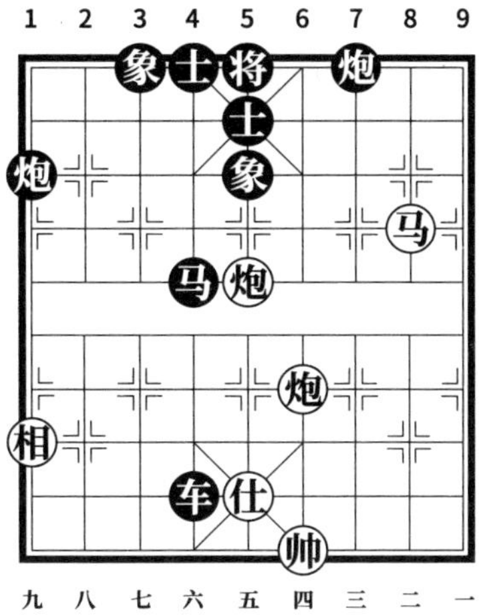

图 3-128

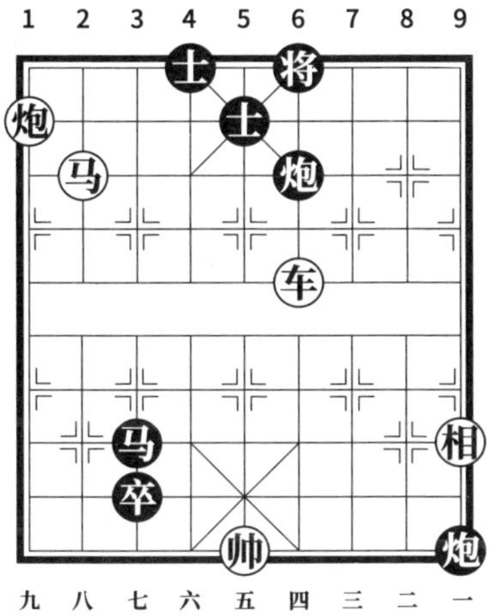

图 3-129

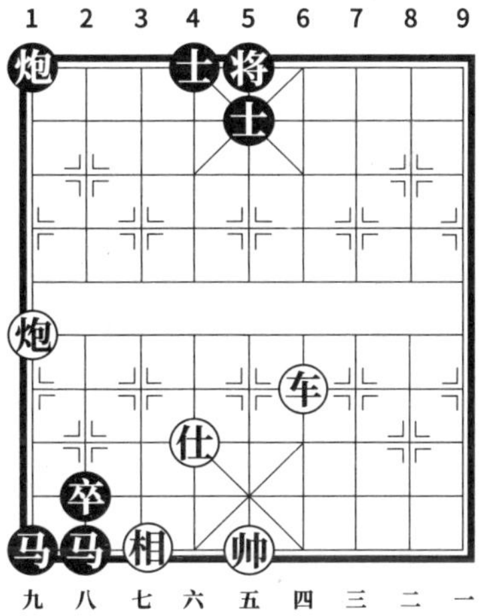

图 3-130

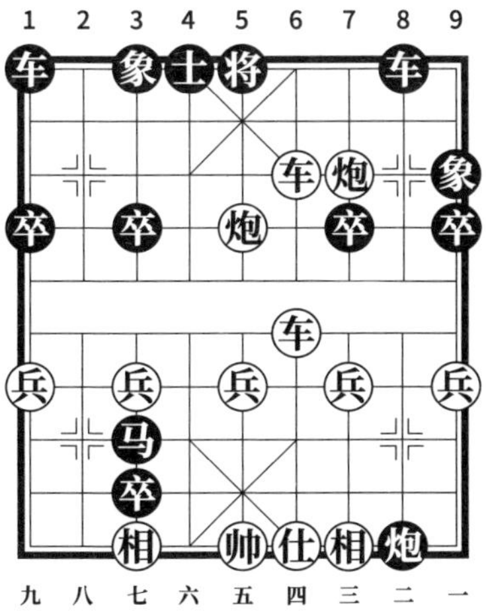

图 3-131

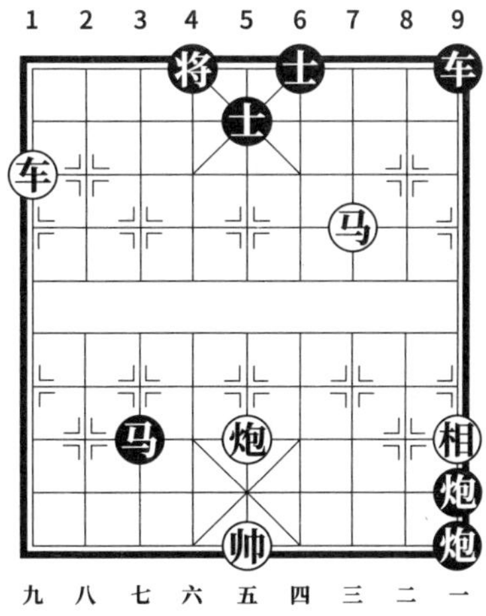

图 3-132

本页图题答案见 204 页

红先胜

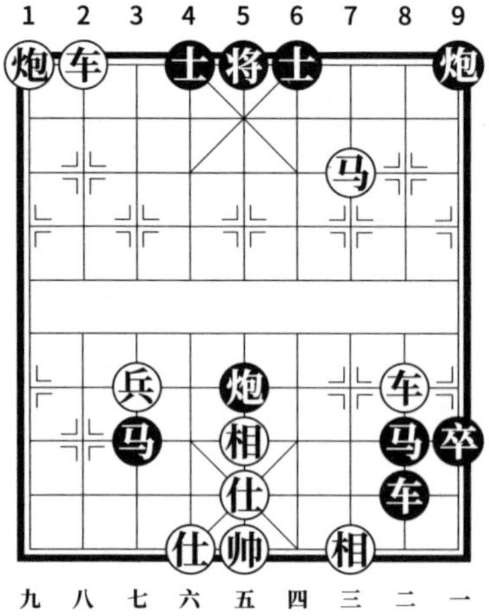

图 3-133

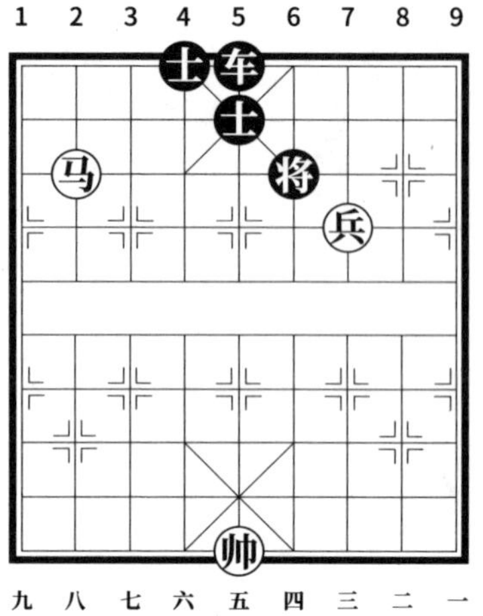

图 3-134

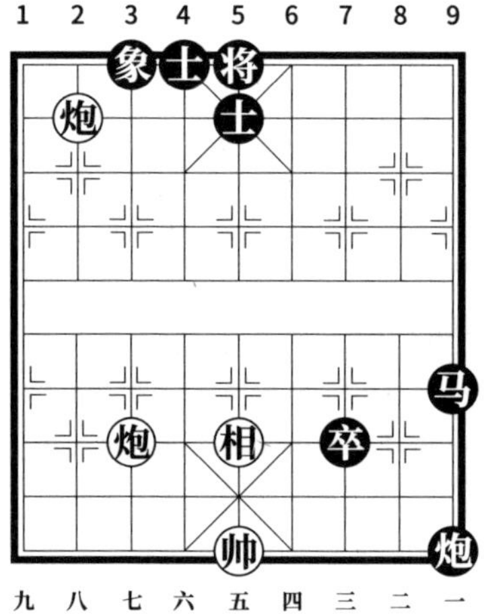

图 3-135

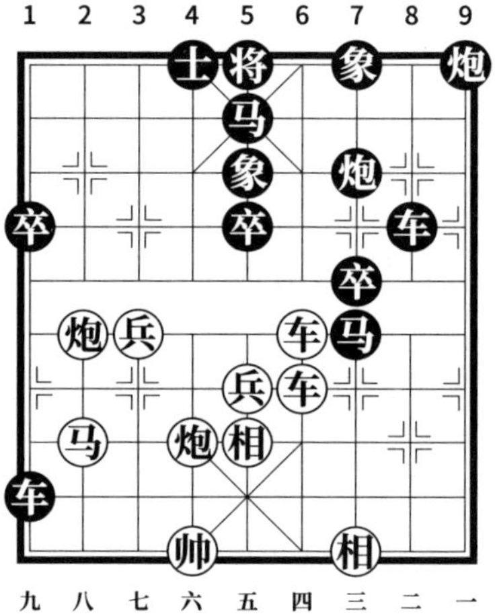

图 3-136

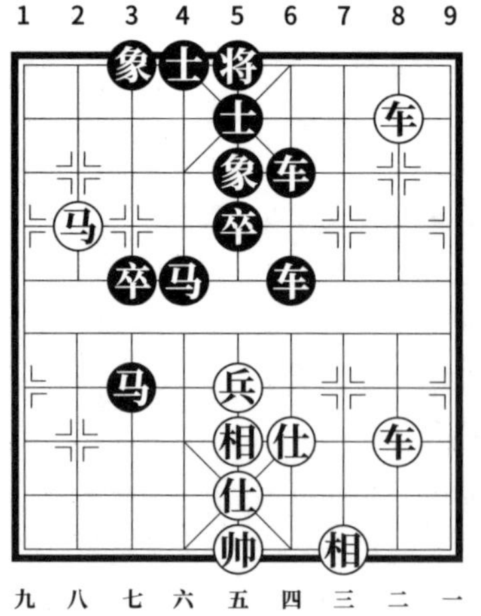

图 3-137

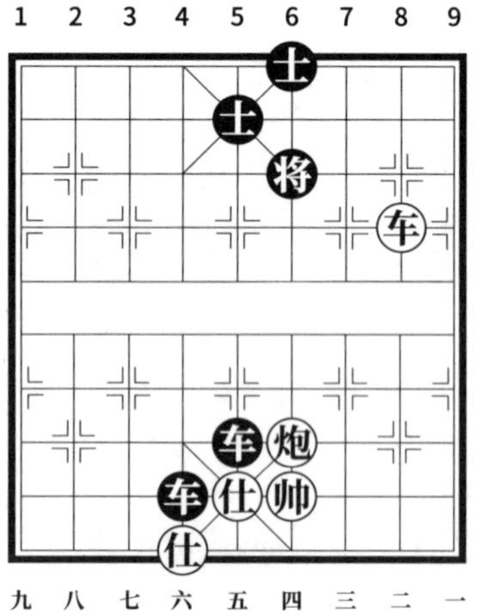

图 3-138

红先胜

本页图题答案见 204 页

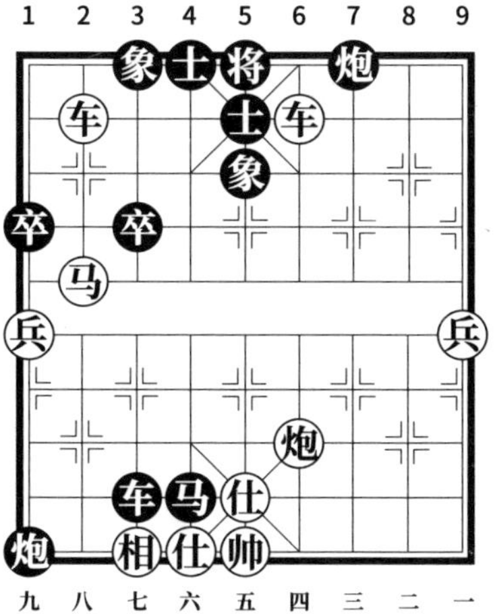

图 3-139

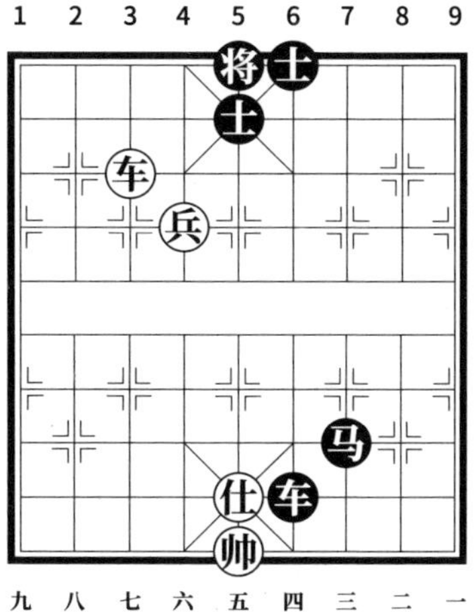

图 3-140

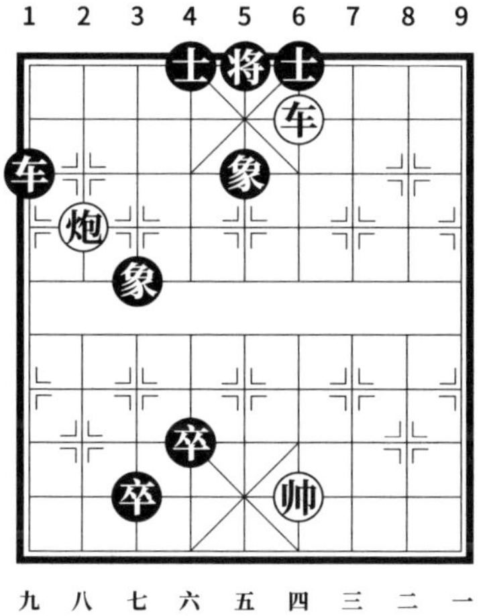

图 3-141

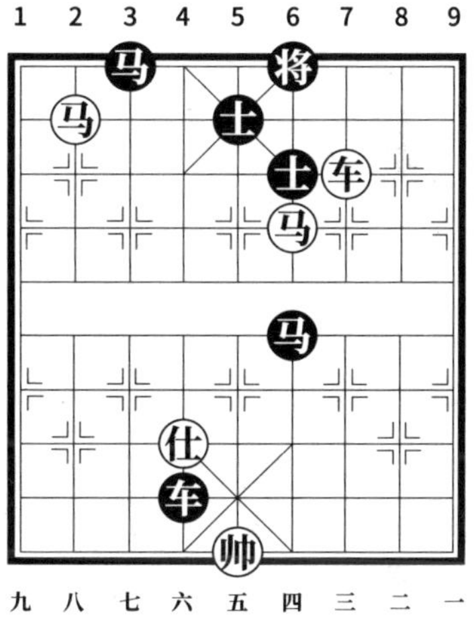

图 3-142

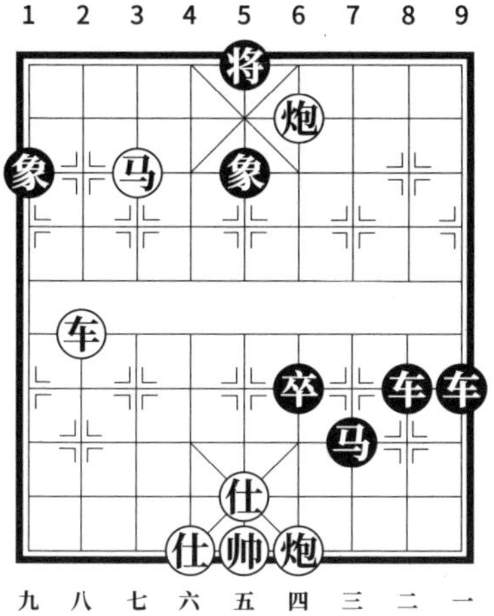

图 3-143

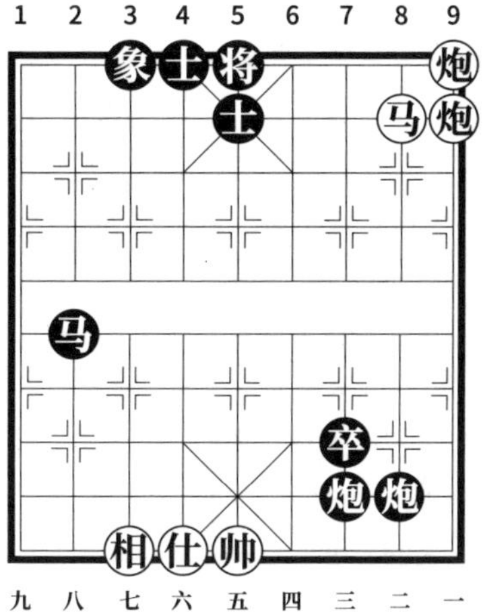

图 3-144

本页图题答案见 204 页

红先胜

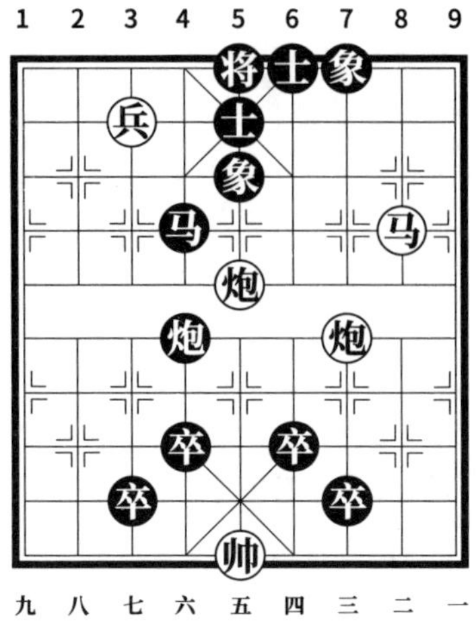

图 3-145

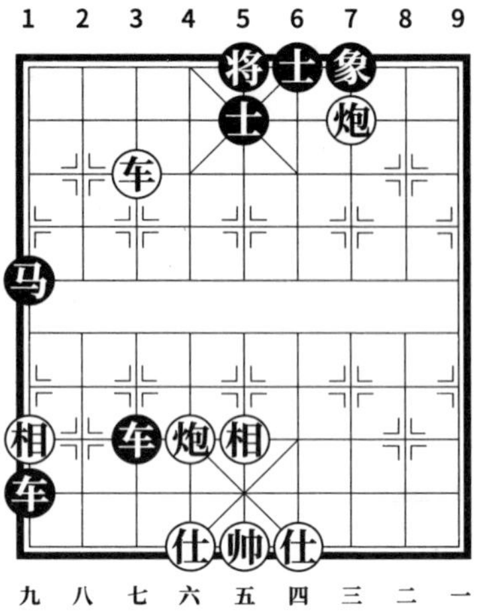

图 3-146

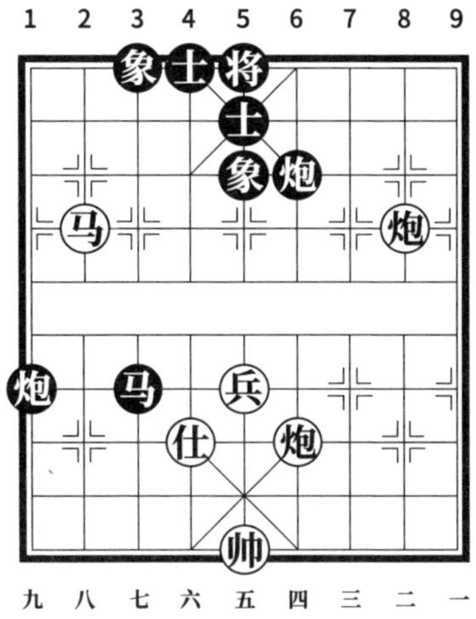

图 3-147

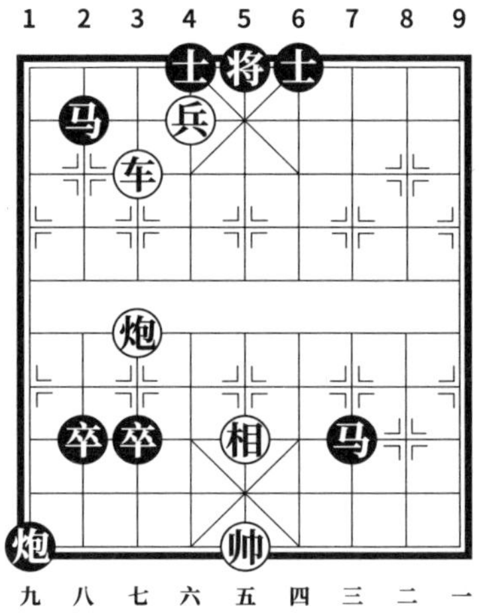

图 3-148

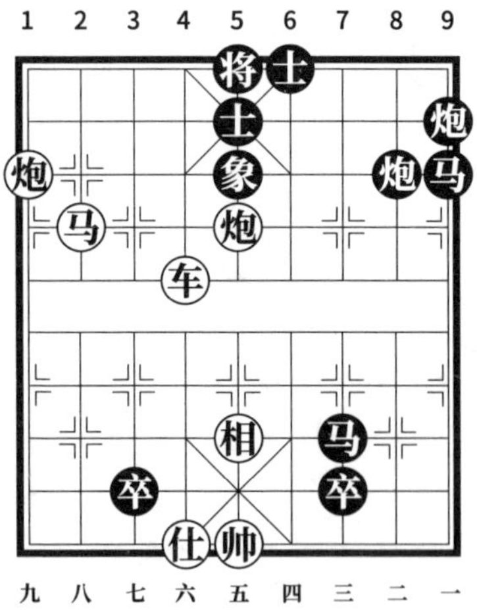

图 3-149

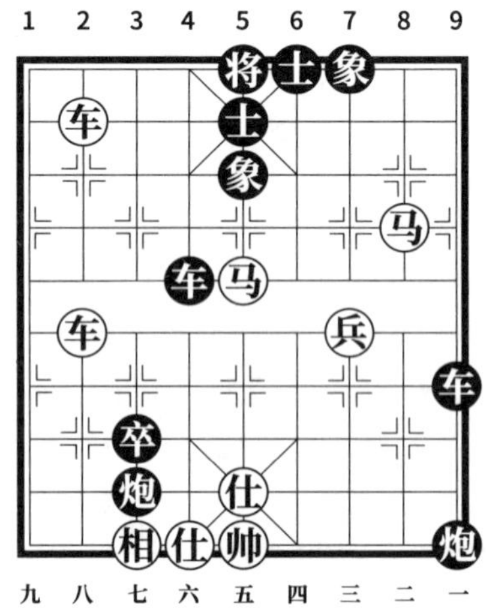

图 3-150

红先胜

本页图题答案见 204 页

四步非连将杀

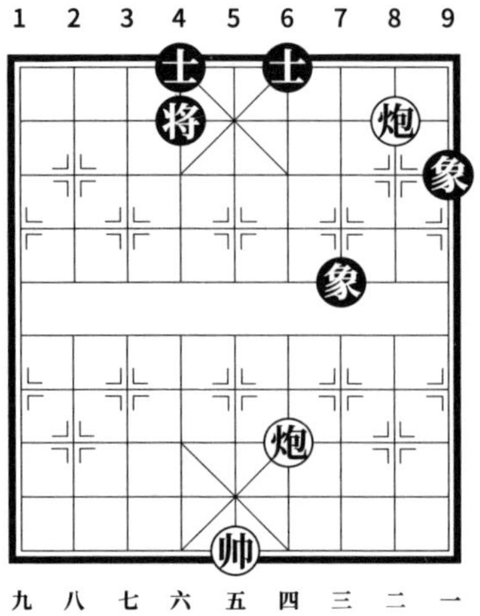

图 4-1

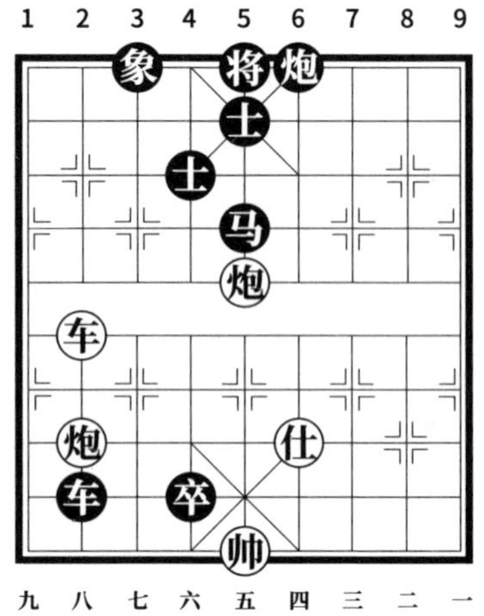

图 4-2

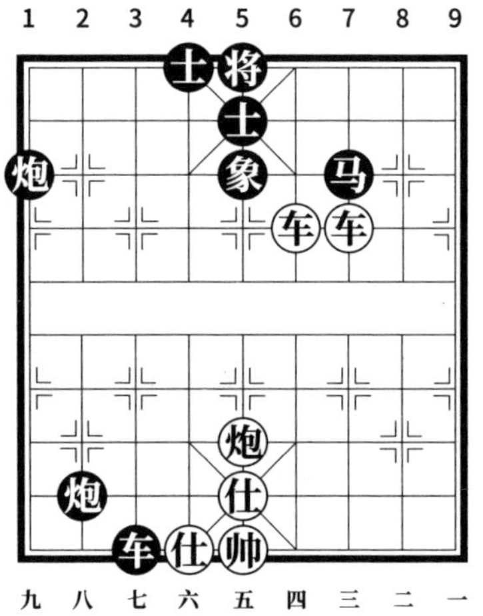

图 4-3

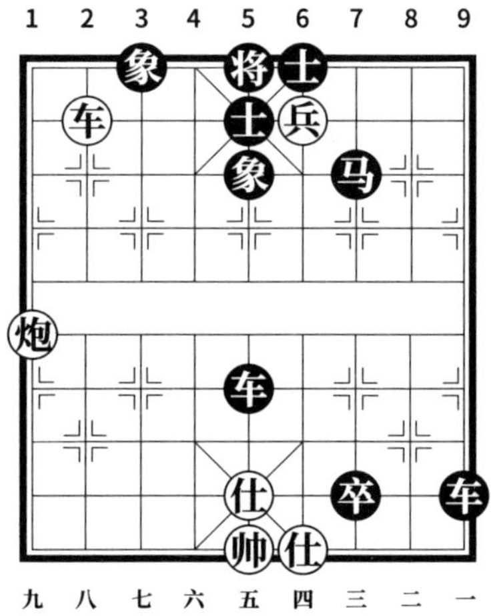

图 4-4

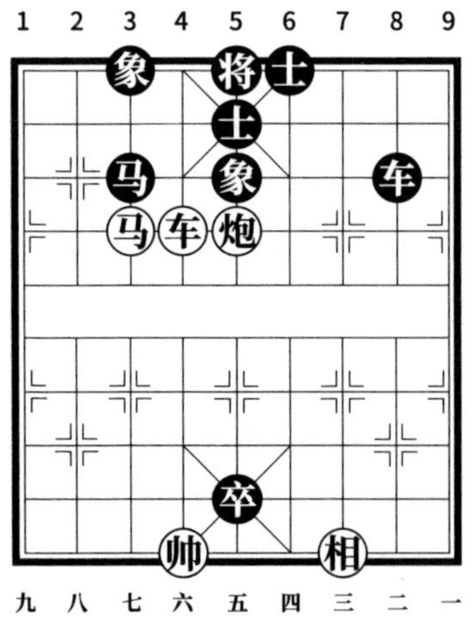

图 4-5

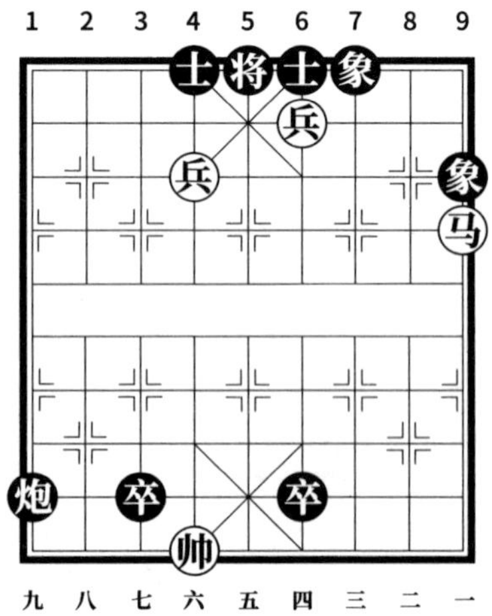

图 4-6

红先胜

本页图题答案见 205 页

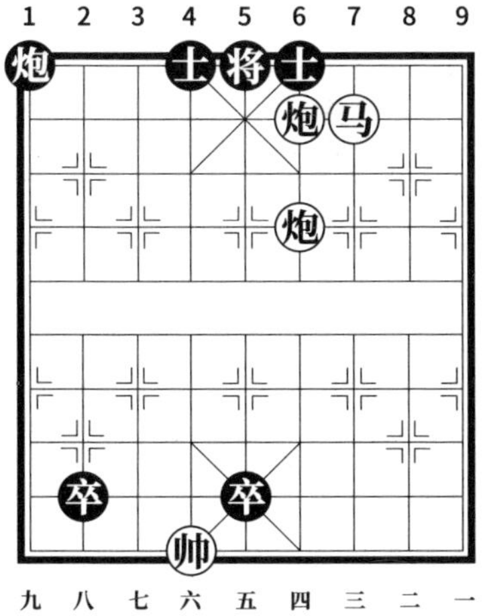

图 4-7

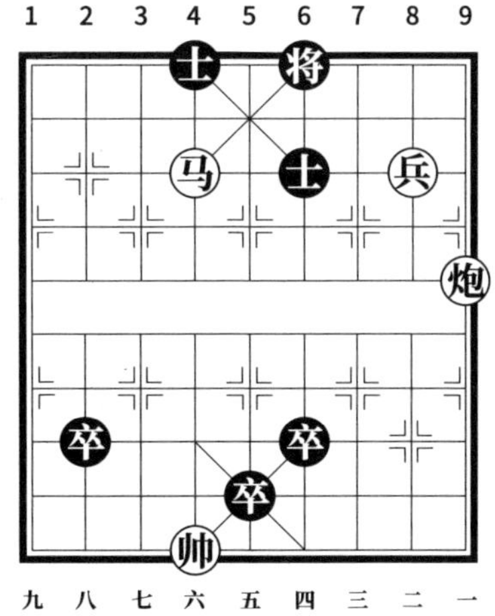

图 4-8

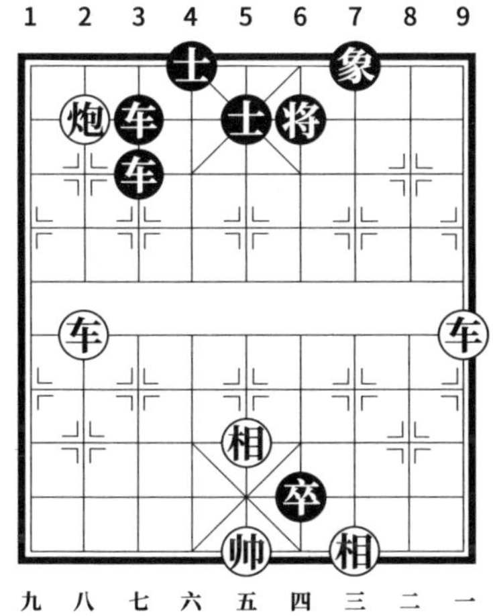

图 4-9

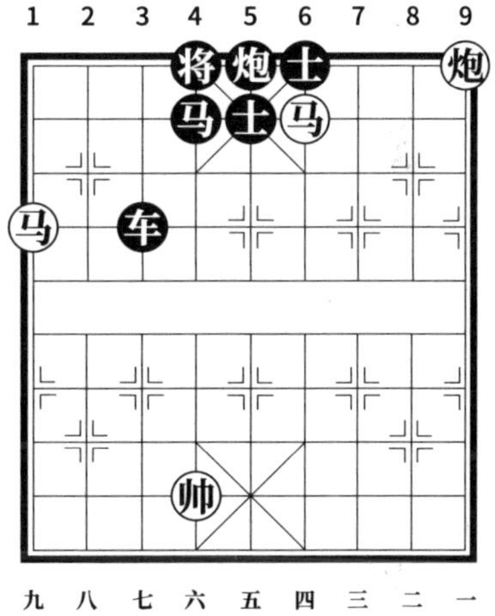

图 4-10

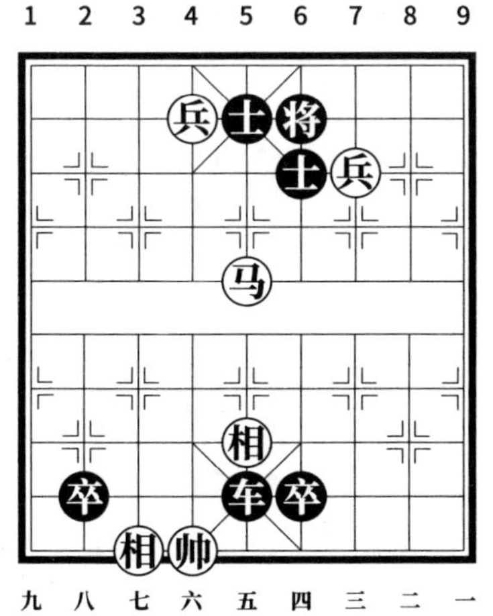

图 4-11

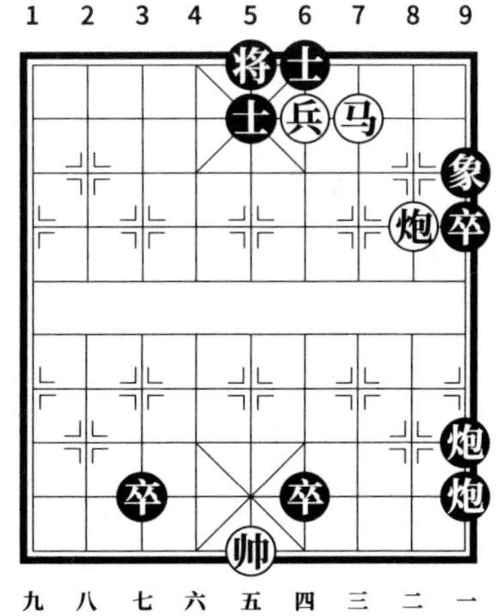

图 4-12

本页图题答案见 205 页

红先胜

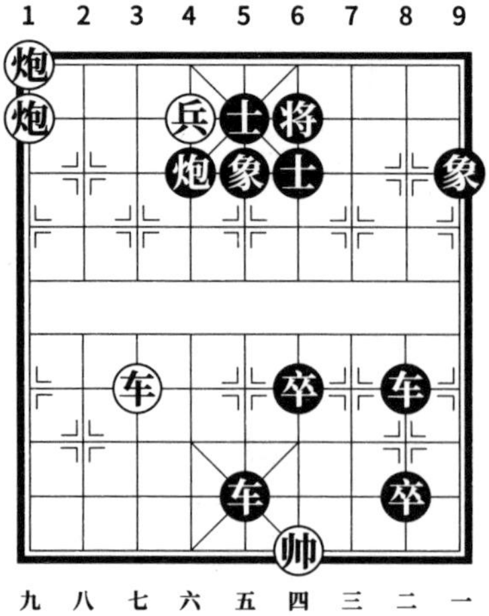

图 4-13

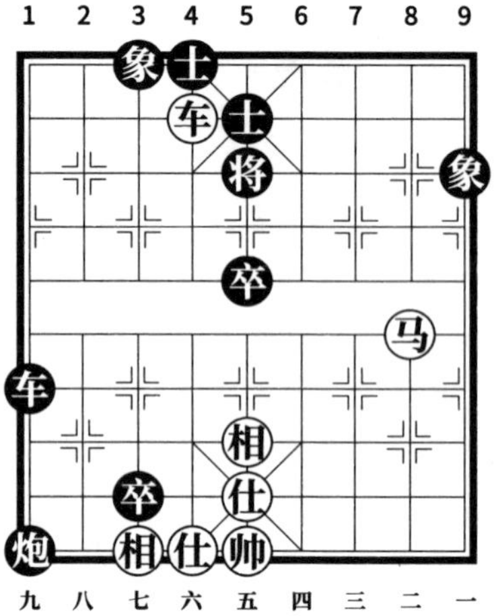

图 4-14

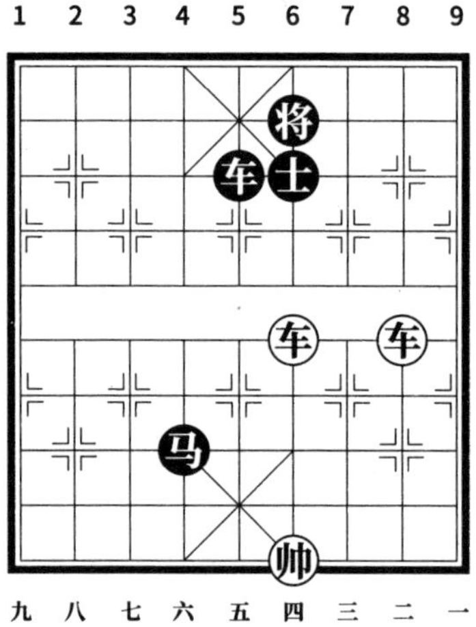

图 4-15

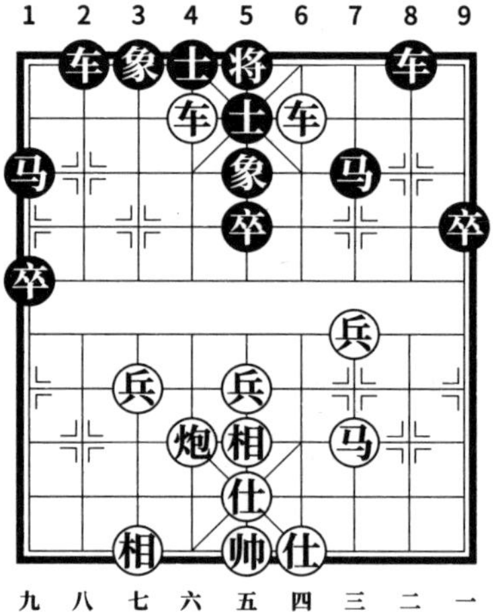

图 4-16

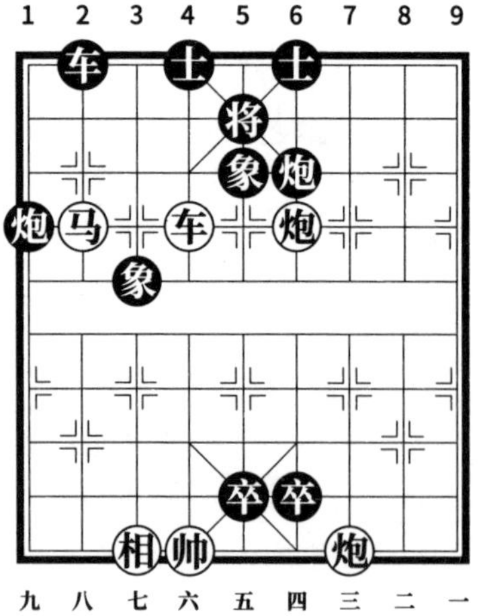

图 4-17

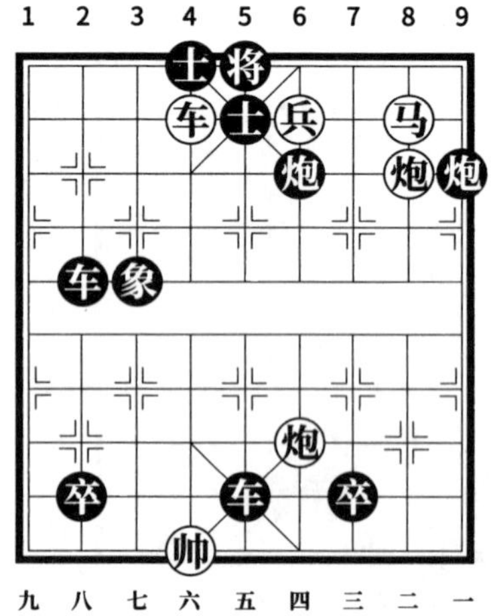

图 4-18

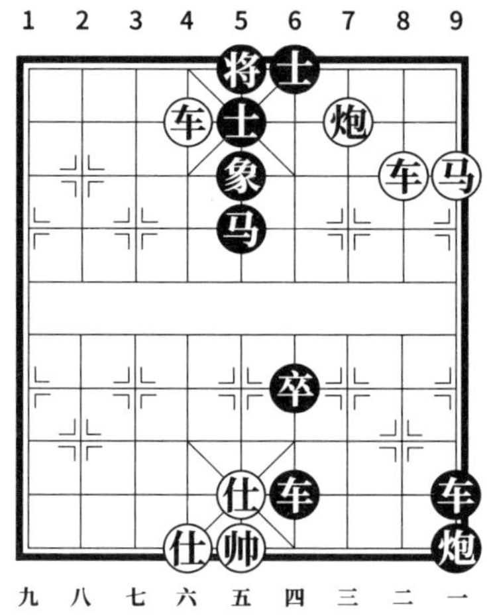

图 4-19

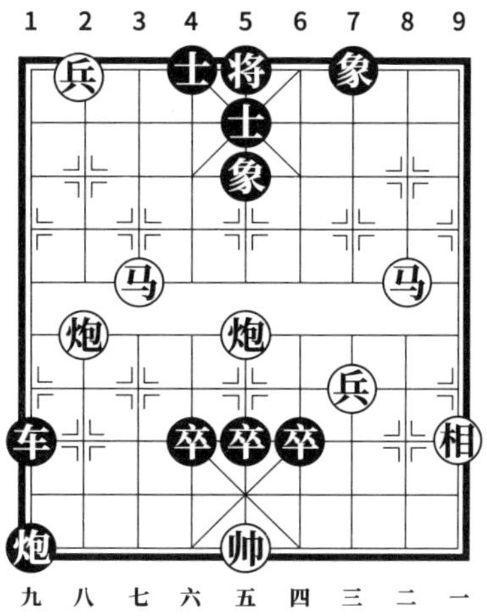

图 4-20

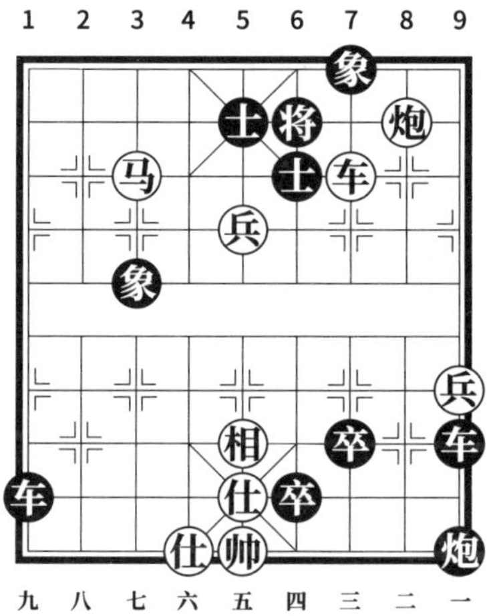

图 4-21

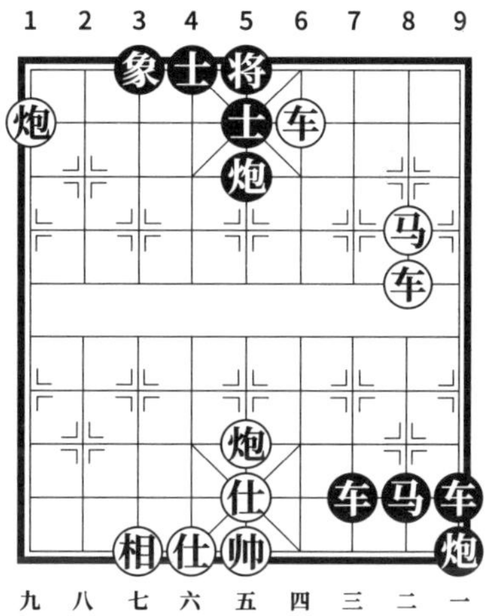

图 4-22

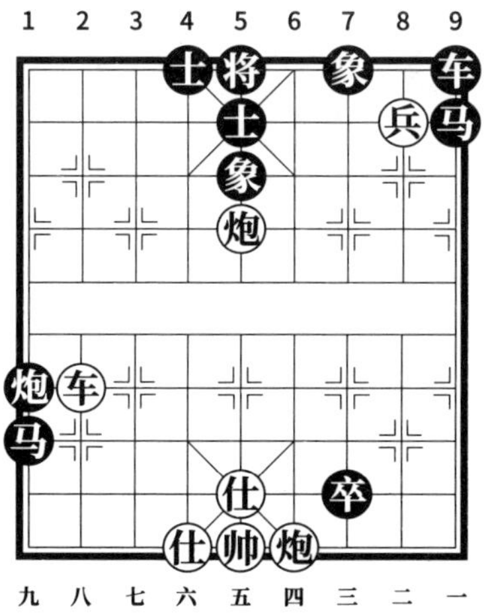

图 4-23

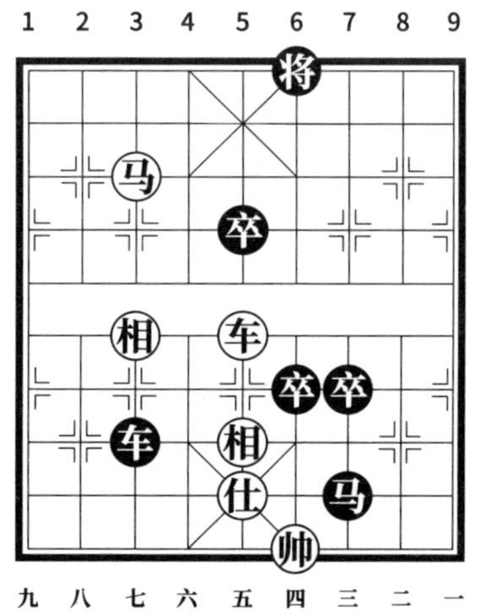

图 4-24

本页图题答案见 205 页

红先胜

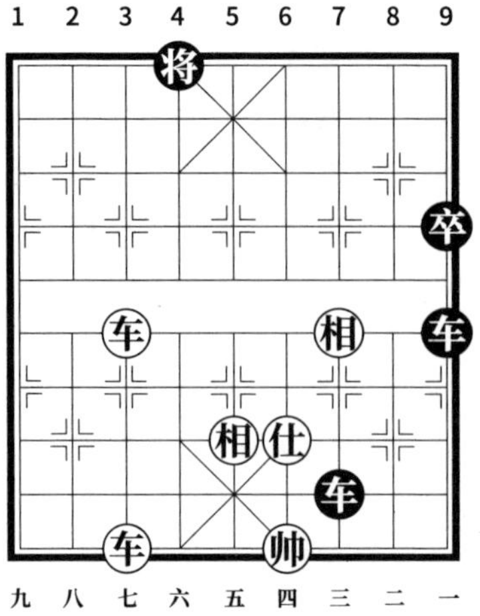

图 4-25

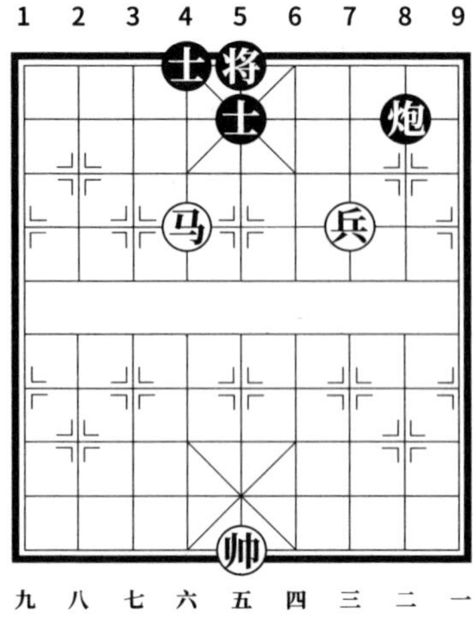

图 4-26

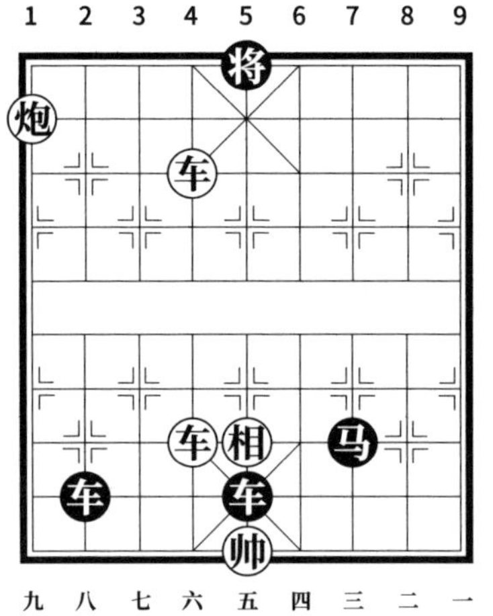

图 4-27

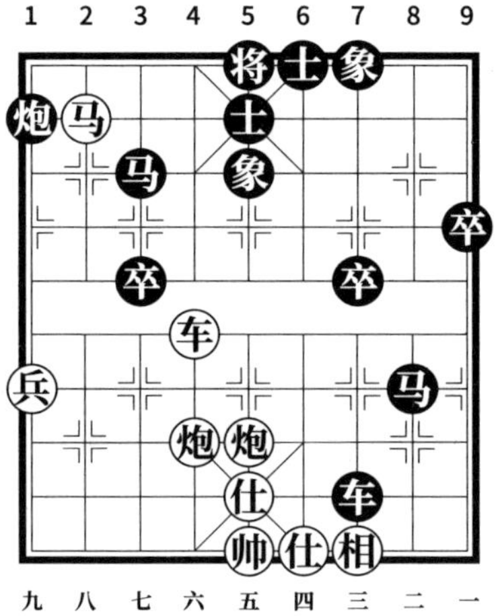

图 4-28

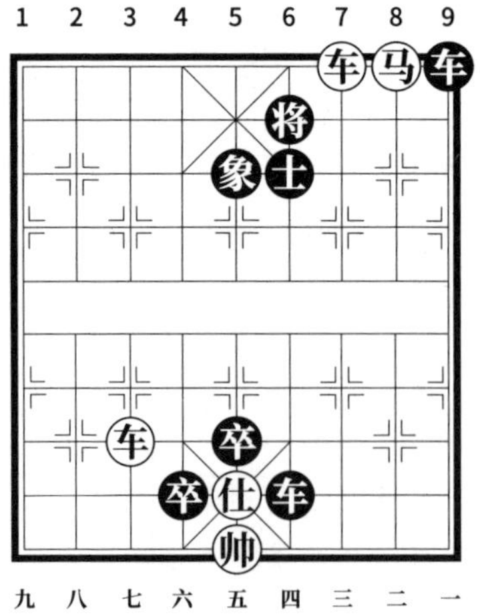

图 4-29

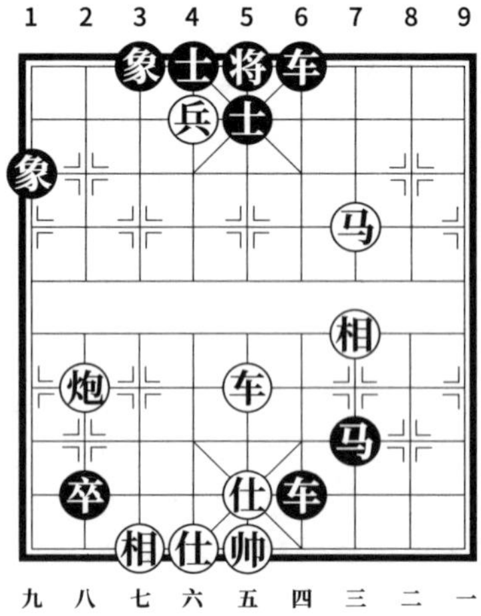

图 4-30

红先胜

本页图题答案见 205、206 页

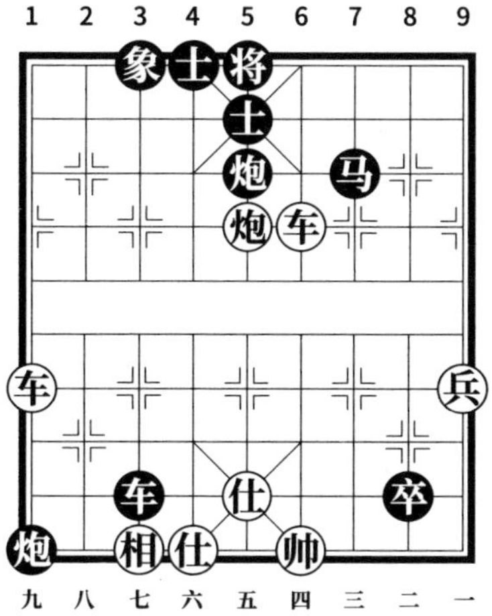

图 4-31

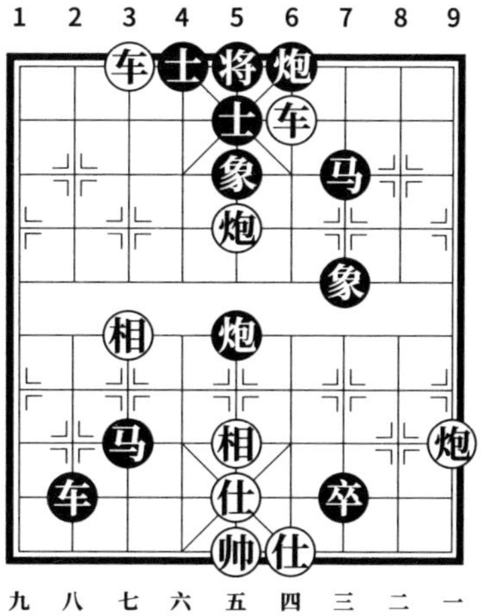

图 4-32

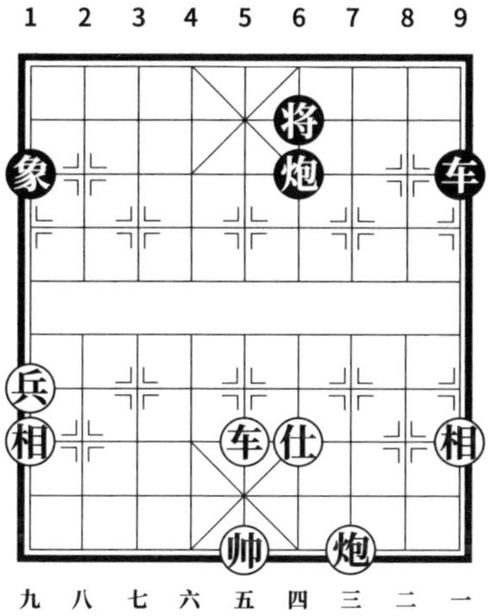

图 4-33

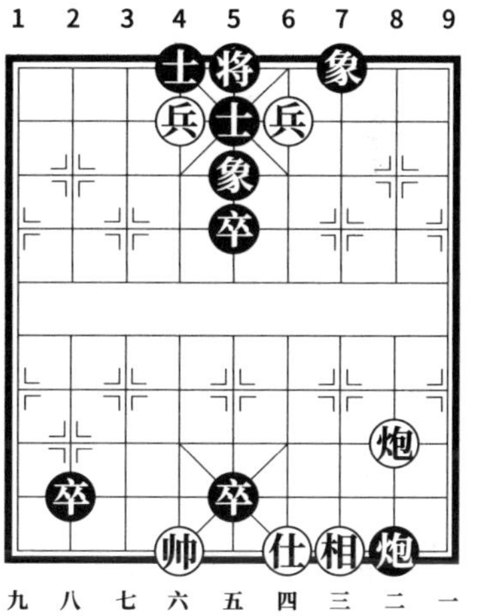

图 4-34

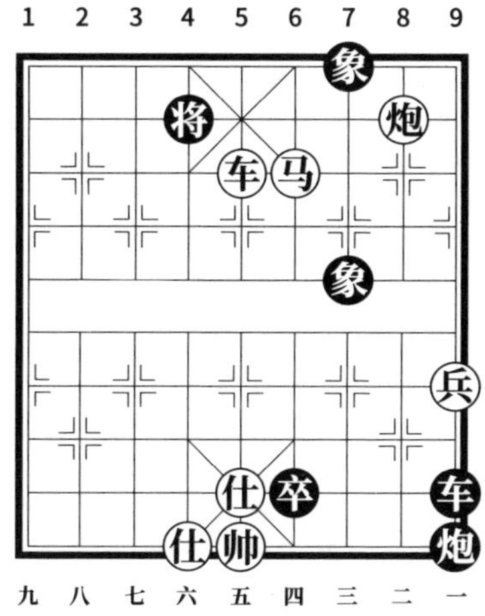

图 4-35

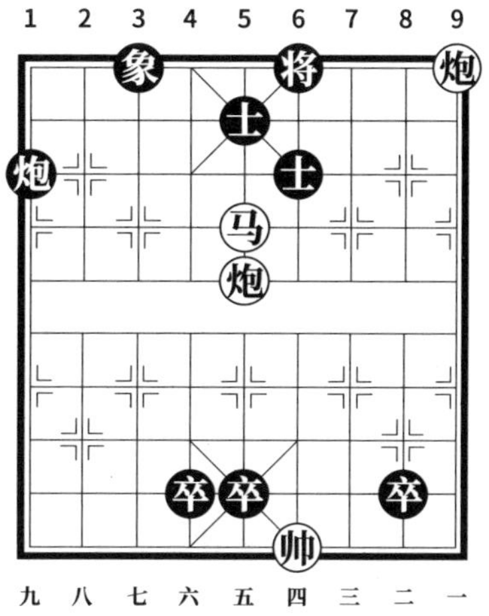

图 4-36

本页图题答案见 206 页

红先胜

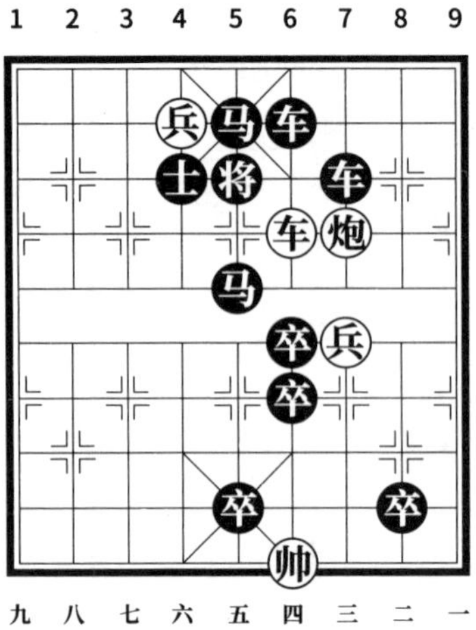

图 4-37

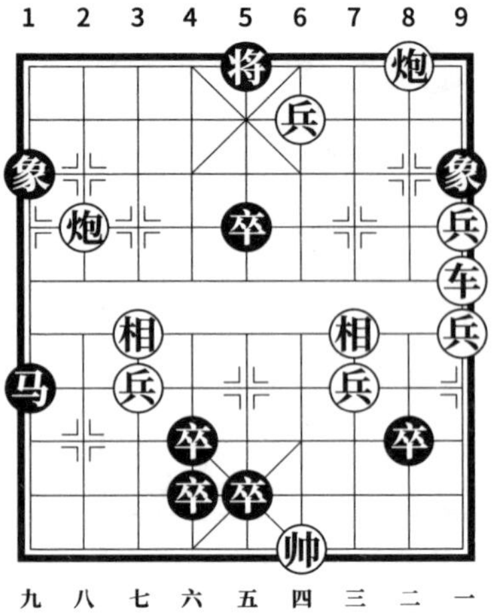

图 4-38

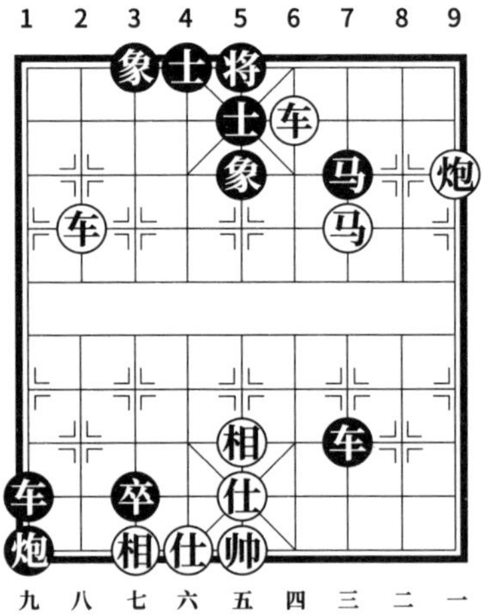

图 4-39

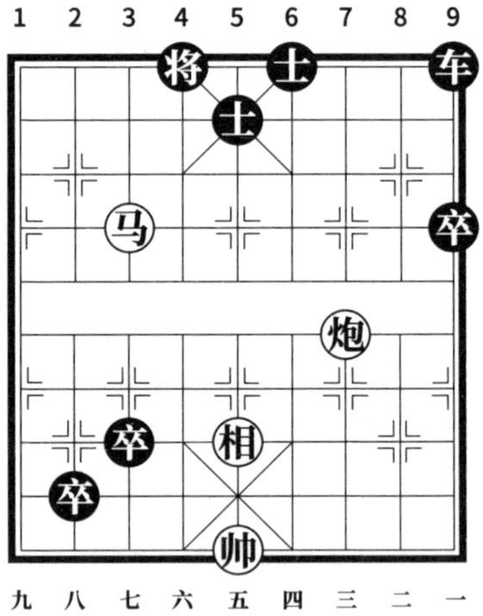

图 4-40

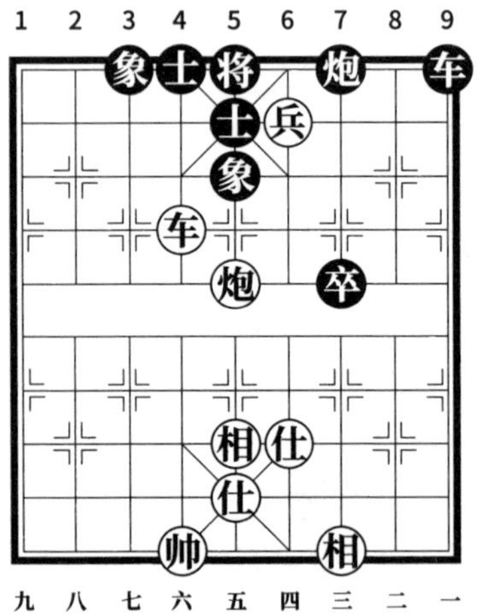

图 4-41

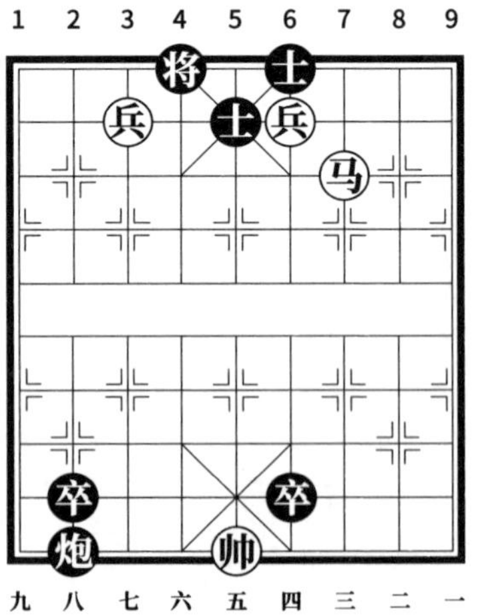

图 4-42

红先胜

本页图题答案见 206 页

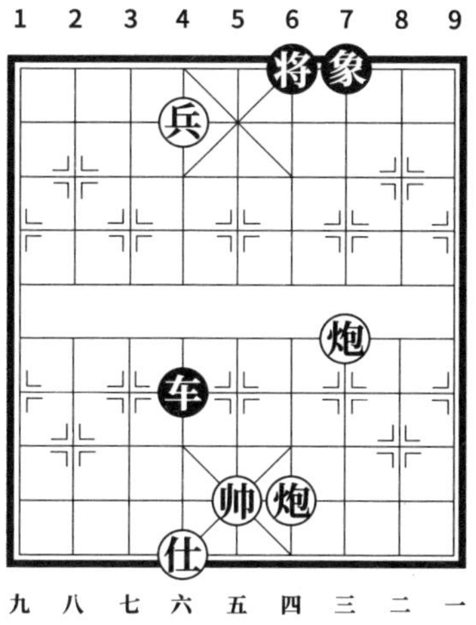

图 4-43

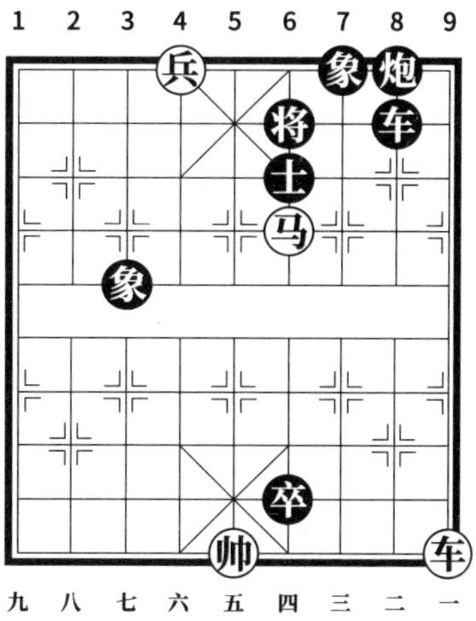

图 4-44

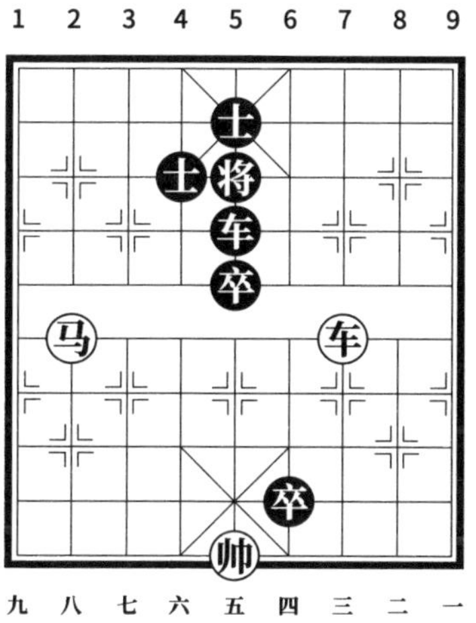

图 4-45

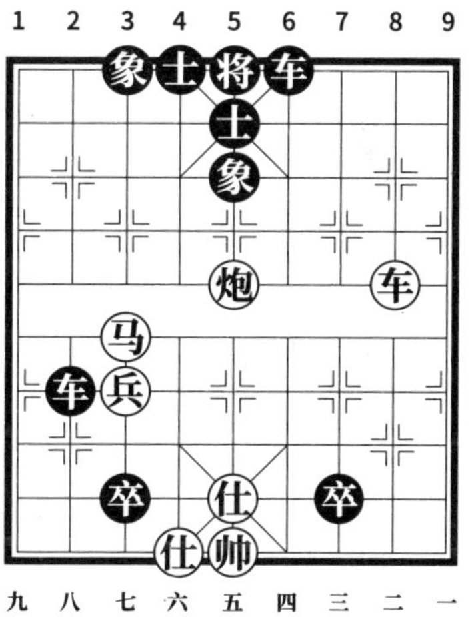

图 4-46

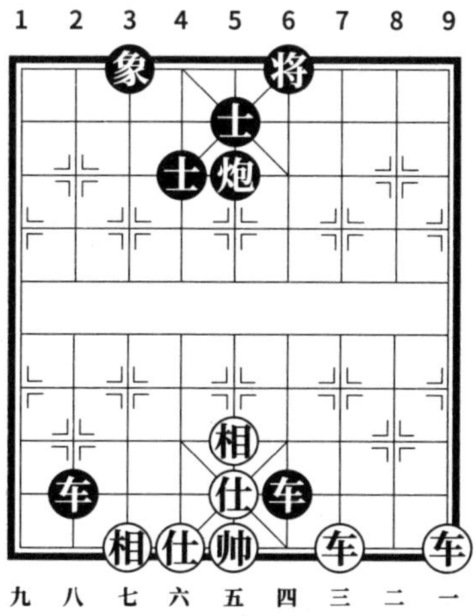

图 4-47

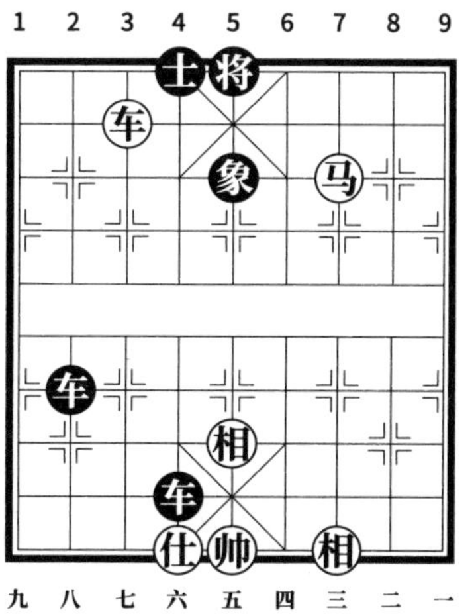

图 4-48

本页图题答案见 206 页

红先胜

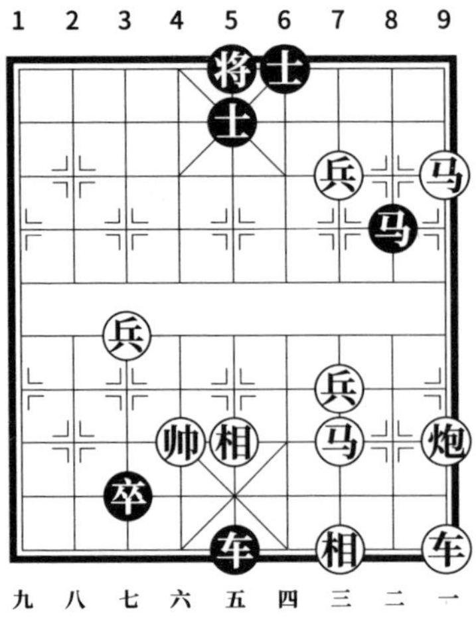

图 4-49

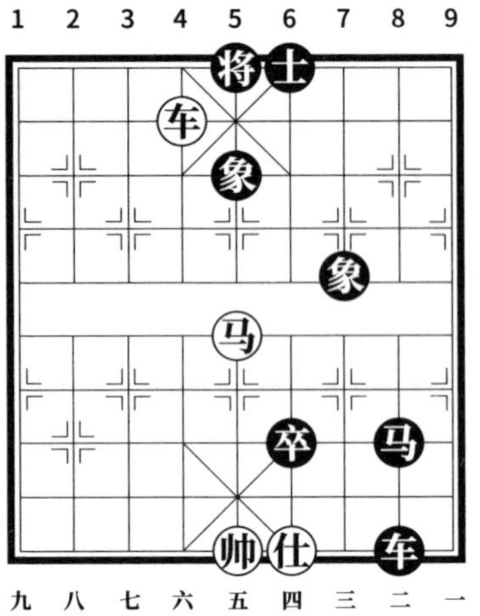

图 4-50

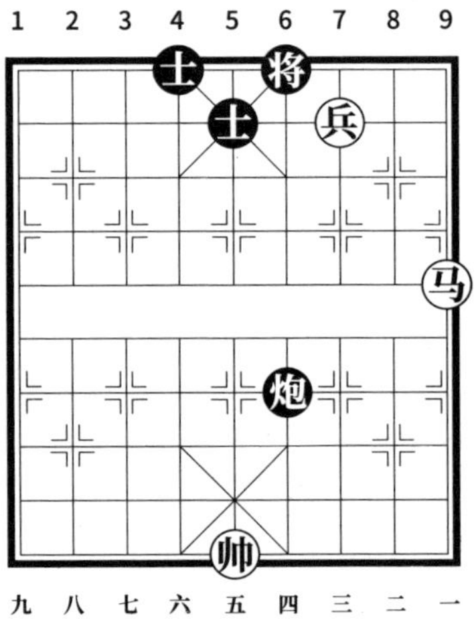

图 4-51

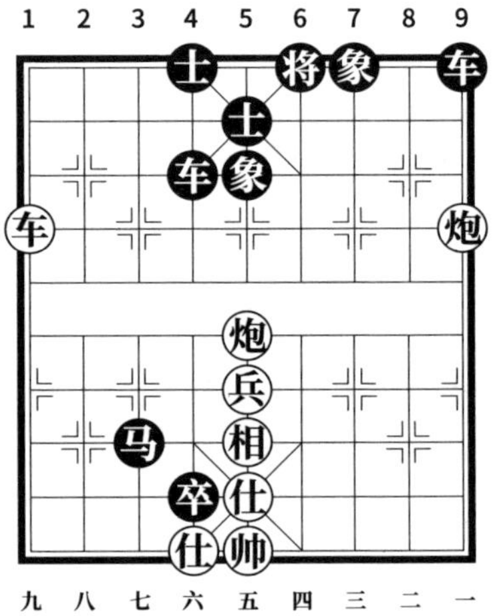

图 4-52

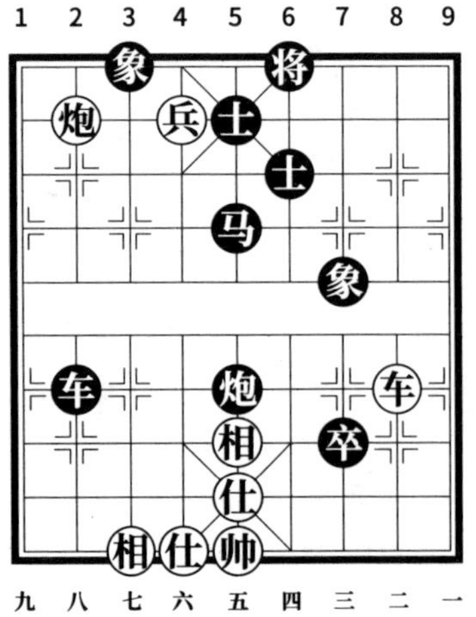

图 4-53

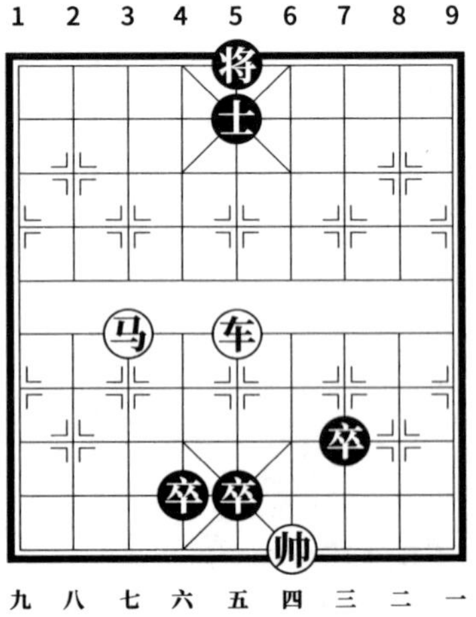

图 4-54

红先胜

本页图题答案见 206 页

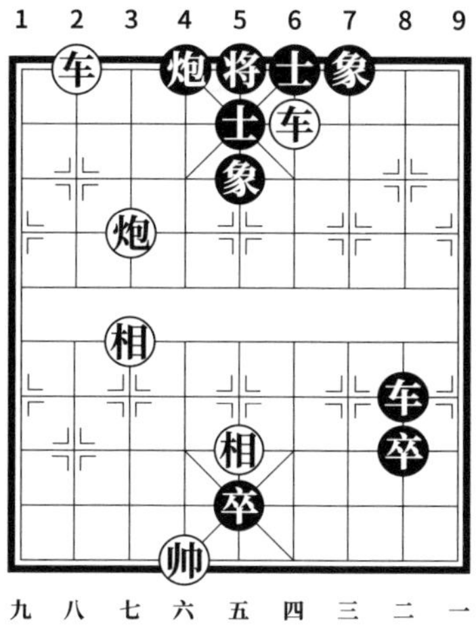

图 4-55

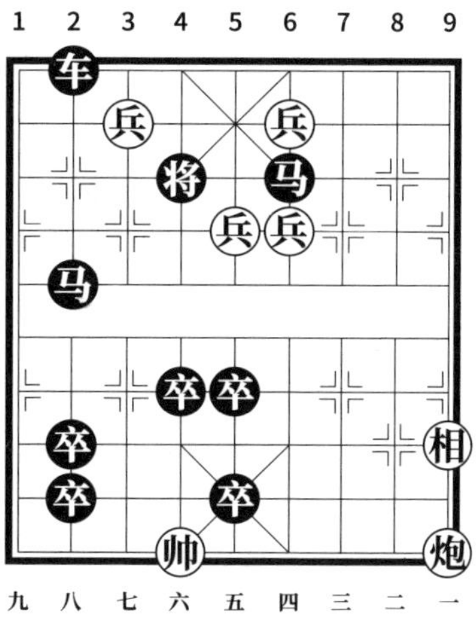

图 4-56

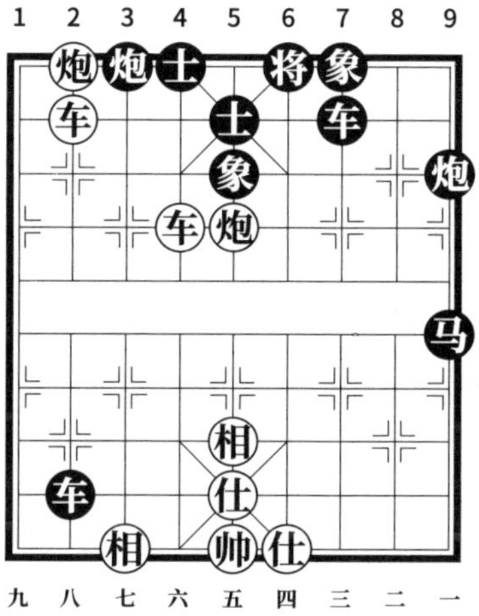

图 4-57

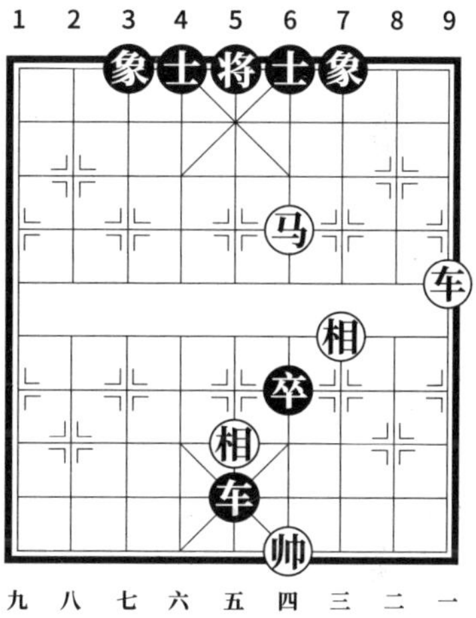

图 4-58

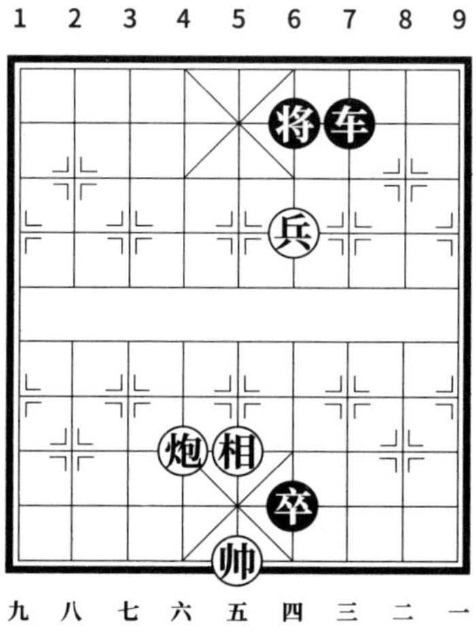

图 4-59

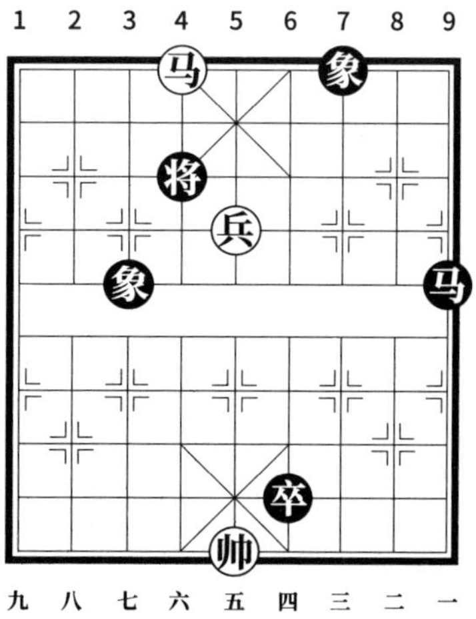

图 4-60

本页图题答案见 206、207 页

红先胜

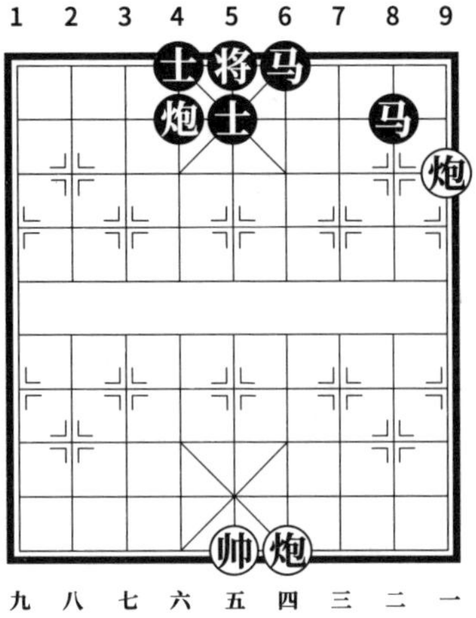

图 4-61

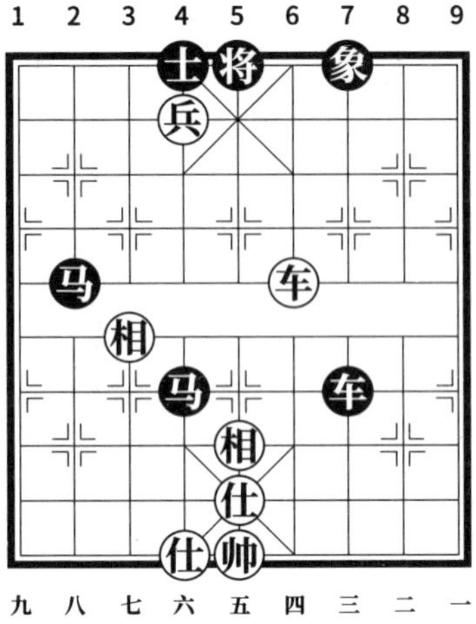

图 4-62

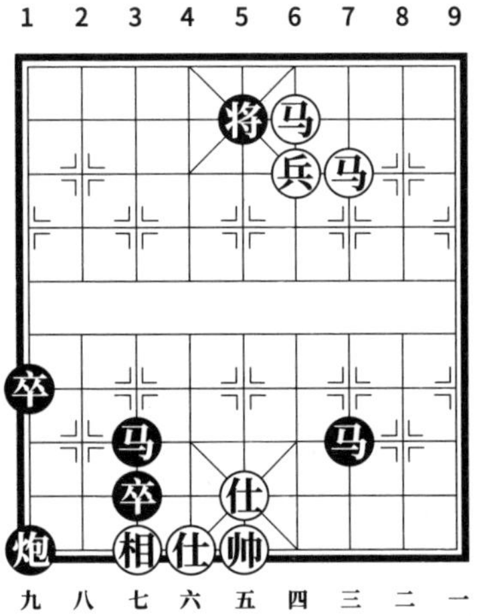

图 4-63

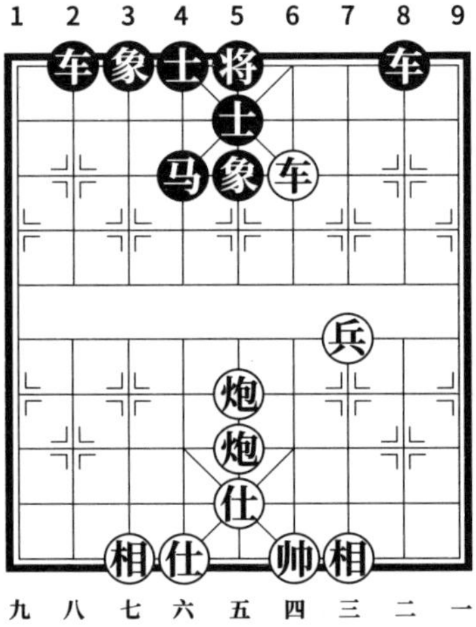

图 4-64

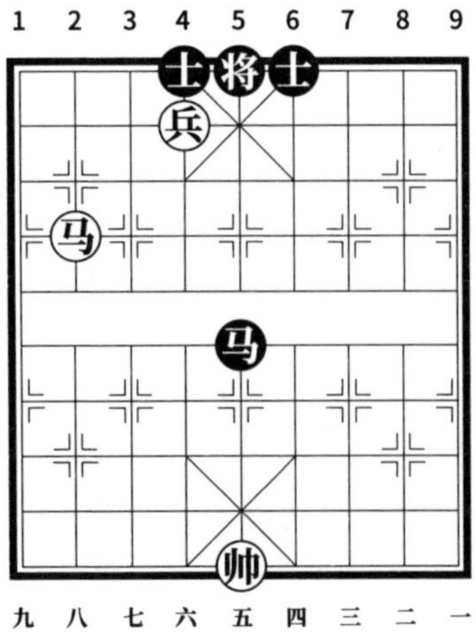

图 4-65

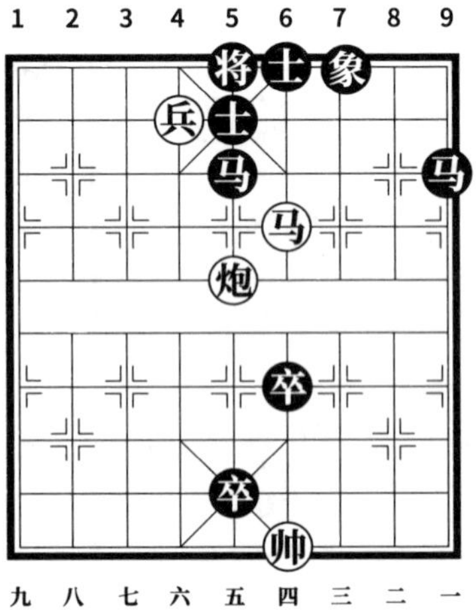

图 4-66

红先胜

本页图题答案见 207 页

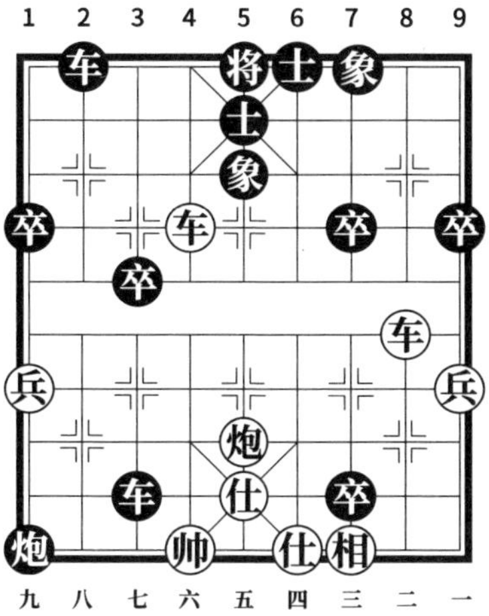

图 4-67

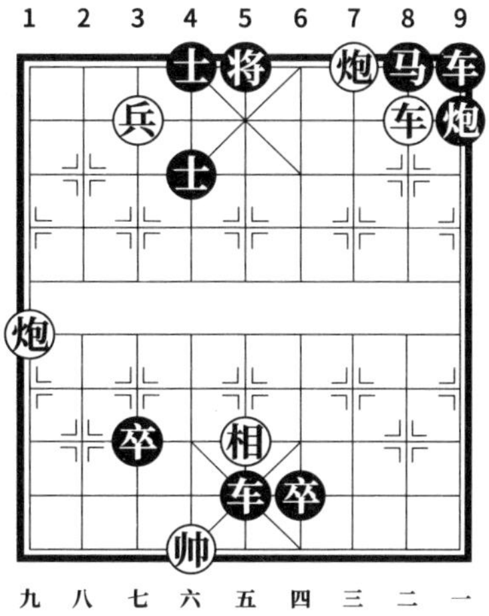

图 4-68

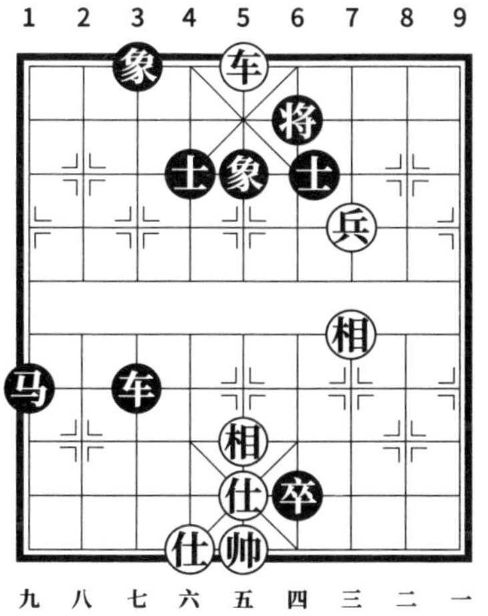

图 4-69

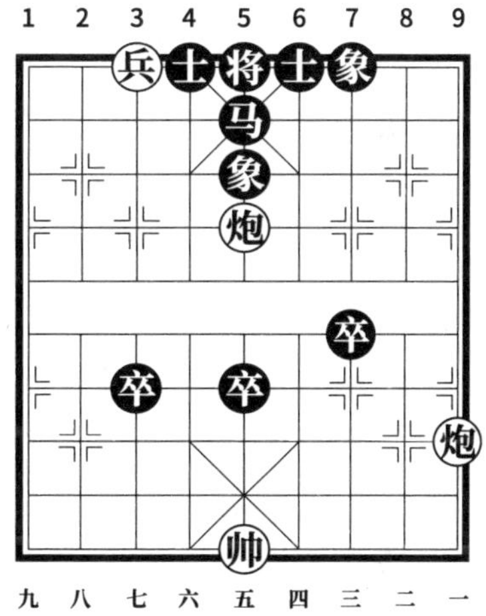

图 4-70

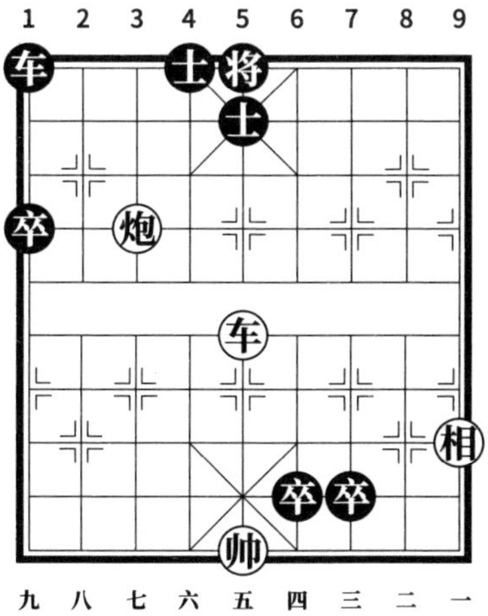

图 4-71

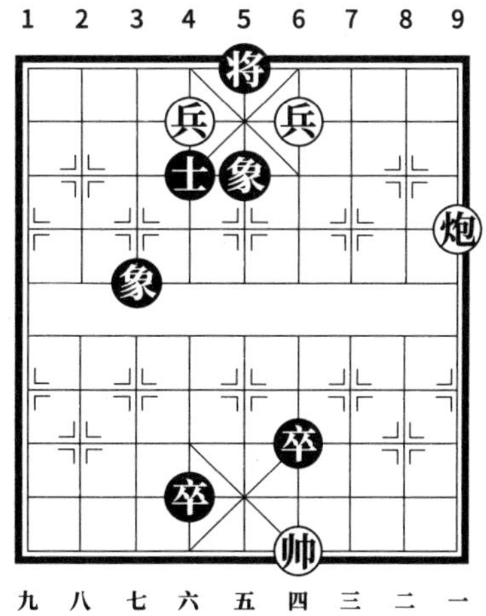

图 4-72

本页图题答案见 207 页

红先胜

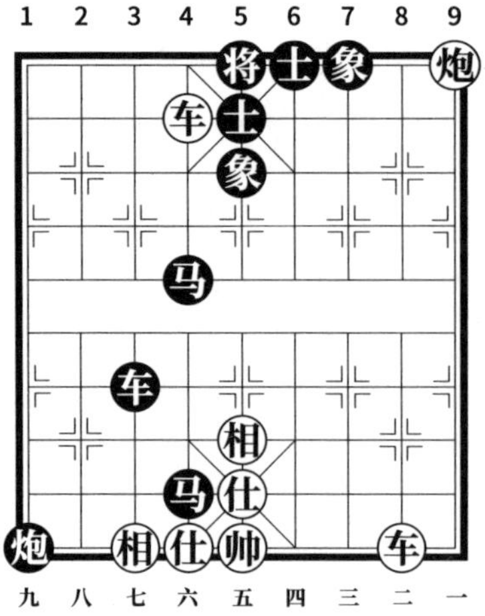
图 4-73

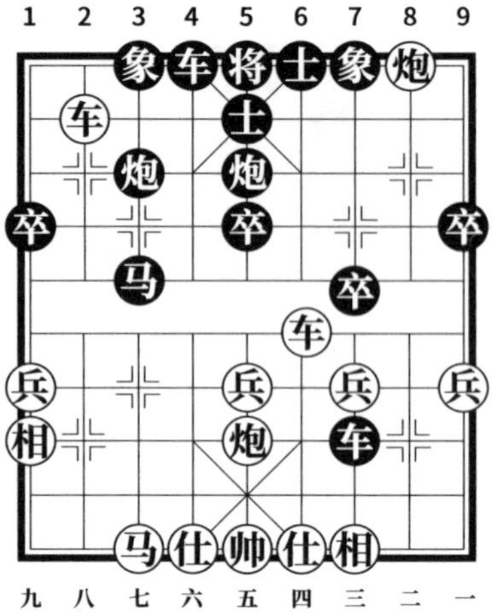
图 4-74

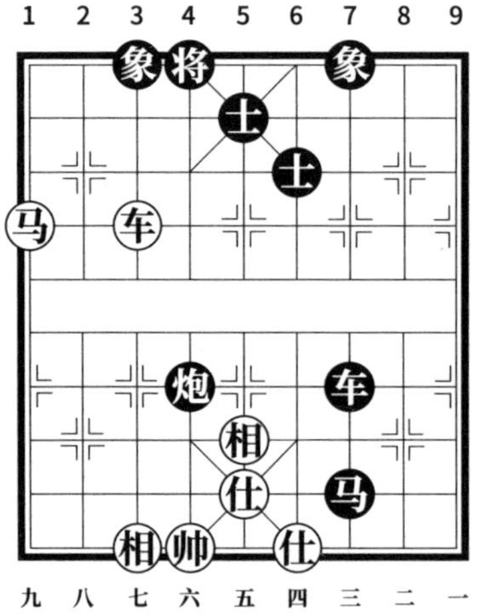
图 4-75

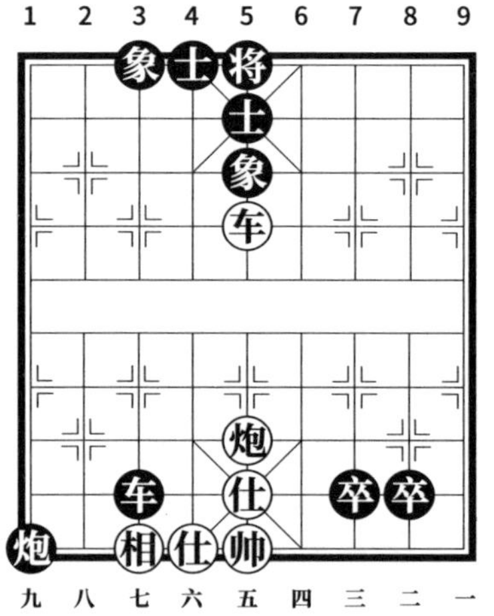
图 4-76

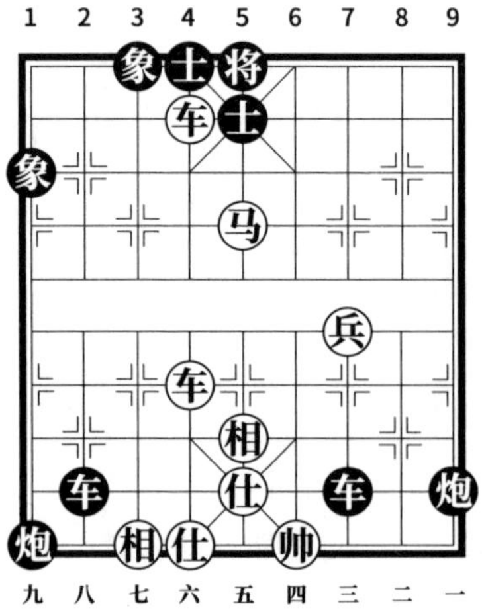
图 4-77

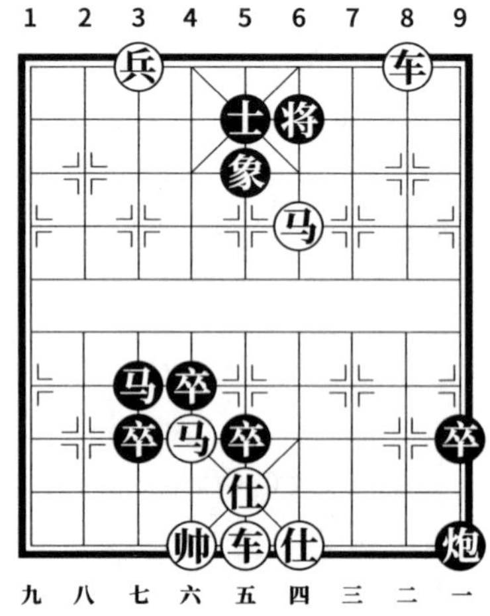
图 4-78

红先胜

本页图题答案见 207 页

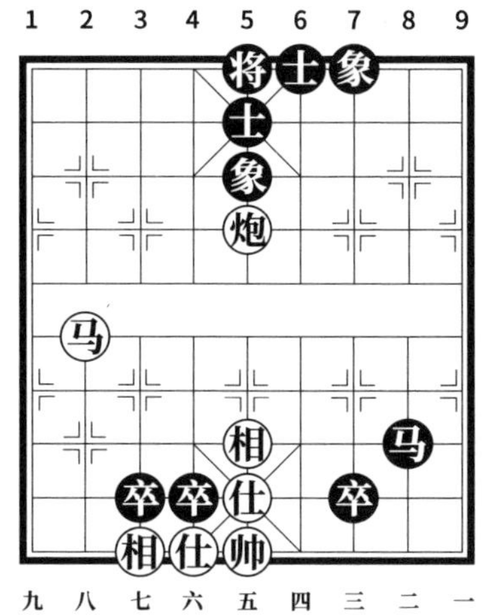

图 4-79

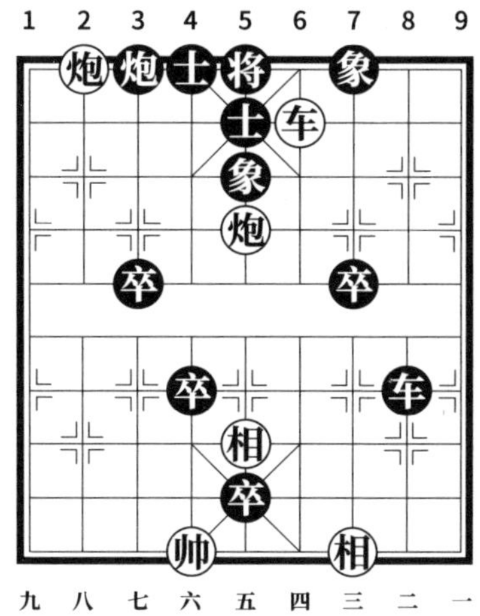

图 4-80

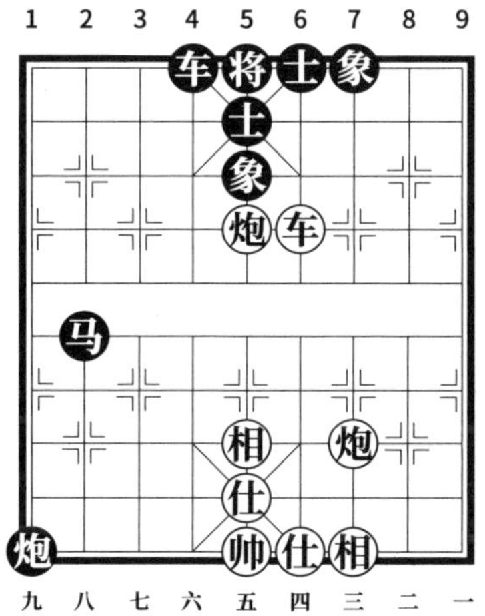

图 4-81

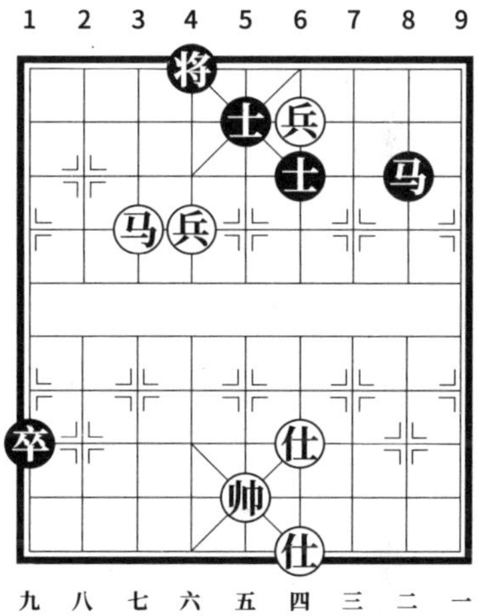

图 4-82

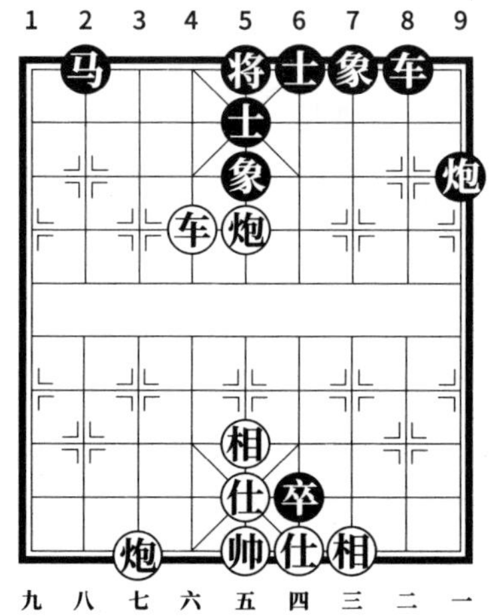

图 4-83

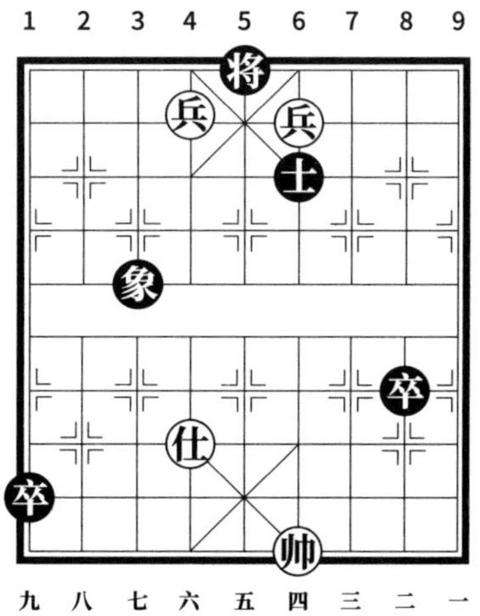

图 4-84

本页图题答案见 207 页

红先胜

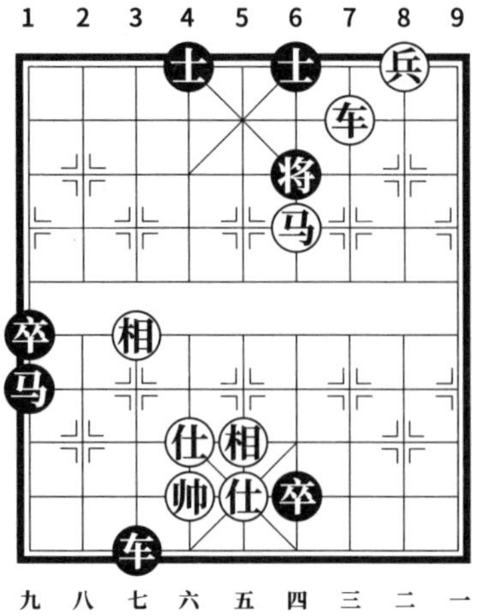

图 4-85

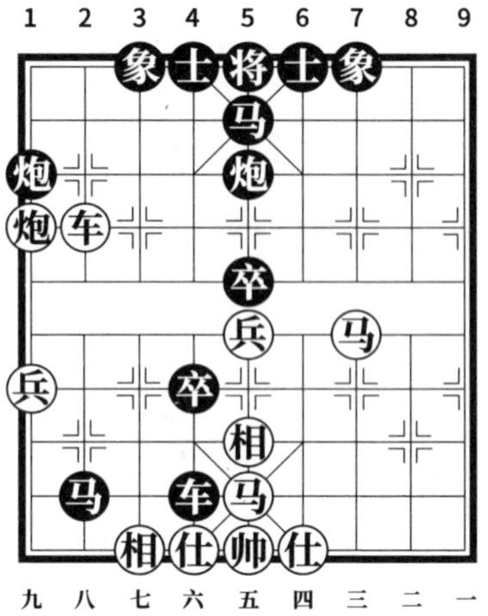

图 4-86

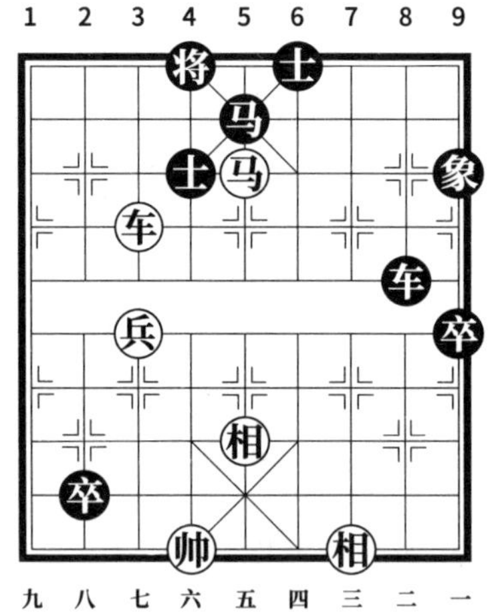

图 4-87

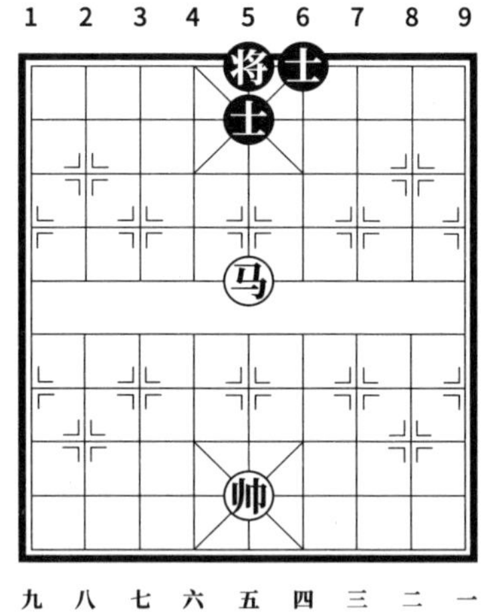

图 4-88

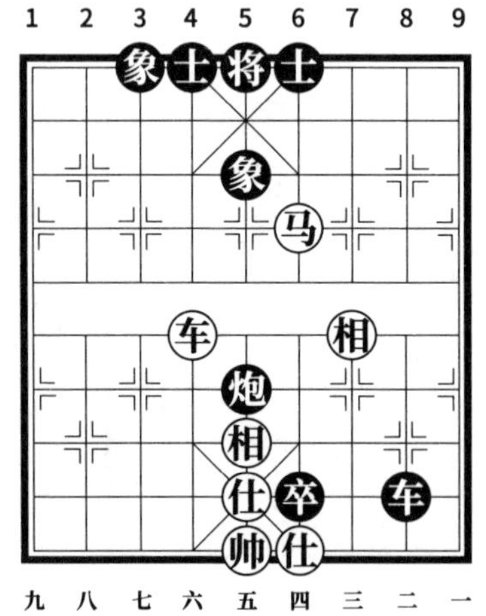

图 4-89

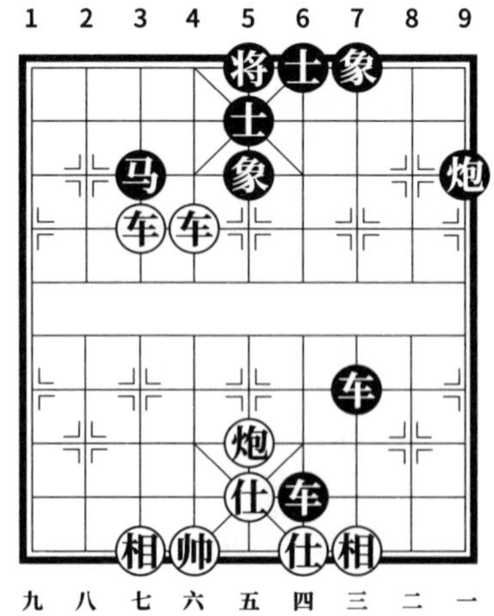

图 4-90

红先胜

本页图题答案见 207、208 页

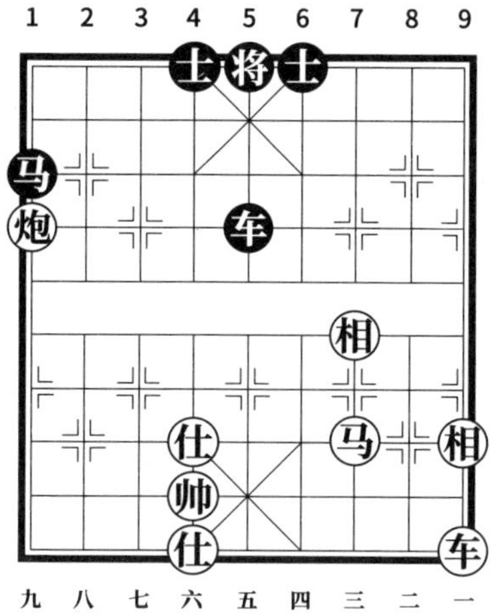

图 4-91

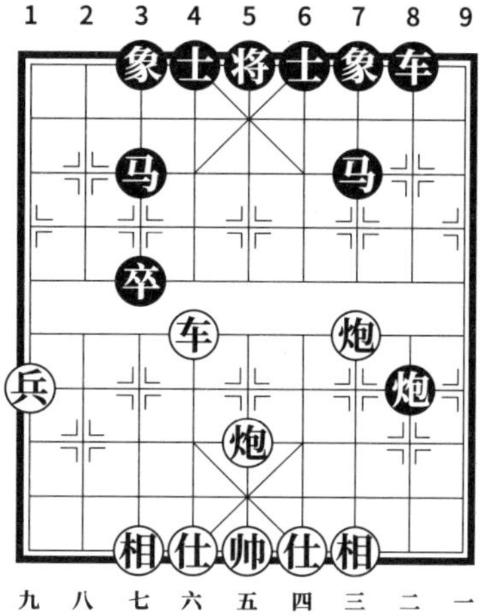

图 4-92

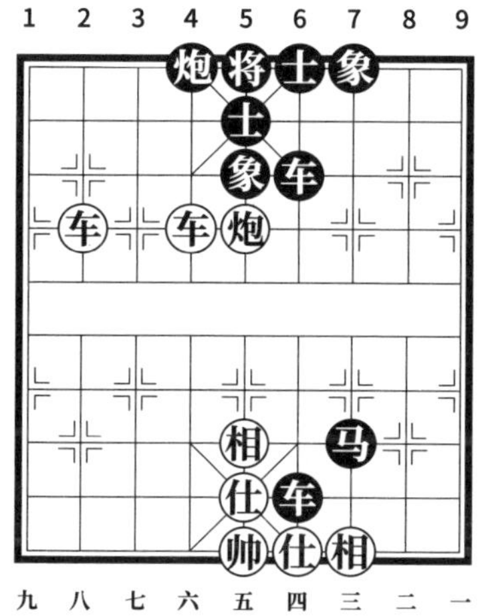

图 4-93

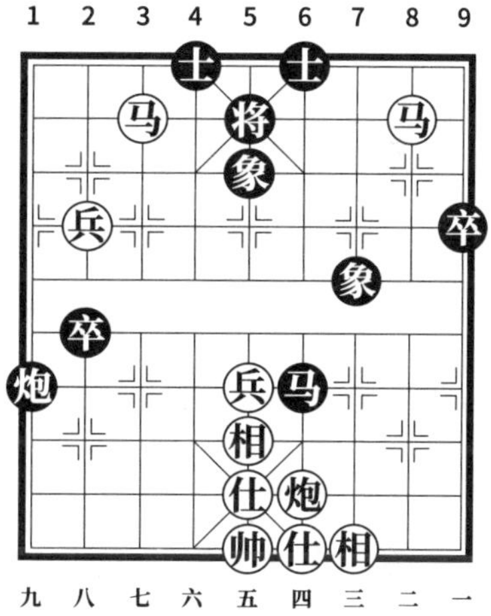

图 4-94

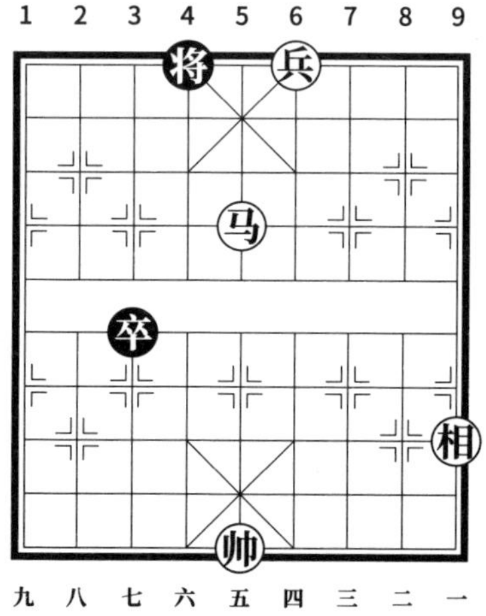

图 4-95

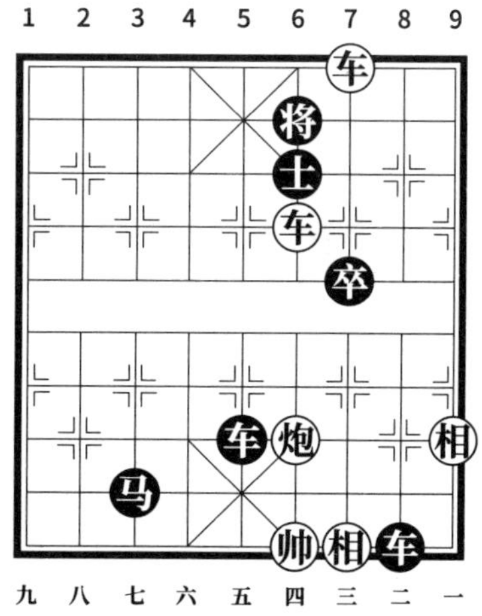

图 4-96

本页图题答案见 208 页

红先胜

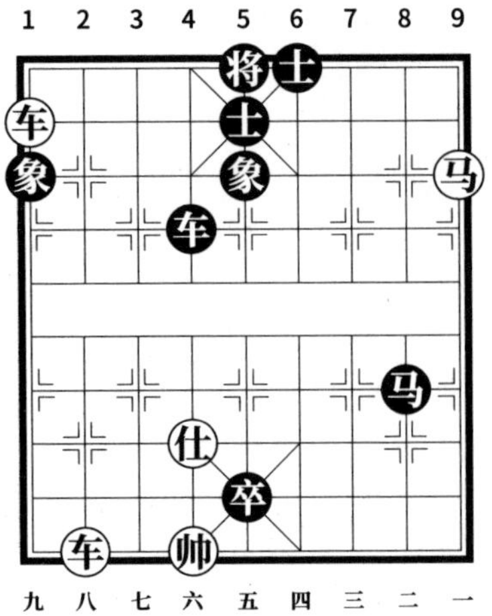
图 4-97

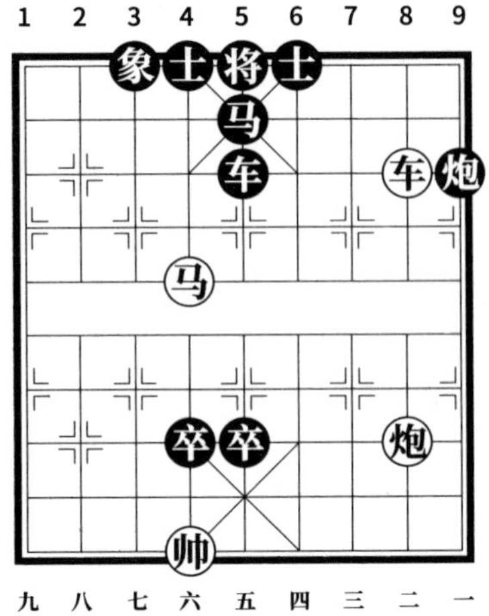
图 4-98

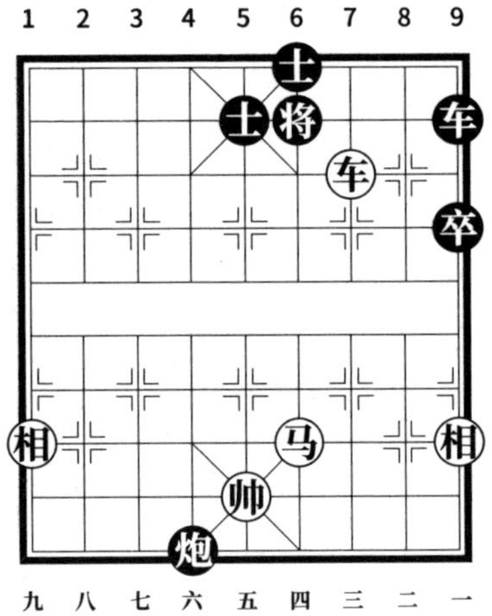
图 4-99

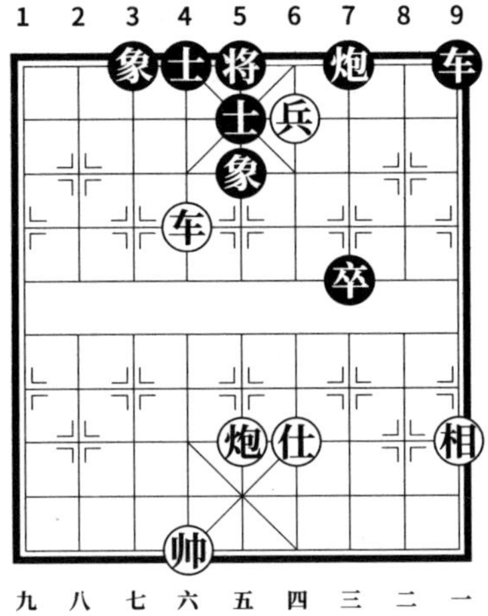
图 4-100

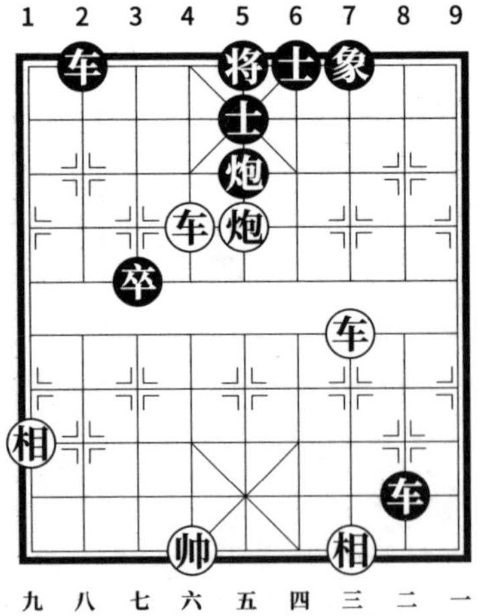
图 4-101

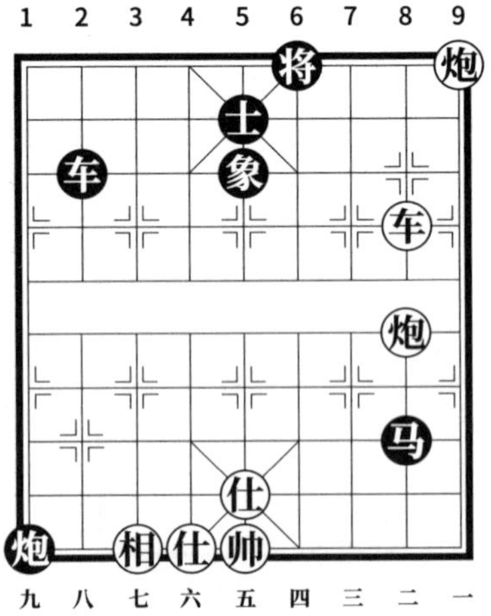
图 4-102

红先胜
本页图题答案见 208 页

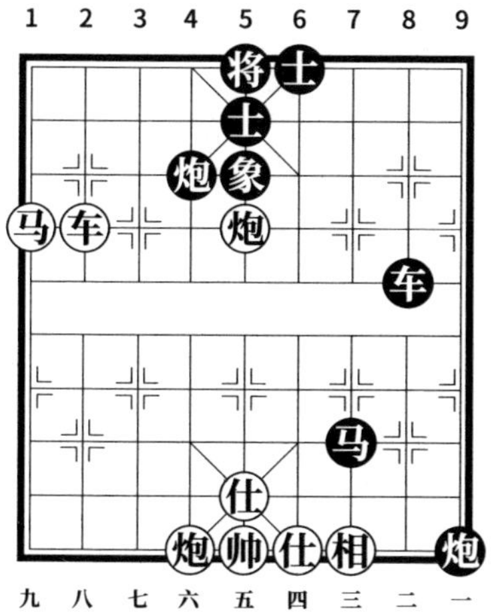

图 4-103

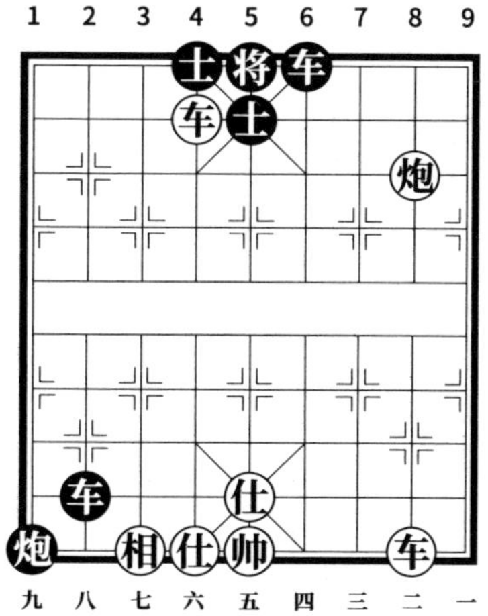

图 4-104

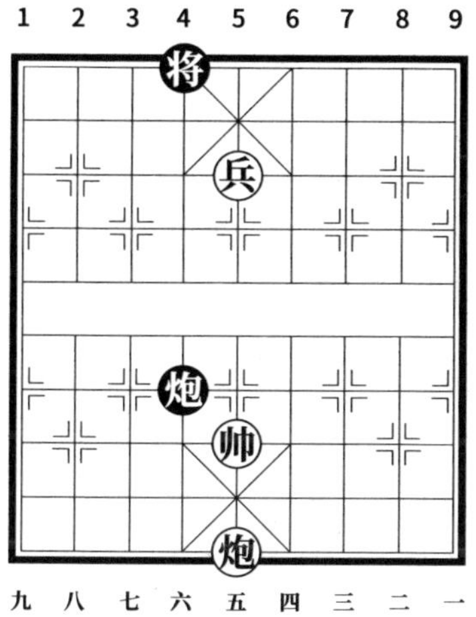

图 4-105

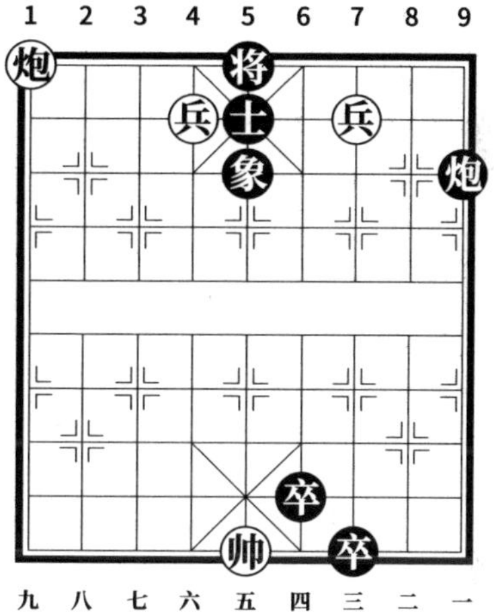

图 4-106

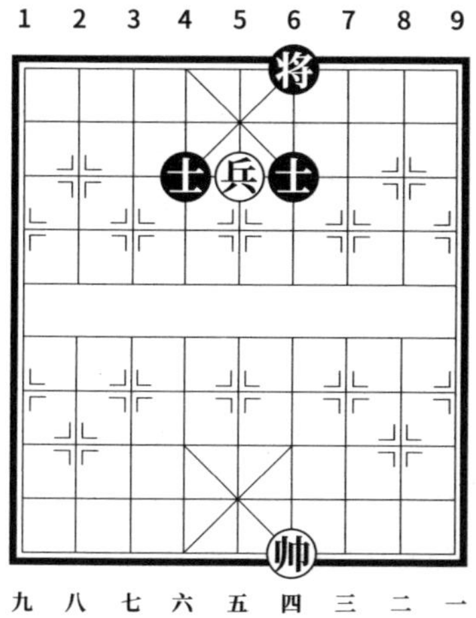

图 4-107

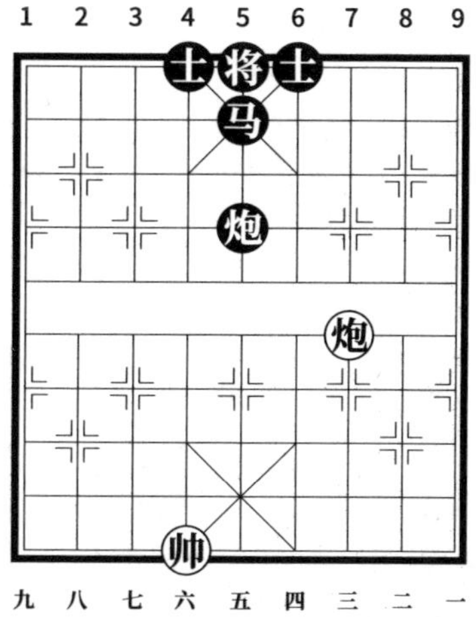

图 4-108

本页图题答案见 208 页

红先胜

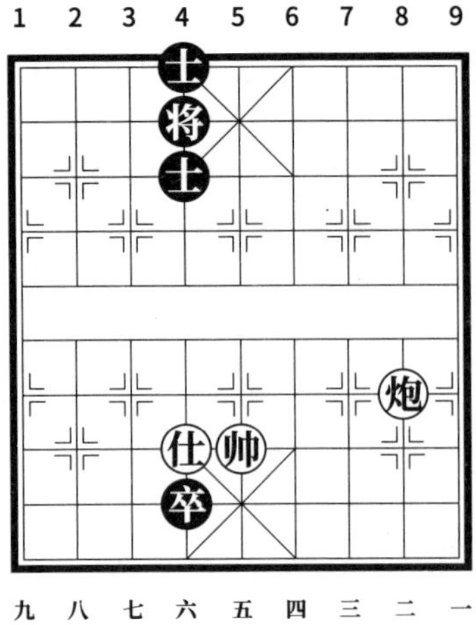

图 4-109

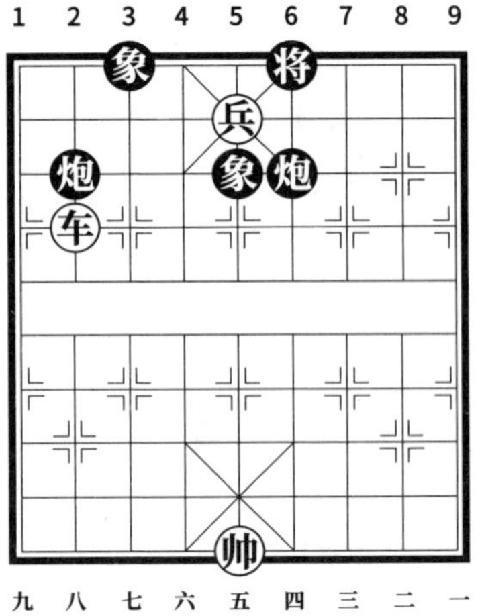

图 4-110

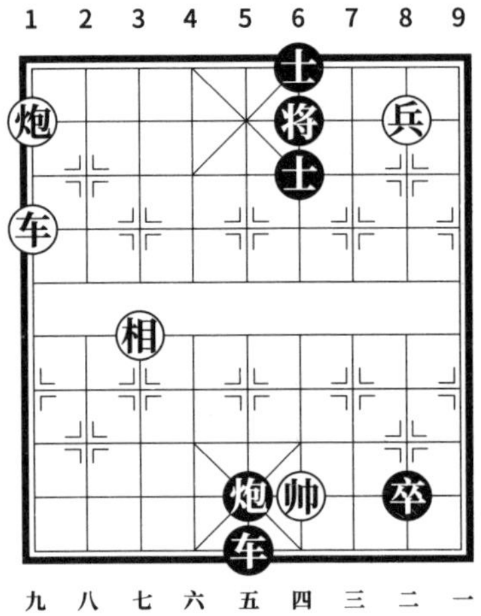

图 4-111

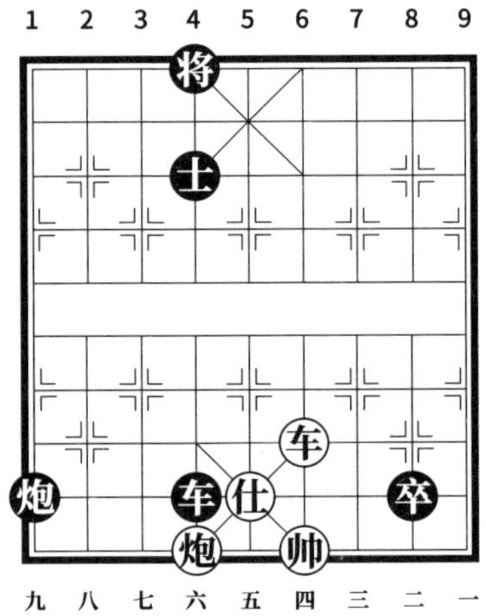

图 4-112

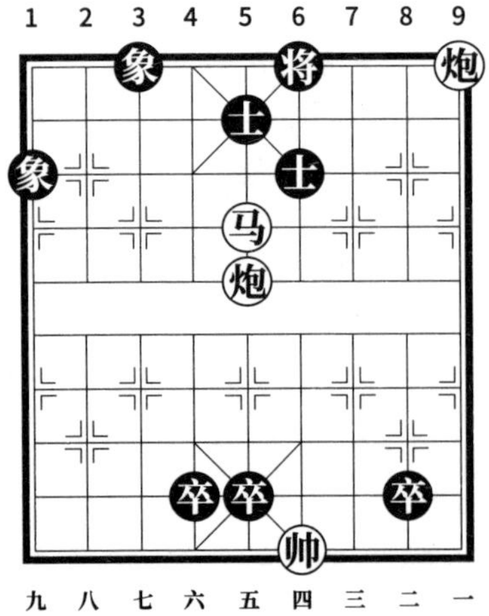

图 4-113

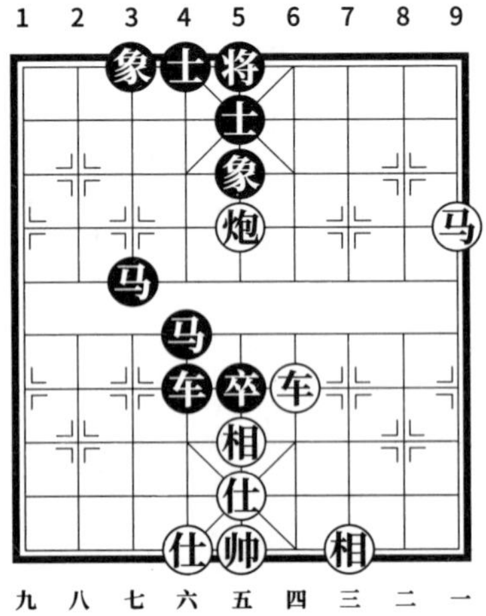

图 4-114

红先胜

本页图题答案见 208 页

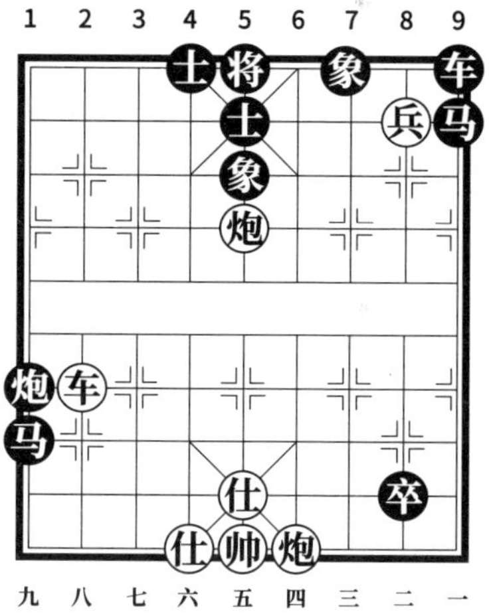

图 4-115

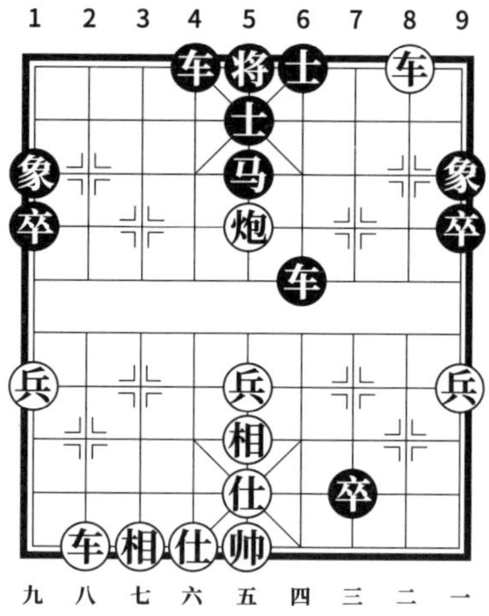

图 4-116

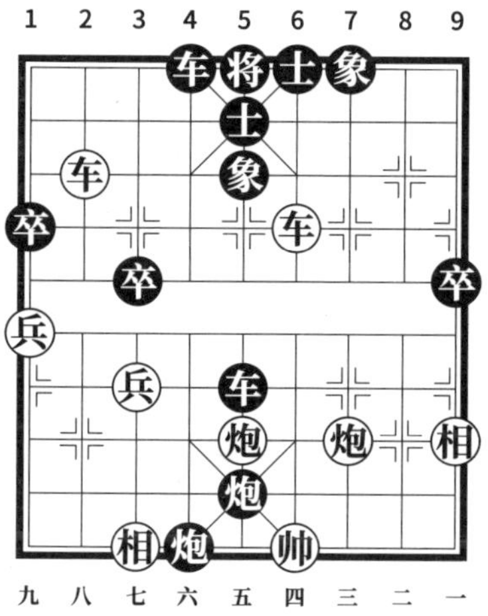

图 4-117

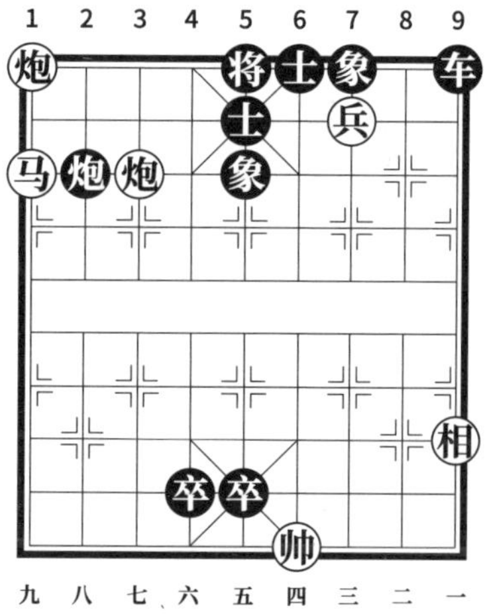

图 4-118

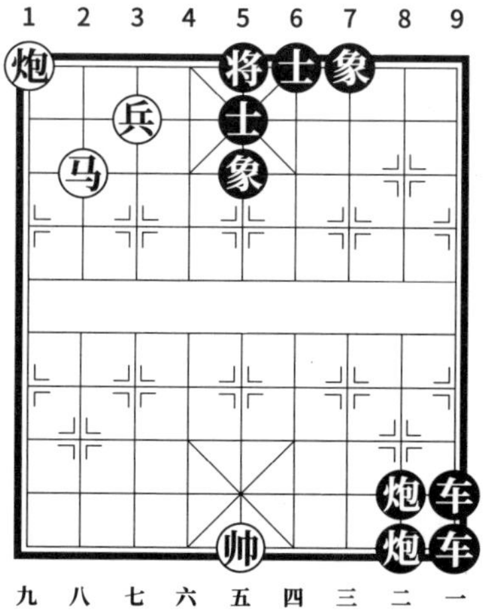

图 4-119

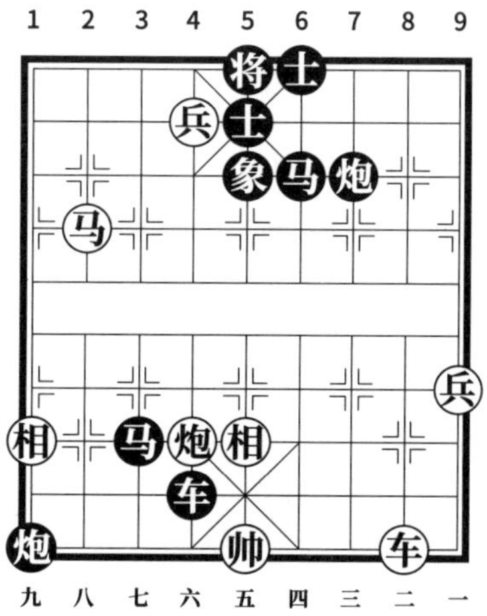

图 4-120

本页图题答案见 208、209 页

红先胜

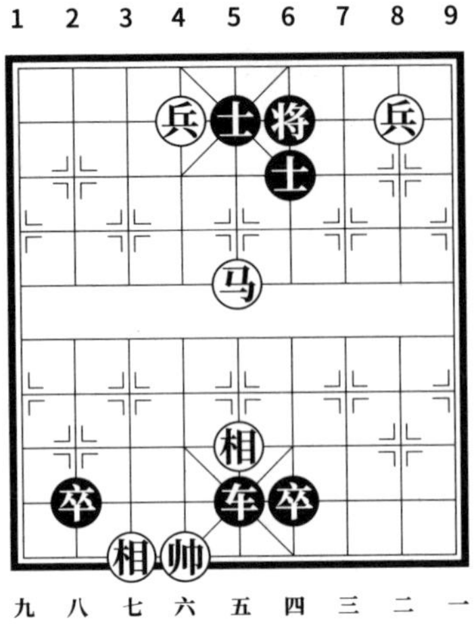

图 4-121

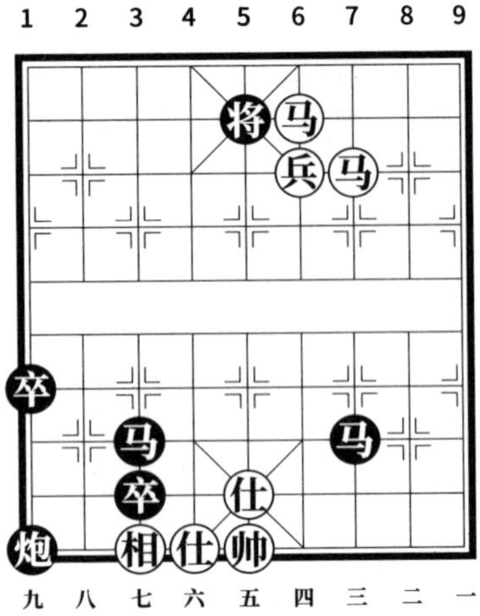

图 4-122

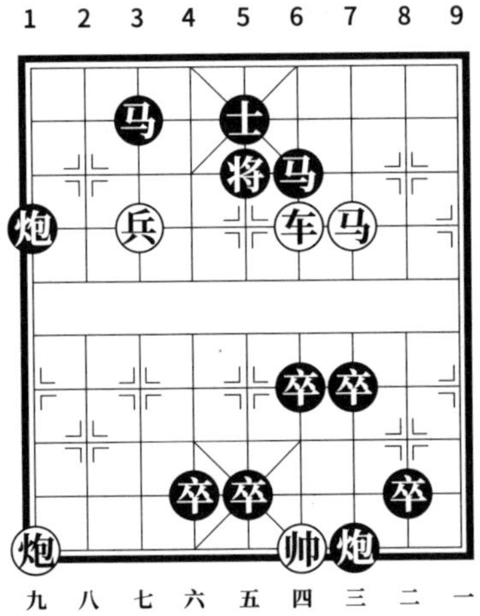

图 4-123

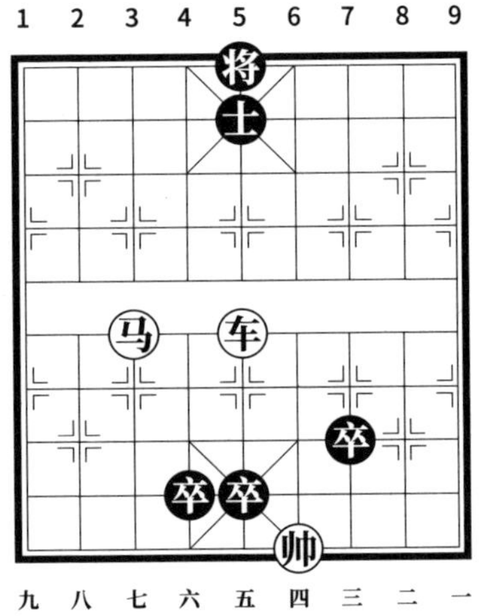

图 4-124

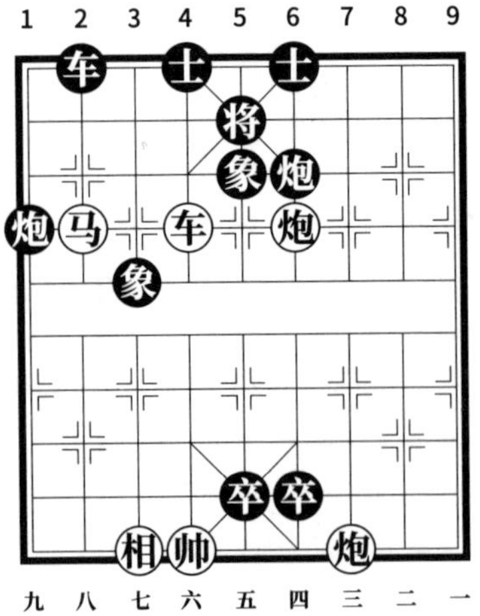

图 4-125

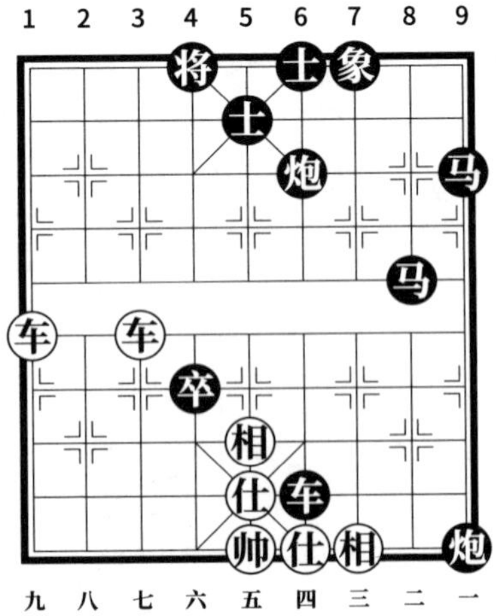

图 4-126

红先胜

本页图题答案见 209 页

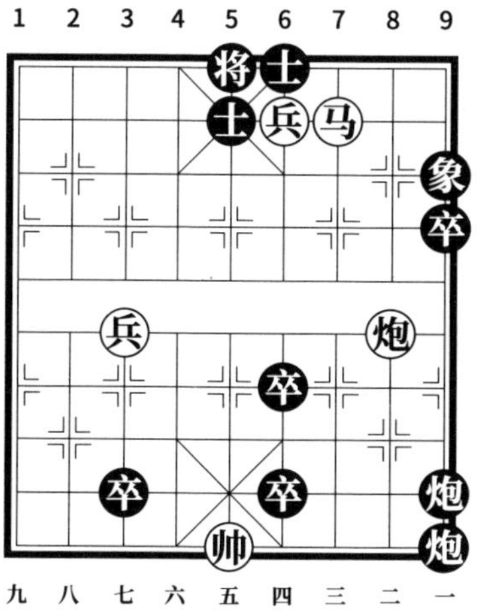

图 4-127

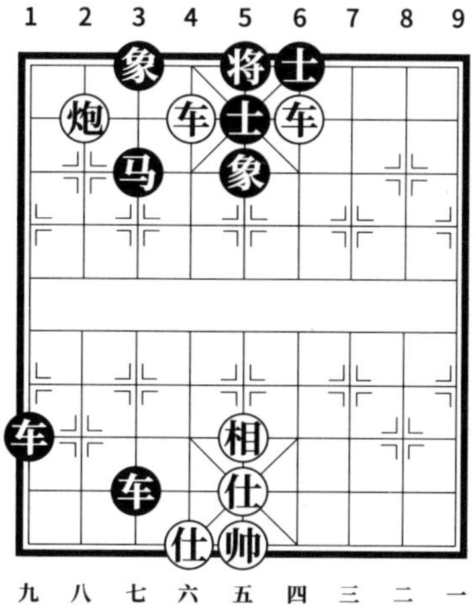

图 4-128

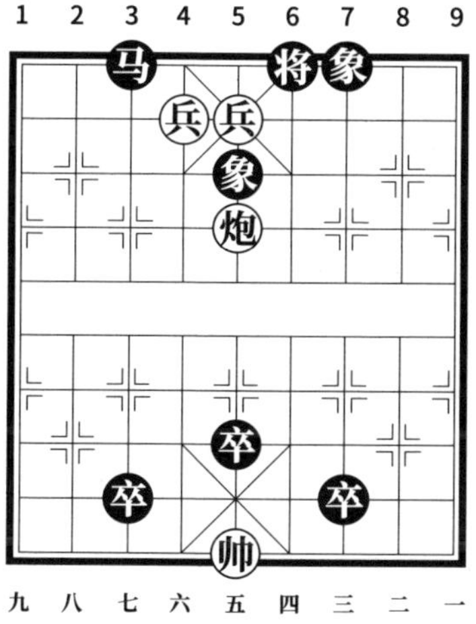

图 4-129

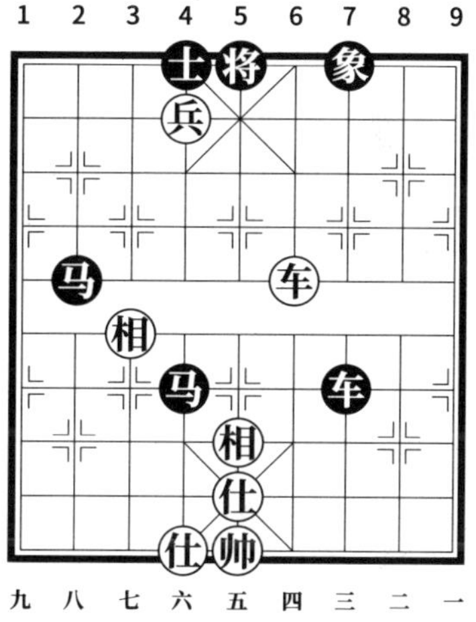

图 4-130

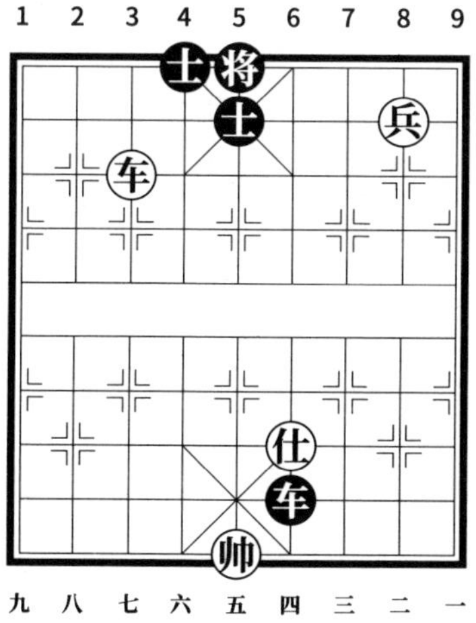

图 4-131

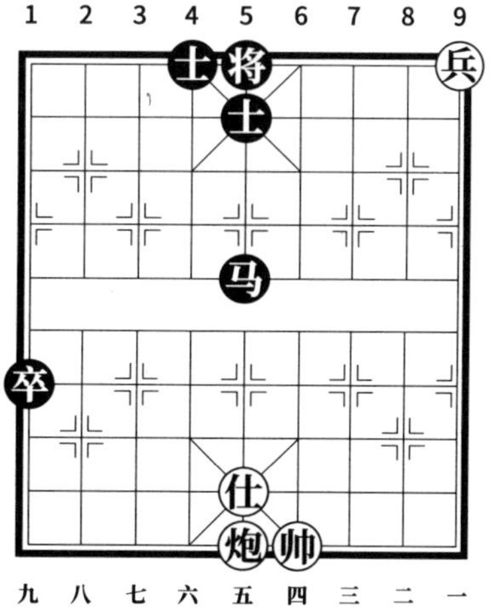

图 4-132

本页图题答案见 209 页

红先胜

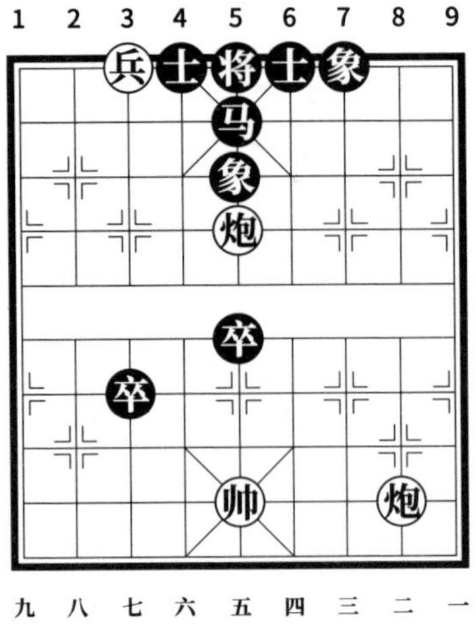

图 4-133

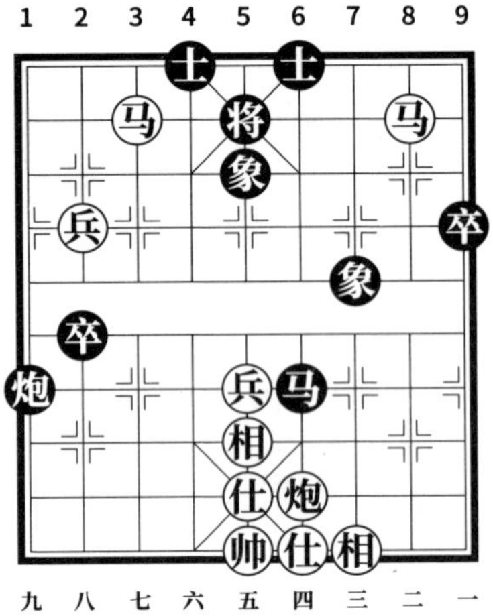

图 4-134

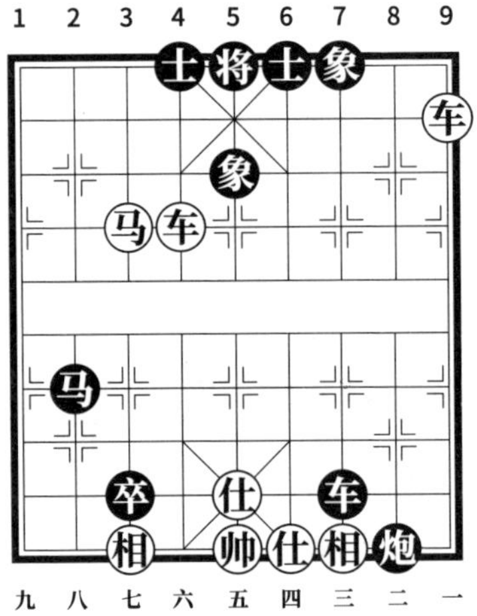

图 4-135

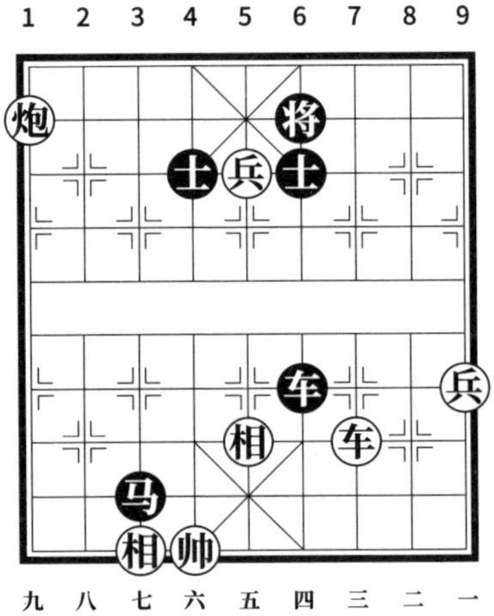

图 4-136

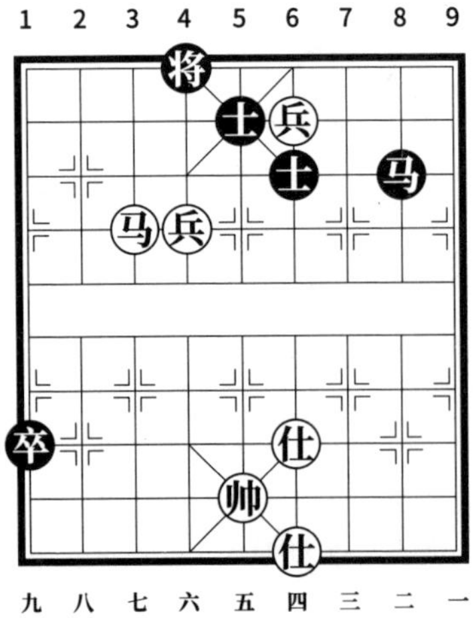

图 4-137

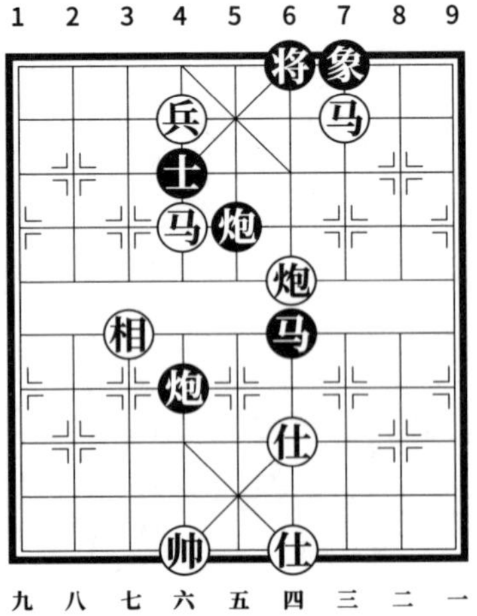

图 4-138

红先胜

本页图题答案见 209 页

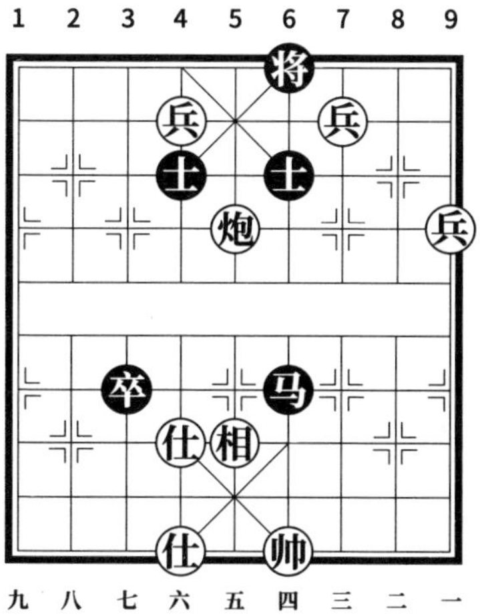

图 4-139

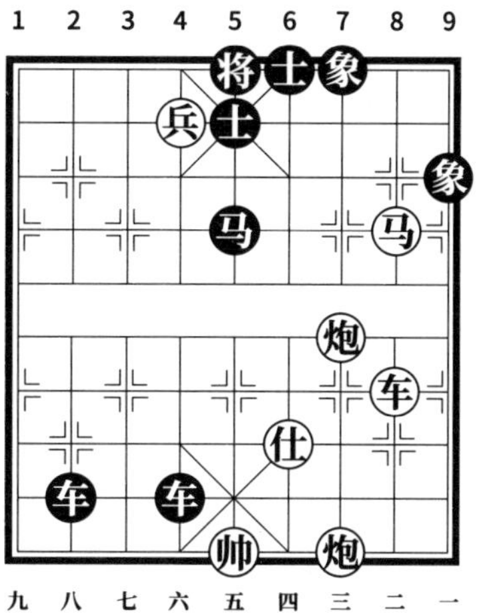

图 4-140

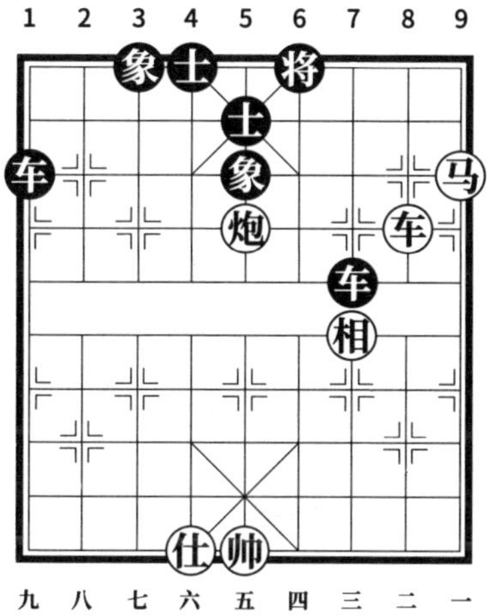

图 4-141

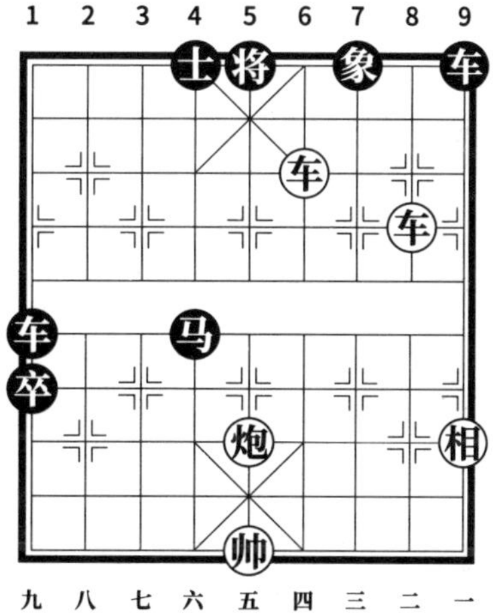

图 4-142

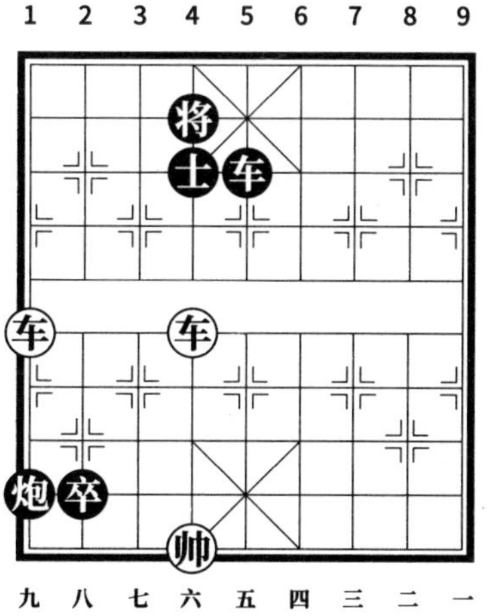

图 4-143

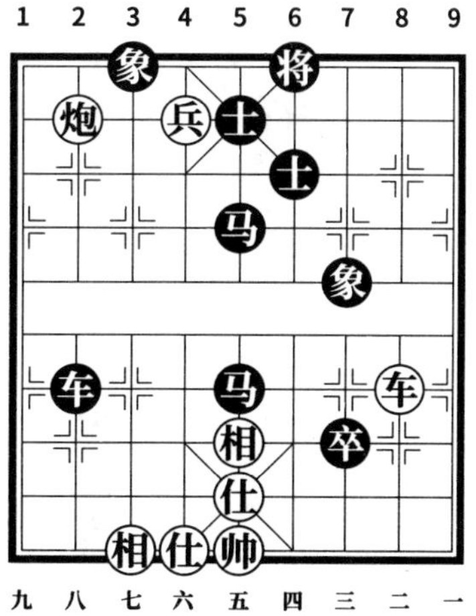

图 4-144

本页图题答案见 209 页

红先胜

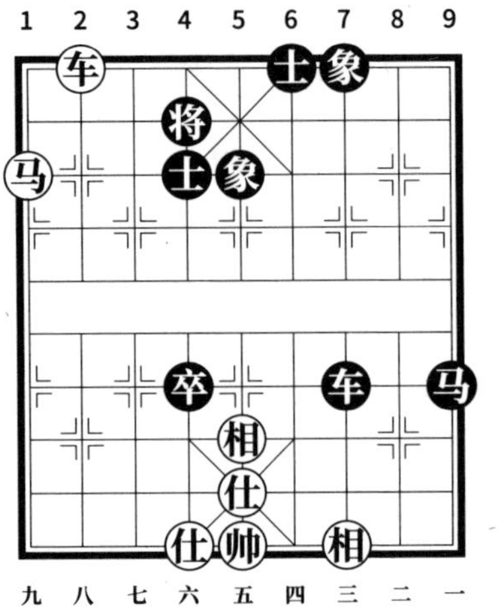

图 4-145

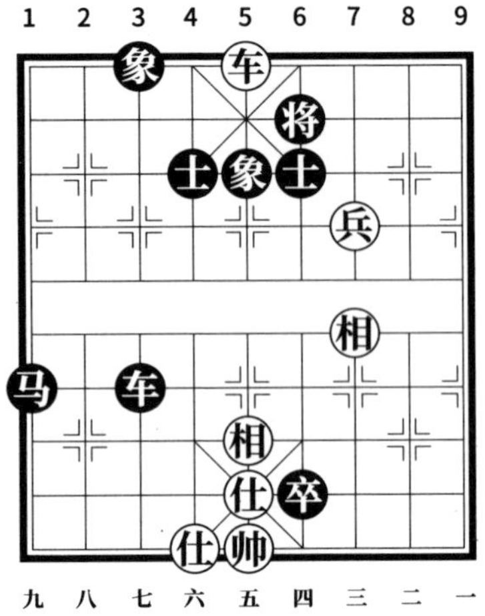

图 4-146

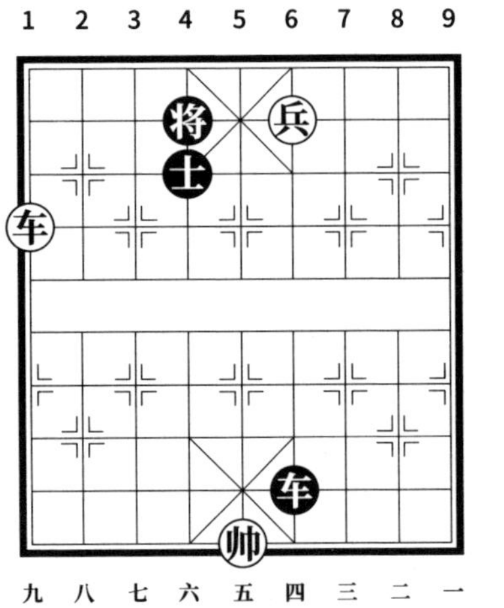

图 4-147

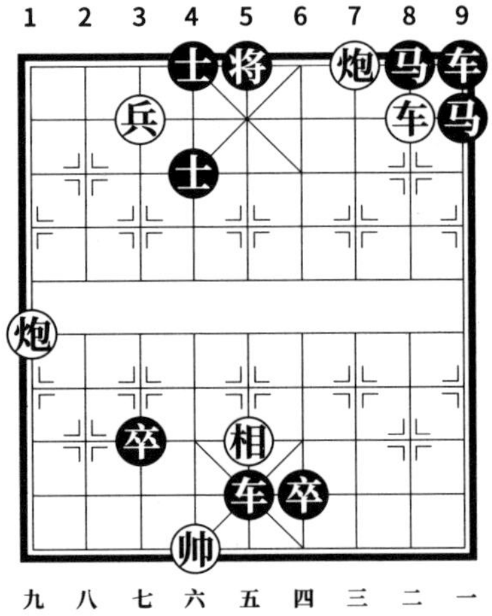

图 4-148

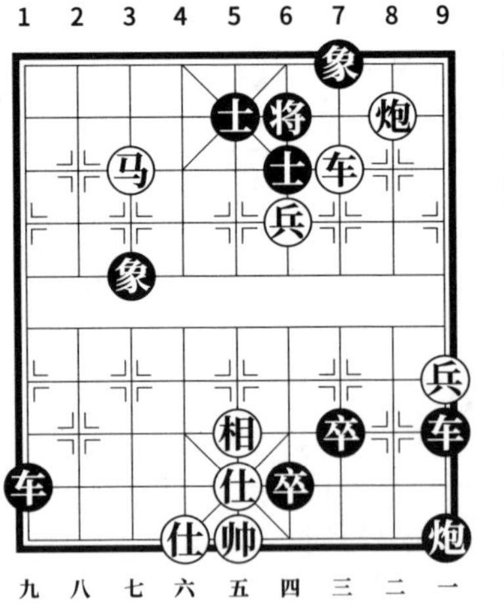

图 4-149

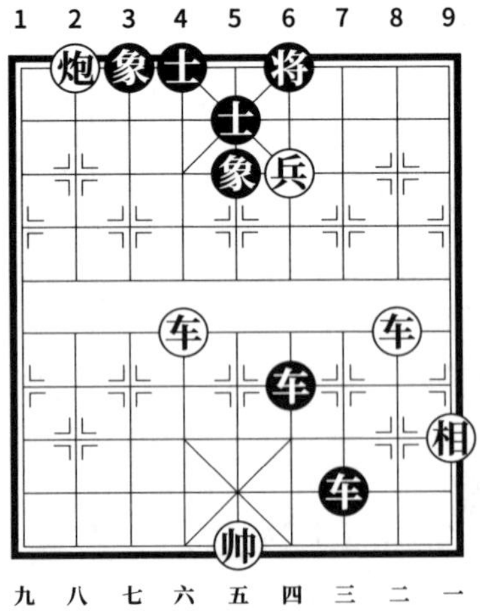

图 4-150

红先胜

本页图题答案见 209 页

五步非连将杀

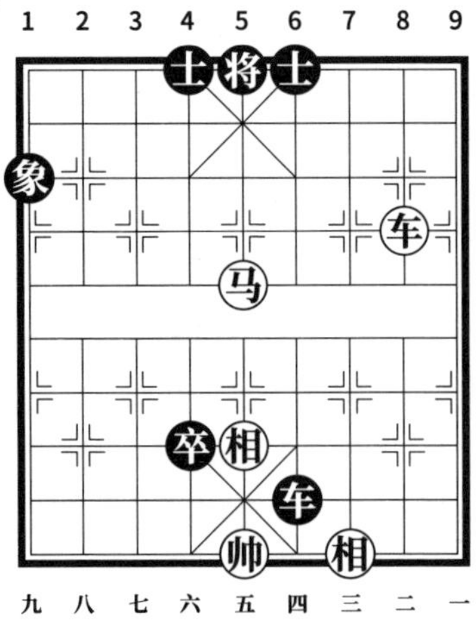

图 5-1

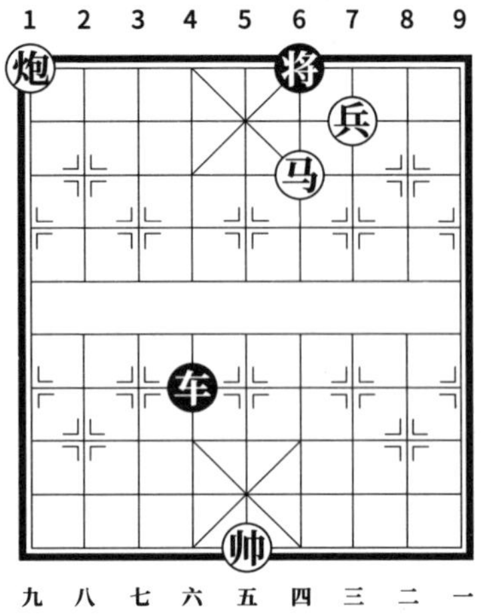

图 5-2

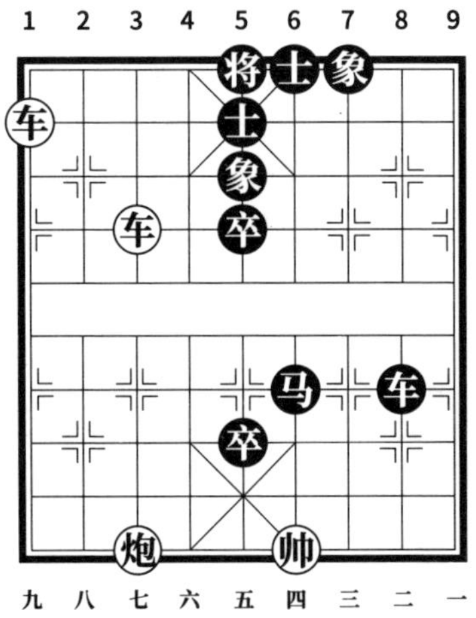

图 5-3

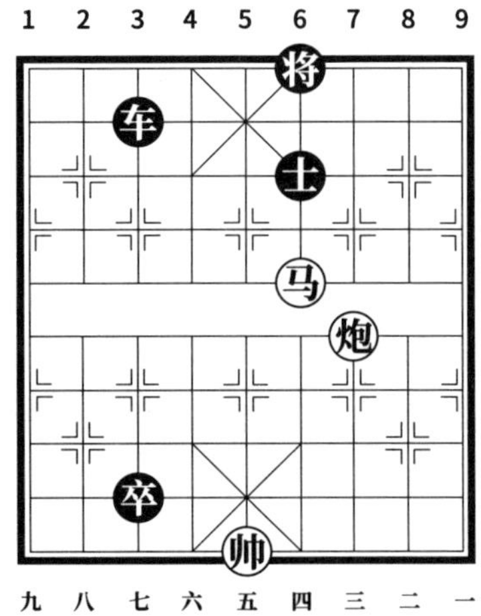

图 5-4

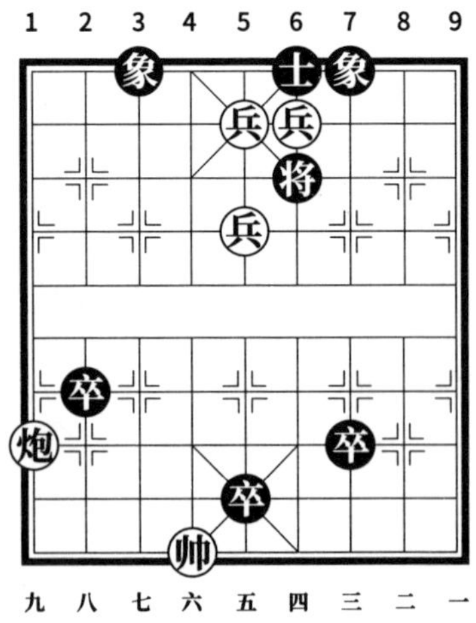

图 5-5

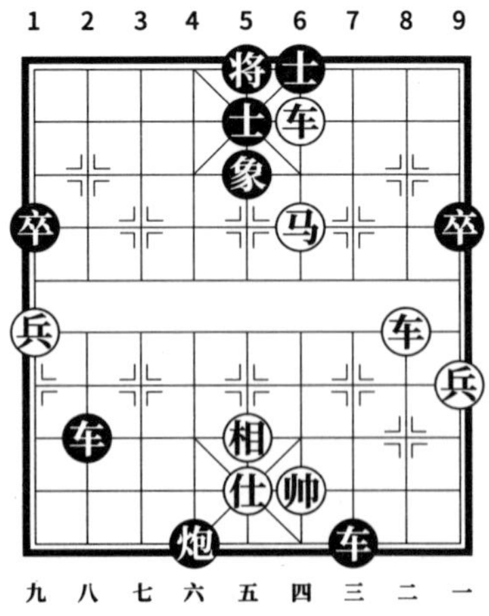

图 5-6

红先胜

本页图题答案见 210 页

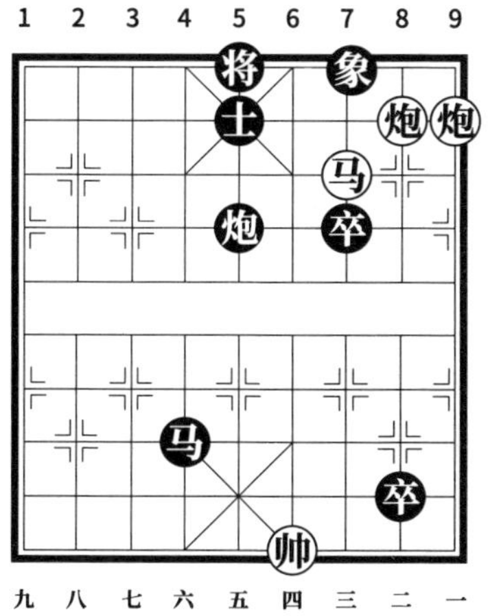

图 5-7

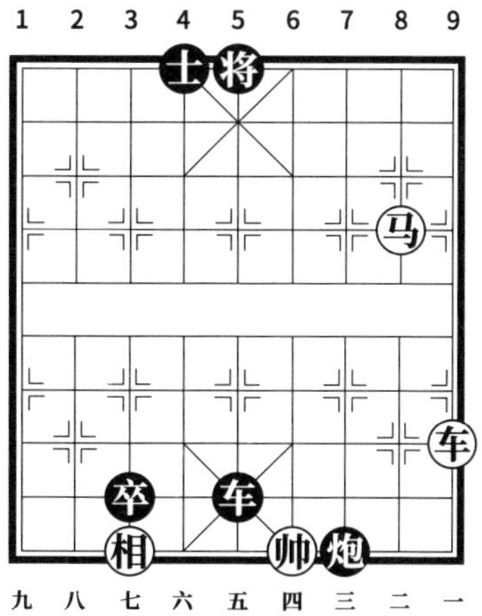

图 5-8

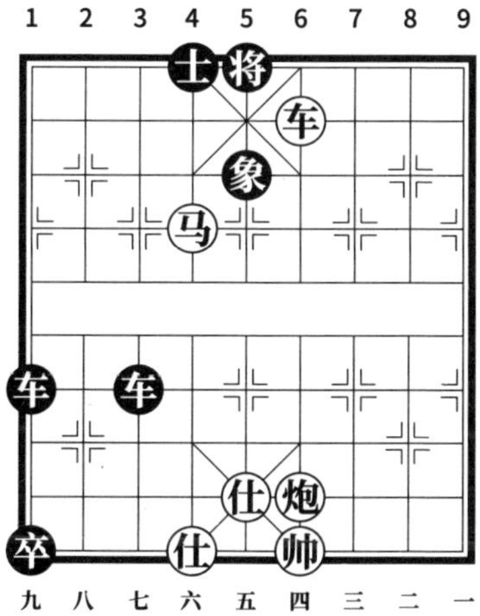

图 5-9

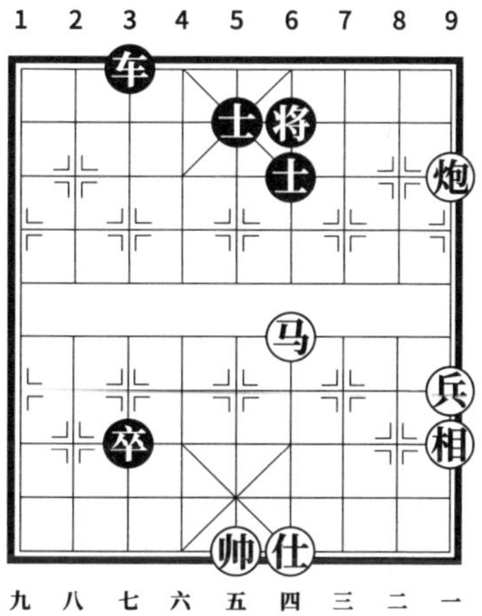

图 5-10

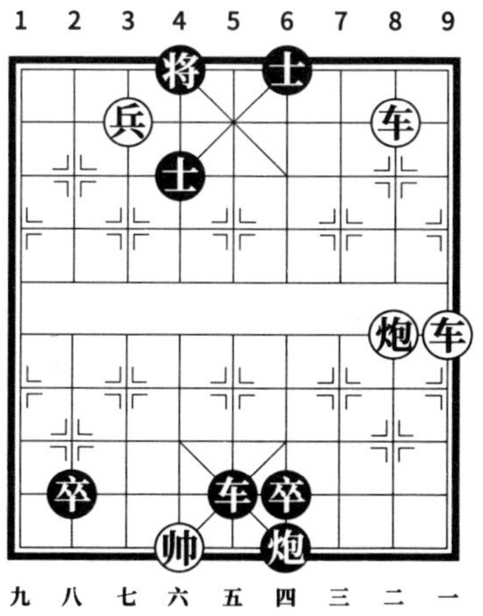

图 5-11

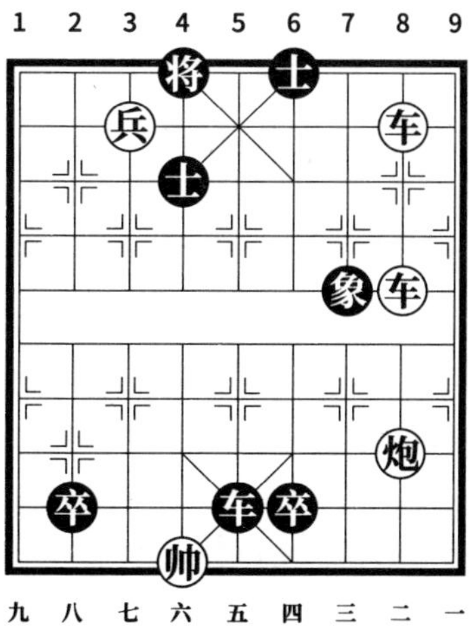

图 5-12

本页图题答案见 210 页

红先胜

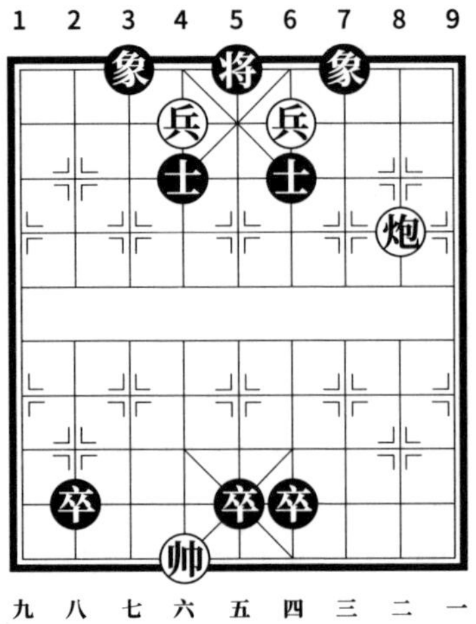

图 5-13

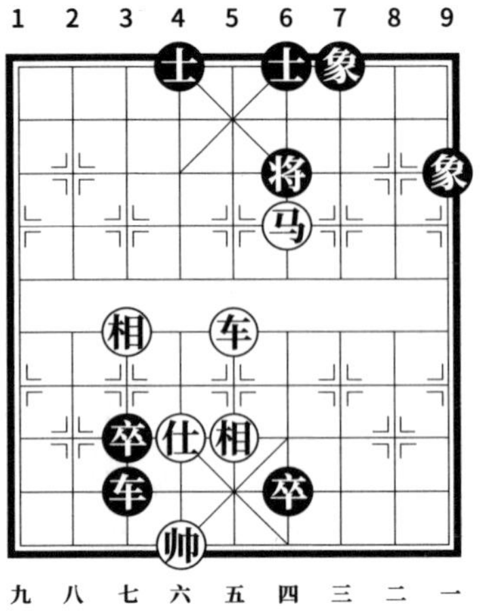

图 5-14

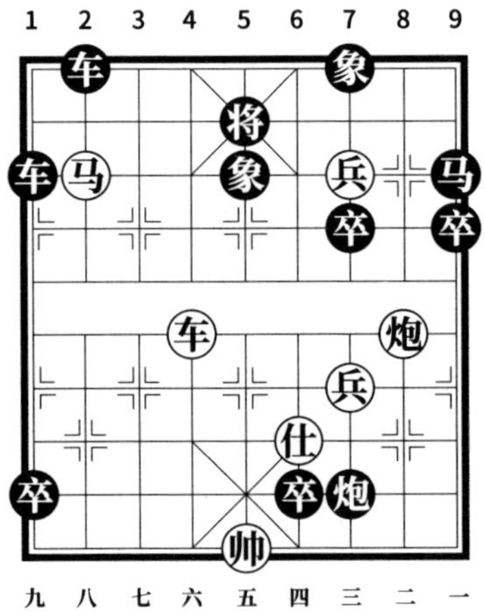

图 5-15

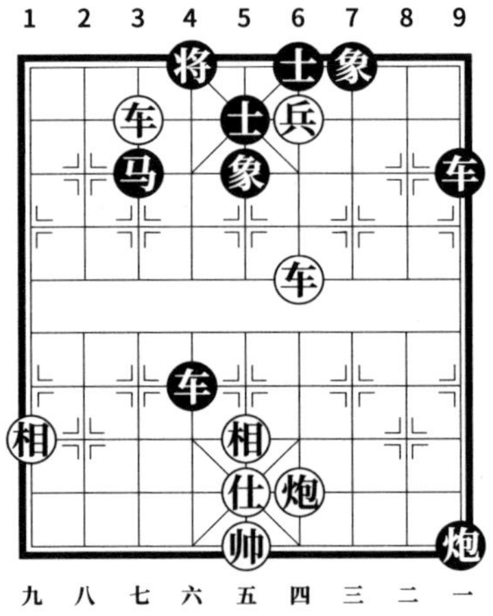

图 5-16

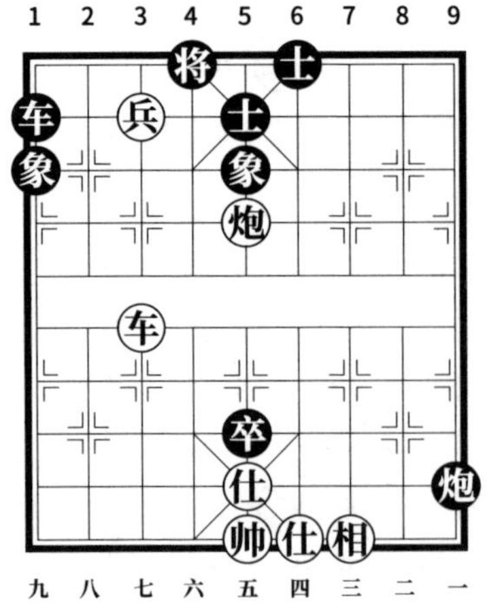

图 5-17

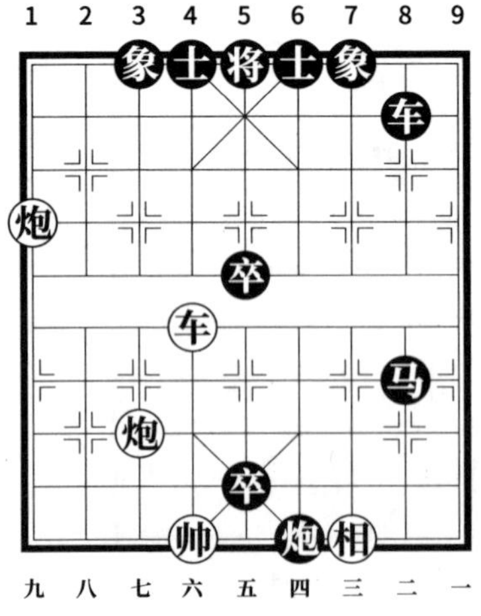

图 5-18

红先胜

本页图题答案见 210 页

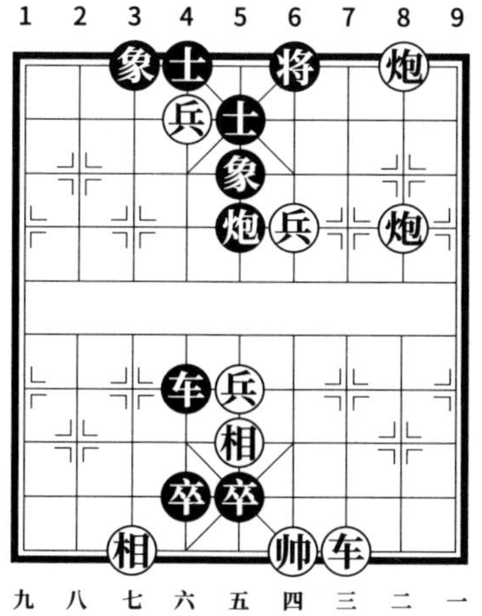

图 5-19

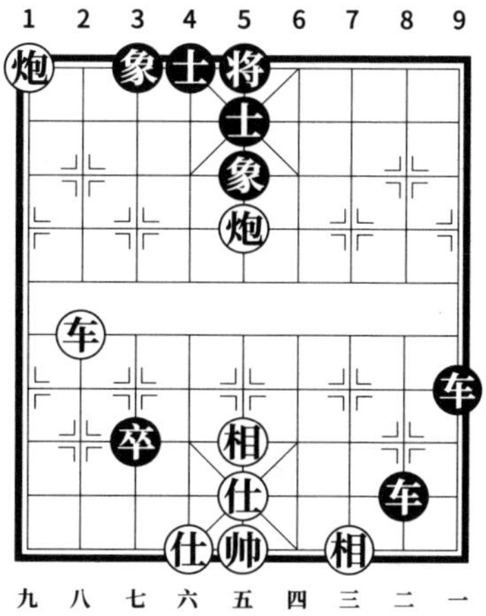

图 5-20

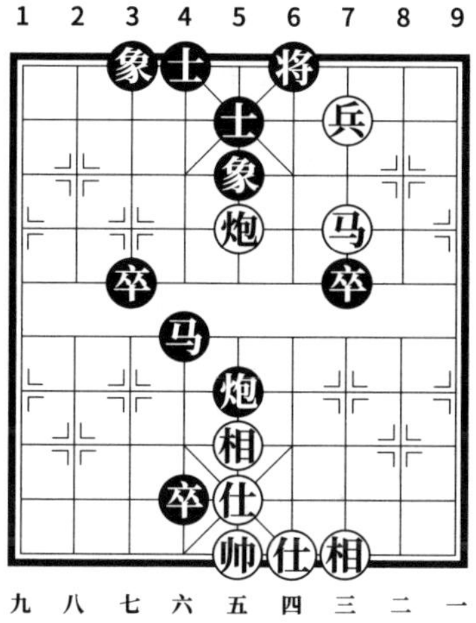

图 5-21

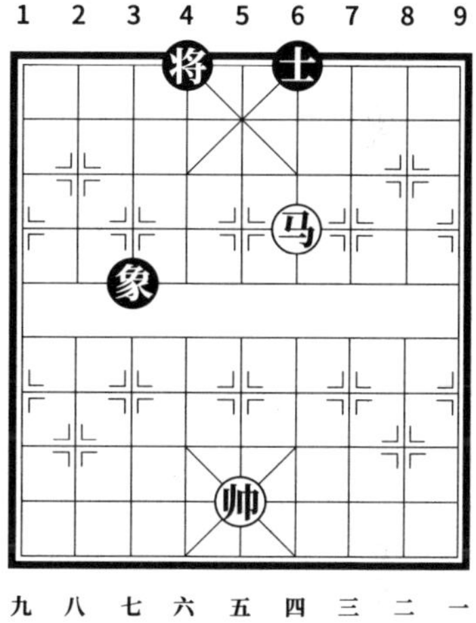

图 5-22

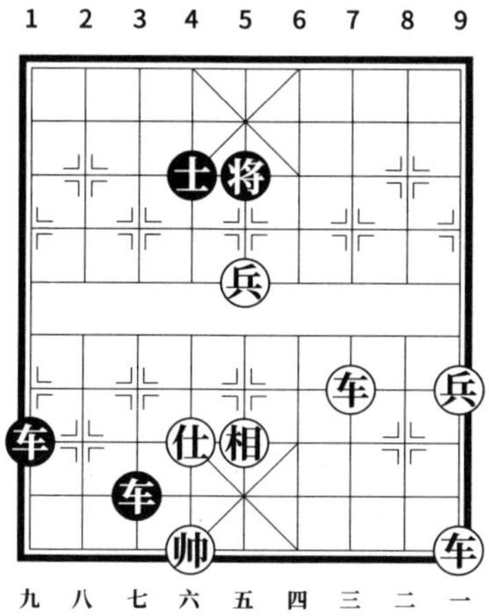

图 5-23

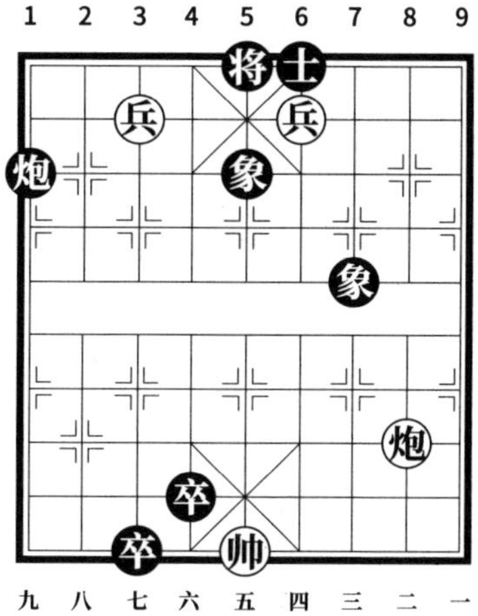

图 5-24

本页图题答案见 210 页

红先胜

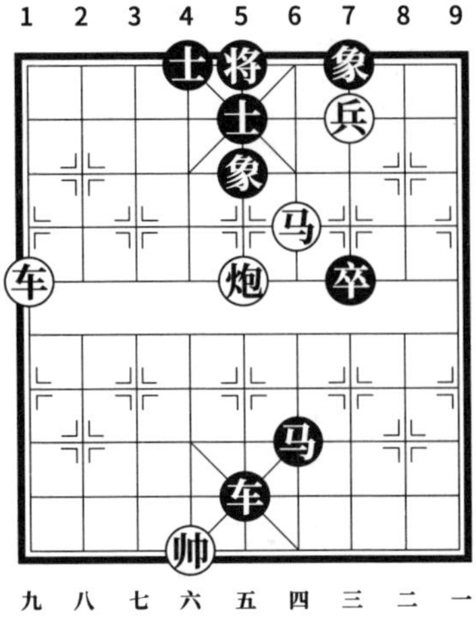

图 5-25

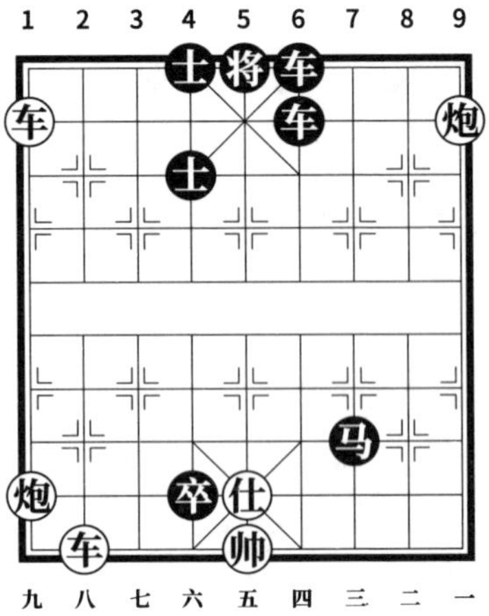

图 5-26

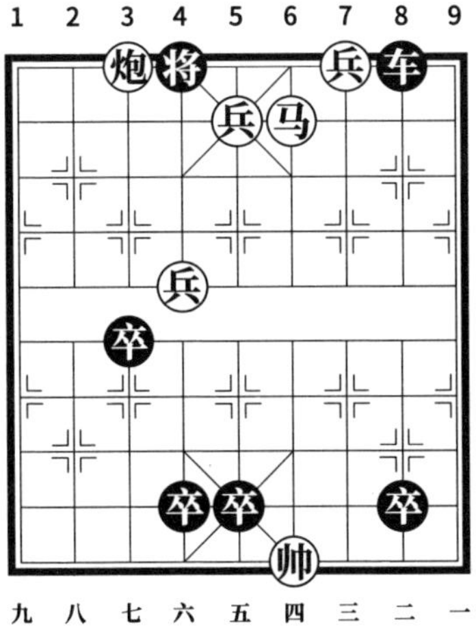

图 5-27

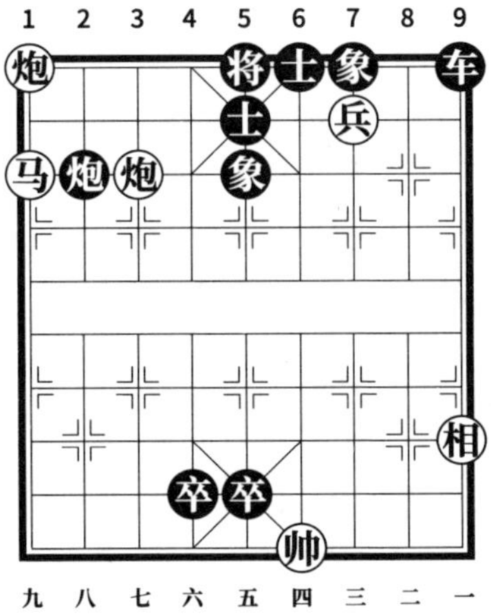

图 5-28

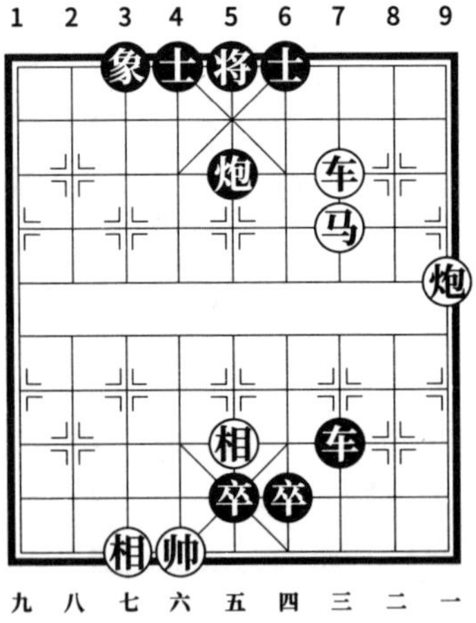

图 5-29

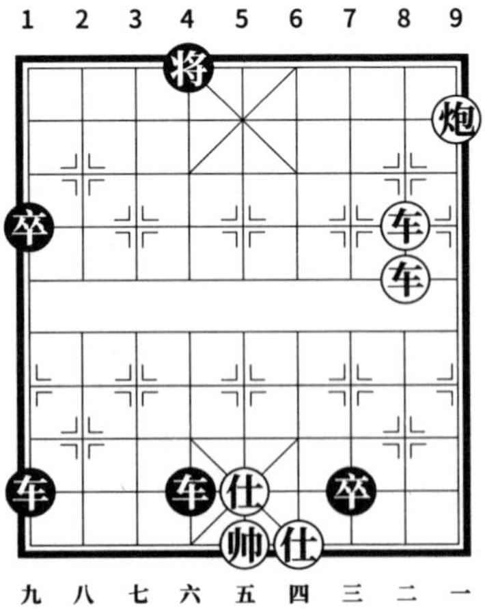

图 5-30

红先胜

本页图题答案见 210、211 页

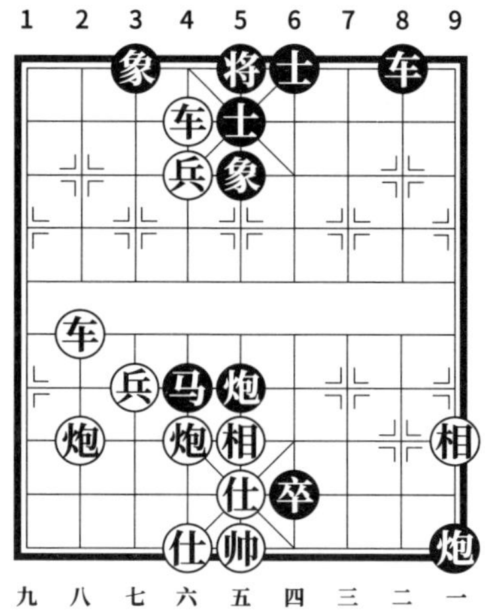

图 5-31

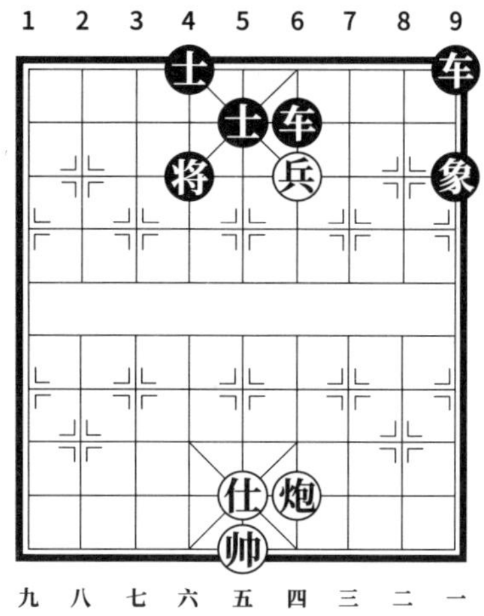

图 5-32

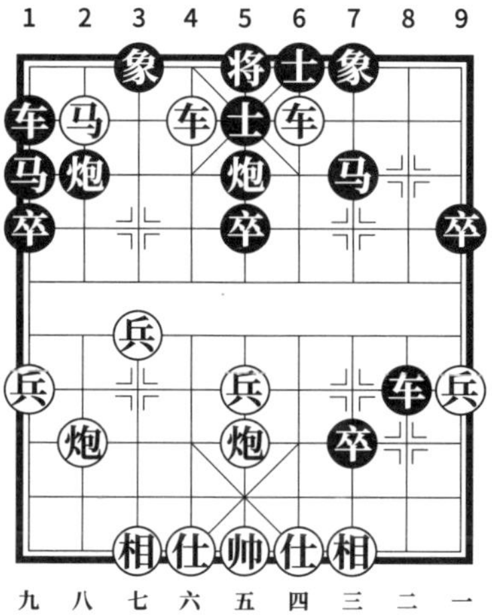

图 5-33

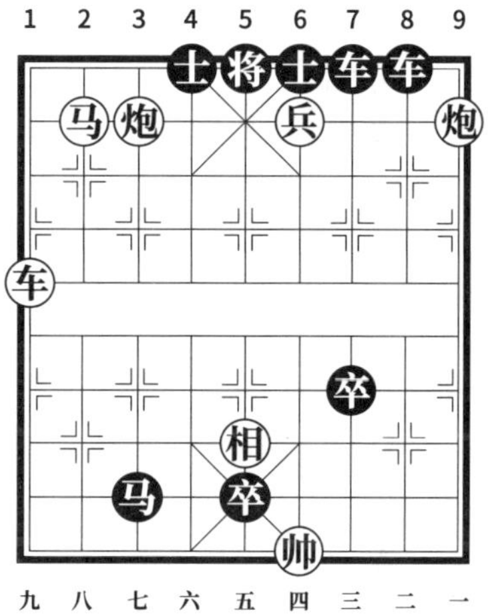

图 5-34

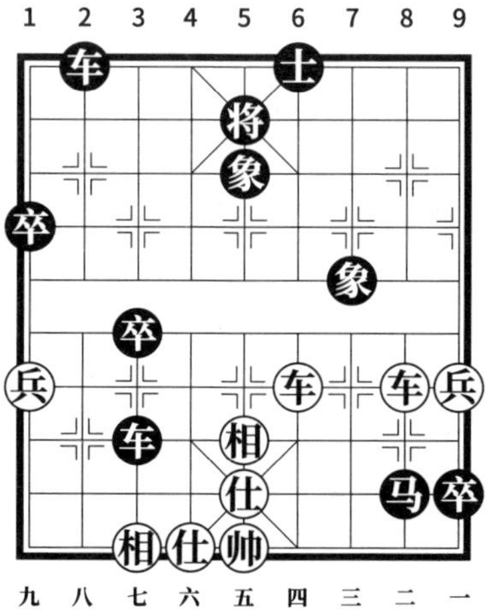

图 5-35

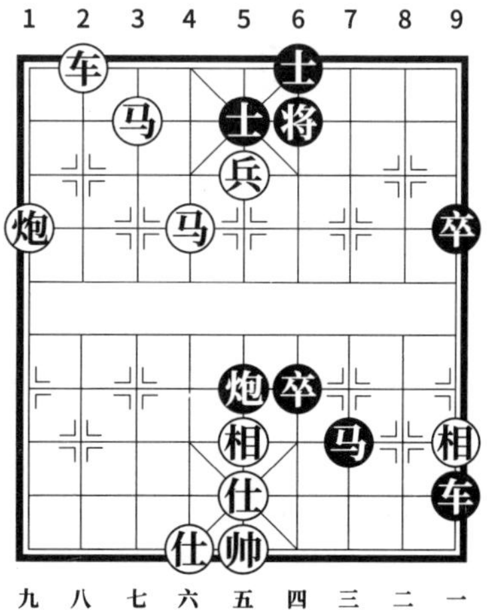

图 5-36

本页图题答案见 211 页

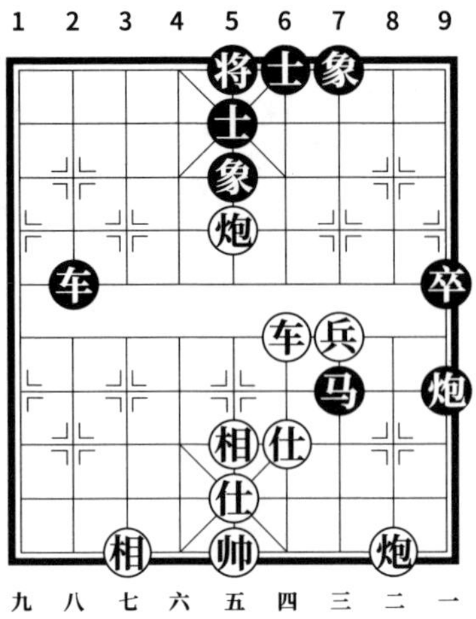
图 5-37

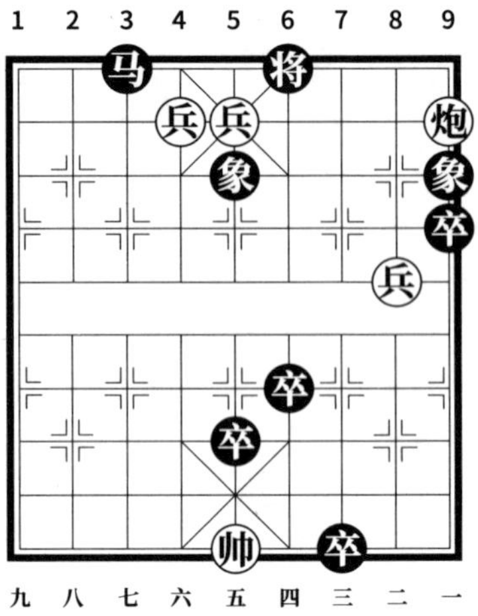
图 5-38

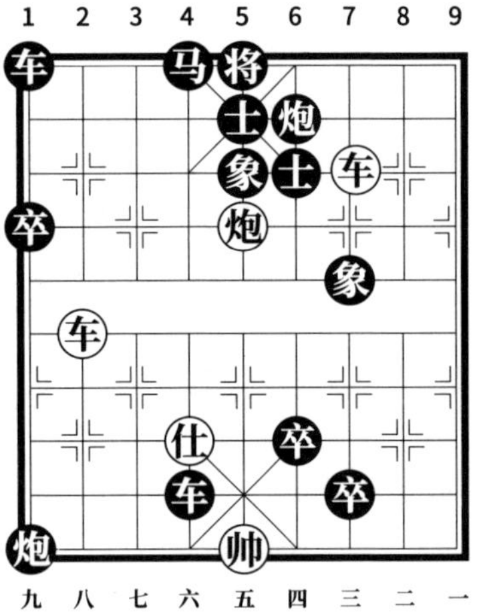
图 5-39

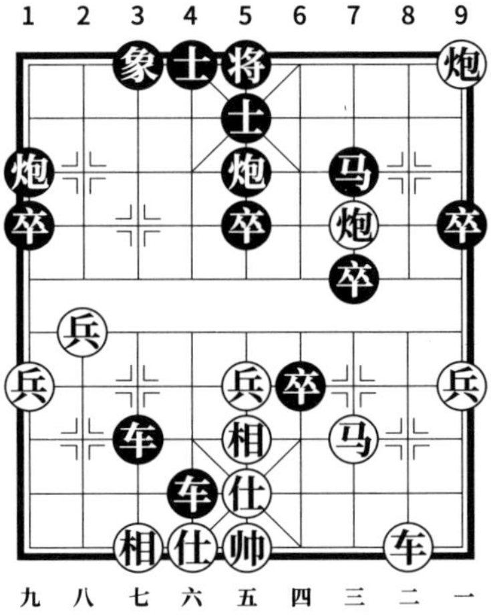
图 5-40

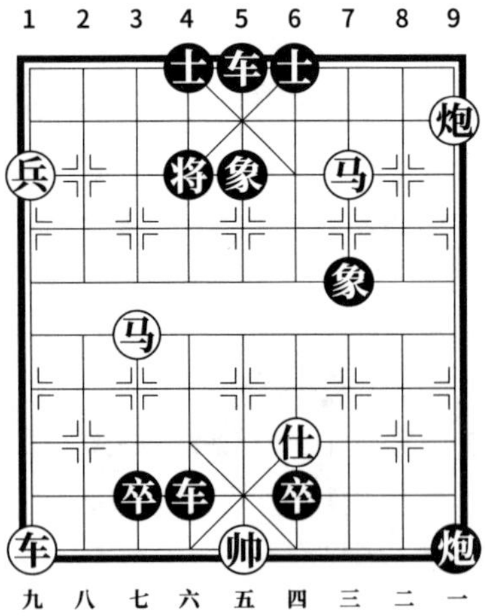
图 5-41

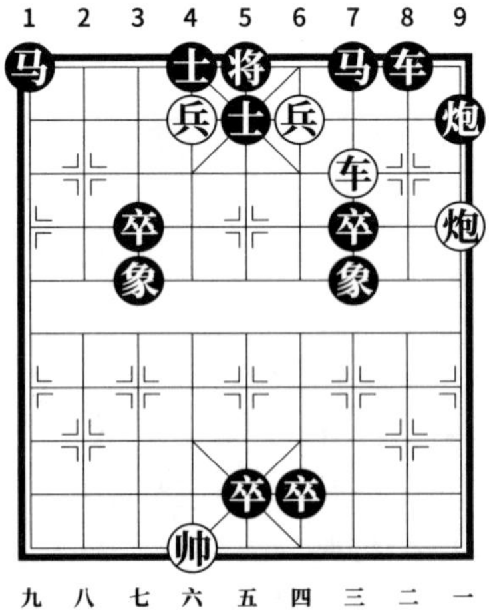
图 5-42

红先胜

本页图题答案见 211 页

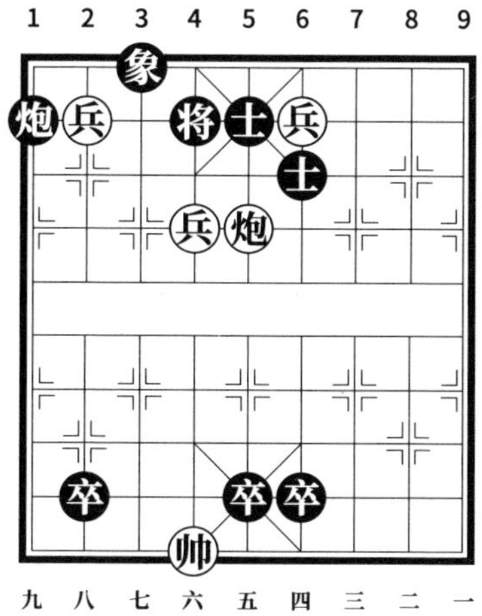
图 5-43

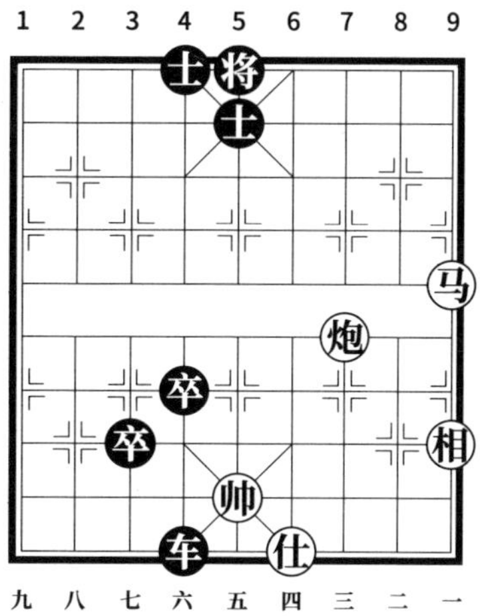
图 5-44

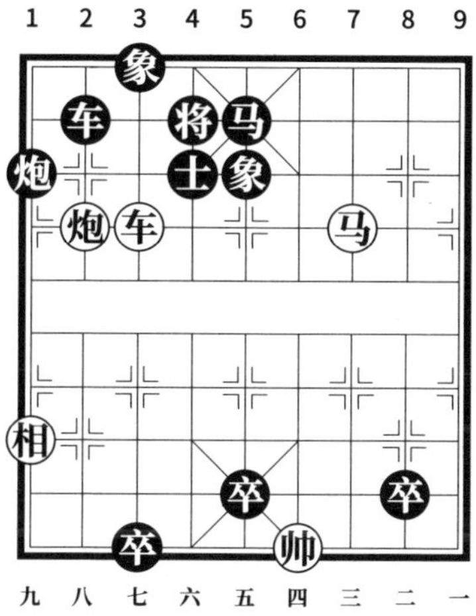
图 5-45

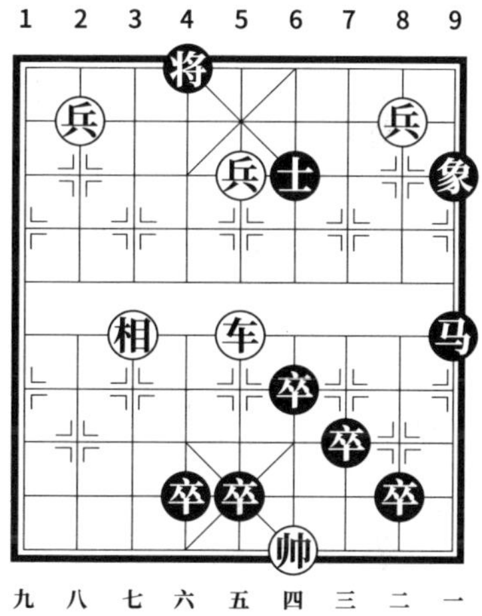
图 5-46

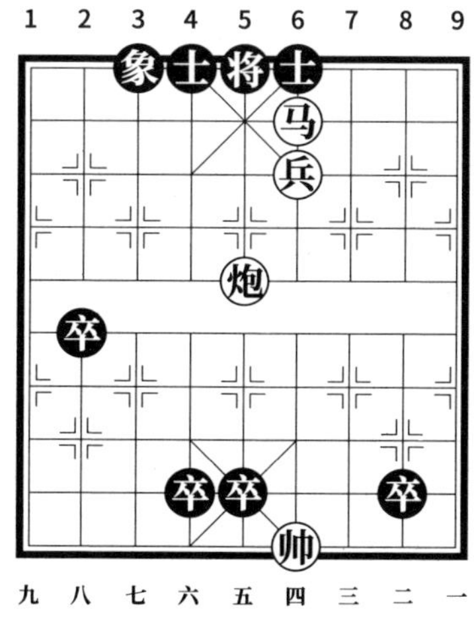
图 5-47

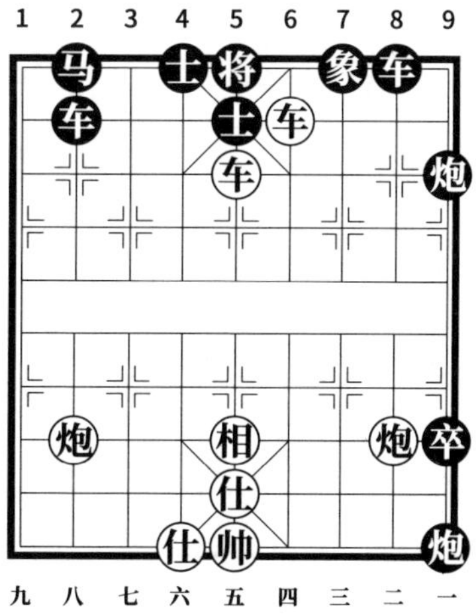
图 5-48

本页图题答案见 211 页

红先胜

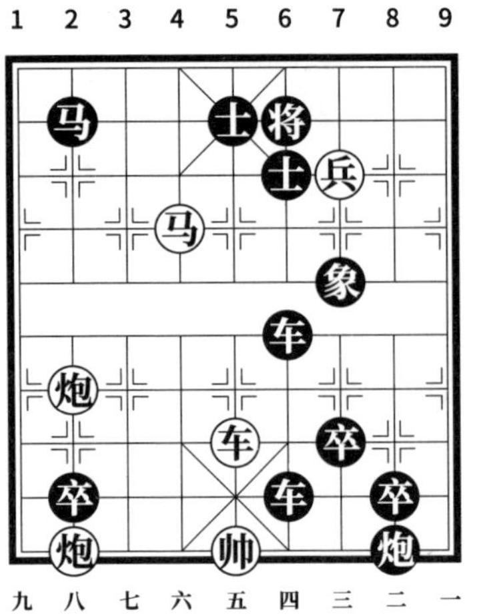

图 5-49

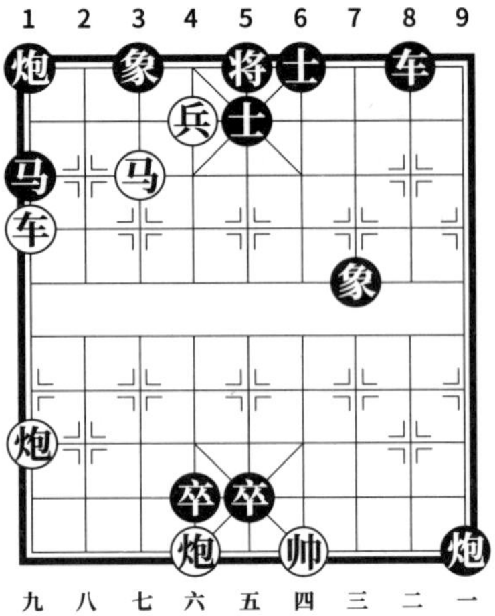

图 5-50

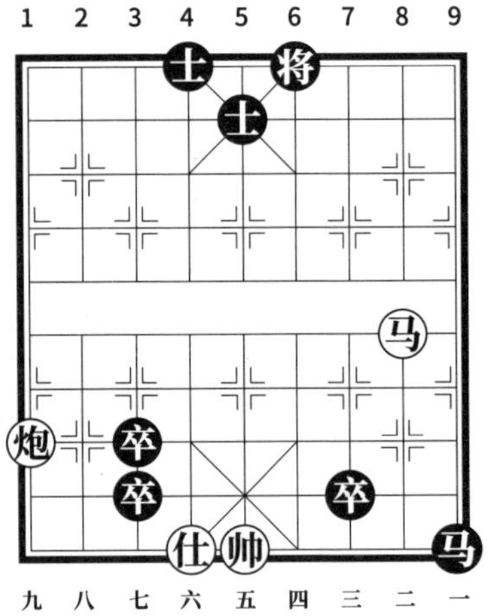

图 5-51

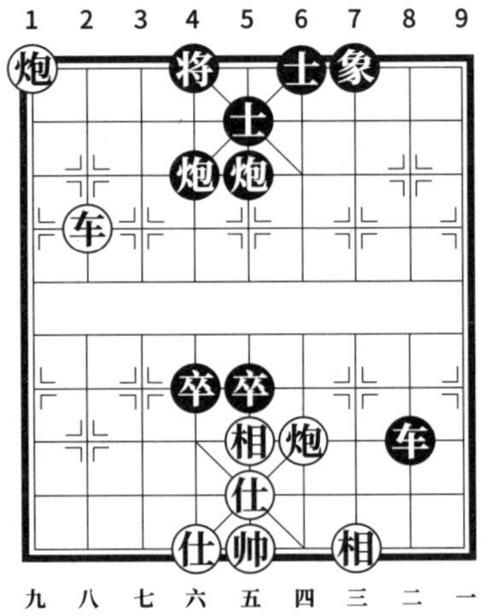

图 5-52

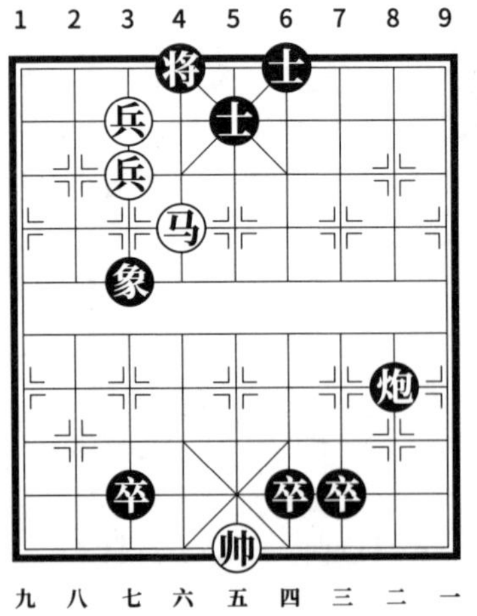

图 5-53

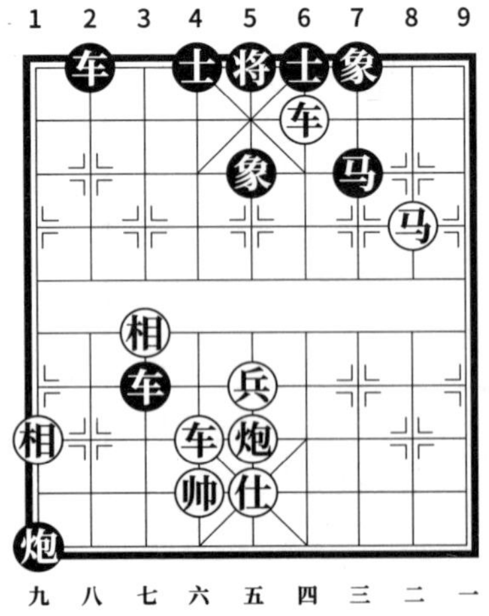

图 5-54

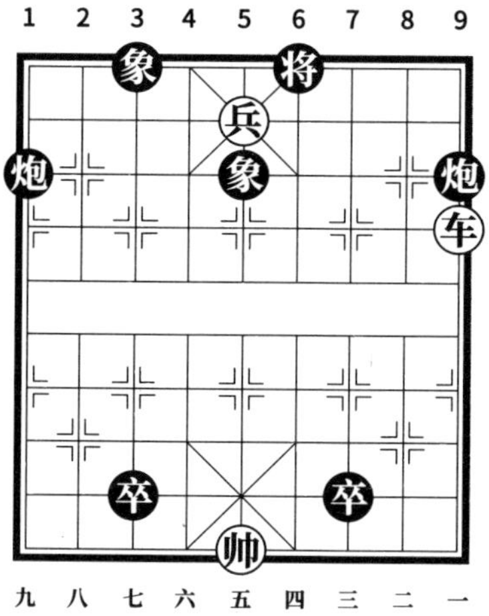

图 5-55

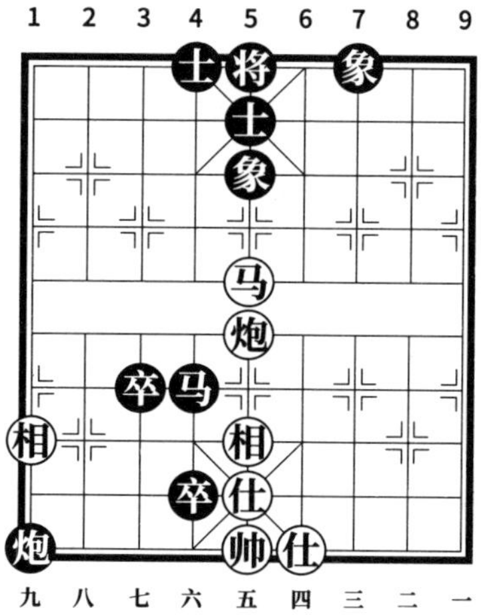

图 5-56

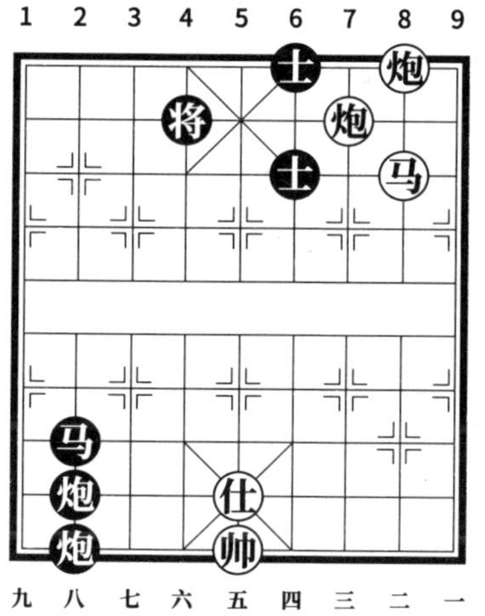

图 5-57

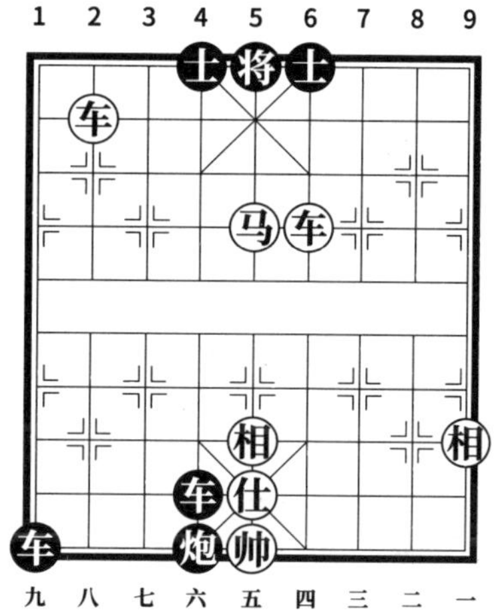

图 5-58

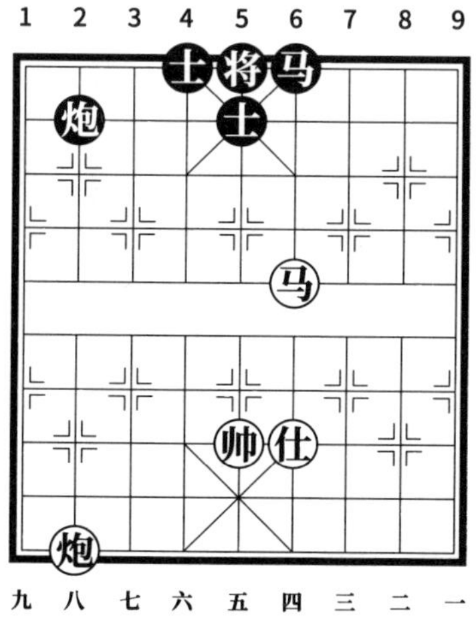

图 5-59

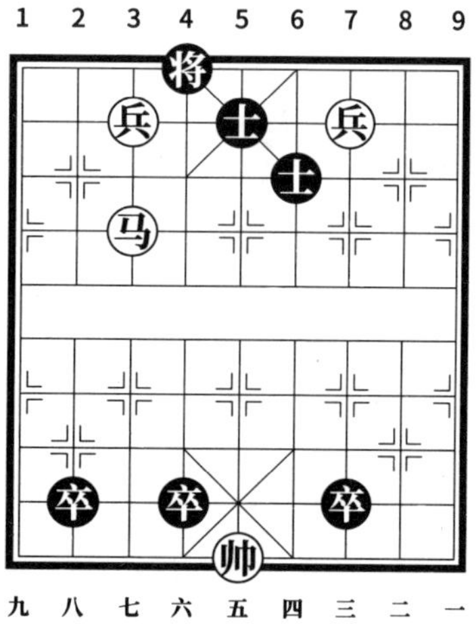

图 5-60

本页图题答案见 212 页

红先胜

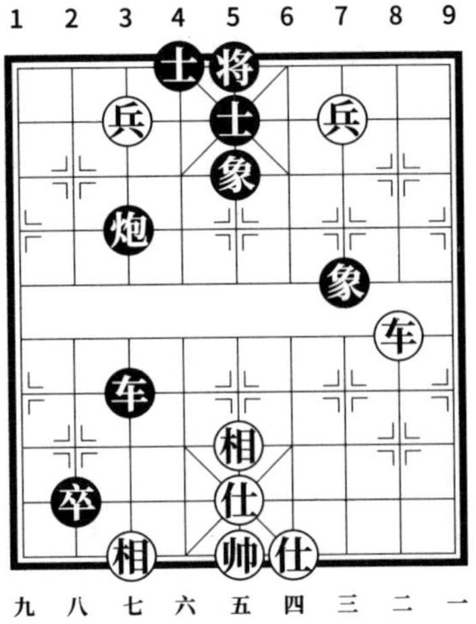

图 5-61

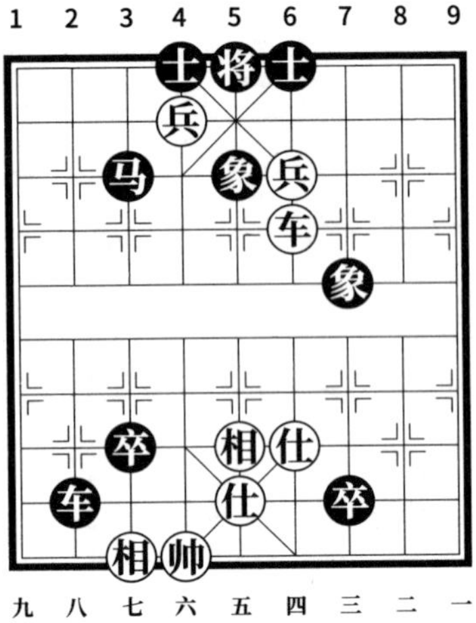

图 5-62

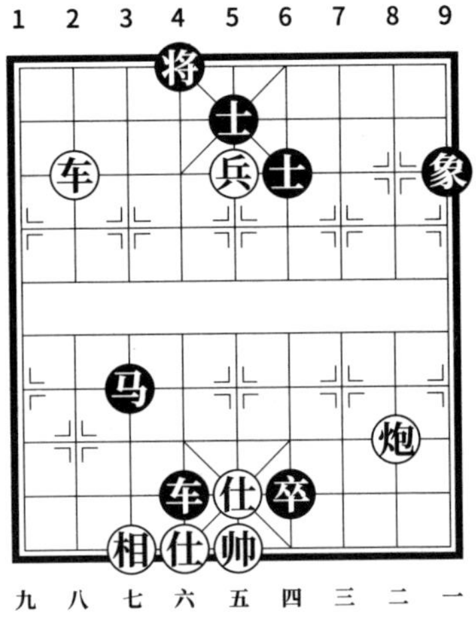

图 5-63

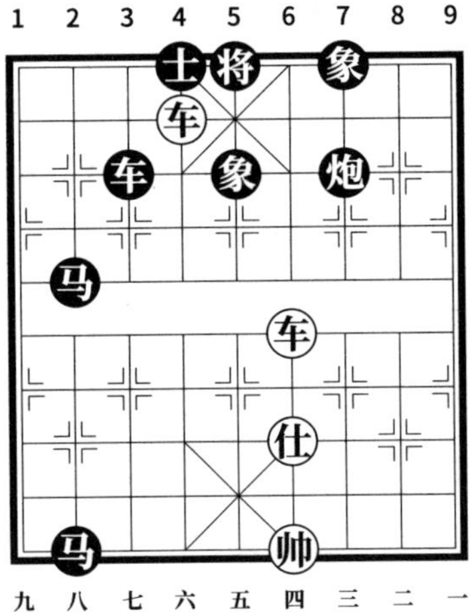

图 5-64

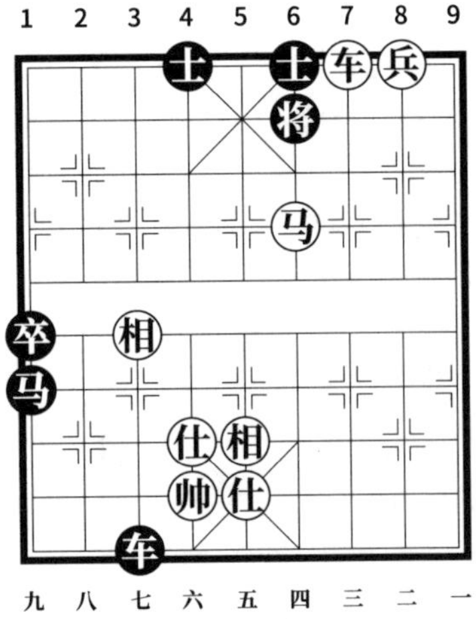

图 5-65

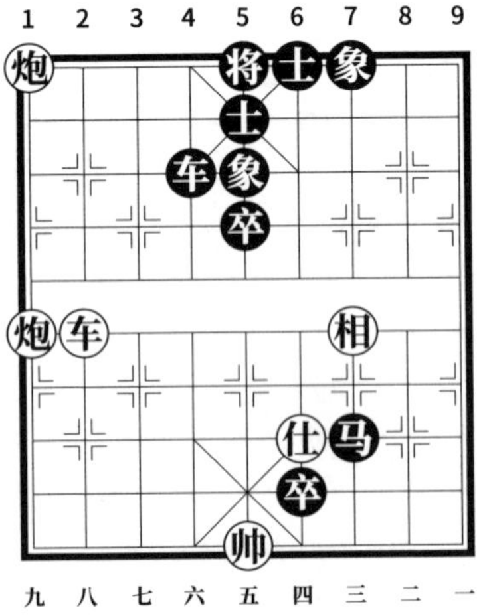

图 5-66

红先胜

本页图题答案见 212 页

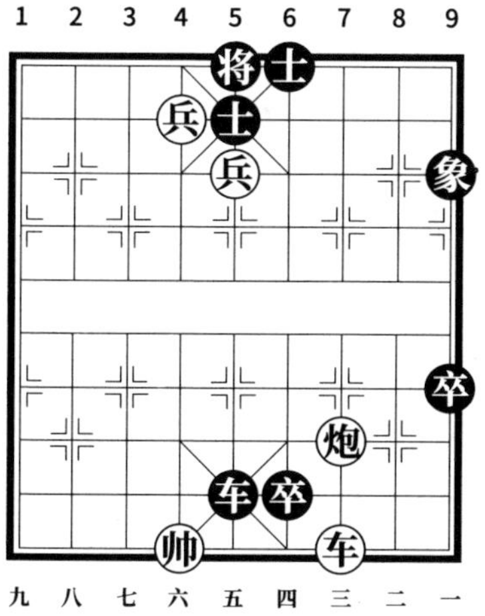

图 5-67

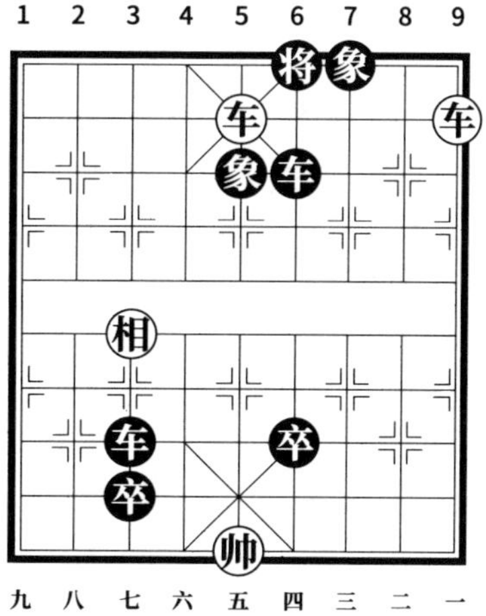

图 5-68

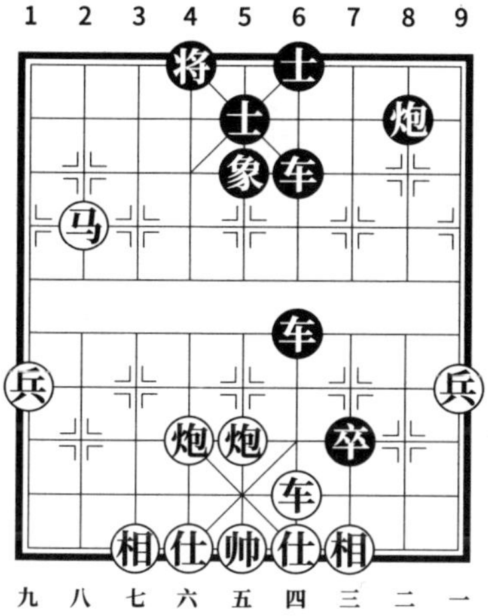

图 5-69

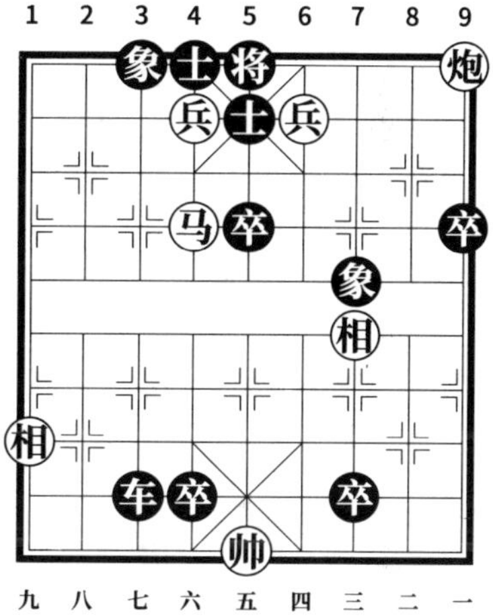

图 5-70

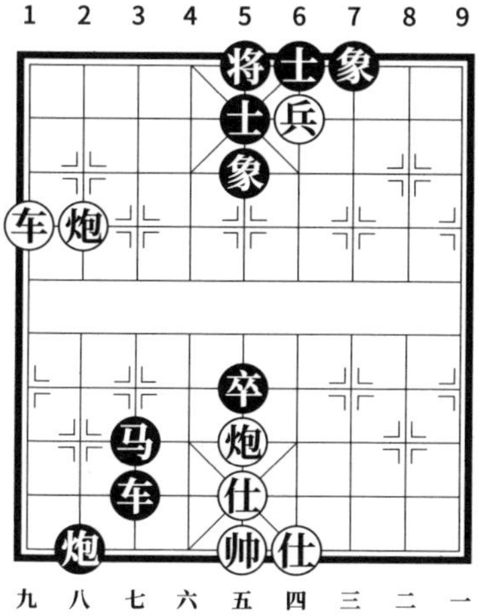

图 5-71

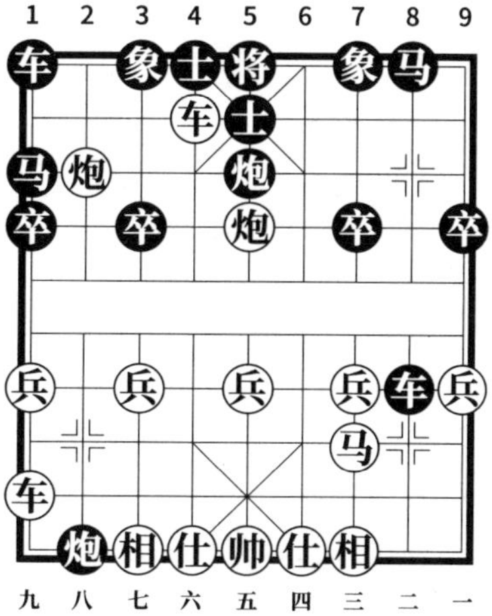

图 5-72

本页图题答案见 212 页

红先胜

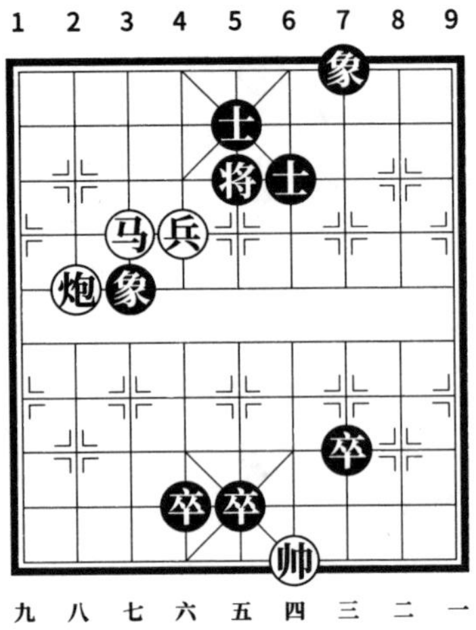

图 5-73

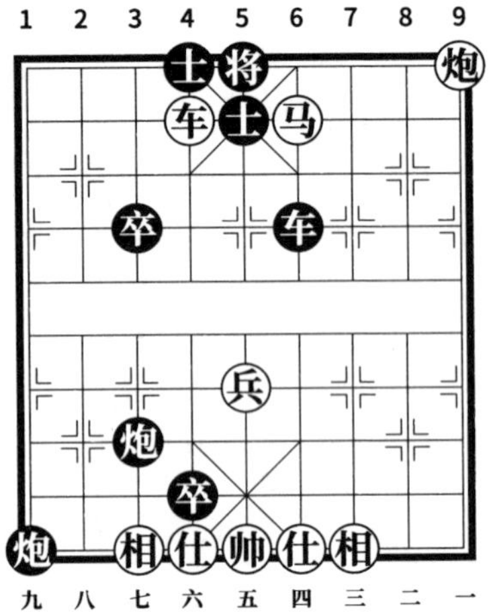

图 5-74

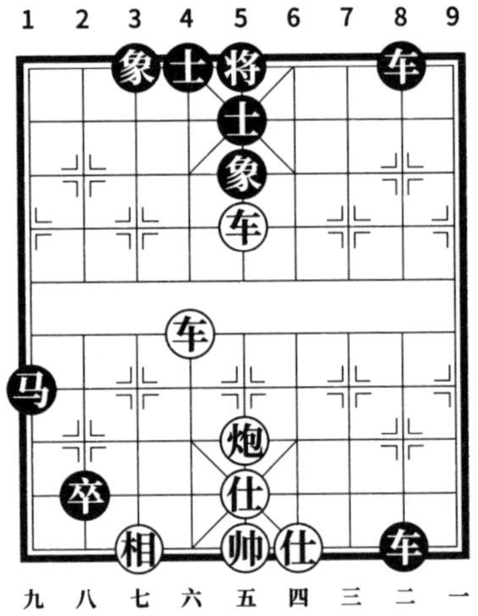

图 5-75

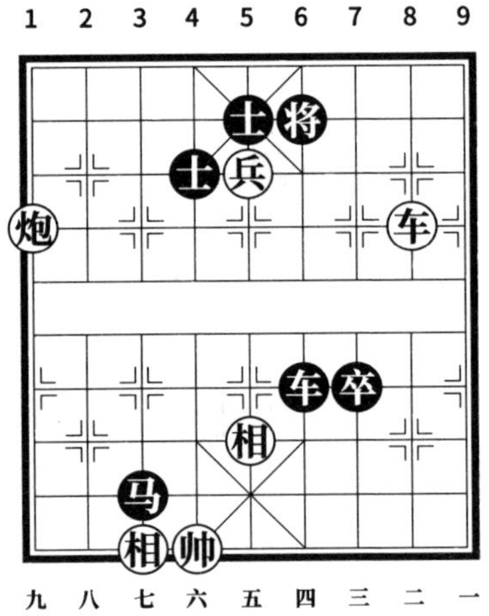

图 5-76

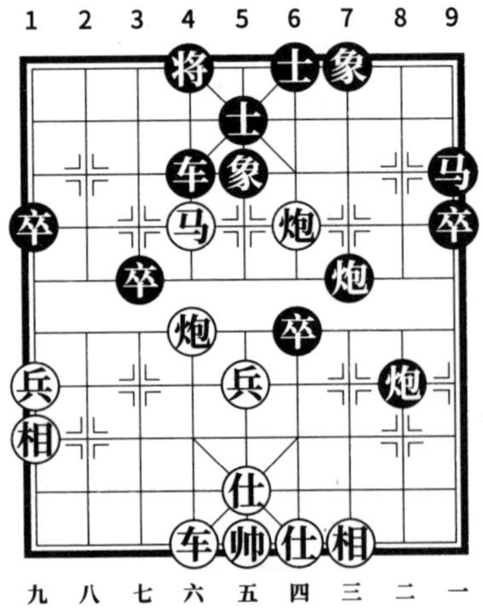

图 5-77

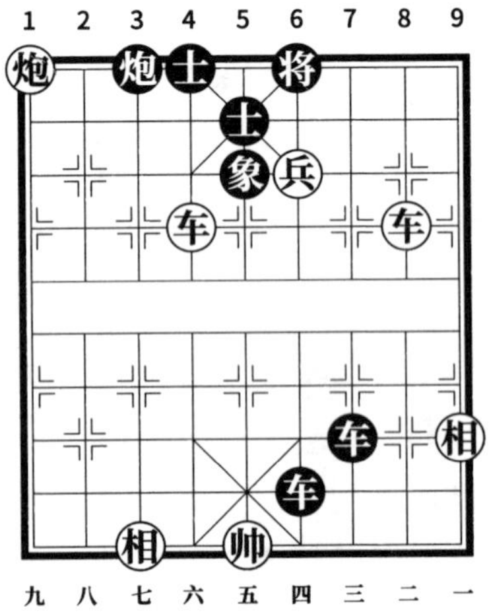

图 5-78

红先胜

本页图题答案见 212、213 页

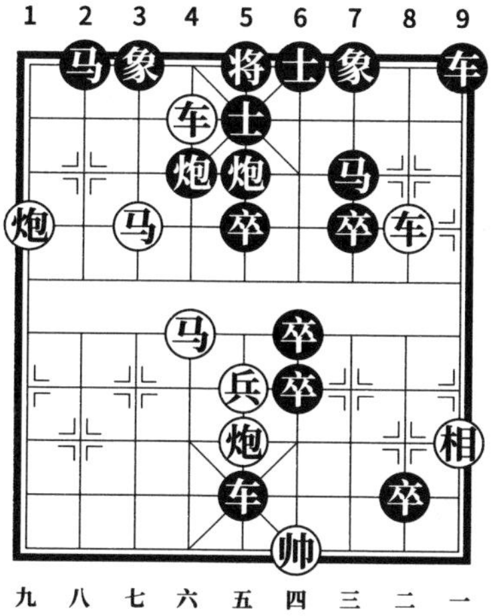

图 5-79

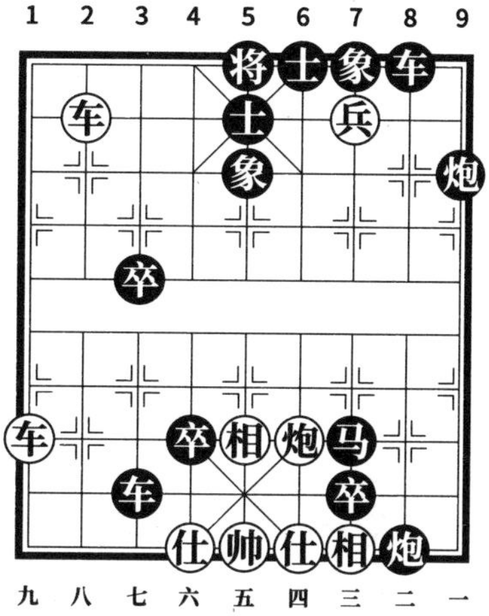

图 5-80

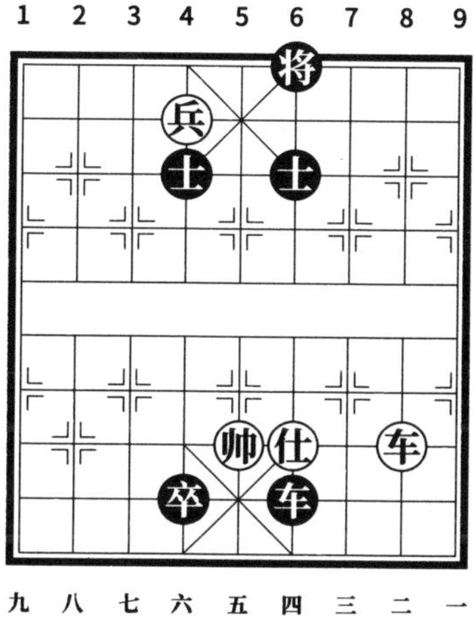

图 5-81

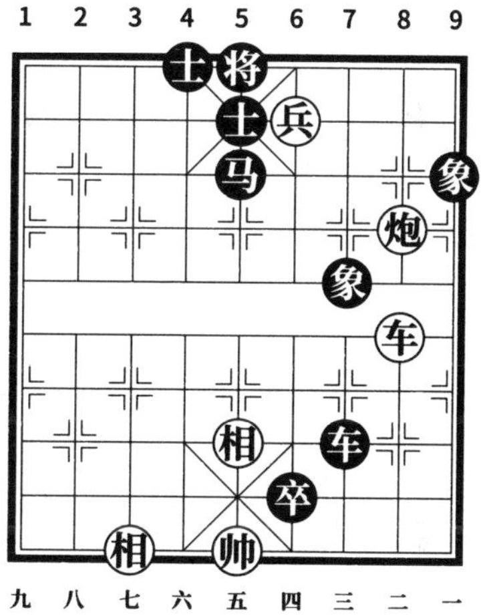

图 5-82

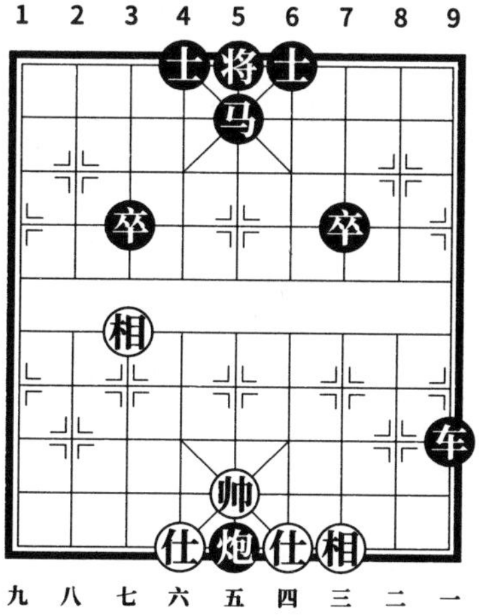

图 5-83

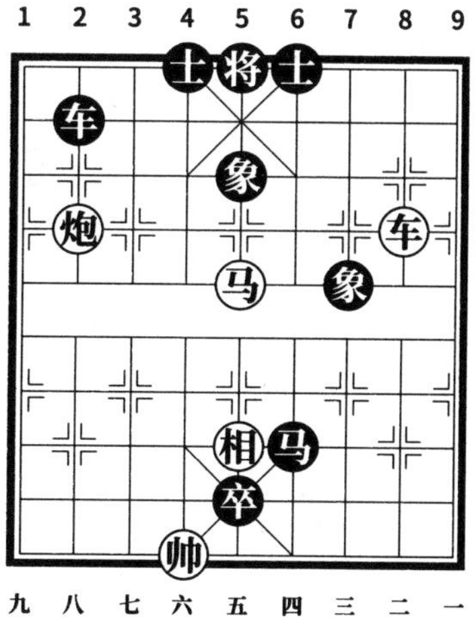

图 5-84

本页图题答案见 213 页

红先胜

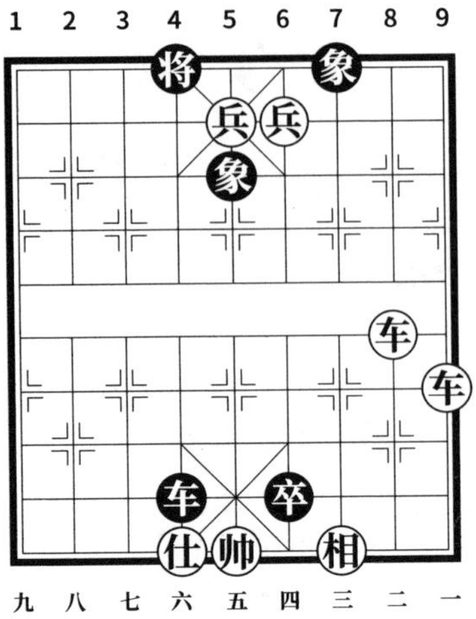

图 5-85

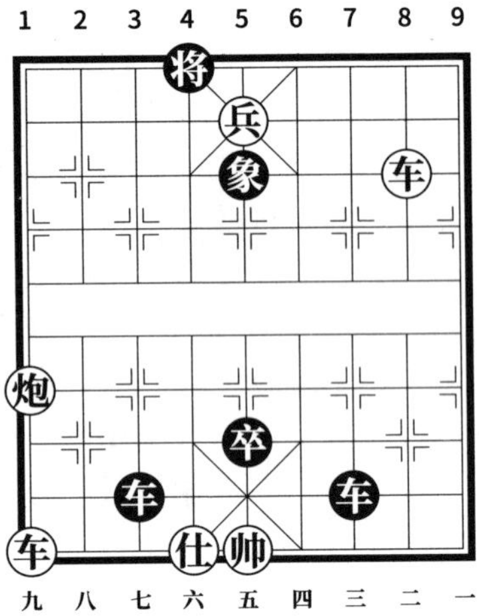

图 5-86

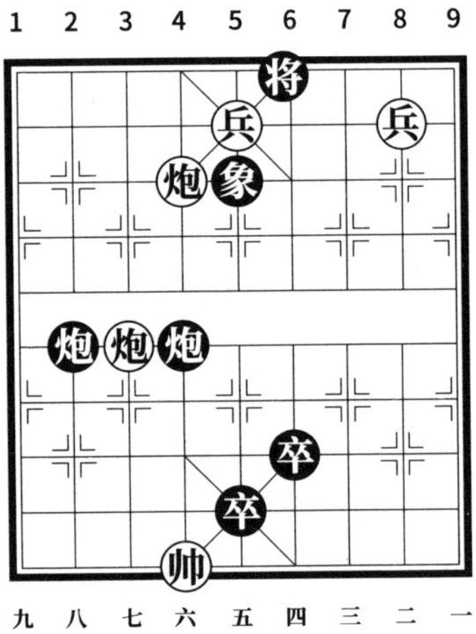

图 5-87

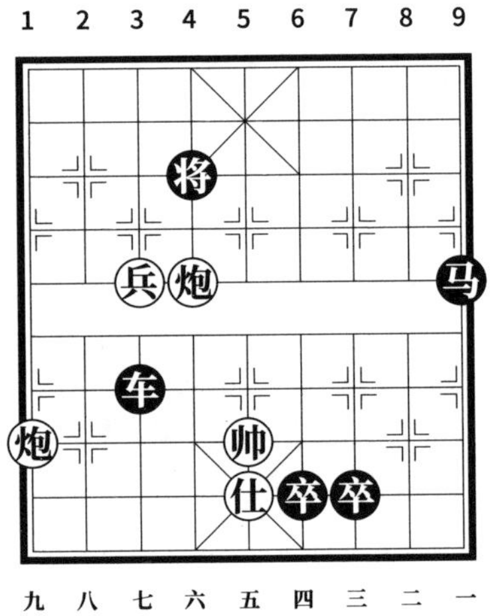

图 5-88

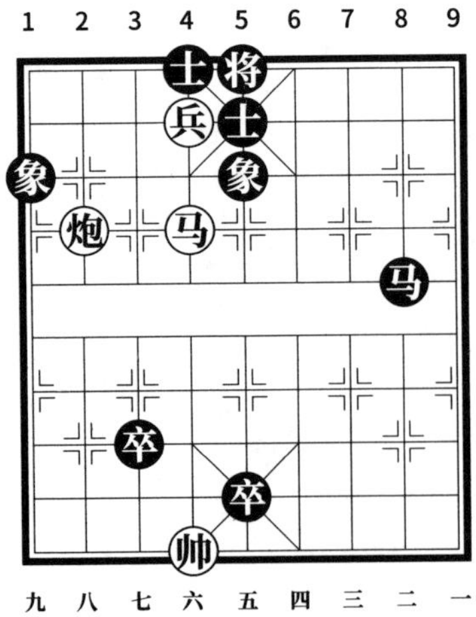

图 5-89

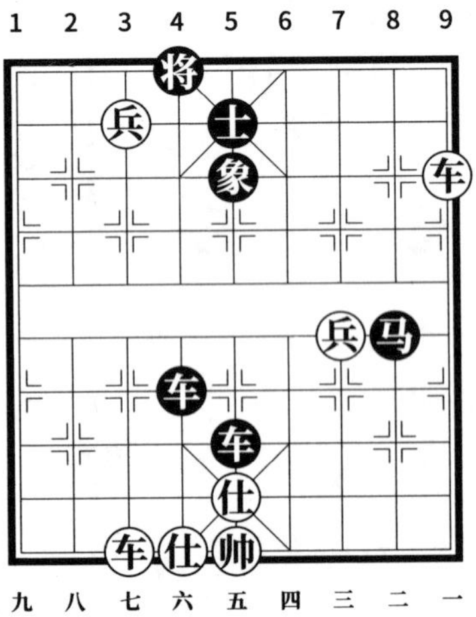

图 5-90

红先胜

本页图题答案见 213 页

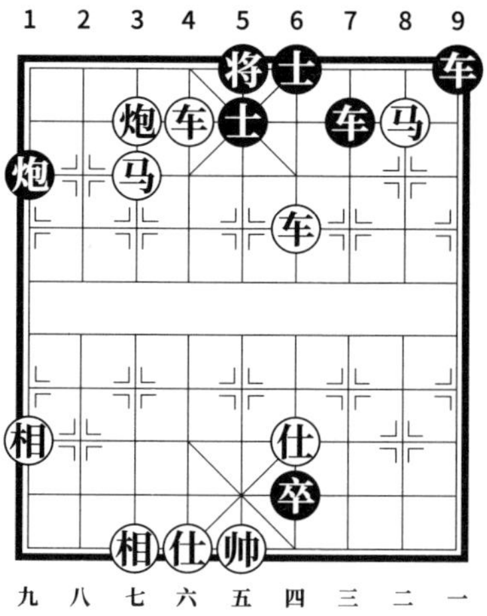

图 5-91

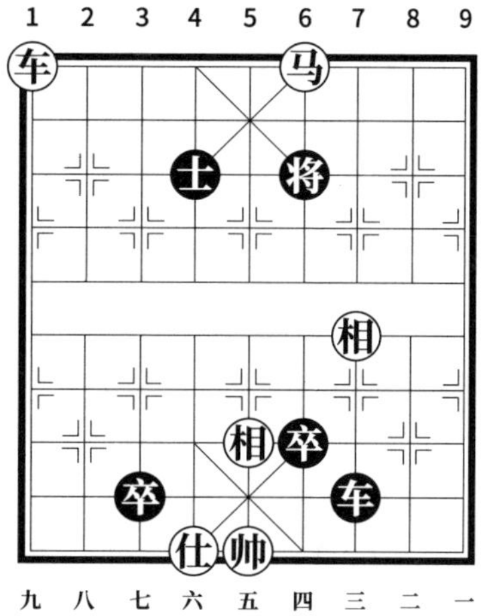

图 5-92

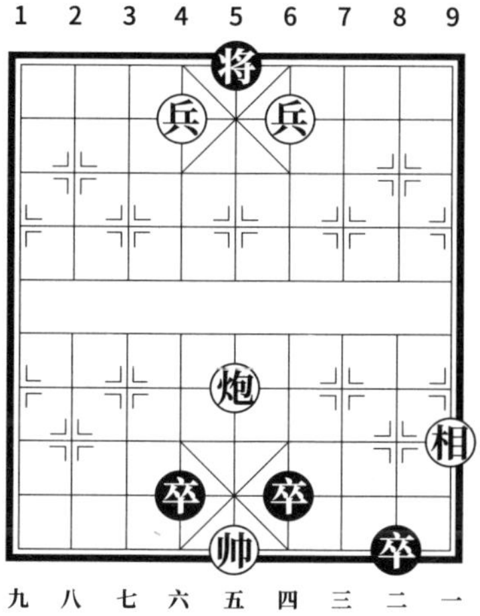

图 5-93

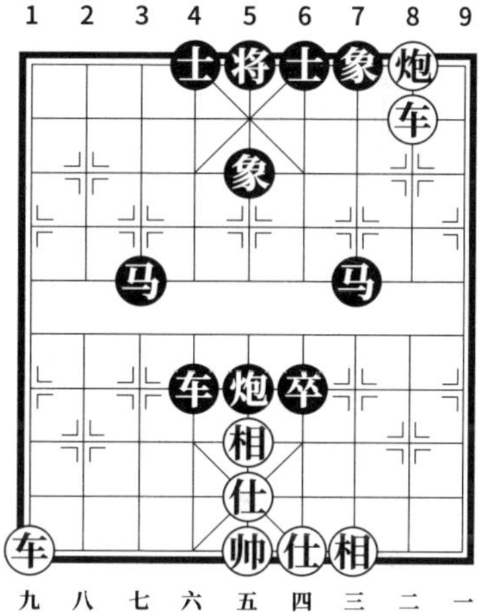

图 5-94

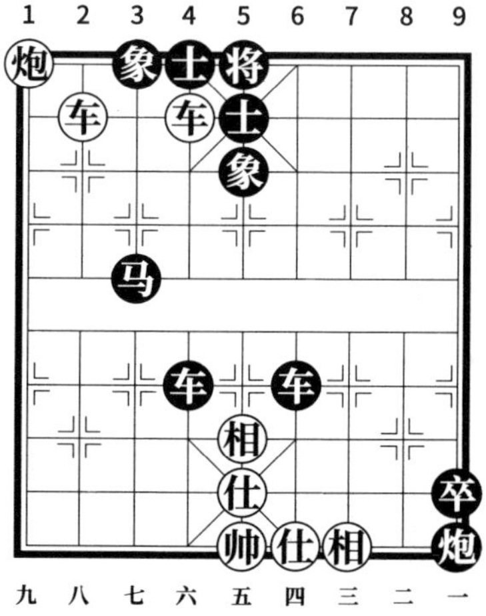

图 5-95

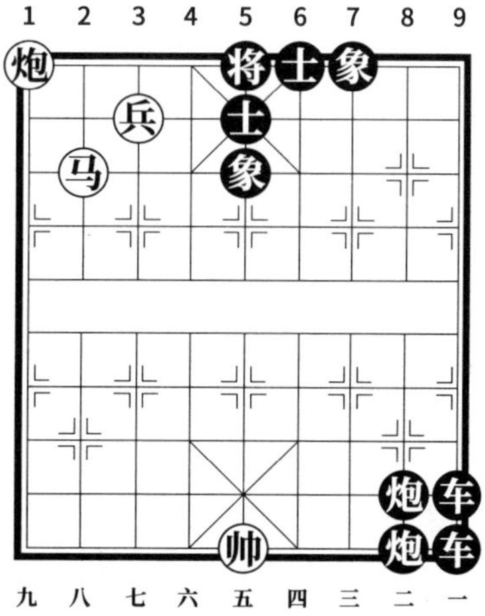

图 5-96

本页图题答案见 213 页

红先胜

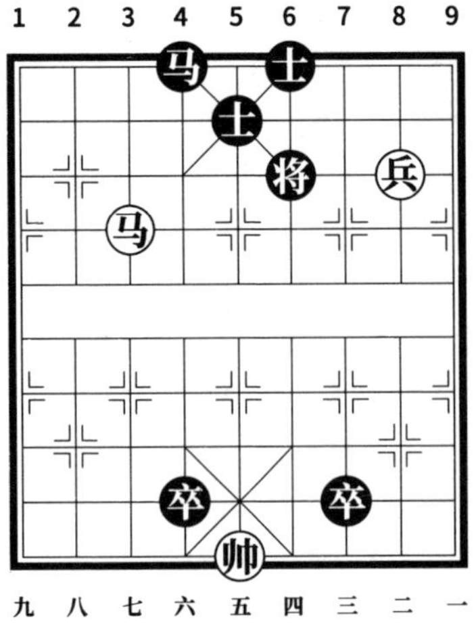

图 5-97

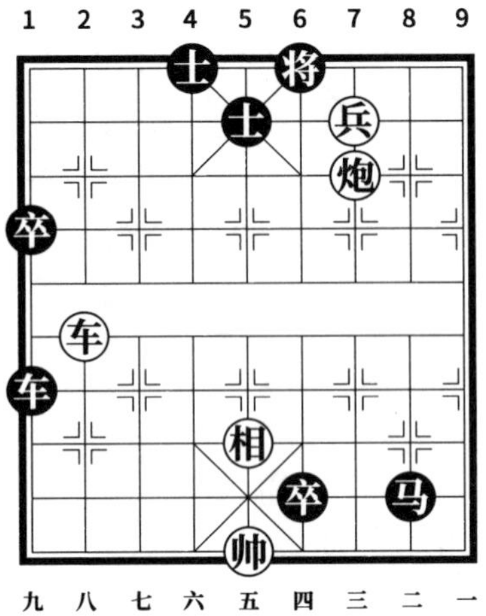

图 5-98

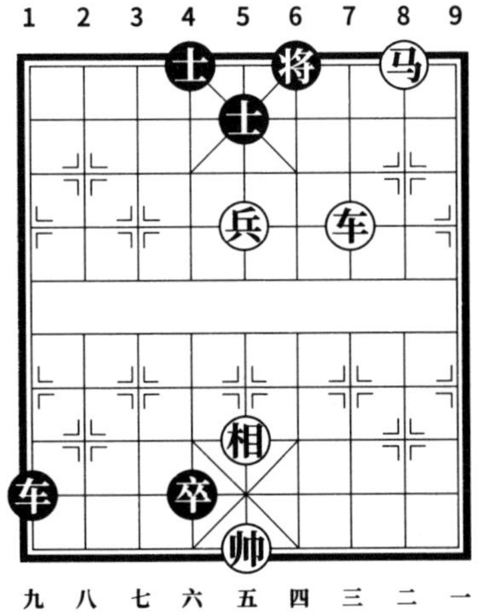

图 5-99

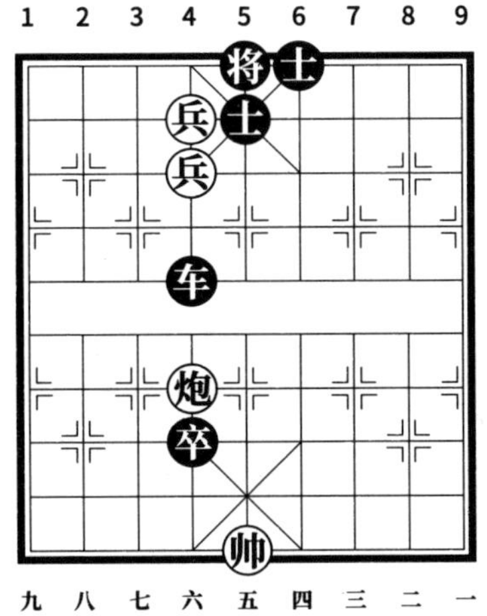

图 5-100

红先胜

本页图题答案见 213、214 页

六步非连将杀

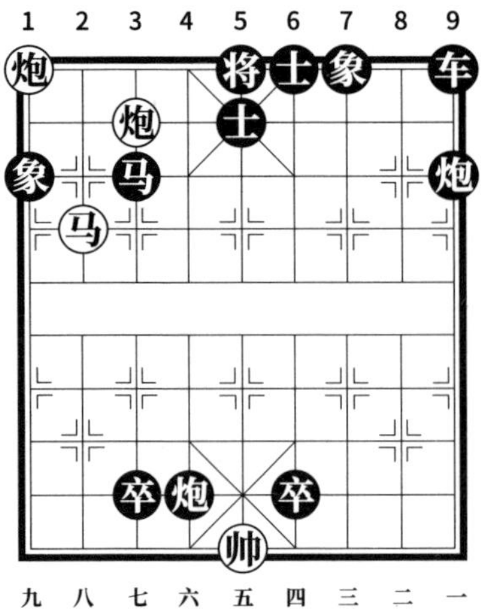

图 6-1

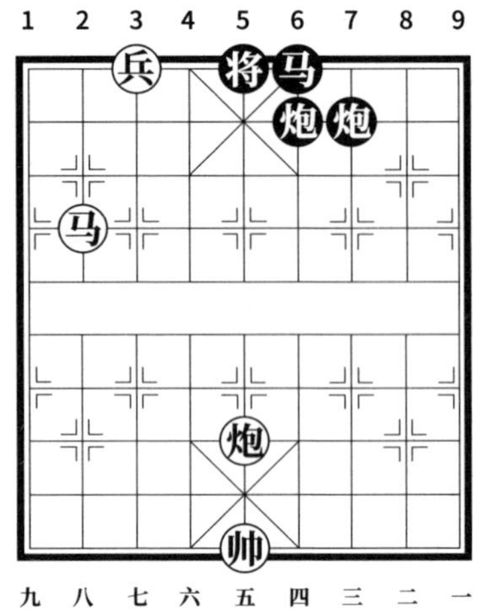

图 6-2

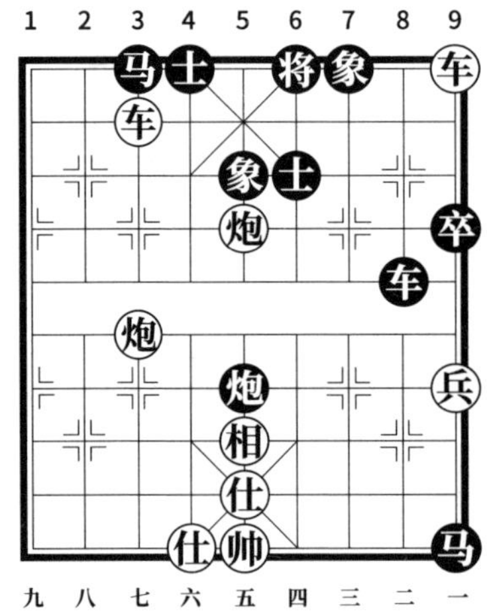

图 6-3

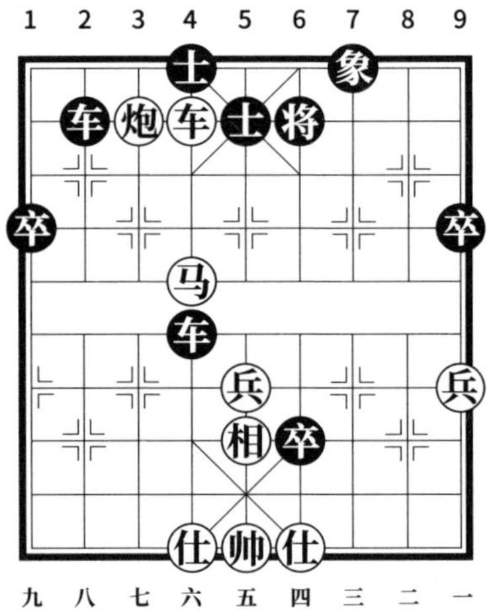

图 6-4

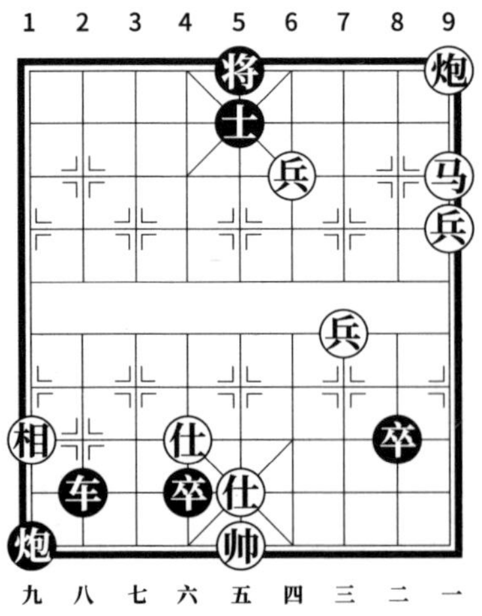

图 6-5

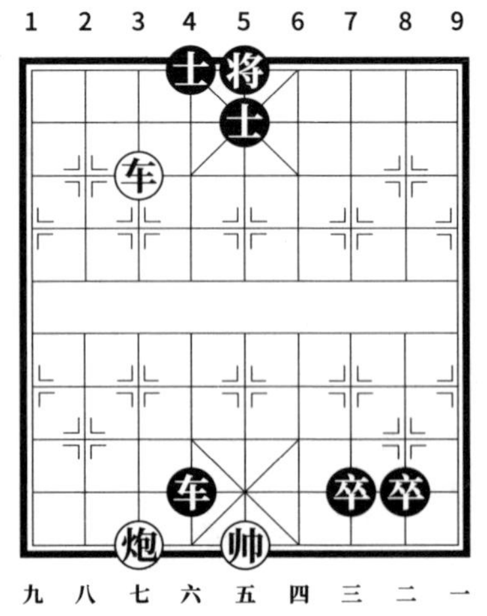

图 6-6

红先胜

本页图题答案见 214 页

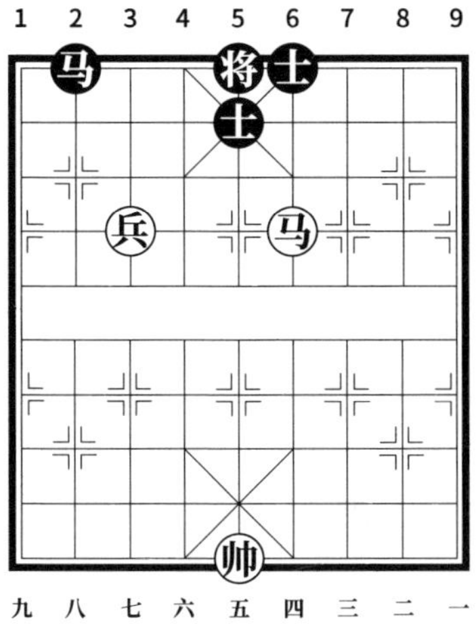

图 6-7

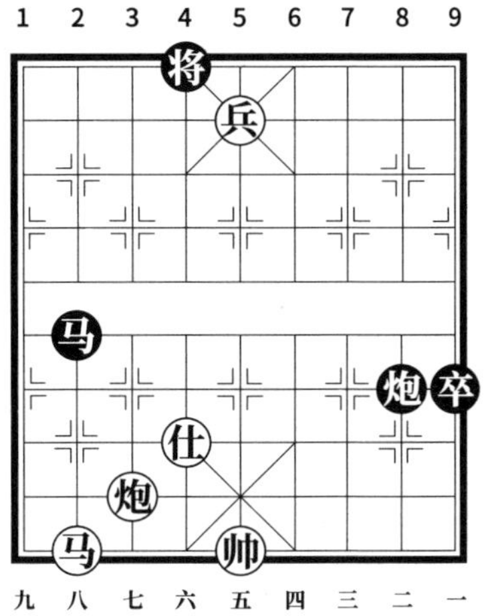

图 6-8

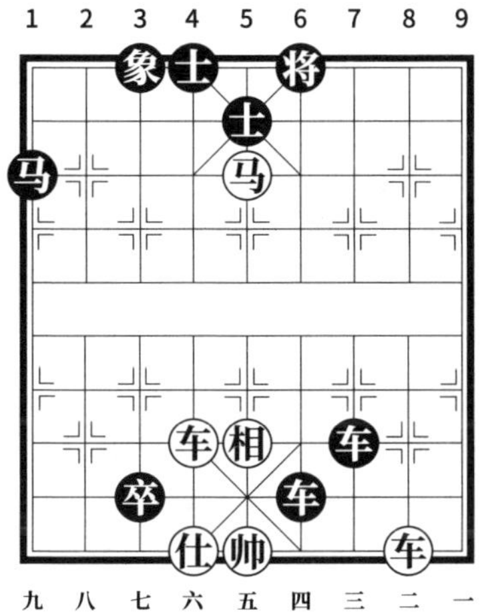

图 6-9

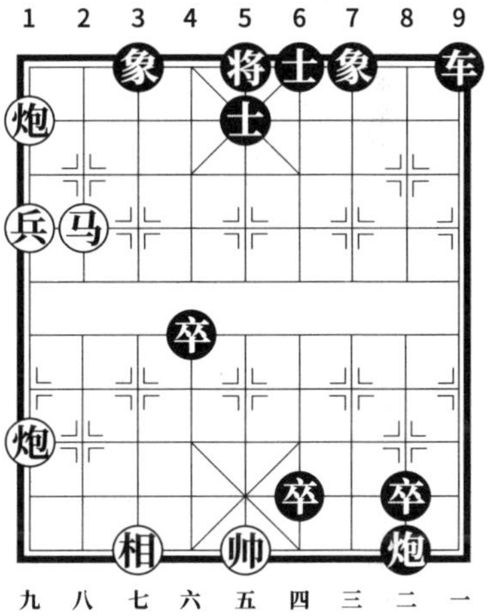

图 6-10

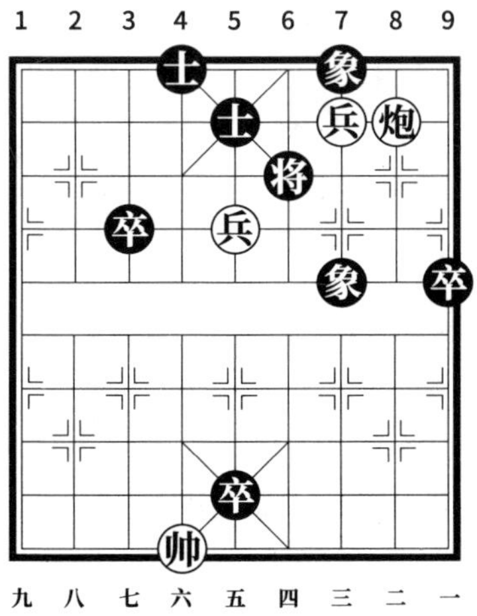

图 6-11

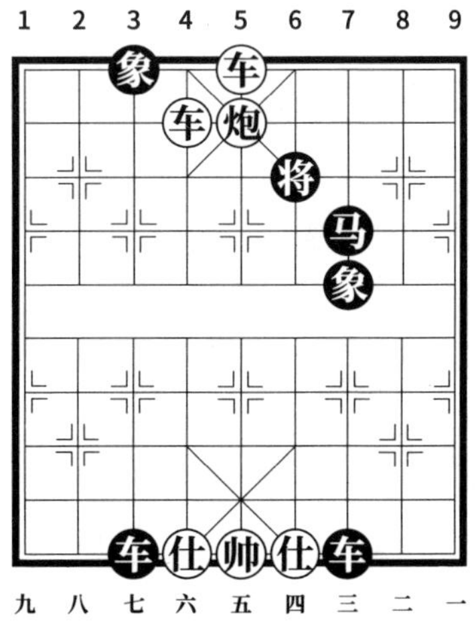

图 6-12

本页图题答案见 214 页

红先胜

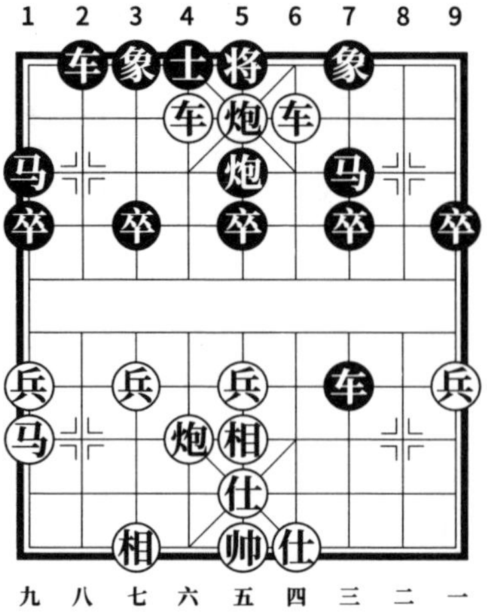

图 6-13

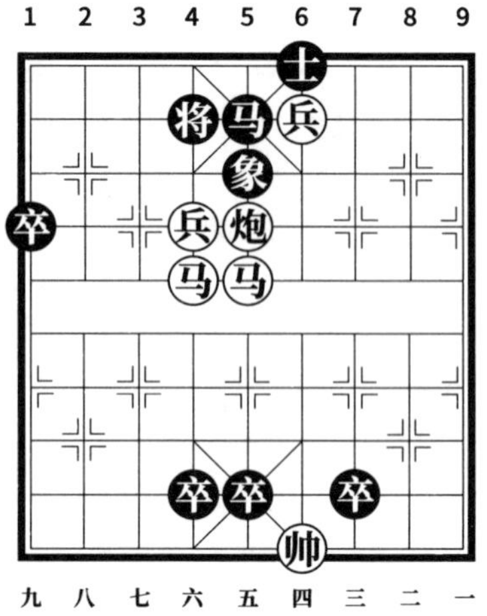

图 6-14

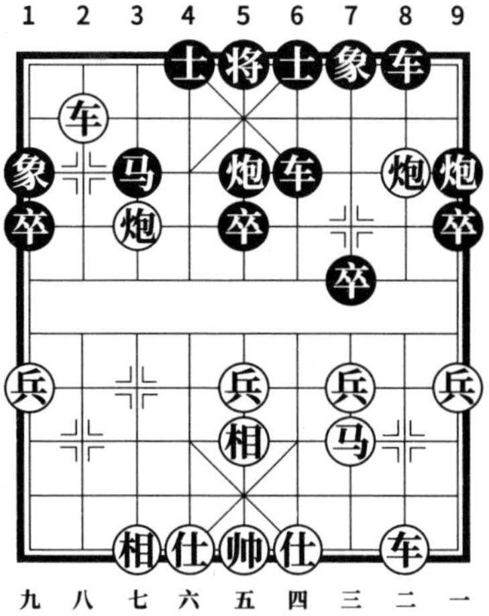

图 6-15

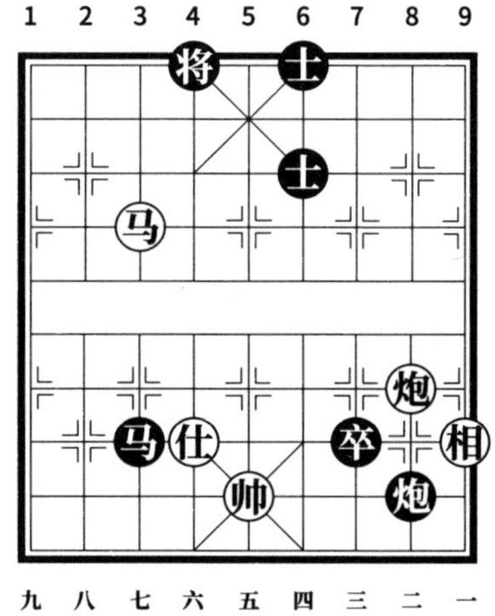

图 6-16

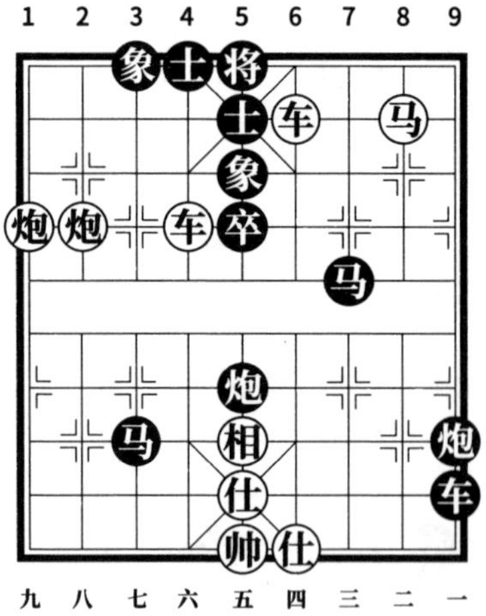

图 6-17

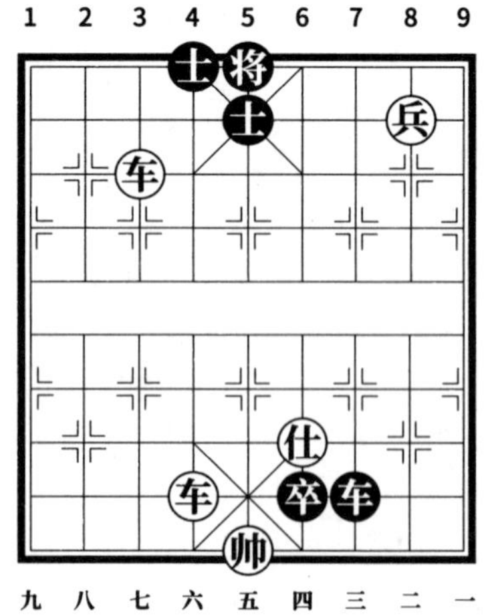

图 6-18

红先胜

本页图题答案见 214、215 页

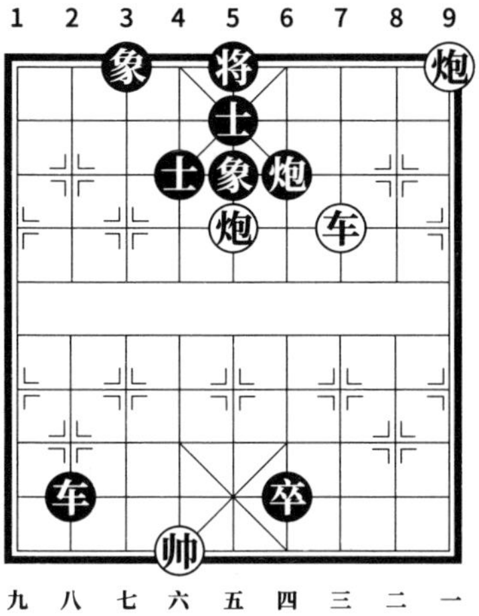

图 6-19

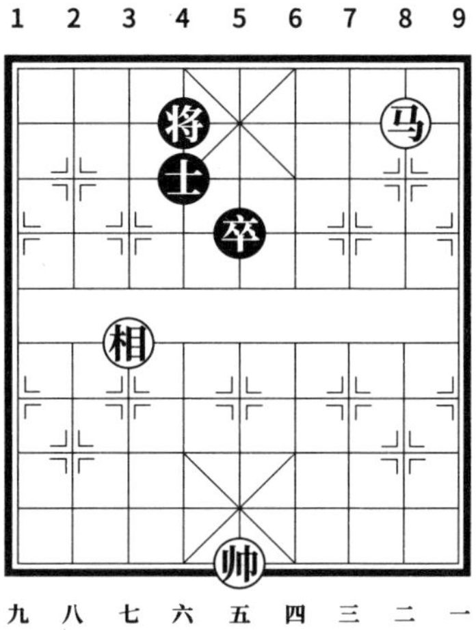

图 6-20

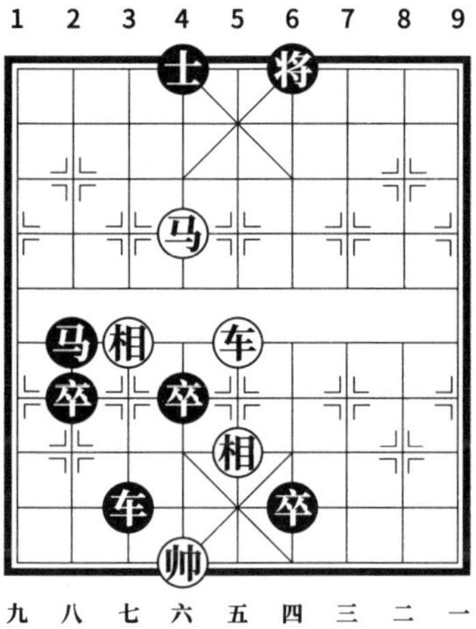

图 6-21

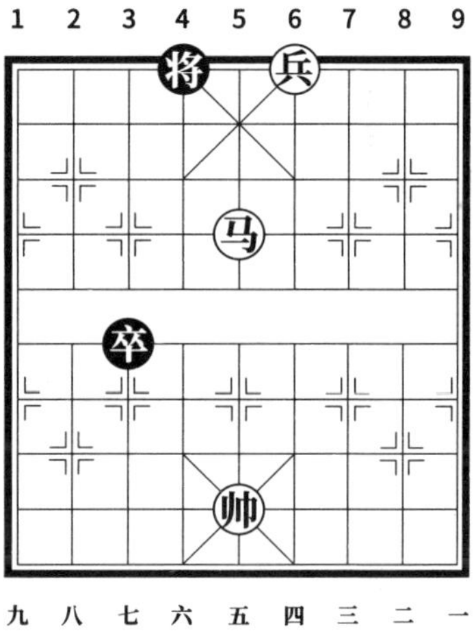

图 6-22

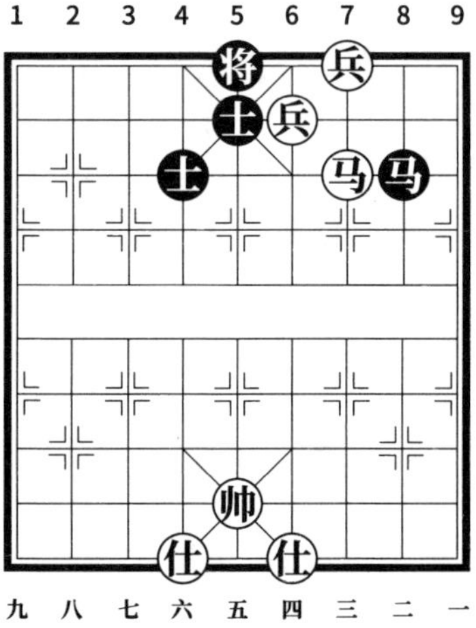

图 6-23

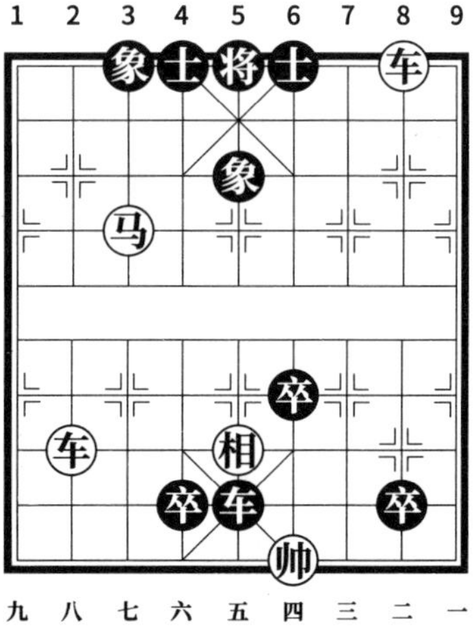

图 6-24

本页图题答案见 215 页

红先胜

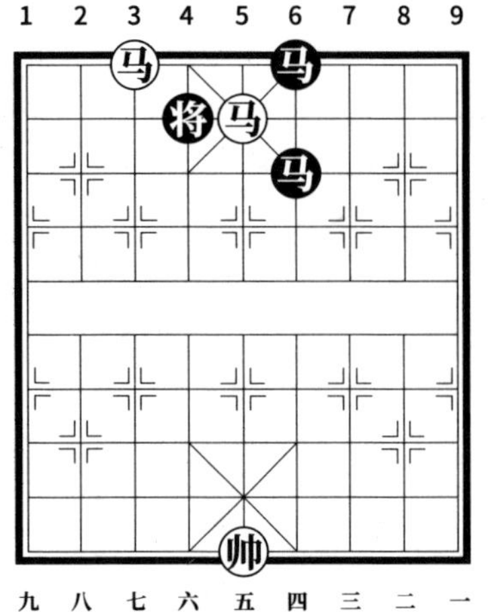

图 6-25

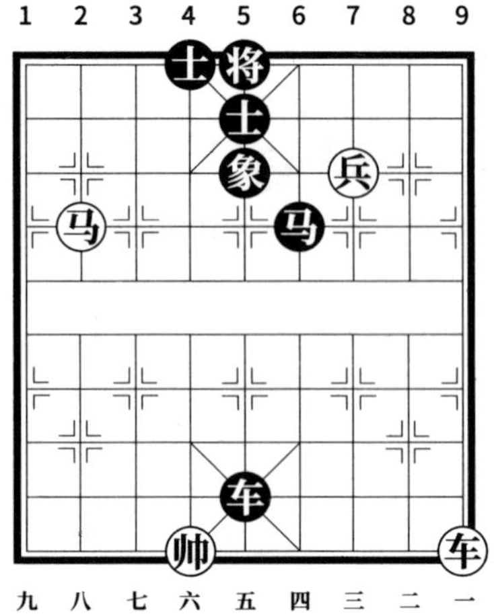

图 6-26

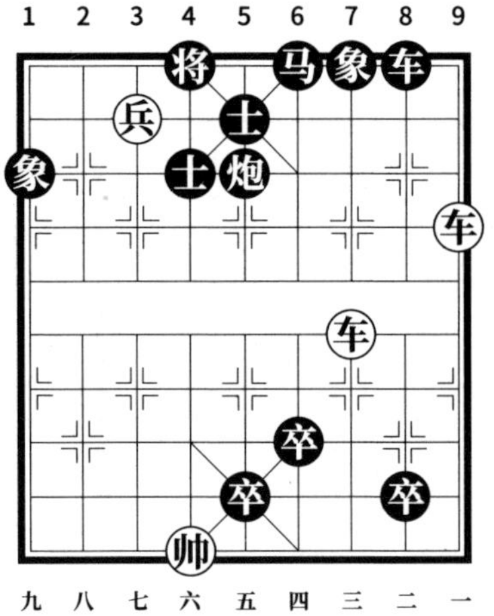

图 6-27

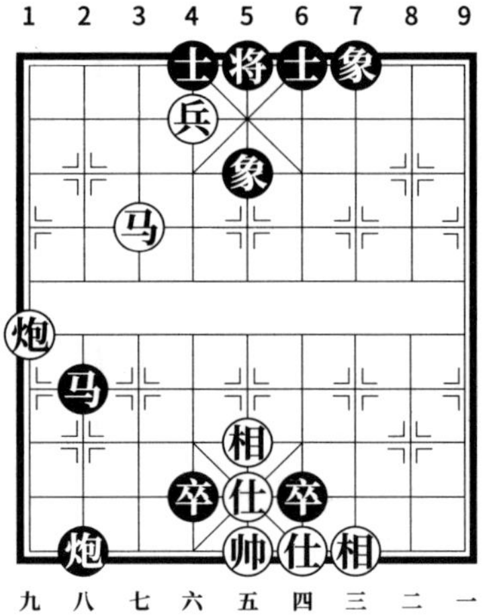

图 6-28

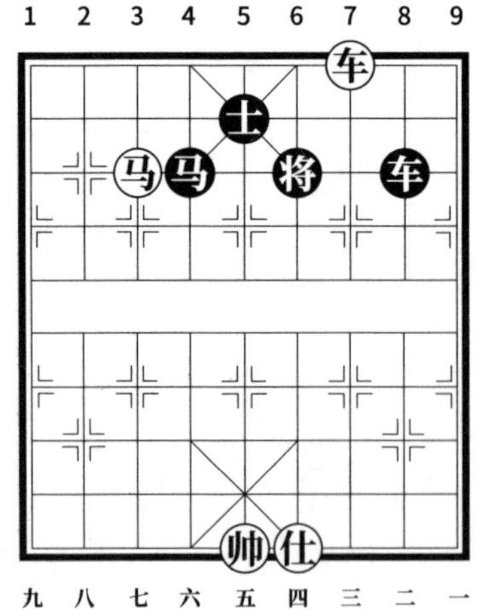

图 6-29

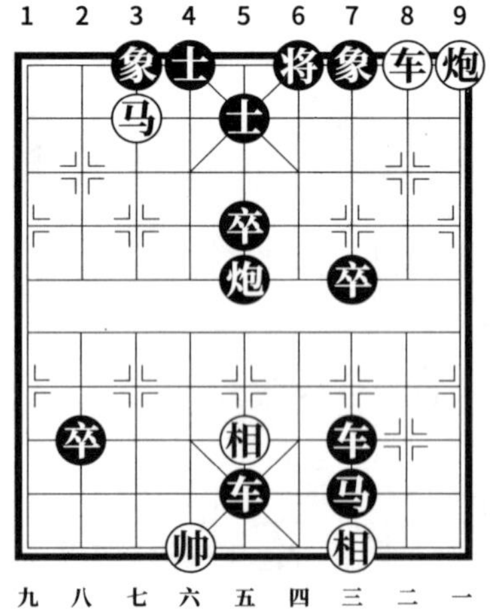

图 6-30

红先胜

本页图题答案见 215 页

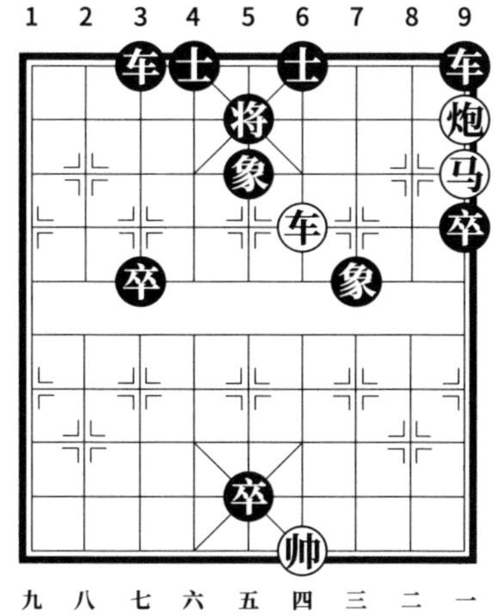

图 6-31

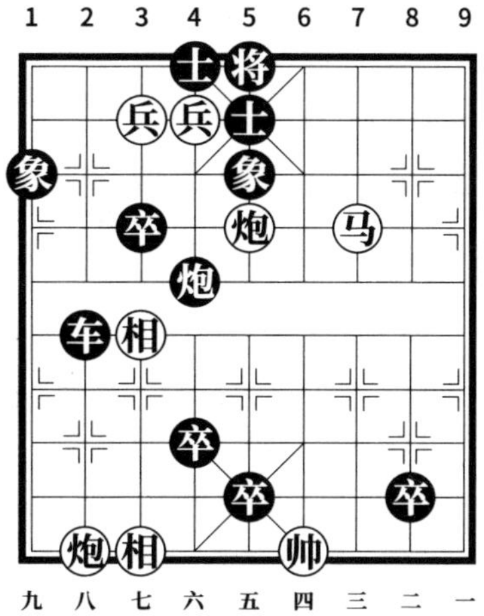

图 6-32

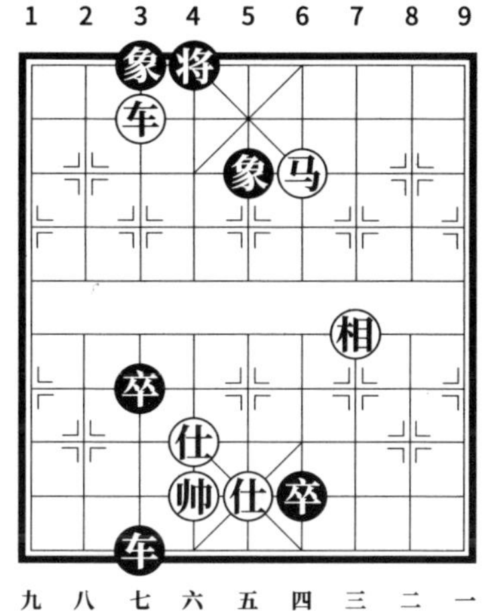

图 6-33

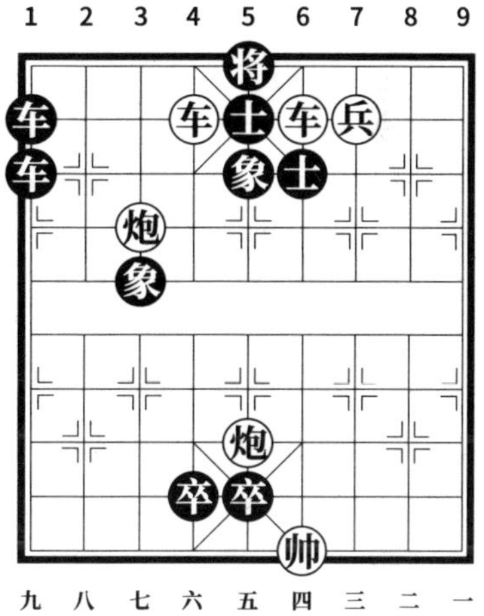

图 6-34

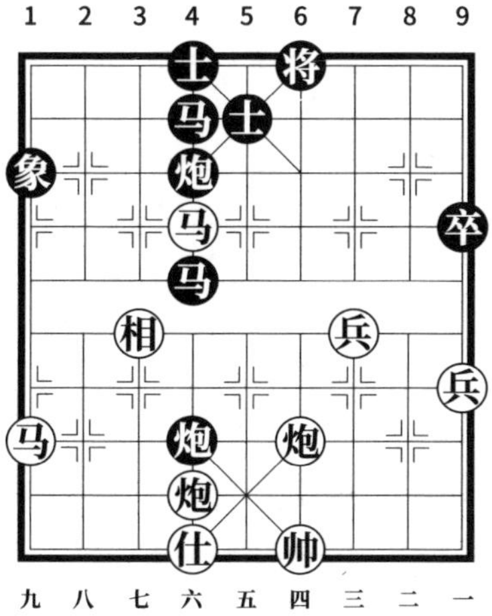

图 6-35

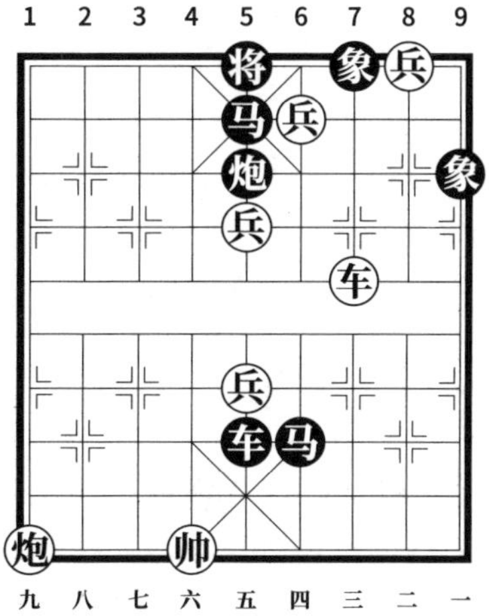

图 6-36

本页图题答案见 216 页

红先胜

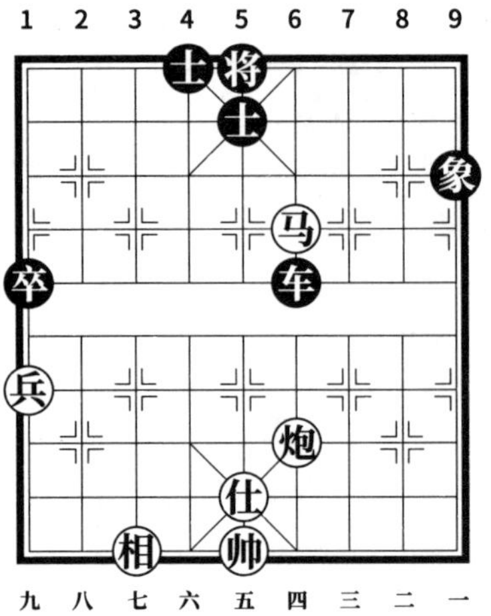

图 6-37

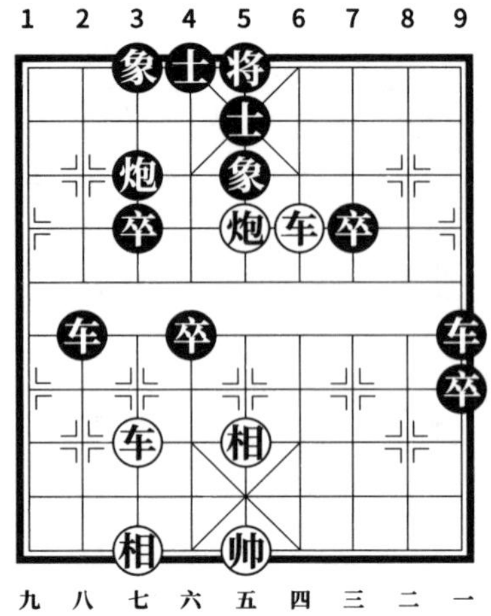

图 6-38

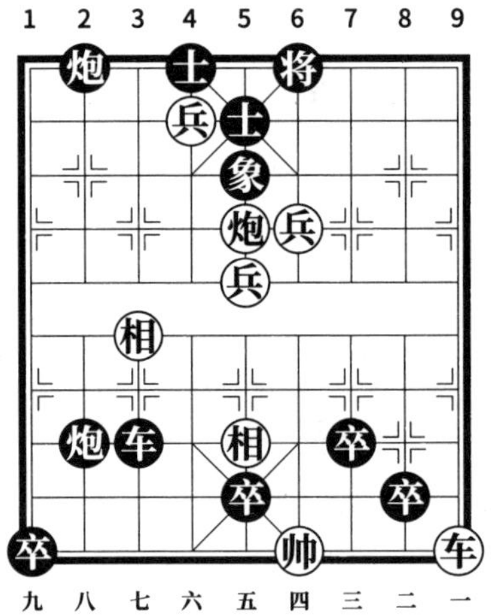

图 6-39

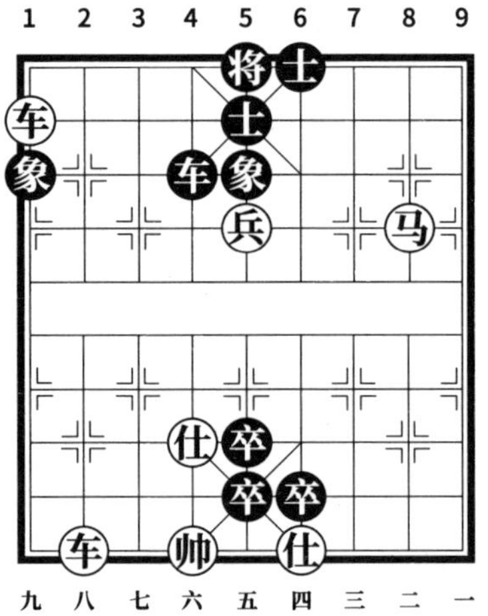

图 6-40

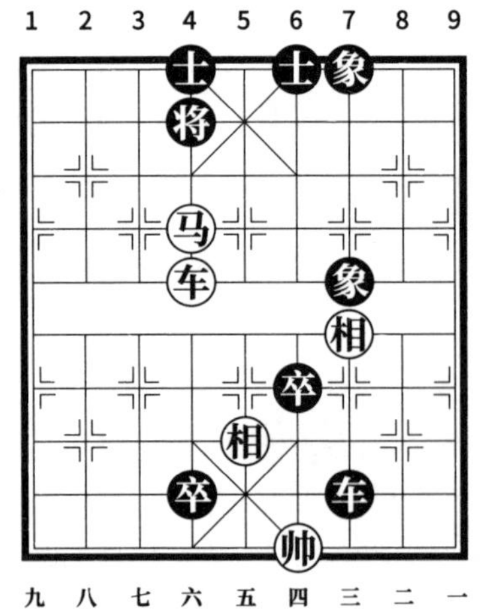

图 6-41

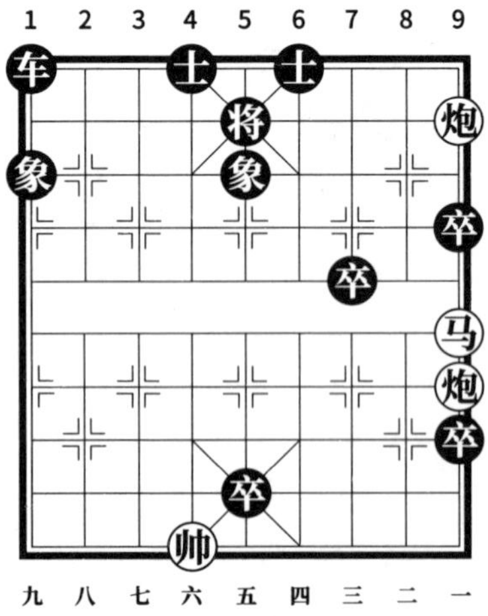

图 6-42

红先胜

本页图题答案见 216 页

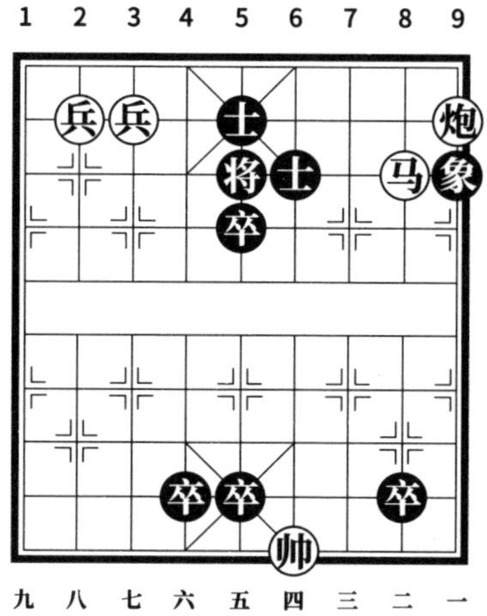

图 6-43

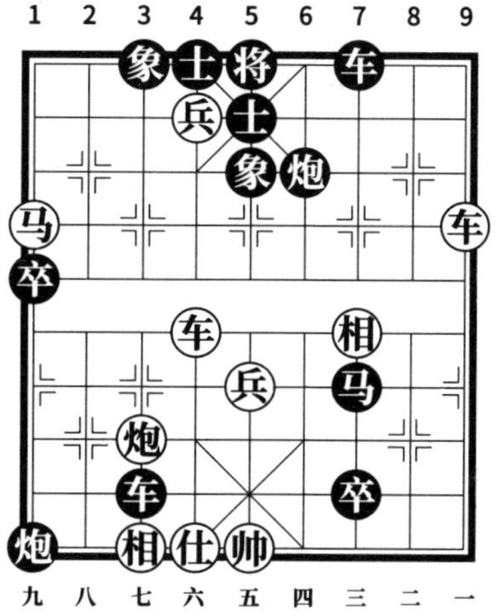

图 6-44

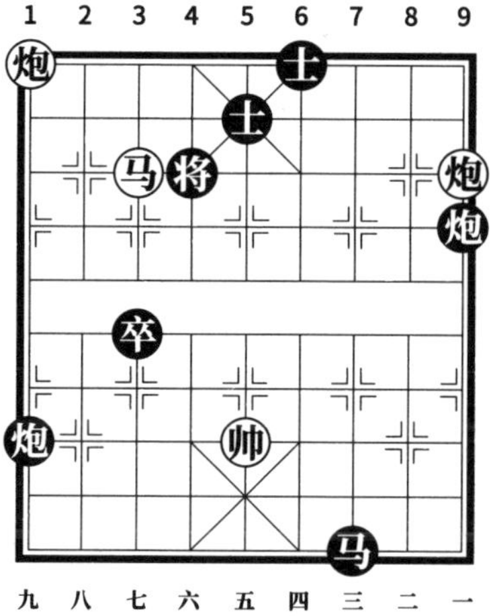

图 6-45

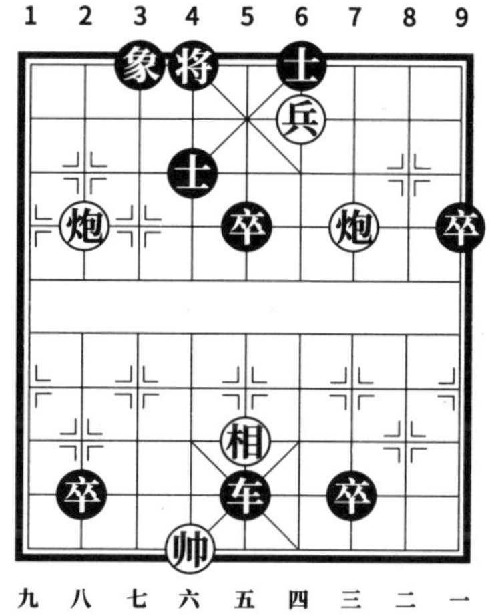

图 6-46

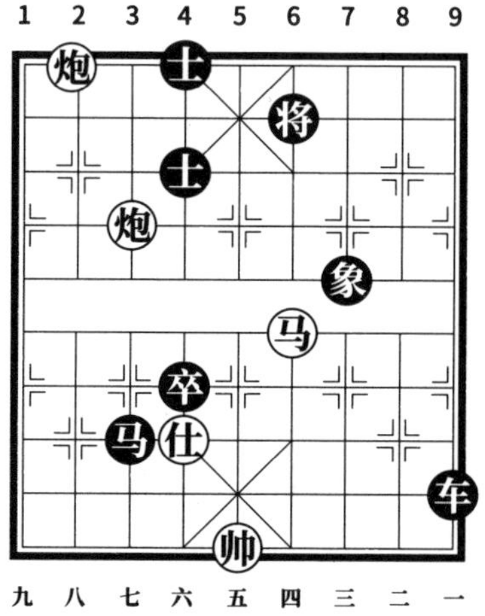

图 6-47

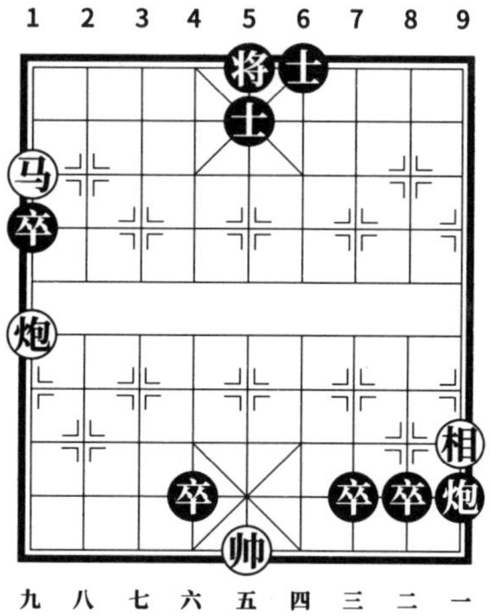

图 6-48

本页图题答案见 216 页

红先胜

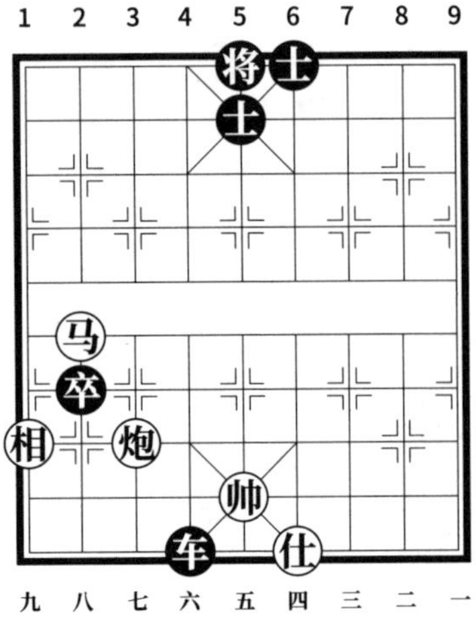

图 6-49

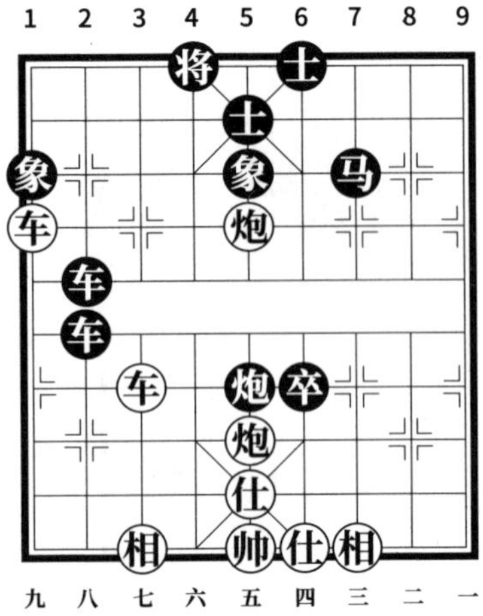

图 6-50

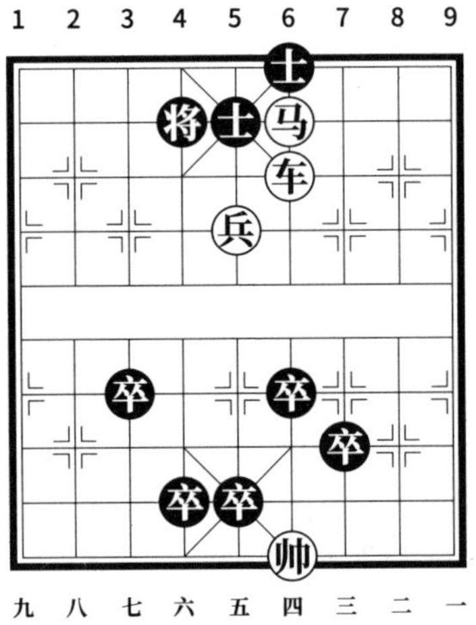

图 6-51

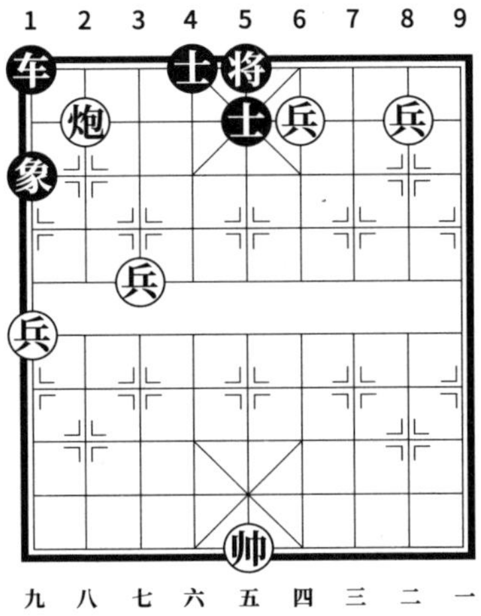

图 6-52

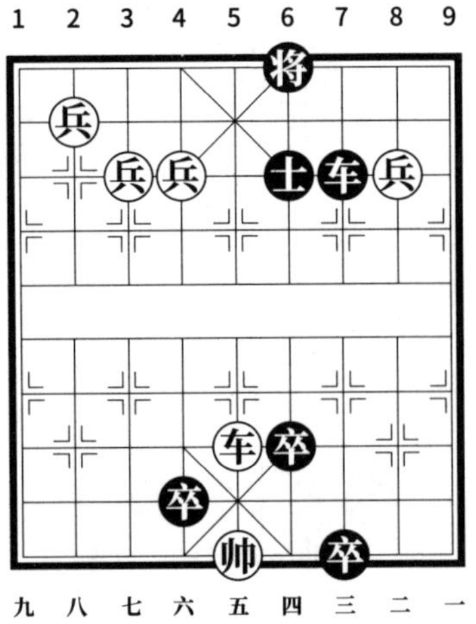

图 6-53

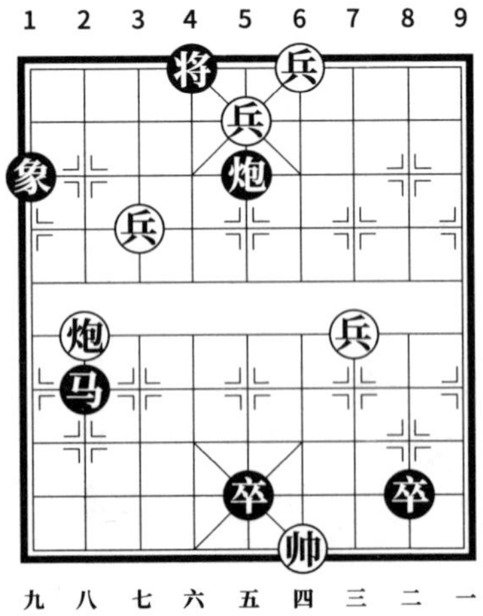

图 6-54

红先胜

本页图题答案见 216、217 页

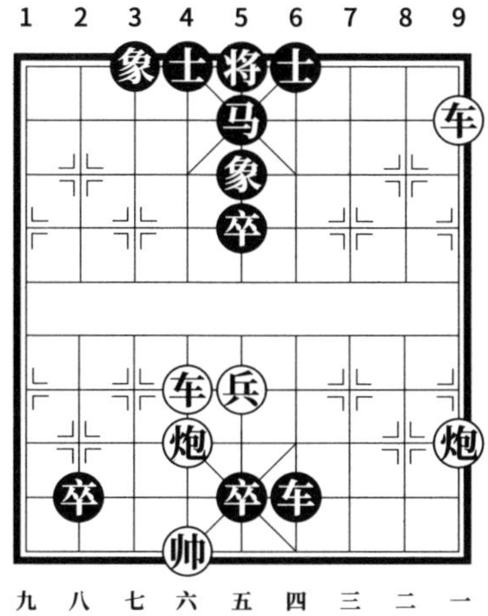

图 6-55

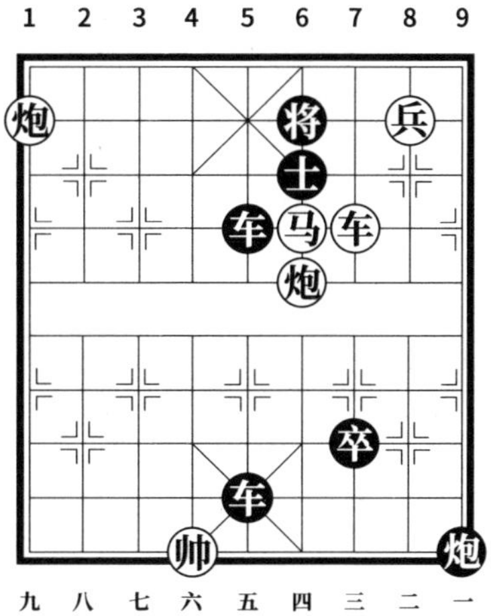

图 6-56

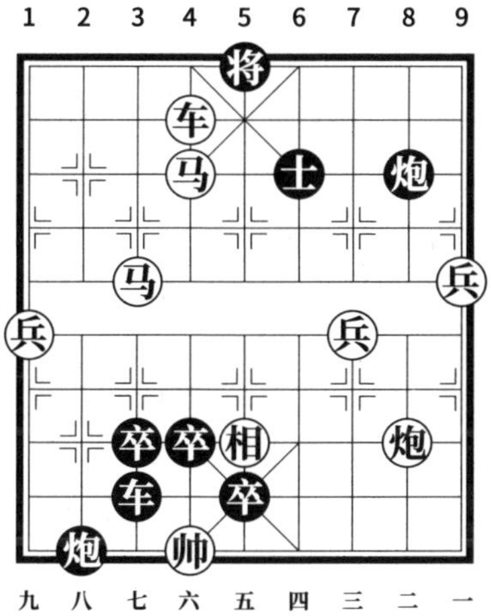

图 6-57

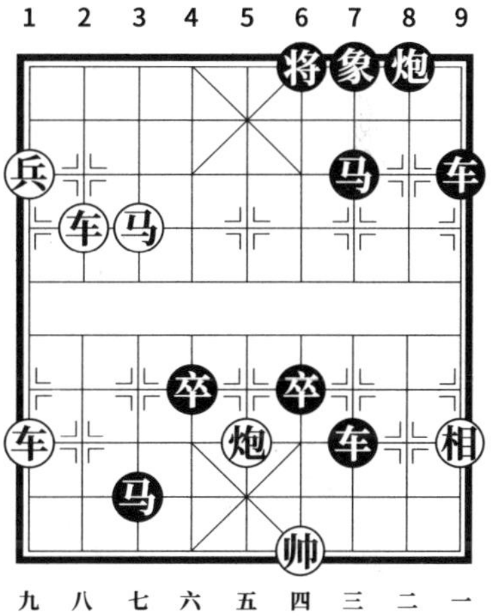

图 6-58

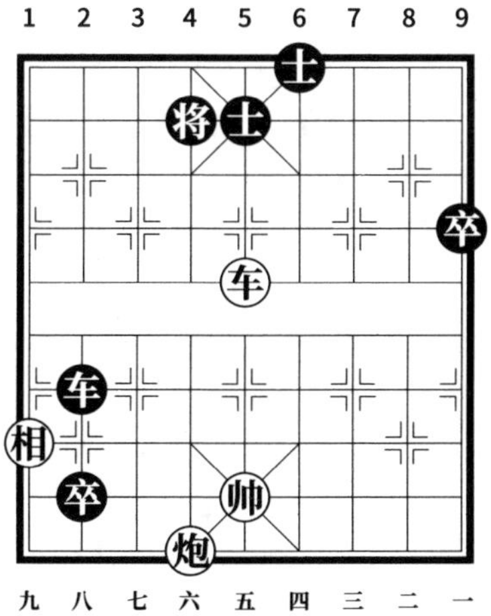

图 6-59

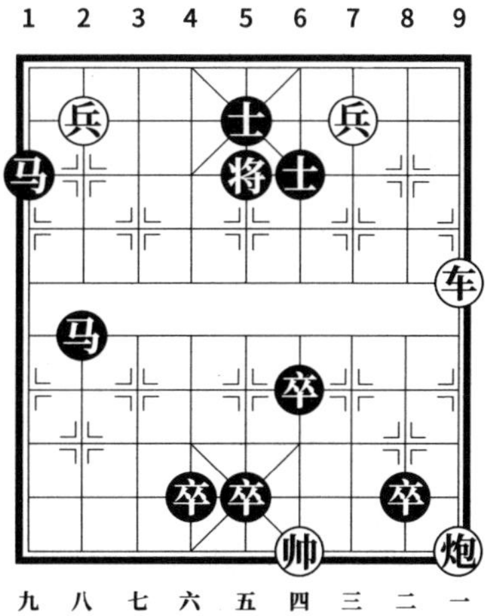

图 6-60

本页图题答案见 217 页

红先胜

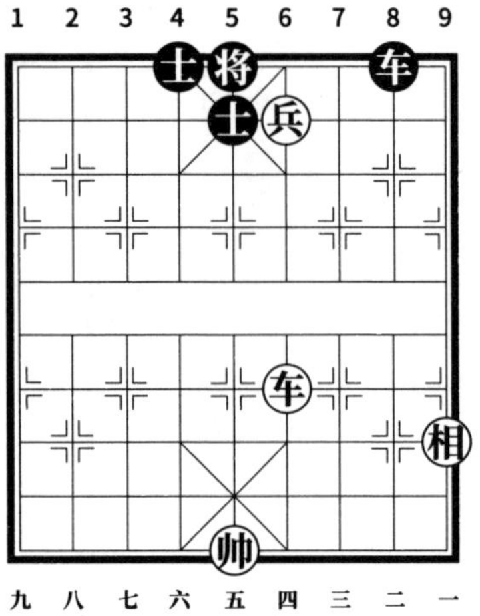

图 6-61

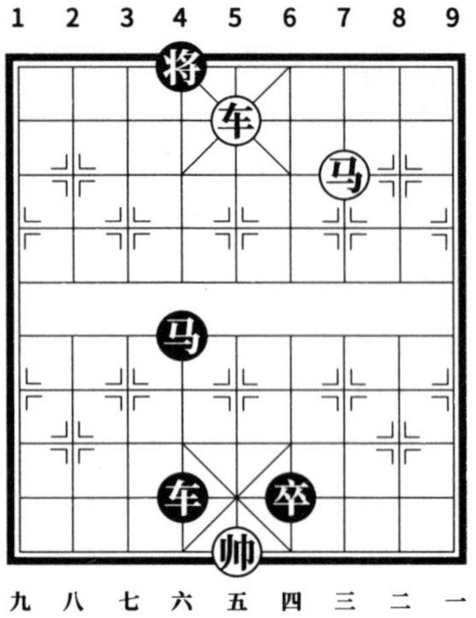

图 6-62

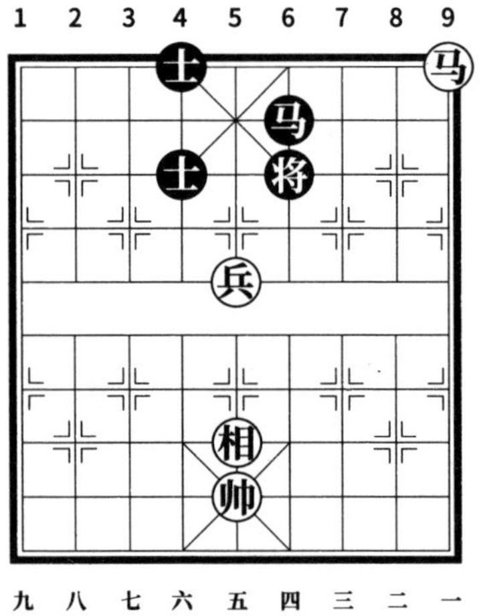

图 6-63

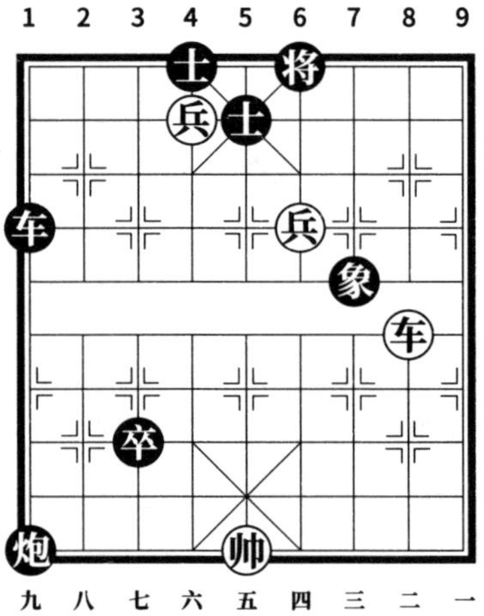

图 6-64

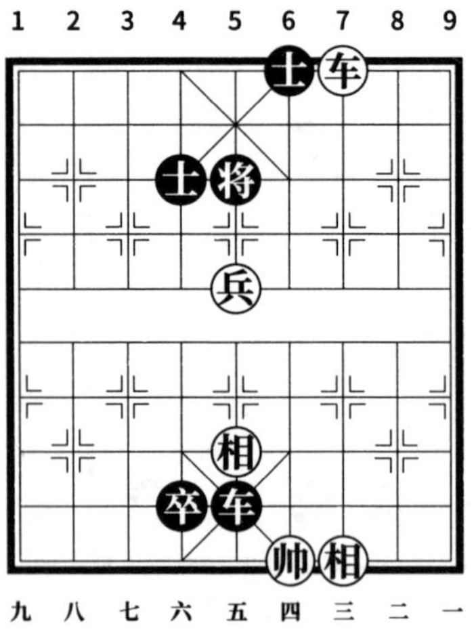

图 6-65

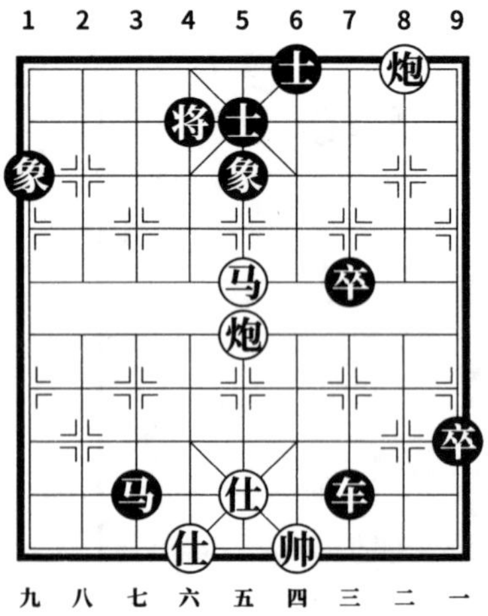

图 6-66

红先胜

本页图题答案见 217 页

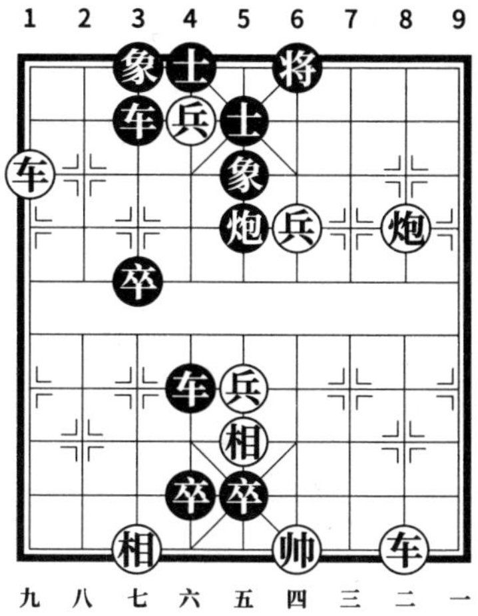

图 6-67

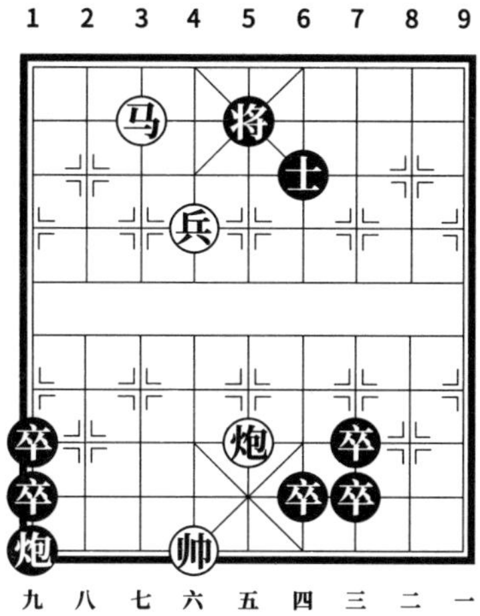

图 6-68

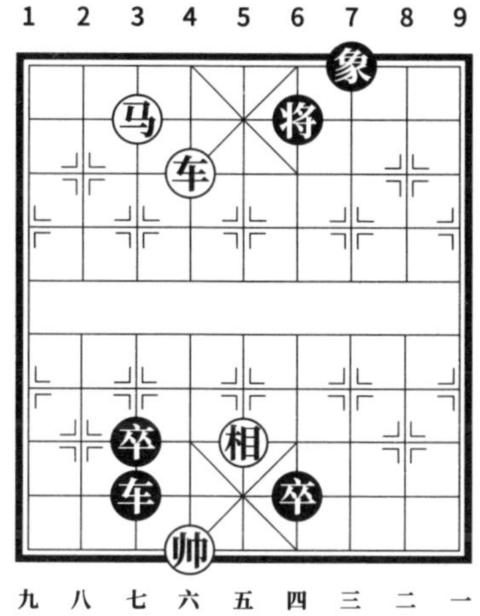

图 6-69

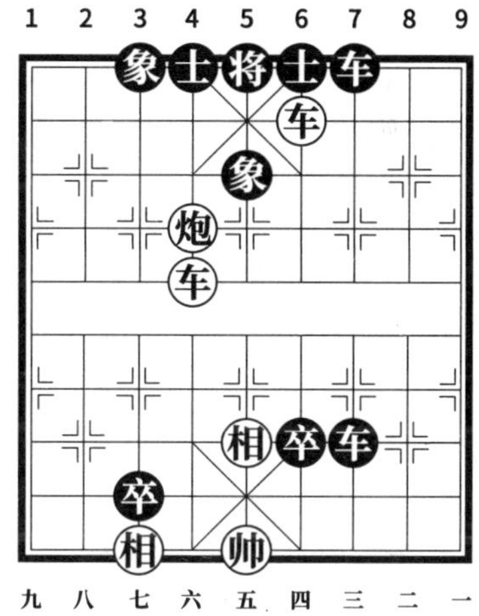

图 6-70

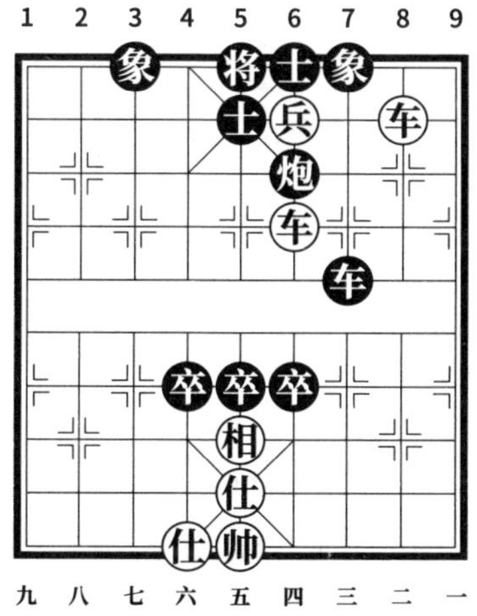

图 6-71

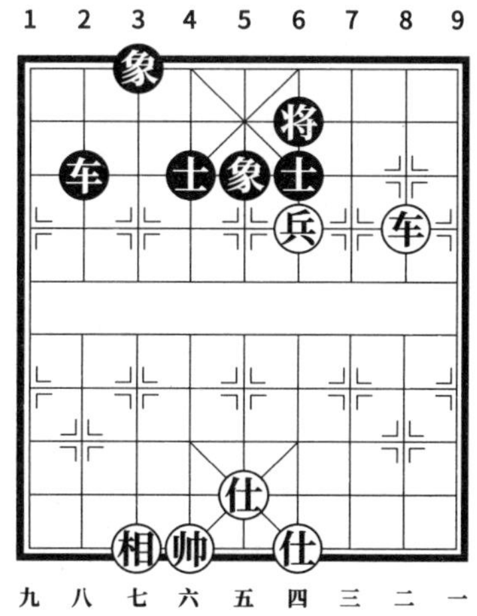

图 6-72

本页图题答案见 217、218 页

红先胜

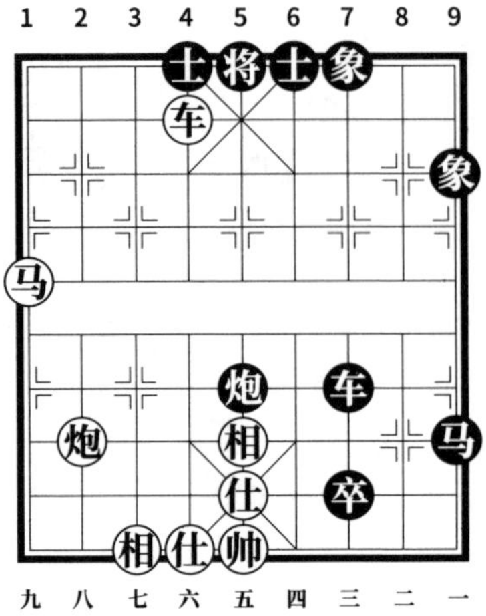

图 6-73

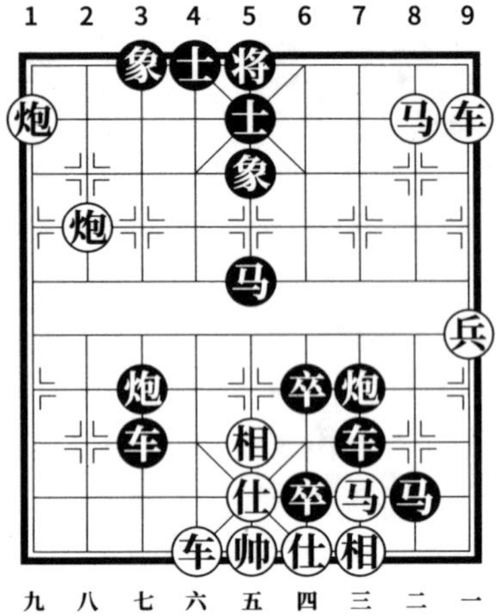

图 6-74

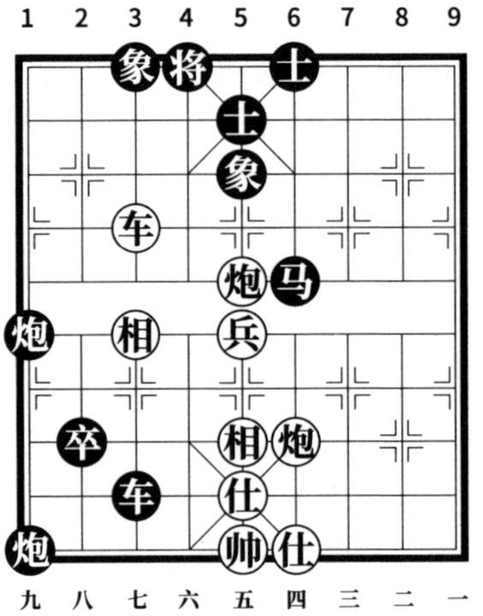

图 6-75

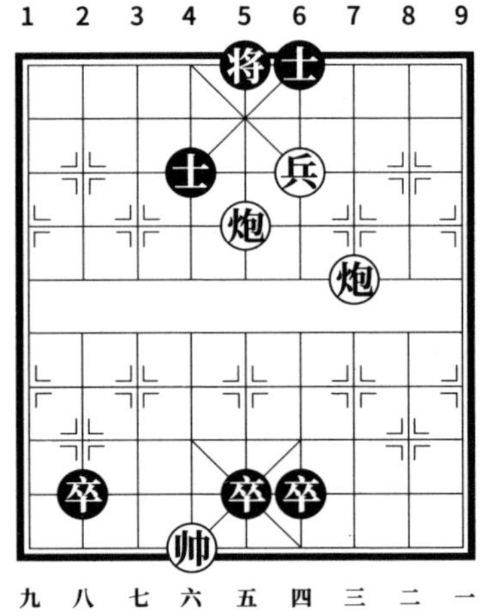

图 6-76

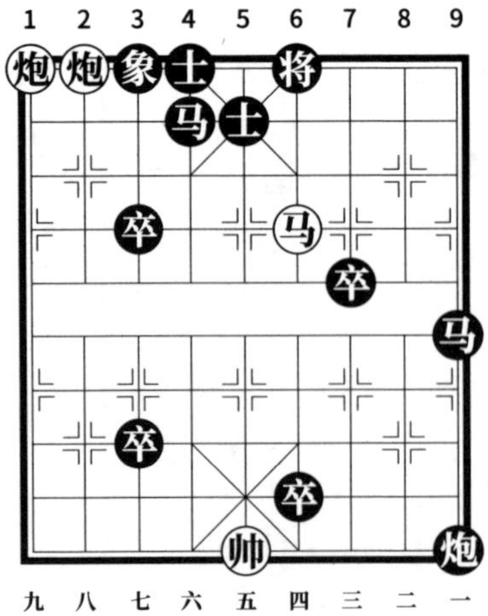

图 6-77

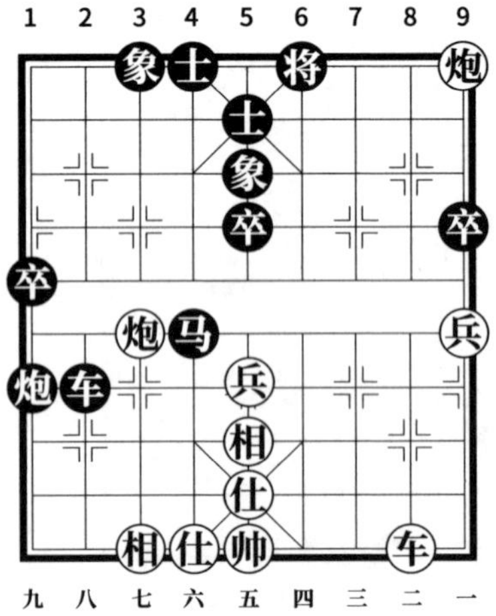

图 6-78

红先胜
本页图题答案见 218 页

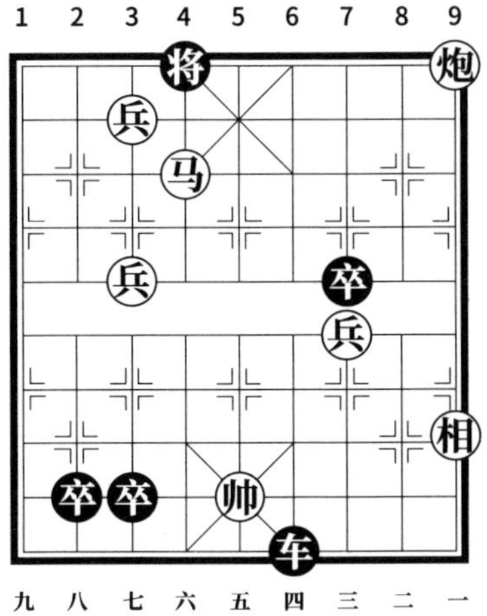

图 6-79

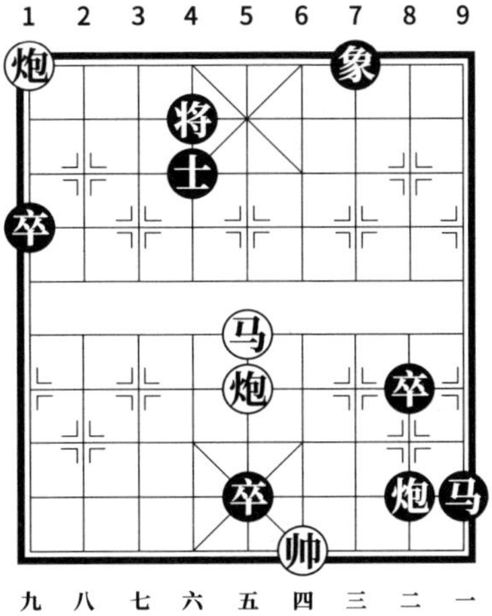

图 6-80

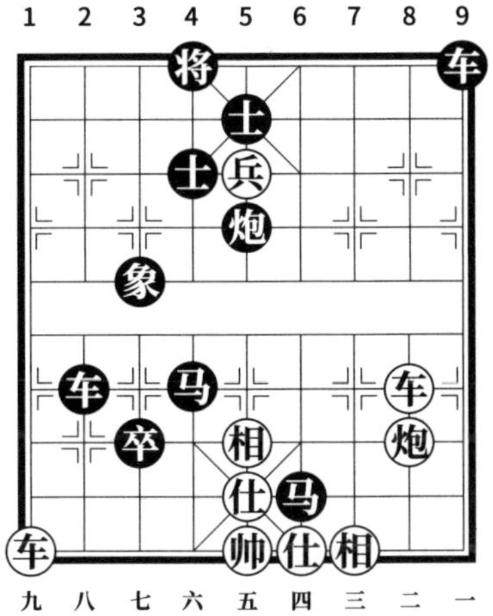

图 6-81

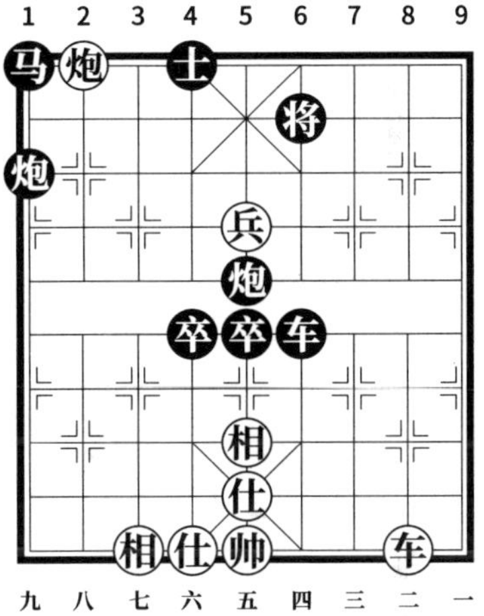

图 6-82

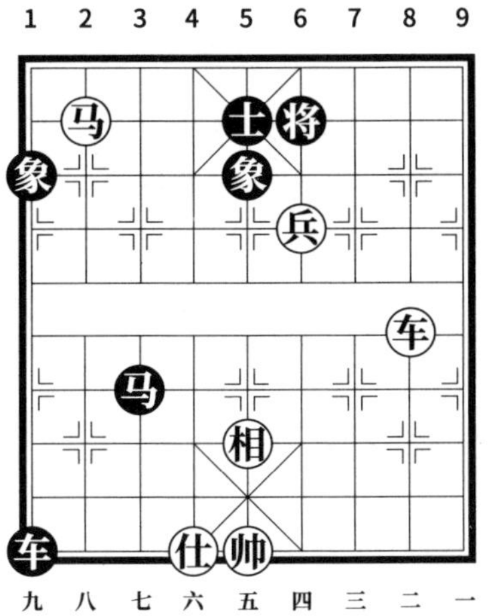

图 6-83

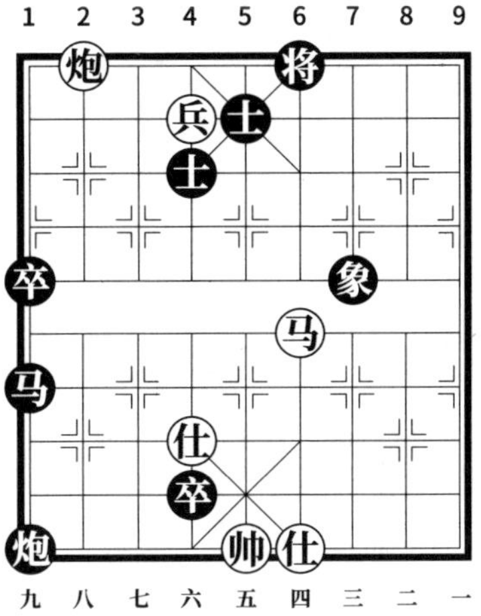

图 6-84

本页图题答案见 218 页

红先胜

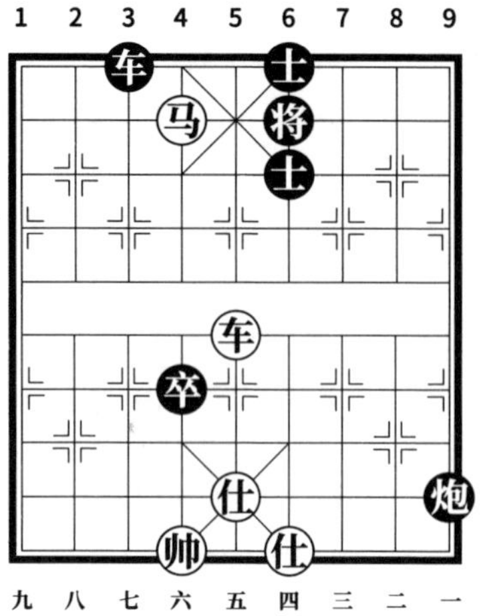

图 6-85

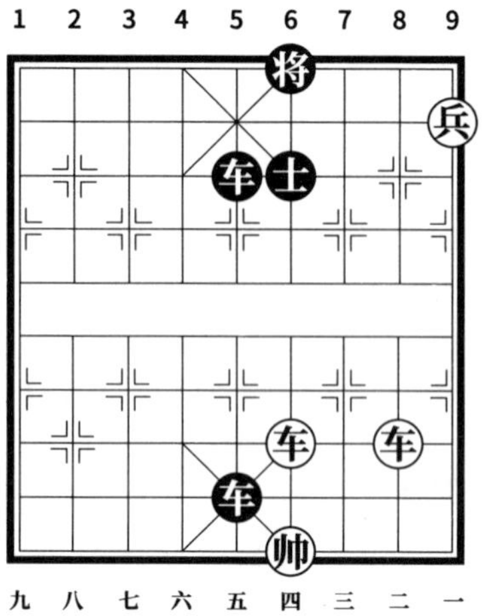

图 6-86

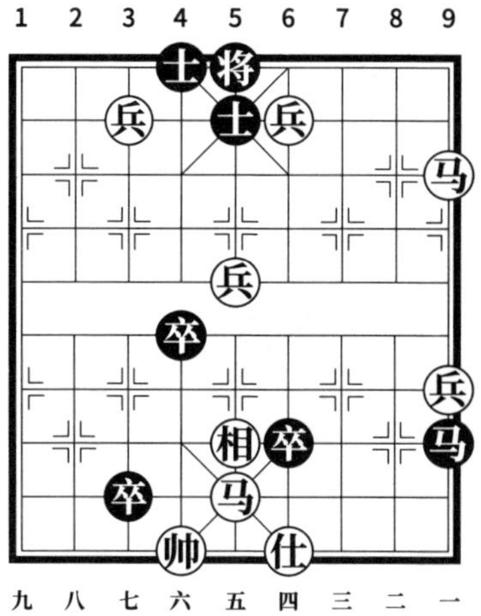

图 6-87

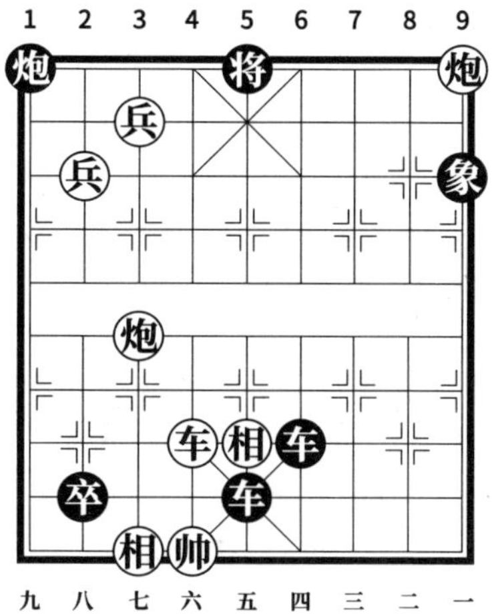

图 6-88

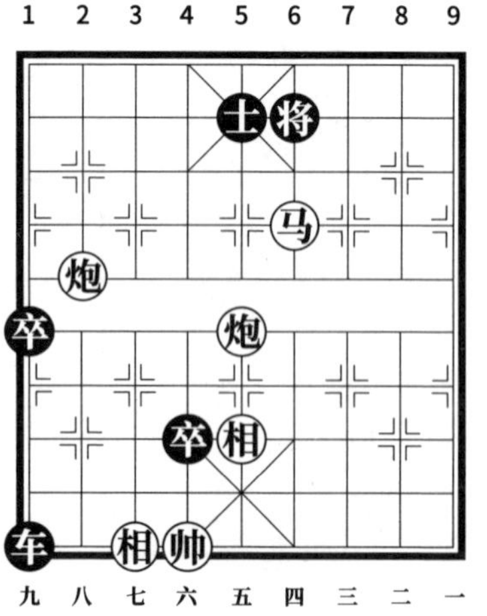

图 6-89

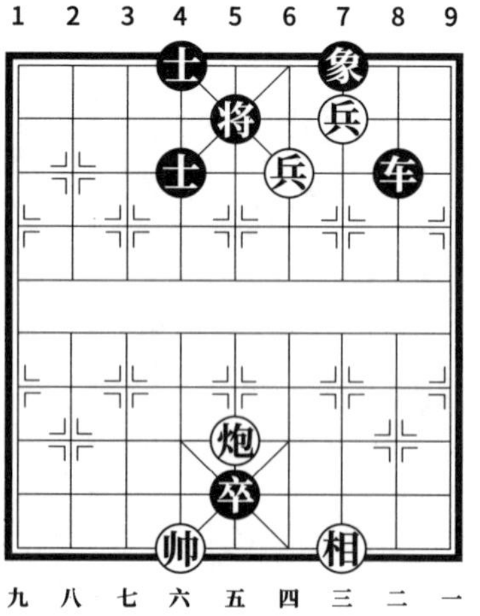

图 6-90

红先胜

本页图题答案见 218、219 页

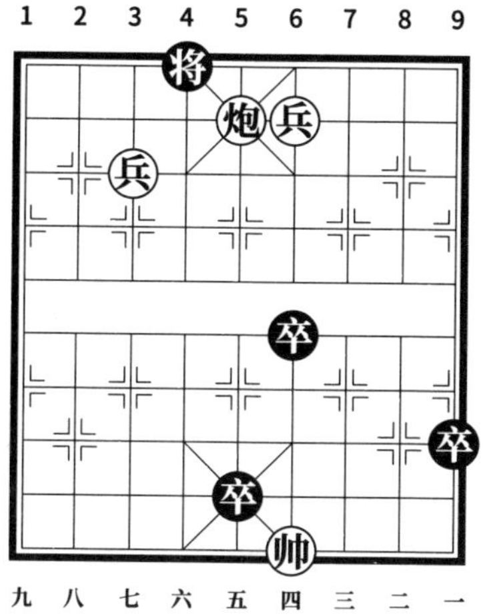

图 6-91

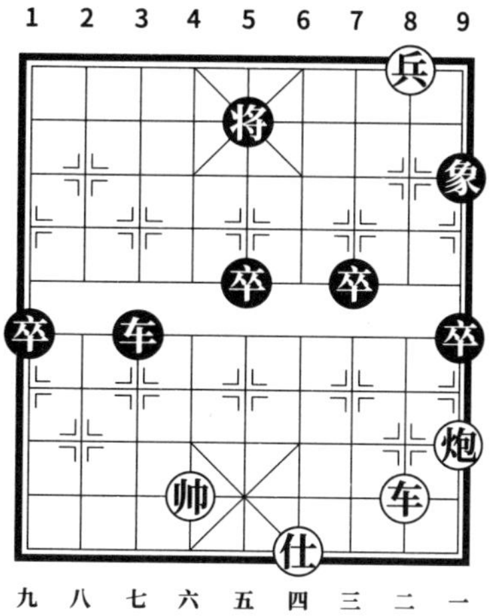

图 6-92

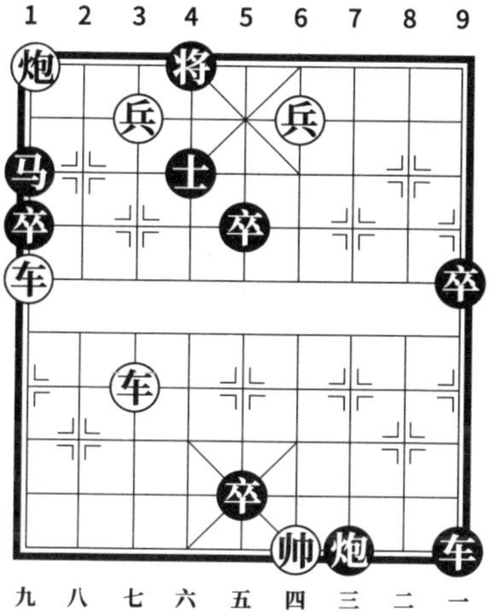

图 6-93

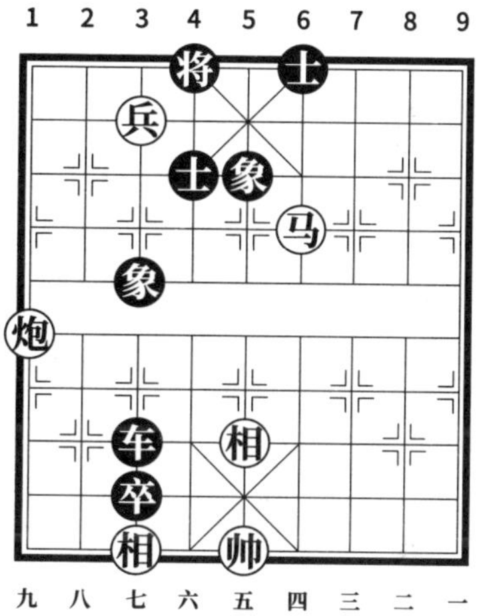

图 6-94

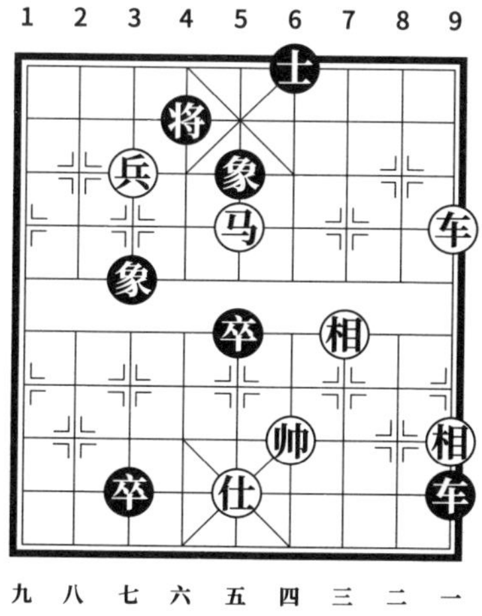

图 6-95

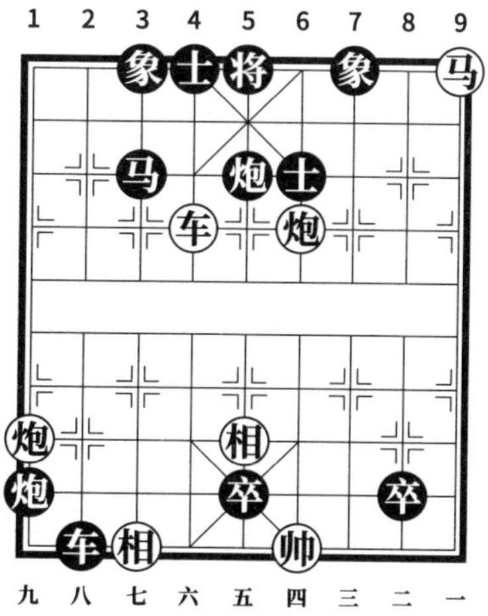

图 6-96

本页图题答案见 219 页

红先胜

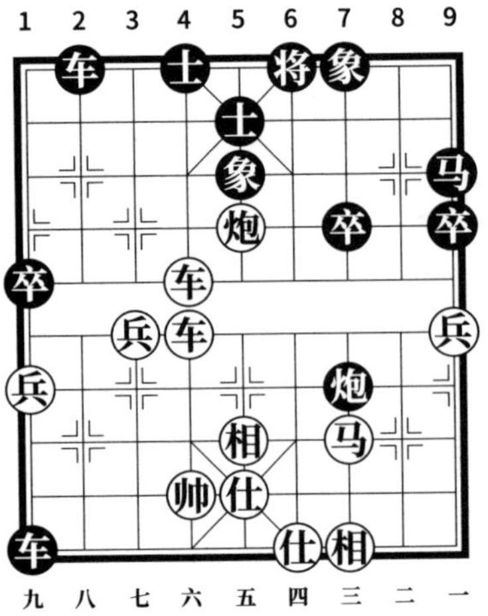

图 6-97

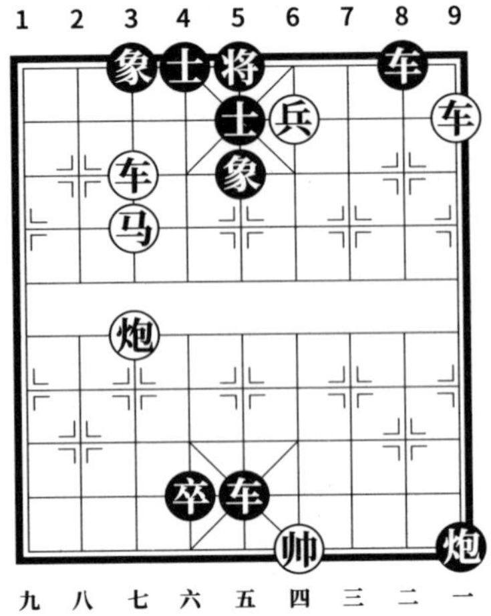

图 6-98

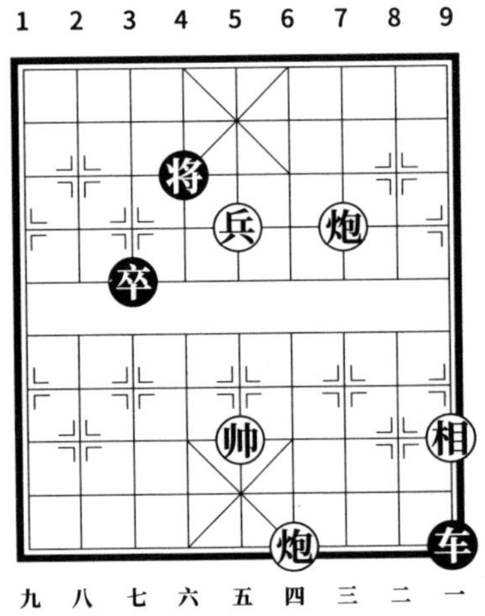

图 6-99

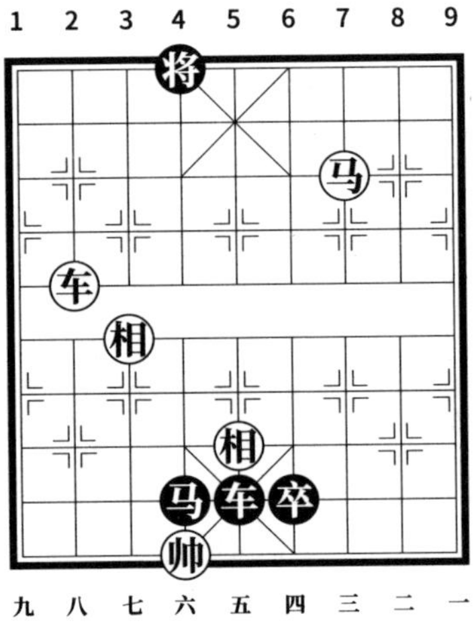

图 6-100

红先胜

本页图题答案见 219 页

七步非连将杀

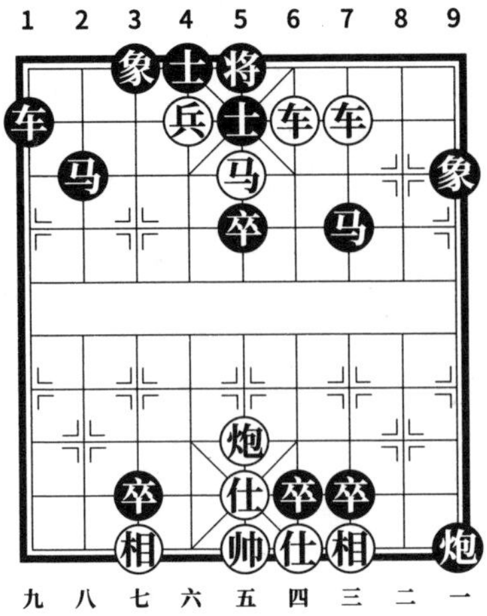

图 7-1

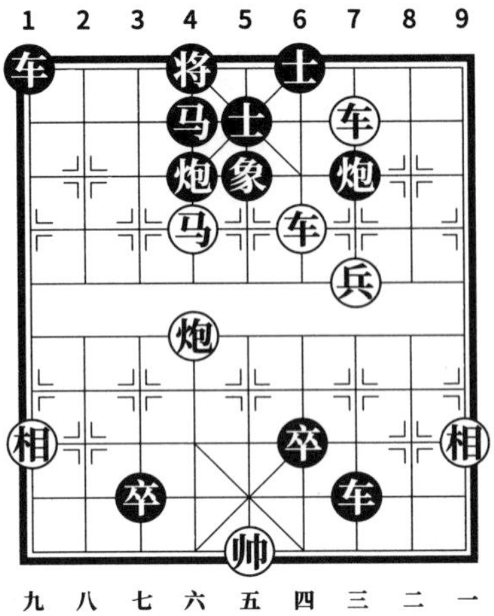

图 7-2

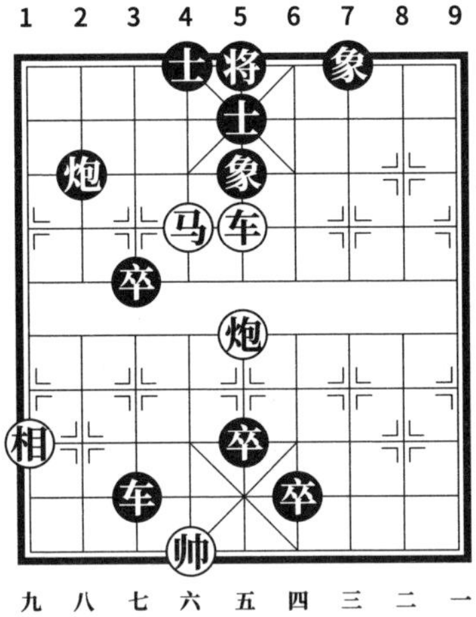

图 7-3

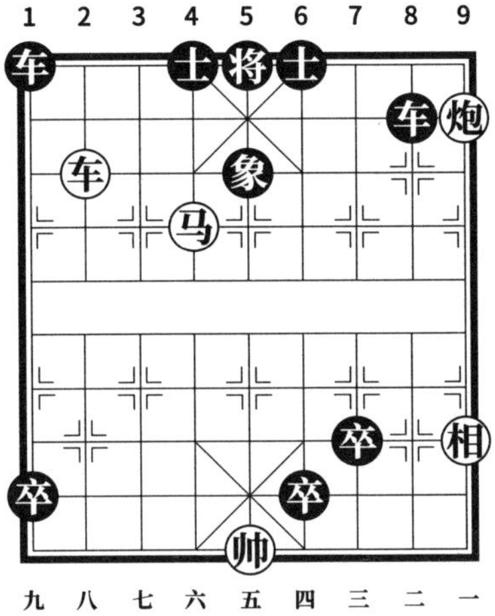

图 7-4

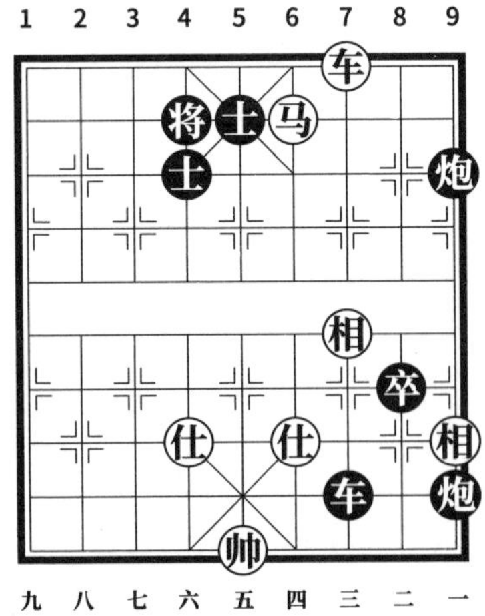

图 7-5

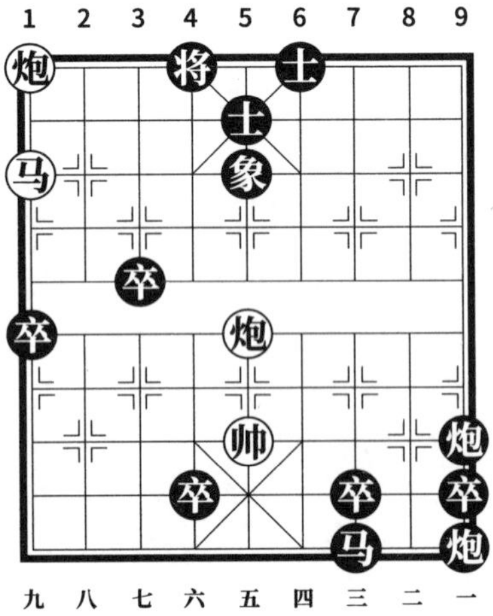

图 7-6

红先胜

本页图题答案见 219、220 页

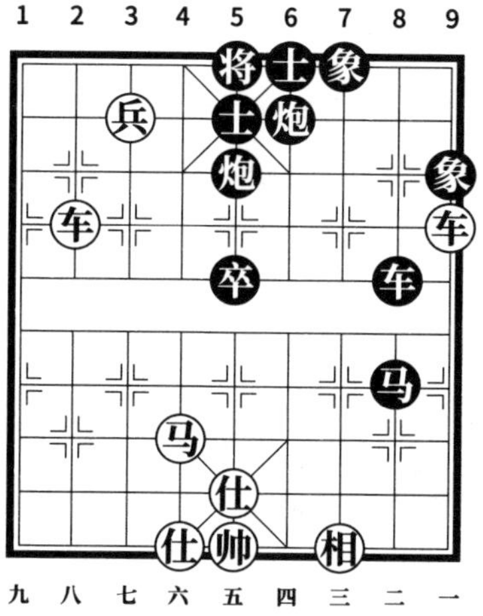

图 7-7

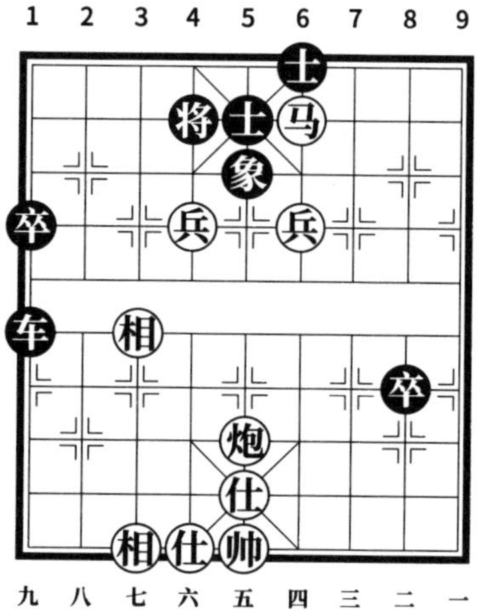

图 7-8

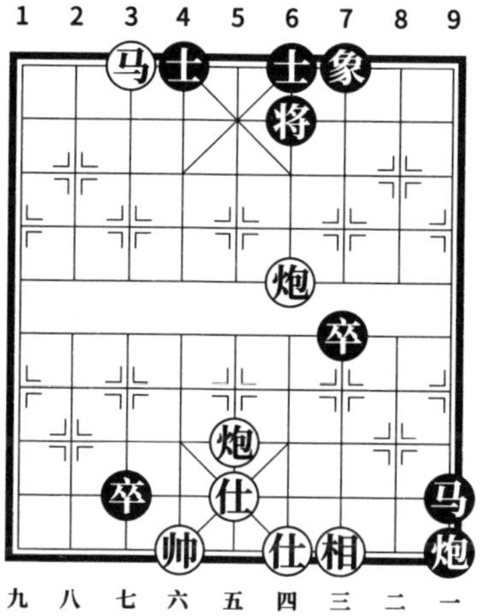

图 7-9

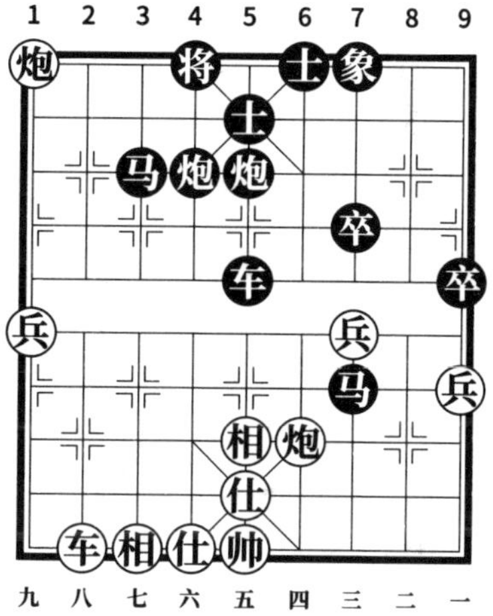

图 7-10

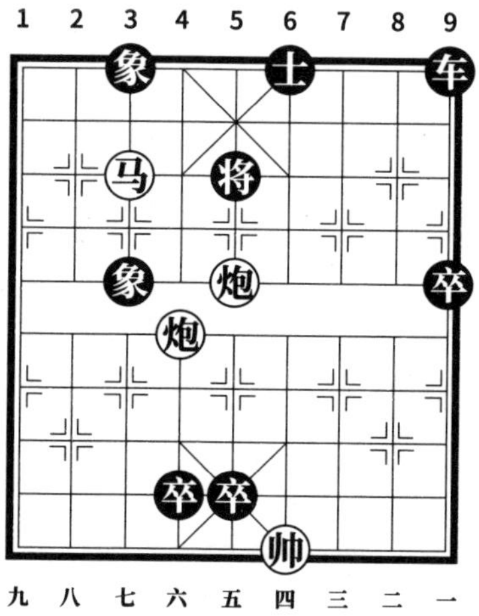

图 7-11

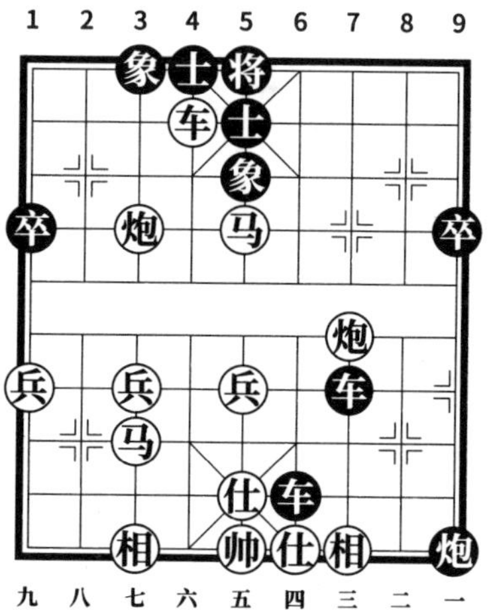

图 7-12

本页图题答案见 220 页

红先胜

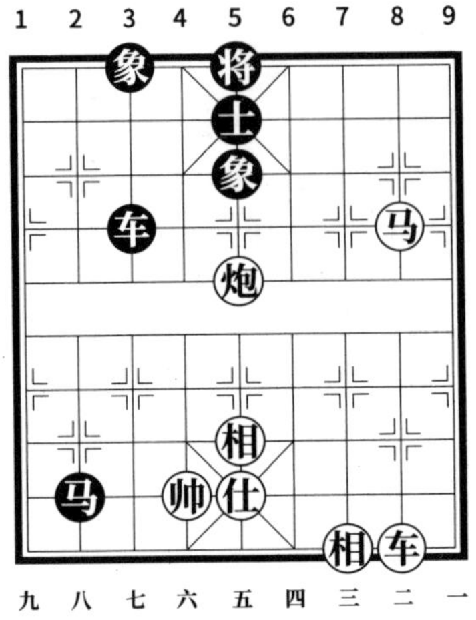

图 7-13

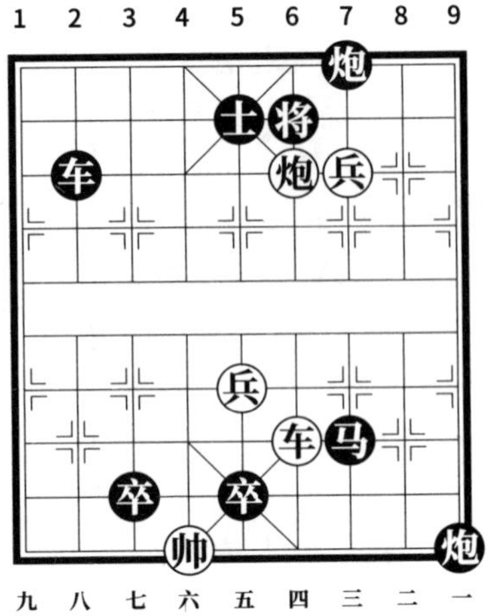

图 7-14

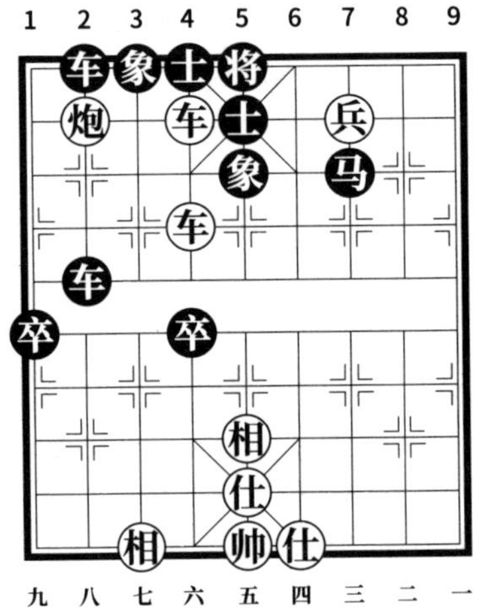

图 7-15

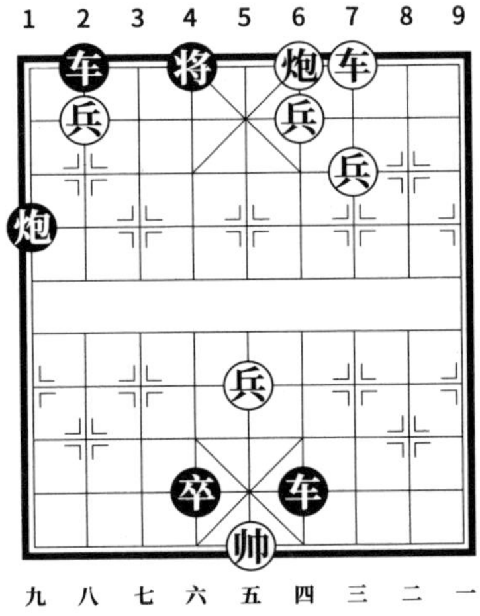

图 7-16

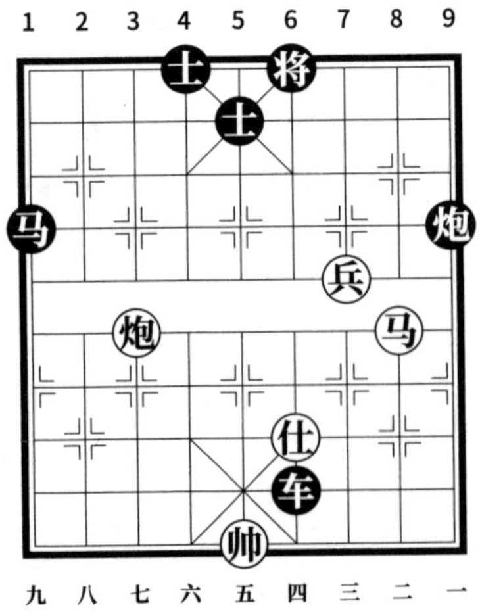

图 7-17

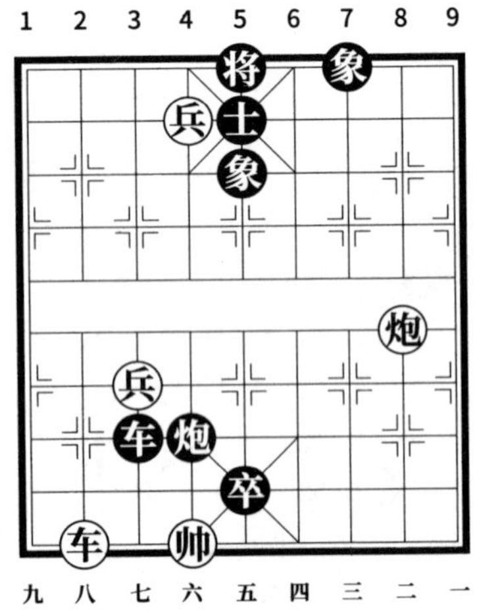

图 7-18

 红先胜 本页图题答案见 220 页

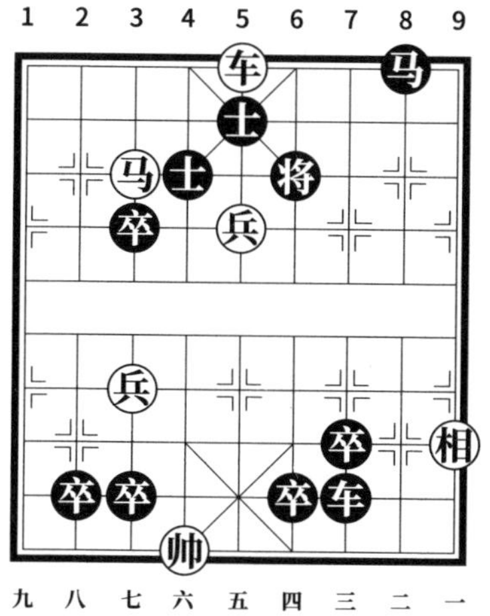

图 7-19

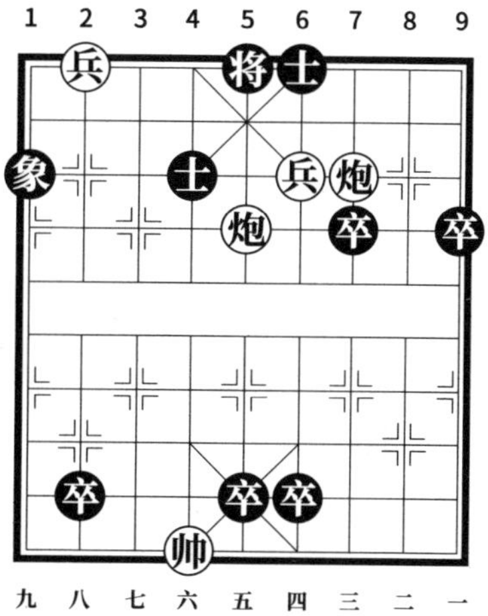

图 7-20

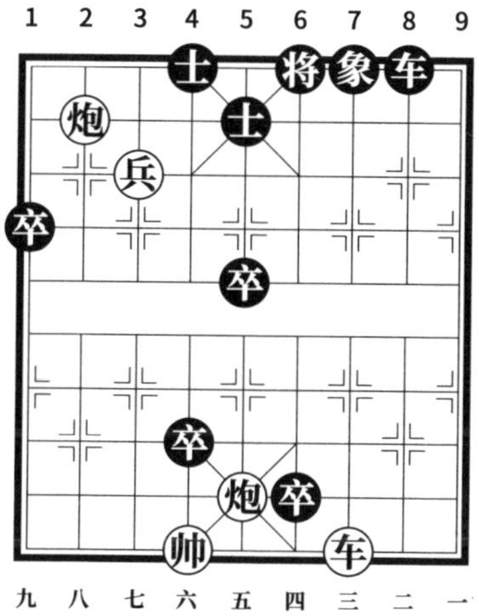

图 7-21

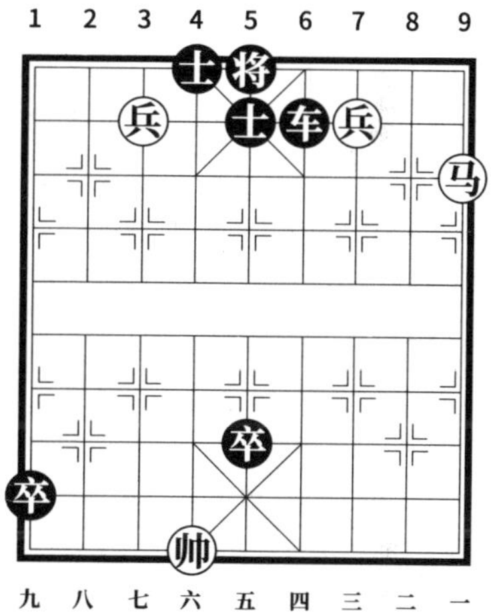

图 7-22

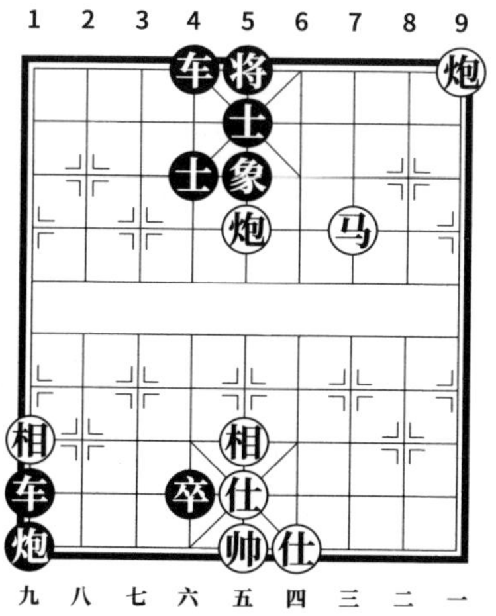

图 7-23

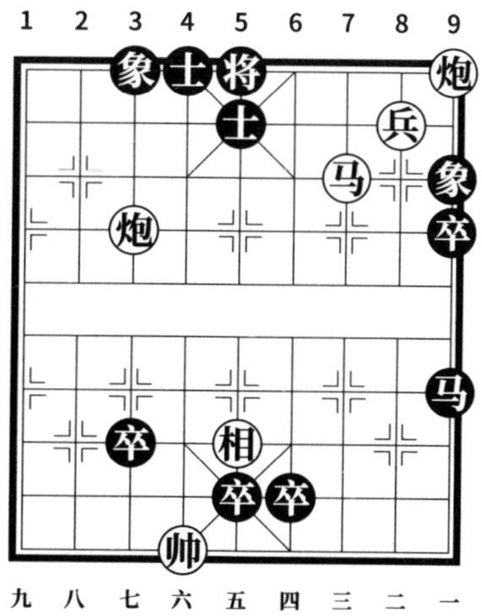

图 7-24

本页图题答案见 220、221 页

红先胜

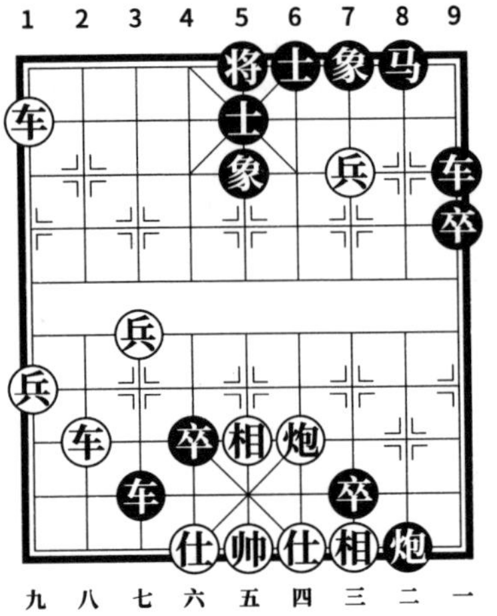

图 7-25

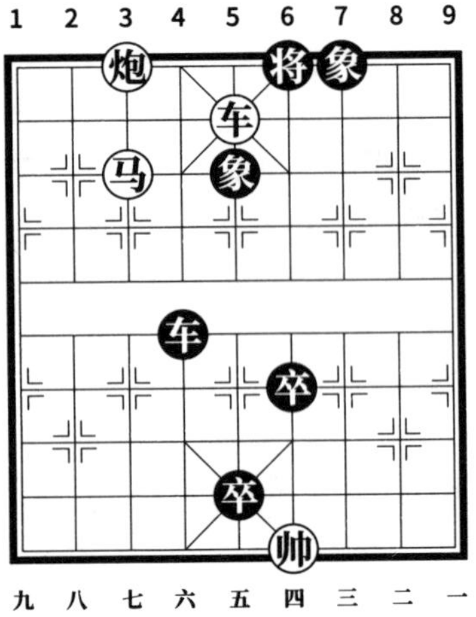

图 7-26

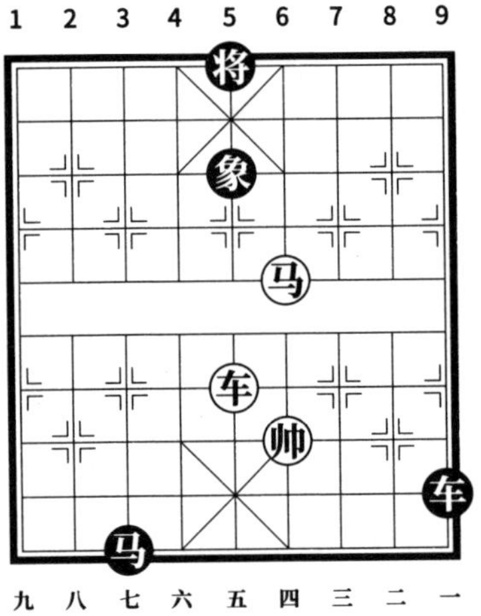

图 7-27

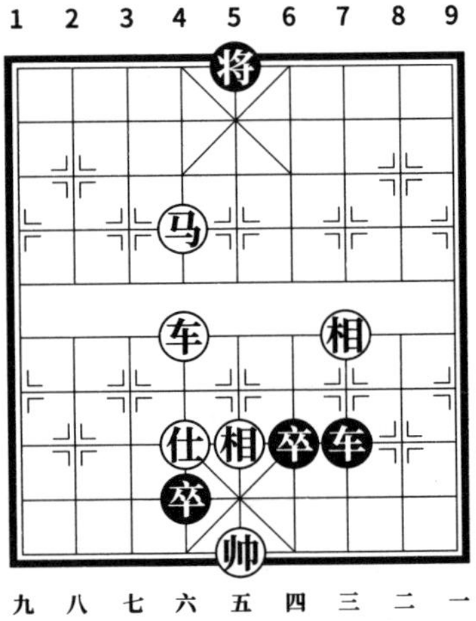

图 7-28

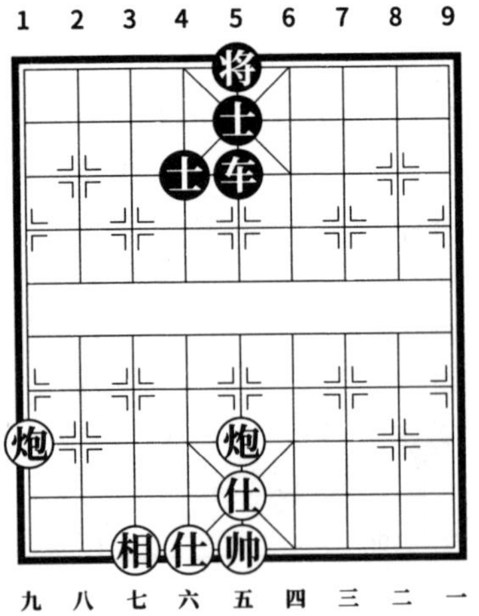

图 7-29

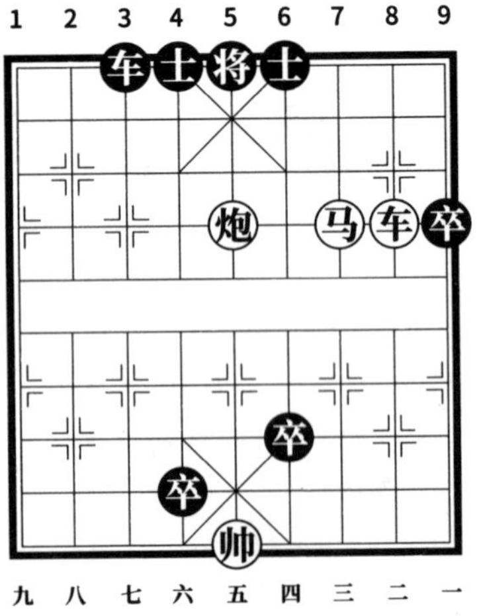

图 7-30

红先胜

本页图题答案见 221 页

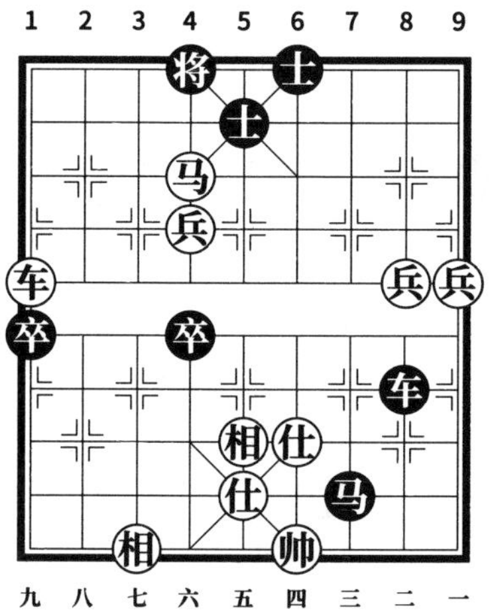

图 7-31

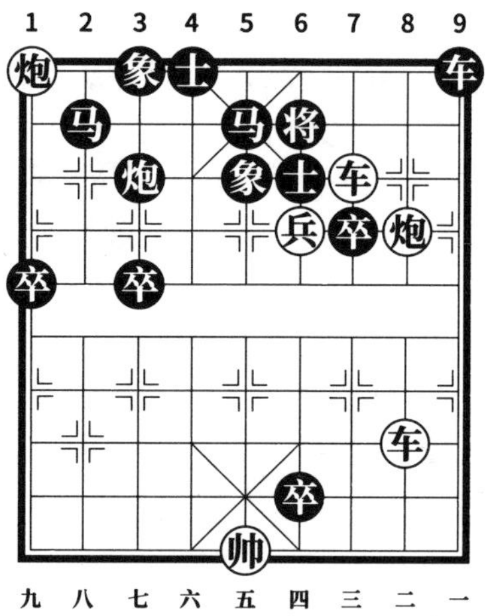

图 7-32

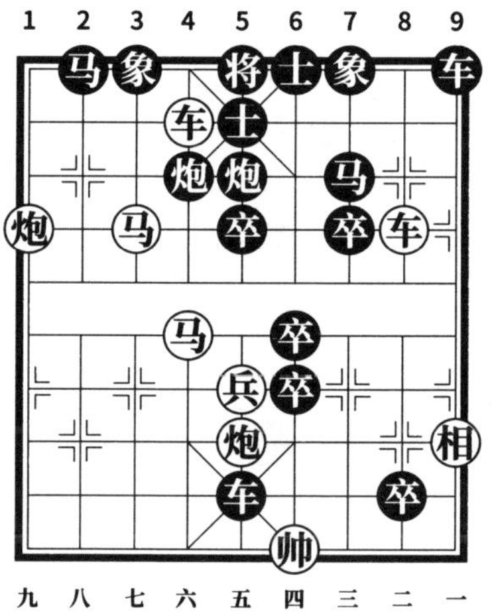

图 7-33

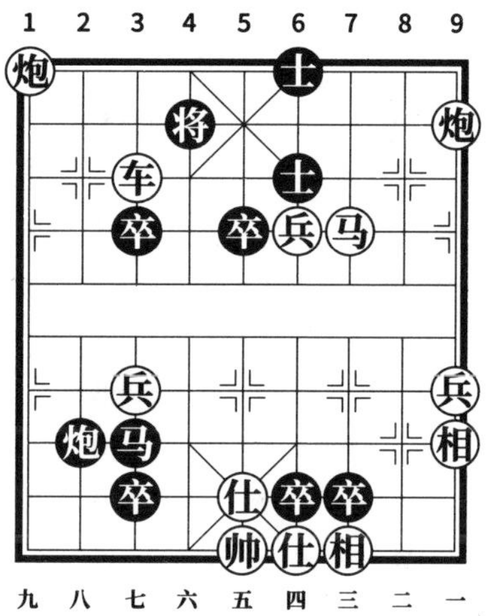

图 7-34

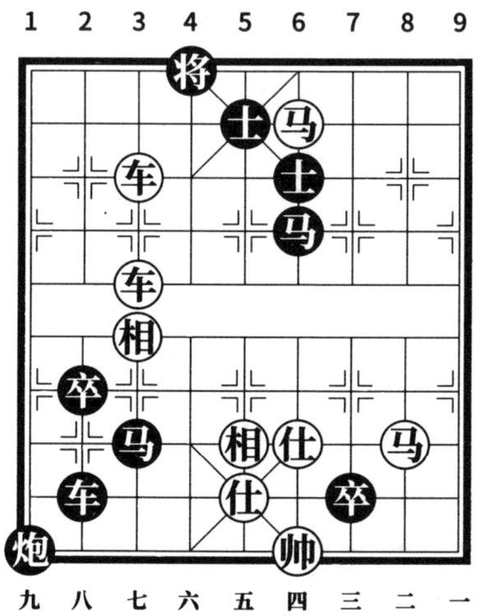

图 7-35

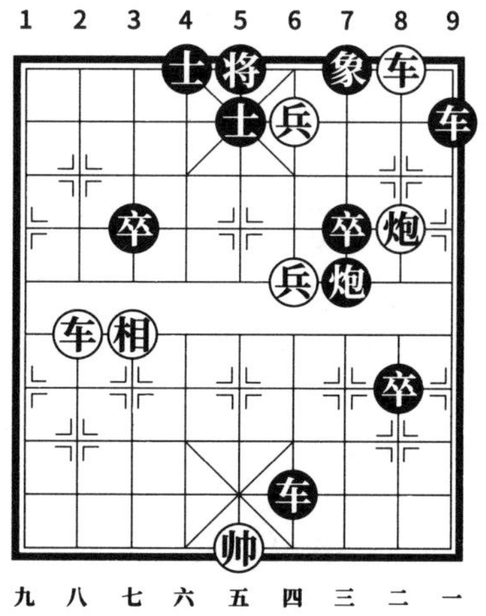

图 7-36

本页图题答案见 221 页

红先胜

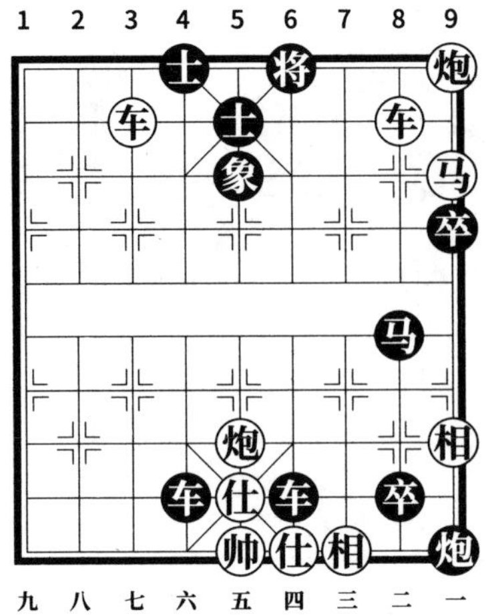
图 7-37

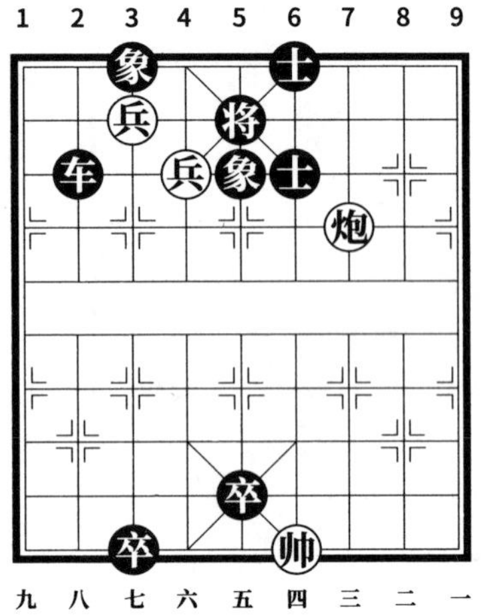
图 7-38

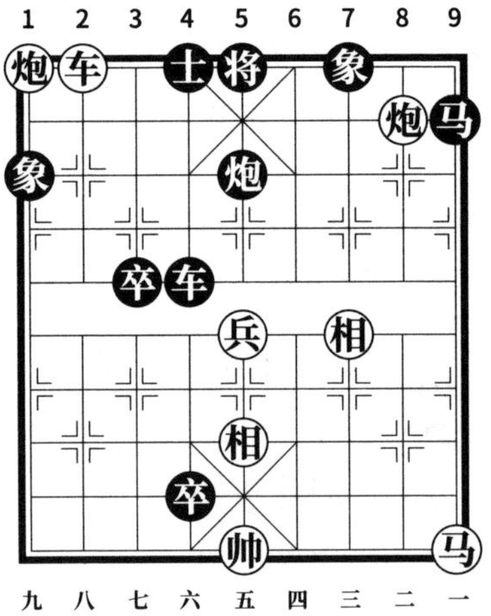
图 7-39

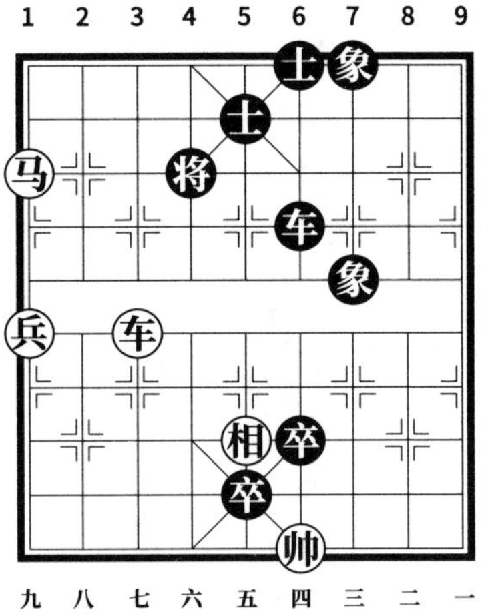
图 7-40

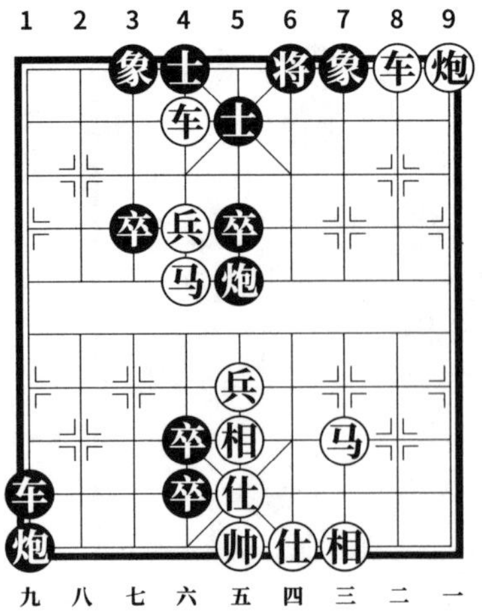
图 7-41

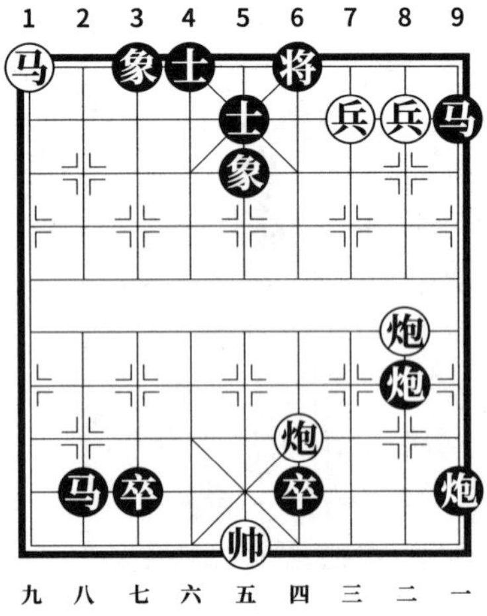
图 7-42

红先胜

本页图题答案见 221 页

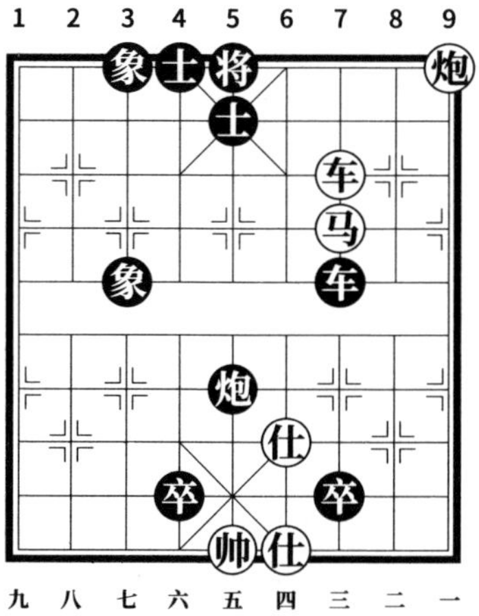

图 7-43

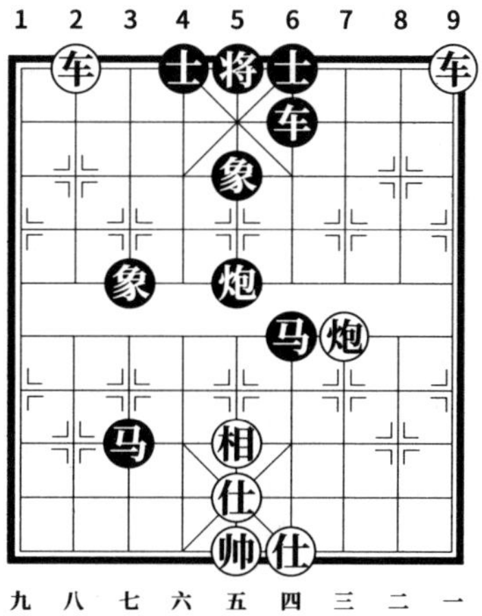

图 7-44

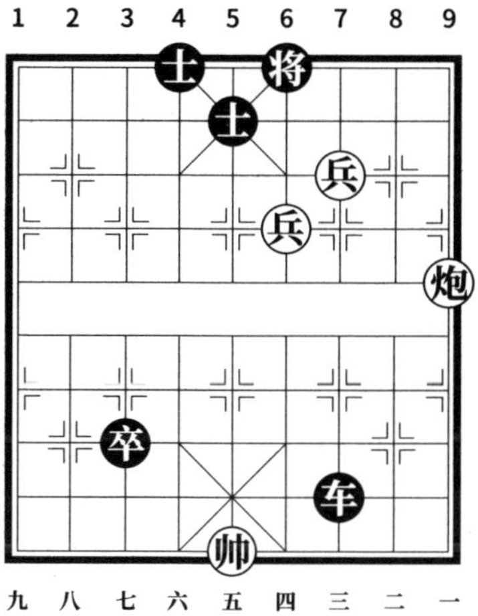

图 7-45

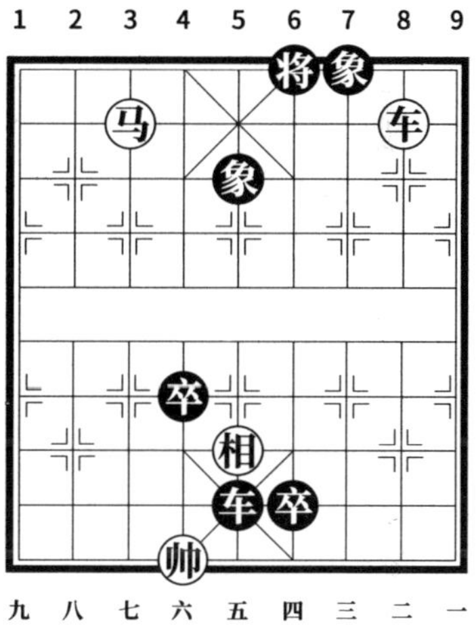

图 7-46

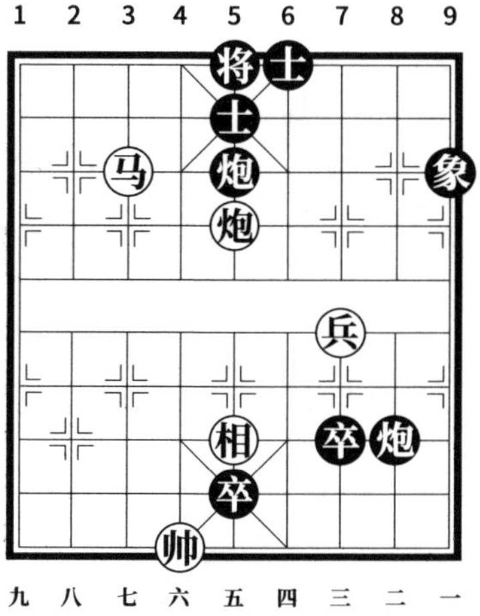

图 7-47

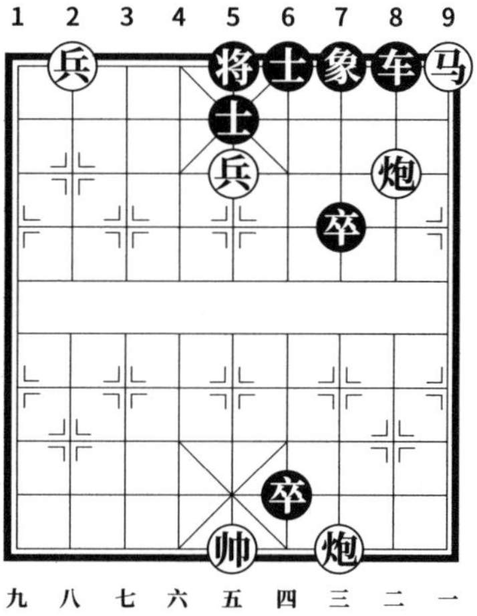

图 7-48

本页图题答案见 221、222 页

红先胜

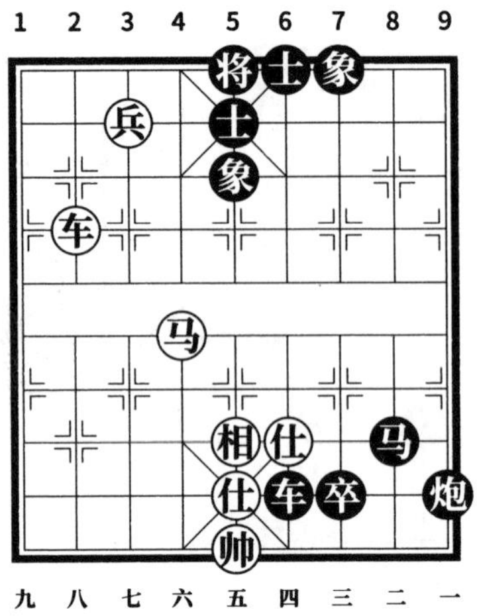

图 7-49

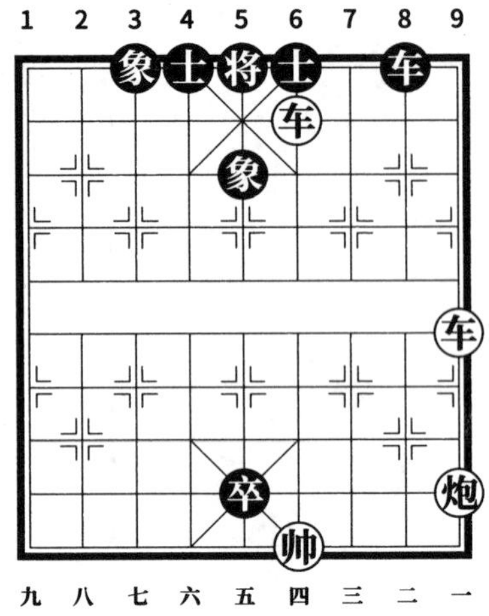

图 7-50

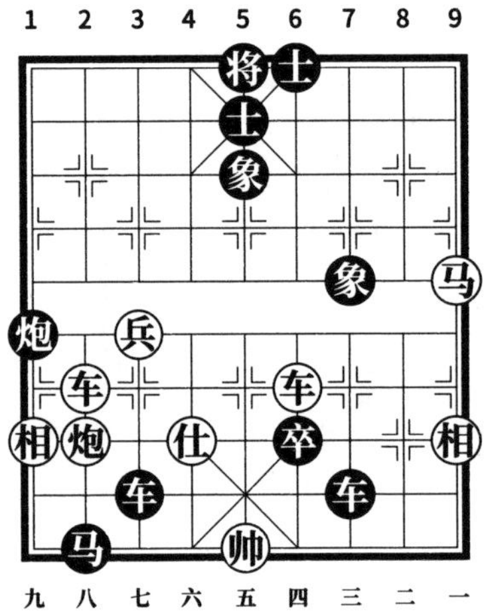

图 7-51

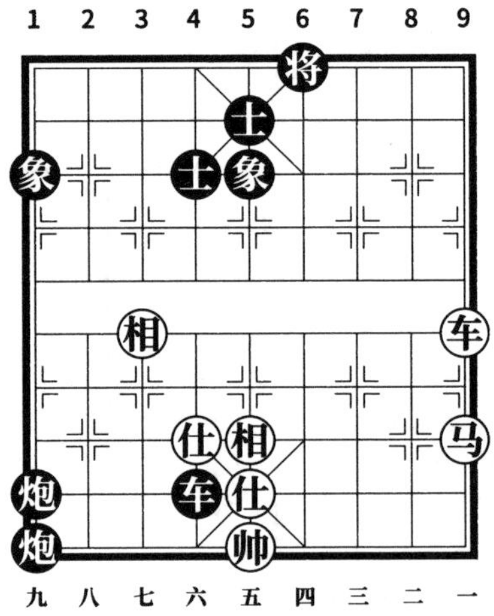

图 7-52

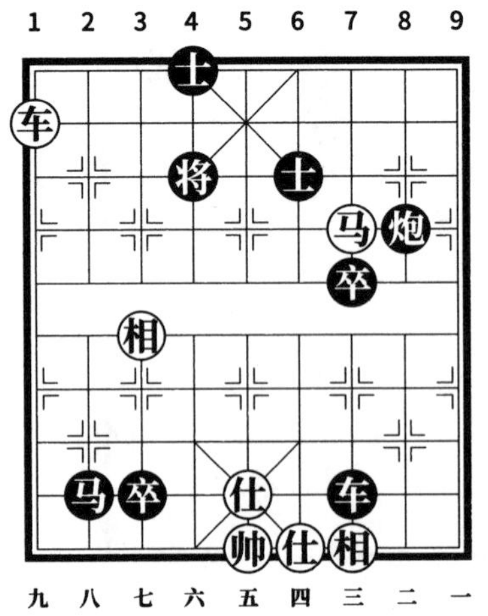

图 7-53

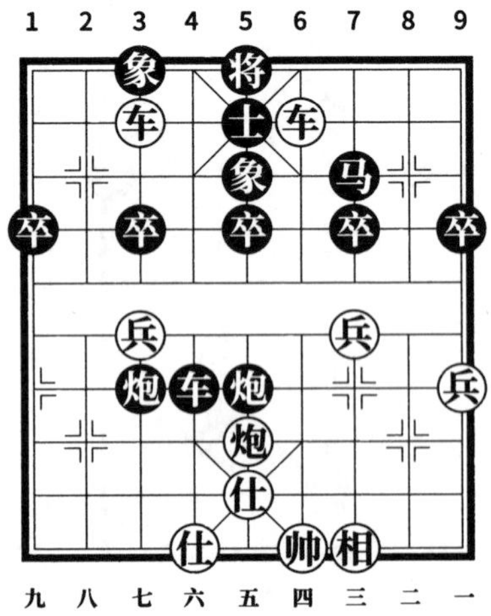

图 7-54

红先胜

本页图题答案见 222 页

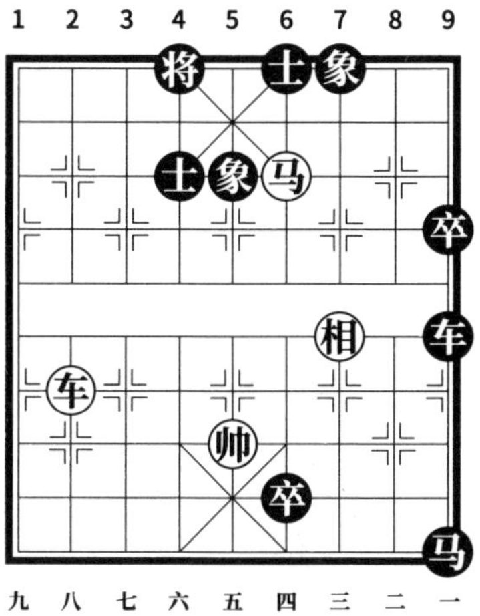
图 7-55

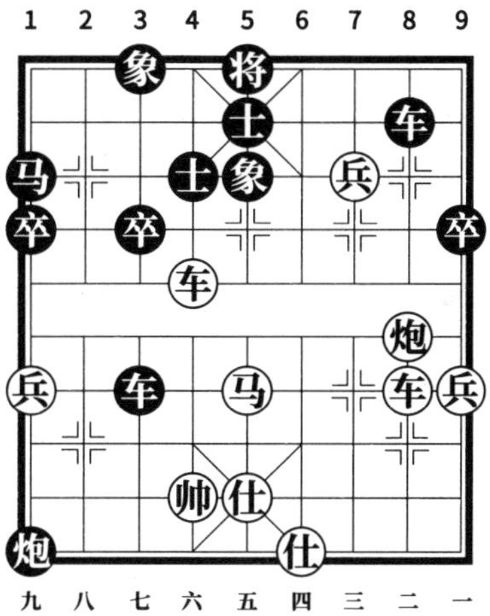
图 7-56

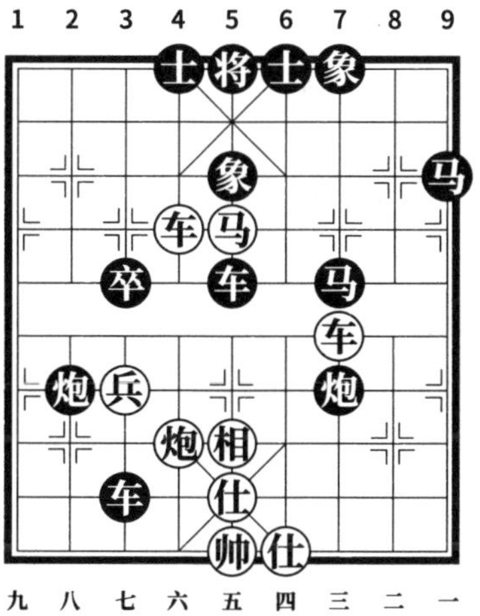
图 7-57

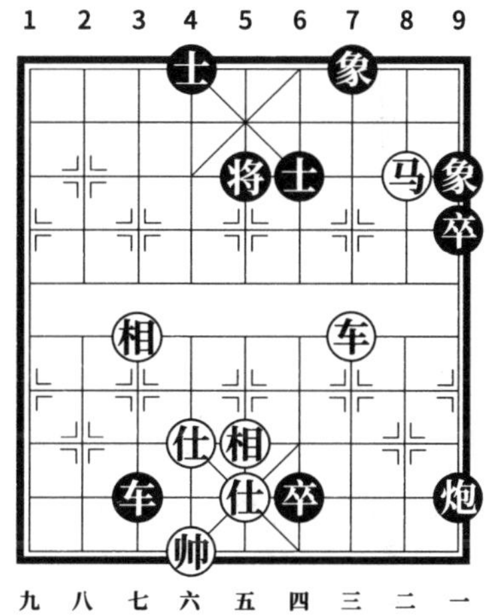
图 7-58

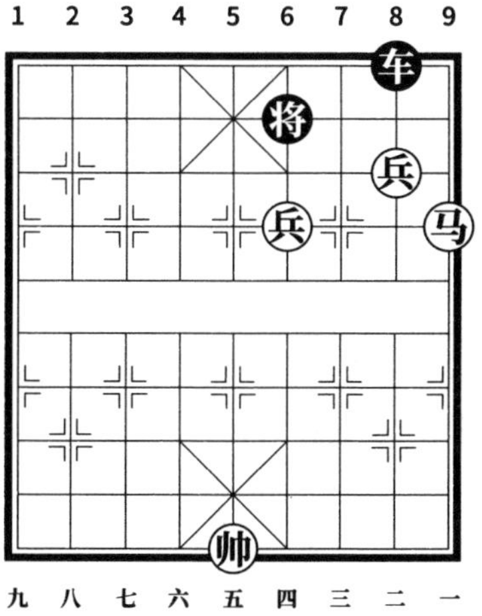
图 7-59

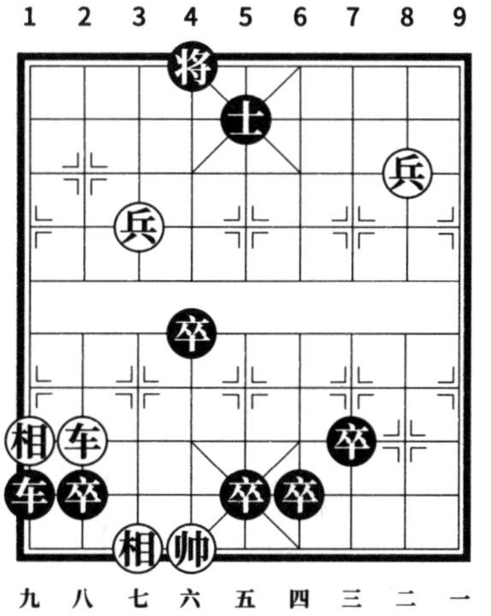
图 7-60

本页图题答案见 222 页

红先胜

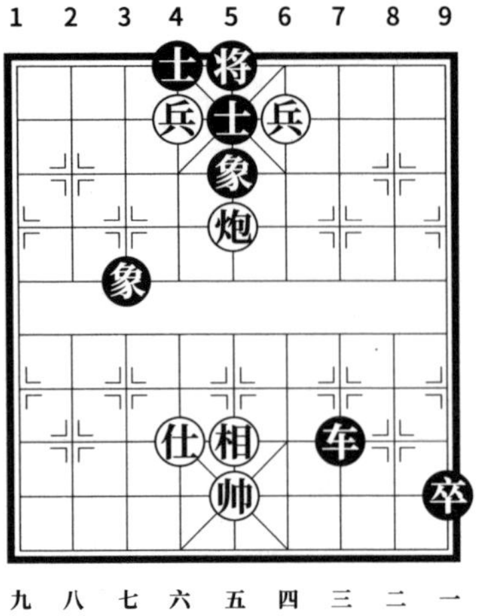

图 7-61

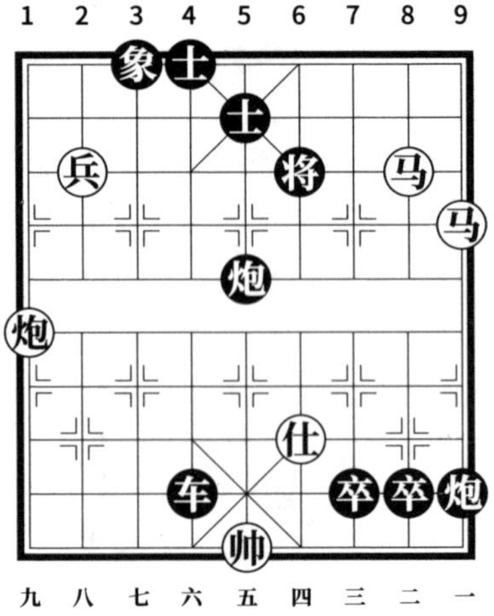

图 7-62

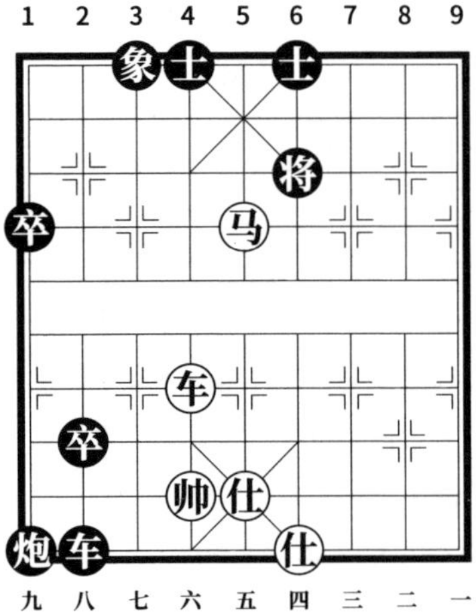

图 7-63

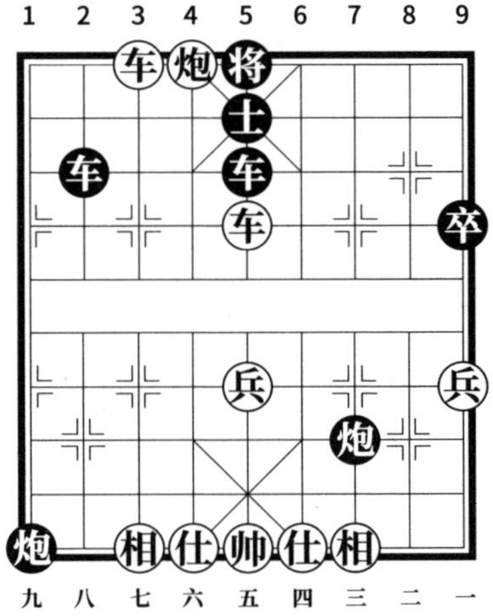

图 7-64

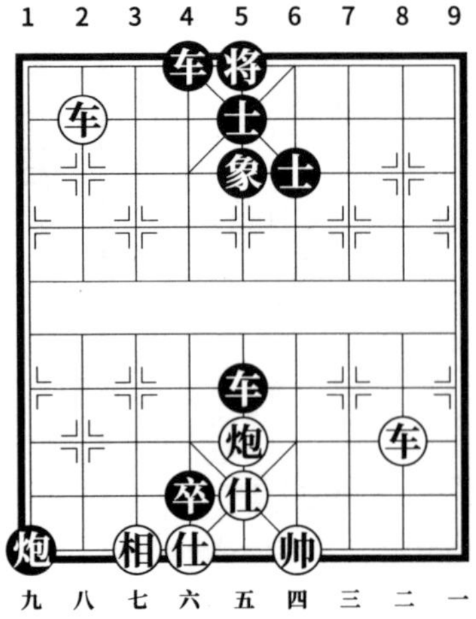

图 7-65

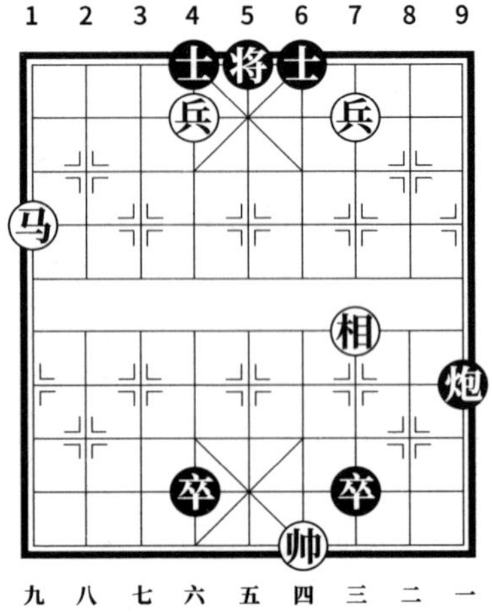

图 7-66

红先胜

本页图题答案见 222、223 页

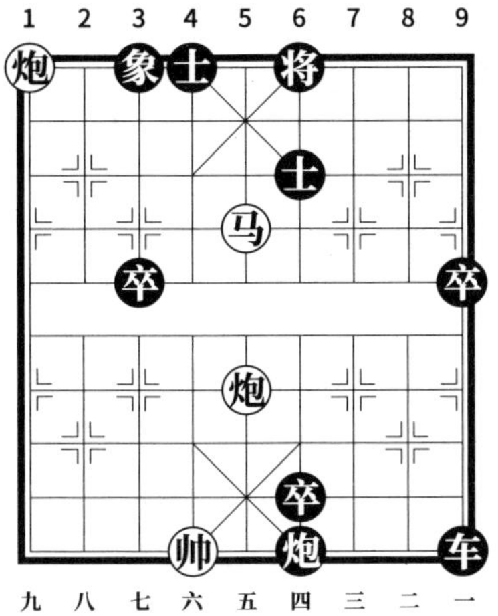

图 7-67

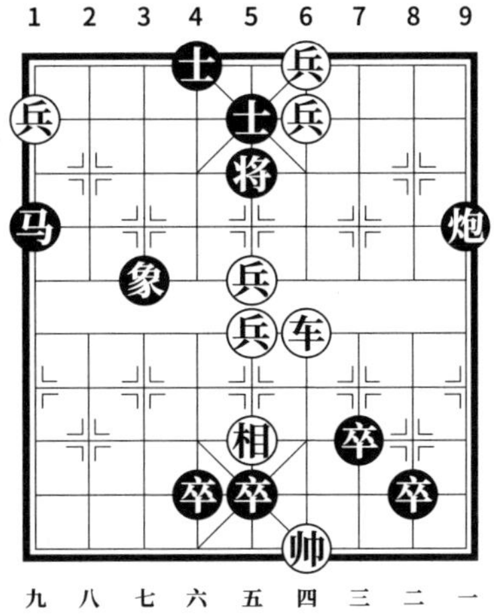

图 7-68

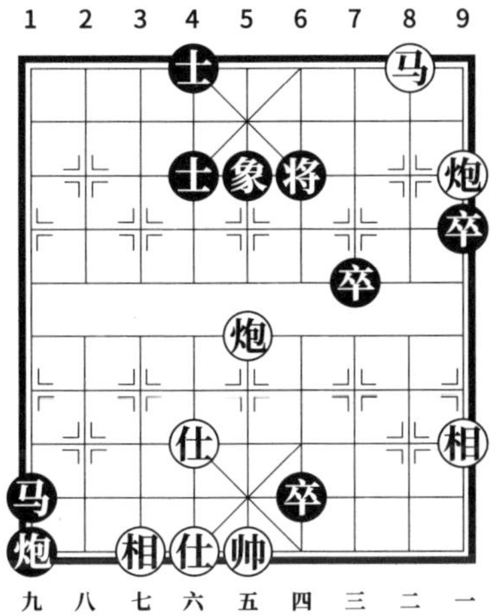

图 7-69

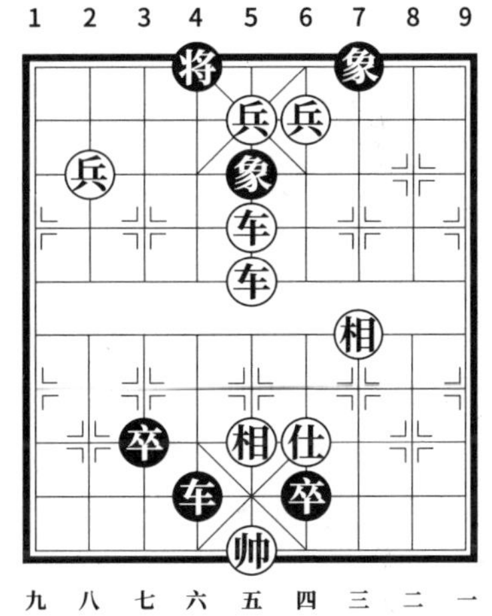

图 7-70

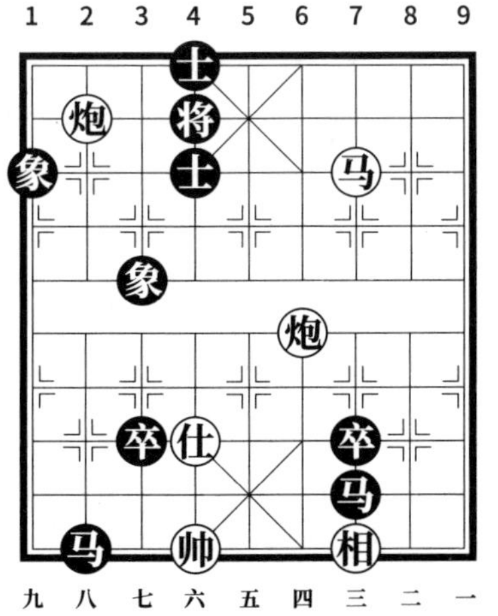

图 7-71

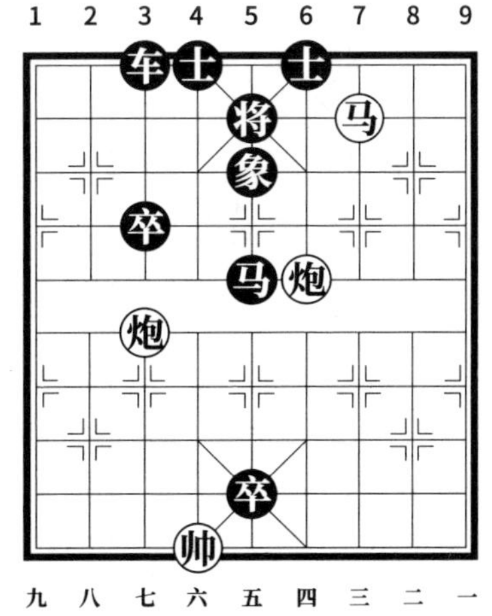

图 7-72

本页图题答案见 223 页

红先胜

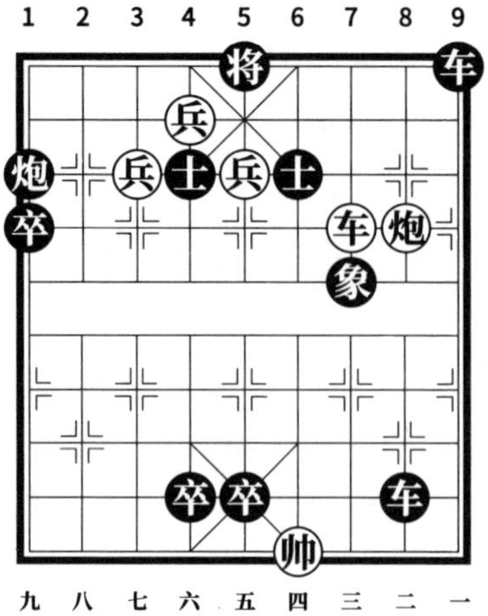

图 7-73

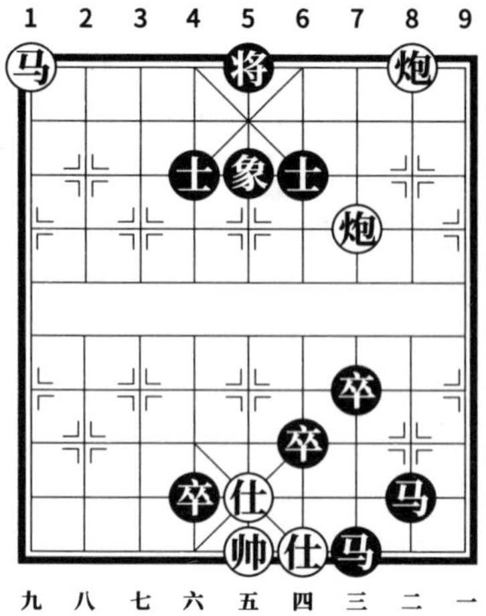

图 7-74

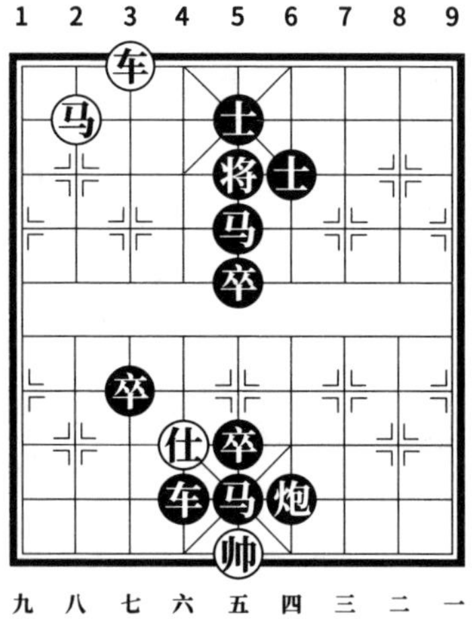

图 7-75

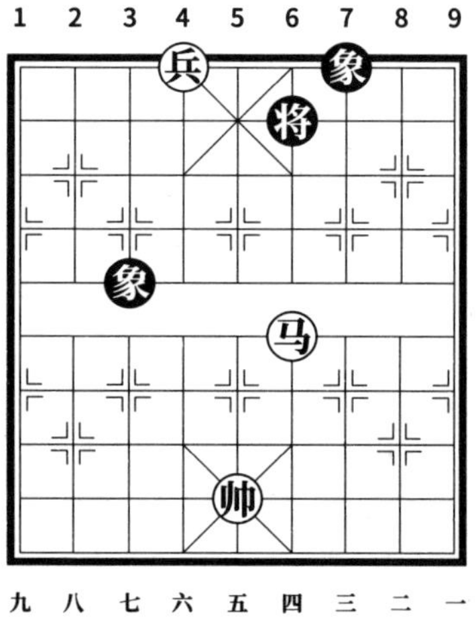

图 7-76

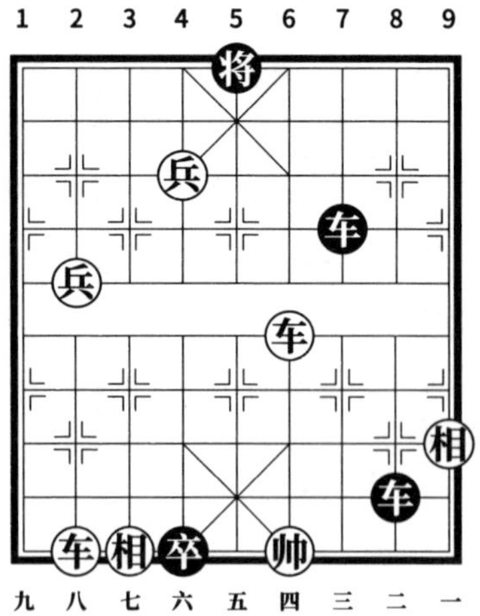

图 7-77

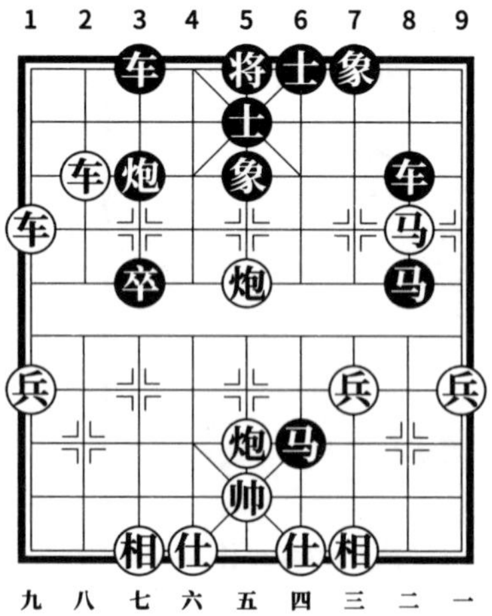

图 7-78

红先胜

本页图题答案见 223 页

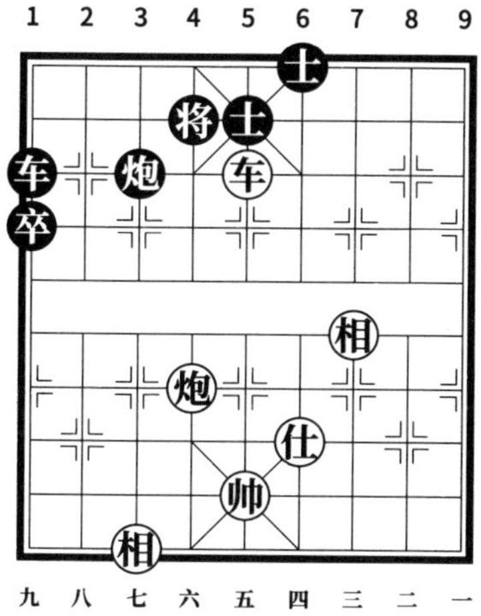

图 7-79

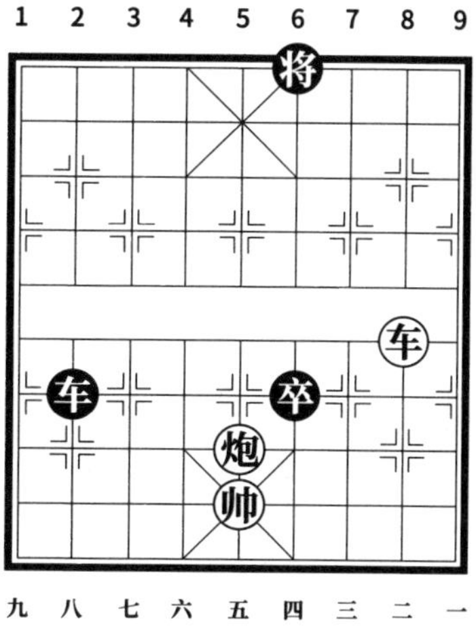

图 7-80

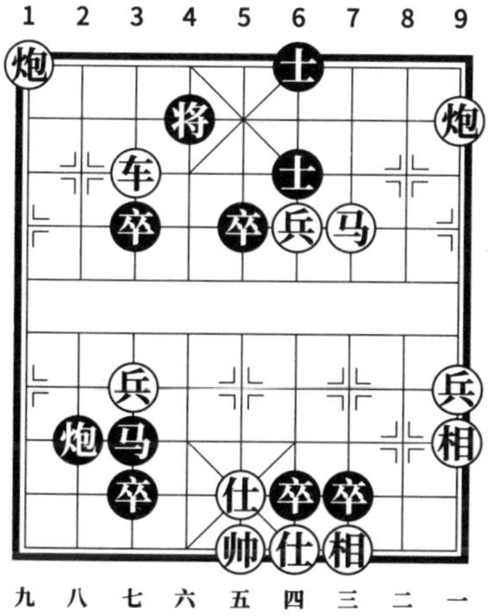

图 7-81

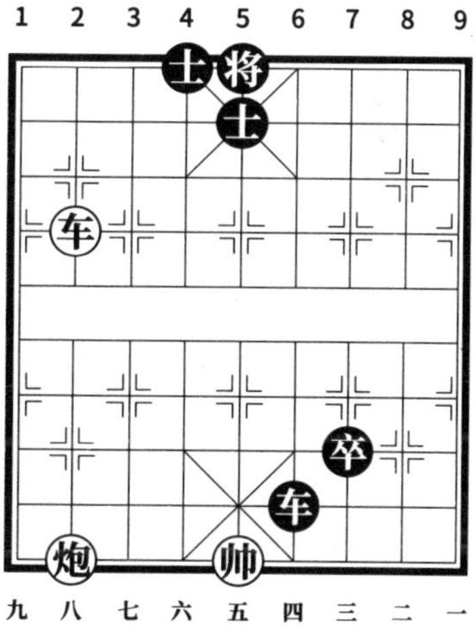

图 7-82

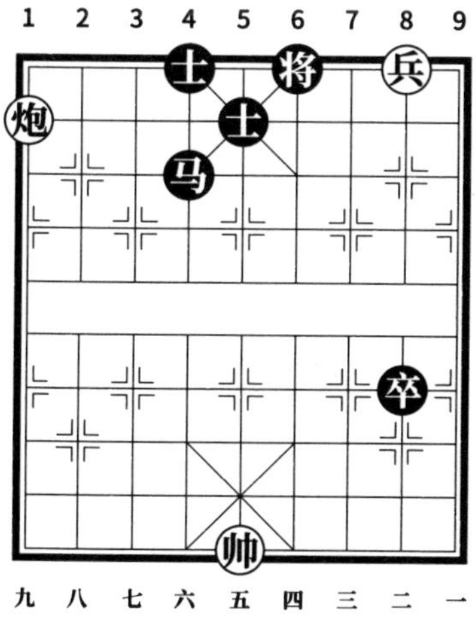

图 7-83

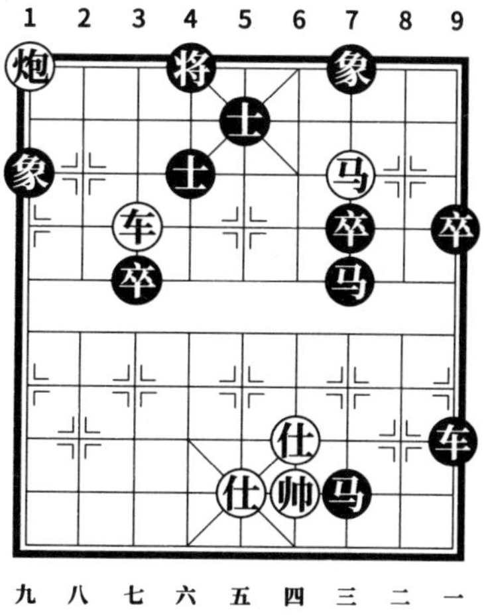

图 7-84

本页图题答案见 223、224 页

红先胜

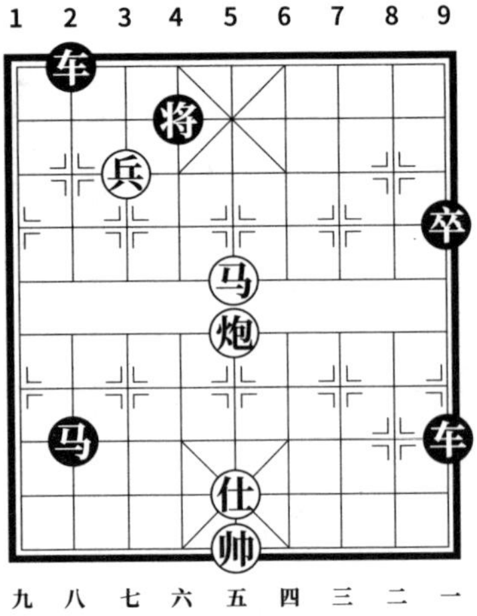

图 7-85

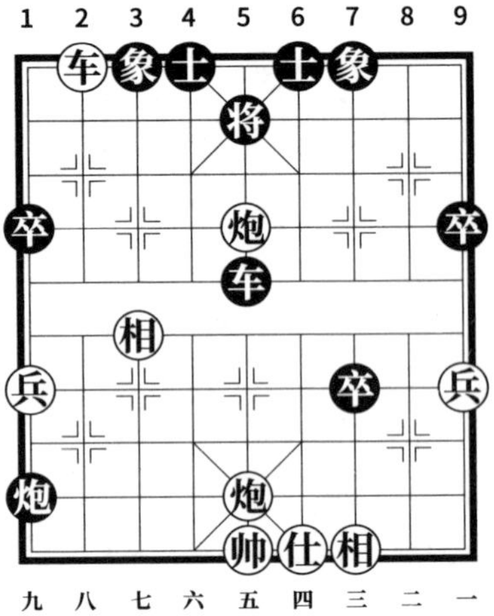

图 7-86

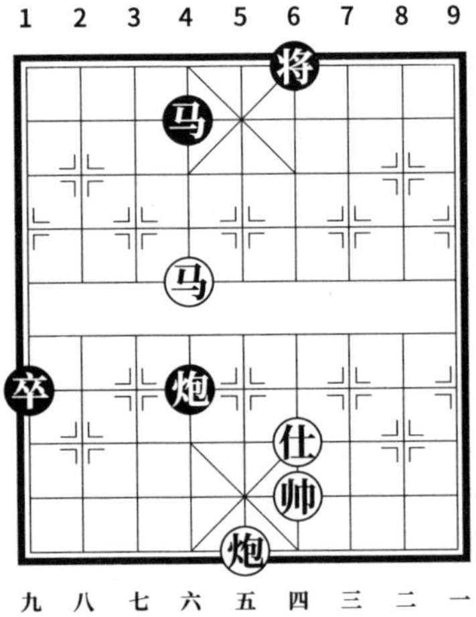

图 7-87

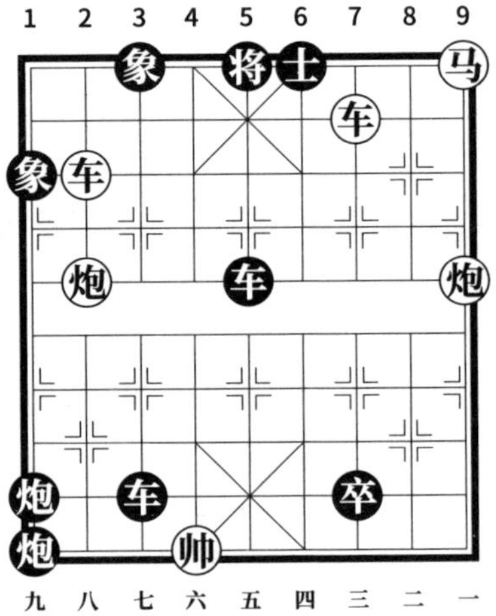

图 7-88

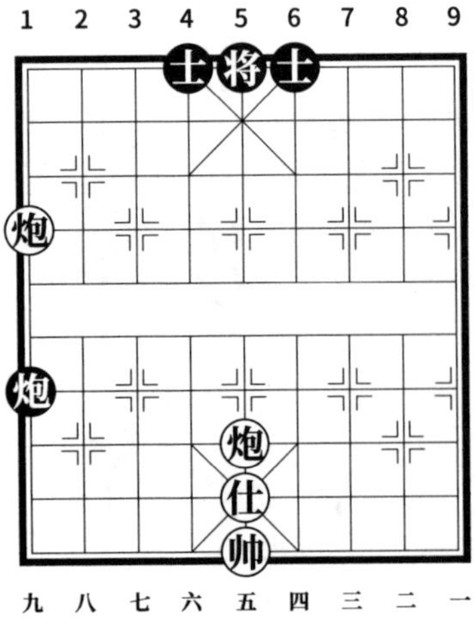

图 7-89

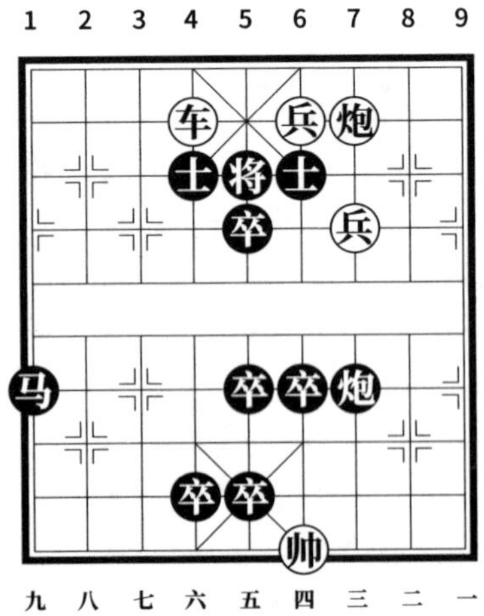

图 7-90

红先胜

本页图题答案见 224 页

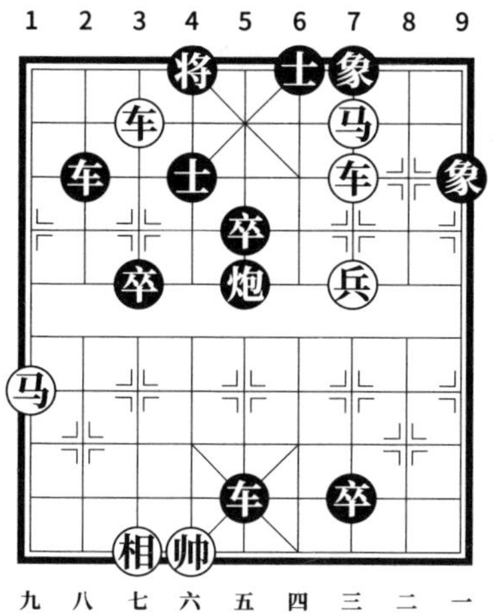

图 7-91

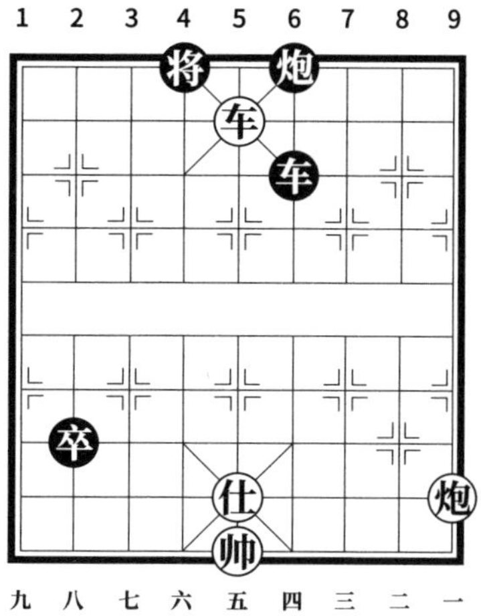

图 7-92

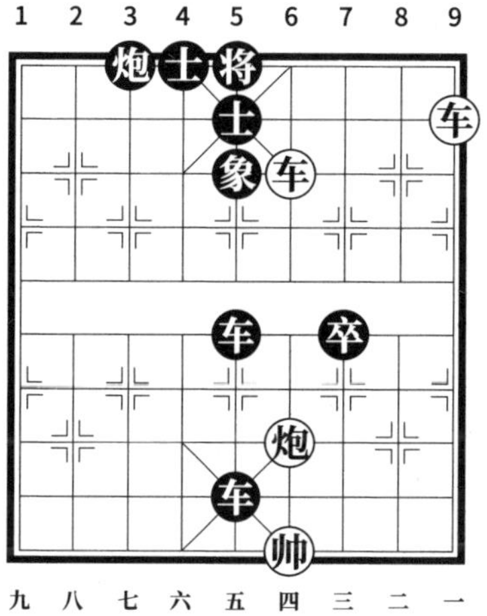

图 7-93

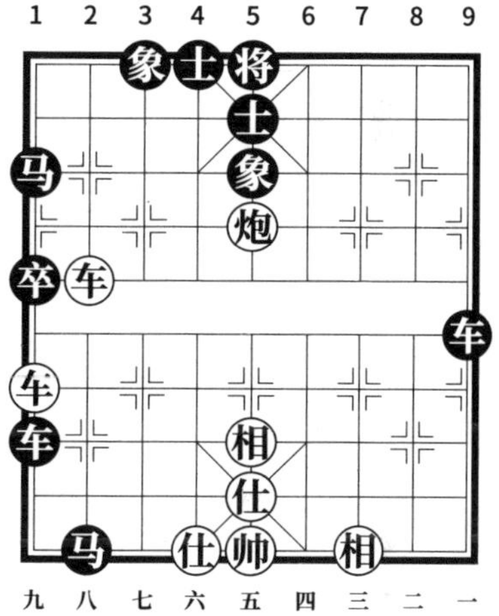

图 7-94

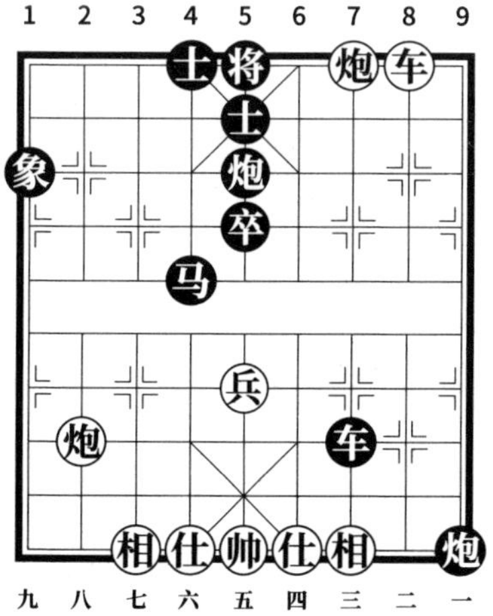

图 7-95

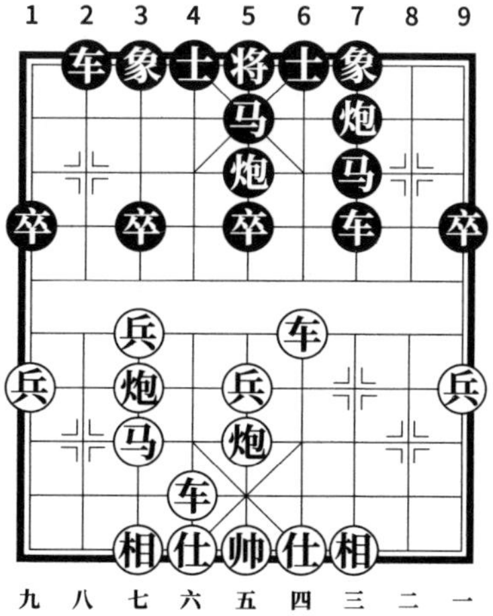

图 7-96

本页图题答案见 224、225 页

红先胜

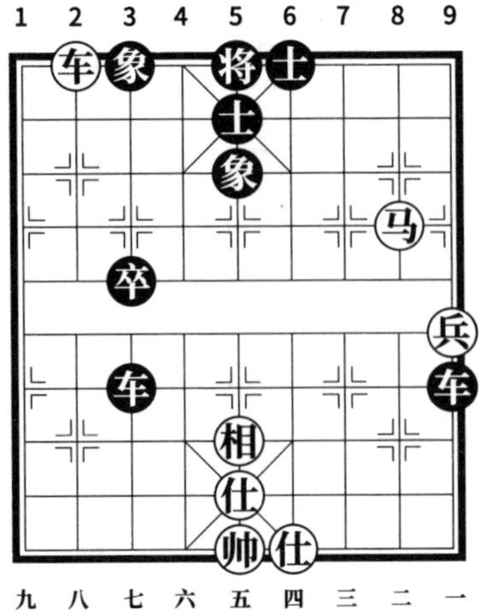

图 7-97

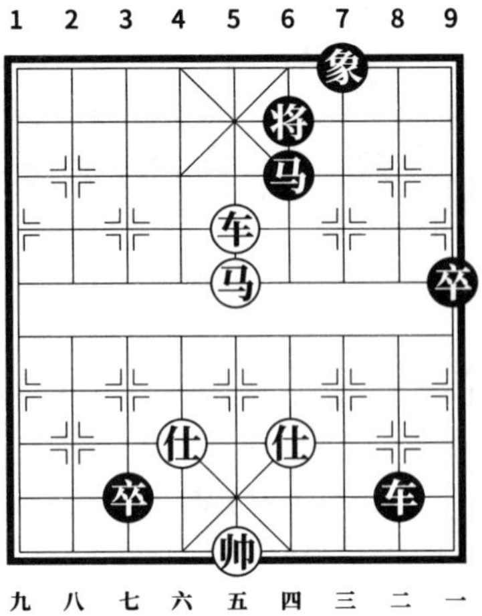

图 7-98

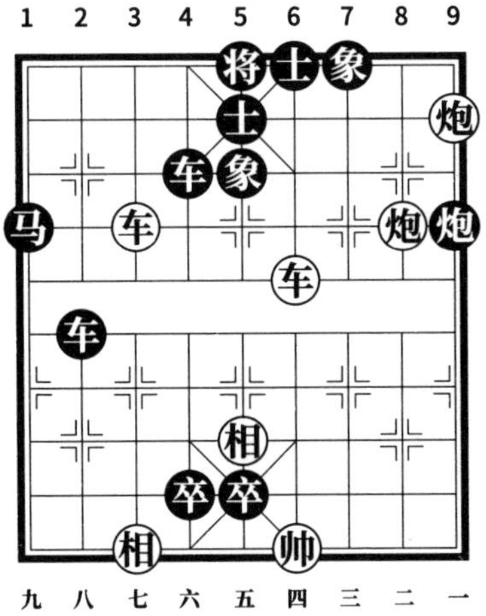

图 7-99

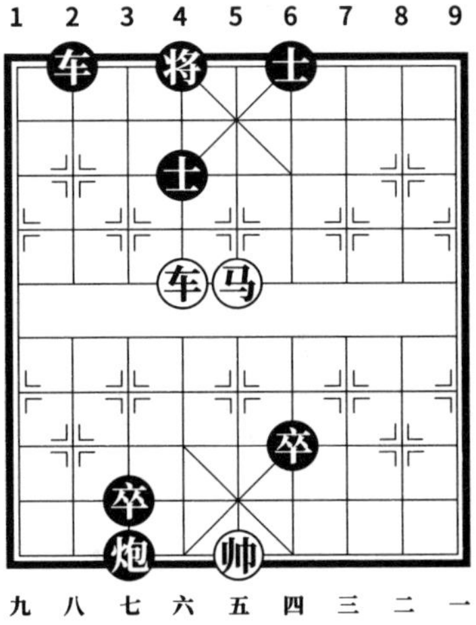

图 7-100

红先胜

本页图题答案见 225 页

八步非连将杀

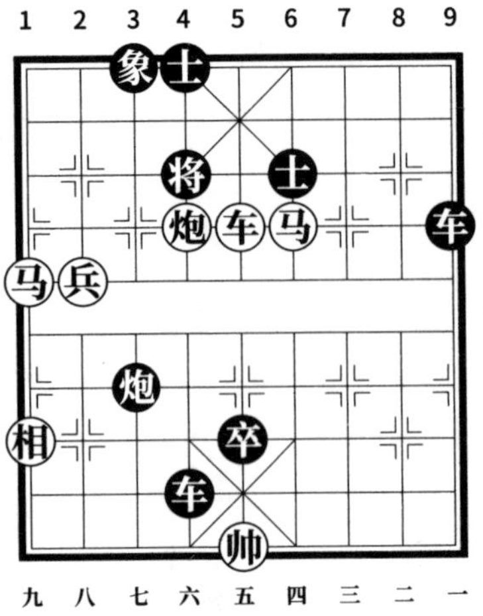

图 8-1

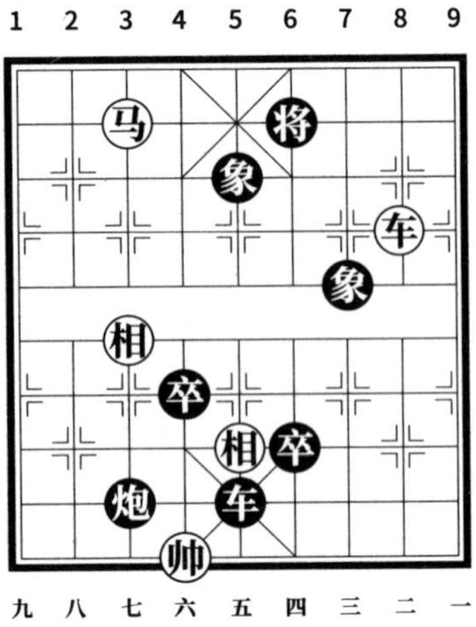

图 8-2

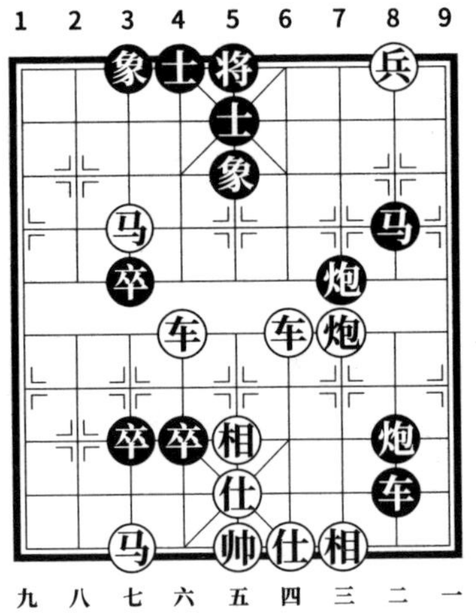

图 8-3

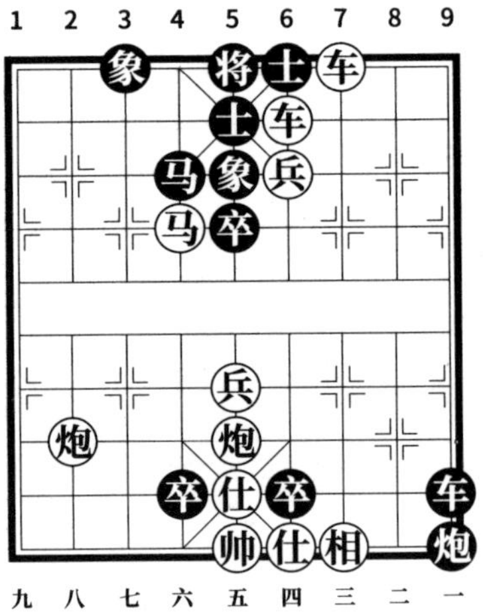

图 8-4

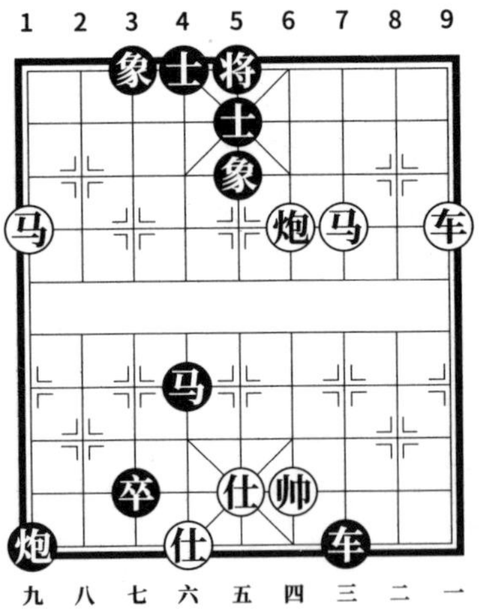

图 8-5

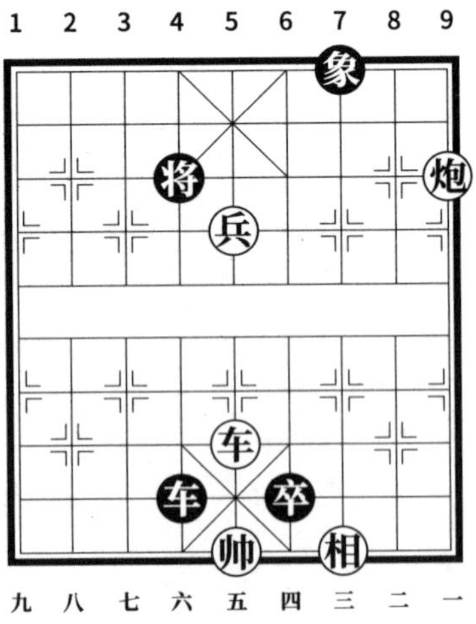

图 8-6

红先胜

本页图题答案见 225 页

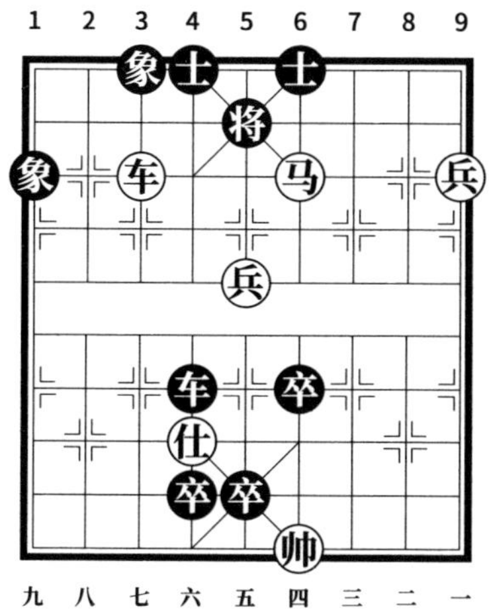

图 8-7

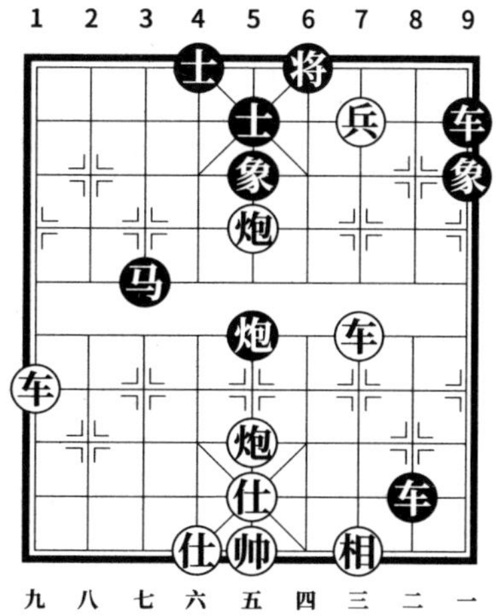

图 8-8

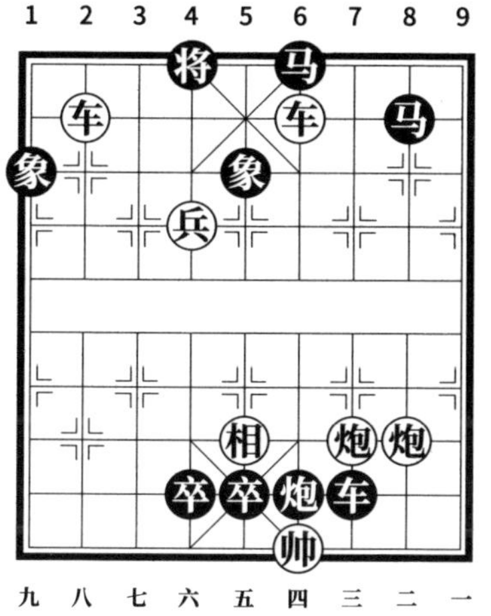

图 8-9

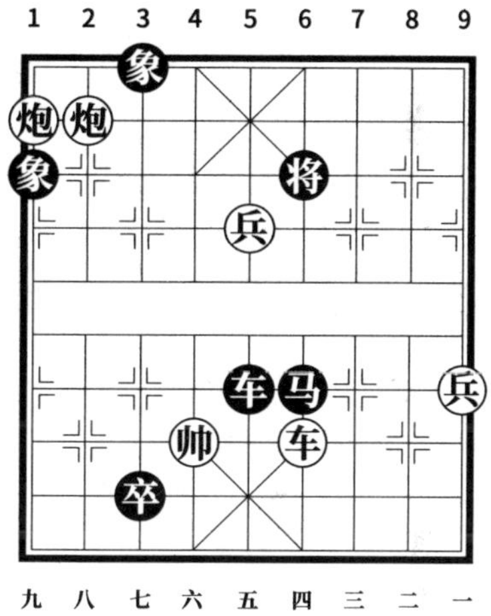

图 8-10

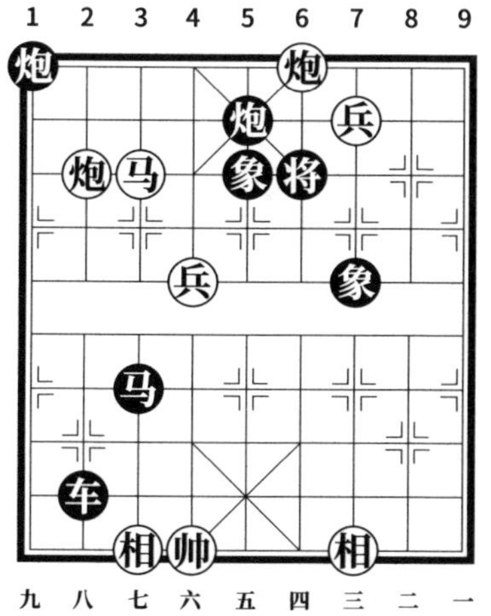

图 8-11

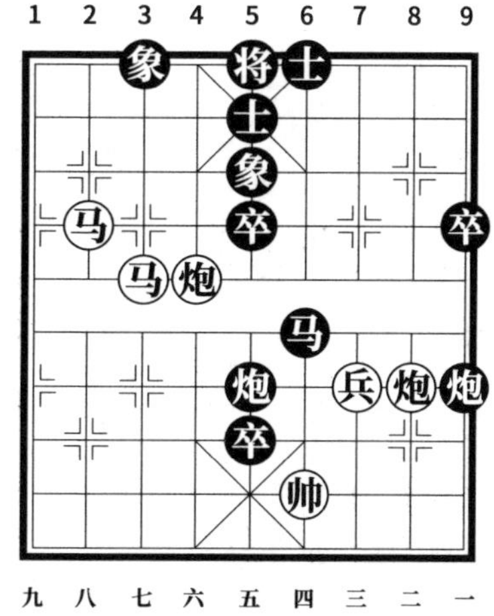

图 8-12

本页图题答案见 225 页

红先胜

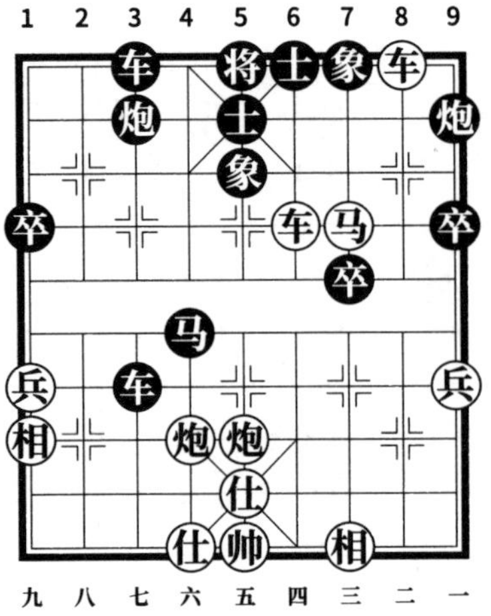

图 8-13

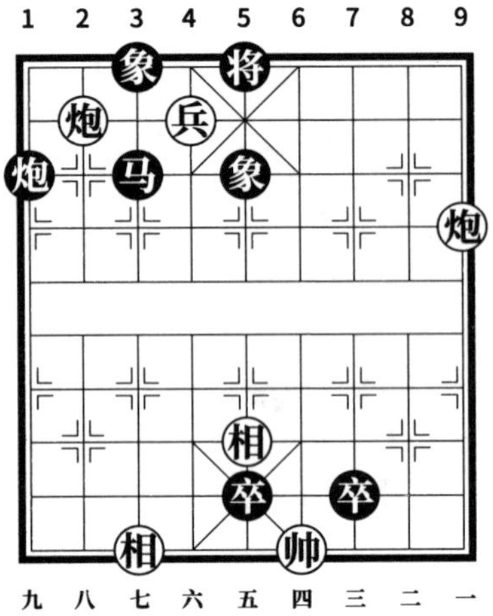

图 8-14

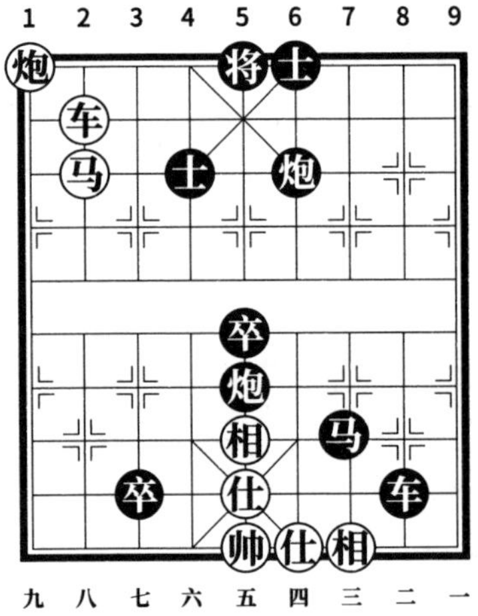

图 8-15

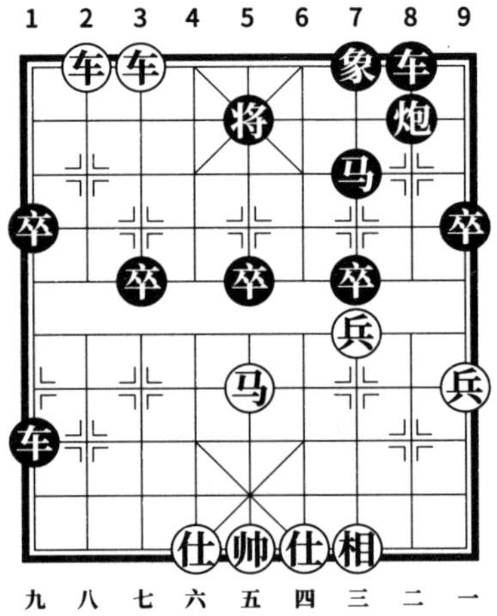

图 8-16

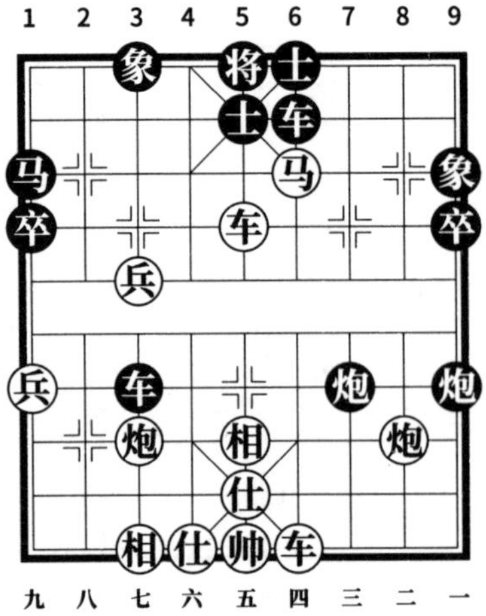

图 8-17

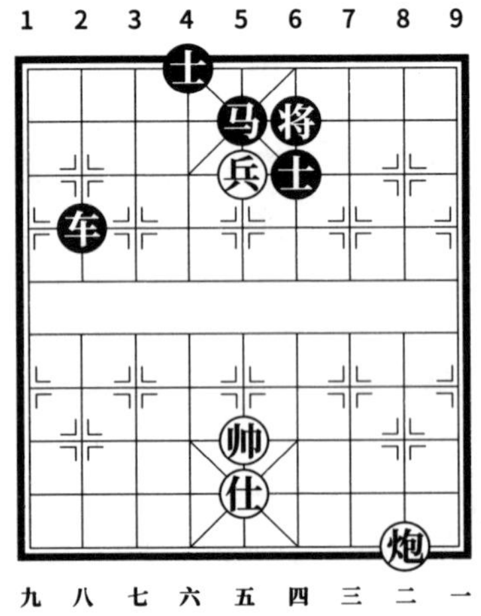

图 8-18

红先胜

本页图题答案见 225、226 页

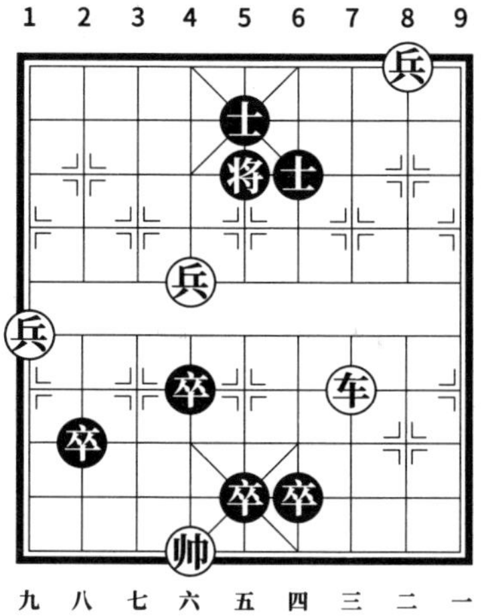

图 8-19

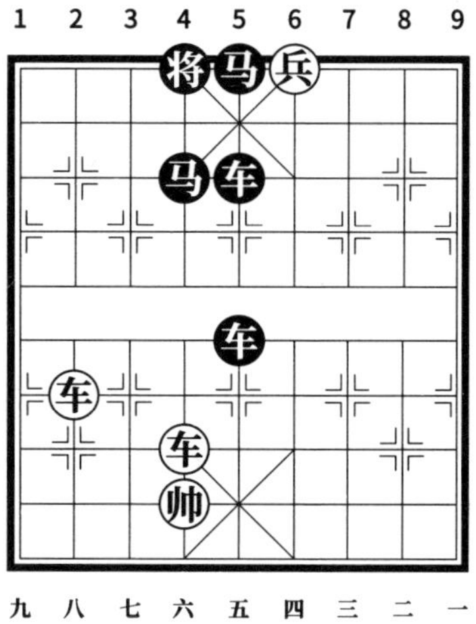

图 8-20

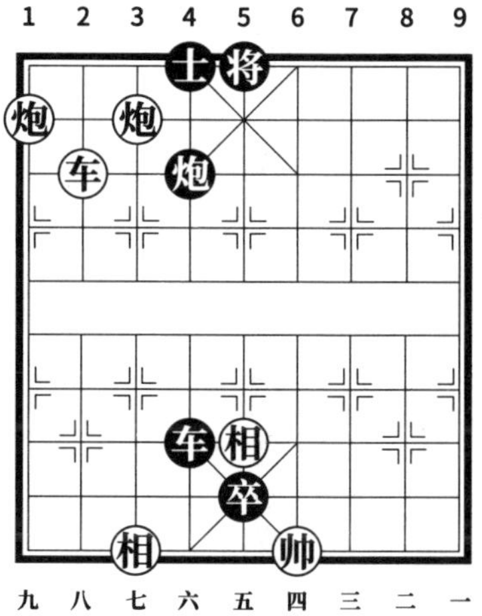

图 8-21

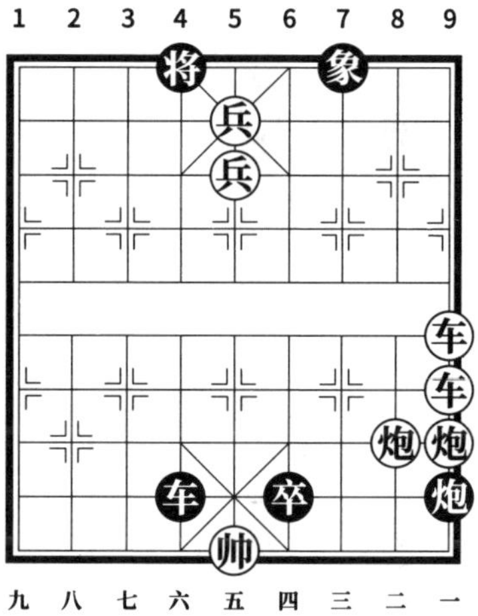

图 8-22

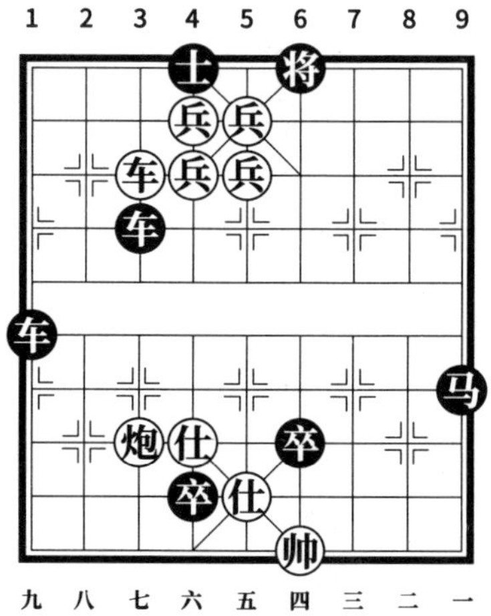

图 8-23

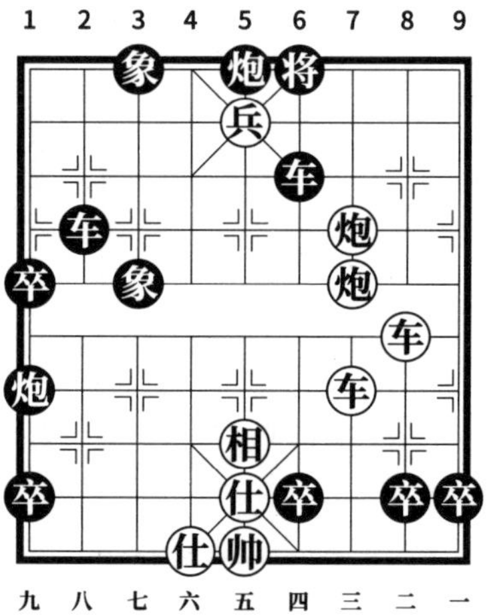

图 8-24

本页图题答案见 226 页

红先胜

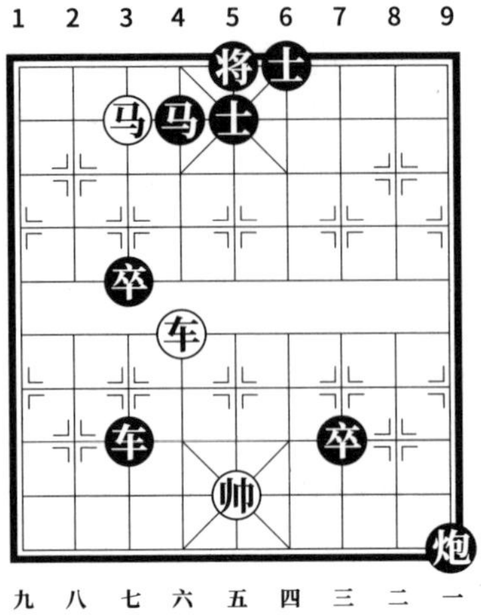

图 8-25

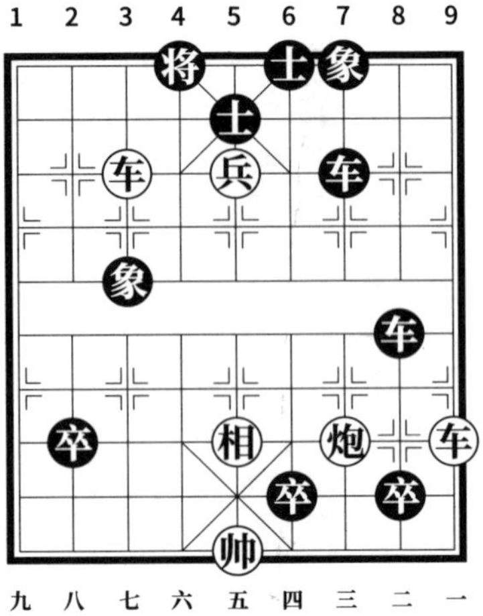

图 8-26

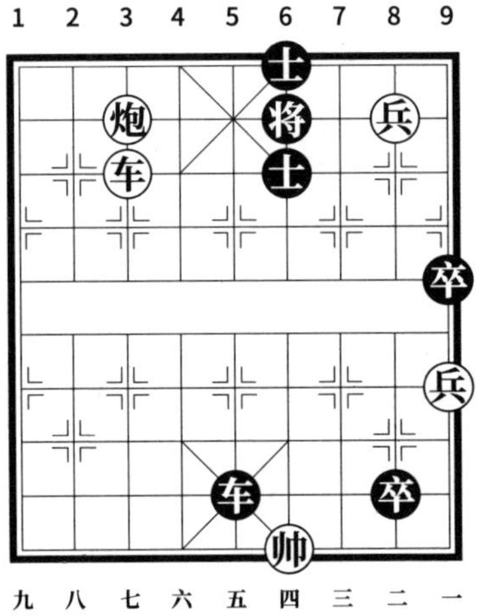

图 8-27

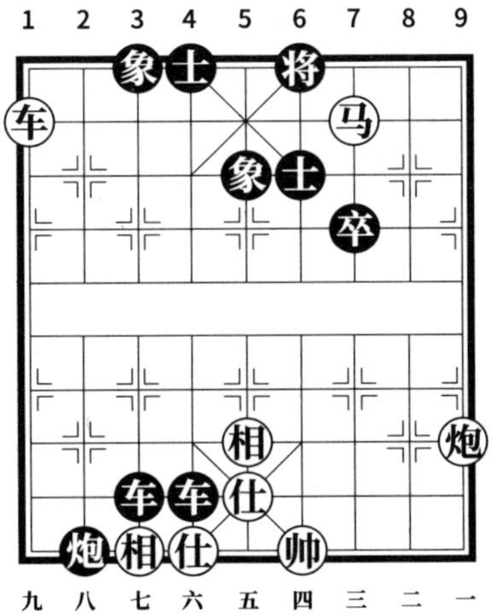

图 8-28

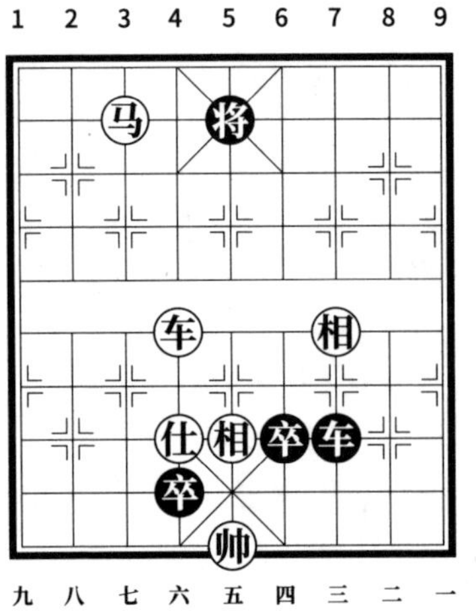

图 8-29

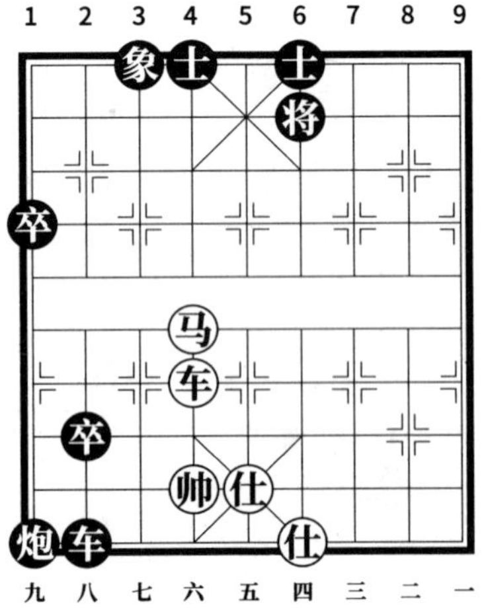

图 8-30

红先胜

本页图题答案见 226、227 页

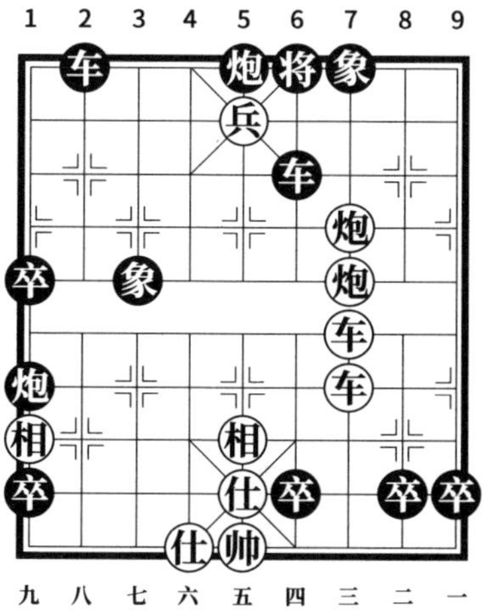

图 8-31

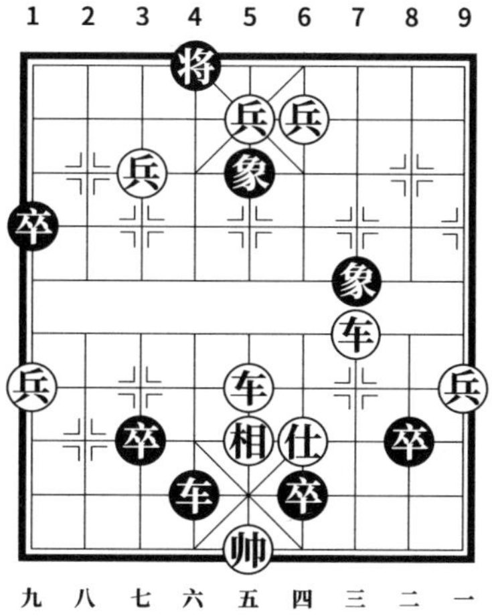

图 8-32

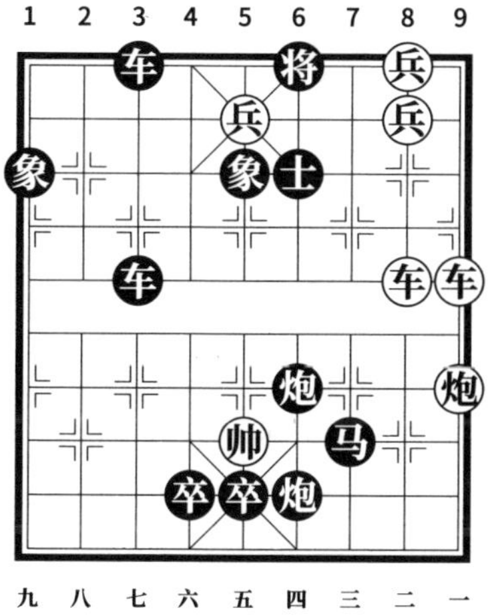

图 8-33

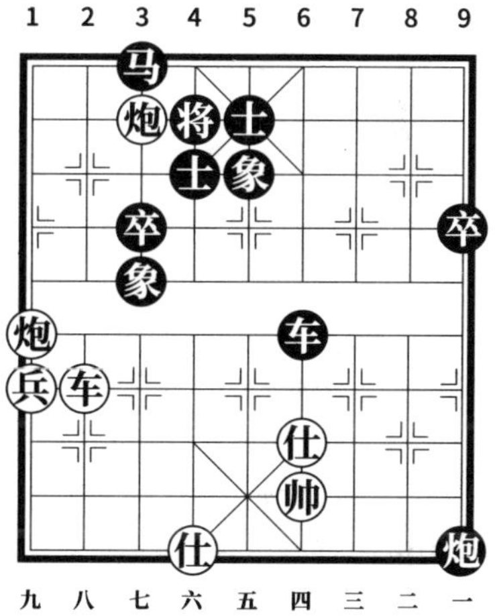

图 8-34

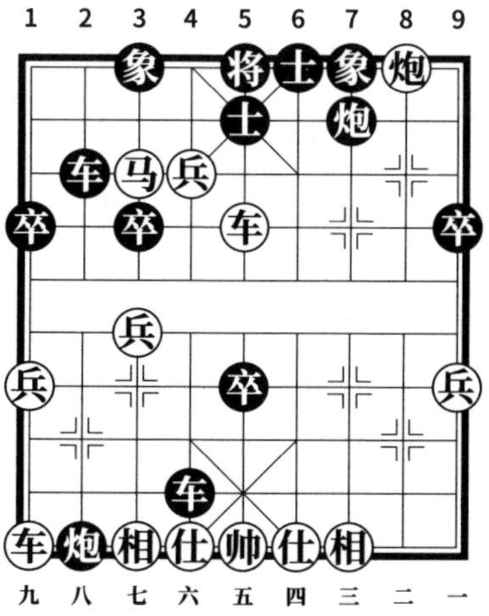

图 8-35

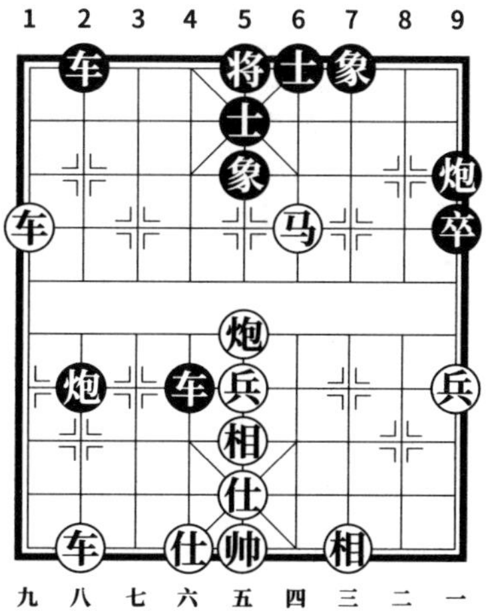

图 8-36

本页图题答案见 227 页

红先胜

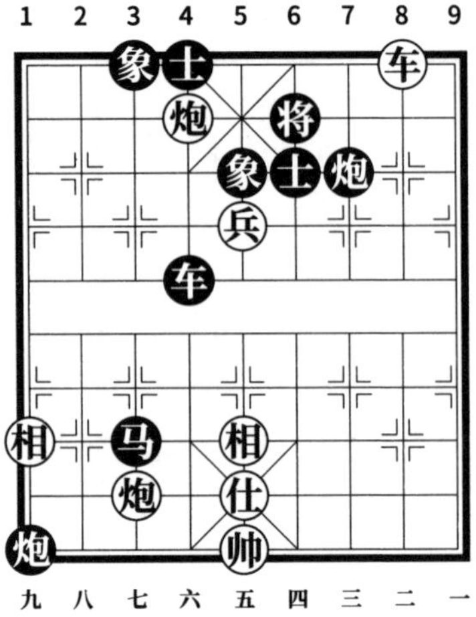

图 8-37

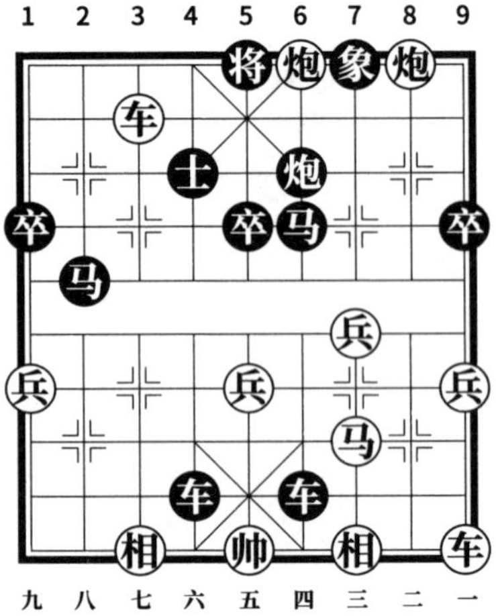

图 8-38

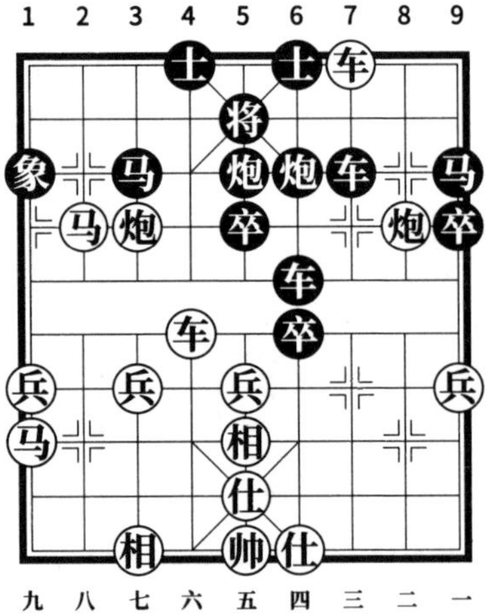

图 8-39

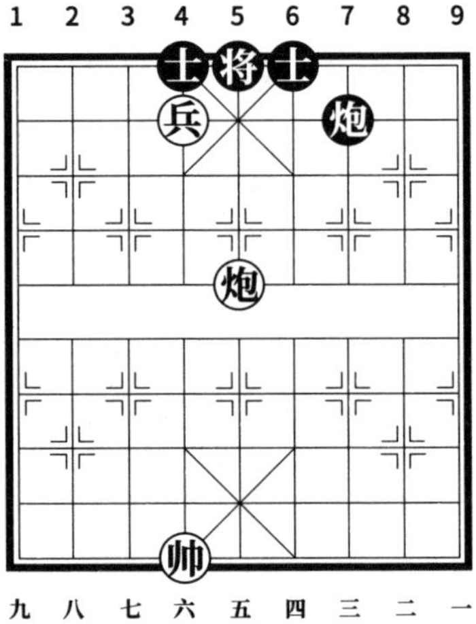

图 8-40

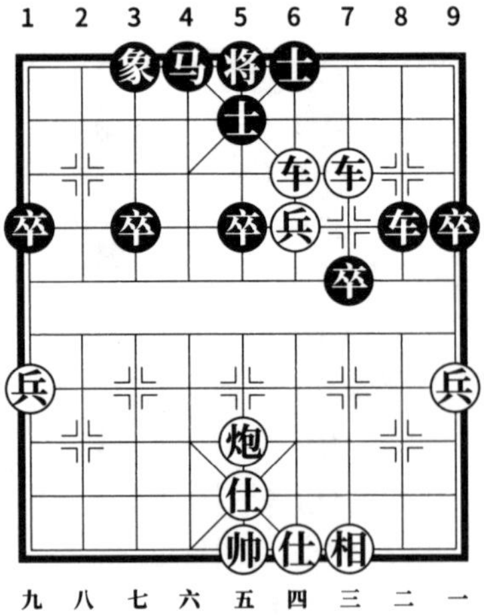

图 8-41

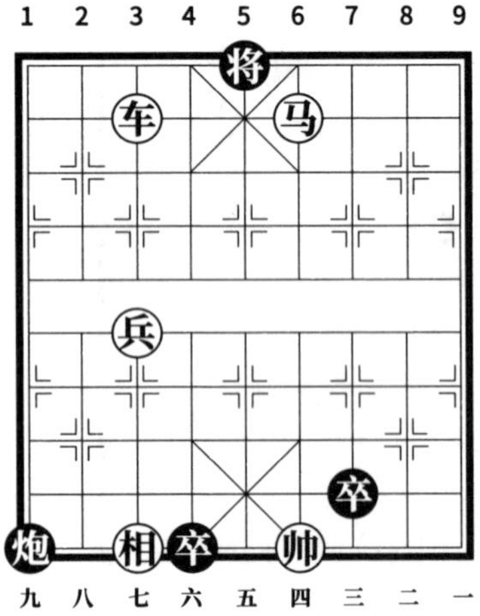

图 8-42

本页图题答案见 227 页

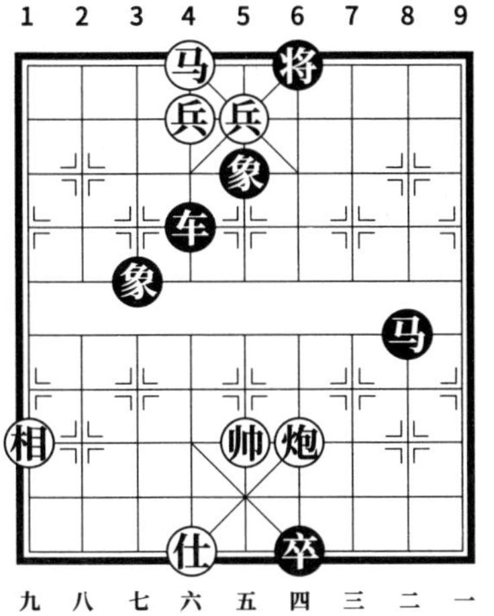

图 8-43

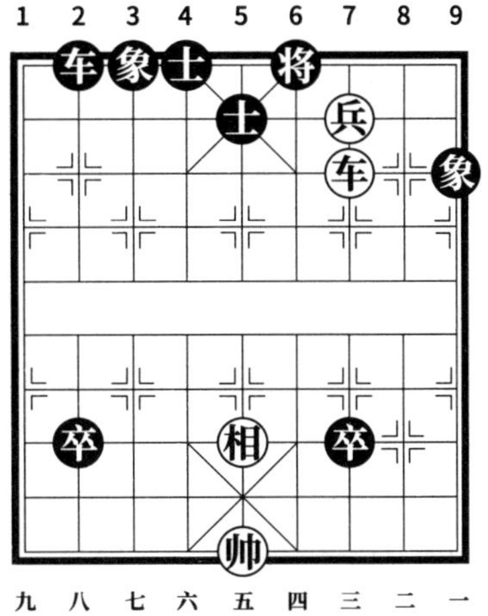

图 8-44

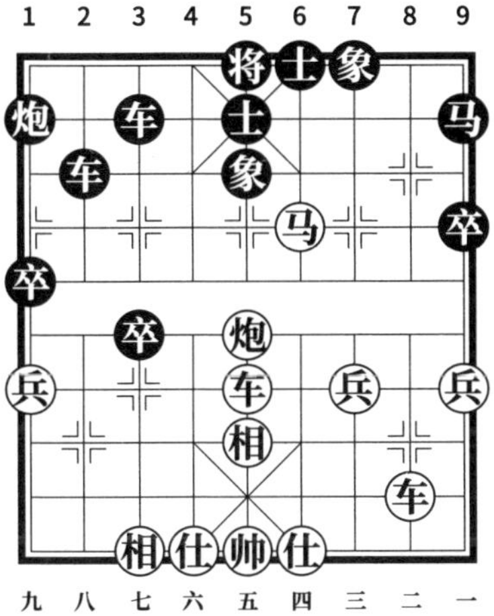

图 8-45

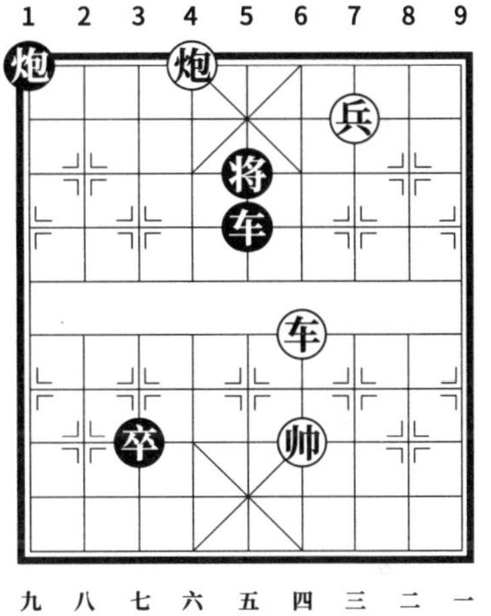

图 8-46

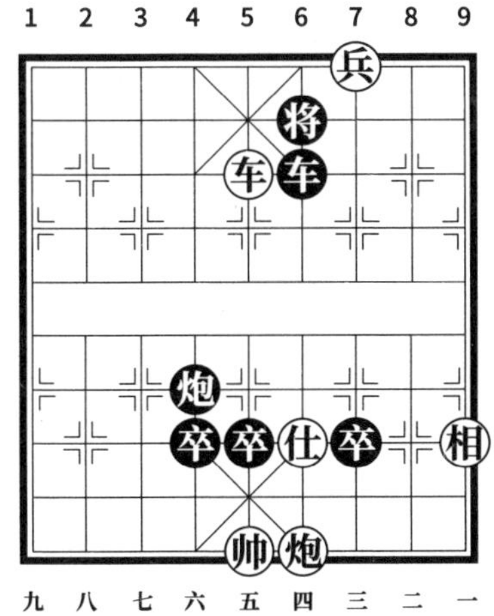

图 8-47

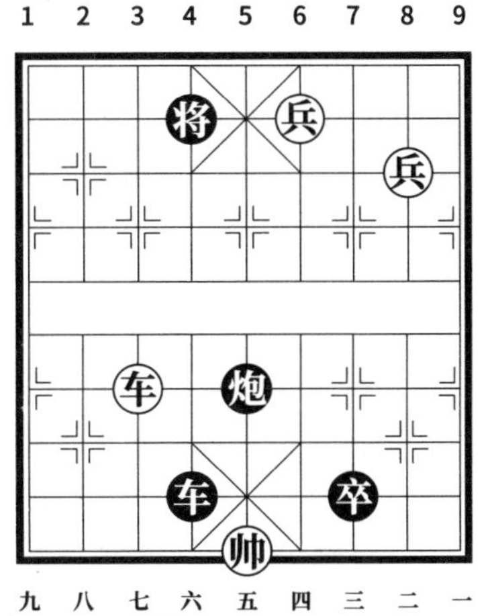

图 8-48

本页图题答案见 227、228 页

红先胜

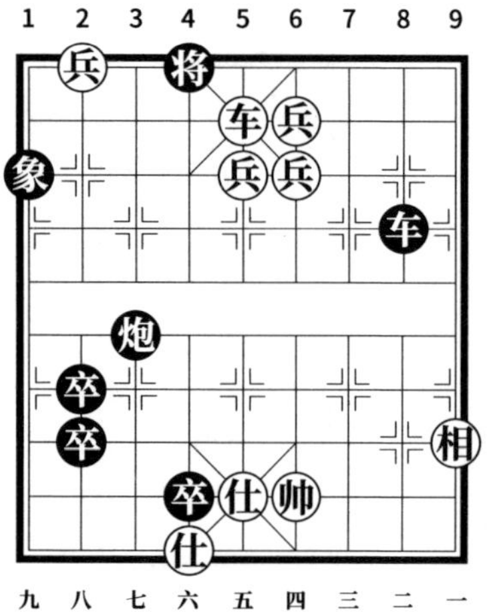

图 8-49

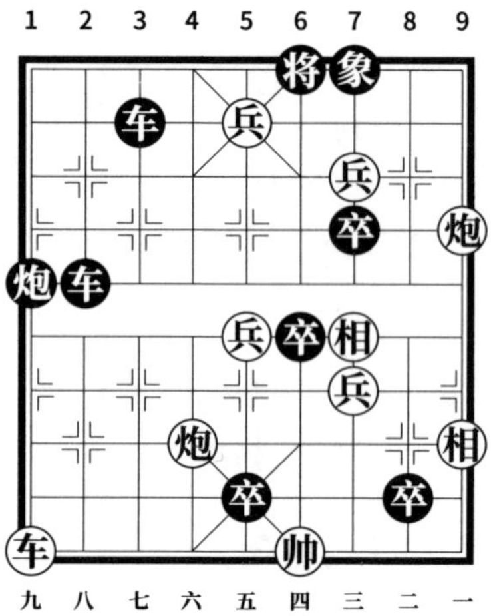

图 8-50

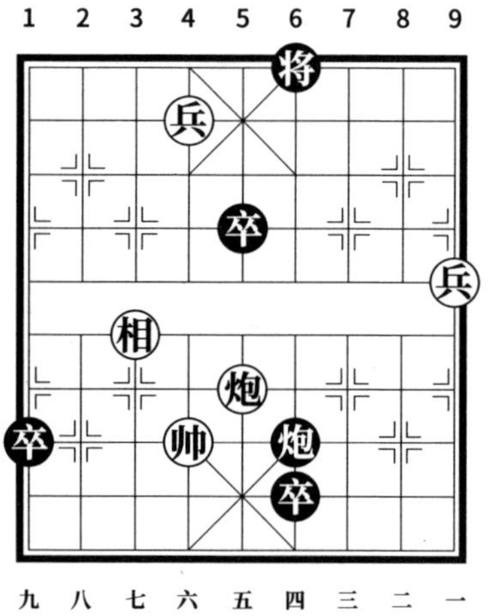

图 8-51

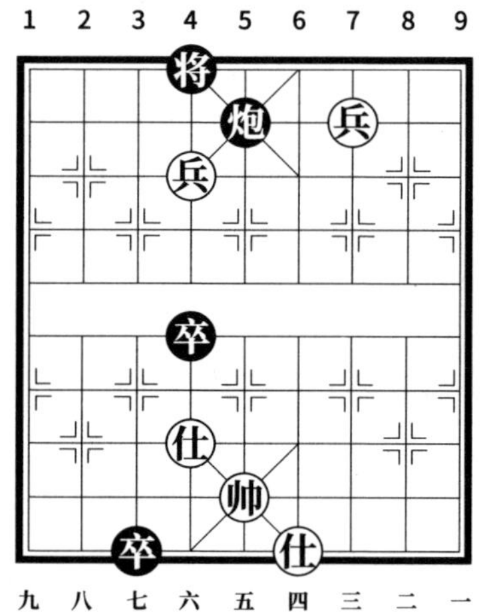

图 8-52

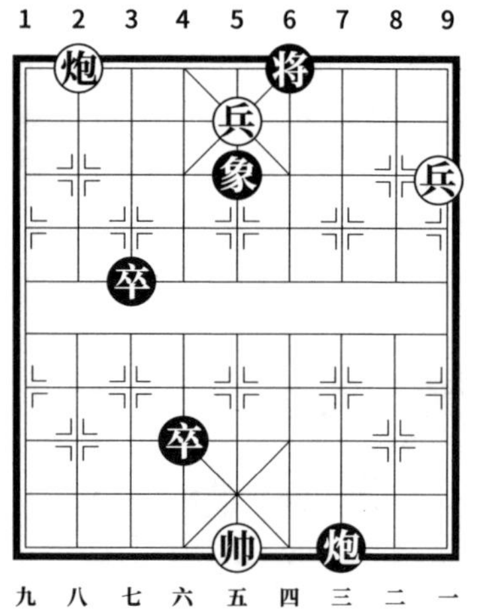

图 8-53

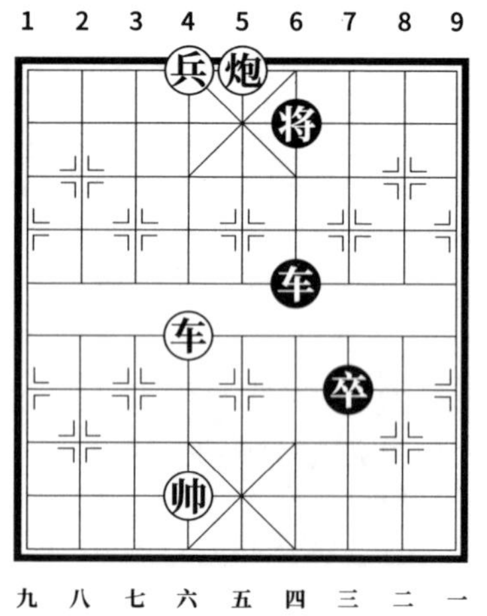

图 8-54

红先胜

本页图题答案见 228 页

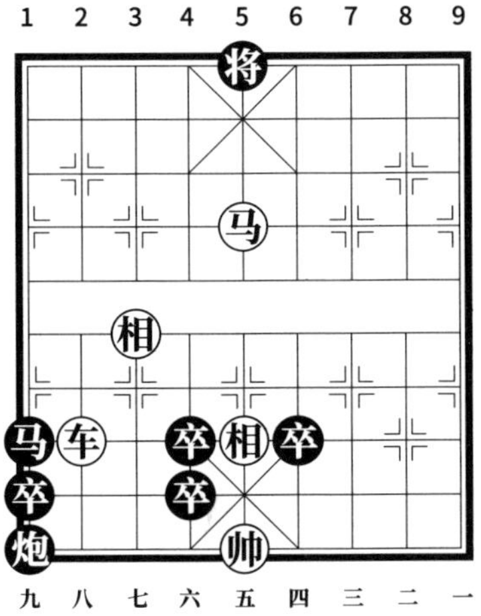

图 8-55

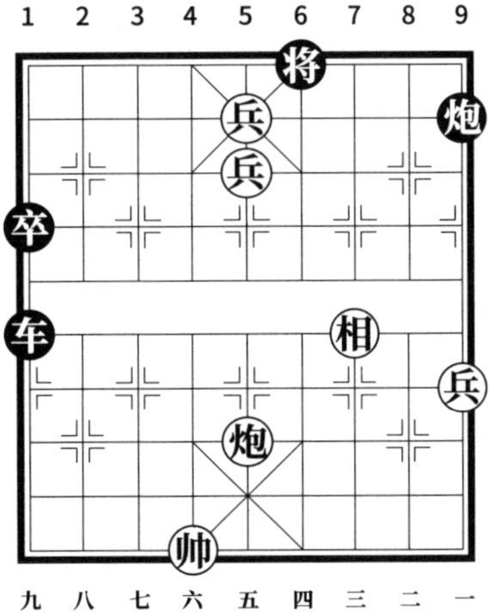

图 8-56

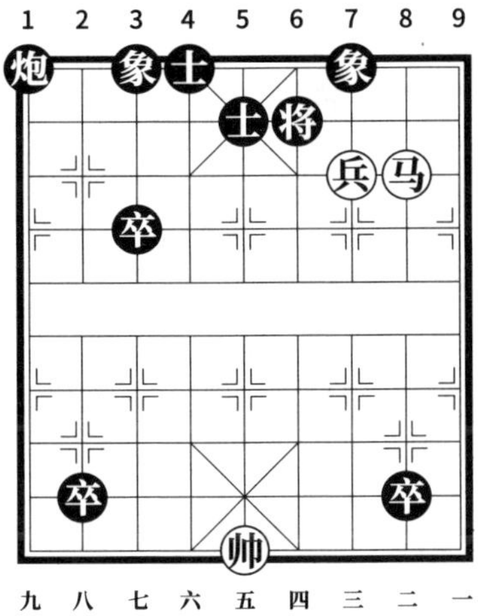

图 8-57

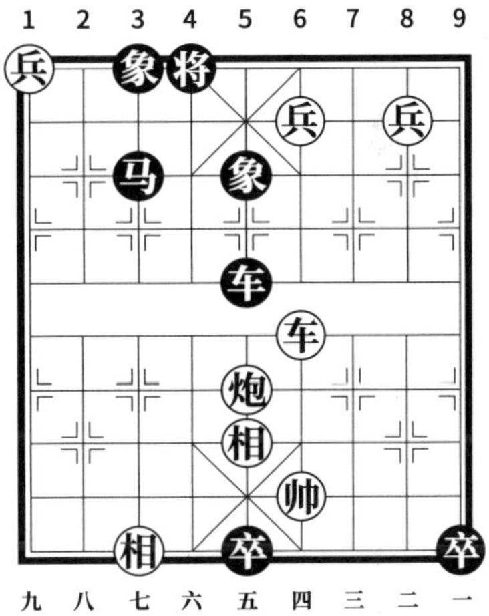

图 8-58

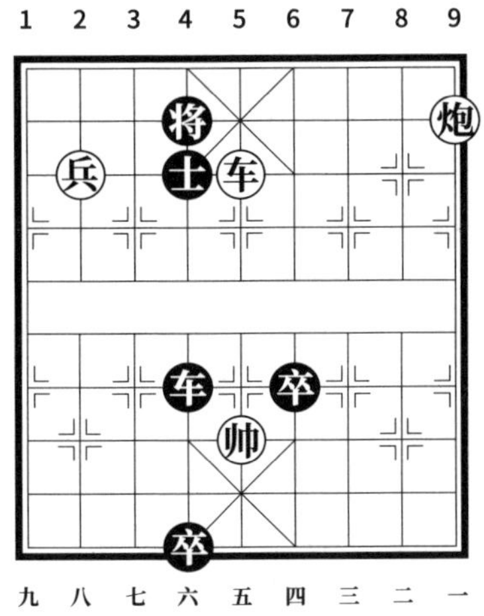

图 8-59

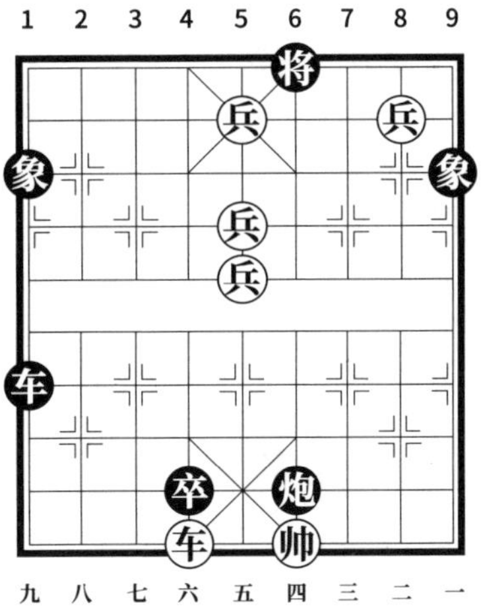

图 8-60

本页图题答案见 228 页

红先胜

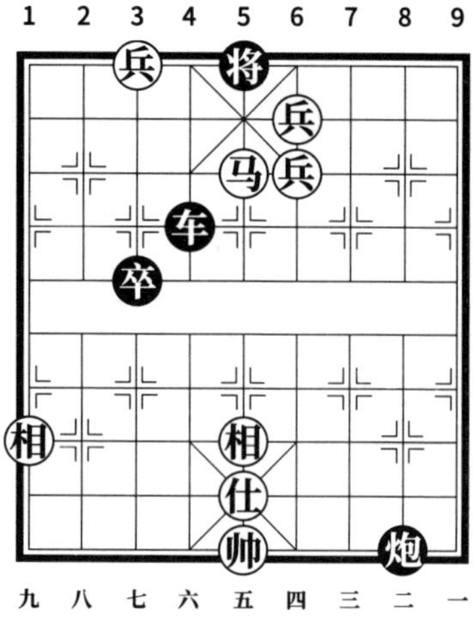

图 8-61

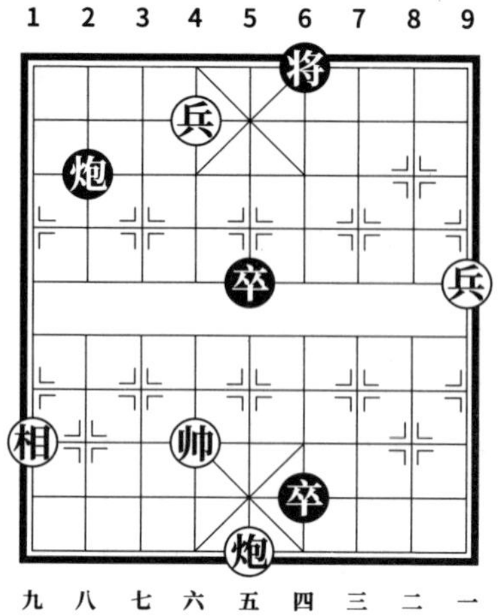

图 8-62

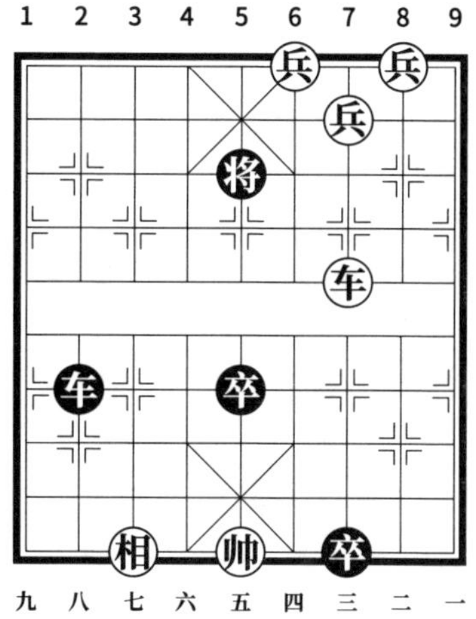

图 8-63

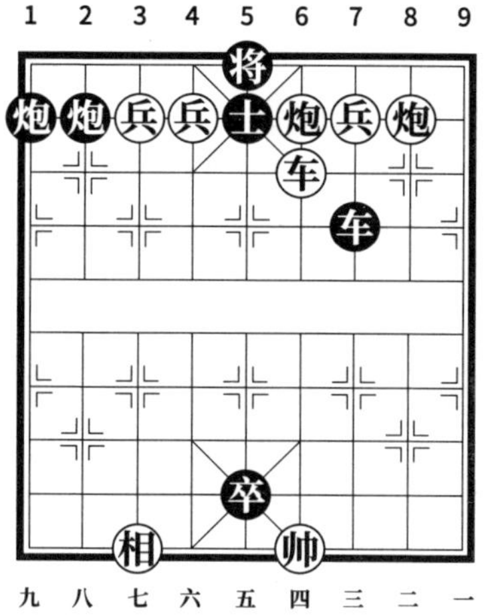

图 8-64

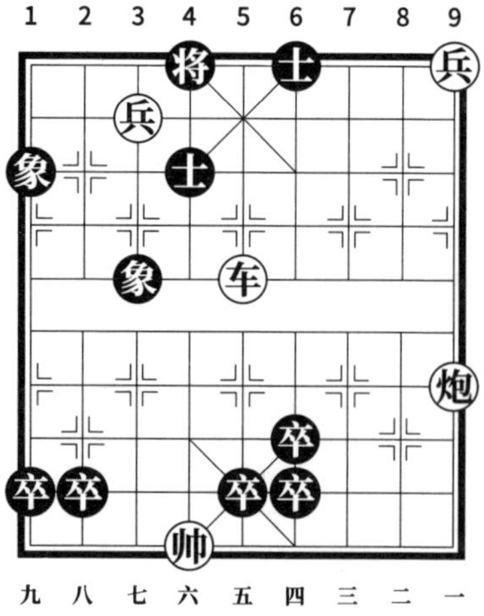

图 8-65

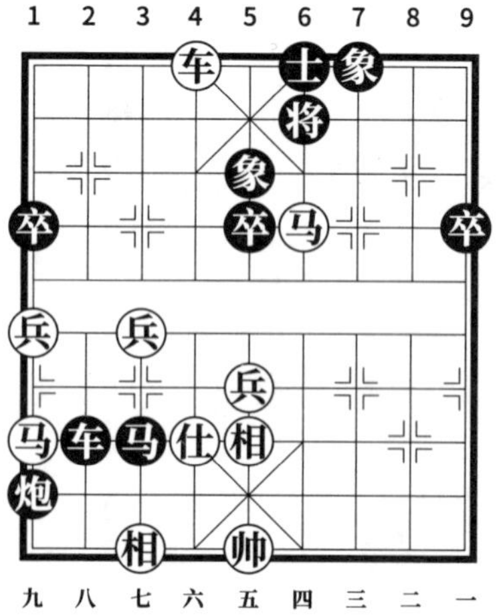

图 8-66

红先胜

本页图题答案见 228 页

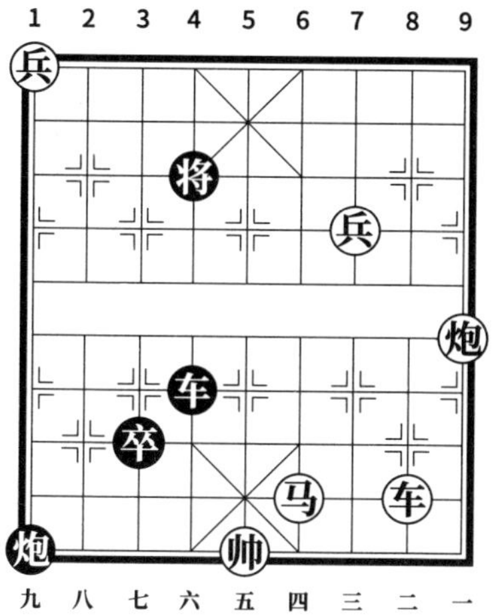
图 8-67

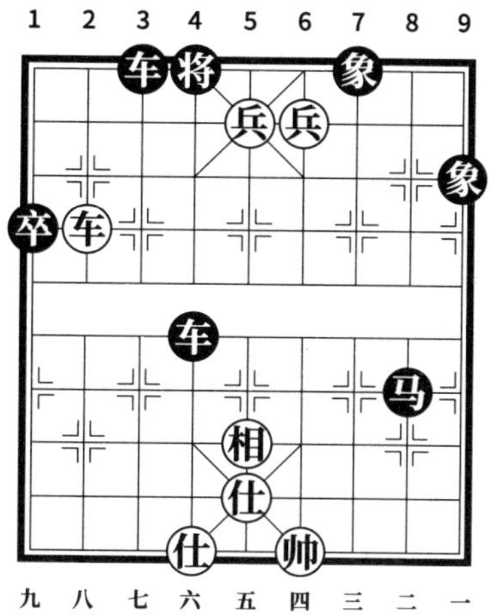
图 8-68

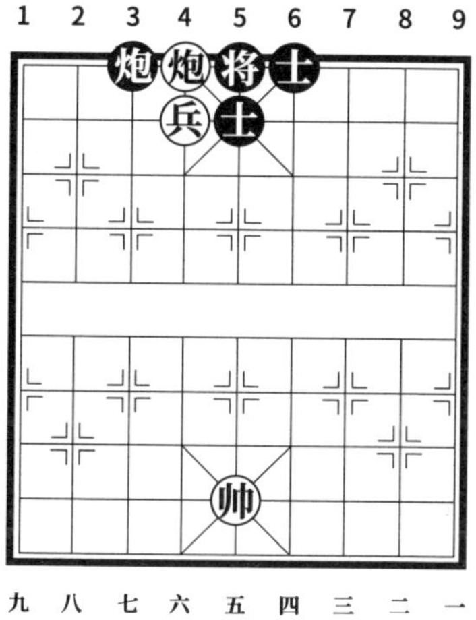
图 8-69

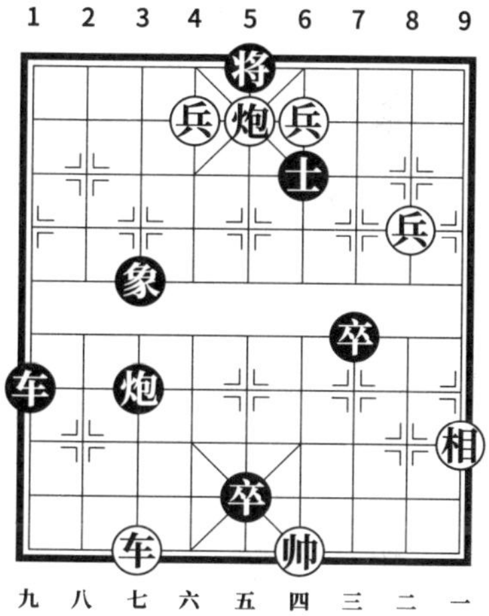
图 8-70

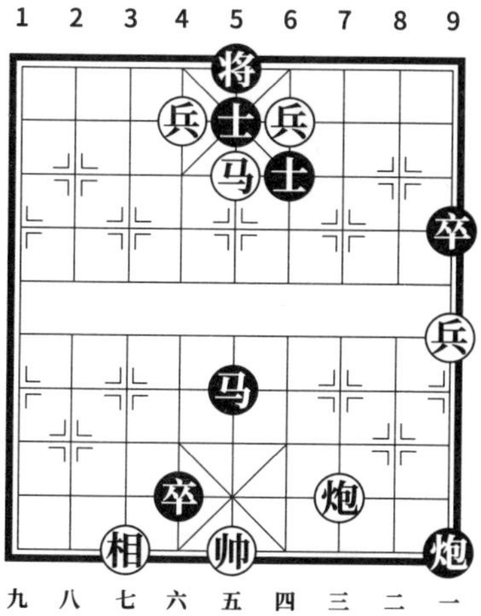
图 8-71

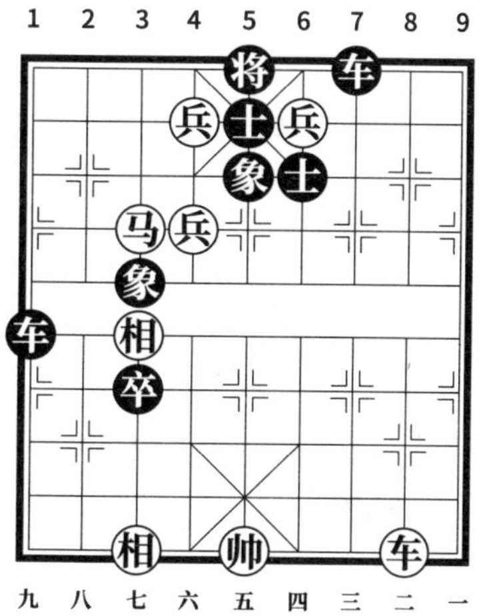
图 8-72

本页图题答案见 229 页

红先胜

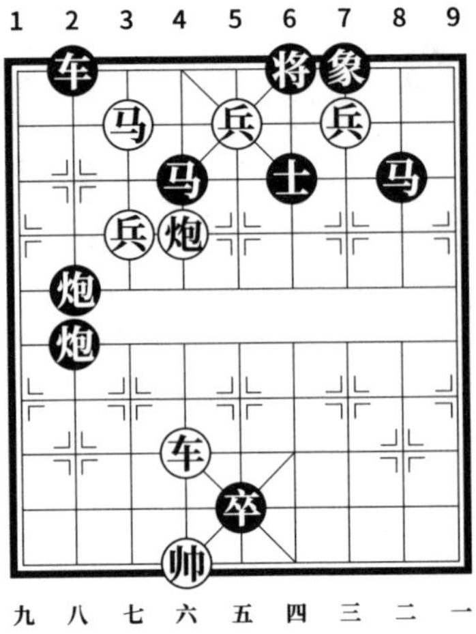

图 8-73

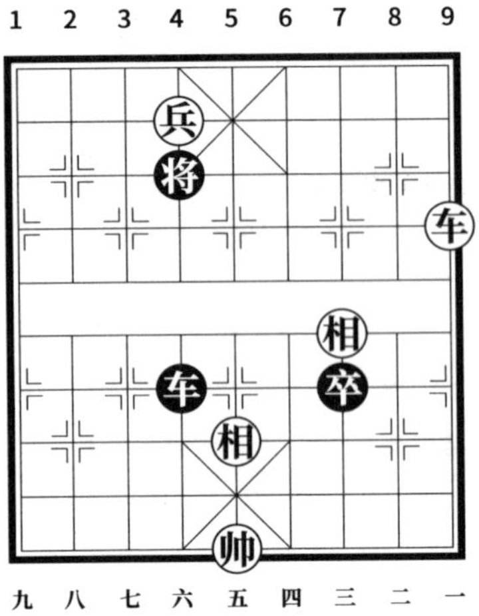

图 8-74

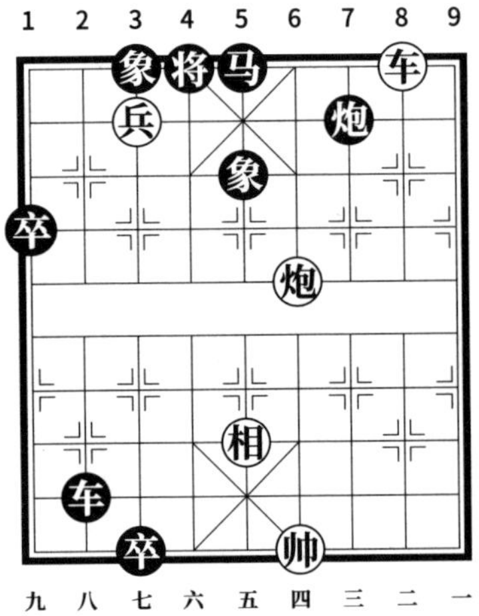

图 8-75

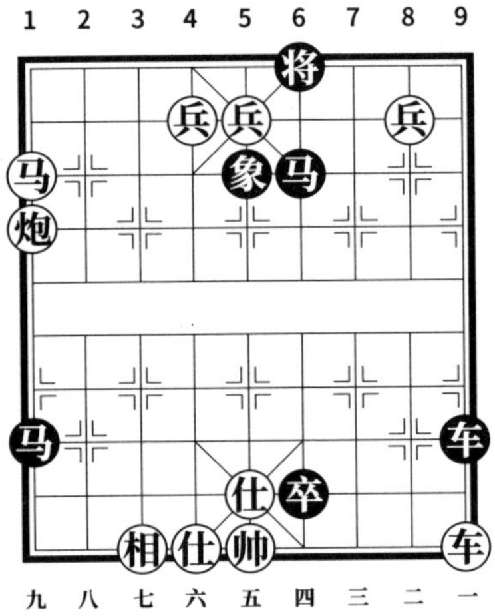

图 8-76

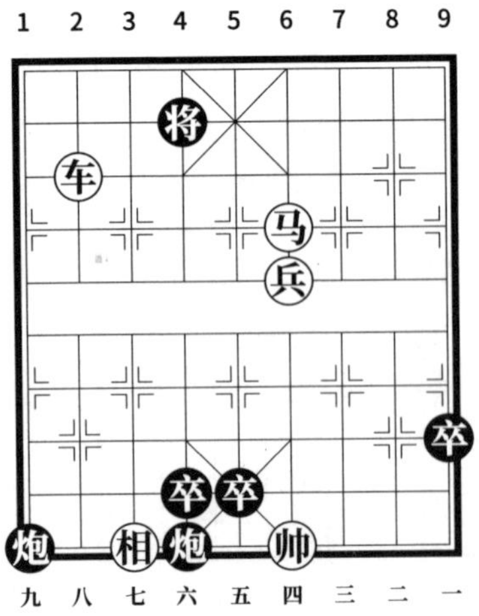

图 8-77

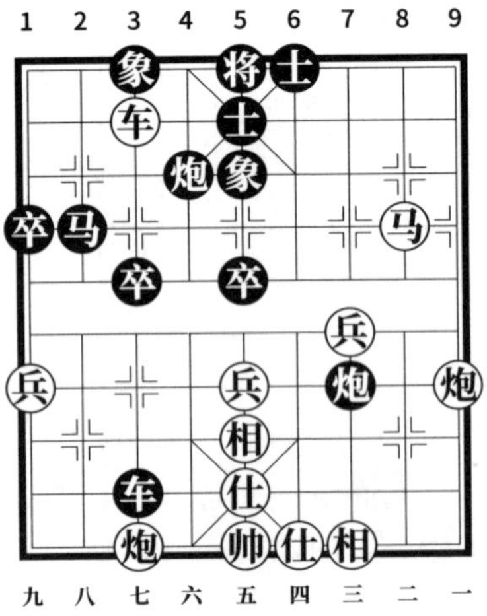

图 8-78

红先胜

本页图题答案见 229 页

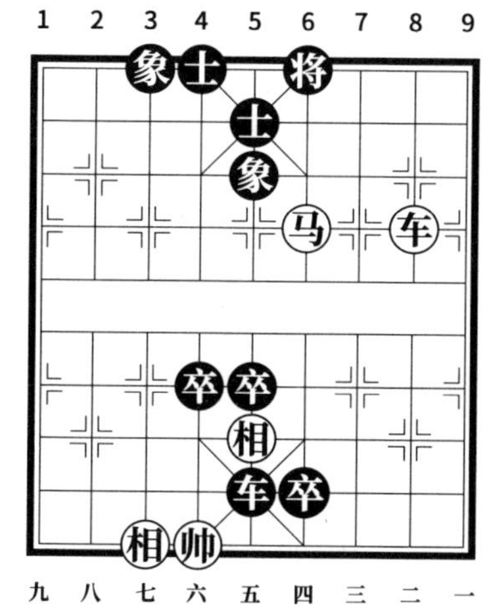

图 8-79

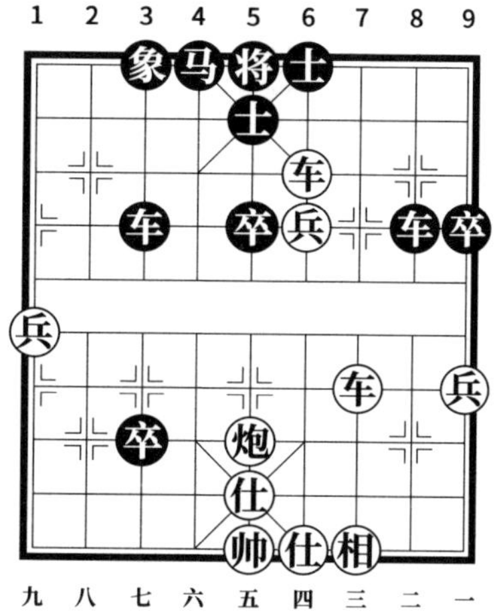

图 8-80

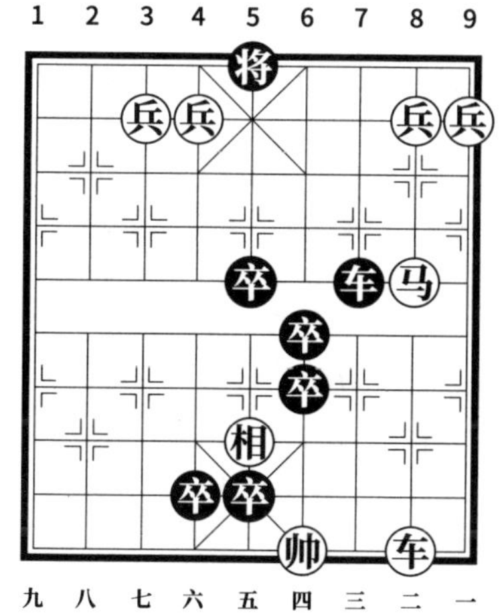

图 8-81

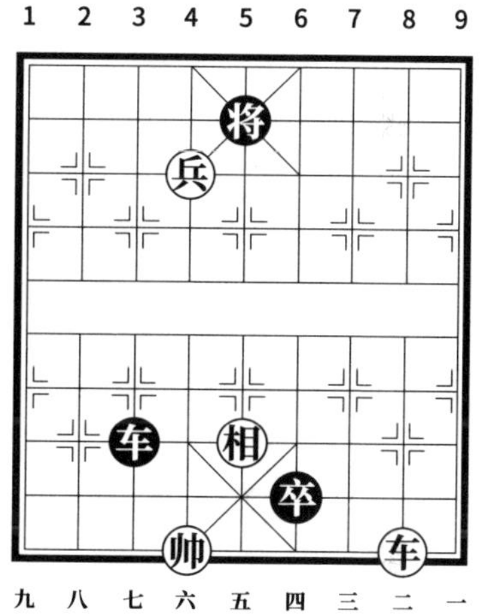

图 8-82

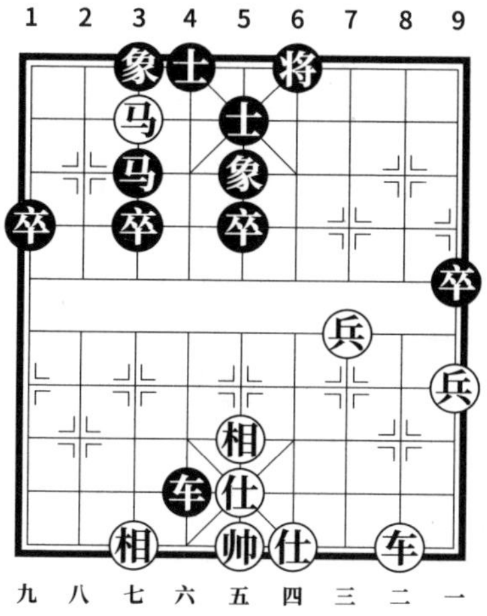

图 8-83

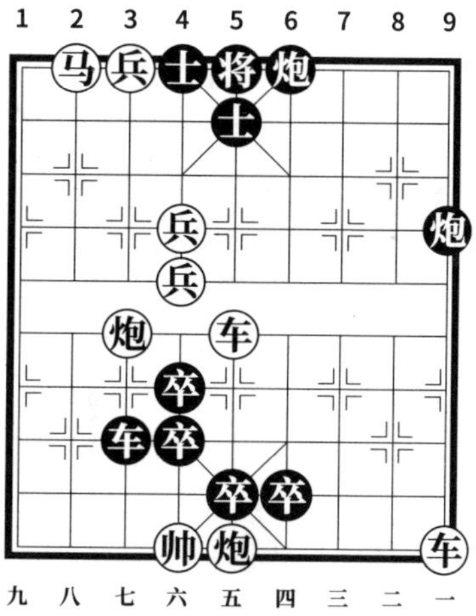

图 8-84

本页图题答案见 229、230 页

红先胜

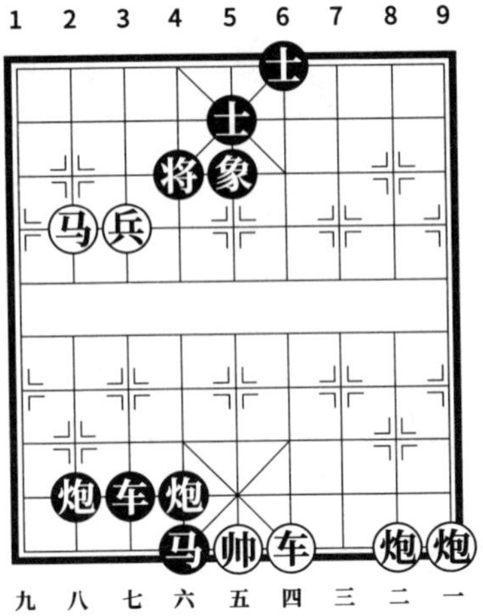
图 8-85

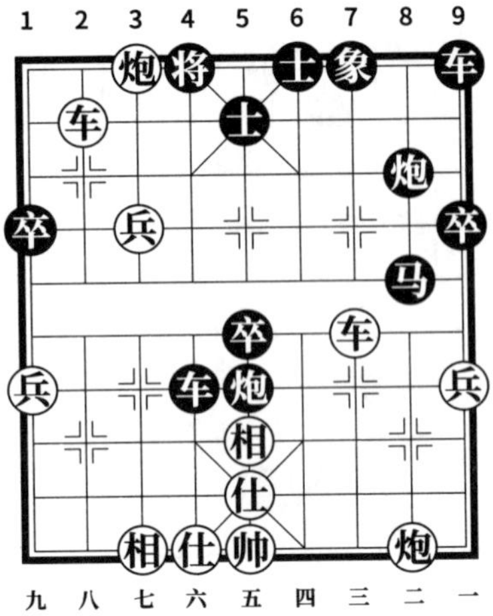
图 8-86

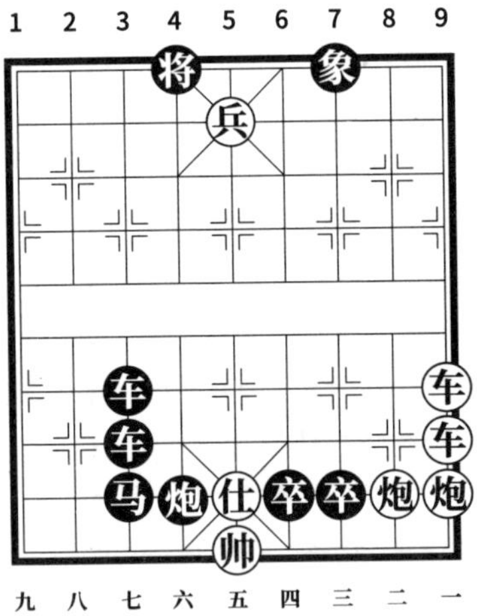
图 8-87

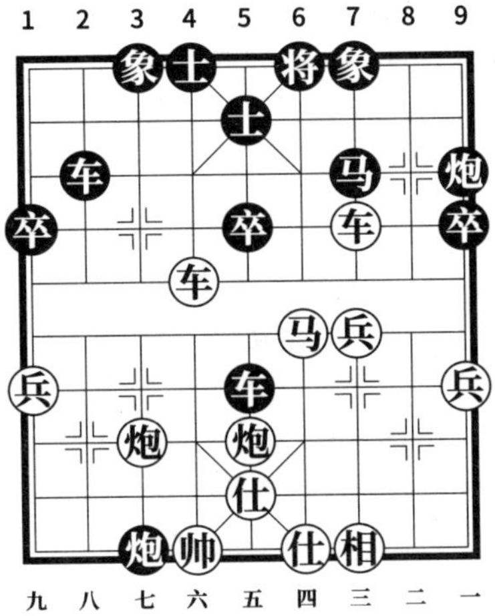
图 8-88

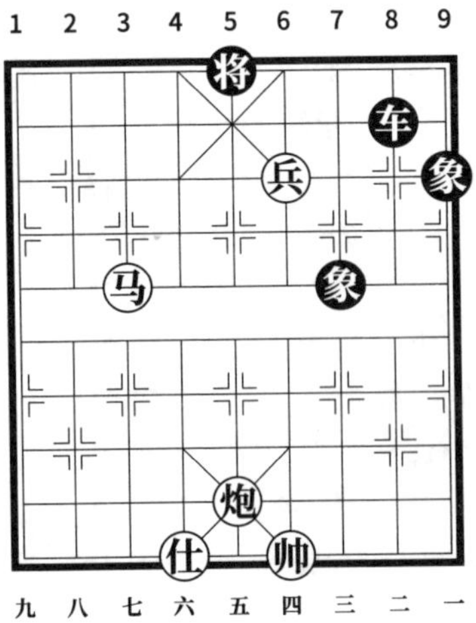
图 8-89

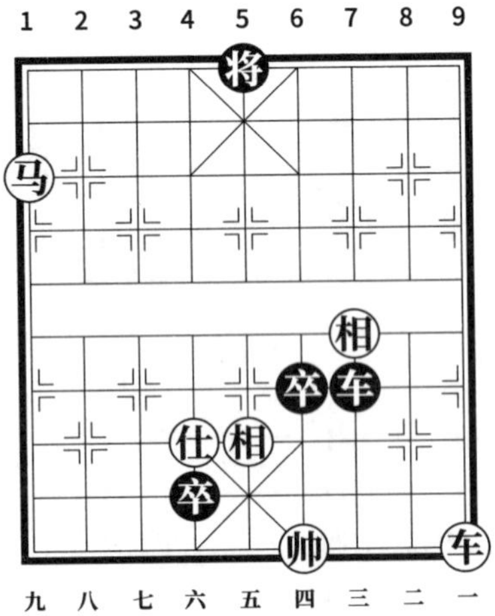
图 8-90

红先胜
本页图题答案见 230 页

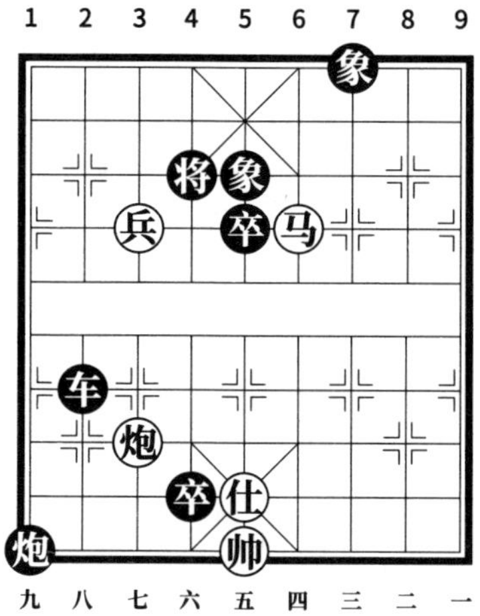

图 8-91

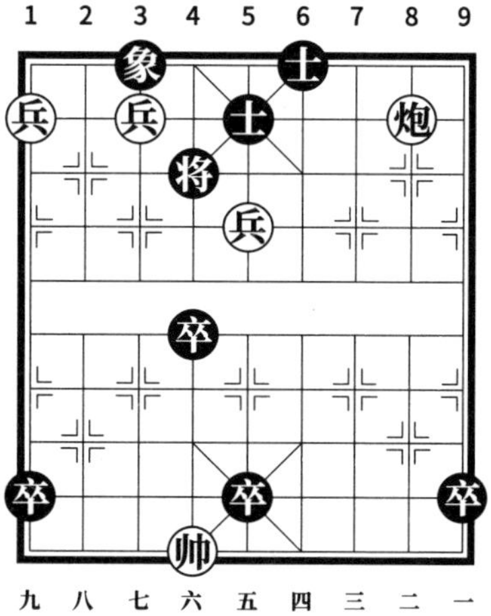

图 8-92

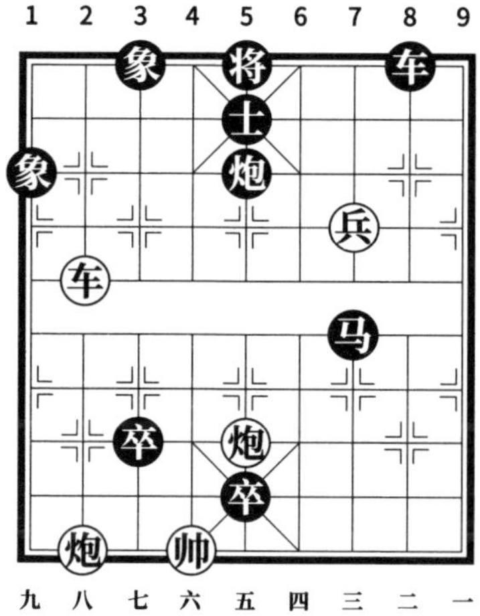

图 8-93

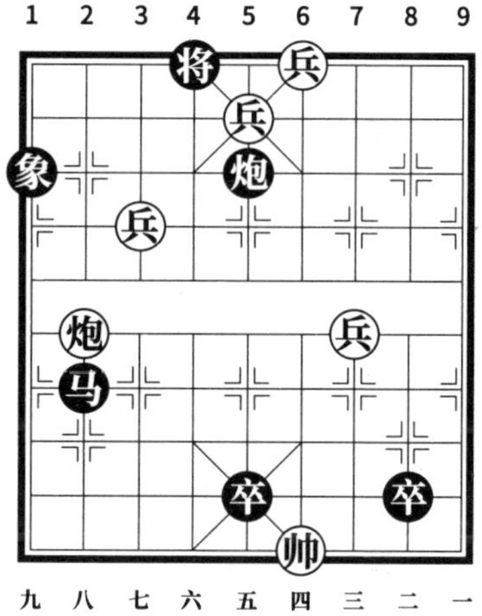

图 8-94

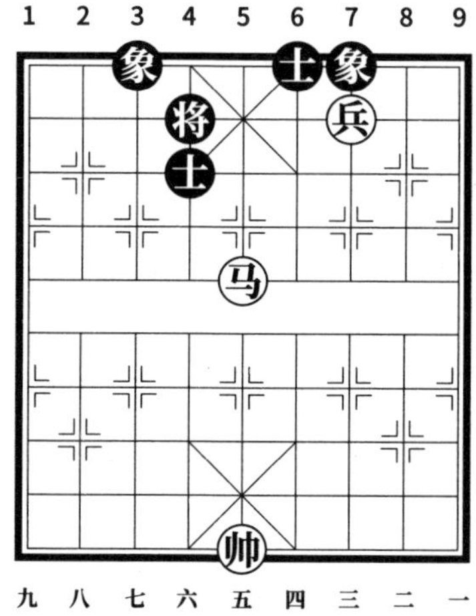

图 8-95

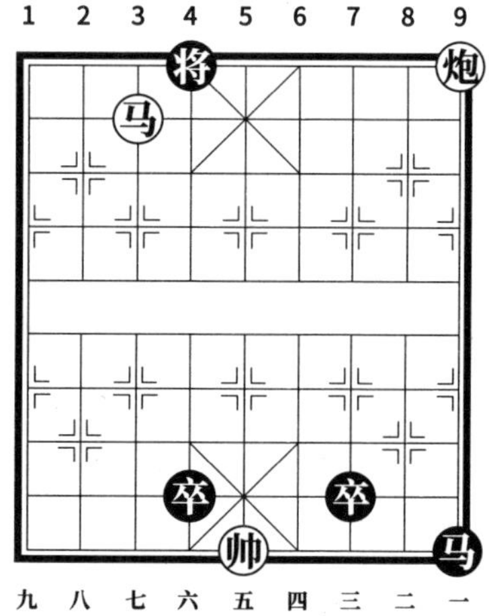

图 8-96

本页图题答案见 230 页

红先胜

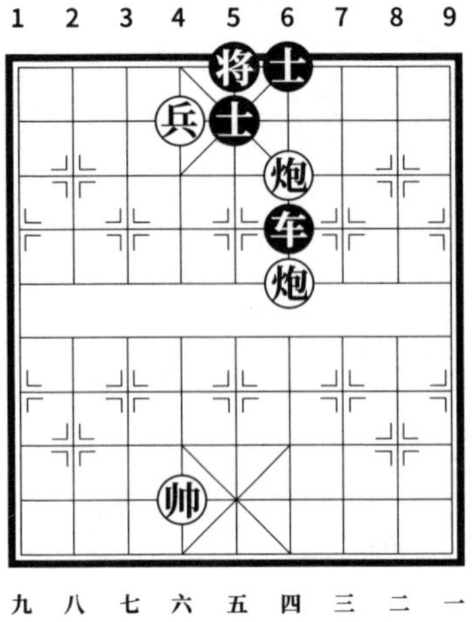

图 8-97

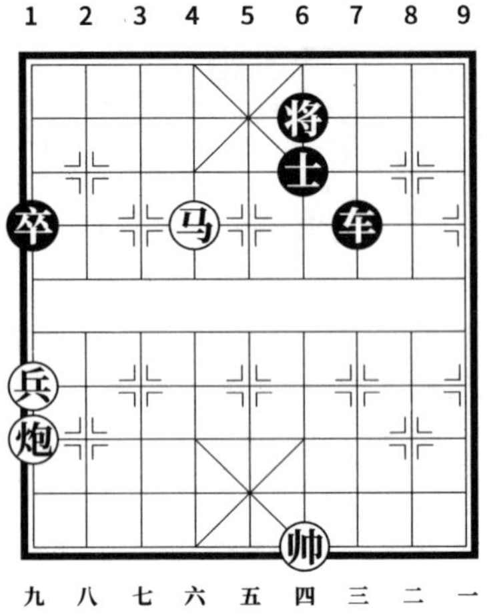

图 8-98

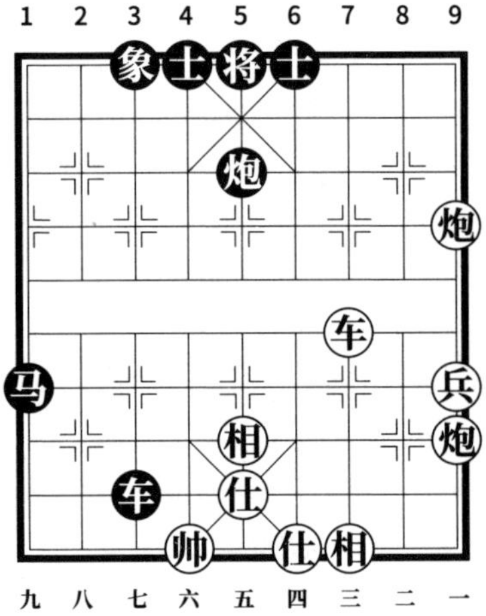

图 8-99

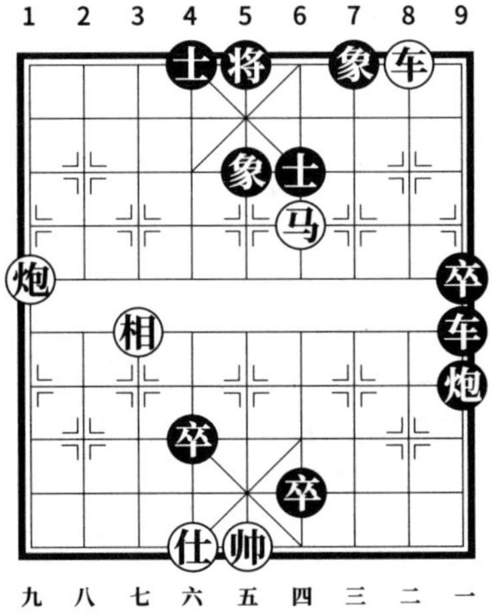

图 8-100

红先胜

本页图题答案见 230、231 页

九步非连将杀

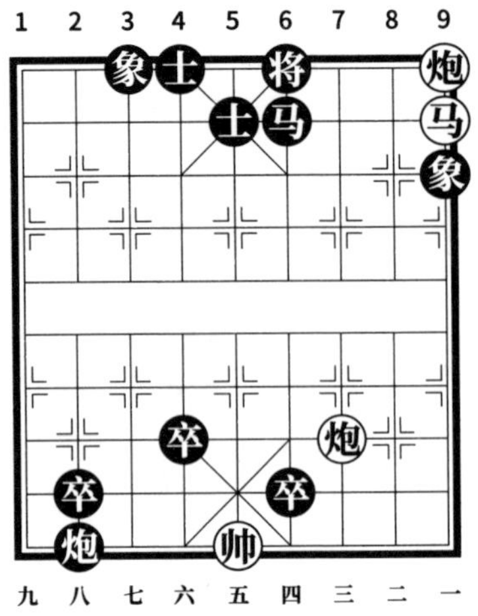

图 9-1

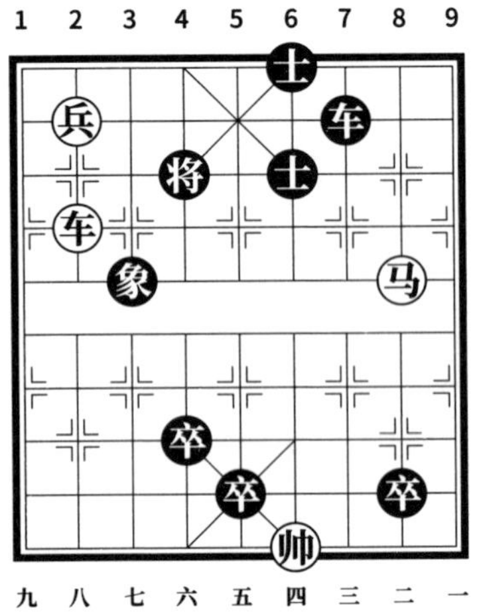

图 9-2

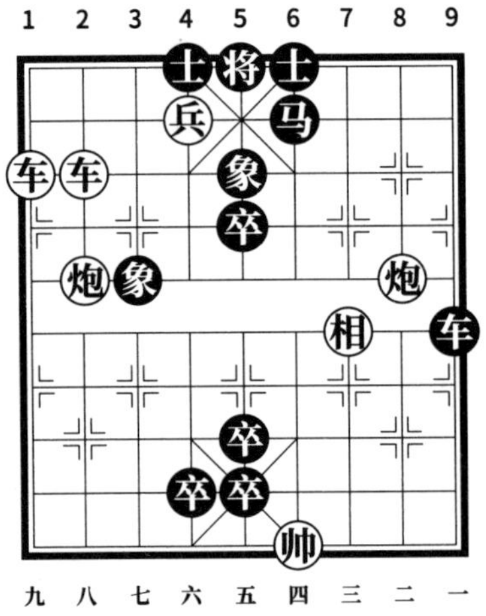

图 9-3

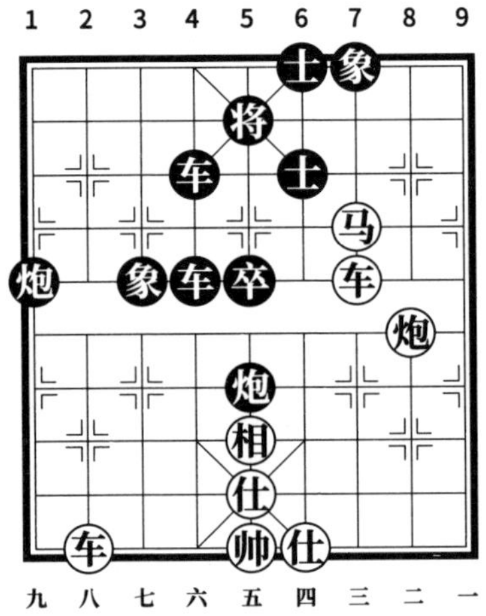

图 9-4

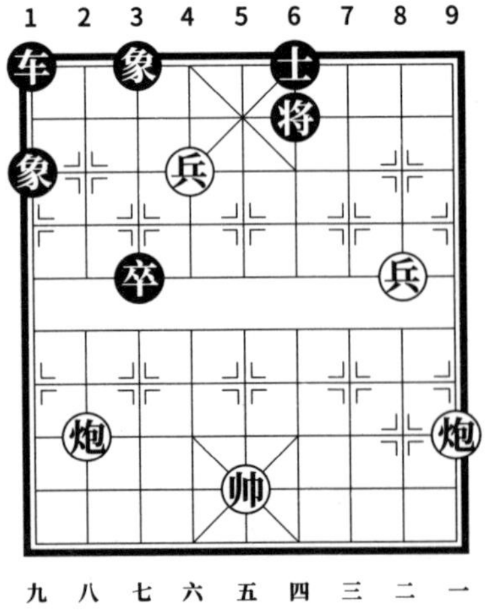

图 9-5

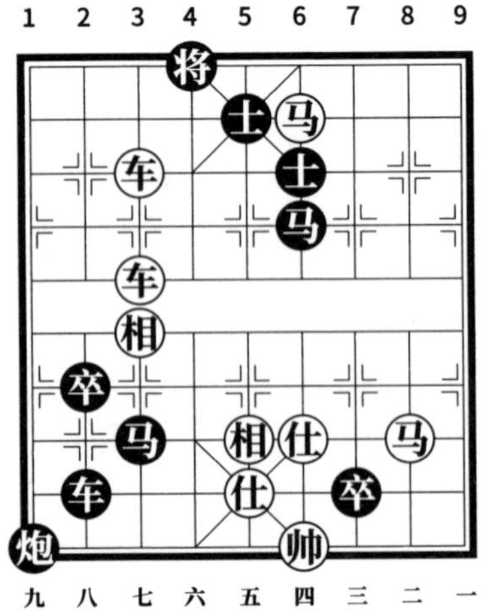

图 9-6

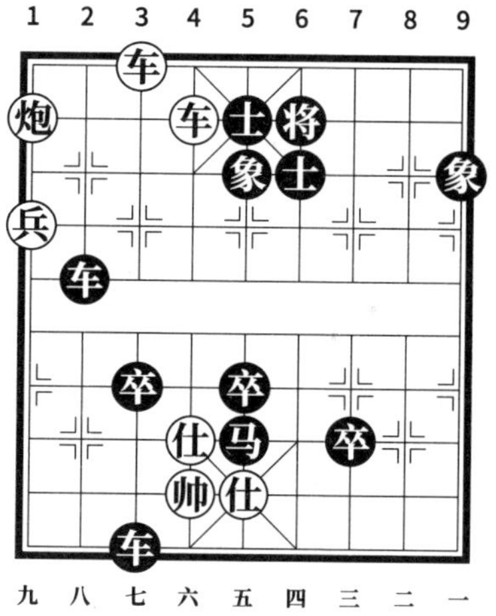

图 9-7

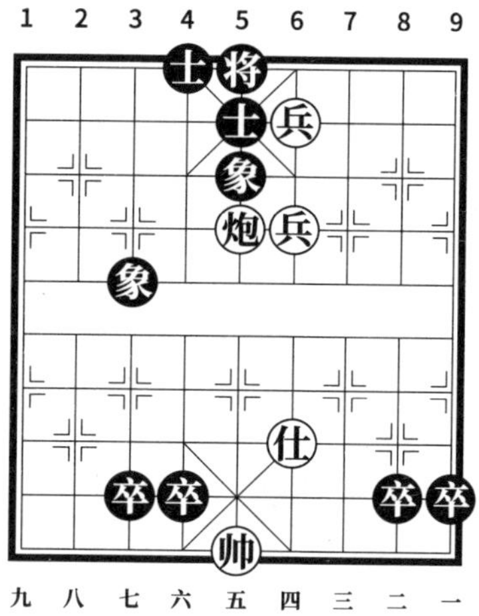

图 9-8

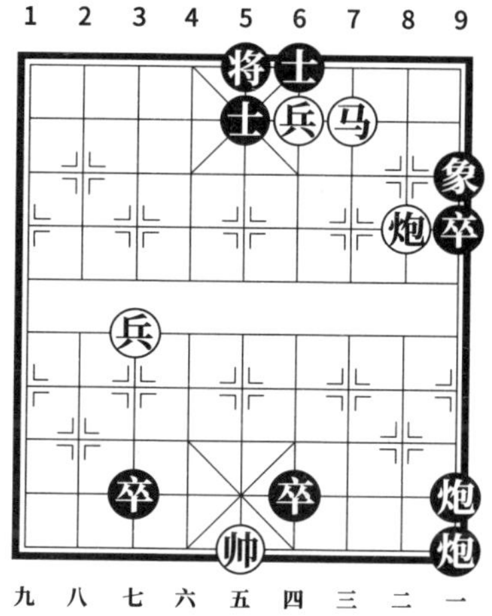

图 9-9

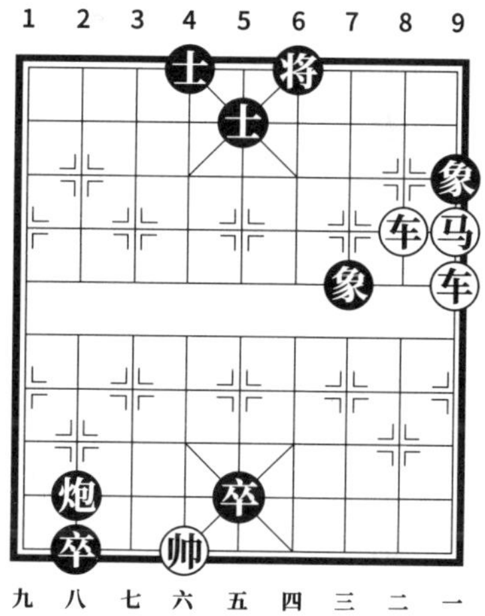

图 9-10

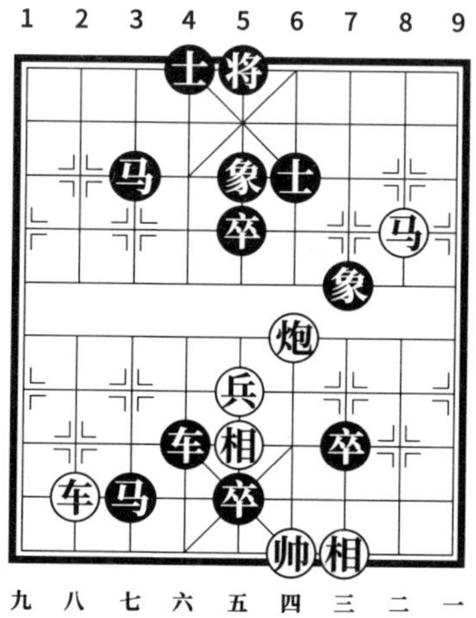

图 9-11

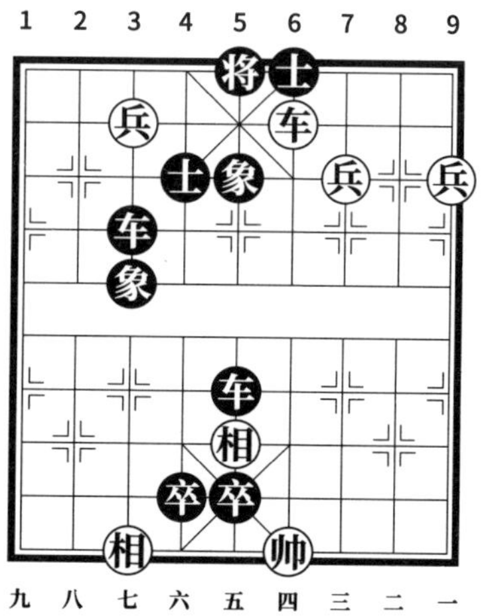

图 9-12

本页图题答案见 231、232 页

红先胜

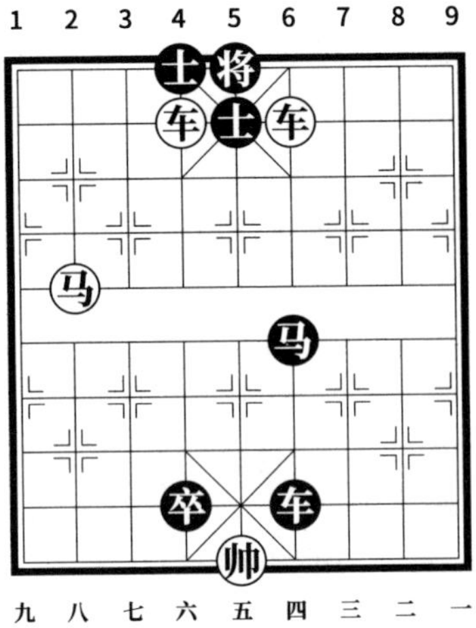

图 9-13

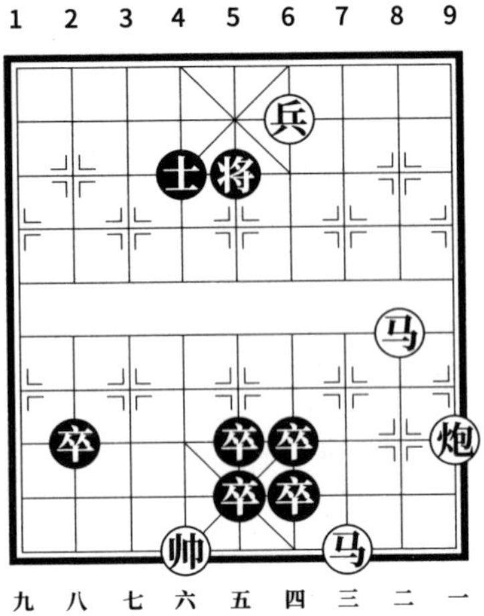

图 9-14

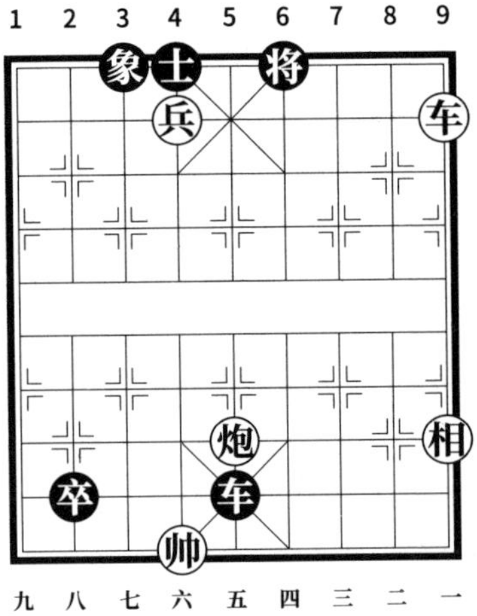

图 9-15

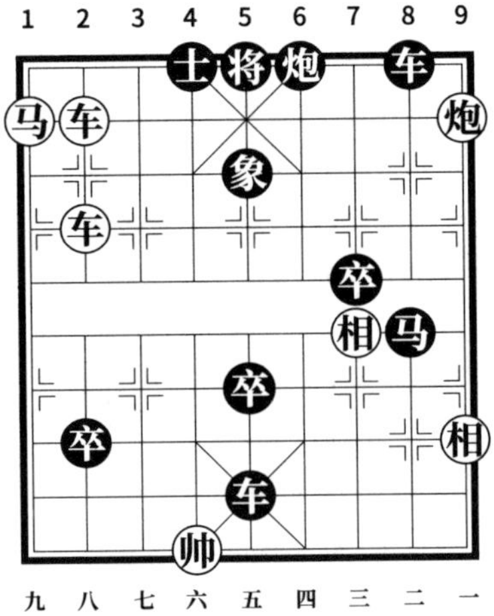

图 9-16

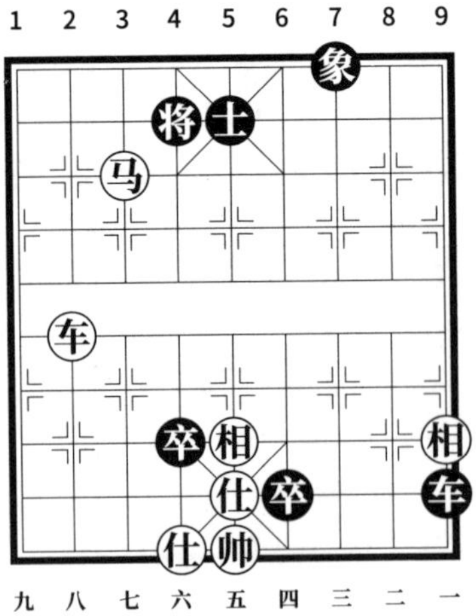

图 9-17

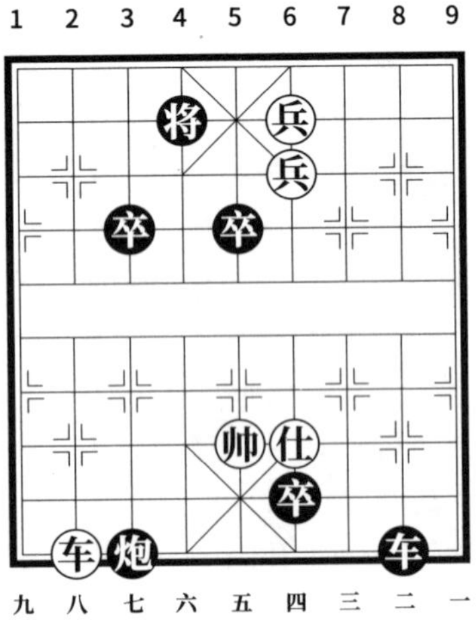

图 9-18

红先胜

本页图题答案见 232 页

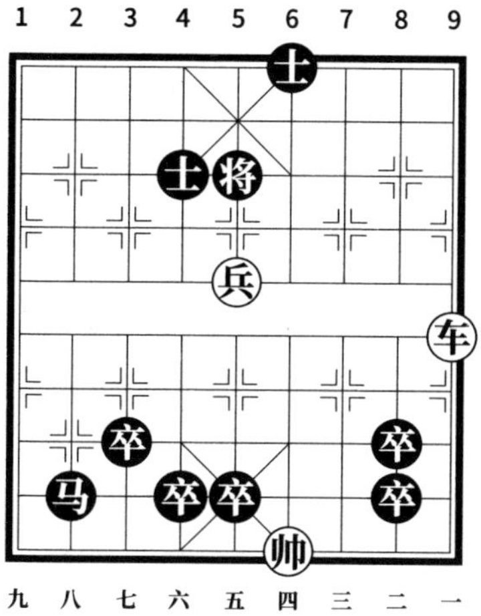

图 9-19

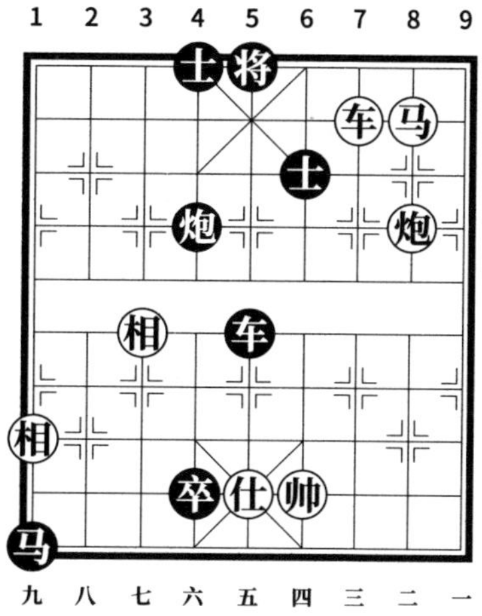

图 9-20

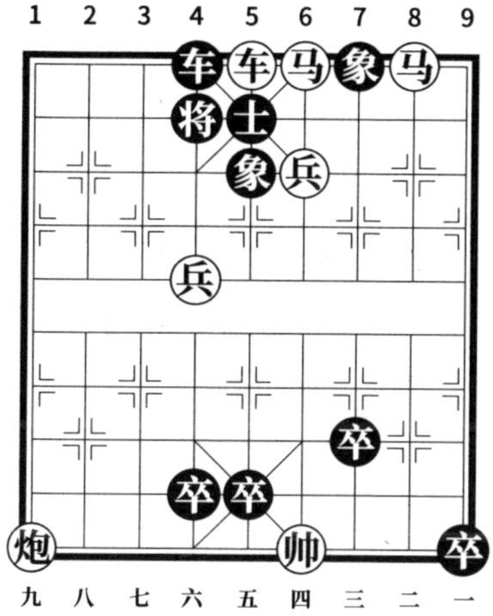

图 9-21

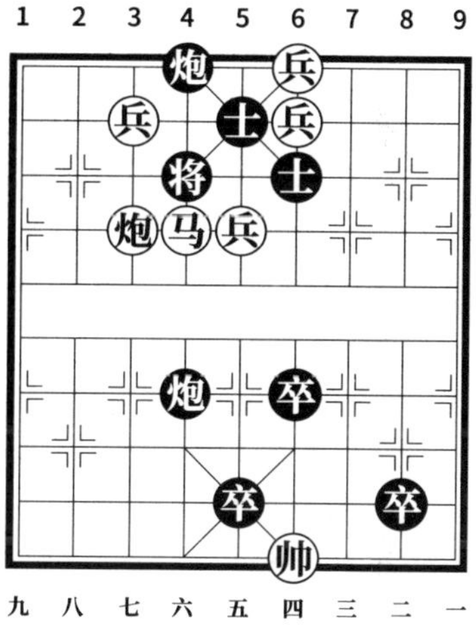

图 9-22

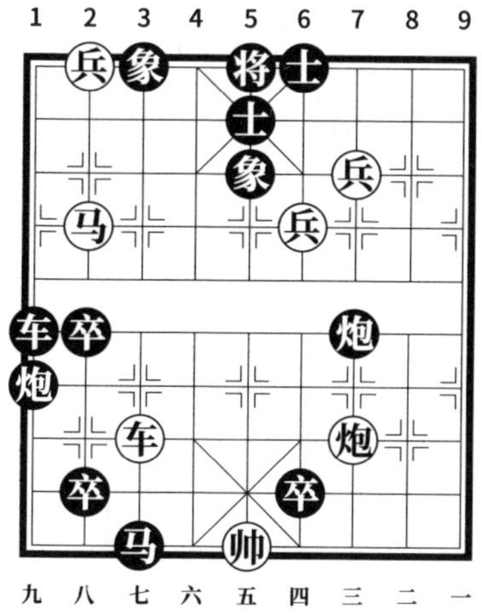

图 9-23

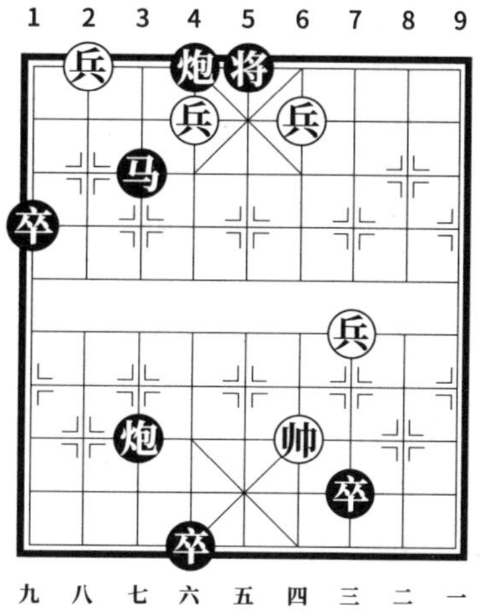

图 9-24

本页图题答案见 232、233 页

红先胜

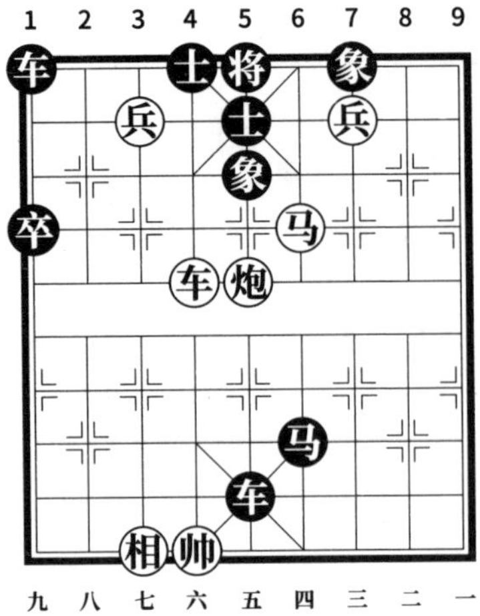
图 9-25

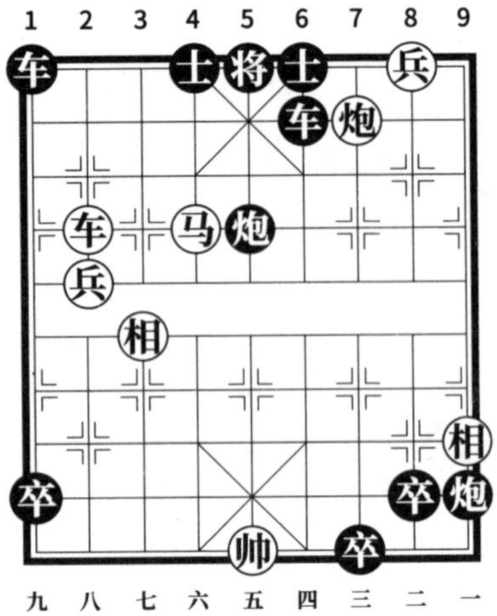
图 9-26

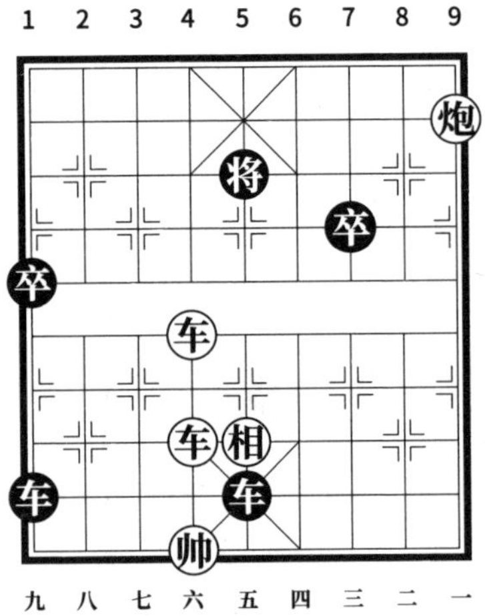
图 9-27

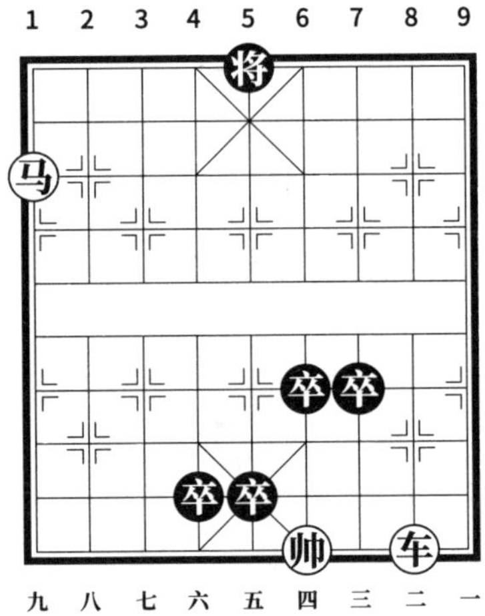
图 9-28

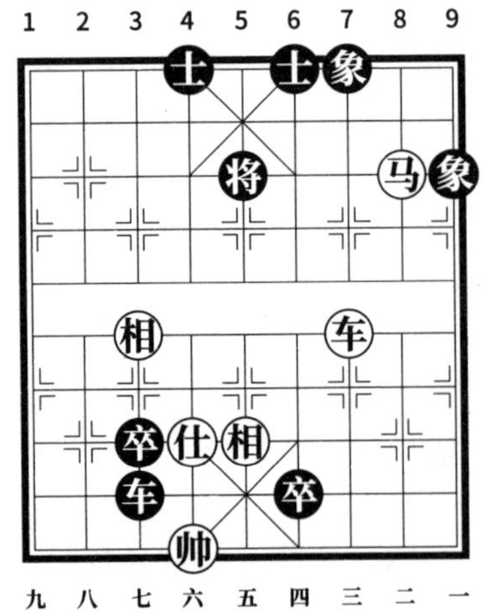
图 9-29

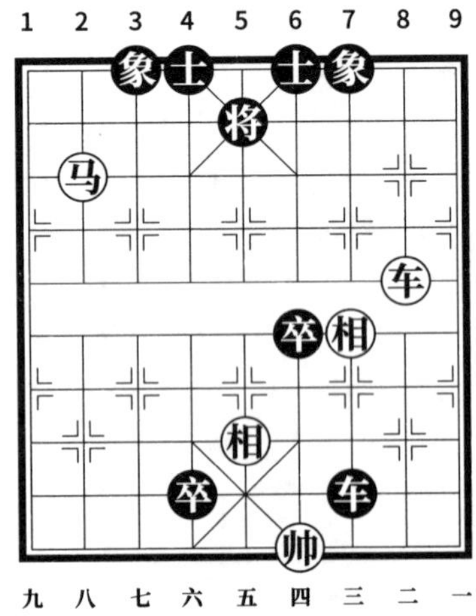
图 9-30

红先胜

本页图题答案见 233 页

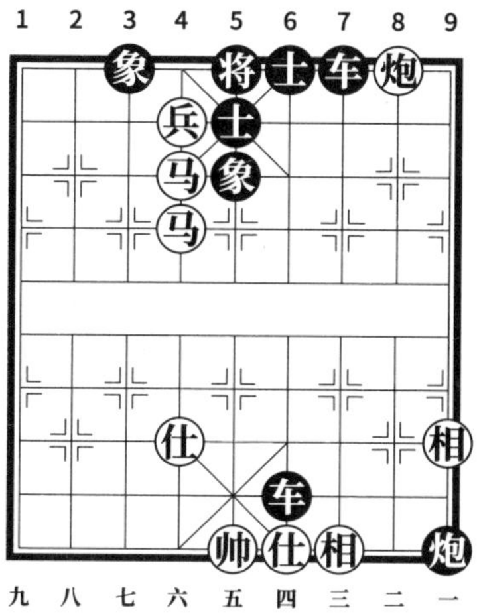

图 9-31

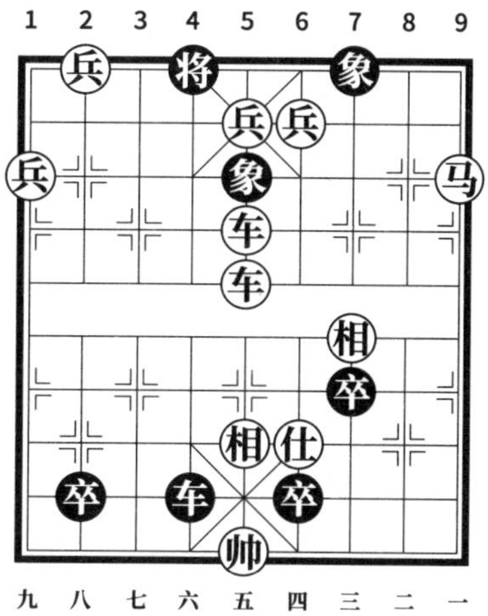

图 9-32

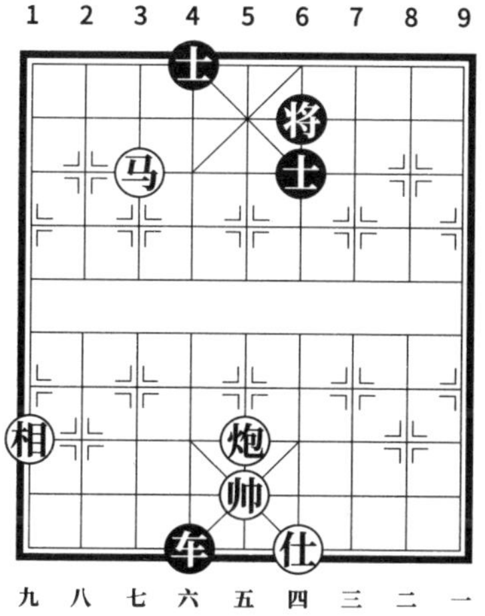

图 9-33

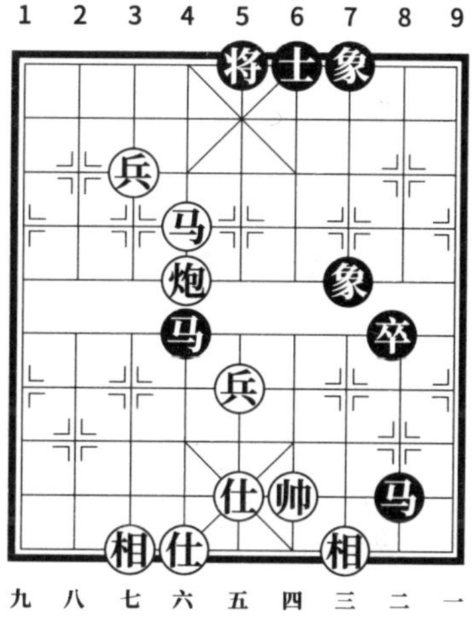

图 9-34

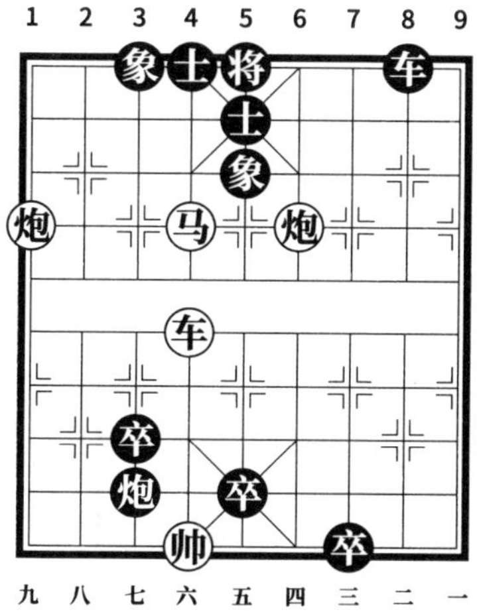

图 9-35

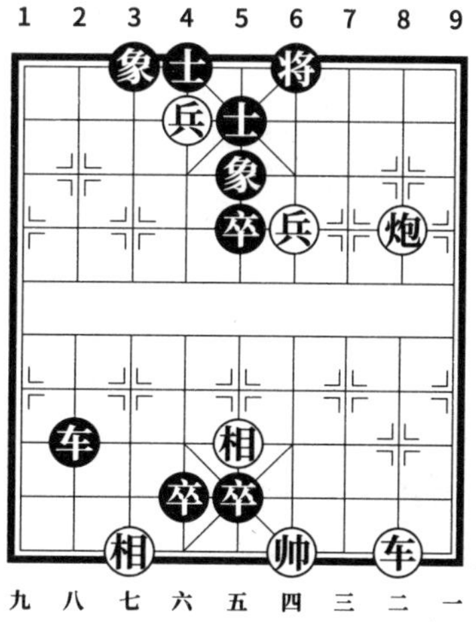

图 9-36

本页图题答案见 233 页

红先胜

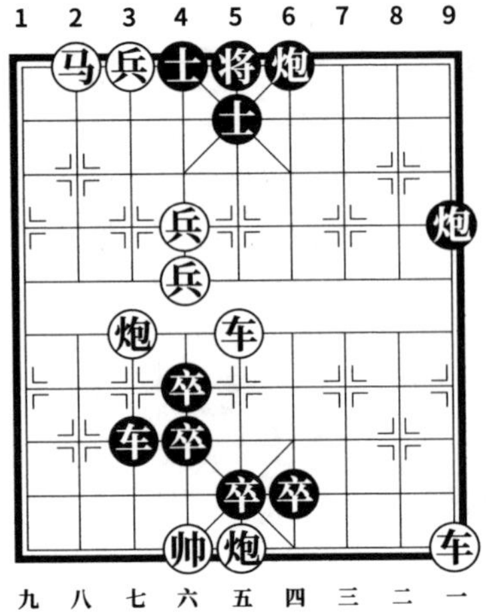

图 9-37

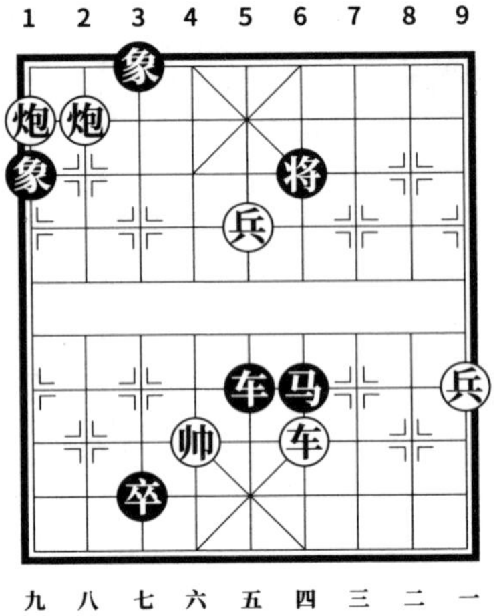

图 9-38

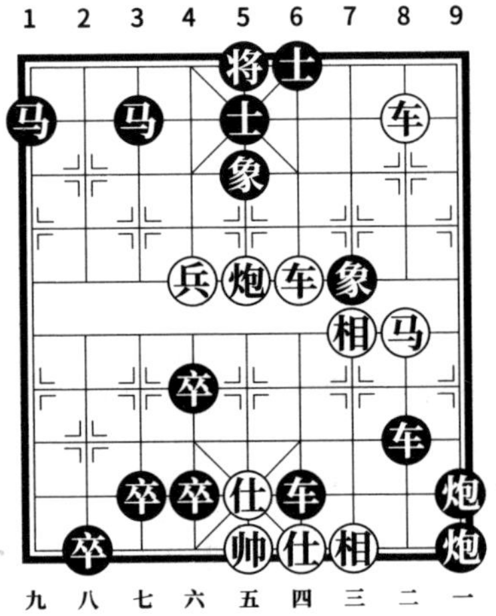

图 9-39

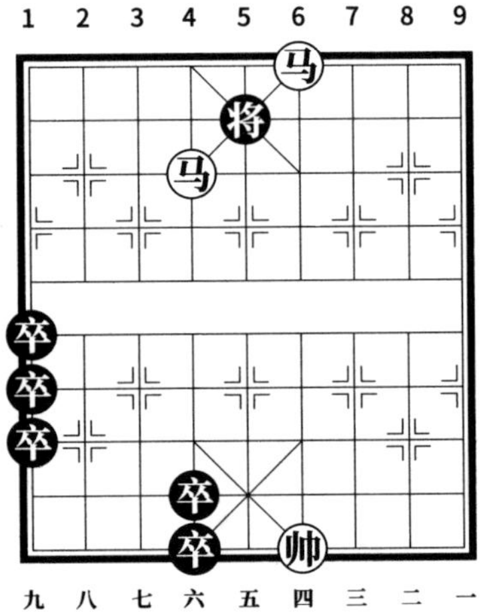

图 9-40

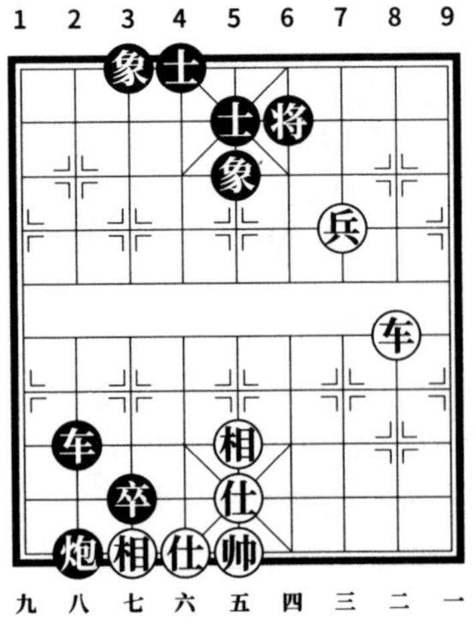

图 9-41

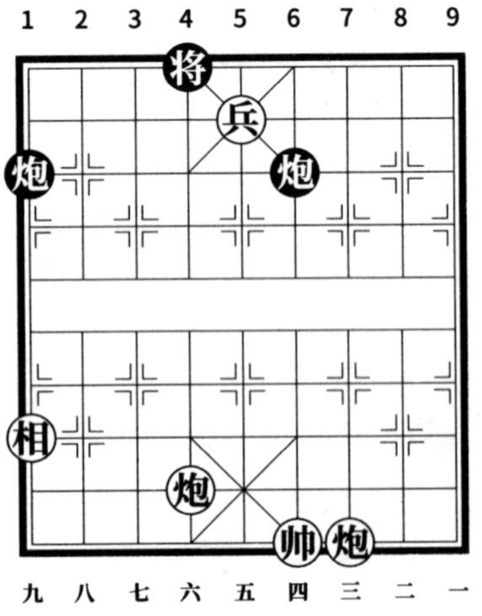

图 9-42

红先胜

本页图题答案见 233、234 页

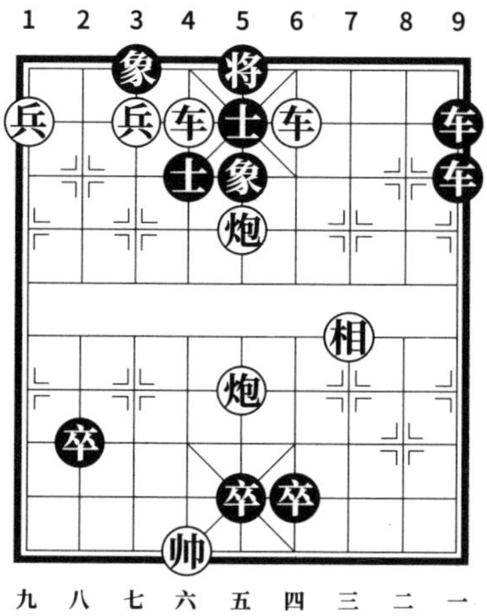

图 9-43

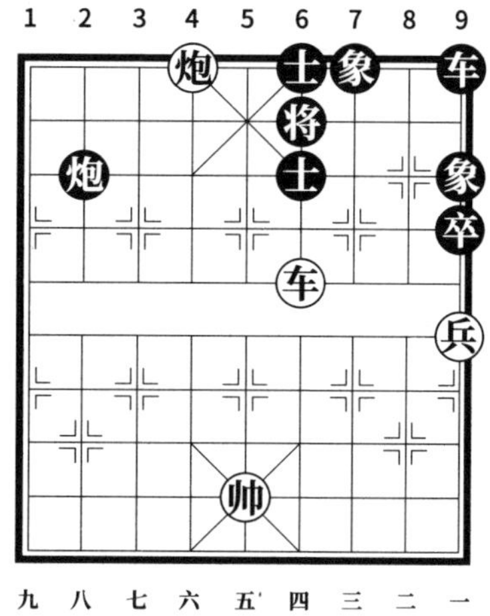

图 9-44

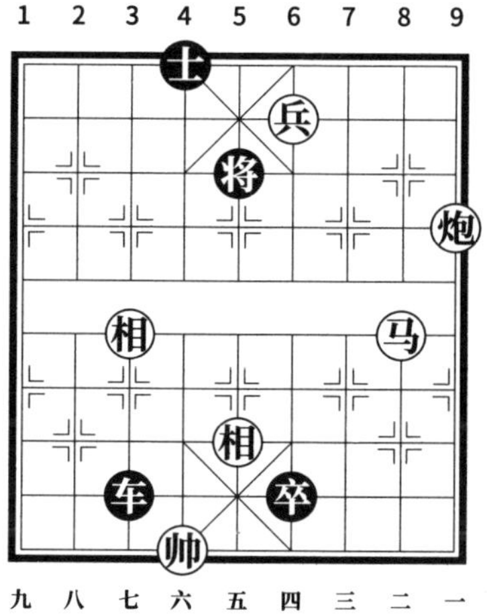

图 9-45

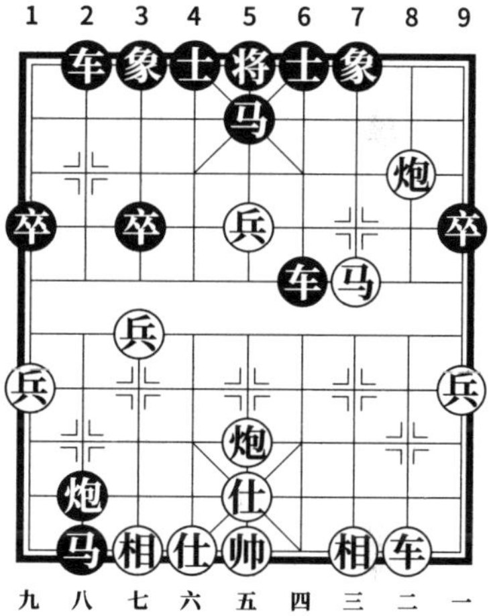

图 9-46

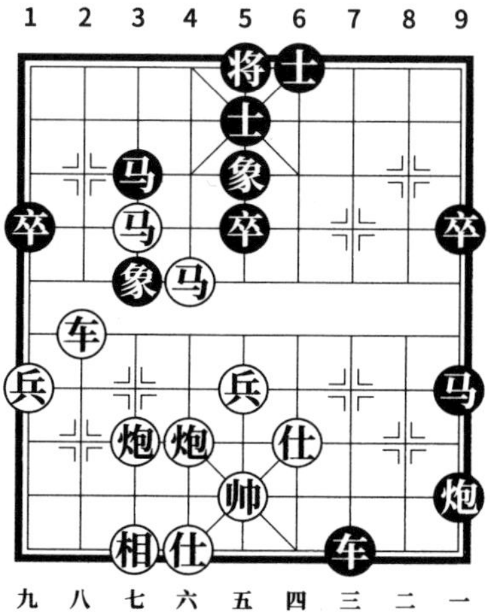

图 9-47

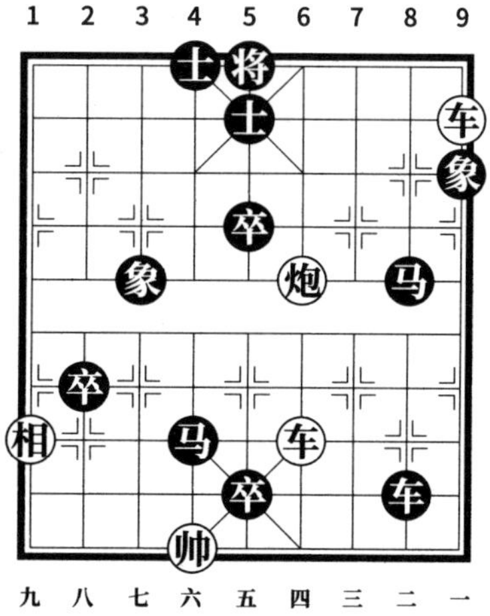

图 9-48

本页图题答案见 234 页

红先胜

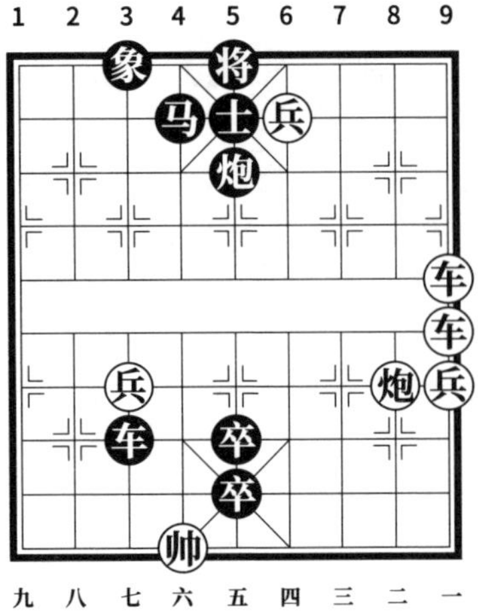

图 9-49

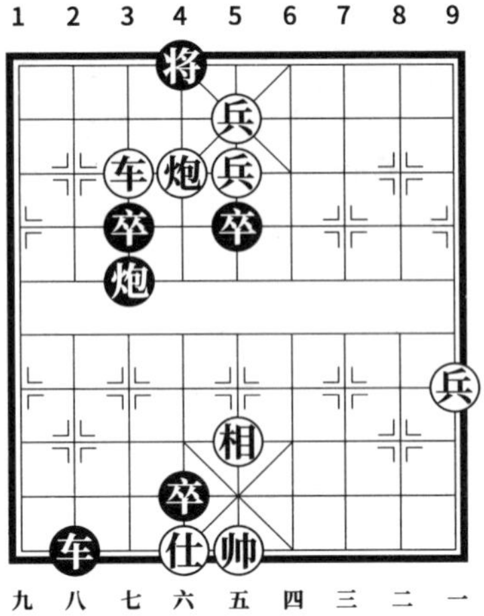

图 9-50

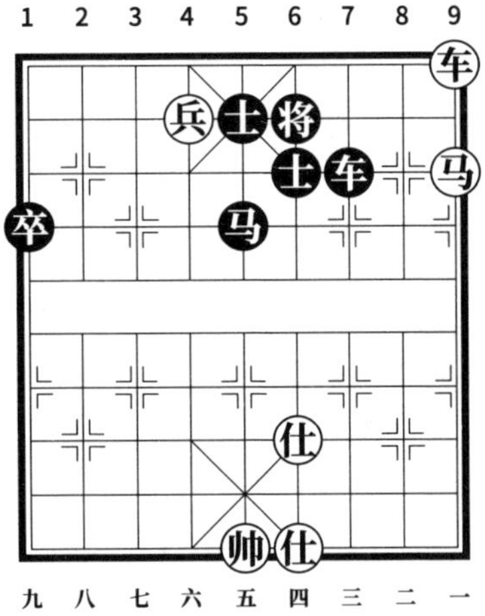

图 9-51

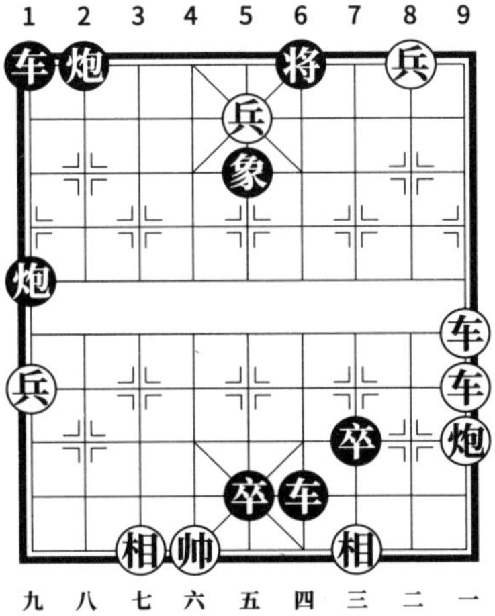

图 9-52

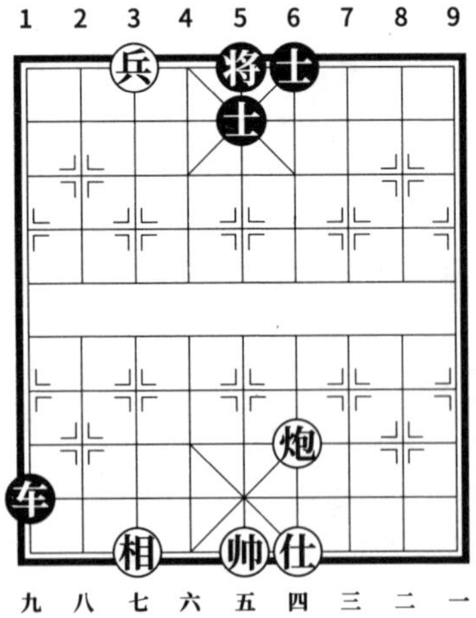

图 9-53

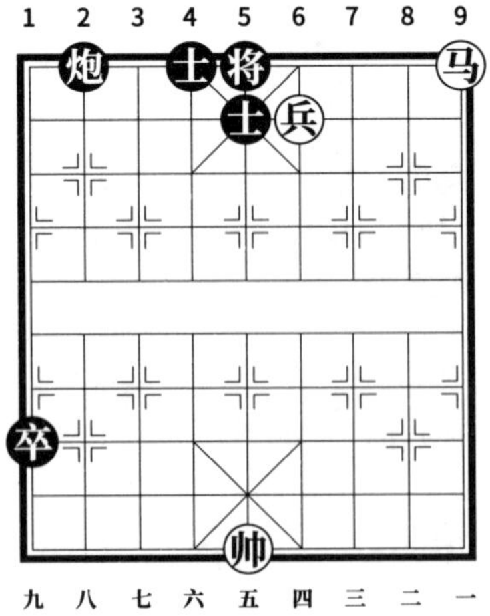

图 9-54

红先胜

本页图题答案见 234、235 页

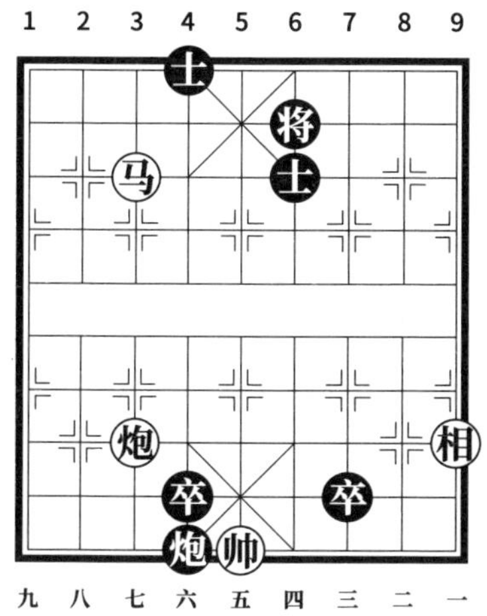
图 9-55

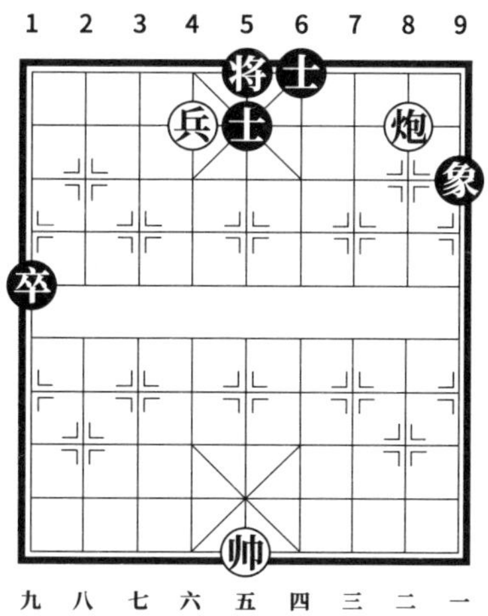
图 9-56

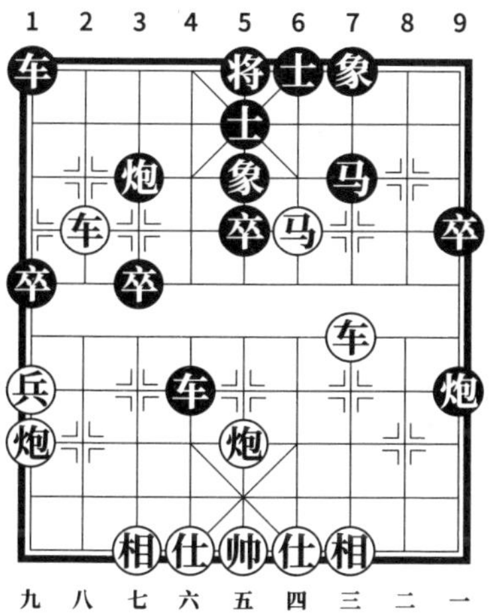
图 9-57

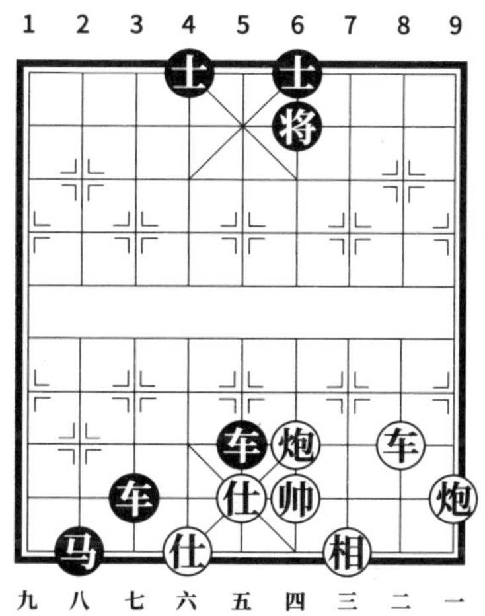
图 9-58

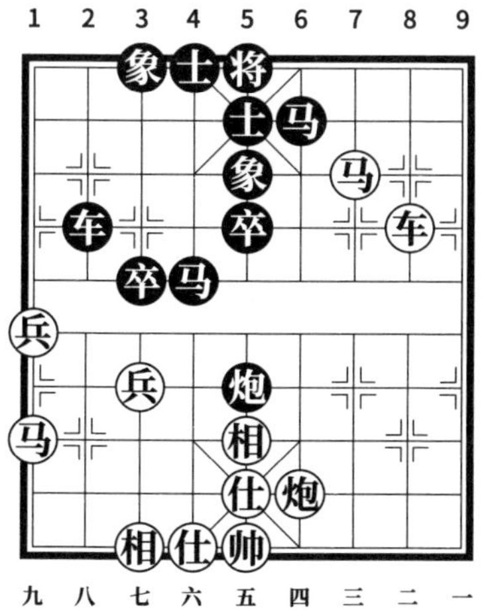
图 9-59

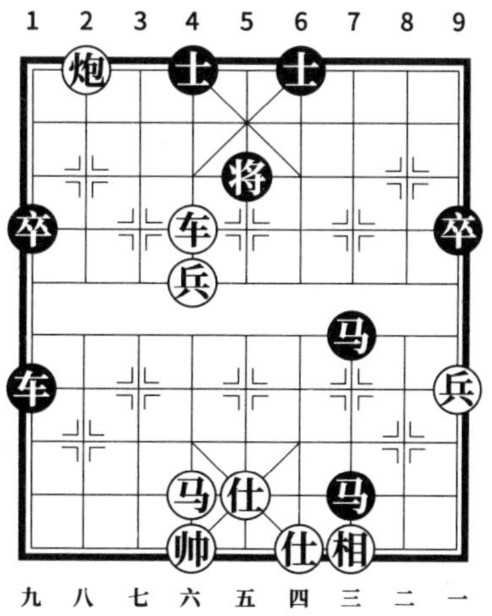
图 9-60

本页图题答案见 235 页

红先胜

十步非连将杀

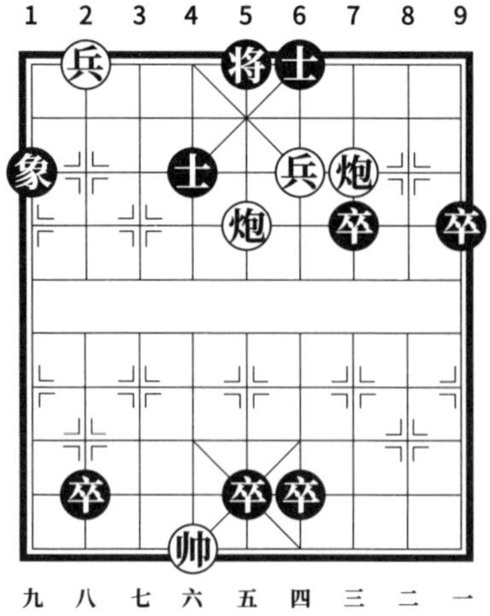

图 10-1

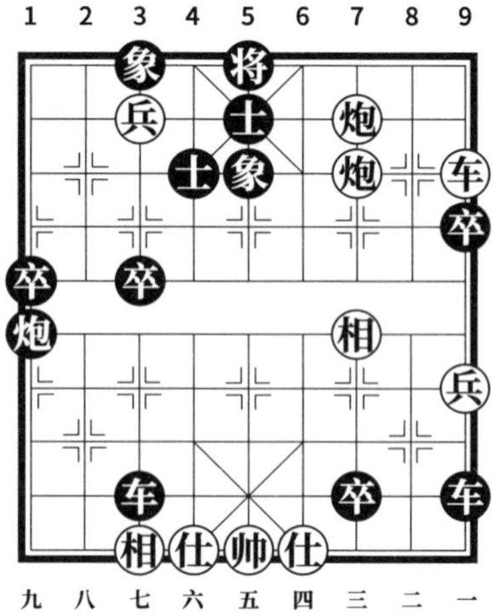

图 10-2

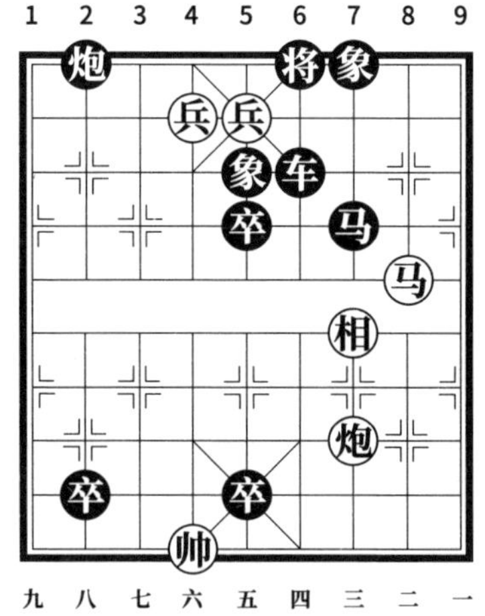

图 10-3

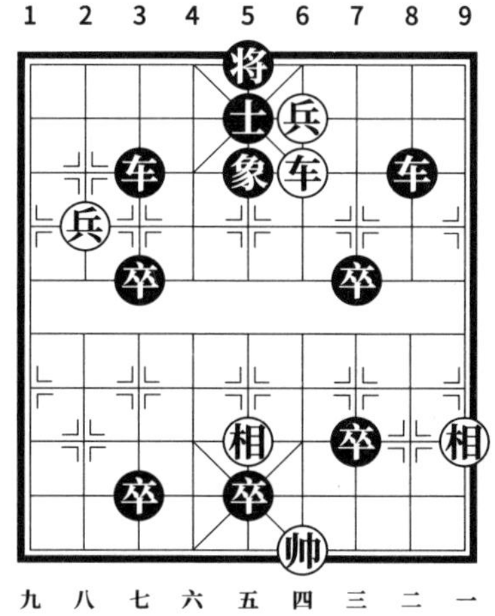

图 10-4

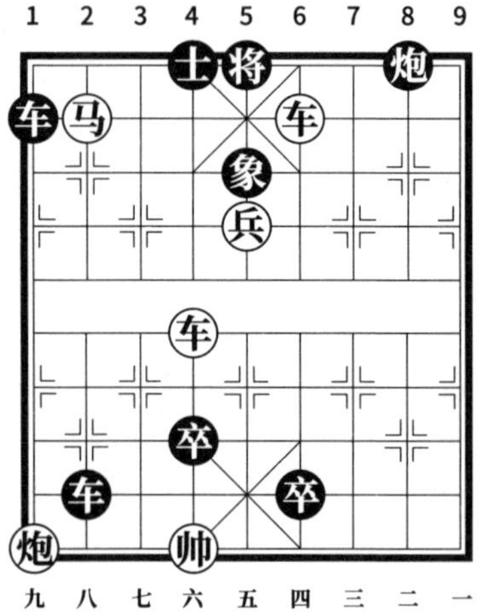

图 10-5

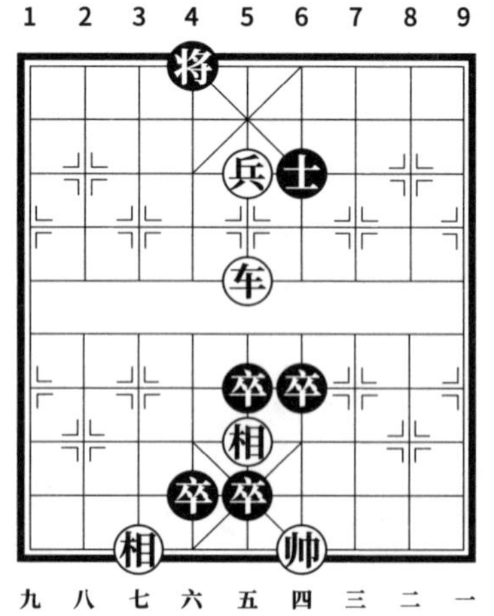

图 10-6

 红先胜 本页图题答案见 235 页

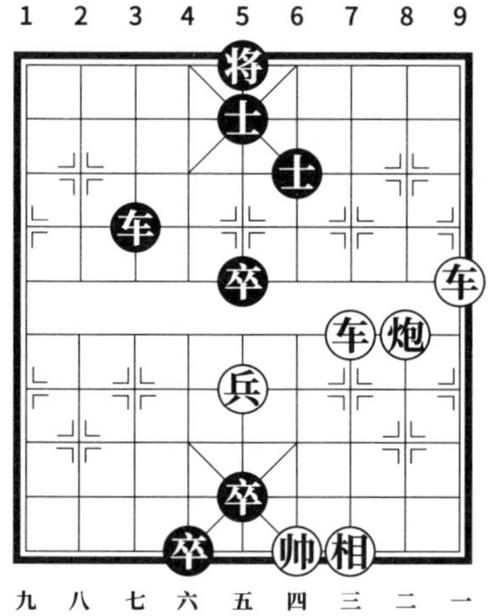

图 10-7

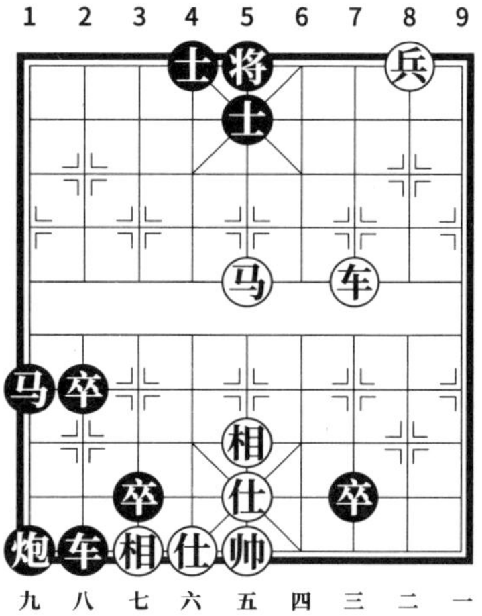

图 10-8

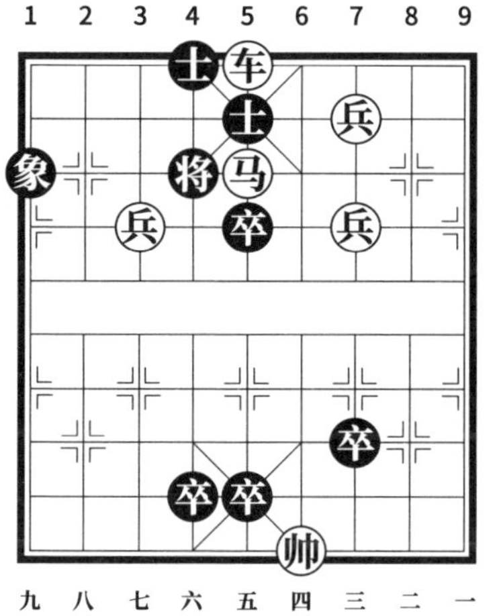

图 10-9

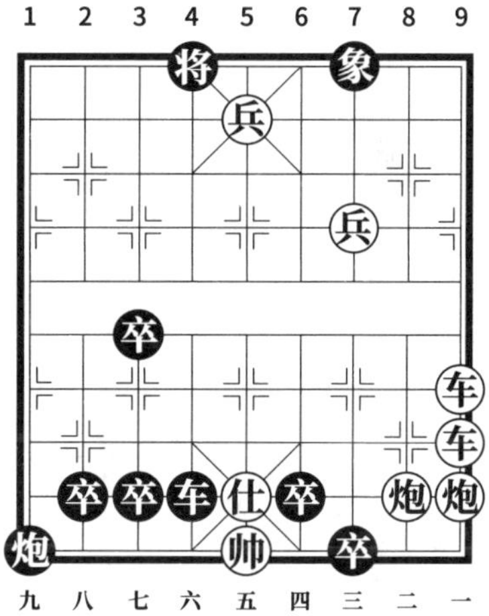

图 10-10

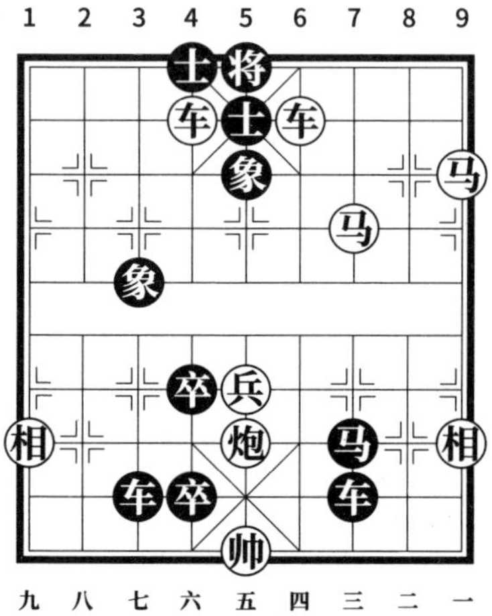

图 10-11

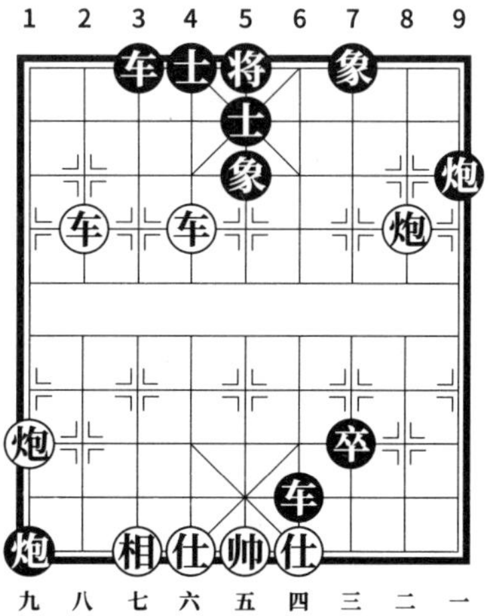

图 10-12

本页图题答案见 235、236 页

红先胜

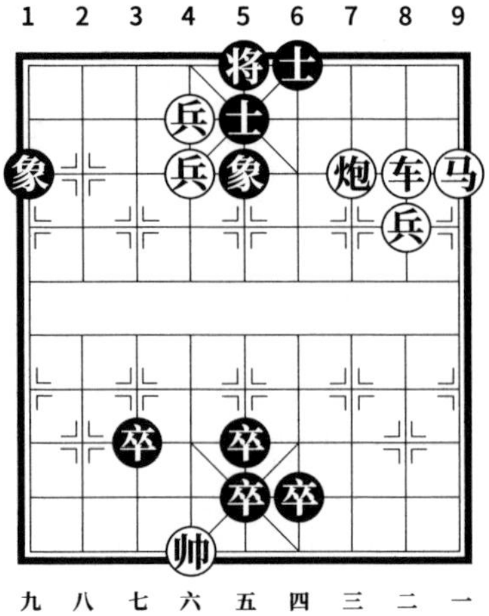

图 10-13

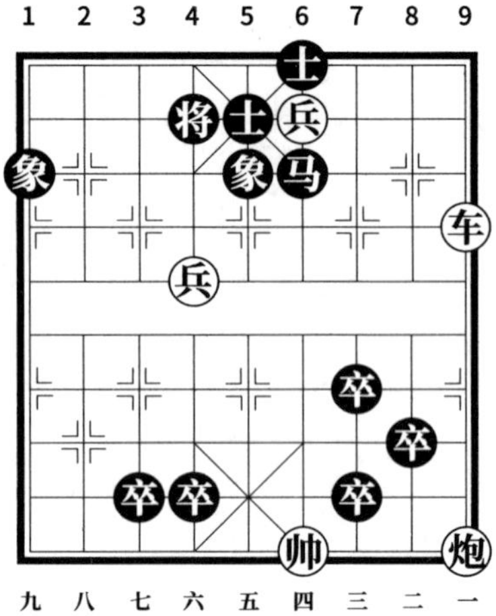

图 10-14

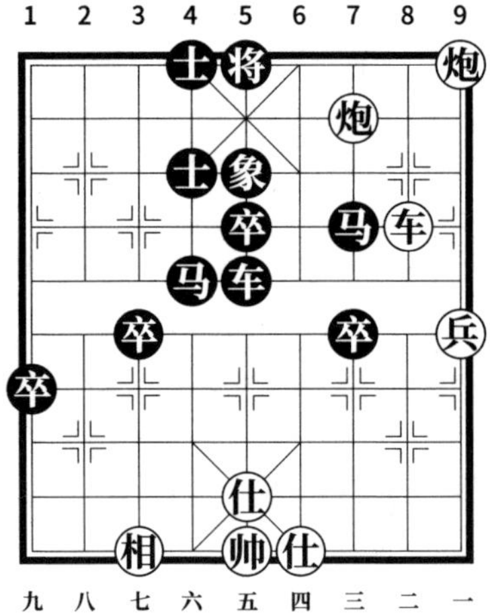

图 10-15

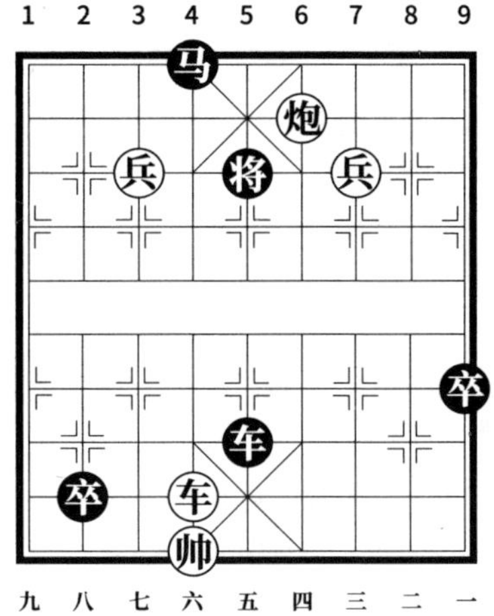

图 10-16

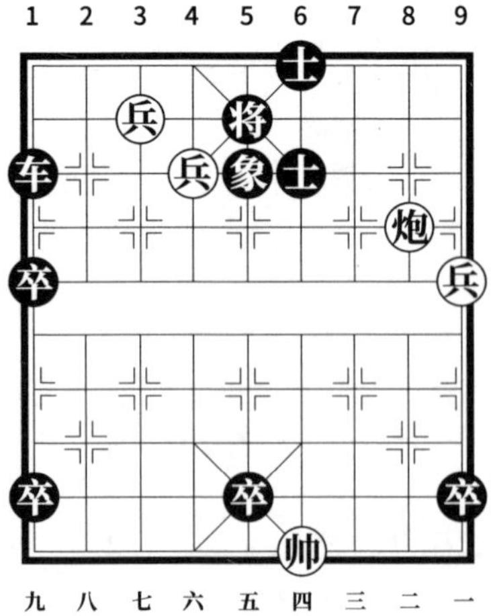

图 10-17

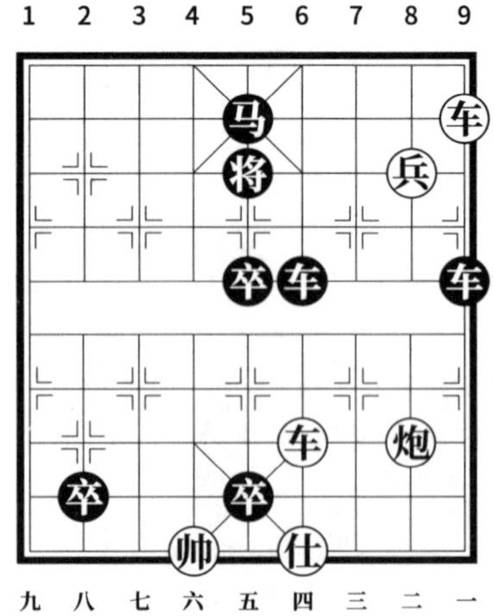

图 10-18

红先胜

本页图题答案见 236 页

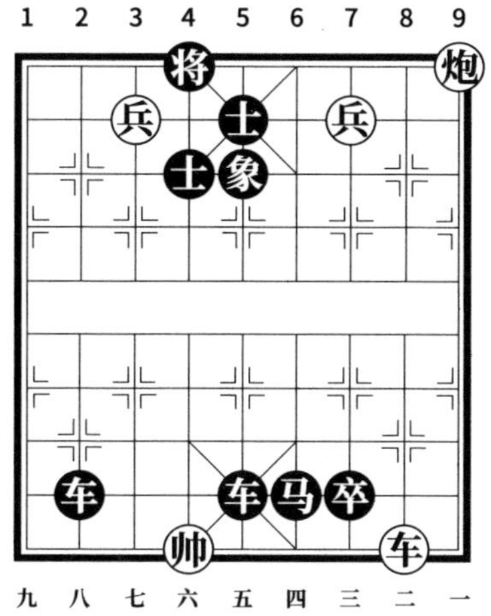

图 10–19

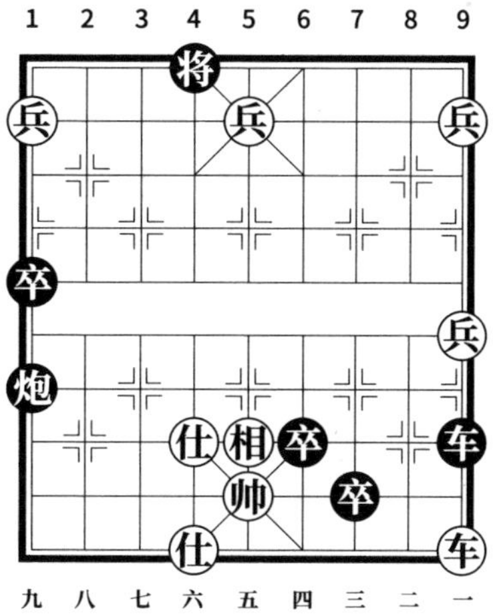

图 10–20

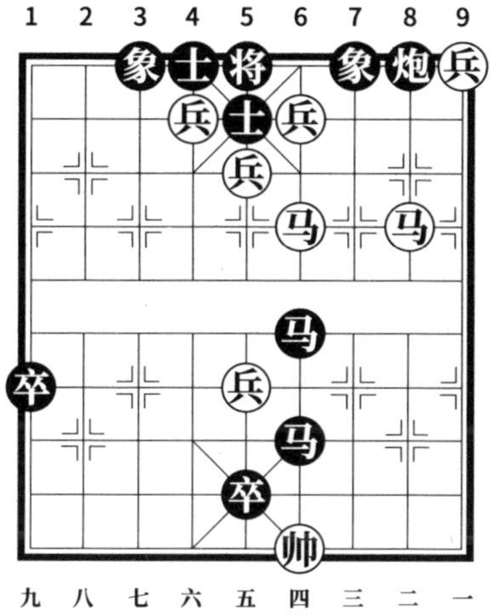

图 10–21

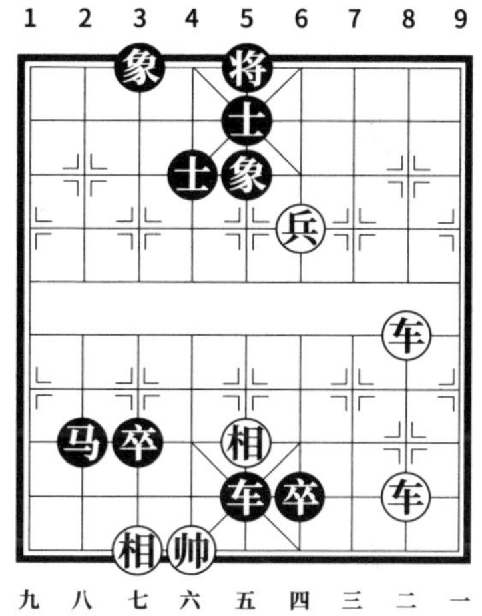

图 10–22

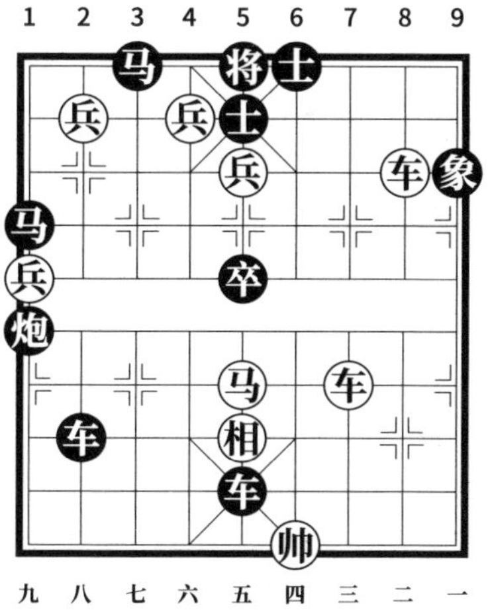

图 10–23

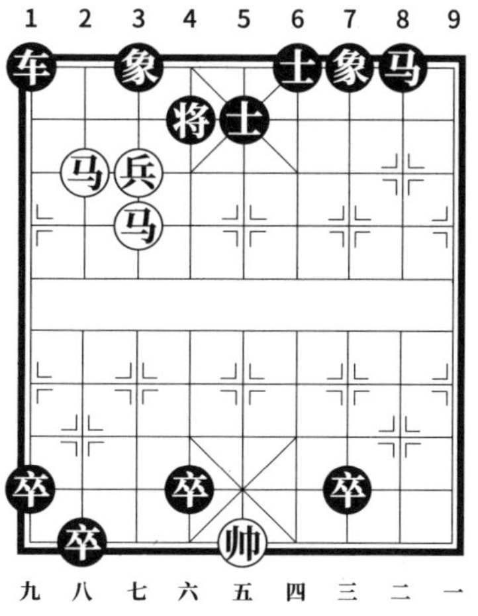

图 10–24

本页图题答案见 236、237 页

红先胜

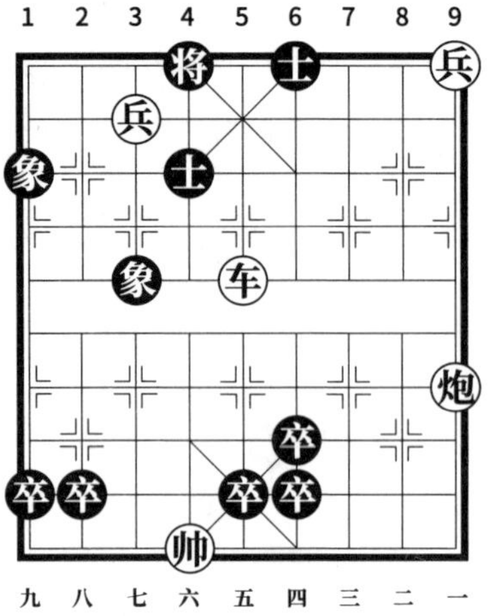

图 10-25

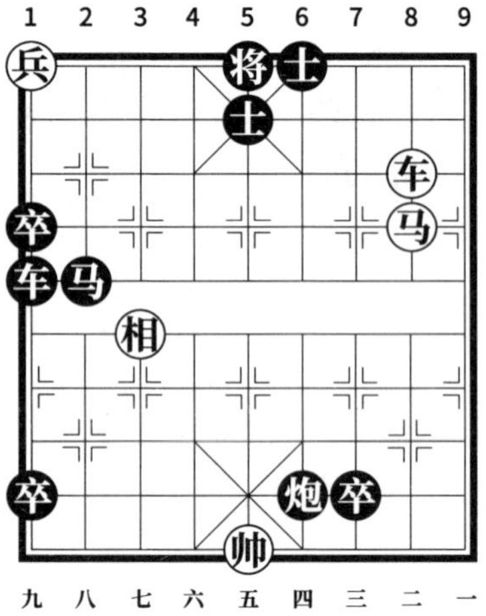

图 10-26

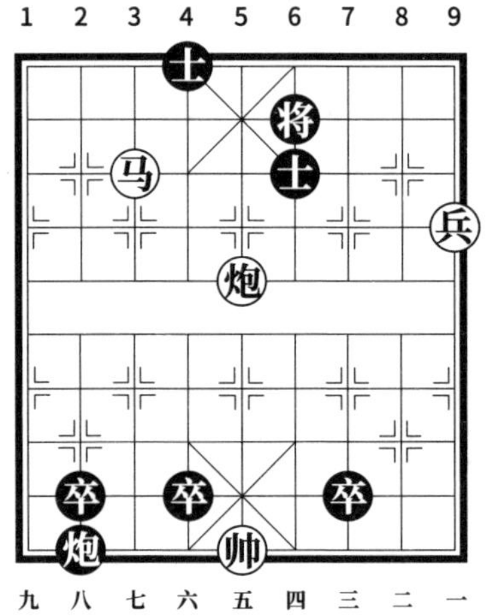

图 10-27

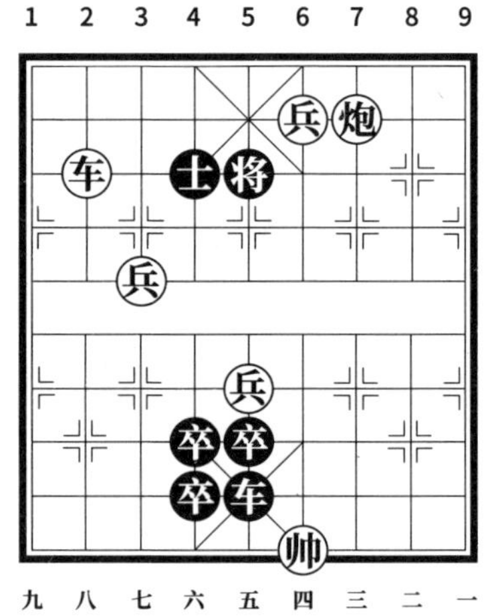

图 10-28

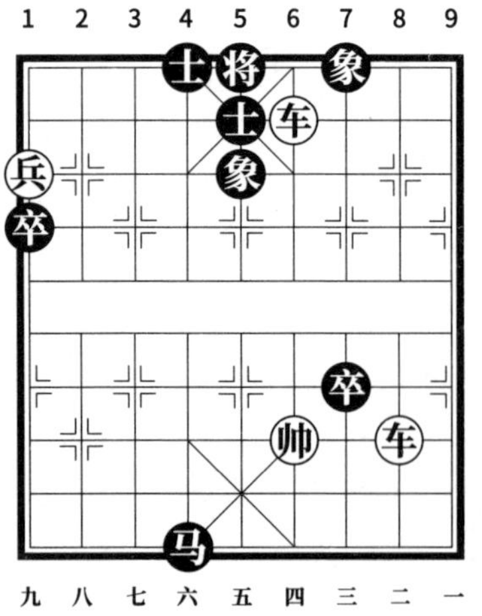

图 10-29

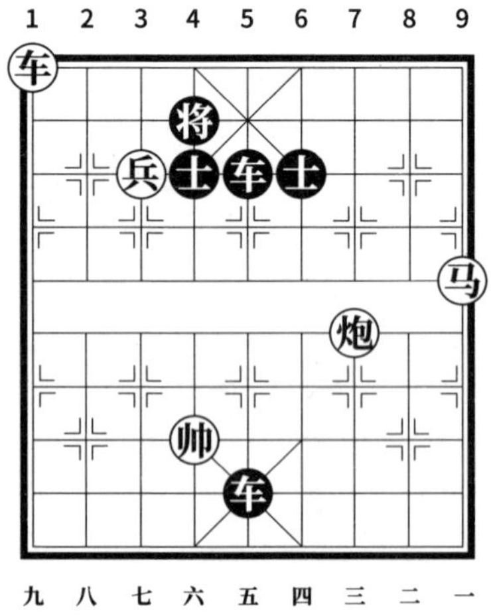

图 10-30

红先胜

本页图题答案见 237 页

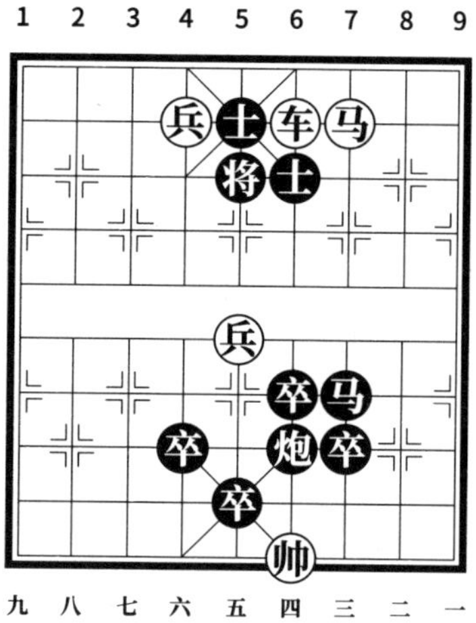

图 10-31

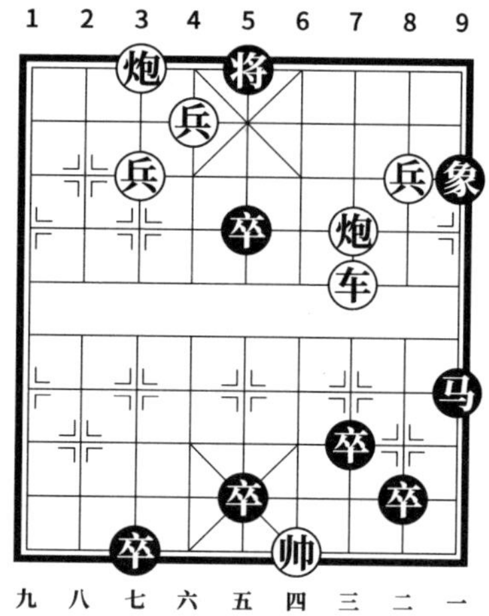

图 10-32

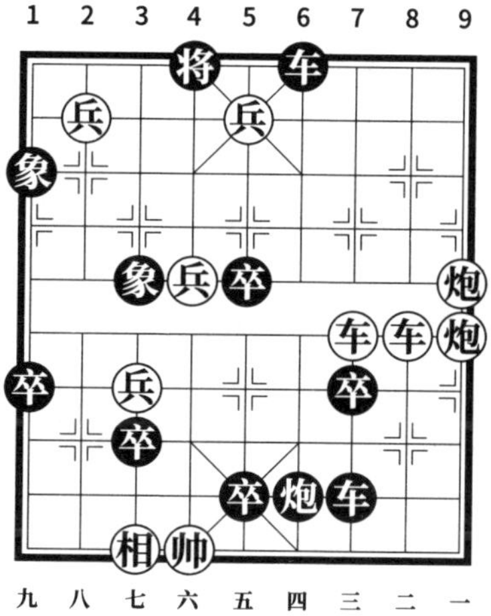

图 10-33

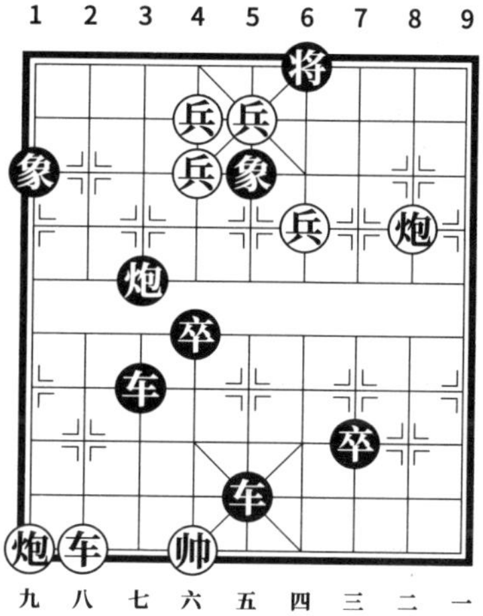

图 10-34

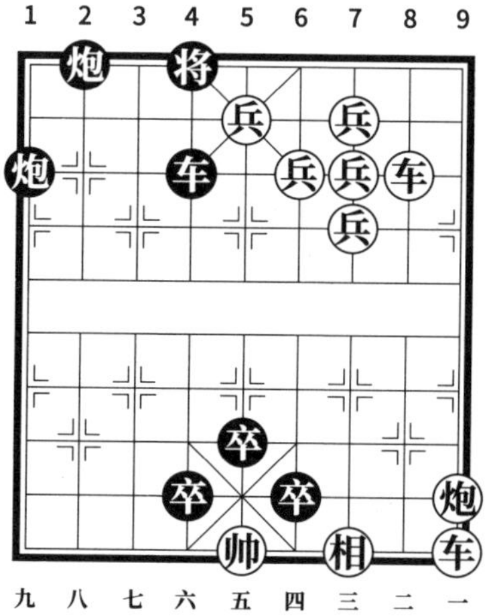

图 10-35

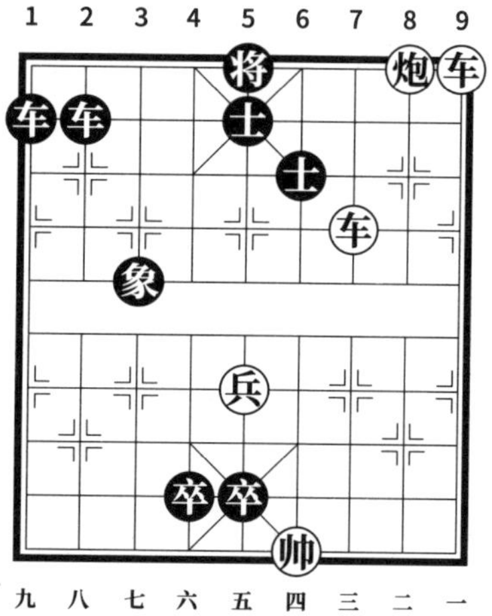

图 10-36

本页图题答案见 237、238 页

红先胜

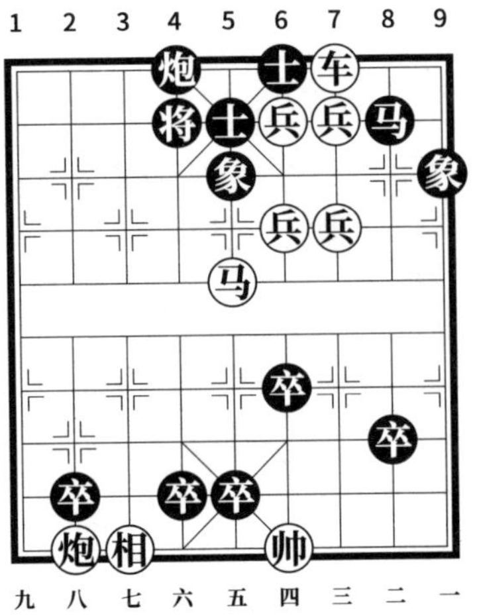

图 10-37

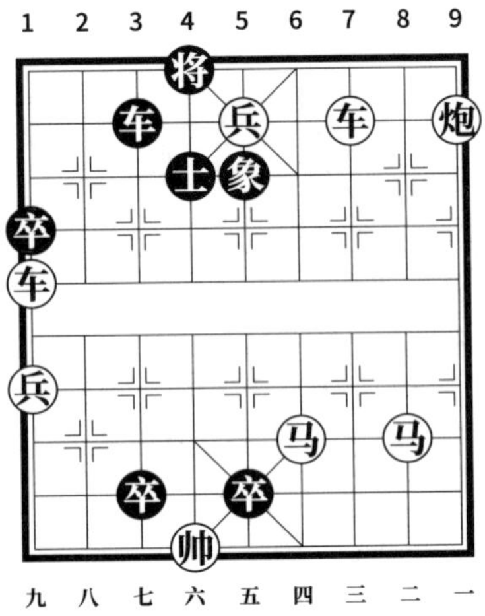

图 10-38

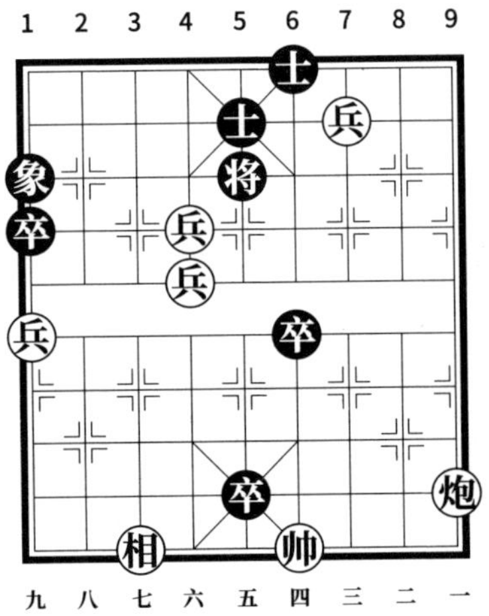

图 10-39

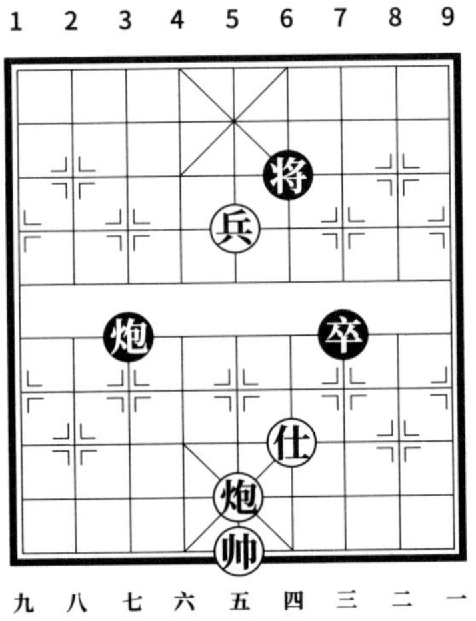

图 10-40

红先胜

本页图题答案见 238 页

答案

图 1-1
1. 兵五进一 红胜
图 1-2
1. 兵二平三 红胜
图 1-3
1. 兵六进一 红胜
图 1-4
1. 兵五平六① 红胜
注①：
1. 兵五平四 红胜
图 1-5
1. 兵八平七 红胜
图 1-6
1. 兵四进一 红胜
图 1-7
1. 兵二平三 红胜
图 1-8
1. 马四进三 红胜
图 1-9
1. 马八进六 红胜
图 1-10
1. 马三进四 红胜
图 1-11
1. 马四进三 红胜
图 1-12
1. 马七进八 红胜
图 1-13
1. 马一进二 红胜
图 1-14
1. 马三进四 红胜
图 1-15
1. 马一进二① 红胜
注①:
1. 马一退三 红胜
图 1-16
1. 马六进四① 红胜
注①：
1. 马六退四 红胜
注①：
1. 马六进八 红胜
注①：
1. 马六退八 红胜
注①：
1. 马六退七 红胜
图 1-17
1. 马五进三 红胜
图 1-18
1. 马九进七 红胜
图 1-19
1. 车四进五 红胜
图 1-20
1. 车五进二 红胜
图 1-21
1. 车六退一 红胜
图 1-22
1. 马七进六 红胜
图 1-23
1. 马六进七 红胜
图 1-24
1. 马三进四 红胜
图 1-25
1. 兵四平五 红胜
图 1-26
1. 兵六平五 红胜
图 1-27
1. 炮六进六 红胜
图 1-28
1. 兵五平六① 红胜
注①：
1. 兵五平四 红胜
注①：
1. 兵五进一 红胜
图 1-29
1. 帅五平四① 红胜
注①：
1. 帅五平六 红胜
图 1-30
1. 马五进六① 红胜
注①：
1. 马五进四 红胜
注①：
1. 马五进七 红胜
注①：
1. 马五进三 红胜
注①：
1. 马五退三 红胜
注①：
1. 马五退七 红胜
注①：
1. 马五退四 红胜
注①：
1. 马五退六 红胜
图 1-31
1. 马八进七 红胜
图 1-32
1. 兵三平四① 红胜
注①：
1. 兵三进一 红胜
图 1-33
1. 车三平六 红胜
图 1-34
1. 炮五平六 红胜
图 1-35
1. 帅五平四 红胜
图 1-36
1. 炮九平四 红胜
图 1-37
1. 兵四进一 红胜
图 1-38
1. 车三平六 红胜
图 1-39
1. 车八平五 红胜
图 1-40
1. 马五进三 红胜
图 1-41
1. 帅四平五 红胜
图 1-42
1. 帅四平五 红胜
图 1-43
1. 相五进三① 红胜
注①：
1. 相五进七 红胜
注①：
1. 相五退七 红胜
注①：
1. 相五退三 红胜
图 1-44
1. 炮六平五 红胜
图 1-45
1. 炮二进九 红胜
图 1-46
1. 炮六平五 红胜
图 1-47
1. 兵四进一 红胜
图 1-48
1. 车八退一 红胜
图 1-49
1. 炮四平五 红胜
图 1-50
1. 马八退七 红胜
图 1-51
1. 马四进三 红胜
图 1-52
1. 车六进六 红胜
图 1-53
1. 炮三平五 红胜
图 1-54
1. 炮六平五 红胜
图 1-55
1. 兵八平七 红胜
图 1-56
1. 炮九退一 红胜
图 1-57
1. 马五进七 红胜
图 1-58
1. 仕五进四 红胜
图 1-59
1. 炮一进七 红胜
图 1-60
1. 兵三平四 红胜
图 1-61
1. 兵二平三 红胜
图 1-62
1. 马一进三 红胜
图 1-63
1. 马八进七① 红胜
注①：
1. 马八进六 红胜
图 1-64
1. 炮三平五 红胜
图 1-65
1. 炮八进九 红胜
图 1-66
1. 炮六进六 红胜

图 1-67
1. 炮五进四　红胜
图 1-68
1. 兵三进一　红胜
图 1-69
1. 兵三平二　红胜
图 1-70
1. 帅六平五　红胜
图 1-71
1. 炮二进八　红胜
图 1-72
1. 兵六进一　红胜
图 1-73
1. 马四进五　红胜
图 1-74
1. 马三进四　红胜
图 1-75
1. 仕四退五　红胜
图 1-76
1. 帅六平五　红胜
图 1-77
1. 兵二平三　红胜
图 1-78
1. 车七进六　红胜
图 1-79
1. 车一进六　红胜
图 1-80
1. 马三进四　红胜
图 1-81
1. 马三进二　红胜
图 1-82
1. 仕五进六　红胜
图 1-83
1. 炮四平五　红胜
图 1-84
1. 炮八平五　红胜
图 1-85
1. 炮六平五　红胜
图 1-86
1. 兵七进一　红胜
图 1-87
1. 炮四进八　红胜

图 1-88
1. 兵四进一　红胜
图 1-89
1. 炮六进六　红胜
图 1-90
1. 兵三平二　红胜
图 1-91
1. 兵二平三　红胜
图 1-92
1. 炮二进六　红胜
图 1-93
1. 兵六进一　红胜
图 1-94
1. 兵八平九　红胜
图 1-95
1. 兵六平五　红胜
图 1-96
1. 炮一平五　红胜
图 1-97
1. 炮八进六　红胜
图 1-98
1. 马八进七　红胜
图 1-99
1. 马六进五　红胜
图 1-100
1. 炮八进九　红胜

图 2-1
1. 仕五进六　车 1 退 3
2. 车二平六　红胜
图 2-2
1. 兵四平五　卒 5 进 1
2. 马五进七　红胜
图 2-3
1. 兵四平五　象 7 进 5①
2. 后炮进五　红胜
注①:
1. 兵四平五　车 8 退 2
2. 兵五进一　红胜
图 2-4
1. 炮四平五　车 6 进 6
2. 炮九进七　红胜
图 2-5
1. 炮四平九　将 5 平 6
2. 炮九进七　红胜
图 2-6
1. 兵七进一　卒 4 平 5
2. 马四进三　红胜
图 2-7
1. 帅六平五　炮 6 进 1
2. 马四进六　红胜
图 2-8
1. 马七进六　炮 1 平 4
2. 马六进四　红胜
图 2-9
1. 帅五平四　马 5 进 3
2. 马九进七　杀
图 2-10
1. 炮九进七　车 6 进 3
2. 车六进三　红胜
图 2-11
1. 炮八平五　象 1 进 3
2. 兵六平五　红胜
图 2-12
1. 兵六平五　卒 6 平 5
2. 车六进三　红胜
图 2-13
1. 马二退四　车 4 平 6
2. 车五平六　红胜
图 2-14
1. 炮三平六　士 5 退 6①
2. 马五进六　红胜
注①:
1. 炮三平六　将 4 退 1
2. 马五进六　红胜
图 2-15
1. 炮二进三　马 4 进 2
2. 马三进四　红胜
图 2-16
1. 马五进三　车 3 平 4
2. 车五平四　红胜
图 2-17
1. 兵七进一　车 4 进 1
2. 兵七进一　红胜
图 2-18
1. 马四进六　士 5 进 4①
2. 车二平四　红胜
注①:
1. 马四进六　车 3 平 4
2. 车二进二　红胜
图 2-19
1. 马四进六　车 7 进 1
2. 马六进七　红胜
图 2-20
1. 炮五平八　马 6 退 5
2. 炮八进三　红胜
图 2-21
1. 车八进二　车 7 退 6
2. 兵七进一　红胜
图 2-22
1. 马八进七　车 8 平 5①
2. 车六进一　红胜
注①:
1. 马八进七　炮 9 退 9
2. 车六平五　红胜
图 2-23
1. 帅五平六　后车进 1
2. 车六进三　红胜
图 2-24
1. 车八平六　象 5 进 3
2. 马七进六①红胜
注①:
2. 马七进八　红胜
图 2-25
1. 帅五平六　马 8 退 6
2. 马二进三　红胜

图 2-26

1. 帅五平六 马 7 退 5
2. 兵六进一 红胜

图 2-27

1. 炮五进六 士 6 进 5
2. 车九进九 杀

图 2-28

1. 兵四进一 将 6 平 5
2. 兵三进一 红胜

图 2-29

1. 车一平四 车 3 平 5
2. 车四进一 红胜

图 2-30

1. 马八进九 马 5 退 4①
2. 马九进八 红胜

注①：

1. 马八进九 炮 9 退 8
2. 马九进七 红胜

图 2-31

1. 兵五进一 将 6 进 1
2. 炮八进六 红胜

图 2-32

1. 车五进六 车 4 进 3
2. 马八退七 红胜

图 2-33

1. 马二进四 马 2 进 3
2. 车四进一 红胜

图 2-34

1. 炮五平二 车 8 退 4①
2. 车五平四 红胜

注①：

1. 炮五平二 象 7 进 9
2. 前炮退 6 红方胜定

图 2-35

1. 兵七平六 士 5 进 6
2. 马一退三 红胜

图 2-36

1. 炮六进七 马 9 退 7
2. 马四进五 红胜

图 2-37

1. 马七进九 马 7 退 5
2. 马九进八 红胜

图 2-38

1. 马三进四 车 8 平 7①
2. 车六进五 红胜

注①：

1. 马三进四 车八进二
2. 马四退二 红方胜定

图 2-39

1. 车九平五 士 5 进 4①
2. 兵五平四 红胜

注①：

1. 车九平五 马 2 进 3
2. 兵五进一 红胜

注①：

1. 车九平五 车 6 进 3
2. 帅五平四 红方胜定

图 2-40

1. 车一进一 象 7 进 9①
2. 马二进四 红胜

注①：

1. 车一进一 士 6 进 5
2. 车一平二 红方胜定

图 2-41

1. 马一进二 炮 9 平 6
2. 马二进三 红胜

图 2-42

1. 炮一进三 炮 4 平 9①
2. 车二进一 红胜

注①：

1. 炮一进三 将 6 平 5
2. 兵三进一 红胜

图 2-43

1. 马七进八 象 3 进 5①
2. 马八退六 红胜

注①：

1. 马七进八 象 3 进 1
2. 马八退九 红胜

图 2-44

1. 马三进二 马 2 退 4
2. 兵四进一 红胜

图 2-45

1. 马四进六 士 5 进 4①
2. 车二平四 红胜

注①：

1. 马四进六 士 5 退 4
2. 车二平四 红胜

注①：

1. 马四进六 炮 6 退 1
2. 兵六平五 红胜

图 2-46

1. 车四平三 将 6 平 5①
2. 车三进五 红胜

注①：

1. 车四平三 车 5 进 2
2. 车三进五 红胜

图 2-47

1. 马九进七 车 6 进 2
2. 车九进五 红胜

图 2-48

1. 兵三平四 士 4 进 5①
2. 兵四平五 红胜

注①：

1. 兵三平四 卒 4 平 5
2. 兵四进一 红胜

图 2-49

1. 炮四进六 士 5 进 4①
2. 车八平六 红胜

注①：

1. 炮四进六 将 4 平 5
2. 车八进二 红胜

注①：

1. 炮四进六 车 7 进 1
2. 车八进二 红胜

图 2-50

1. 马四进六 卒 3 平 4
2. 马三进二 红胜

图 2-51

1. 兵四进一 士 4 退 5
2. 兵四平五 红胜

图 2-52

1. 炮三进九 马 1 进 3
2. 马二进四 红胜

图 2-53

1. 帅五平四 车 3 进 8①
2. 兵四进一 红胜

注①：

1. 帅五平四 士 6 进 5
2. 兵四平五 红胜

图 2-54

1. 兵七进一 象 5 进 3①
2. 兵七平六 红胜

注①：

1. 兵七进一 士 5 进 4
2. 兵七平六 红胜

图 2-55

1. 炮八平三 士 6 退 5①
2. 炮三进三 红胜

注①：

1. 炮八平三 将 4 平 5
2. 炮三进三 红胜

图 2-56

1. 炮八退二 士 4 进 5
2. 炮八平四 红胜

图 2-57

1. 马三进二 马 1 进 3①
2. 车三平五 红胜

注①：

1. 马三进二 将 6 平 5
2. 车三进一 红胜

图 2-58

1. 炮一进一 马 4 进 3①
2. 车四平五 红胜

注①：

1. 炮一进一 士 5 进 6
2. 车四进一 红胜

图 2-59

1. 马二进四 士 4 退 5①
2. 炮二进五 红胜

注①：

1. 马二进四 将 5 平 4
2. 炮二进五 红胜

图 2-60

1. 车五进五 炮 1 平 6①
2. 车五退一 红胜

注①：

1. 车五进五 炮 1 退 2
2. 车五平四 红胜

图 2-61

1. 马二进三 卒 5 进 1
2. 马三退四 红胜

图 2-62

1. 马五退四 车 7 平 3
2. 车八平六 红胜

图 2-63

1. 马五进七 马 2 进 3①
2. 兵六进一 红胜

注①：

1. 马五进七 士 4 进 5
2. 兵六平五 红胜

图 2-64
1. 炮八进九　炮 9 退 2
2. 兵六平七　红胜

图 2-65
1. 炮五平一　士 5 进 6
2. 炮一进二　红胜

图 2-66
1. 马五进四　炮 1 退 1
2. 兵五平六　红胜

图 2-67
1. 帅六平五　马 1 退 3①
2. 马八进六　红胜
注①：
1. 帅六平五　炮 1 平 4
2. 马八退六　红胜

图 2-68
1. 兵六平五　象 7 退 5①
2. 后炮进五　红胜
注①：
1. 兵六平五　马 1 退 3
2. 兵五进一 红胜

图 2-69
1. 车五进三　车 6 进 1
2. 车五平四　红胜

图 2-70
1. 后炮平一　将 5 平 6①
2. 炮一进七　红胜
注①：
1. 后炮平一　马 4 进 2
2. 炮一进七　红胜

图 2-71
1. 马七进九　士 6 退 5①
2. 马九进八　红胜
注①：
1. 马七进九　将 4 退 1
2. 马九进八　红胜

图 2-72
1. 马一进三　车 6 退 5
2. 车二进三　红胜

图 2-73
1. 马二进三　马 4 进 5
2. 炮一进二　红胜

图 2-74
1. 炮二进四　马 1 进 3①
2. 车四进五　红胜
注①：
1. 炮二进四　将 4 平 5
2. 炮二进一　红胜

图 2-75
1. 车七平五　车 4 退 2①
2. 车四进一　红胜
注①：
1. 车七平五　车 7 平 6
2. 仕五进四　红方胜定

图 2-76
1. 车八平四　卒 2 平 1
2. 马八进六　红胜

图 2-77
1. 马九退八　车 6 退 4
2. 车八平六　红胜

图 2-78
1. 马九进八　士 5 退 4
2. 马七退八　红胜

图 2-79
1. 兵六平五　卒 7 平 6
2. 车二进一　红胜

图 2-80
1. 帅六平五　炮 8 退 8
2. 兵五进一　红胜

图 2-81
1. 兵六平五　车 5 进 1①
2. 车六进一　红胜
注①：
1. 兵六平五　车 2 退 9
2. 兵五进一　红方胜定

图 2-82
1. 车四进六　卒 3 进 1
2. 兵三平四　红胜

图 2-83
1. 马三进二　炮 2 平 8①
2. 马二进四　红胜
注①：
1. 马三进二　炮 3 进 1
2. 马二进三　红胜

图 2-84
1. 帅五平六　马 7 退 5
2. 兵六进一　红胜

图 2-85
1. 炮九进八　象 7 退 5
2. 兵三平四　红胜

图 2-86
1. 马二退四　马 8 退 7
2. 兵六进一　红胜

图 2-87
1. 兵六平五　后炮平 1
2. 兵五进一　红胜

图 2-88
1. 帅五平四　车 4 平 5
2. 兵三平四　红胜

图 2-89
1. 炮七进八　象 5 进 3①
2. 马四进六　红胜
注①：
1. 炮七进八　将 5 平 6
2. 马四进六　红胜

图 2-90
1. 炮五进一　炮 8 进 3
2. 炮三平五　红胜

图 2-91
1. 马四进二　炮 1 退 7①
2. 马二进三　红胜
注①：
1. 马四进二　炮 1 退 8
2. 马二进四　红胜

图 2-92
1. 帅五平四　车 4 平 5
2. 车四进三　红胜

图 2-93
1. 车五进六　车 6 退 5
2. 兵六平五　红胜

图 2-94
1. 马五进六　士 6 进 5①
2. 车三平四　红胜
注①：
1. 马五进六　炮 4 退 1
2. 车三退一　红胜

图 2-95
1. 兵七平六　马 5 退 4①
2. 兵六平五　红胜
注①：
1. 兵七平六 士 5 进 6
2. 兵六进一　红胜

图 2-96
1. 马一进三　将 5 平 4
2. 马三退四　红胜

图 2-97
1. 炮二进三　马 7 进 5①
2. 车四进三　红胜
注①：
1. 炮二进三　马 7 退 8
2. 车四进三　红胜

图 2-98
1. 炮一平五　马 6 进 5①
2. 兵六进一　红胜
注①：
1. 炮一平五　马 5 退 3
2. 兵六平五　红胜

图 2-99
1. 马九进八　卒 4 平 5①
2. 车七平五　红胜
注①：
1. 马九进八　将 4 平 5
2. 车七进一　红胜

图 2-100
1. 车三进四　车 6 退 3
2. 炮二进三　红胜

图 2-101
1. 车五平八　将 5 平 4
2. 车八进五　红胜

图 2-102
1. 炮九退一　卒 7 平 6
2. 马五退七　红胜

图 2-103
1. 炮五平七　车 1 退 3
2. 炮七进七　红胜

图 2-104
1. 车九平六　马 8 退 6
2. 车六进三　红胜

图 2-105
1. 车二进四　车 2 退 6
2. 马七退六　红胜

图 2-106
1. 炮七平六　炮 2 平 3
2. 炮九平八　红胜

图 2-107
1. 马三进二　卒 4 平 5
2. 马二进三　红胜

图 2-108
1. 炮二退五　车 3 平 5
2. 炮二平四　红胜

图 2-109
1. 后兵进一 车1进1
2. 后兵进一 红胜

图 2-110
1. 车三退一 车5退3
2. 车三平四 红胜

图 2-111
1. 炮二进六 士6退5
2. 炮二平三 红胜

图 2-112
1. 相五进三 象9进7
2. 炮三进四 红胜

图 2-113
1. 马七进八 将4退1
2. 炮二进六 红胜

图 2-114
1. 炮一平九 士5进6
2. 炮九进二 红胜

图 2-115
1. 车八平三 马7退6
2. 车三进一 红胜

图 2-116
1. 马三进二 炮1退7
2. 马二进三 红胜

图 2-117
1. 马五进六 将6退1
2. 帅五平四 红胜

图 2-118
1. 前炮进三 车4平5
2. 车四进五 红胜

图 2-119
1. 炮二退六 将6进1
2. 炮二平四 红胜

图 2-120
1. 马四进六 炮3平4
2. 兵七平八 红胜

图 2-121
1. 马一进二 士5进6
2. 马二退三 红胜

图 2-122
1. 马三进四 象3进5
2. 炮五平四 红胜

图 2-123
1. 马六进七 象7退5
2. 车九进四 红胜

图 2-124
1. 车七平二 马5退6
2. 车二进五 红胜

图 2-125
1. 兵六进一 马4进6
2. 兵六平五 红胜

图 2-126
1. 炮七退三 将6进1
2. 炮七平四 红胜

图 2-127
1. 车五平六 卒7平6
2. 车六进二 红胜

图 2-128
1. 帅五平四 车2进3
2. 兵四进一 红胜

图 2-129
1. 炮九进七 车6进7
2. 车六进三 红胜

图 2-130
1. 马二进一 士4进5
2. 马一进三 红胜

图 2-131
1. 马六进八 车8退6
2. 马八进七 红胜

图 2-132
1. 炮二退九 马7进8
2. 炮二平四 红胜

图 2-133
1. 炮二平七 车8进7
2. 炮七进一 红胜

图 2-134
1. 马三进四 车7进6
2. 马四进六 红胜

图 2-135
1. 马九退七 将4进1
2. 车六平七 红胜

图 2-136
1. 炮五平四 将6进1
2. 车四平五 红胜

图 2-137
1. 兵五进一 马3进5
2. 炮二进六 红胜

图 2-138
1. 马七退五 马5退3
2. 马五进六 红胜

图 2-139
1. 马四进五 象7进5
2. 后炮进五 红胜

图 2-140
1. 兵五平四 炮2退4
2. 兵四进一 红胜

图 2-141
1. 马七进九 马4退5
2. 马九进七 红胜

图 2-142
1. 车四退二 卒4进1
2. 车四平六 红胜

图 2-143
1. 炮九平六 马7退6
2. 兵六进一 红胜

图 2-144
1. 车二进三 象7进9
2. 车二退一 红胜

图 2-145
1. 马四进二 马6进7
2. 马二进三 红胜

图 2-146
1. 车四平二 将5平6
2. 车二进三 红胜

图 2-147
1. 炮八平五 车2退4
2. 车三进三 红胜

图 2-148
1. 帅五平六 卒6平5
2. 车七平六 红胜

图 2-149
1. 兵七平六 士5进4
2. 兵六进一 红胜

图 2-150
1. 马七进八 卒7平6
2. 马八退六 红胜

图 3-1
1. 车一平四 车6退6
2. 马八进七 将5平6
3. 兵二平三 红胜

图 3-2
1. 兵五进一 象7进5[①]
2. 炮一进一 象5退7
3. 炮三进九 红胜

注①：
1. 兵五进一 将5平4
2. 炮三进九 红胜

注①：
1. 兵五进一 士5进4
2. 炮三进九 士6进5
3. 炮一进一 红胜

图 3-3
1. 车七平五 马3退5
2. 车四进三 将4进1
3. 车四平六 红胜

图 3-4
1. 马四进六 卒5平6
2. 兵七平六 士6退5
3. 兵六平五 红胜

图 3-5
1. 车一平五 将5平6
2. 马八退六 车8平6
3. 车五进三 红胜

图 3-6
1. 车三进四 将4进1
2. 马五进四 卒5进1
3. 车三平六 红胜

图 3-7
1. 炮三平五 将5平6
2. 马八进六 卒2平3[①]
3. 炮五平四 红胜

注①：
2. 马八进六 车2平3
3. 炮五平七 红胜

图 3-8
1. 兵三进一 卒3平4
2. 帅五平四 卒4平5
3. 兵三平四 红胜

图 3-9
1. 帅五平四 车3进3[①]
2. 兵三进一 车3平5
3. 兵三平四 红胜

注①：
1. 帅五平四 象7退9
2. 兵三平四 车3进3
3. 兵四进一 红胜

图 3-10
1. 车八进二 将4退1
2. 马五退四 车7进1
3. 车八进一 红胜

图 3-11
1. 马三进二 炮8平6
2. 马二退四 将5平6
3. 炮五平四 红胜

图 3-12
1. 车六平七 象3进1
2. 车七平八 车6平8
3. 炮七进七 红胜

图 3-13
1. 帅五平六 马2进3
2. 炮八进七 马3进5①
3. 车六进三 红胜

注①：
2. 炮八进七 马3退2
3. 车六进三 红胜

注①：
2. 炮八进七 车8进3
3. 车六进三 红胜

图 3-14
1. 马六进四 士6进5
2. 兵四平五 将5平6
3. 马四进二 红胜

图 3-15
1. 炮五平二 卒4进1
2. 炮二进三 卒4进1①
3. 兵四平五 红胜

注①：
2. 炮二进三 士5进6
3. 兵四进一 红胜

图 3-16
1. 炮八进九 卒3进1
2. 兵七平六 卒3平4①
3. 兵六进一 红胜

注①：
2. 兵七平六 士4退5
3. 兵六平五 红胜

图 3-17
1. 炮一平五 卒7平6
2. 兵三平四 卒4进1
3. 兵四平五 红胜

图 3-18
1. 炮六平八 车6进3
2. 炮八进七 象1退3
3. 车六进三 红胜

图 3-19
1. 马六进七 将5平6
2. 兵三平四 士4进5
3. 炮九平四 红胜

图 3-20
1. 车二平五 象7进5
2. 马二进一 卒6进1
3. 马一进三 红胜

图 3-21
1. 车四平五 车8平6①
2. 车五平四 象3进5
3. 后炮进五 红胜

注①：
1. 车四平五 象3进5
2. 后炮进五 红胜

图 3-22
1. 炮五进六 将5平4
2. 炮五平一 士6进5①
3. 车八进六 红胜

注①：
2. 炮五平一 象9退7
3. 车八平六 红胜

图 3-23
1. 兵七进一 将4退1
2. 兵七进一 将4进1
3. 炮二进六 红胜

图 3-24
1. 马九进八 炮2平4
2. 炮九进七 炮4退7
3. 马八退六 红胜

图 3-25
1. 炮一进六 士5进6
2. 炮一平九 卒7平6
3. 马七进八 红胜

图 3-26
1. 马二进四 将5平6
2. 马七进六 卒6进1
3. 兵二平三 红胜

图 3-27
1. 马七进五 象5退3①
2. 车五退二 将6退1
3. 车五平四 红方胜定

注①：
1. 马七进五 卒7平6
2. 车五平三 红胜

图 3-28
1. 马八退六 将6进1
2. 炮一平八 象3退5
3. 炮八退一 红胜

图 3-29
1. 炮八平五 马7进5
2. 前炮进二 士6进5
3. 帅五平四 红胜

图 3-30
1. 马四退二 象5进7
2. 马二进一 象3进5①
3. 马一进二 红胜

注①：
2. 马二进一 炮1退1
3. 马一进三 红胜

图 3-31
1. 兵三平四 卒2平3①
2. 马八进七 将5平6
3. 炮五平四 红胜

注①：
1. 兵三平四 将5平6
2. 炮五平四 将6平5
3. 马八进七 红胜

图 3-32
1. 兵三平四 车5退1
2. 车六进一 士5退4
3. 马五进六 红胜

图 3-33
1. 车七平五 车4平5①
2. 车五进一 将6进1
3. 炮一进六 红胜

注①：
1. 车七平五 士4进5
2. 炮一平四 红胜

图 3-34
1. 炮一进六 士4退5
2. 兵四平五 士6进5
3. 车八进五 红胜

图 3-35
1. 马四进六 将5平4
2. 兵七进一 士5进4
3. 兵七进一 红胜

图 3-36
1. 炮六进五 士5进4①
2. 炮八平五 卒1平2
3. 车六平五 红胜

注①：
1. 炮六进五 炮5平2
2. 炮六平五 士5进4
3. 车六平五 红胜

图 3-37
1. 炮一进七 炮7退2
2. 车六进二 卒2平3
3. 车六平五 红胜

图 3-38
1. 炮六平五 卒6平5
2. 炮五平二 马3进5
3. 炮二进三 红胜

图 3-39
1. 马八进六 车4退1①
2. 兵六平五 将5平4
3. 马六进八 红胜

注①：
1. 马八进六 士5进4
2. 兵六进一 将5进1
3. 车二进八 红胜

图 3-40
1. 兵四进一 马3进4①
2. 炮五退一 马4进6
3. 炮二平五 红胜

注①：
1. 兵四进一 车1平2
2. 炮五进一 车2进7
3. 炮二平五 红胜

图 3-41
1. 兵六平五 将5平6
2. 炮八进四 后卒平7
3. 兵五进一杀

图 3-42
1. 马二进四 将5平6
2. 兵二平三 士5进6
3. 兵三进一 红胜

图 3-43
1. 仕五进四 车1平4①
2. 车七平三 车4退2
3. 车三进三 红胜
注①：
1. 仕五进四 卒7平6
2. 兵四平五 士4进5
3. 车七进三 红胜

图 3-44
1. 马五进四 士4进5①
2. 车四进一 将5平6
3. 炮一平四 红胜
注①：
1. 马五进四 炮3进1
2. 车四平九 炮3平6
3. 车九退八 红方胜定

图 3-45
1. 马三进五 士5进4
2. 兵四进一 将5进1
3. 车七进二 红胜
注①：
1. 马三进五 车5退3
2. 兵四平五 士4进5
3. 车七进三 红胜

图 3-46
1. 兵五平六 将6平5①
2. 帅五平四 马3退5
3. 马五进三 红胜
注①：
1. 兵五平六 将6进1
2. 马五退三 将6进1
3. 马三进二 将6退1
4. 兵六平五 红胜

图 3-47
1. 炮五进二 将6平5
2. 炮五平六 炮2平1①
3. 车二进三 红胜
注①：
2. 炮五平六 将5平4
3. 车二进三 红胜

图 3-48
1. 车三平四 将6退1①
2. 炮四平五 将6平5
3. 车四进五 红胜
注①：
1. 车三平四 车4退5
2. 炮四平五 士5进6
3. 车四进三 红胜

图 3-49
1. 兵六进一 车1退2①
2. 兵六平五 将6平5
3. 车三进二 红胜
注①：
1. 兵六进一 士5退4
2. 车三平四 红胜

图 3-50
1. 炮九进七 象5退3
2. 马八进七 将5平6
3. 马七退六 红胜

图 3-51
1. 兵四平五 将5平4①
2. 马四进六 马1退2
3. 马六进八 红胜
注①：
1. 兵四平五 将5平6
2. 马四退二 马1进3
3. 马二进三 红胜

图 3-52
1. 车四进三 象5进7
2. 马一进三 马5进6
3. 车四进一 红胜

图 3-53
1. 车八进三 将4退1
2. 炮六进五 车6退2
3. 车八进一 红胜

图 3-54
1. 马七进八 卒8平7
2. 兵六进一 士5退4
3. 马八退六 红胜

图 3-55
1. 兵七平六 士5退6①
2. 兵六平五 士4进5
3. 马七进八 红胜
注①：
1. 兵七平六 炮4退2
2. 兵五进一 象7退5
4. 马七退五 红胜

图 3-56
1. 马七退六 将6退1
2. 帅五平四 卒3进1
3. 马六退七 红胜

图 3-57
1. 车八平二 将5平6
2. 车二平四 将6平5
3. 炮八进七 红胜

图 3-58
1. 车七平二 将5平6
2. 车二平四 将6平5①
3. 炮七进九 红胜
注①：
2. 车二平四 士5进6
3. 车四进一 红胜

图 3-59
1. 兵三进一 将6平5
2. 马二退四 炮9平6①
3. 马四进六 红胜
注①：
2. 马二退四 象3进5
3. 马四进三 红胜

图 3-60
1. 兵六进一 士5退4①
2. 马七进六 士6退5
3. 兵三平四 红胜
注①：
1. 兵六进一 卒3平4
2. 兵三进一 将6进1
3. 马七进五 红胜

图 3-61
1. 马二进四 马8进6
2. 马四进二 马6退7
3. 帅五进一 红胜

图 3-62
1. 兵四平五 将5平4
2. 炮一平四 卒6进1
3. 马三进五 红胜

图 3-63
1. 兵六进一 马6退4①
2. 炮五平八 马4退3
3. 炮八进三 红胜
注①：
1. 兵六进一 士4退5
2. 兵六平五 红胜

图 3-64
1. 炮八进五 车2进2
2. 马五进七 车2平3
3. 车六平五 红胜

图 3-65
1. 兵三进一 将6平5
2. 马三进一 马3退5
3. 马一进三 红胜

图 3-66
1. 兵三平四 象3退5①
2. 帅五平四 象5进7
3. 兵四进一 红胜
注①：
1. 兵三平四 象3退1
2. 炮六平八 象1进3
3. 炮八进一 红胜

图 3-67
1. 兵五平四 将6平5①
2. 相五进七 车3进2
3. 车三进五 红胜
注①：
1. 兵五平四 士5进6
2. 车三进五 将6进1
3. 车三退一 将6退1
4. 车三平七 红方胜定

图 3-68
1. 炮九平四 卒8平7
2. 炮四进七 卒7平6
3. 炮四平六 红胜

图 3-69
1. 相五进三 将5平4
2. 炮一平六 将4平5
3. 帅五退一 红胜

图 3-70
1. 车二进二 将6进1
2. 炮三进三 炮1退7
3. 炮一退二 红胜

图 3-71
1. 马三进二 车3平7
2. 兵三平四 士5退6
3. 马二退四 红胜

图 3-72
1. 车二退一 车3退1①
2. 车二平四 士4进5
3. 车四平五 红胜
注①：
1. 车二退一 车3平8
2. 车九平六 红胜
注①：
1. 车二退一 车3进1

2. 车二平六　车3进1
3. 车九平六　红胜

图3-73

1. 炮三平六　炮7平4
2. 炮六平三　炮4进1
3. 炮三进九　红胜

图3-74

1. 车二退三　将4退1
2. 兵四平五　车1平7
3. 车二平六　红胜

图3-75

1. 车二平六　将4平5
2. 兵六平五　车7退7
3. 兵五进一　红胜

图3-76

1. 车六进三　炮3平5
2. 车二平五　炮5退3
3. 车六进一　红胜

图3-77

1. 车三退一　将5进1
2. 炮二进七　卒5进1
3. 炮一退二　红胜

图3-78

1. 车一进六　卒6平5①
2. 兵六平五　马3退5
3. 车一平四　红胜

注①：

1. 车一进六　车4退6
2. 车一平四　红胜

图3-79

1. 炮六进一　马7进9
2. 帅四平五　卒8平7
3. 马四进二　红胜

图3-80

1. 车八进三　炮6退5
2. 车七退一　将4退1
3. 车八进二　红胜

图3-81

1. 马七进六　车6平4①
2. 车五退一　将6退1
3. 车五平四　红胜

注①：

1. 马七进六　车6平5
2. 车五退二　将6退1
3. 车五平二　红方胜定

图3-82

1. 炮九平五　士4进5
2. 炮八平三　前卒平7
3. 炮三进九 红胜

图3-83

1. 马九进七　将5平4
2. 炮六退一　车7进1
3. 炮五平六　红胜

图3-84

1. 车五平六　士5进4
2. 马六进四　士4退5
3. 兵四平五　红胜

图3-85

1. 炮四平六　将4退1
2. 车七平六　将4平5
3. 车六退三 红方胜定

图3-86

1. 车一平四　车1退1①
2. 兵五平六　将4进1
3. 车四平六　红胜

注①：

1. 车一平四　士4退5
2. 兵五进一　将4进1
3. 车四平六　红胜

图3-87

1. 马九退七　将4进1
2. 车一平八　车7平3
3. 车八退二　红胜

图3-88

1. 马一进二　卒2平3
2. 车三进二　将6退1
3. 车三平五　红胜

图3-89

1. 车六进一　车3平7
2. 车六平五　将5平6
3. 车五进二　红胜

图3-90

1. 车三平五　卒4平5①
2. 兵二平三　将6进1
3. 车五平四　红胜

注①：

1. 车三平五　炮1平6
2. 兵二平三　将6进1
3. 车五退二　红胜

图3-91

1. 马五进三　将6进1①
2. 炮九退五　卒8平7
3. 炮九平四　红胜

注①：

1. 马五进三　将6退1
2. 炮九进四　红方胜定

图3-92

1. 马一进二　将6进1
2. 炮五平一　车1平3
3. 炮一进二　红胜

图3-93

1. 车七进三　车2平3
2. 马四进五　车3进4
3. 马五进七　红胜

图3-94

1. 马七进六　车6退4
2. 车五进一　将6退1
3. 车五进一　红胜

图3-95

1. 马七进六　车6平4①
2. 车五退一　将6退1
3. 车五平四　红胜

注①：

1. 马七进六　车6进1
2. 车五平三　将6进1
3. 车三平四　红胜

图3-96

1. 车五平四　象9退7
2. 车二进五　车4进5
3. 车二平三　红胜

图3-97

1. 兵五平四　将6退1
2. 马七进六　马8退7
3. 兵四进一　红胜

图3-98

1. 车一进一　车8平9
2. 马七进八　炮9平6
3. 马八进七　红胜

图3-99

1. 马四进六　车3进1①
2. 兵二平三　炮1平4
3. 兵三平四　红胜

注①：

1. 马四进六　车3平5
2. 马六进五　将6进1
3. 兵二平三　红胜

图3-100

1. 车三平四　炮6进9
2. 帅五平四　马9进8
4. 车四进三　红胜

图3-101

1. 车四进四　将5退1
2. 兵五进一　士4进5
3. 车四进一 红胜

图3-102

1. 车三进二　将5退1
2. 马六进七　车8进3
3. 车三平五　红胜

图3-103

1. 车八平四　炮7平5
2. 车四进三　车4进5
3. 车四平五　红胜

图3-104

1. 炮二平四　士6退5
2. 兵四平五　将5平6
3. 炮四退二　红胜

图3-105

1. 马七进八　炮1退1
2. 炮六进七　马8进6
3. 炮六平八　红胜

图3-106

1. 马五进四　将4进1
2. 兵四平五　炮1退6
3. 马六进八　红胜

图3-107

1. 兵三平四　卒5进1
2. 帅四进一　士6进5
3. 兵四平五　红胜

图3-108

1. 车七平四　炮1平6
2. 帅五平四　马9进8
3. 前车进三　红胜

图3-109

1. 马四进三　将5平4
2. 炮五平六　马3进4
3. 炮一平六　红胜

图 3-110
1. 马二进三 马7退6
2. 车四进五 车1平7
3. 车四平五 红胜

图 3-111
1. 炮八平五 炮7平5
2. 炮六平二 马2退4
3. 炮二进七 红胜

图 3-112
1. 炮六平五 马3退4
2. 马二进四 将5平6
3. 炮五平四 红胜

图 3-113
1. 车四平五 车1退6
2. 车五进四 马9进7
3. 车五平四 红胜

图 3-114
1. 帅五平四 士5进6
2. 车四进一 马2进4
3. 车四进一 红胜

图 3-115
1. 车七进三 炮4退6
2. 帅五平六 马8退7
3. 车七平六 红胜

图 3-116
1. 相五进三 象9进7
2. 马七进八 象7退5
3. 马八进七 红胜

图 3-117
1. 相五进三 象9进7
2. 兵七平八 象7退5
3. 炮七平五 红胜

图 3-118
1. 兵七平六 士5进4
2. 帅五平四 士4退5
3. 兵四平五 红胜

图 3-119
1. 车一平四 车4进9
2. 帅五平六 车1退3
3. 前车进三 红胜

图 3-120
1. 车五平六 将6平5
2. 车六进一 将5进1
3. 车六退一 红胜

图 3-121
1. 炮三进六 象9退7
2. 马五退三 马1退3
3. 马三进四 红胜

图 3-122
1. 仕五进六 将5平6
2. 车一进三 将6进1
3. 炮一平四 红胜

图 3-123
1. 仕五进六 将5平6
2. 兵四进一 士5进6
3. 车三平四 红胜

图 3-124
1. 车三平五 象3进5
2. 前炮进三 象5退7
3. 炮三进八 红胜

图 3-125
1. 炮七进三 车2平3
2. 炮三平五 车3平2
3. 车三平五 红胜

图 3-126
1. 车七平二 将5平6
2. 车二平四 士5进6
3. 车四进一 红胜

图 3-127
1. 帅五平六 马1进3
2. 炮九进七 象3进1
3. 车六进三 红胜

图 3-128
1. 炮四进六 车4进1
2. 仕五退六 炮7进3
3. 马二进三 红胜

图 3-129
1. 马八进六 将6进1
2. 马六退五 将6退1
3. 炮九进一 红胜

图 3-130
1. 炮九进四 炮1平3
2. 车四平二 将5平6
3. 车二进六 红胜

图 3-131
1. 前车进一 炮8退6
2. 后车进二 车1进2
3. 炮三平五 红胜

图 3-132
1. 马三进五 车9平7
2. 车九平六 将4平5
3. 马五进三 红胜

图 3-133
1. 车二进五 车8平7
2. 车二平五 士6进5
3. 车八退一 红胜

图 3-134
1. 兵三进一 将6退1
2. 兵三进一 将6退1
3. 马八进六 红胜

图 3-135
1. 相五进七 象3进5
2. 炮八进一 象5退3
3. 炮七进七 红胜

图 3-136
1. 前车进五 炮9平6
2. 炮六进六 车8进5
3. 炮八进五 红胜

图 3-137
1. 前车平四 后车退1
2. 马八进七 将5平6
3. 车二进七 红胜

图 3-138
1. 车二进一 将6退1
2. 炮四进五 士5进6
3. 车二进一 红胜

图 3-139
1. 马八进六 士5进4
2. 马六进四 士4进5
3. 车四进一 红胜

图 3-140
1. 仕五进四 将5平4
2. 兵六进一 士5进4
3. 车七平六 红胜

图 3-141
1. 炮八平三 士6进5
2. 炮三平五 车1进1
3. 车四进一 红胜

图 3-142
1. 马四进六 马3进4
2. 马八退六 士5进4
3. 车三平四 红胜

图 3-143
1. 前炮平六 象1退3
2. 车八进五 马7进6
3. 车八平七 红胜

图 3-144
1. 前炮平四 象3进5
2. 炮一进一 象5退7
3. 炮四退一 红胜

图 3-145
1. 兵七进一 炮4平6
2. 马二进三 炮6退4
3. 炮三进五 红胜

图 3-146
1. 相五进七 象7进5
2. 炮三进一 象5退7
3. 车七进二 红胜

图 3-147
1. 炮二平五 炮6平8
2. 马八进七 将5平6
3. 炮五平四 红胜

图 3-148
1. 车七平五 士4进5
2. 炮七平三 卒3进1
3. 炮三进五 红胜

图 3-149
1. 车六进二 炮8平4
2. 马八进六 将5平4
3. 炮五平六 红胜

图 3-150
1. 前车平六 车4退3
2. 马二进三 将5平4
3. 车八进五 红胜

图 4-1

1. 炮四进四 将 4 进 1
2. 炮二退六 象 9 退 7[①]
3. 炮二平六 象 7 进 5
4. 炮四平六 红胜

注①：

2. 炮二退六 将 4 退 1
3. 炮二平六 士 4 进 5
4. 炮四平六 红胜

图 4-2

1. 炮八平五 车 2 退 3
2. 后炮进四 象 3 进 5
3. 后炮进二 将 5 平 4
4. 后炮平六 红胜

图 4-3

1. 车三进一 炮 1 平 7
2. 帅五平四 炮 7 平 6
3. 车四进一 车 3 退 2
4. 车四进二 红胜

图 4-4

1. 炮九进五 士 5 退 4
2. 车八平六 士 6 进 5
3. 兵四平五 马 7 退 5
4. 车六进一 红胜

图 4-5

1. 车六进三 马 3 退 4
2. 马七进八 马 4 进 3
3. 马八退六 将 5 平 4
4. 炮五平六 红胜

图 4-6

1. 兵六进一 士 4 进 5
2. 马一进三 炮 2 退 8
3. 兵六进一 士 5 退 4
4. 兵四进一 红胜

图 4-7

1. 后炮平二 炮 1 进 1[①]
2. 炮四退五 炮 1 平 6
3. 炮四平五 将 5 进 1
4. 炮二平五 红胜

注①：

1. 后炮平二 将 5 进 1
2. 炮四退五 卒 2 平 3
3. 炮二进二 红胜

图 4-8

1. 炮一平七 卒 2 平 3
2. 兵二平三 卒 3 进 1
3. 炮七平四 士 6 退 5
4. 兵三平四 红胜

图 4-9

1. 车八平四 前车平 6
2. 车四进三 将 6 进 1
3. 相五进七 车 3 平 2
4. 车一平四 红胜

图 4-10

1. 马九进八 车 3 退 2
2. 炮一退八 车 3 平 2
3. 炮一平四 车 2 进 1[①]
4. 炮四进八 红胜

注①：

3. 炮一平四 车 2 进 7
4. 炮一平八 红胜

图 4-11

1. 兵三进一 将 6 退 1
2. 兵六进一 士 5 退 4[①]
3. 马五进六 士 6 退 5
4. 兵三平四 红胜

注①：

2. 兵六进一 卒 6 进 1
3. 兵三进一 将 6 进 1
4. 马五进三 红胜

图 4-12

1. 炮二进三 象 9 退 7
2. 兵四平五 将 5 平 4
3. 炮二平四 卒 3 平 4
4. 马三进五 红胜

图 4-13

1. 车七进六 卒 8 平 7
2. 车七平四 将 6 退 1
3. 兵六进一 象 5 退 3
4. 兵六平五 红胜

图 4-14

1. 马二进三 将 5 平 6
2. 车六退四 车 1 平 6
3. 车六平二 车 6 退 3
4. 车二进三 红胜

图 4-15

1. 车二进四 将 6 退 1
2. 车二平五 车 5 退 1[①]
3. 车四进三 车 5 平 6
4. 车四进一 红方胜定

注①：

2. 车二平五 车 5 平 2
3. 车五退六 红方胜定

图 4-16

1. 炮六进七 士 5 退 4
2. 帅五平六 士 4 进 5
3. 车四平五 马 7 退 5
4. 车六进一 红胜

图 4-17

1. 车六进二 将 5 退 1
2. 车六平四 车 2 进 3
3. 炮三进九 士 6 进 5
4. 车四进一 红胜

图 4-18

1. 炮二平三 卒 2 平 3[①]
2. 兵四进一 士 5 退 6
3. 炮三进二 士 6 进 5
4. 马二进四 红胜

注①：

1. 炮二平三 炮 6 平 5
2. 炮三进二 卒 2 平 3
3. 马二进四 红胜

图 4-19

1. 炮三进一 象 5 退 7
2. 车二平七 马 5 退 4[①]
3. 马一进三 将 5 平 4
4. 车七进二 红胜

注①：

2. 车二平七 象 7 进 9
3. 车七进二 士 5 退 4
4. 车七平六 红胜

图 4-20

1. 炮八进四 车 1 退 5
2. 炮八平七 车 1 平 3
3. 马七进六 将 5 平 6[①]
4. 马二进三 红胜

注①：

3. 马七进六 车 3 平 4
4. 炮七进一 红胜

图 4-21

1. 炮二进一 象 7 进 9
2. 炮二平七 象 3 退 1
3. 马七进六 士 5 退 4
4. 车三进一 红胜

图 4-22

1. 马二进三 车 7 进 1
2. 车四退八 车 7 退 8
3. 车四进九 将 5 平 6
4. 车二进四 红胜

图 4-23

1. 炮四进九 马 1 进 3[①]
2. 帅五平四 炮 1 进 3
3. 车八退三 马 9 进 8
4. 炮四平一 红胜

注①：

1. 炮四进九 将 5 平 6
2. 车八平四 将 6 平 5
3. 帅五平四 马 9 进 8
4. 车四进六 红胜

图 4-24

1. 马七退五 将 6 平 5
2. 马五进四 将 5 平 6
3. 马四退六 车 3 平 2
4. 车五平四 红胜

图 4-25

1. 前车平六 将 4 平 5
2. 车七平五 车 9 进 4
3. 相五退三 将 5 平 6
4. 车六平四 红胜

图 4-26

1. 马六进四 炮 8 平 6
2. 兵三进一 将 5 平 6
3. 兵三进一 士 5 进 6
4. 兵三进一 红胜

图 4-27

1. 前车进二 将 5 进 1
2. 后车进六 将 5 进 1
3. 后车平八 车 2 退 7
4. 车六退二 红胜

图 4-28

1. 车六进五 马 3 退 4
2. 马八退六 炮 1 平 4
3. 马六退五 车 7 退 2
4. 马五进四 红胜

图 4-29

1. 车七进六 士 6 退 5
2. 车三退八 将 6 退 1
3. 车三平四 将 6 平 5
4. 仕五退四 红方胜定

图 4-30
1. 仕五进四 象1进3[①]
2. 炮八进六 后车进7
3. 兵六进一 将5平6
4. 兵六平五 红胜
注①：
1. 仕五进四 后车进7
2. 车五进五 士4进5
3. 炮八进六 红胜

图 4-31
1. 车九平二 马7进5[①]
2. 车二进六 士5退6
3. 车二平四 将5进1
4. 后车进二 红胜
注①：
1. 车九平二 车3平5
2. 车二进六 马7退8
3. 车四进三 红胜

图 4-32
1. 车四平五 马7退5
2. 炮一进七 炮6进6
3. 炮一平六 车2进1[①]
4. 炮六退九 红胜
注①：
3. 炮一平六 将5平6
4. 炮六退一 红胜

图 4-33
1. 车五进六 将6退1
2. 车五退一 将6进1
3. 车五平四 车9平6
4. 炮三平四 红方胜定

图 4-34
1. 炮二平八 士5进4
2. 炮八进七 士4进5
3. 兵四平五 士4退5
4. 兵六进一 红胜

图 4-35
1. 车五退一 象7退5
2. 马四退二 将4退1
3. 马二进三 车9平8
4. 车五平六 红胜

图 4-36
1. 马五进四 象3进5
2. 马四进二 象5退7
3. 马二退三 将6进1
4. 炮五平四 红胜

图 4-37
1. 车四平五 将5平6
2. 车五进一 将6平5
3. 炮三平八 车6进2
4. 炮八进一 红胜

图 4-38
1. 车一平五 后卒进1[①]
2. 炮八平三 将5平4
3. 兵四平五 前卒进1
4. 炮三进三 红胜
注①：
1. 车一平五 卒8平7
2. 车五进一 将5平4
3. 兵四平五 卒7进1
4. 车五平六 红胜

图 4-39
1. 马三进五 象3进5
2. 炮一平五 士5进4
3. 车八进二 卒3平4
4. 车八平五 红胜

图 4-40
1. 马七进八 将4平5[①]
2. 相五退七 车9平7
3. 马八退六 将5平4
4. 炮三平六 红胜
注①：
1. 马七进八 将4进1
2. 炮三平九 车9进2
3. 炮9进4 红胜

图 4-41
1. 车六平四 炮7进2
2. 兵四进一 车9平6
3. 车四平六 车6进4
4. 车六进三 红胜

图 4-42
1. 马三进四 卒2平3[①]
2. 兵七平六 将4平5
3. 兵六平五 将5平4
4. 兵五平六 红胜
注①：
1. 马三进四 士5退6
2. 兵四进一 卒2平3
3. 兵四平五 红胜

图 4-43
1. 炮三平四 车4平6
2. 前炮进四 象7进9
3. 兵六平五 象9进7
4. 兵五进一 红胜

图 4-44
1. 车一进八 卒6进1
2. 帅五进一 车8平9
3. 马四进二 将6退1
4. 兵六平五 红胜

图 4-45
1. 马八进六 车5平4
2. 车三进三 士5进6
3. 车三退一 将5退1
4. 车三平六 红方胜定

图 4-46
1. 马七进六 车2平3
2. 车二进四 车6平8[①]
3. 马六进四 将5平6
4. 炮五平四 红胜
注①：
2. 车二进四 车3退3
3. 马六进四 红胜

图 4-47
1. 车三进九 将6进1
2. 车三退二 车2退2
3. 车一进八 将6退1
4. 车三进二 红胜

图 4-48
1. 车七平二 象5退7
2. 车二进一 车2平6
3. 车二平三 车6退6
4. 车三平四 红胜

图 4-49
1. 马一进三 马8退7
2. 炮一进七 马7退9
3. 相三进一 车5平9
4. 相五退三 红方胜定

图 4-50
1. 马五进四 士6进5
2. 车六平五 将5平4[①]
3. 马四进六 卒6进1
4. 马六进八 红胜
注①：
2. 车六平五 将5平6
3. 马四退二 卒6进1
4. 马二进三 红胜

图 4-51
1. 兵三进一 将6平5[①]
2. 马一退三 炮6退4
3. 马三进四 炮6进1
4. 马四进六 红胜
注①：
1. 兵三进一 将6进1
2. 马一进二 将6进1
3. 马二退三 将6进1
4. 马三退四 红方胜定

图 4-52
1. 车九平四 将6平5
2. 帅五平四 象7进9
3. 炮一进三 卒4平5
4. 车四进三 红胜

图 4-53
1. 车二进六 将6进1
2. 车二退一 将6退1
3. 兵六平五 炮5退5
4. 车二进一 红胜

图 4-54
1. 马七进六 将5平4
2. 车五平六 士5进4
3. 马六进四 卒7平6
4. 车六进三 红胜

图 4-55
1. 车八平六 士5退4
2. 车四平六 士4进5
3. 炮七平五 车8平2
4. 车六进一 红胜

图 4-56
1. 炮一平三 马6退8
2. 炮三进七 车2平7
3. 后兵进一 车7进2
4. 兵五进一 红胜

图 4-57
1. 车八平五 车7平5
2. 车六进三 车5退1
3. 车六平五 将6进1
4. 车五平四 红胜

图 4-58
1. 车一平八 士4进5
2. 马四进三 将5平4
3. 车八平六 士5进4
4. 车六进二 红胜

图 4-59

1. 相五进三 车7进4
2. 炮六平四 车7平6
3. 兵四进一 将6退1
4. 兵四进一 红胜

图 4-60

1. 兵五平六 将4退1
2. 马六退四 卒6进1
3. 帅五进一 马9进7
4. 兵六进一 红胜

图 4-61

1. 炮一平七 炮4平3
2. 炮四进八 炮3退1
3. 炮七平三 马8进7
4. 炮三进二 红胜

图 4-62

1. 帅五平四 士4进5
2. 车四进三 马2退3
3. 兵六平五 马3退5
4. 车四进一 红胜

图 4-63

1. 兵四平五 将5进1①
2. 马四进六 将5平4
3. 马三进四 卒3平4
4. 马六退八 红胜

注①：

1. 兵四平五 将5平6
2. 马三进二 将6退1
3. 兵五进一 卒3平4
4. 马二退三 红胜

图 4-64

1. 车四平五 车8平6①
2. 车五平四 马4进5
3. 后炮进三 象3进5
4. 后炮进四 红胜

注①：

1. 车四平五 象3进5
2. 后炮进五 红胜

注①：

1. 车四平五 马4进5
2. 后炮进三 车2进6
3. 车五进一 红胜

图 4-65

1. 马八进六 士6进5①
2. 兵六平五 将5进1
3. 马六退四 将5平4
4. 马四退五 红方胜定

注①：

1. 马八进六 士4进5
2. 兵六平五 将5平4
3. 马六进八 红胜

图 4-66

1. 马四进六 卒6进1
2. 兵六平五 将5平4
3. 炮五平六 马5进4
4. 马六进八 红胜

图 4-67

1. 车二平八 车2平3①
2. 车八平六 后车平2
3. 前车进三 车2平4
4. 车六进五 红胜

注①：

1. 车二平八 车3进1
2. 帅六进一 车3平2
3. 车八退四 车2进9
4. 车六进三 红胜

图 4-68

1. 炮九平四 卒6进1
2. 炮四进五 将5平6
3. 炮三平一 马8进6
4. 车二进一 红胜

图 4-69

1. 兵三进一 士6退5
2. 兵三进一 将6进1
3. 车五平二 象5进7
4. 车二退二 红胜

图 4-70

1. 炮一进三 卒3平4
2. 炮一平七 卒5进1
3. 兵七平八 卒4进1
4. 炮七进四 红胜

图 4-71

1. 炮七进二 车1平2
2. 车五平八 车2平3
3. 车八平二 车3进1
4. 车二进五 红胜

图 4-72

1. 炮一平六 士4退5
2. 兵六平五 将5平4
3. 兵四进一 卒4平5
4. 兵四平五 红胜

图 4-73

1. 车二进八 后马退6
2. 车二平四 车3进3
3. 车六平五 马6退5
4. 车四进一 红胜

图 4-74

1. 车四进四 炮5进4
2. 仕六进五 车7平6
3. 车八平五 炮5退5
4. 车四平五 红胜

图 4-75

1. 车七进三 将4进1
2. 马九进八 炮4退4
3. 车七退一 将4退1
4. 车七平五 红胜

图 4-76

1. 车五平二 将5平6
2. 车二平四 将6平5
3. 帅五平四 车3平5
4. 车四进三 红胜

图 4-77

1. 马五进七 炮9退8
2. 后车平五 车2平5
3. 车五进五 士4进5
4. 车六平五 红胜

图 4-78

1. 车二退一 将6退1①
2. 马四进五 将6平5
3. 马五退三 炮9平5
4. 车二平五 红胜

注①：

1. 车二退一 将6进1
2. 马四退三 象5退3
3. 车二平五 炮9平5
4. 马三进二 红胜

图 4-79

1. 马八进九 将5平4①
2. 马九进八 将4进1
3. 炮五平九 士5进6
4. 炮九进二 红胜

注①：

1. 马八进九 马8退6
2. 马九进八 马6退4
3. 马八退六 将5平4
4. 炮五平六 红胜

图 4-80

1. 车四平五 将5平6
2. 车五平六 车8平6
3. 车六进一 将6进1
4. 车六平四 红胜

图 4-81

1. 相五进三 象7进9
2. 炮三平二 象9退7
3. 炮二进七 马2进3
4. 车四进三 红胜

图 4-82

1. 兵四进一 马8进6①
2. 马七进八 将4进1
3. 兵四平五 马6进5
4. 马八退七 红胜

注①：

1. 兵四进一 士5退6
2. 马七进八 将4进1
3. 兵六进一 红胜

图 4-83

1. 炮七进九 炮9进1
2. 车六退二 马2进3
3. 帅五平六 马3进5
4. 车六进五 红胜

注①：

1. 炮七进九 马2进3
2. 帅五平六 马3进5
3. 车六进五 红胜

图 4-84

1. 仕六退五 卒8平7①
2. 帅四平五 卒7平6
3. 帅五平六 士6退5
4. 兵六平五 红胜

注①：

1. 仕六退五 卒1平2
2. 帅四平五 卒2平3
3. 帅五平六 士6退5
4. 兵六平五 红胜

图 4-85

1. 车三退一 将6退1
2. 车三平五 士6进5
3. 兵二平三 马1进2①
4. 马四进二 红胜

注①：

3. 兵二平三 车4平8
4. 马四进二 车8退7
5. 车五平二 红方胜定

图 4-86

1. 车八退五 车4平2
2. 炮九平五 车2退5
3. 马三进二 车2平5
4. 马二进三 红胜

图 4-87

1. 车七进三 将4进1
2. 车七退二 将4退1[①]
3. 车七平六 将4平5
4. 车六进二 红胜

注①：

2. 车七退二 马5进3
3. 车七进一 红胜

注①：

2. 车七退二 车8平4
3. 马五退六 红方胜定

图 4-88

1. 帅五平六 士5退4
2. 马五进六 将5进1
3. 马六进八 将5退1
4. 马八进六 红方胜定

图 4-89

1. 帅五平六 士6进5
2. 马四进三 将5平6
3. 车六平四 士5进6
4. 车四进三 红胜

图 4-90

1. 车七进一 车7平5
2. 车七进二 士5退4[①]
3. 车七平六 将5进1
4. 后车进二 红胜

注①：

2. 车七进二 象5退3
3. 车六进三 红胜

图 4-91

1. 车一平五 车5进6
2. 仕六退五 马1进3
3. 炮九退六 马3进4
4. 炮九平五 红方胜定

图 4-92

1. 炮三退一 将5进1
2. 炮三平五 将5平6
3. 车六平四 马7进6
4. 车四进一 红胜

图 4-93

1. 车六进三 将5平4
2. 车八平六 将4平5
3. 帅五平六 后车进1
4. 车六进三 红胜

图 4-94

1. 马七退六 将5平4
2. 马二进四 将4进1
3. 兵八平七 马6退5
4. 兵七进一 红胜

图 4-95

1. 帅五进一 卒3进1[①]
2. 相一进三 卒3进1
3. 马五退六 卒3平4
4. 马六进七 红方胜定

注①：

1. 帅五进一 卒3平2
2. 马五退六 卒2平3
3. 马六进七 红方胜定

图 4-96

1. 车三退一 将6退1
2. 车三平五 车5退6
3. 车四平三 将6平5
4. 车三进三 红胜

图 4-97

1. 车九平六 车4退2
2. 马一进三 将5平4
3. 车八进九 象1退3
4. 车八平七 红胜

图 4-98

1. 车二平五 象3进5
2. 马六进五 马5进7
3. 马五进三 将5进1
4. 炮二进六 红胜

图 4-99

1. 马四进三 炮4退9
2. 马三进五 炮4平5
3. 车三平四 士5进6
4. 马五进三 红胜

图 4-100

1. 车六平四 炮7进2
2. 兵四进一 车9平6
3. 车四平六 车6进7
4. 车六进三 红胜

图 4-101

1. 车三平八 车2平1
2. 车八平六 车1平2
3. 前车进三 车2平4
4. 车六进五 红胜

图 4-102

1. 车二平四 士5进6
2. 车四进一 将6平5
3. 车四进一 车2进7
4. 炮二进五 红胜

图 4-103

1. 车八进三 炮4退2
2. 马九进七 车8平4
3. 马七退六 马7进8
4. 车八平六 红胜

图 4-104

1. 炮二平五 士5进4
2. 车二进八 车6进2
3. 车六平五 将5平6
4. 车二进一 红胜

图 4-105

1. 帅五平六 将4进1
2. 炮五平六 将4退1
3. 兵五进一 炮4退1
4. 炮六进四 红胜

图 4-106

1. 帅五平六 士5进4
2. 兵三平四 卒6平5
3. 兵四平五 士4退5
4. 兵六进一 红胜

图 4-107

1. 兵五平六 将6平5
2. 兵六进一 士6退5
3. 帅四平五 将5平6
4. 兵六平五 红胜

图 4-108

1. 炮三平五 炮5进1
2. 帅六进一 炮5退1
3. 炮五进一 炮5退1
4. 炮五进一 红胜

图 4-109

1. 炮二平六 士4退5
2. 炮六退二 士5进4
3. 炮六退一 士4进5
4. 仕六退五 红胜

图 4-110

1. 帅五平四 炮2平4
2. 车八平六 象3进1
3. 车六进一 象1退3
4. 车六进二 红胜

图 4-111

1. 车九退六 卒8平7
2. 帅四进一 车5平1
3. 帅四平五 车1退8
4. 兵二平三 红胜

图 4-112

1. 车四进七 将4进1
2. 车四退二 将4平5
3. 车四平五 将5进1
4. 炮六平五 红胜

图 4-113

1. 马五进四 象3进5
2. 马四进二 象5退7
3. 马二退三 将6进1
4. 炮五平四 红胜

图 4-114

1. 车四进六 将5平6
2. 马一进二 将6进1
3. 炮五平一 士5进6
4. 炮一进二 红胜

图 4-115

1. 炮四进九 将5平6
2. 车八平四 将6平5
3. 帅五平四 马9进8
4. 车四进六 红胜

图 4-116

1. 车八进八 车6退3
2. 车八平五 车6平5
3. 帅五平四 车4进3
4. 车二平四 红胜

图 4-117

1. 相一进三 象7进9
2. 车四进三 士5退6
3. 车八平五 士6进5
4. 车五进一 红胜

图 4-118

1. 炮七进二 炮2退2
2. 炮七平六 士5退4
3. 兵三平四 车9进7
4. 马九进七 红胜

图 4-119
1. 马八进七 士5退4
2. 兵七平八 后炮退7
3. 马七退六 将5进1
4. 炮九退一 红胜

图 4-120
1. 马八进六 士5进4
2. 兵六进一 将5进1
4. 车二进八 炮7退1
4. 车二平三 红胜

图 4-121
1. 兵二平三 将6退1
2. 兵六进一 士5退4
3. 马五进六 士6退5
4. 兵三平四 红胜

图 4-122
1. 兵四平五 将5进1
2. 马四进六 将5平4
3. 马三进四 卒3平4
4. 马六退八 红胜

图 4-123
1. 车四平五 将5平4
2. 车五进二 卒5平6
3. 帅四进一 炮7退6
4. 兵七进一 红胜

图 4-124
1. 马七进六 将5平4
2. 车五平六 士5进4
3. 马六进四 卒7进1
4. 车六进三 红胜

图 4-125
1. 车六进二 将5退1
2. 车六平四 车2进3
3. 炮三进九 士6进5
4. 车四进一 红胜

图 4-126
1. 车九进五 将4进1
2. 车七进三 炮6平5
3. 车九退一 将4退1
4. 车七进二 红胜

图 4-127
1. 炮二进五 象9退7
2. 兵四平五 将5平4
3. 炮二平四 卒3平4
4. 马三进五 红胜

图 4-128
1. 炮八平五 士6进5
2. 帅五平四 车3退4
3. 车六平五 马3退5
4. 车四进一 红胜

图 4-129
1. 兵六进一 马3进4
2. 炮五平六 卒7平6
3. 兵六平五 马4退5
4. 炮六进三 红胜

图 4-130
1. 帅五平四 士4进5
2. 车四进三 马2退3
3. 兵六平五 马3退5
4. 车四进一 红胜

图 4-131
1. 车七平三 车6退1
2. 车三进二 车6退7
3. 兵二平三 车6平7
4. 兵三进一 红胜

图 4-132
1. 仕五进六 卒1平2
2. 兵一平二 卒2平3
3. 兵二平三 卒3平4
4. 兵三平四 红胜

图 4-133
1. 炮二进四 象7进9
2. 炮二平七 卒5进1
3. 兵七平八 卒3平4
4. 炮七进四 红胜

图 4-134
1. 马七退六 将5平4
2. 马二进四 将4进1
3. 兵八平七 士4进5
4. 兵七进一 红胜

图 4-135
1. 马七进八 士6进5
2. 车一平四 车7进1
3. 车六进三 士5退4
4. 马八退六 红胜

图 4-136
1. 炮九平六 车6平5
2. 车三进六 将6退1
3. 兵五进一 士4退5
4. 车三进一 红胜

图 4-137
1. 兵四进一 马8进6
2. 马七进八 将4进1
3. 兵四平五 马6进5
4. 马八退七 红胜

图 4-138
1. 兵六进一 士4退5
2. 兵六平五 将6进1
3. 马三退四 士5进6
4. 马四进二 红胜

图 4-139
1. 兵六进一 马6退4
2. 炮五平八 马4进5
3. 仕六进五 士4退5
4. 炮八进三 红胜

图 4-140
1. 车二平八 车2退2
2. 马二进三 马5退6
3. 前炮进五 象9退7
4. 炮三进九 红胜

图 4-141
1. 车二平四 将6平5
2. 帅五平四 车7退4
3. 马一进三 车7进1
4. 车四进三 红胜

图 4-142
1. 车四进一 马4进5
2. 车二平五 士4进5
3. 车五进二 将5平4
4. 车四进一 红胜

图 4-143
1. 车九进四 将4退1
2. 车九平五 车5退1
3. 车六进三 将4平5
4. 车六进二 红胜

图 4-144
1. 车二进六 将6进1
2. 车二退一 将6退1
3. 兵六平五 士6退5
4. 车二进一 红胜

图 4-145
1. 车八平五 士4退5
2. 马九退七 将4进1
3. 车五平八 车7退3
4. 车八退二 红胜

图 4-146
1. 兵三进一 士6退5
2. 兵三进一 将6进1
3. 车五平二 象5进7
4. 车二退二 红胜

图 4-147
1. 车九进二 将4退1
2. 兵四进一 士4退5
3. 兵四平五 将4平5
4. 车九进一 红胜

图 4-148
1. 炮九平四 马9进8
2. 炮四进五 将5平6
3. 炮三平一 后马进6
4. 车二进一 红胜

图 4-149
1. 炮二进一 象7进9
2. 炮二平七 象3退1
3. 马七进六 士5退4
4. 车三进一 红胜

图 4-150
1. 车六进五 士5退4
2. 车二平六 车6退4
3. 车六进五 将6进1
4. 车六退一 红胜

图 5-1

1. 马五进六 将5进1
2. 车二平五 将5平4
3. 马六退四 士4进5
4. 车五平六 士5进4
5. 车六进一 红胜

图 5-2

1. 马四进五 车4退6
2. 炮九平七 车4平3
3. 兵三进一 将6进1
4. 马五退六 将6进1
5. 马六进七 红方胜定

图 5-3

1. 车九平六 士5退4
2. 车七平六 士4进5
3. 后车平八 士5退4
4. 车八进三 士6进5
5. 炮七进九 红胜

图 5-4

1. 马四进三 将6进1
2. 马三进二 将6退1
3. 炮三平四 士6退5
4. 炮四平一 车3进1
5. 炮一进五 红胜

图 5-5

1. 炮九平六 卒2平3
2. 炮六进七 士6进5
3. 兵四平五 卒3进1
4. 炮六平五 卒3进1
5. 后兵平四 红胜

图 5-6

1. 车四平三 炮4退1
2. 仕五退六 车7平4
3. 车三平五 士6进5
4. 马四进三 将5平4
5. 车二平六 红胜

图 5-7

1. 炮一进一 士5退6
2. 炮二进一 将5平4
3. 马三退五 将4平5
4. 马五进七 卒8平7
5. 炮一平三 红胜

图 5-8

1. 马二进三 将5进1
2. 车一平八 将5平4
3. 马三退四 士4进5
4. 车八平六 士5进4
5. 车六进五 红胜

图 5-9

1. 仕五进四 士4进5
2. 车四平五 将5平4
3. 炮四平六 车3平4
4. 马六退八 车4进2[①]
5. 马八进七 红胜

注①：

4. 马六退八 车4平3
5. 马八退九 红方胜定

图 5-10

1. 马四进五 将6退1
2. 炮一进二 车3平5[①]
3. 马五退三 卒3平4
4. 炮一平五 将6平5
5. 马三进四 红方胜定

注①：

2. 炮一进二 车3进6
3. 马五进三 将6进1
4. 马三进二 红胜

图 5-11

1. 车二平五 士6进5[①]
2. 车一进五 士5退6
3. 炮二进五 士6进5
4. 炮二退八 士5退6
5. 炮二平五 红方胜定

注①：

1. 车二平五 车5退7
2. 炮二进五 车5退1
3. 车一平八 卒2平3
4. 车八进五 红胜

图 5-12

1. 前车平五 士6进5[①]
2. 车二进四 士5退6
3. 车二平四 车5退8
4. 兵七进一 将4进1
5. 车四平五 红方胜定

注①：

1. 前车平五 车5退7
2. 兵七平六 车5平4
3. 炮二平六 卒6平5
4. 车二退四 红胜

图 5-13

1. 炮二平四 士6退5
2. 炮四平五 士5进6
3. 兵六平五 将5平4
4. 兵四进一 士6退5
5. 炮五平六 红胜

图 5-14

1. 马四进六 士4进5[①]
2. 车五平四 将6平5
3. 马六进五 卒3平4
4. 马五退七 将5平4
5. 车四平六 红胜

注①：

1. 马四进六 卒3平4
2. 马六退五 将6退1
3. 马五进三 将6进1
4. 车五平四 红胜

图 5-15

1. 车六进四 将5退1
2. 车六平一 马9退7
3. 炮二进五 象7进9
4. 前兵进一 车2进2
5. 前兵进一 红胜

图 5-16

1. 兵四平五 士6进5
2. 车七平五 马3退5
3. 车四进四 将4进1
4. 炮四进七 将4进1
5. 车四平六 红胜

图 5-17

1. 车七平六 将4平5
2. 帅五平六 车1退1
3. 兵七平六 象1进3
4. 兵六进一 车1平4
5. 车六进五 红胜

图 5-18

1. 炮七平五 象7进5
2. 炮九平五 象5进3
3. 前炮进二 象3退5
4. 前炮退三 士6进5
5. 车六进五 红胜

图 5-19

1. 炮二平五 卒4平3
2. 车三进九 将6进1
3. 兵四进一 士5进6
4. 兵六平五 士4进5
5. 炮五平四 红胜

图 5-20

1. 车八平六 将5平6
2. 车六平四 将6平5
3. 帅五平四 车8退8
4. 车四进四 车9平5
5. 车四平五 红胜

图 5-21

1. 兵三进一 将6平5
2. 兵三平四 将5平6
3. 马三进二 将6进1
4. 炮五平一 士5进6
5. 炮一进二 红胜

图 5-22

1. 马四进六 象3退5[①]
2. 马六进八 将4进1
3. 马八退七 将4平5
4. 马七进五 将5退1
5. 帅五平六 红方胜定

注①：

1. 马四进六 象3退1
2. 马六进八 将4进1
3. 马八退七 将4退1
4. 马七进九 红方胜定

图 5-23

1. 兵五进一 将5退1
2. 兵五进一 将5平4
3. 兵五平六 将4进1
4. 车三平六 将4平5
5. 车一平五 红方胜定

图 5-24

1. 炮二进七 士6进5
2. 帅五平四 士5进6
3. 兵七平六 卒4平5
4. 兵六平五 士6退5
5. 兵四进一 红胜

图 5-25

1. 马四进六 将5平6
2. 炮五退三 士5进6
3. 车九平三 车5退1
4. 兵三进一 将6进1
5. 车三进三 红胜

图 5-26

1. 车九平五 士4进5
2. 仕五进四 将5平4
3. 车八进九 将4进1
4. 炮九进五 后车平2
5. 炮九平六 红胜

图 5-27

1. 马四退五　卒5平6
2. 帅四平五　车8进2
3. 兵五平六　将4平5
4. 兵三平四　将5平6
5. 前兵进一　红胜

图 5-28

1. 炮七进二　炮2退2
2. 炮七平六　象5退3①
3. 炮六平八　士5退4
4. 马九进七　将5进1
5. 炮八退一　红胜

注①：

2. 炮七平六　士5退4
3. 兵三平四　车9进7
4. 马九进七　红胜

图 5-29

1. 炮一进四　士6进5
2. 车三进二　士5退6
3. 马三进一　车7退7①
4. 马一进三　将5进1
5. 炮一退一　红胜

注①：

3. 马三进一　车7平8
4. 车三退七　车8退7
5. 马一进二　红方胜定

图 5-30

1. 炮一平九　车1平2
2. 前车进三　将4进1
3. 后车进三　将4进1
4. 后车平八　车2退7
5. 车二退二　红胜

图 5-31

1. 车八平二　车8进5
2. 炮八进七　象3进1
3. 车六进一　将5平4
4. 兵六进一　将4平5
5. 兵六进一　红胜

图 5-32

1. 仕五进六　将4退1
2. 炮四平六　士5进4
3. 兵四进一　车9平5
4. 兵四平五　车5进1
5. 仕六退五　红胜

图 5-33

1. 车六进一　士5退4
2. 马八退六　车1平4
3. 车四平六　士6进5
4. 车六进一　将5平4
5. 炮八平六　红胜

图 5-34

1. 兵四平五　士4进5①
2. 车九进四　士5退4
3. 炮七平二　士6进5
4. 车九平六　士5退4
5. 马八退六　红胜

注①：

1. 兵四平五　将5进1
2. 车九平五　将5平4
3. 马八退七　将4进1
4. 车五进二　红胜

图 5-35

1. 车二进五　将5退1
2. 车二平四　士6进5
3. 后车平二　士5退6
4. 车二进六　将5平4
5. 车二平四　红胜

图 5-36

1. 炮九平一　车9退1
2. 兵五平四　士5进6
3. 车八平四　将6退1
4. 炮一平四　士6退5
5. 马六进四　红胜

图 5-37

1. 炮二进九　将5平4
2. 车四平六　将4平5
3. 帅五平六　车2退4
4. 车六进四　马7退5
5. 车六平五　红胜

图 5-38

1. 兵六进一　马3进4
2. 炮一退二　卒6进1
3. 炮一平六　卒6进1
4. 兵六平五　马4退5
5. 炮六进三　红胜

图 5-39

1. 车八平一　炮6退1
2. 车三进二　车1平2
3. 车三平四　将5平6
4. 车一进五　将6进1
5. 炮五平四　红胜

图 5-40

1. 车二进九　士5退6①
2. 车二退一　士6进5
3. 车二平四　炮1退1
4. 炮三平二　炮1平6
5. 炮二进三　红胜

注①：

1. 车二进九　马7退6
2. 炮三进三　马6进7
3. 车二退一　马7退8
4. 车二进一　士5进6
5. 车二退一　红胜

图 5-41

1. 马七进五　将4退1
2. 马五进七　将4进1
3. 马三进五　卒6进1①
4. 帅五平四　象5进3
5. 马五进七　红胜

注①：

3. 马三进五　象5进3
4. 马七进八　红胜

图 5-42

1. 车三进二　车8平7
2. 炮一平七　士5进4①
3. 炮七进三　士4进5
4. 兵四平五　士4退5
5. 兵六进一　红胜

注①：

1. 炮一平七　马1进2
2. 炮七平五　士5进4
3. 兵六平五　红胜

图 5-43

1. 兵六进一　士5进4
2. 兵八平七　将4退1
3. 兵四平五　炮1平5
4. 兵七进一　将4进1
5. 炮五平六　红胜

图 5-44

1. 炮三平七　将5平6
2. 马一进三　士5进4
3. 马三进二　将6进1
4. 炮七平一　卒4平5
5. 炮一进四　红胜

图 5-45

1. 车七进二　将4退1
2. 车七平六　将4平5
3. 马三进一　车2平4
4. 炮八进三　车4退1
5. 马一进三　红胜

图 5-46

1. 兵八平七　卒8平7
2. 兵七平六　将4平5
3. 兵五平四　将5平6
4. 兵四进一　将6进1
5. 车五平四　红胜

图 5-47

1. 马四退六　将5进1
2. 炮五退一　卒2平3
3. 兵四平五　将5平4
4. 炮五进一　士4进5
5. 炮五平六　红胜

图 5-48

1. 炮八平七　车2平3
2. 相五进七　车3进1①
3. 炮七进五　马2进3
4. 帅五平四　后炮平6
5. 炮二平五　红方胜定

注①：

2. 相五进七　车3进4
3. 炮七平五　红胜

图 5-49

1. 兵三进一　将6退1
2. 兵三进一　将6进1
3. 前炮平四　后车进1
4. 炮八进八　士5进4
5. 车五进六　红胜

图 5-50

1. 车九平二　车8进3①
2. 炮九进七　马1退2
3. 兵六进一　士5退4
4. 炮九平七　士4进5
5. 马七进六　红胜

注①：

1. 车九平二　炮1进7
2. 兵六平五　士6进5
3. 车二进三　士5退6
4. 车二平四　红胜

图 5-51

1. 炮九进七　将6进1
2. 马二进三　将6进1
3. 炮九退一　士5进4
4. 炮九平一　卒7平6
5. 马三进二　红胜

图 5-52

1. 车八进三 将4进1
2. 炮四进六 士5进6
3. 车八退一 将4退1
4. 炮四平七 卒5进1
5. 炮七进一杀

图 5-53

1. 后兵平六 炮8平5[①]
2. 兵六进一 将4平5
3. 兵七进一 炮5退4
4. 马六进七 卒3平4[②]
5. 兵六进一 红胜

注①:

1. 后兵平六 士5进4
2. 兵七进一 将4进1
3. 马六进八 红胜

注①:

1. 后兵平六 炮8退5
2. 兵七进一 将4平5
3. 兵六进一 炮8平4
4. 马六进四 红胜

注②:

4. 马六进七 士5进4
5. 兵七平六 红胜

图 5-54

1. 车六进六 车3进1
2. 车六平八 车2进1
3. 车四平八 士6进5
4. 马二进三 将5平6
5. 车八退二 红方胜定

图 5-55

1. 车一平四 炮9平6
2. 车四平六 炮1平4
3. 帅五平四 卒3平4
4. 车六进一 卒4平5
5. 车六进二 红胜

图 5-56

1. 马五进四 将5平6
2. 马四进二 将6平5[①]
3. 炮五进二 马4退6
4. 马二退四 将5平6
5. 炮五平四 红胜

注①:

2. 马四进二 将6进1
3. 炮五平一 士5进6
4. 炮一进四 红胜

图 5-57

1. 马二退三 将4平5[①]
2. 马三进五 后炮平3
3. 马五进四 将5进1
4. 炮二退二 士6退5
5. 炮三退一 红胜

注①:

1. 马二退三 后炮平1
2. 马三进五 将4进1
3. 炮二退二 士6退5
4. 炮三退一 红胜

图 5-58

1. 车四进三 将5平6
2. 马五进三 将6平5
3. 车八平二 士4进5
4. 车二进一 士5退6
5. 车二平四 红胜

图 5-59

1. 炮八平七 炮2平3
2. 炮七进七 炮3退1[①]
3. 马四进六 马6进5
4. 马六进七 马5退3
5. 炮七进二 红胜

注①:

2. 炮七进七 马6进8
3. 马四进六 炮3退1
4. 马六进七 将5平6
5. 炮七进二 红方胜定

图 5-60

1. 兵七进一 将4平5
2. 兵三平四 卒7平6
3. 马七进九 卒4平5
4. 帅五平六 卒2平3
5. 马九进七 红胜

图 5-61

1. 车二进五 士5退6
2. 兵三平四 士4进5
3. 兵七平六 炮3平5
4. 兵六平五 炮5退2
5. 车二平四 红胜

图 5-62

1. 兵四进一 士4进5
2. 兵六平五 士6进5
3. 车四平二 士5退6
4. 车二进三 卒3进1
5. 车二平四 红胜

图 5-63

1. 车八进二 将4进1
2. 炮二进六 士5退6
3. 车八退一 将4退1
4. 兵五进一 士6进5
5. 车八进一 红胜

图 5-64

1. 仕四退五 士4进5
2. 车四进四 车3进7
3. 帅四进一 后马退3
4. 车六平五 马3退5
5. 车四进一 红胜

图 5-65

1. 车三退一 将6进1
2. 车三退一 将6退1
3. 车三平五 士6进5
4. 兵二平三 马1进2
5. 马四进二 红胜

图 5-66

1. 车八进五 士5退4
2. 车八退二 士4进5
3. 前炮平八 将5平4
4. 炮九进五 将4进1
5. 车八进一 红胜

图 5-67

1. 车三平五 车5进1[①]
2. 帅六平五 象9进7
3. 炮三平五 象7退5
4. 帅五平六 卒6平5
5. 兵六进一 红胜

注①:

1. 车三平五 象9进7
2. 车五进一 卒6平5
3. 炮三平五 象7退5
4. 兵六进一 红胜

图 5-68

1. 车五平六 车3平4
2. 车六退六 将6平5
3. 车六进六 卒6平5
4. 车一平五 将5平6
5. 车六进一 红胜

图 5-69

1. 马八退六 前车平4
2. 马六进七 将4平5
3. 车四平八 车4进2
4. 车八进八 车4退7
5. 车八平六 红胜

图 5-70

1. 帅五平四 士5进6
2. 兵四平三 将5平6[①]
3. 兵六进一 车3退2
4. 兵六平五 将6平5
5. 兵三进一 红胜

注①:

2. 兵四平三 士4进5
3. 兵六平五 士6退5
4. 兵三进一 士5退6
5. 兵三平四 红胜

图 5-71

1. 车九进三 士5退4
2. 炮八进三 士4进5
3. 炮八平四 士5退4
4. 炮四平六 车3进1
5. 炮六退九 红胜

图 5-72

1. 车九平六 将5平6
2. 前车进一 士5退4[①]
3. 车六平四 炮5平6
4. 车四进六 将6平5
5. 炮八平五 红胜

注①:

2. 前车进一 将6进1
3. 前车退1 炮5平4
4. 后车平4 炮4平6
5. 炮8平5 红方胜定

图 5-73

1. 兵六平五 将5平4
2. 炮八平九 象3退1[①]
3. 炮九平二 卒7进1
4. 炮二进二 象7进5
5. 兵五平六 红胜

注①:

2. 炮八平九 卒4进1
3. 马七进八 将4退1
4. 炮九进三 红胜

图 5-74

1. 马四进二 士5退6[①]
2. 车六平三 车6进5
3. 马二退三 士6进5
4. 车三进一 士5退6
5. 车三平四 红胜

注①:

1. 马四进二 车6退3
2. 车六退七 红方胜定

图 5-75

1. 车五平六 将5平6
2. 前车进三 将6进1
3. 后车平四 士5进6
4. 车六退一 将6退1
5. 车四进三 红胜

图 5-76

1. 炮九进二 士5进6
2. 炮九平六 车6平5
3. 车二进二 将6退1
4. 兵五进一 士4退5
5. 车二进一 红胜

图 5-77

1. 马六进四 车4平2
2. 炮六进一 炮8退2
3. 炮六平二 车2平4
4. 炮四平六 车4平2
5. 炮二平七 红方胜定

图 5-78

1. 车六进三 士5退4
2. 车二平六 将6平5[①]
3. 车六进三 将5进1
4. 兵四平五 将5平6
5. 车六退一 红胜

注①：

2. 车二平六 车6退6
3. 车六进三 将6进1
4. 车六退一 红胜

图 5-79

1. 马七进八 车9进1
2. 炮九平三 象7进9
3. 车二进二 车9平8
4. 炮五进四 马7进5
5. 炮三进三 红胜

图 5-80

1. 车八平六 士5退4
2. 车九进七 士6进5
3. 兵三平四 炮9退1
4. 兵四平五 将5平6
5. 车九平六 红胜

图 5-81

1. 车二进七 将6进1
2. 车二退一 将6退1
3. 兵六进一 士6退5
4. 兵六平五 将6平5
5. 车二进一 红胜

图 5-82

1. 炮二平三 车7平9
2. 车二进五 象9退7[①]
3. 车二平三 士5退6
4. 车三平四 马5退6
5. 炮三进三 红胜

注①：

2. 车二进五 士5退6
3. 炮三平五 马5进7
4. 车二平四 红胜

图 5-83

1. 相三进一 卒3进1
2. 相七退九 卒7进1
3. 帅五退一 卒3进1
4. 相九进七 卒7进1
5. 相一进三 红胜

图 5-84

1. 马五进四 车2平6
2. 车二进二 车6进1[①]
3. 车二平六 士4进5
4. 炮八平五 马6退5
5. 车六进一 红胜

注①：

2. 车二进二 将5进1
3. 炮八平五 象5进3
4. 马四退六 将5平4
5. 车二平四 红胜

图 5-85

1. 车一平六 车4退2
2. 仕六进五 车4进2[①]
3. 车二平六 车4退3
4. 兵四进一 车4进3
5. 兵四平五 红胜

注①：

2. 仕六进五 象5退3
3. 车二平四 卒6平5
4. 帅五进一 红方胜定

图 5-86

1. 车二进二 象5退7
2. 车二平三 车7退8
3. 炮九平三 车3退8
4. 车九进六 车7进6
5. 车九平六 红胜

图 5-87

1. 兵二平三 炮2退4
2. 炮七进五 炮2平4[①]
3. 兵三平四 后炮平6
4. 炮七平五 卒6平5
5. 炮六进二 红胜

注①：

2. 炮七进五 象5退3
3. 兵三进一 红胜

图 5-88

1. 炮九平六 车3平4
2. 兵七进一 将4退1
3. 兵七平六 车4退2
4. 兵六进一 将4退1
5. 兵六进一 红胜

图 5-89

1. 炮八进三 象1退3
2. 兵六平五 将5平6
3. 马六进四 马8退7
4. 炮八平六 卒3平4
5. 马四进五 红胜

图 5-90

1. 车一进二 象5退7
2. 车一平三 士5退6
3. 车三平四 车5退7
4. 车七平八 车5平6
5. 车八进九 杀

图 5-91

1. 车六进一 将5平4
2. 炮七平三 将4平5
3. 车四平一 车9平7
4. 车一平八 车7进1
5. 车八进三 红胜

图 5-92

1. 马四退二 将6平5[①]
2. 车九平五 士4退5
3. 马二退三 将5平4
4. 车五退一 卒6进1
5. 马三退五 红胜

注①：

1. 马四退二 将6退1
2. 车九退一 士4退5
3. 马二退三 将6退1
4. 车九进一 士5退4
5. 车九平六 红胜

图 5-93

1. 炮五退二 卒8平9
2. 相一进三 卒9平8
3. 相三退五 卒6平5
4. 帅五平四 卒4进1
5. 兵四平五 红胜

图 5-94

1. 车二平四 士4进5
2. 车九进九 车4退6
3. 车九退一 马3进2
4. 车九平五 炮5退5
5. 车四进一 红胜

图 5-95

1. 车六平五 将5平6
2. 车五平三 将6平5
3. 车八平五 将5平6
4. 车五平四 车6退5
5. 车三进一 红胜

图 5-96

1. 马八进七 士5退4
2. 兵七平八 后炮平3[①]
3. 马七退六 将5进1
4. 炮九退一 炮3退7
5. 兵八平七 红胜

注①：

2. 兵七平八 将5进1
3. 炮九退一 将5退1
4. 马七退六 红胜

注①：

2. 兵七平八 后炮退7
3. 马七退六 将5进1
4. 炮九退一 红胜

图 5-97

1. 马七进六 卒7平6
2. 兵二平三 将6退1
3. 马六退五 马4进5
4. 兵三进一 将6进1
5. 马五退三 红胜

图 5-98

1. 炮三平九 车1平3
2. 炮九进二 车3退6
3. 车八平二 将6平5
4. 相五进七 车3平1
5. 车二进五 红胜

图 5-99

1. 车三进三 将6进1
2. 车三平六 将6进1
3. 车六退八 车1平4
4. 相五进三 车4平6
5. 兵五进一 红胜

图 5-100

1. 前兵进一 将5平4
2. 兵六进一 将4平5
3. 兵六进一 车4退4
4. 炮六平二 车4进6
5. 炮二进六 红胜

图 6-1

1. 炮七进一 马3退2
2. 马八进六 将5平4
3. 马六进八 将4平5
4. 炮七退二 马2进4
5. 炮九平六 炮9平5
6. 炮七进二 红胜

图 6-2

1. 炮五进六 马6进8
2. 马八进六 将5平6
3. 炮五平九 炮6平5
4. 炮九进一 炮5退1
5. 兵七平六 炮5平1
6. 兵六平五 红胜

图 6-3

1. 炮七进五 士4进5
2. 炮七平三 车8进5
3. 炮三退九 车8退9
4. 炮三进六 车8平9
5. 炮三平四 将6平5
6. 车七进一 红胜

注①：

2. 炮七平三 象5退7
3. 车一平三 将6进1
4. 炮五平四 红胜

图 6-4

1. 马六进四 车4退4[①]
2. 马四进六 将6进1
3. 炮七退一 象7进5
4. 马六退五 将6退1
5. 马五进三 将6退1
6. 炮七进二 红胜

注①：

1. 马六进四 车2平3
2. 车六平七 红方胜定

图 6-5

1. 马一进二 士5退6
2. 帅五平四 卒8平7
3. 马二退三 士6进5[①]
4. 马三进四 将5平6
5. 兵四进一 将6平5
6. 兵四进一 红胜

注①：

3. 马二退三 将5进1
4. 兵四平五 将5平4
5. 马三进四 红胜

图 6-6

1. 车七平二 将5平6
2. 炮七进八 车4退7
3. 车二进二 将6进1
4. 车二退一 将6进1
5. 车二退二 车4平3
6. 车二平四 红胜

图 6-7

1. 马四进六 将5平4[①]
2. 马六进八 将4平5
3. 兵七进一 马2进4
4. 马八退六 将5平4
5. 兵七进一 士5进4
6. 兵七进一 红胜

注①：

1. 马四进六 马2进4
2. 兵七进一 将5平4
3. 兵七进一 士5进4
4. 兵七进一 红胜

图 6-8

1. 炮七平六 炮8平4
2. 仕六退五 炮4平5[①]
3. 帅五平六 炮5平1
4. 仕五进六 炮1平4
5. 炮六进二 马2进4
6. 仕六退五 红胜

注①：

2. 仕六退五 炮4平1
3. 炮六退一 炮1平5
4. 帅五平四 卒9平8
5. 马八进六 炮5平4
6. 马六进八 红方胜定

图 6-9

1. 相五进三 车7退2[①]
2. 车六进七 将6进1
3. 车二进八 将6进1
4. 车六平四 士5退6
5. 车二退一 将6退1
6. 马五进六 红胜

注①：

1. 相五进三 象3进5
2. 车二进八 将6进1
3. 车六平三 红方胜定

注①：

1. 相五进三 车7平4
2. 车二进九 将6进1
3. 马五退三 将6进1
4. 车二退二 红胜

图 6-10

1. 后炮平六 卒4平5
2. 炮九进一 象3进5
3. 帅五平六 士5进6
4. 炮六进七 将5进1
5. 炮九退一 车9进6
6. 马八进七

图 6-11

1. 炮二退八 卒3进1
2. 炮二平五 卒5平6[①]
3. 帅六进一 卒3进1
4. 帅六进一 卒3平4
5. 帅六平五 卒4平5
6. 炮五进四 红方胜定

注①：

2. 炮二平五 卒5进1
3. 帅六平五 卒3进1
4. 兵五平四 红胜

图 6-12

1. 车五平四 马7退6
2. 车四平七 车7平6
3. 帅五进一 象7退5[①]
4. 车六退一 马6进8
5. 车七平四 马8退6
6. 车六平五 红胜

注①：

3. 帅五进一 车3退9
4. 车六退一 象7退5
5. 车六平五 红胜

图 6-13

1. 炮六进七 车2进4
2. 炮五退二 炮5平2
3. 车六平五 将5平4
4. 车五平六 将4平5
5. 车四平五 将5平6
6. 车六进一 杀

图 6-14

1. 兵六进一 将4进1[①]
2. 炮五退五 将4退1
3. 炮五进一 象5进3
4. 马五进四 将4退1[②]
5. 兵四平五 士6进5
6. 马六进七 红胜

注①：

1. 兵六进一 将4退1
2. 炮五平六 将4平5
3. 兵四进一 红胜

注②：
4. 马五进四 将4进1
5. 兵四平五 卒4平5
6. 炮五平六 红胜

图 6-15
1. 炮二平五 车8进9
2. 炮五平九 车8退7
3. 炮九进二 士4进5[①]
4. 车八平六 车6平4
5. 炮七平八 车4退1
6. 炮八进三 红胜
注①：
3. 炮九进二 马3退2
4. 炮七进三 士4进5
5. 炮七退二 士5退4
6. 炮七平二 红方胜定

图 6-16
1. 炮二进六 士6进5
2. 马七进八 将4平5[①]
3. 炮二退三 将5平6
4. 炮二平四 将6平5
5. 马八退六 将5平4
6. 炮四平六 红胜
注①：
2. 马七进八 将4进1
3. 炮二平九 炮8退8
4. 炮九退一 红胜

图 6-17
1. 车六进三 士5退4[①]
2. 车四进一 将5进1
3. 炮九进二 象5退7
4. 炮八进二 将5进1
5. 马二退三 将5平4
6. 车四平六 红胜
注①：
1. 车六进三 将5平4
2. 炮九进三 将4进1
3. 马二进四 将4进1
4. 车四平五 炮5平4
5. 炮八平六 车9平6
6. 车五平六 红胜

图 6-18
1. 车六平四 车7平6
2. 车七平三 将5平6[①]
3. 车三进二 将6进1
4. 兵二平三 将6进1
5. 车三平二 车6退1
6. 车二退二 红胜
注①：
2. 车七平三 车6退1
3. 车三进二 车6退7
4. 兵二平三 车6平7
5. 兵三进一 红胜

图 6-19
1. 车三进三 炮6退2
2. 炮一平四 将5平4
3. 炮四退四 士5退6[①]
4. 车三平四 将4进1
5. 炮四平六 士4退5
6. 炮五平六 红胜
注①：
3. 炮四退四 象5退7
4. 炮四平六 红胜

图 6-20
1. 马二退四 将4平5[①]
2. 马四退三 卒5进1
3. 马三退四 卒5进1
4. 马四退六 卒5进1
5. 马六退四 将5退1
6. 马四进五 红方胜定
注①：
1. 马二退四 将4退1
2. 帅五平六 卒5进1
3. 马四退五 红方胜定

图 6-21
1. 车五平四 将6平5
2. 车四平一 将5平6[①]
3. 马六退四 将6平5[②]
4. 马四进三 士4进5
5. 车一进五 士5退6
6. 车一平四 红胜
注①：
2. 车四平一 士4进5
3. 马六进七 将5平4
4. 车一平六 士5进4
5. 车六进三 红胜
注②：
3. 马六退四 将6进1
4. 车一进四 将6进1
5. 马四进六 将6平5
6. 车一退一 红胜

图 6-22
1. 帅五退一 卒3进1
2. 帅五进一 卒3进1[①]
3. 马五退六 卒3平4
4. 马六进七 卒4进1
5. 帅五进一 卒4平3
6. 兵四平五 红胜
注①：
2. 帅五进一 卒3平4
3. 马五退七 卒4平5
4. 马七进八 卒5平4
5. 兵四平五 红胜

图 6-23
1. 兵三平四 将5平4
2. 马三进五 将4进1[①]
3. 马五退六 士4退5
4. 后兵平五 将4进1
5. 马六退七 马8进6
6. 马七进八 红胜
注①：
2. 马三进五 马8退6
3. 马五退七 将4进1
4. 马七进八 将4退1
5. 兵四平五 红胜

图 6-24
1. 车八平六 象5退7
2. 马七进八 士4进5
3. 车二退一 士5进4
4. 马八退六 将5平4
5. 马六进八 将4平5
6. 车六进七 红胜

图 6-25
1. 马七退八 将4退1
2. 马五退七 将4进1
3. 马七进八 将4退1
4. 后马进六 前马退8
5. 马六退七 马6进5
6. 马七进五 红方胜定

图 6-26
1. 车一进九 象5退7
2. 车一平三 士5退6
3. 马八进七 将5进1
4. 兵三平四 马6退8
5. 车三退一 马8退6
6. 车三平四 红胜

图 6-27
1. 车一平八 将4平5
2. 车八进三 士5退4
3. 兵七平六 士4退5
4. 兵六进一 士5退4
5. 车八平六 将5进1
6. 车三进四 红胜

图 6-28
1. 炮九进五 士4进5
2. 马七进九 炮2平3[①]
3. 马九进八 炮3退9
4. 炮九平七 士5进4
5. 马八退七 马2进3
6. 马七进六 红胜
注①：
2. 马七进九 马2进3
3. 马九进八 士5退4
4. 马八退七 士4进5
5. 兵六进一 红胜

图 6-29
1. 马七进六 士5退4[①]
2. 车三平四 马4退6
3. 车四平五 士4进5
4. 车五退一 马6退8
5. 车五退一 将6退1
6. 车五平二 红方胜定
注①：
1. 马七进六 马4进6
2. 车三退三 马6进5
3. 车三平七 士5进4
4. 车七平五 红方胜定

图 6-30
1. 马七退五 车7平6[①]
2. 车二平三 将6进1
3. 马五退三 将6进1
4. 车三退二 将6退1
5. 车三平二 将6退1
6. 车二进二 红胜
注①：
1. 马七退五 将6平5
2. 车二平三 士5退6
3. 马五进七 将5进1
4. 车三退一 红胜
注①：
1. 马七退五 炮5退2
2. 车二退一 红胜

图 6-31

1. 炮一退二 车9平7[①]
2. 车四进二 将5退1
3. 马一进三 车7进1
4. 炮一进三 车7退1
5. 车四进一 将5进1
6. 车四退一 红胜

注①:

1. 炮一退二 车9进2
2. 车四进二 将5退1
3. 炮一平五 士4进5
4. 车四进一 红胜

图 6-32

1. 马三进二 炮4退2
2. 马二进四 车2进4
3. 兵六进一 将5平4
4. 兵七平六 将4平5
5. 兵六平五 将5平4
6. 兵五平六 红胜

图 6-33

1. 车七退一 将4进1
2. 车七平五 卒3进1[①]
3. 车五进二 将4进1
4. 马四退五 将4退1
5. 马五进七 将4进1
6. 车五平六 红胜

注①:

2. 车七平五 卒3平4
3. 车五平七 将4平5
4. 车七退七 红方胜定

图 6-34

1. 车四进一 将5平6
2. 车六进一 士5退4
3. 炮七平四 士6退5
4. 兵三平四 将6平5
5. 炮四平九 前车进1
6. 兵四进一 红胜

图 6-35

1. 炮六平四 将6平5
2. 前炮平五 士5进6[①]
3. 炮四平五 将5平6
4. 前炮平四 将6平5
5. 相七退五 士4进5
6. 炮四平六 红方胜定

注①:

2. 前炮平五 将5平6
3. 马六进四 前马退6
4. 马四进二 马6退7
5. 炮五平三 红方胜定

图 6-36

1. 车三平六 马5进3
2. 车六进二 炮5进4[①]
3. 兵五进一 炮5平9
4. 兵五进一 车5退6
5. 兵四平五 将5进1
6. 车六平七 红方胜定

注①:

2. 车六进二 象9进7
3. 兵二平三 车5退1
4. 兵三平四 红胜

图 6-37

1. 马四进三 车6退3
2. 仕五退四 车6平7[①]
3. 炮四平八 将5平6
4. 炮八进七 将6进1
5. 炮八退一 士5进4
6. 炮八平三 红胜

注①:

2. 仕五退四 象9进7
3. 炮四平八 象7退5
4. 炮八进七 象5退3
5. 炮八退一 车6平7
6. 炮八平三 红方胜定

图 6-38

1. 帅五平四 车9退5
2. 相五进七 卒9平8
3. 车七平一 车9平8
4. 车一平四 卒8平7
5. 前车进三 车8平6
6. 车四进七 红胜

图 6-39

1. 车一进九 象5退7[①]
2. 车一平三 将6进1
3. 车三退一 将6退1
4. 兵六进一 士5退4
5. 兵四进一 前炮进2
6. 车三进一 红胜

注①:

1. 车一进九 将6进1
2. 兵四进一 士5进6
3. 兵六平五 士4进5
4. 炮五平四 红胜

图 6-40

1. 车九平六 车4进5
2. 车六退六 后卒平4
3. 仕四进五 卒6平5
4. 车八进一 卒4进1
5. 车八平六 卒5平4
6. 帅六进一 红方胜定

图 6-41

1. 马六进四 将4平5
2. 车六进三 将5进1
3. 马四退五 士6进5
4. 车六退二 士5退6
5. 车六平五 将5平6
6. 车五进二 红胜

图 6-42

1. 马一进二 将5平6
2. 马二进三 将6进1
3. 后炮平四 卒7进1[①]
4. 马三退四 卒7平6
5. 马四进二 卒6进1
6. 炮一退一 红胜

注①:

3. 后炮平四 象5退7
4. 炮一退六 象1进3
5. 炮一平四

图 6-43

1. 炮一平三 士5退4
2. 兵七平六 将5平4
3. 兵八平七 士6退5
4. 炮三退一 象9退7
5. 马二进三 将4平5
6. 马三退四 红胜

图 6-44

1. 马九进七 车3退1
2. 兵六进一 将5平6
3. 车一进二 车7平8[①]
4. 兵六平五 将6平5
5. 车一平五 将5平6
6. 车六进五 红胜

注①:

3. 车一进二 炮6退1
4. 车六进四 车3平6
5. 车六平五 车7平8
6. 兵六平五 红胜

图 6-45

1. 炮九退二 将4退1
2. 炮一进一 士5进6[①]
3. 马七进八 将4进1
4. 炮一平八 炮9平1
5. 炮九平七 后炮平2
6. 炮八退一 红胜

注①:

2. 炮一进一 士5退4
3. 马七进五 将4进1
4. 马五进七 将4退1
5. 马七退八 红胜

图 6-46

1. 炮三进三 将4进1
2. 炮三退六 将4退1
3. 兵四进一 将4进1
4. 炮三平五 车5退1
5. 炮八平六 士4退5
6. 炮五平六 红胜

图 6-47

1. 马四进三 将6进1
2. 炮八退二 象7退5
3. 炮七进一 士4进5
4. 马三进二 将6退1
5. 炮七进一 士5退4
6. 炮八进一 红胜

图 6-48

1. 炮九平三 将5平4
2. 炮三进五 将4进1
3. 马九退七 将4进1
4. 炮三退一 士5进6
5. 炮三平九 卒8进1
6. 马七进八 红胜

图 6-49

1. 炮七平二 将5平4
2. 炮二进七 将4进1
3. 马八进七 将4进1
4. 炮二退一 士5进6
5. 炮二平九 车4退6
6. 马七进八 红胜

图 6-50

1. 车七平六 将4平5
2. 帅五平六 后车退4
3. 车九平六 马7进5
4. 炮五进四 前车平3
5. 前车进三 车2平4
6. 车六进六 红胜

图 6-51

1. 车四退三 将4退1[①]
2. 车四平六 将4平5
3. 车六平七 将5平4
4. 车七进五 将4进1
5. 兵五平六 卒6进1
6. 马四退五 红胜

注①：

1. 车四退三 士5进4
2. 车四平七 将4平5
3. 车七进四 将5退1
4. 兵五进一 士6进5
5. 车七进一 士5退4
6. 车七平六 红胜

图 6-52

1. 兵二平三 象1进3
2. 兵三进一 象3退5
3. 炮八退二 车1平3[①]
4. 炮八平五 车3进9
5. 帅五进一 车3平6
6. 兵三平四 红胜

注①：

3. 炮八退二 车1进5
4. 炮八进三 象5退3
5. 兵三平四 红胜

图 6-53

1. 车五进七 将6进1
2. 兵二平三 卒7平6
3. 帅五平四 士6退5
4. 帅四平五 卒6平5
5. 兵三进一 将6进1
6. 车五退一 红方胜定

图 6-54

1. 炮八平四 卒5进1
2. 帅四平五 马2退4
3. 兵七平六 马4退5
4. 帅五平六 马5退7
5. 兵四平五 炮5退2
6. 炮四平六 红胜

图 6-55

1. 车一平四 车6进1[①]
2. 车四退八 卒2平3
3. 车四进九 将5平6
4. 车六进六 将6进1
5. 炮六进六 将6进1
6. 车六平四 红胜

注①：

1. 车一平四 马5进3
2. 炮一进七 士6进5
3. 车四退七 卒5平6
4. 炮六平二 士5进4
5. 车六退二 红方胜定

图 6-56

1. 车三进二 将6退1
2. 车三进一 将6进1
3. 车三平五 后车退3
4. 马四退六 将6平5
5. 马六进七 将5进1
6. 炮九退一 红胜

图 6-57

1. 车六平七 炮8平4[①]
2. 马七进六 将5平4
3. 炮二平六 卒3平4
4. 车七退七 卒4进1
5. 车七平六 卒5平4
6. 帅六平五 红胜

注①：

1. 车六平七 将5平4
2. 车七进一 将4进1
3. 马七进五 将4平5
4. 车七平五 红胜

图 6-58

1. 马七进五 马7退5
2. 车八平四 将6平5
3. 马五进七 将5平4
4. 炮五进五 车9平5
5. 车四平六 车5平4
6. 车六进一 红胜

图 6-59

1. 车五平六 士5进4
2. 车六平八 车2平4
3. 帅五退一 卒2平3
4. 车八进二 士6进5
5. 车八进一 将4退1
6. 车八平五 红方胜定

图 6-60

1. 车一平五 将5平4
2. 车五进二 将4退1
3. 车五平九 士5退6
4. 炮一进八 士6进5
5. 兵八平七 将4退1
6. 车九进二 红胜

图 6-61

1. 车四平三 车8进9
2. 相一退三 车8退9
3. 兵四平五 士4进5
4. 车三平八 将5平4
5. 车八进六 将4进1
6. 车八平二 红方胜定

图 6-62

1. 车五进一 将4进1
2. 马三进四 马4退5
3. 车五退三 将4退1
4. 车五进三 将4进1
5. 车五退八 将4退1
6. 车五平六 红胜

图 6-63

1. 马一退三 将6平5
2. 兵五进一 将5退1
3. 兵五平四 将5进1[①]
4. 兵四进一 将5平6[②]
5. 相五进七 士4进5
6. 马三退二 红胜

注①：

3. 兵五平四 将5退1
4. 兵四进一 将5平6
5. 帅五平四 红方胜定

注②：

4. 兵四进一 将5退1
5. 帅五退一 将5平4
6. 兵四进一 红方胜定

图 6-64

1. 车二进五 将6进1
2. 车二退一 将6退1
3. 兵六进一 车1平6[①]
4. 车二平五 车6进6
5. 帅五进一 炮1平5
6. 兵六平五 红胜

注①：

3. 兵六进一 士5退4
4. 车二进一 将6进1
5. 兵四进一 将6进1
6. 车二平四 红胜

注①：

3. 兵六进一 车1退3
4. 车二平五 车1平4
5. 兵四进一 炮1退8
6. 车五平四　红胜

图 6-65

1. 车三退一 士4退5
2. 车三退二 士5退4
3. 车三平五 将5平4
4. 车五平六 将4平5
5. 车六进二 卒4进1
6. 兵五进一 红胜

图 6-66

1. 马五进七 将4进1
2. 炮二退一 士5进6[①]
3. 炮五平一 象5退7
4. 炮一进三 士6退5[②]
5. 马七退五 将4平5
6. 马五进四 红胜

注①：

2. 炮二退一 士5退4
3. 炮二退一 象5退7
4. 炮五进三 红胜

注②：

4. 炮一进三 象7进5
5. 马七进八 将4退1
6. 炮一进一 红胜

图 6-67

1. 炮二平五 象3进1[①]
2. 车二进九 象5退7
3. 兵四进一 士5进6
4. 兵六平五 车3平5
5. 车二平三 将6进1
6. 炮五平四 红胜

注①：

1. 炮二平五 车3平4
2. 车二进九 将6进1
3. 兵四进一 士5进6
4. 车二退二 象5进7
5. 车九平四 将6平5
6. 车四平五 红胜

注①：

1. 炮二平五 卒4平3
2. 车二进九 象5退7[①]
3. 车二平三 将6进1
4. 兵四进一 士5进6
5. 车九平四 红胜

注①：

2. 车二进九 将6进1
3. 兵四进一 士5进6
4. 兵六平五 士4进5
5. 炮五平四 红胜

图 6-68
1. 马七退五 将5平6
2. 马五进六 将6退1
3. 炮五平七 将6平5
4. 兵六平五 前卒平2
5. 炮七进七 将5进1
6. 兵五进一 红胜

图 6-69
1. 马七退六 将6退1
2. 车六进二 将6进1
3. 车六退一 将6退1
4. 马六退四 将6平5
5. 马四进三 卒6平5
6. 车六进一 红胜

图 6-70
1. 车四平六 士6进5
2. 炮六平五 将5平6
3. 前车进一 将6进1
4. 后车平四 士5进6
5. 车六退一 将6退1
6. 车四进二 红胜

图 6-71
1. 车四平七 象3进1①
2. 车七平五 象1退3
3. 兵四平五 士6进5
4. 车二平五 将5平4
5. 后车平六 炮6平4
6. 车六进一 红胜
注①:
1. 车四平七 象3进5
2. 车七进二 士5退4
3. 车七平六 卒5进1
4. 兵四进一 将5平6
5. 车六进一 红胜

图 6-72
1. 兵四进一 将6平5
2. 车二进二 将5退1
3. 兵四进一 将5平4
4. 兵四平五 象5退7
5. 车二平四 车2进1
6. 车四进一 红胜

图 6-73
1. 炮八进七 士4进5
2. 马九进八 卒7平6
3. 马八进七 士5退4
4. 车六进一 将5进1
5. 车六退三 将5进1
6. 车六进一 红胜

图 6-74
1. 炮八平五 炮3退4
2. 车六进七 车3退4①
3. 马二退四 将5平6
4. 车一平四 将6平5
5. 车四平五 将5平6
6. 车六进二 红胜
注①:
2. 车六进七 炮7退5
3. 车一进一 炮7退1
4. 马二退四 将5平6
5. 炮五平四 红胜

图 6-75
1. 车七平六 将4平5
2. 帅五平六 后炮退5
3. 炮四平一 马6退7
4. 炮一进七 马7退8
5. 车六进二 卒2进1
6. 车六平五 红胜

图 6-76
1. 兵四进一 将5平4
2. 炮三进四 将4进1
3. 炮五平二 卒2平3
4. 炮三退一 将4退1
5. 炮二进三 士6进5
6. 兵四进一 红胜

图 6-77
1. 炮九平七 将6进1
2. 炮七退一 将6进1
3. 炮八退二 马4进5
4. 马四进二 马5退4
5. 炮八平六 士5进4
6. 马二进三 红胜

图 6-78
1. 车二进九 将6进1
2. 炮七进四 士5进4
3. 车二退一 将6退1①
4. 炮七平三 将6进1
5. 炮三退一 将6进1
6. 炮一退二 红胜
注①:
3. 车二退一 将6进1
4. 炮七平三 象5退7
5. 炮三退一 车2平5
6. 炮一退二 红胜

图 6-79
1. 马六进五 车6退9
2. 后兵平六 卒3平4
3. 帅五进一 卒7进1
4. 兵六进一 卒7平6
5. 兵七进一 将4进1
6. 兵六进一 红胜

图 6-80
1. 炮五平六 将4平5①
2. 马五进四 将5退1②
3. 马四进六 将5进1
4. 马六进七 将5平4
5. 炮九退二 炮8进1
6. 炮九平六 红胜
注①:
1. 炮五平六 士4退5
2. 马五进六 士5进4
3. 马六进八 将4平5
4. 马八进七 将5进1
5. 炮九退二 士4退5
6. 炮六进四 红胜
注②:
2. 马五进四 将5进1
3. 炮九退二 士4退5
4. 炮六进四 红胜

图 6-81
1. 车二平六 车2平4
2. 车九进九 将4进1
3. 炮二进六 士5进6
4. 车九退一 将4退1
5. 兵五进一 士4退5
6. 车九进一 红胜

图 6-82
1. 兵五进一 炮1退1
2. 车二进九 炮5平6①
3. 炮八退一 车6平9
4. 车二退一 将6退1
5. 兵五进一 车9退5
6. 车二平四 红胜
注①:
2. 车二进九 士4进5
3. 炮八退一 士5进4
4. 车二退一 将6退1
5. 兵五进一 炮1平5
6. 车二进一 红胜

图 6-83
1. 马八进六 士5退4
2. 兵四进一 将6平5
3. 车二进四 将5退1
4. 兵四进一 士4进5
5. 车二进一 士5退6
6. 车二平四 红胜

图 6-84
1. 兵六进一 将6进1
2. 马四进三 将6进1
3. 炮八退一 士5退4
4. 炮八平一 卒4进1
5. 帅五进一 炮1平6
6. 马三进二 红胜

图 6-85
1. 马六退五 将6平5
2. 马五进七 将5平6
3. 车五平一 炮9进1
4. 车一退四 士6进5
5. 马七退五 将6退1
6. 车一进九 红胜

图 6-86
1. 车二进七 将6进1
2. 车二退一 将6退1
3. 车二平五 后车退1
4. 车四进五 后车平6
5. 车四进一 将6平5
6. 兵一平二 红方胜定

图 6-87
1. 兵四平三 将5平6
2. 马一退三 卒4进1
3. 兵三进一 将6平5
4. 马三进一 士5进6
5. 兵七平六 卒4进1
6. 马一进三 红胜

图 6-88
1. 车六进七 将5进1
2. 兵七平六 将5平6
3. 炮七进四 将6进1
4. 车六平四 将6平5
5. 炮一平九 车6退7
6. 炮九退二 红胜

图 6-89
1. 炮五平四 士5进6
2. 马四退五 将6平5
3. 马五进六 将5退1

4. 马六进七 将5平4
5. 炮四平六 卒4进1
6. 炮八平六 红胜

图6-90

1. 兵三平四 将5退1[①]
2. 后兵平五 士4进5
3. 兵五进一 将5平4
4. 兵四进一 卒5进1
5. 帅六进一 车8平5
6. 兵四平五 红胜

注①：

1. 兵三平四 将5平4
2. 后兵平五 车8平5
3. 兵四平五 士4进5
4. 炮五平六 红胜

图6-91

1. 兵七平六 卒6进1
2. 兵六平五 卒5平4
3. 炮五进一 卒6进1[①]
4. 兵五进一 卒9平8
5. 炮五平一 卒4平5
6. 兵四进一 红胜

注①：

3. 炮五进一 将4平5
4. 兵四平五 将5平6
5. 后兵平四 卒4平5
6. 兵四进一 红胜

图6-92

1. 炮一平五 车3平5
2. 帅六进一 卒1平2
3. 车二平四 卒2平3
4. 车四进四 卒3平4
5. 车四平五 将5平6
6. 车五平四 红胜

图6-93

1. 兵七平六 将4进1
2. 炮九平一 车9平8
3. 车九平二 车8退5
4. 炮一退一 车8退3
5. 兵四平五 士4退5
6. 车七平六 红胜

图6-94

1. 炮九平六 将4平5
2. 马四进三 将5进1
3. 兵七平六 将5平6
4. 马三退四 士6进5
5. 炮六平四 士5进6
6. 马四进二 红胜

图6-95

1. 兵七进一 将4退1
2. 车一进三 象5退7
3. 兵七平六 将4平5
4. 马五进七 士6进5
5. 车一平三 士5退6
6. 车三平四 红胜

图6-96

1. 马一退三 将5进1
2. 炮四平二 将5平6
3. 车六进二 将6退1
4. 车六平五 炮1进1[①]
5. 车五进一 将6进1
6. 炮二进二 红胜

注①：

4. 车六平五 马3退5
5. 炮二平四 红胜

图6-97

1. 前车平四 将6平5
2. 车四平八 车2平3[①]
3. 车八平六 将5平6
4. 前车平四 将6平5
5. 车六平四 车3平2
6. 前车进四 红胜

注①：

2. 车四平八 车1平2
3. 车八退五 车2进9
4. 车六进五 红胜

图6-98

1. 车一进一 车8平9
2. 车七平五 象3进5
3. 马七进九 车5平6
4. 帅四进一 炮9平3
5. 炮七进五 象5退3
6. 马九进七 红胜

图6-99

1. 兵五平六 将4退1
2. 相一退三 车9平7
3. 炮三退五 车7退1
4. 炮四平六 车7平4
5. 兵六进一 将4退1
6. 兵六进一 红胜

图6-100

1. 车八平六 将4平5
2. 车六平五 将5平4
3. 马三退五 将4平5
4. 马五进六 将5平4
5. 马六退四 卒6进1
6. 车五进四 红胜

图7-1

1. 兵六进一 将5平4
2. 车四进一 将4进1
3. 马五退七 将4进1
4. 炮五进六 卒6平5
5. 炮五退七 车1平7
6. 车四平六 车7平4
7. 马七进八 红胜

图7-2

1. 车四进三 士5退6
2. 马六进四 车1进1
3. 车三平四 将4平5
4. 车四进一 将5进1
5. 车四平五 将5平6
6. 炮六平四 将6进1
7. 兵三平四 红胜

图7-3

1. 马六进七 将5平6
2. 车五平四 士5进6
3. 炮五平四 将6进1
4. 车四平三 士6退5
5. 马七退六 士5进4
6. 马六进四 将6平5
7. 车三进二 红胜

图7-4

1. 马六进七 车8平3
2. 车八平五 士6进5
3. 炮一平七 卒1平2
4. 车五平九 车1平2
5. 车九平三 卒6进1
6. 帅五进一 将5平6
7. 车三进二 红胜

图7-5

1. 车三退二 士5进6
2. 车三平四 士4退5
3. 车四平三 将4退1
4. 马四退五 将4平5[①]
5. 马五进七 将5平6
6. 马七进六 士5退4
7. 车三平四 红胜

注①：

4. 马四退五 士5退6
5. 马五进七 将4进1
6. 马七进八 将4退1
7. 车三平六 红胜

图 7-6

1. 炮五平三　士 5 进 6
2. 炮三进五　将 4 进 1
3. 马九退七　将 4 平 5
4. 马七进八　将 5 平 6
5. 马八进六　将 6 平 5
6. 炮九退一　后炮退 6
7. 马六退八　红胜

图 7-7

1. 车八进三　士 5 退 4
2. 车八平六　将 5 进 1[①]
3. 兵七平六　炮 6 平 4
4. 车一平六　将 5 平 6
5. 前车退一　士 6 进 5
6. 后车平四　炮 5 平 6
7. 车四平五　红方胜定

注①：

2. 车八平六　将 5 平 4
3. 车一平八　将 4 平 5
4. 兵七平六　士 6 进 5
5. 车八进三　士 5 退 4
6. 车八平六　红胜

图 7-8

1. 炮五平六　士 5 进 4
2. 兵六进一　将 4 平 5
3. 仕五退四　将 5 退 1[①]
4. 兵六平五　士 6 进 5
5. 兵五进一　将 5 平 4
6. 马四退五　车 1 平 3
7. 马五退六　红胜

注①：

3. 仕五退四　将 5 平 6
4. 兵六平五　士 6 进 5
5. 兵五进一　将 6 退 1
6. 炮六平四　红胜

图 7-9

1. 马七退六　将 6 进 1[①]
2. 马六退四　将 6 平 5
3. 马四退六　将 5 退 1
4. 马六进七　将 5 进 1
5. 马七进六　将 5 平 6
6. 炮四退四　马 9 进 7
7. 炮五平四　红胜

注①：

1. 马七退六　将 6 平 5
2. 马六退四　将 5 进 1
3. 马四退六　将 5 退 1
4. 马六进七　将 5 进 1
5. 马七进六　将 5 平 6
6. 炮五进四　马 9 进 7
7. 炮五平四　红胜

图 7-10

1. 车八进九　将 4 进 1
2. 炮四进六　士 5 进 6
3. 车八退一　将 4 退 1
4. 炮四平七　马 7 进 9
5. 炮七进一　马 3 退 2
6. 炮七退二　马 2 进 4
7. 车八进一　红胜

图 7-11

1. 马七退五　将 5 平 4
2. 马五退七　将 4 退 1
3. 马七进八　将 4 退 1
4. 马八退六　将 4 平 5
5. 马六进七　将 5 进 1
6. 炮五平八　车 9 进 3
7. 炮八进三　红胜

图 7-12

1. 马五进七　象 3 进 1
2. 炮三平八　将 5 平 6
3. 炮八进五　象 1 退 3
4. 炮七进三　将 6 进 1
5. 前马进六　将 6 进 1
6. 炮七退二　士 5 进 4
7. 车六平四　红方胜定

图 7-13

1. 马二进四　将 5 平 6
2. 炮五平四　车 3 平 6
3. 车二进九　象 5 退 7
4. 车二平三　将 6 进 1
5. 车三退一　将 6 退 1
6. 车三平五　车 6 进 1
7. 马四进二　红胜

图 7-14

1. 炮四平五　士 5 进 6
2. 兵三平四　将 6 退 1
3. 兵四进一　将 6 平 5
4. 炮五退六　车 2 平 5
5. 车四平三　炮 7 平 6
6. 车三进七　炮 9 退 1
7. 车三平四　红方胜定

图 7-15

1. 炮八平五　士 4 进 5
2. 兵三平四　象 3 进 1
3. 前车平五　马 7 退 5
4. 车六平二　将 5 平 4
5. 兵四平五　后车进 3
6. 车二进三　象 5 退 7
7. 车二平三　红胜

图 7-16

1. 炮四退八　将 4 进 1
2. 兵四平五　将 4 进 1
3. 炮四平二　炮 1 平 5
4. 帅五平四　车 2 平 7
5. 炮二进六　炮 5 退 1
6. 兵三进一　炮 5 进 1
7. 兵三进一　红方胜定

图 7-17

1. 炮七进五　将 6 进 1
2. 马二进三　将 6 进 1
3. 炮七退一　士 5 进 4
4. 炮七平一　车 6 平 8
5. 兵三平四　马 1 进 3
6. 马三进二　车 8 退 7
7. 兵四进一　红胜

图 7-18

1. 车八进九　士 5 退 4
2. 炮二平七　车 3 退 1
3. 炮七进五　士 4 进 5
4. 炮七退二　士 5 退 4
5. 兵六进一　将 5 进 1
6. 车八退一　炮 4 退 6
7. 车八平六　红胜

图 7-19

1. 车五平四　马 8 进 6[①]
2. 兵五平四　将 6 平 5
3. 车四退一　前卒平 4
4. 帅六进一　卒 6 进 1
5. 帅六进一　车 7 平 5
6. 兵四进一　士 5 进 6
7. 马七进六　红胜

注①：

1. 车五平四　士 5 退 6
2. 马七进六　前卒进 1
3. 帅六进一　卒 6 平 5
4. 帅六进一　车 7 平 6
5. 兵五进一　红胜

图 7-20

1. 兵四进一　将 5 平 4
2. 炮三进二　将 4 进 1
3. 炮三退一　将 4 退 1
4. 炮五平六　将 4 平 5[①]
5. 炮六平一　将 5 平 4
6. 炮一进三　士 6 进 5
7. 兵四进一　红胜

注①：

4. 炮五平六　士 4 退 5
5. 炮六进二　士 5 进 4
6. 炮六平九　士 6 进 5
7. 兵四平五　红方胜定

图 7-21

1. 车三进八　士 5 进 4
2. 兵七进一　士 4 进 5
3. 炮八进一　卒 4 进 1
4. 帅六进一　卒 6 平 5
5. 帅六平五　将 6 平 5
6. 兵七进一　士 5 退 4
7. 车三平六　红方胜定

图 7-22

1. 兵三平四　卒 5 进 1
2. 兵四平三　将 5 平 6[①]
3. 马一退三　卒 1 平 2
4. 兵三进一　将 6 平 5
5. 马三进一　士 5 进 4
6. 兵七平六　卒 2 平 3
7. 马一进三　红胜

注①：

2. 兵四平三　卒 1 平 2
3. 兵三进一　士 5 进 4
4. 兵七平六　卒 2 平 3
5. 马一进三　红胜

图 7-23

1. 马三进一　将 5 平 6
2. 炮五平二　士 5 进 6
3. 炮二平四　士 6 退 5
4. 马一进二　象 5 退 7
5. 马二退三　将 6 进 1
6. 炮一退四　将 6 进 1
7. 炮四退三　红方胜定

图 7-24

1. 炮七平五　士 5 进 6
2. 马三退四　将 5 平 6
3. 马四进六　马 9 退 8

4. 炮五平三 马8退7
5. 炮三平四 将6平5
6. 兵二进一 马7退6
7. 炮四进三 红方胜定

图7-25

1. 车九平六 士5退4
2. 车八进七 士6进5
3. 炮四进七 马8进7
4. 炮四平六 将5平6
5. 车六平五 车3平2
6. 车八平九 马7退5
7. 炮六退一 红胜

图7-26

1. 车五平六 车4进4
2. 车六退八 卒6进1
3. 车六进九 将6进1
4. 车六退一 将6进1
5. 炮七平四 卒6进1
6. 炮四退八 卒5平6
7. 帅四平五 红方胜定

图7-27

1. 马四进五 车9退1[①]
2. 帅四退一 马3退4
3. 帅四平五 车9平6
4. 马五退七 将5平6
5. 马七进六 将6进1
6. 车五进五 将6进1
7. 车五平三 红胜

注①：

1. 马四进五 车9平4
2. 马五退七 将5平4
3. 车五进五 车4平2
4. 马七进八 车2退7
5. 车五平八 红方胜定

图7-28

1. 车六平五 将5平6
2. 马六进五 将6进1
3. 马五退七 将6退1
4. 马七退五 将6平5
5. 马五进四 将5平6
6. 马四退六 卒6进1
7. 车五平四 红胜

图7-29

1. 帅五平四 将5平4
2. 炮九平六 将4平5
3. 帅四进一 车5进4
4. 仕五退四 车5退1
5. 炮五退一 车5进1
6. 炮六平五 车5进1
7. 相七进五 红方胜定

图7-30

1. 马三进五 士4进5
2. 马五进七 将5平4
3. 炮五平一 车3进1
4. 炮一进三 将4进1
5. 炮一退一 士5进4
6. 炮一平七 卒6平5
7. 车二平五 红方胜定

图7-31

1. 马六进八 将4平5[①]
2. 车九进四 士5退4
3. 马八进六 将5进1
4. 车九退一 将5退1
5. 马六退七 士6进5
6. 车九进一 士5退4
7. 车九平六 红胜

注①：

1. 马六进八 将4进1
2. 马八退七 将4退1
3. 车九进四 红胜

图7-32

1. 兵四进一 将6退1
2. 兵四进一 将6平5
3. 车二平一 车9平6
4. 车三平五 卒6进1
5. 帅五进一 车6进1
6. 车一进七 车6退1
7. 车五进一 红胜

图7-33

1. 马七进八 车9进1
2. 炮九平三 象7进9
3. 车二进二 车9平8
4. 炮五进四 车5平6
5. 帅四平五 车6进1
6. 帅五平四 马7进5
7. 炮三进三 红胜

图7-34

1. 马三进四 士6进5
2. 车七进一 将4退1
3. 炮一平五 将4平5
4. 帅五平六 马3进5
5. 炮五退七 卒6平5
6. 马四进六 炮2退7
7. 马六退八 红胜

图7-35

1. 前车进二 将4进1
2. 后车进三 将4进1
3. 后车平五 车2进1[①]
4. 相五退七 车2平3
5. 仕五退六 车3平4
6. 车五退八 士6退5
7. 车七平六 红胜

注①：

3. 后车平五 士6退5
4. 车七退二 将4退1
5. 马四退五 将4退1
6. 车七进二 红胜

图7-36

1. 车二平一 车9退1
2. 炮二进三 车9平8
3. 前兵平五 将5平6
4. 车八进五 车6平4
5. 兵五进一 将6进1
6. 车八退一 将6进1
7. 兵四进一 红胜

图7-37

1. 车二进一 将6进1
2. 炮五进六 士4进5
3. 车二退一 将6退1[①]
4. 马一进二 象5退7
5. 车七进一 士5退4
6. 车七平六 车4退8
7. 车二平五 红方胜定

注①：

3. 车二退一 将6进1
4. 车二退一 将6退1
5. 马一进二 红胜

图7-38

1. 炮三平五 象5进3
2. 兵七平六 将5退1[①]
3. 后兵平五 士6进5
4. 兵五进一 将5平6
5. 兵六进一 卒5进1
6. 帅四进一 车2平5
7. 兵六平五 红胜

注①：

2. 兵七平六 将5平6
3. 后兵平五 车2平5
4. 兵六平五 士6进5
5. 炮五平四 红胜

图7-39

1. 炮九平六 车4平8
2. 炮六平三 将5进1
3. 炮三平二 车8平9
4. 马一进二 车9进2
5. 车八退八 车9进2
6. 车八进七 将5退1
7. 前炮平三 红方胜定

图7-40

1. 车七进三 将4退1
2. 马九进八 将4退1
3. 车七进二 将4进1
4. 车七平四 将4进1
5. 车四退三 卒6进1
6. 车四退五 卒5平6
7. 帅四进一 红方胜定

图7-41

1. 兵六平五 车1平2
2. 车六进一 士5退4
3. 马六进五 将6平5[①]
4. 马五进三 将5平6
5. 车二平三 将6进1
6. 炮一退一 将6进1
7. 车三平四 红胜

注①：

3. 马六进五 将6进1
4. 马五退三 将6平5
5. 车二退一 红胜

注①：

3. 马六进五 士4进5
4. 车二平三 将6进1
5. 马五退三 将6进1
6. 前马进二 将6退1
7. 炮一退一 红胜

图7-42

1. 炮二平四 炮8平6
2. 前炮进四 士5进6
3. 前炮退五 将6平5
4. 马九退七 将5进1
5. 兵三平四 将5平4
6. 前炮平六 卒3平4
7. 马七退六 红胜

图7-43

1. 车三进二 士5退6

2. 马三进一 车7平6
3. 车三平四 将5进1
4. 车四退四 卒7平6
5. 车四平五 将5平4
6. 车五平六 将4平5
7. 车六退四 红方胜定

图 7-44

1. 炮三进五 士6进5
2. 炮三平六 士5退6
3. 炮六平四 将5进1
4. 车八退一 将5退1
5. 炮四退五 车6退1
6. 车八进一 将5进1
7. 车一平四 红方胜定

图 7-45

1. 炮一平四 将6平5
2. 炮四平七 将5平6
3. 兵四进一 士5进6
4. 炮七平四 士6退5
5. 兵三平四 将6平5
6. 炮四平七 将5平6
7. 炮七进四 红胜

图 7-46

1. 车二退五 将6进1
2. 车二平四 将6平5
3. 车四平六 将5平6
4. 马七退六 将6退1
5. 马六退四 卒6进1
6. 马四进三 将6平5
7. 车六进六 红胜

图 7-47

1. 马七进六 象9退7
2. 马六退八 炮8退5
3. 兵三进一 卒7平6
4. 兵三进一 卒6进1
5. 兵三进一 卒6进1
6. 马八退六 将5平4
7. 炮五平六 红胜

图 7-48

1. 炮三进九 车8平7
2. 马一退三 将5平4[①]
3. 兵五平六 士5进4
4. 炮二进一 士6进5
5. 兵八平七 将4进1
6. 马三进五 士5退6
7. 马五退四 红胜

注①：
2. 马一退三 车7进1
3. 炮二进二 车7退1
4. 兵五进一 将5平4
5. 兵八平七 红胜

注②：
4. 炮二进一 士4退5
5. 马三退五 车7进2
6. 兵八平七 将4平5
7. 马五进七 红胜

图 7-49

1. 兵七平六 士5退4
2. 兵六进一 将5平4
3. 车八进三 将4进1
4. 车八平五 士6进5
5. 马六进七 将4进1
6. 车五退一 炮9进1
7. 车五平六 红胜

图 7-50

1. 车一平二 车8平7
2. 车二平三 车7平8
3. 炮一平二 车8平9
4. 炮二退一 车9平8
5. 炮二平三 士4进5
6. 车三退三 车8进9
7. 车四平三 红方胜定

图 7-51

1. 车八进六 士5退4
2. 马一进三 士6进5
3. 马三进二 炮1退3
4. 炮八进五 马2退1
5. 车四进六 士5退6
6. 马二退四 将5进1
7. 车八退一 红胜

图 7-52

1. 车一进五 象5退7
2. 车一平三 将6进1
3. 马一进二 士5退4
4. 车三平五 士4进5
5. 马二进三 将6进1
6. 车五平二 后炮平2
7. 车二退二 红胜

图 7-53:

1. 车九退三 炮8进1[①]
2. 车九进一 炮8退1[②]
3. 马三退五 将4平5
4. 车九平二 将5退1
5. 车二进二 将5退1
6. 马五进六 将5平6
7. 车二平四

注①：
1. 车九退三 将4退1
2. 仕五进六 士4进5
3. 马三退五 炮8退3
4. 马五进四 将4退1
5. 车九平六 士5进4
6. 车六进二 红胜。

注②：
2. 车九进一 将4退1
3. 仕五进六 士4进5
4. 马三进二 将4退1
5. 马二退四 士5进6
6. 车九平六 红胜。

图 7-54

1. 车七平五 将5平4
2. 车五平七 象3进1
3. 车七平八 将4平5[①]
4. 炮五进四 象5退3
5. 车四平三 车4退4
6. 车三进一 马7退6
7. 车三平四 红胜

注①：
3. 车七平八 象5退3
4. 车四平七 象3进5
5. 车七平六 车4退5
6. 车八进一 红胜

图 7-55

1. 车八进四 将4进1
2. 帅五平六 士6进5
3. 车八进一 将4退1
4. 车八进一 将4进1
5. 马四退五 士5退6
6. 车八平五 车9退1
7. 马五进七 红胜

图 7-56

1. 兵三进一 车3平5
2. 车二平五 车8进4
3. 兵三平四 车8平6
4. 兵四平五 士4退5
5. 车五平二 炮1平3
6. 车二进六 车6退5
7. 车二退一 红方胜定

图 7-57

1. 车六进三 将5平4
2. 马五进七 将4平5
3. 车三平八 象5退3
4. 车八进五 象7进5
5. 炮六进六 士6进5
6. 车八平七 士5退4
7. 车七平六 红胜

图 7-58

1. 马二退四 将5退1
2. 车三进四 将5进1[①]
3. 车三平六 士6退5
4. 车六退四 将5平6
5. 车六平四 将6平5
6. 马四进三 将5平4
7. 车四平六 红胜

注①：
2. 车三进四 将5退1
3. 马四进六 将5平6
4. 车三平四 红胜

图 7-59

1. 兵四进一 将6进1
2. 兵二平三 将6退1
3. 兵三进一 将6退1
4. 马一进二 车8平9
5. 马二退三 车9进9
6. 帅五进一 车9平6
7. 兵三进一 红胜

图 7-60

1. 车八进七 将4进1
2. 兵七进一 士5进6
3. 车八退一 将4退1
4. 兵七平六 将4平5
5. 兵六平五 将5平4
6. 车八进一 将4进1
7. 车八退五 红方胜定

图 7-61

1. 帅五平四 车7退7
2. 相五进三 卒9平8
3. 炮五退六 卒8平7
4. 帅四进一 车7平8
5. 兵六平五 士4进5
6. 兵四平五 将5平4
7. 炮五平六 红胜

图 7-62

1. 马一退三 将6平5

2. 炮九平一　士5进6
3. 炮一进三　将5平4
4. 兵八平七　将4退1
5. 马三进五　将4平5
6. 马二进三　将5退1
7. 炮一进二　红胜

图 7-63

1. 马五进七　士4进5[①]
2. 车六平四　将6平5
3. 马七退六　将5平4
4. 车四平六　卒2平3
5. 马六进四　将4平5
6. 马四进三　将5平6
7. 车六平四 红胜

注①：

1. 马五进七　卒2平3
2. 车六平四　将6平5
3. 马七进六　将5退1
4. 车四平五　象3进5
5. 车五进四　红胜

图 7-64

1. 炮六退二　士5退4
2. 车五进一　将5平6
3. 车七平六　将6进1
4. 车六退一　将6退1
5. 车五进一　车2平4
6. 车六退一　炮1平4
7. 车六平四　红胜

图 7-65

1. 车二进七　士5退6
2. 车八平四　士6退5
3. 炮五平二　车5平6[①]
4. 车四退五　卒4平5
5. 车二平四　士5退6
6. 炮二进七　象5退7
7. 车四平五　红胜

注①：

3. 炮五平二　车5平7
4. 车二平四　士5退6
5. 炮二进七　车7退6
6. 车四进一　将5进1
7. 车四退一　红胜

图 7-66

1. 兵三平四　士6进5
2. 马九进八　炮9退6
3. 帅四平五　卒7平6
4. 兵六进一　炮9平4
5. 马八退六　炮4进1
6. 兵四平五　将5平4
7. 兵五进一　红胜

图 7-67

1. 炮五平七　将6平5
2. 炮七进六　将5进1
3. 马五进七　将5平6
4. 炮七退四　士6退5
5. 马七退五　将6进1
6. 炮九退二　卒6平5
7. 炮七进二　红胜

图 7-68

1. 前兵进一　将5平4
2. 车四进一　将4退1
3. 车四平六　士5进4
4. 车六平七　马1进3
5. 兵九平八　士4退5
6. 前兵进一　卒7平6
7. 兵八平七　红胜

图 7-69

1. 炮五平二　象5退7
2. 马二退三　将6退1[①]
3. 炮二平四　卒7进1
4. 相一进三　士4进5
5. 马三退四　士5进6
6. 马四进二　士6退5
7. 炮一平四　红胜

注①：

2. 马二退三　象7进9
3. 炮二平四　卒7进1
4. 相一进三　马1进3
5. 马三退四　红胜

图 7-70

1. 兵五进一　将4进1
2. 兵四平五　将4平5
3. 后车平九　将5退1
4. 车五平七　卒3进1
5. 车九进四　车4退8
6. 车九平六　将5平4
7. 车七退五　红方胜定

图 7-71

1. 炮四平六　士4退5
2. 炮八退二　士5进6
3. 马三退四　将4平5
4. 马四进六　将5平6[①]
5. 炮八进二　将6退1
6. 炮六平四　将6平5
7. 马六进七　红胜

注①：

4. 马四进六　将5退1
5. 马六进七　将5平6
6. 炮八平四　士6退5
7. 炮六平四　红胜

图 7-72

1. 炮七平一　马5退6[①]
2. 炮一进四　马6退8
3. 马三退四　马8进6
4. 炮一退六　车3平2[②]
5. 炮一平五　象5退7
6. 炮四平五　将5平6
7. 马四进六　红胜

注①：

1. 炮七平一　将5平6
2. 炮一进四　将6进1
3. 马三退四　红胜

注②：

4. 炮一退六　将5退1
5. 炮一平五　士4进5
6. 马四进六　将5平4
7. 炮五平六　红胜

图 7-73

1. 车三进三　车9平7
2. 炮二平五　士4退5
3. 兵五进一　将5平6
4. 兵六进一　卒5进1
5. 帅四进一　卒4平5
6. 帅四进一　象7退5
7. 兵六平五　红胜

图 7-74

1. 马九退七　将5进1[①]
2. 炮二退五　象5退3[②]
3. 炮二平五　将5平4
4. 炮三平六　将4平5
5. 马七退五　将5平6
6. 炮六平四　士6退5
7. 炮五平四　红胜

注①：

1. 马九退七　将5平6
2. 炮三平四　士6退5
3. 炮二退五　将6进1
4. 炮二平四　红胜

注②：

2. 炮二退五　将5平4
3. 炮二平五　象5退7
4. 炮三平六　将4平5
5. 马七退五　将5平6
6. 炮六平四　士6退5
7. 炮五平四　红胜

图 7-75

1. 车七退三　后马进7
2. 车七退一　炮6退5
3. 车七平五　炮6平5
4. 马八退七　将5平4
5. 车五平六　炮5平4
6. 车六进一　将4平5
7. 车六退一　红胜

图 7-76

1. 马四进三　将6进1
2. 马三进二　将6退1
3. 兵六平五　象3退5
4. 兵五平四　将6平5
5. 兵四平三　将5平4
6. 马二进四　将4进1
7. 马四退五　红方胜定

图 7-77

1. 相七进五　车7进5
2. 车四进五　将5进1
3. 兵六平五　将5平4[①]
4. 车八平六　车7平4
5. 车六进一　车8平4
6. 车四退一　将4退1
7. 兵五进一　红胜

注①：

3. 兵六平五　将5进1
4. 车4平5　将5平4
5. 车八平六　红胜

图 7-78

1. 车八平七　车3平2
2. 车九平八　车2平1
3. 车七平八　将5平4
4. 后车平六　将4平5
5. 车八平五　象7进5
6. 后炮进五　车8平5
7. 马二进三　红胜

图 7-79

1. 车五退一　将4退1[①]
2. 车五平六　将4平5

3. 车六进一　车1平2
4. 炮六平一　车2进6
5. 帅五退一　车2平9
6. 车六平七　将5平4
7. 炮一退一　红胜

注①：
1. 车五退一　车1退2
2. 车五平六　炮3平4
3. 车六平九　炮4平1
4. 相七进九　将4退1
5. 炮六退三　车1进1
6. 炮六平九　红方胜定

注①：
1. 车五退一　炮3平5
2. 车五平六　士5进4
3. 车六平九　将4平5
4. 车九进一　红方胜定

图 7-80
1. 炮五平四　卒6平5
2. 车二平四　将6平5
3. 车四平五　将5平6[①]
4. 炮四平二　车2平1
5. 炮二进一　车1进2
6. 帅五退一　车1平6
7. 车五退一　红胜

注①：
3. 车四平五　将5平4
4. 炮四进一　卒5进1
5. 车五退二　红方胜定

图 7-81
1. 马三进四　士6进5
2. 车七进一　将4退1
3. 炮一平五　将4平5
4. 帅五平六　马3进5
5. 炮五退七　卒6平5
6. 马四进六　炮2退7
7. 马六退八　红胜

图 7-82
1. 车八平三　将5平6
2. 车三进三　将6进1
3. 车三退一　将6进1
4. 炮八进八　士5进4
5. 炮八平四　卒7平6
6. 车三退二　将6退1
7. 车三平四　红胜

图 7-83
1. 兵二平三　将6平5
2. 炮九退四　卒8平7
3. 炮九平一　马4进5
4. 炮一平五　卒7平6
5. 帅五平四　卒6进1
6. 炮五退一　卒6平5
7. 兵三平四　红胜

图 7-84
1. 车七进三　将4进1
2. 车七退一　将4退1
3. 炮九平三　将4平5
4. 车七平八　后马进6[①]
5. 车八进一　士5退4
6. 车八平六　将5平4
7. 马三进四　红胜

注①：
4. 车七平八　士5进6
5. 车八平四　红胜

图 7-85
1. 兵七进一　将4退1
2. 马五进四　车9进2
3. 仕五退四　车9平6
4. 帅五平四　马2进4
5. 帅四平五　马4退6
6. 帅五平四　马6退5
7. 兵七平六　红胜

图 7-86
1. 车八退一　将5退1[①]
2. 相三进五　车5平4
3. 车八平六　车4平2
4. 帅五平六　卒7平6
5. 前炮进二　卒6平5
6. 后炮进二　车2平5
7. 车六进一　红胜

注①：
1. 车八退一　将5进1
2. 车八退三　车5进2
3. 相三进五　车5平4
4. 前炮平六　将5平4
5. 炮六进三　车4平3
6. 车八平六　红胜

图 7-87
1. 马六进五　将6进1
2. 马五退三　将6退1
3. 帅四平五　炮4平6
4. 马三进二　将6进1
5. 炮五平一　炮6平9
6. 炮一平四　马4进6
7. 马二退四　红方胜定

图 7-88
1. 车八平五　象3进5
2. 车三平六　士6进5
3. 炮八进四　士5进4[①]
4. 马一退三　将5平6
5. 车六进一　将6进1
6. 炮一进三　将6进1
7. 车六平四　红胜

注①：
3. 炮八进四　将5平6
4. 车六进一　将6进1
5. 马一退二　将6进1
6. 炮一进二　红胜

图 7-89
1. 炮九平五　炮1平5
2. 前炮进二　士4进5
3. 帅五平六　炮5退1
4. 炮五进一　炮5退1
5. 炮五进一　炮5退1
6. 炮五进一　炮5退1
7. 炮五进一　红胜

图 7-90
1. 兵三平四　士6退5
2. 炮三进一　士5退6
3. 前兵平三　士4退5
4. 车六退三　士5进4
5. 兵三平四　卒6进1
6. 后兵平五　将5平6
7. 车六平四　红胜

图 7-91
1. 车七平八　车2平1[①]
2. 车三平四　士6进5
3. 马三退五　将4平5[②]
4. 车八进一　士5退4
5. 车八平六　将5进1
6. 车六退一　将5平4
7. 车四进一　红胜

注①：
1. 车七平八　车2退1
2. 车三平六　车2平4
3. 车六进一　红胜

注②：
3. 马三退五　象7进5
4. 车八平五　车5进1
5. 帅六进一　车1进4
6. 车四进二　红胜

图 7-92
1. 仕五进六　车6进6
2. 车五退二　炮6进1
3. 炮一进七　炮6平3[①]
4. 车五进三　将4进1
5. 炮一平七　卒2平3
6. 车五退一　将4退1
7. 车五退二　红方胜定

注①：
3. 炮一进七　炮6平5
4. 车五进二　车6退1
5. 车五进一　将4进1
6. 仕六退五　车6平9
7. 炮一平四　红方胜定

图 7-93
1. 车一进一　象5退7
2. 炮四平五　前车进1
3. 帅四进一　前车退2
4. 车一平三　士5退6
5. 车四进二　将5进1
6. 车四退一　将5进1
7. 车三退二　红胜

图 7-94
1. 车九平二　车9退5
2. 车八平二　将5平6[①]
3. 前车平四　将6平5
4. 帅五平四　马1进3
5. 车二平四　马3进4
6. 前车进四　车9平6
7. 车四进六　红胜

注①：
2. 车八平二　车9平6
3. 前车进四　车1退2
4. 前车平四　将5平6
5. 车二平四　将6平5
6. 帅五平四　车1平5
7. 车四进六　红胜

图 7-95
1. 炮八进七　象1退3
2. 炮三平六　士5退6
3. 炮六平四　象3进1
4. 炮四退二　将5进1
5. 车二退一　将5退1

6. 炮四平九 车7进2
7. 炮九进二 红胜

图 7-96

1. 车六进八 将5平4
2. 车四进五 将4进1
3. 炮七平六 车7进4
4. 马七进六 炮5平4
5. 马六进五 炮4平5
6. 马五进七 炮5进5
7. 车四平六 红胜

图 7-97

1. 马二进三 将5平4
2. 马三退五 车9平4
3. 车八平七 将4进1
4. 马五退七 将4进1
5. 车七退二 将4退1
6. 车七平八 将4退1
7. 车八进二 红胜

图 7-98

1. 马五进三 将6退1
2. 车五进二 象7进5
3. 车五平四 将6平5
4. 车四退一 将5进1
5. 车四平五 将5平4
6. 马三进四 卒3平4
7. 车五平六 红胜

图 7-99

1. 炮二平五 将5平4
2. 炮五进二 将4平5
3. 车四进四 将5进1
4. 车七平三 卒5进1
5. 帅四进一 卒4平5
6. 帅四进一 车2平8
7. 车三进二 红胜

图 7-100

1. 车六进二 将4平5
2. 车六平五 士6进5[①]
3. 马五进四 将5平6
4. 马四进二 将6平5
5. 车五进一 将5平4
6. 马二退四 炮3平1
7. 车五进一 红胜

注①：

2. 车六平五 将5平4
3. 马五进四 将4进1
4. 车五进一 将4进1
5. 车五平六 红胜

图 8-1

1. 车五退四 车9平6
2. 炮六进三 炮3平4
3. 马九进八 车6平3
4. 炮六退一 车3退1
5. 车五进五 将4退1
6. 车五平七 炮4平2
7. 车七进一 将4退1
8. 车七进一 红胜

图 8-2

1. 马七退六 将6退1
2. 车二进三 将6进1
3. 车二退六 将6退1
4. 马六退四 将6平5
5. 马四进三 象7退9
6. 车二平四 将5平4
7. 车四平六 将4平5
8. 车六进六 红胜

图 8-3

1. 车四进四 马8进7
2. 前马进八 炮8退5
3. 兵二平三 炮7平6
4. 车四退三 象5退7
5. 车六平三 象3进5
6. 车四进三 象7进9
7. 车三进三 象5进7
8. 车四平二 红方胜定

图 8-4

1. 车四平五 将5进1
2. 兵四进一 将5平6[①]
3. 车三退一 将6进1
4. 炮五进四 卒6进1
5. 仕五退四 卒4进1
6. 帅五平六 象5进7
7. 炮五平二 将6平5
8. 炮八平五 红胜

注①：

2. 兵四进一 将5平4
3. 马六进八 将4退1
4. 炮八平六 马4退5
5. 马八退六 马5进4
6. 车三平四 将4进1
7. 马六进八 红胜

图 8-5

1. 车一进三 士5退6
2. 炮四平五 象5退7
3. 马三进五 士4进5
4. 车一平三 车7退9
5. 马五进三 将5平4
6. 马九进八 将4进1
7. 炮五平九 车7进1
8. 炮九进二 红胜

图 8-6

1. 兵五进一 将4退1
2. 兵五进一 将4退1
3. 炮一平六 象7进5
4. 车五进五 卒6平7
5. 兵五平四 卒7平6
6. 车五进二 将4进1
7. 兵四平五 将4进1
8. 车五平六 红胜

图 8-7

1. 车七进一 将5进1
2. 马四进二 车4退3
3. 马二进四 将5平6
4. 兵一平二 车4平7
5. 马四退二 将6平5
6. 兵五进一 车7平5
7. 马二进四 将5平6
8. 兵二平三 红胜

图 8-8

1. 车三平四 将6平5
2. 帅五平四 车8退8
3. 车九平四 车9退1
4. 兵三平四 马3退5
5. 炮五进四 车8平7
6. 兵四进一 车7平6
7. 前车进五 车9平6
8. 车四进六 红胜

图 8-9

1. 炮三进七 车7退8
2. 相五进三 车7进5
3. 炮二平六 车7平4
4. 兵六进一 车4进2
5. 兵六进一 马6进4
6. 车四平六 车4退6
7. 车八进一 象1退3
8. 车八平七 红胜

图 8-10

1. 炮八平五 车5平2
2. 帅六平五 车2进1
3. 帅五退一 卒3平4
4. 帅五平四 车2退1
5. 车四平五 车2退5
6. 炮五平四 车2平1[①]
7. 炮四退五 将6退1
8. 兵五平四 红胜

注①：

6. 炮五平四 车2平6
7. 兵五平四 红胜

图 8-11

1. 马七进六 象5退7
2. 马六退四 将6平5
3. 马四退三 将5平4
4. 兵六进一 将4退1
5. 兵六进一 将4退1
6. 兵六进一 将4平5
7. 兵六进一 将5平6
8. 兵三进一 红胜

图 8-12

1. 马八进七 将5平4
2. 炮六进一 将4进1
3. 后马进八 将4退1
4. 炮二进六 象5退7
5. 炮二退二 士5进6
6. 马七退八 将4平5
7. 后马进六 将5进1
8. 马八进七 红胜

图 8-13

1. 车四进三 将5平6
2. 马三进五 炮9平7[①]
3. 马五退三 炮7进1
4. 车二平三 将6进1
5. 车三退一 将6退1
6. 车三退一 将6进1
7. 车三平二 将6退1
8. 车二进二 红胜

注①：

2. 马三进五 马4进5
3. 车二平三 将6进1
4. 马五退三 将6进1
5. 车三退二 将6退1
6. 车三平二 将6退1
7. 车二进二 红胜

注①：

2. 马三进五 炮3进1
3. 马五退三 炮3平7
4. 车二平三 将6进1

5. 车三退二 后车进3
6. 车三进一 将6进1
7. 车三平四 红胜

图8-14

1. 炮一平五 象5进7
2. 炮五退五 象7退5[1]
3. 相五进七 象5进7
4. 炮八退五 炮1进7
5. 相七进九 卒7进1
6. 帅四进一 炮1退1
7. 炮五进一 马3进4
8. 炮八平五 红胜

注①：

2. 炮五退五 马3进5
3. 炮八进一 红胜

图8-15

1. 马八进六 士6进5[1]
2. 车八进一 士5退4
3. 车八平六 将5进1
4. 炮九退一 将5进1
5. 车六平五 士4退5
6. 马六退七 将5平4
7. 马七进八 将4平5
8. 车五退一 红胜

注①：

1. 马八进六 将5进1
2. 马六进八 将5进1
3. 炮九退二 士4退5
4. 车八退一 士5进4
5. 车八退三 士4退5
6. 马八退七 士5进4
7. 车八平五 红胜

图8-16

1. 马五进四 马7进6
2. 车七平五 将5平6
3. 车五平四 将6平5
4. 车八平五 将5平4
5. 车四退一 将4进1
6. 车四平五 象7进5
7. 前车平二 马6退7
8. 车二平六 红胜

图8-17

1. 炮二进七 象9退7
2. 车五进二 将5进1
3. 马四退六 将5退1[1]
4. 车四进八 车3平6
5. 车四平五 将5平4
6. 炮七平六 车6平4
7. 马六进四 车4进1
8. 车五进一 红胜

注①：

3. 马四退六 将5平4
4. 车四进八 将4进1
5. 炮七平六 车3平4
6. 马六退四 车4平8
7. 兵七平六 车8平4
8. 兵六进一 红胜

图8-18

1. 炮二平四 车2平6
2. 兵五平四 将6退1
3. 兵四进一 将6平5
4. 兵四进一 车6退3
5. 炮四平八 车6进7
6. 仕五进四 将5平6
7. 炮八平四 马5进6
8. 炮四进六 红方胜定

图8-19

1. 兵六平五 士5退4
2. 车三平六 卒2平3
3. 兵五进一 将5退1
4. 兵五进一 将5平6
5. 车六进六 卒3进1
6. 车六退一 士6退5
7. 车六平五 将6退1
8. 兵二平三 红胜

图8-20

1. 车八进六 将4进1
2. 车八退一 将4退1
3. 车八平五 前车进3
4. 帅六退一 前车进1
5. 帅六进一 后车进6
6. 车五退七 车5退1
7. 帅六平五 将4进1
8. 兵四平五 红方胜定

图8-21

1. 炮七进一 将5进1
2. 车八进一 将5进1
3. 炮九退一 炮4退1
4. 车八退一 将5退1
5. 车八平六 车4平3
6. 炮九进一 车3退6
7. 车六进一 将5进1
8. 车六平七 红方胜定

图8-22

1. 炮二进七 象7进9
2. 前兵进一 将4平5
3. 前车平五 将5平4
4. 炮一平六 车4退1
5. 炮二退九 象9退7
6. 兵五平六 车4退5
7. 车五进五 将4进1
8. 车一进五 红胜

图8-23

1. 前兵进一 将6平5
2. 前兵进一 将5平6
3. 车七退一 车1进4
4. 炮七退二 车1平3
5. 车七退六 卒6进1
6. 帅四平五 马9进8
7. 前兵平五 将6平5
8. 车七进九 红胜

图8-24

1. 前炮平四 车6进1
2. 炮三平四 车6平8[1]
3. 炮四平五 卒6平5
4. 炮五退四 车2平6
5. 炮五平六 炮1平5
6. 相五退三 前炮平4
7. 兵五进一 将6进1
8. 车二进二 红方胜定

注①：

2. 炮三平四 车6平7
3. 炮四退三 炮5进7
4. 仕五退四 卒6平5
5. 帅五进一 车2进5
6. 帅五退一 车7进3
7. 车二平四 红胜

图8-25

1. 车六进四 炮9退8
2. 车六平五 将5平4
3. 车五进一 将4进1
4. 马七退六 士6进5
5. 车五退一 将4进1
6. 车五退一 将4退1
7. 马六进八 将4退1
8. 车五进二 红胜

图8-26

1. 炮三进七 车7退2
2. 车七进二 将4进1
3. 相五进三 车7进5[1]
4. 兵五进一 士6进5
5. 车七退一 将4进1
6. 车一进五 士5进6
7. 车一平四 象3退5
8. 车四平五 红胜

注①：

3. 相五进三 象3退5
4. 车一平八 车7进5
5. 车八进六 将4进1
6. 车七退二 红胜

图8-27

1. 车七退六 车5平3
2. 帅四平五 车3平7
3. 兵二平三 车7退7
4. 炮七平三 士6退5
5. 帅五进一 卒8平7
6. 炮三退六 士5进4
7. 炮三平一 士6进5
8. 炮一进三 红方胜定

图8-28

1. 车九平五 车4进1
2. 仕五退六 车3平9
3. 车五进一 将6进1
4. 炮一平四 士6退5
5. 马三退四 士5进6
6. 马四退六 士6退5
7. 马六退四 士5进6
8. 马四进三 红胜

图8-29

1. 马七退六 将5退1
2. 车六平五 将5平6
3. 马六进五 将6进1
4. 马五退七 将6退1
5. 马七退五 将6平5
6. 马五进六 将5平4
7. 马六退四 卒6进1
8. 车五平六 红胜

图8-30

1. 马六进五 将6进1[1]
2. 车六平一 将6平5
3. 马五进七 士4进5
4. 马七退六 将5平4
5. 车一平六 卒2平3
6. 马六进四 将4平5

7. 马四进三 将5平6
8. 车六平四 红胜
注①：
1. 马六进五 象3进5
2. 车六平四 将6平5
3. 马五进三 将5退1
4. 车四进六 红胜

图 8-31
1. 前炮平四 车6进1
2. 炮三平四 车6平7
3. 前车进二 炮5进7
4. 仕五进四 卒6平5
5. 帅五平四 卒5进1
6. 帅四平五 炮1平5
7. 后车平五 炮5退6
8. 车五进五 红方胜定

图 8-32
1. 兵五进一 将4进1
2. 兵四平五 将4平5
3. 车三进一 卒8平7
4. 车三进三 将5退1
5. 车五进四 将5平6
6. 车五平四 将6平5
7. 车四进一 卒7平6
8. 车三进一 红胜

图 8-33
1. 车二平七 士6退5[①]
2. 车一平四 将6平5[②]
3. 炮一进六 士5退6
4. 车四退二 车3进4
5. 车四进六 将5进1
6. 炮一退一 炮6退7
7. 车四退一 将5退1
8. 炮一进一 红胜
注①：
1. 车二平七 车3进4
2. 前兵平三 象5退7
3. 兵五进一 将6进1
4. 兵二平三 红胜
注②：
2. 车一平四 前炮退4
3. 炮一进六 象5退7
4. 车七平四 将6平5
5. 前兵平三 红胜

图 8-34
1. 炮九平八 士5退6
2. 炮八进四 将4退1
3. 炮八进一 将4进1
4. 炮七退三 马3进2
5. 炮七平六 马2进4
6. 车八进五 将4退1
7. 炮六平九 马4进3
8. 炮九进四 红胜

图 8-35
1. 车九平八 车2进7
2. 车五退三 车2退8
3. 车五平四 象3进5
4. 兵六平五 车4平8
5. 兵五进一 车2平5
6. 相七进五 车8退8
7. 车四平八 车5平3
8. 车八进六 红胜

图 8-36
1. 车八进三 车4平2
2. 马四进三 将5平4
3. 车九平六 士5进4
4. 炮五平六 将4进1
5. 车六平七 士4退5
6. 马三退四 士5进6
7. 马四进六 将4进1
8. 车七平六 红胜

图 8-37
1. 兵五进一 炮7退1[①]
2. 车二退一 车4平7
3. 仕五进六 马3进1
4. 炮七平四 车7平6
5. 车二平三 将6退1
6. 帅五进一 炮1退2
7. 兵五进一 士4进5
8. 车三进一 红胜
注①：
1. 兵五进一 炮7平5
2. 车二退一 将6退1
3. 炮七进八 炮5退2
4. 车二进一 将6进1
5. 炮七退一 红胜

图 8-38
1. 炮四退一 象7进9
2. 炮四平一 马6退8
3. 炮一平三 马8退6
4. 车七进一 马6退4
5. 炮三进一 将5进1
6. 车七退一 将5进1
7. 炮三退二 炮6进5
8. 炮二退二 红胜

图 8-39
1. 帅五平六 马3退2
2. 车三平四 炮6退1
3. 炮二进二 马9退7
4. 炮七进三 炮5平4
5. 马八进六 将5进1
6. 车四平五 士4进5
7. 马六退八 炮6平8
8. 车六进三 红胜

图 8-40
1. 炮五平七 士4进5
2. 帅六平五 炮7进3[①]
3. 炮七平四 炮7退1
4. 炮四平三 炮7退1
5. 炮三进一 炮7退1
6. 炮三进一 炮7退1
7. 炮三进一 炮7平8
8. 炮三进一 红胜
注①：
2. 帅六平五 炮7平4
3. 炮七平三 炮4进2
4. 炮三进四 红胜

图 8-41
1. 车四进二 将5平6
2. 车三进二 将6进1
3. 炮五平四 士5进6
4. 车三退一 将6退1
5. 兵四进一 将6平5
6. 兵四进一 车8退3
7. 兵四平五 将5平6
8. 车三平四 红胜

图 8-42
1. 马四退六 将5平4
2. 车七平五 卒4平3
3. 车五退八 炮1平5[①]
4. 帅四平五 卒7平6
5. 马六进八 将4进1
6. 马八退七 将4退1
7. 马七退六 将4进1
8. 兵七进一 红胜
注①：
3. 车五退八 卒3平4
4. 马六进八 将4进1
5. 马八退七 将4退1
6. 马七退六 炮1平5
7. 马六退五 卒7平8
8. 马五退六 红方胜定

图 8-43
1. 马六退四 马8退6
2. 兵六进一 车4退3
3. 马四退三 马6退8
4. 马三退四 马8退6
5. 炮四进五 车4进9
6. 马四进三 车4平5
7. 帅五平六 车5退6
8. 马三进二 红胜

图 8-44
1. 车三平一 将6平5
2. 相五退七 象3进5
3. 兵三平四 士5退6
4. 车一平五 士4进5
5. 兵四平五 士6进5
6. 车五平三 将5平6
7. 车三进二 将6进1
8. 车三平八 红方胜定

图 8-45
1. 车五平六 车3进2
2. 车二平六 车3平5
3. 前车进五 马9进8
4. 前车平九 车2退2
5. 车九退二 车5进1
6. 车九退一 车5退1
7. 车九进一 车5进1
8. 相五进七 红方胜定

图 8-46
1. 炮六平五 车5平4
2. 兵三平四 炮1进2
3. 车四平五 将5平4
4. 炮五平六 车4平8
5. 帅四平五 车8进4
6. 帅五退一 车8进1
7. 帅五退一 卒3进1
8. 车五平六 红胜

图 8-47
1. 车五平四 将6平5
2. 车四进一 将5进1[①]
3. 车四退五 卒7平6
4. 车四平五 将5平4
5. 车五平六 将4平5

6. 车六退一 卒5进1
7. 帅五平六 卒6进1
8. 车六平五 红胜

注①：

2. 车四进一 将5退1
3. 兵三平四 将5平4
4. 车四平五 炮4平5
5. 车五退五 将4进1
6. 仕四退五 红方胜定

图 8-48

1. 车七进五 将4进1
2. 兵四平五 将4平5
3. 兵二平三 车4退6[①]
4. 兵五平四 车4进5
5. 车七进一 卒7平6
6. 车七平五 将5平4
7. 车五平六 将4平5
8. 车六退七 红方胜定

注①：

3. 兵二平三 卒7平6
4. 兵三平四 将5平6
5. 车七退一 炮5退4
6. 车七平五 红胜

图 8-49

1. 兵五平六 车8平6
2. 仕五进四 炮3平6
3. 仕四退五 炮6退3
4. 仕五进四 车6平4
5. 仕四退五 车4退1
6. 车五平八 车4平5
7. 兵四平五 车5退1
8. 车八平五 红方胜定

图 8-50

1. 炮一进三 象7进5
2. 炮六平四 车2平6
3. 车九平六 炮1平4
4. 炮四进三 车3平5
5. 车六进五 将6平5
6. 炮四平二 车5平6
7. 炮二平五 将5平6
8. 炮五退四 红方胜定

图 8-51

1. 炮五退三 卒1平2
2. 帅六平五 将6进1
3. 炮五进六 炮6退2
4. 帅五平四 卒6平5
5. 兵一平二 将6进1
6. 炮五进三 将6退1
7. 兵二平三 卒2平3
8. 兵三进一 红胜

图 8-52

1. 兵三平四 炮5退1
2. 帅五平四 炮5平7
3. 兵四平五 炮7进1
4. 兵五平六 将4平5
5. 后兵平五 炮7平6
6. 兵五进一 将5平6
7. 兵五平四 将6平5
8. 兵四平五 红胜

图 8-53

1. 兵一平二 象5进7
2. 帅五进一 卒3进1
3. 炮八退三 卒3平4
4. 兵二进一 后卒进1
5. 炮八平一 后卒平5
6. 炮一进三 卒5进1
7. 帅五退一 卒4进1
8. 兵二进一 红胜

图 8-54

1. 车六平五 卒7进1
2. 帅六平五 车6进4
3. 帅五退一 车6进1
4. 帅五进一 将6退1
5. 炮五退一 卒7进1
6. 炮五平八 卒7平6
7. 帅五平六 将6进1
8. 炮八退七 红方胜定

图 8-55

1. 马五进三 马1退2
2. 车八进二 将5平4
3. 车八进五 将4进1
4. 车八退三 将4退1
5. 车八平六 将4平5
6. 车六退四 卒4平3
7. 帅五平六 卒1平2
8. 车六进七 红胜

图 8-56

1. 后兵平四 车1平6
2. 兵五平四 将6平5
3. 后兵平五 车6平5
4. 兵一进一 卒1进1
5. 兵一进一 卒1进1
6. 兵一进一 卒1平2
7. 兵一进一 卒2平3
8. 兵一进一 红方胜定

图 8-57

1. 兵三进一 将6退1
2. 兵三进一 将6平5
3. 马二退四 炮1进1
4. 马四进六 炮1平4
5. 马六退八 卒8平7
6. 马八进七 卒7平6
7. 马七退六 卒2平3
8. 马六进四 红胜

图 8-58

1. 车四平六 马3进4
2. 兵四平五 象5进7
3. 炮五退三 车5平6
4. 帅四平五 车6平5
5. 帅五平六 车5平6
6. 车六平一 车6退4
7. 车一进二 车6进6
8. 车一平六 红胜

图 8-59

1. 炮一退五 卒6进1
2. 帅五平四 车4平9
3. 兵八平七 车9进3
4. 兵七平六 将4退1
5. 车五平三 车9平6
6. 帅四平五 车6平5
7. 帅五平六 将4平5
8. 兵六平五 红方胜定

图 8-60

1. 兵二平三 车1平6
2. 前兵进一 将6平5
3. 车六进一 炮6平8
4. 车六平四 车6进2
5. 帅四进一 象9进7
6. 前兵平六 象1进3
7. 兵三平四 炮8平9
8. 兵五进一 红方胜定

图 8-61

1. 兵七平六 车4退3
2. 马五进六 将5平4
3. 前兵平五 炮8退8
4. 兵四平五 炮8平9
5. 后兵平六 炮9平8
6. 相五退三 炮8平9
7. 仕五退四 炮9平8
8. 兵五平六 红胜

图 8-62

1. 兵一平二 卒5进1
2. 兵二平三 卒5进1
3. 兵三进一 炮2进6
4. 兵三进一 卒5平4
5. 帅六平五 炮2平4
6. 兵六平五 炮4平5
7. 炮五平四 卒6进1
8. 帅五退一 红方胜定

图 8-63

1. 车三进二 将5退1
2. 车三平四 将5平4
3. 兵三平四 车2平4
4. 车四平五 车4进3
5. 帅五进一 车4退1
6. 帅五退一 车4平6
7. 后兵平五 将4退1
8. 车五平六 红胜

图 8-64

1. 炮四进一 车7退2
2. 兵六平五 炮2平5
3. 炮二进一 车7退1
4. 车四平八 炮1平2
5. 车八平二 将5平4
6. 车二平六 将4平5
7. 兵七平六 车7平8
8. 兵六进一 红胜

图 8-65

1. 炮一退二 卒2平3
2. 炮一平五 前卒平5
3. 车五退四 卒1平2
4. 兵一平二 象1退3
5. 兵二平三 象3进5
6. 兵三平四 卒6平7
7. 车五进一 卒7进1
8. 车五平六 红胜

图 8-66

1. 车六退一 将6进1
2. 马四进二 象5进7
3. 车六退一 象7进5
4. 马二进三 将6退1
5. 车六进一 士6进5
6. 车六平五 将6退1
7. 马三退四 车2进1
8. 马四进二 红胜

图 8-67

1. 车二进六　将 4 退 1
2. 车二进一　将 4 退 1[①]
3. 兵九平八　车 4 进 3
4. 帅五进一　车 4 退 1
5. 帅五退一　炮 1 平 3
6. 炮一平九　车 4 平 1
7. 炮九进五　车 1 退 8
8. 兵八平九　红方胜定

注①：

2. 车二进一　将 4 进 1
3. 兵三进一　车 4 平 9
4. 炮一平二　车 9 退 4
5. 炮二进三　车 9 平 8
6. 车二退一　红方胜定

图 8-68

1. 相五进七　车 4 平 6
2. 仕五进四　车 6 进 2
3. 帅四平五　马 8 进 7
4. 帅五进一　车 6 平 5
5. 帅五平四　车 5 平 4
6. 兵四进一　车 4 进 1
7. 仕六进五　马 7 退 6
8. 兵四平五　红胜

图 8-69

1. 帅五进一　炮 3 平 2
2. 炮六平七　炮 2 进 2
3. 炮七退八　炮 2 平 5
4. 炮七平三　炮 5 平 7[①]
5. 炮三进五　炮 7 退 1
6. 炮三进一　炮 7 退 1
7. 炮三进一　炮 7 平 8
8. 炮三进一　红胜

注①：

4. 炮七平三　士 5 进 6
5. 炮三平五　炮 5 退 1
6. 炮五退一　炮 5 进 1
7. 炮五进七　红胜

图 8-70

1. 炮五退五　车 1 进 2
2. 兵六平五　将 5 平 4
3. 车七平六　车 1 平 4
4. 车六进一　卒 5 平 4
5. 相一进三　士 6 退 5
6. 兵四平五　炮 3 退 1
7. 兵二平三　炮 3 平 5
8. 兵三平四　红方胜定

图 8-71

1. 马五进七　马 5 进 7
2. 马七退六　卒 4 平 5
3. 帅五平四　士 5 进 4
4. 马六进四　炮 9 退 1
5. 兵四平三　将 5 平 6
6. 兵六进一　卒 5 平 6
7. 帅四平五　卒 6 平 7
8. 兵六平五　红胜

图 8-72

1. 马七进八　车 1 退 5[①]
2. 车二平四　车 1 平 2
3. 马八退六　车 7 进 2
4. 车四平二　车 7 退 2
5. 兵四平五　士 6 退 5
6. 前兵平五　将 5 平 4
7. 兵五进一　车 7 平 5
8. 马六进五　红方胜定

注①：

1. 马七进八　车 1 退 4
2. 前兵平五　士 6 退 5
3. 兵四平五　将 5 进 1
4. 马八退六　将 5 平 6
5. 车二进八　将 6 退 1
6. 车二平九　红方胜定

图 8-73

1. 车六平四　前炮平 6
2. 炮六平一　象 7 进 9
3. 车四进二　炮 2 平 6
4. 兵五进一　车 2 平 5
5. 马七进五　将 6 平 5
6. 车四进一　马 4 进 6
7. 车四平九　马 8 进 7
8. 兵三平四　红方胜定

图 8-74

1. 兵六平七　将 4 平 5[①]
2. 车一平五　将 5 平 6
3. 相五退三　车 4 平 6
4. 车五进三　将 6 退 1
5. 兵七平六　车 6 进 3
6. 帅五进一　卒 7 平 6
7. 兵六平五　将 6 进 1
8. 车五平四　红胜

注①：

1. 兵六平七　车 4 平 5
2. 车一进一　车 5 退 4
3. 车一进二　车 5 退 1
4. 车一平六　将 4 平 5
5. 车六退三　车 5 平 3
6. 车六平五　将 5 平 6
7. 相五进七　车 3 进 4
8. 车五平四　红胜

图 8-75

1. 炮四进四　马 5 进 4
2. 炮四平七　马 4 退 5
3. 炮七平五　炮 7 退 1
4. 车二退一　车 2 平 4
5. 车二平五　卒 3 平 4
6. 炮五退二　车 4 退 2
7. 车五平四　炮 7 平 5
8. 炮五平三　红方胜定

图 8-76

1. 炮九平四　马 6 退 8
2. 相七进九　车 9 进 2
3. 仕五退四　卒 6 进 1
4. 帅五进一　车 9 退 1
5. 帅五进一　车 9 平 4
6. 炮四平八　马 8 进 6
7. 炮八进三　车 4 退 7
8. 兵五平六　红方胜定

图 8-77

1. 兵四平五　炮 1 退 1
2. 车八进一　将 4 退 1
3. 车八退七　炮 1 进 1
4. 车八进八　将 4 进 1
5. 车八退一　将 4 退 1
6. 马四进五　将 4 平 5
7. 马五退七　炮 1 退 1
8. 车八进一　红胜

图 8-78

1. 炮一进六　象 5 退 7
2. 车七进一　炮 4 退 2
3. 车七退三　车 3 平 2
4. 车七平五　马 2 退 4
5. 车五进一　炮 4 平 2
6. 马二进四　将 5 平 4
7. 车五进一　车 2 平 4
8. 车五平六　红胜

图 8-79

1. 车二进三　象 5 退 7[①]
2. 车二平三　将 6 进 1
3. 马四进二　将 6 进 1
4. 车三退二　将 6 退 1
5. 车三退一　将 6 进 1
6. 马二进三　将 6 平 5
7. 车三进一　士 5 进 6
8. 车三平四　红胜

注①：

1. 车二进三　将 6 进 1
2. 马四进二　将 6 进 1
3. 马二退一　卒 6 进 1
4. 车二退二　将 6 退 1
5. 马一进三　将 6 退 1
6. 车二进二　象 5 退 7
7. 车二平三　红胜

图 8-80

1. 车四进二　将 5 平 6
2. 车三进六　将 6 进 1
3. 炮五平四　士 5 进 6
4. 车三退一　将 6 退 1
5. 兵四进一　将 6 平 5
6. 兵四进一　马 4 进 5[①]
7. 车三进一　马 5 退 6
8. 车三平四　红胜

注①：

6. 兵四进一　车 8 退 3
7. 兵四平五　将 5 平 6
8. 车三平四　红胜

图 8-81

1. 马二进三　车 7 退 2
2. 兵二平三　前卒平 6
3. 帅四进一　前卒进 1
4. 帅四退一　车 7 平 6
5. 车二进九　车 6 退 2
6. 车二平四　将 5 平 6
7. 兵六平五　卒 4 平 5
8. 兵三平四　红胜

图 8-82

1. 兵六进一　将 5 平 6
2. 车二进二　将 6 进 1
3. 车二平四　将 6 平 5
4. 车四退一　车 3 平 5
5. 车四平二　将 5 平 6
6. 车二进八　将 6 退 1
7. 车二进一　将 6 进 1
8. 车二平五　红胜

图 8-83
1. 车二进九 将6进1
2. 马七进五 车4退4
3. 马五退三 车4平6
4. 马三退一 车6退1
5. 兵三进一 士5进6
6. 车二平五 士6退5
7. 马一退三 将6进1
8. 车五平二 红方胜定

图 8-84
1. 兵七平六 炮6平4
2. 车五进四 将5平6
3. 炮五平四 卒6平7
4. 炮七平四 卒7平6
5. 前炮平六 卒6平7
6. 车一进六 前卒进1
7. 炮六退三 卒5平4
8. 帅六平五 红方胜定

图 8-85
1. 兵七平六 将4退1
2. 炮二进八 将4退1
3. 车四进八 炮4平7
4. 炮二平三 车3退6
5. 炮三进一 将4进1
6. 炮一平六 炮7平4
7. 兵六进一 车3平4
8. 马八进六 红方胜定

图 8-86
1. 炮七平四 士5退6[①]
2. 车八进一 将4进1
3. 兵七进一 马8退6
4. 车三进二 车4退3
5. 车八退一 将4退1
6. 兵七进一 将4平5
7. 车三平四 车4平6
8. 兵七平六 红方胜定
注①：
1. 炮七平四 炮8进7
2. 炮四平一 士5退6
3. 车八进一 将4进1
4. 车三进四 士6进5
5. 车八平六 红胜
注①：
1. 炮七平四 车9进1
2. 炮四退六 车4退1
3. 车三进五 士5退6
4. 车三平四 红胜
注①：
1. 炮七平四 象7进5
2. 车八进一 将4进1
3. 兵七进一 炮8平3
4. 炮四退一 士5退6
5. 炮四平二 象5进3
6. 车八退一 将4进1
7. 车八退一 红胜

图 8-87
1. 后车平六 前车平4
2. 车一平七 卒6进1
3. 帅五平六 卒6平5
4. 帅六平五 象7进5
5. 仕五进六 炮4平8
6. 车七退二 炮8平3
7. 炮一平七 卒7平6
8. 炮七平六 红胜

图 8-88
1. 炮五进四 马7进5
2. 车三进三 将6进1
3. 炮七平四 炮9平6
4. 马四进五 炮6平5
5. 车六平四 士5进6
6. 车四进二 将6平5
7. 车三退一 将5退1
8. 车四进一 红方胜定

图 8-89
1. 马七进六 车8平4
2. 炮五退一 将5平4
3. 马六进四 车4平5
4. 仕六进五 象7退5
5. 炮五进七 象9进7
6. 炮五退五 象7退9
7. 仕五进六 象9进7
8. 炮五退二 红方胜定

图 8-90
1. 马九进七 将5平6
2. 车一进五 将6进1
3. 马七退八 将6进1
4. 车一进二 将6退1
5. 车一进一 将6进1
6. 马八进七 车7进1
7. 马七退六 将6平5
8. 车一退一 红胜

图 8-91
1. 兵七平六 将4退1
2. 炮七平六 车2平4
3. 兵六进一 将4退1
4. 兵六进一 将4平5
5. 兵六平五 将5平6
6. 炮六平四 车4平6
7. 马四退二 车6平7
8. 马二退三 红方胜定

图 8-92
1. 炮二退一 卒9平8
2. 炮二平五 卒8平7
3. 炮五退六 卒7平6
4. 炮五平七 卒1平2
5. 炮七进八 士5退4
6. 炮七平四 卒2平3
7. 帅六平五 卒3平4
8. 兵五平六 红胜

图 8-93
1. 车八平二 将5平6
2. 车二进四 将6进1
3. 车二退一 将6退1[①]
4. 兵三进一 马7退6
5. 炮八进九 士5退4
6. 车二进一 将6进1
7. 兵三平四 将6进1
8. 车二平四 红胜
注①：
3. 车二退一 将6进1
4. 炮八进七 士5进4
5. 兵三进一 红胜

图 8-94
1. 炮八平四 卒5进1[①]
2. 帅四平五 马2退4
3. 兵七平六 马4退5
4. 帅五平六 马5退7
5. 兵四平五 炮5退2
6. 炮四进五 马7退6
7. 兵六进一 马6进5
8. 兵六进一 红胜
注①：
1. 炮八平四 炮5平6
2. 炮四平六 炮6平5
3. 兵七平六 马2退4
4. 兵六进一 马4退3
5. 兵五进一 红胜

图 8-95
1. 马五进七 将4退1
2. 马七进八 将4进1
3. 兵三进一 士6进5
4. 帅五进一 士5进6
5. 兵三平四 士4退5
6. 兵四平五 士5退4
7. 兵五平六 士6退5
8. 兵六平七 红方胜定

图 8-96
1. 马七进五 将4进1
2. 马五退四 将4退1
3. 马四进二 将4进1
4. 炮一退一 将4退1
5. 马二进四 卒4进1
6. 帅五进一 卒7平6
7. 帅五进一 马9退7
8. 炮一进一 红胜

图 8-97
1. 前炮平五 士5进4
2. 炮四平五 车6平5
3. 后炮退四 车5进1
4. 前炮退一 车5进1
5. 前炮退一 车5进1
6. 前炮退一 车5进1
7. 前炮退一 车5进1
8. 帅六平五 红方胜定

图 8-98
1. 炮九平四 车8平6
2. 炮四进三 将6退1
3. 帅四平五 卒1进1
4. 帅五进一 将6进1
5. 帅五平六 将6退1
6. 马六进五 车6进1
7. 马五退三 将6平5
8. 马三退四 红方胜定

图 8-99
1. 前炮进三 士6进5
2. 车三进五 士5退6
3. 车三退二 士6进5
4. 后炮平二 将5平6
5. 炮二进七 将6进1
6. 炮一退一 将6退1[①]
7. 车三进一 马1进2
8. 炮一进一 红胜

注①:
6. 炮一退一　士5进4
7. 炮二退一　将6退1
8. 车三进二　杀

图 8-100

1. 车二平三　将5进1
2. 车三退一　将5退1
3. 车三退一　车9平4
4. 炮九平六　士6退5[①]
5. 炮六平五　将5平6
6. 炮五平四　士5进6
7. 车三平四　将6平5
8. 车四进二 红胜

注①:
4. 炮九平六　士4进5
5. 车三进二　象5退7
6. 马四进六　将5平6
7. 炮六平四　红胜

图 9-1

1. 马一进三　马6退8
2. 马三退四　马8进6[①]
3. 炮三进七　马6退8
4. 马四进二　将6平5
5. 炮三退二　马8进6
6. 炮一平四　卒6进1
7. 帅五进一　卒4进1
8. 帅五进一　象3进5
9. 炮三进二　红胜

注①:
2. 马三退四　将6进1
3. 马四进二　卒2平3
4. 炮一退一　红胜

图 9-2

1. 马二进四　将4退1
2. 兵八平七　将4平5
3. 兵七平六　将5平4[①]
4. 车八进二　将4退1
5. 车八平三　卒4进1
6. 马四退五　卒4进1
7. 马五退六　象3退5
8. 车三退五　士6退5
9. 车三平五　红方胜定

注①:
3. 兵七平六　将5平6
4. 马四进二　车7进1
5. 车八平三　卒8平7
6. 车三退五　卒4进1
7. 车三进六　卒4进1
8. 车三进一　红胜

图 9-3

1. 车八平五　象3退5
2. 炮八进四　士4进5
3. 炮八退九　车9平7[①]
4. 炮二进四　车7退5
5. 车九进二　士5退4
6. 炮八进九　士4进5
7. 炮八退一　士5退4
8. 炮八平四　车7平8
9. 车九平六　红胜

注①:
3. 炮八退九　车9平8
4. 炮二平九　车8平7
5. 车九进二　士5退4
6. 车九平六　马6退4
7. 炮八进九　马4进2
8. 炮九进四　红胜

图 9-4

1. 马三进四　炮1平2
2. 炮二进四　将5退1
3. 马四退六　车4退2
4. 车八进五　将5平4
5. 车八进四　将4进1
6. 车三进三　士6退5
7. 车三进一　士5进6
8. 车八退一　将4退1
9. 车三平四　红胜

图 9-5

1. 兵二平三　车1平2[①]
2. 炮八平四　车2进6
3. 兵三平四　车2平6
4. 炮四退一　士6进5
5. 兵六进一　士5进4
6. 兵四进一　士4退5
7. 兵六平五　将6退1
8. 兵五进一　将6进1
9. 兵四进一　红胜

注①:
1. 兵二平三　士6进5
2. 兵三平四　车1平2
3. 炮八平四　士5进6
4. 炮四退一　车2进6
5. 兵四平三　车2平6
6. 炮一退二　卒3进1
7. 炮一平四　车6进2
8. 帅五平四　红方胜定

注①:
1. 兵二平三　象3进5
2. 兵三平四　车1平5
3. 炮一平四　将6平5
4. 炮八平五　象5退3
5. 兵四平五　象3进5
6. 兵五进一　车5平2
7. 兵五进一　将5平6
8. 炮四退一　红方胜定

图 9-6

1. 前车进二　将4进1
2. 前车退一　将4退1
3. 前车平五　车2进1
4. 相五退七　车2平3
5. 仕五退六　车3平4
6. 车五退八　士6退5
7. 车七进四　将4进1
8. 马四退五　将4进1
9. 车七退二　红胜

图 9-7

1. 车六退三　士5进4[①]
2. 车七退一　士6退5
3. 车六平八　将6退1
4. 车八进四　将6进1
5. 车八平五　将6进1
6. 车七退二　象5进3
7. 车七平四　将6平5
8. 炮九平七　卒5平4
9. 炮七退一　红胜

注①:
1. 车六退三　车2退3
2. 车七平五　卒3进1
3. 车五退一　士6退5
4. 车六平四　红胜

图 9-8

1. 帅五平四　卒8平7
2. 后兵平三　卒4进1
3. 仕四退五　卒4平5
4. 帅四平五　卒7平6
5. 兵三进一　卒3平4
6. 仕五进六　卒9平8
7. 兵三进一　卒8平7
8. 兵三进一　卒7进1
9. 兵三平四　红胜

图 9-9

1. 兵四平五　将5平4
2. 兵五进一　将4进1
3. 炮二进二　士6进5
4. 马三退五　士5进4
5. 马五退三　卒6平5
6. 帅五进一　卒3平4
7. 帅五平六　将4平5[①]
8. 马三退五　将5退1
9. 马五进六　红方胜定

注①:
7. 帅五平六　前炮平7
8. 马三进四　炮7退8
9. 马四退五　红胜

图 9-10

1. 车二进三　象9退7[①]
2. 马一进二　将6平5
3. 车二平三　士5退6

4. 马二退四　将5进1
5. 车一进三　将5进1
6. 车一平七　士4进5
7. 车七退一　士5进4
8. 车七平六　将5退1
9. 车三退一　红胜
注①：
1. 车二进三　将6进1
2. 车二退一　将6进1
3. 马一退三　象9进7
4. 车二退一　将6退1
5. 车一进三　将6退1
6. 车二进二　红胜

图 9-11

1. 马二进三　将5进1
2. 车八进七　车4退6
3. 炮四平二　将5平6
4. 车八平六　将6退1
5. 车六平五　前卒进1
6. 帅四进一　卒7进1
7. 帅四进一　前卒平4[①]
8. 车五进一　将6进1
9. 炮二进四　红胜
注①：
7. 帅四进一　后马退5
8. 炮二平四　红胜

图 9-12

1. 车四进一　将5进1
2. 车四退一　将5退1
3. 兵七平六　车3平6
4. 车四退二　士4退5
5. 兵三进一　车5平4[①]
6. 兵三平四　车4退5
7. 兵四平五　将5进1
8. 车四进二　将5退1
9. 车四平六　红方胜定
注①：
5. 兵三进一　卒4进1
6. 兵六平五　将5进1
7. 兵三平四　将5退1
8. 兵四进一　将5平4
9. 车四平六 红胜

图 9-13

1. 车六进一　将5平4
2. 马八进七　将4平5[①]
3. 车四平五　将5平6
4. 车五进一　将6进1
5. 马七进六　马6退5
6. 车五退三　将6退1
7. 车五进三　将6进1
8. 车五平二　将6进1
9. 车二退二 红胜
注①：
2. 马八进七　将4进1
3. 车四平五　将4进1
4. 车五退一　将4退1
5. 马七进八　将4退1
6. 车五进二　红胜

图 9-14

1. 马二进三　将5平6
2. 炮一进七　士4退5
3. 前马进二　将6平5
4. 炮一平五　士5退6
5. 马二退三　将5平6
6. 兵四平五　士6进5
7. 前马进二　将6退1
8. 炮五平一　前卒进1
9. 炮一退一　红胜

图 9-15

1. 车一进一　将6进1
2. 车一退三　将6进1[①]
3. 炮五进七　车5平6
4. 炮五平七　卒2平3
5. 帅六平五　卒3平4
6. 车一进一　将6退1
7. 炮七退一　士4进5
8. 兵六平五　将6退1
9. 车一进二　红胜
注①：
2. 车一退三　车5平6
3. 炮五平七　卒2平3
4. 炮七进六　士4进5
5. 帅六平五　卒3平4
6. 兵六平五　将6进1
7. 车一进一　红胜

图 9-16

1. 后车平六　车5平6
2. 马九退八　炮6平7
3. 马八进七　将5平6
4. 马七退五　士4进5
5. 车八平五　马8退7
6. 车五平二　马7退5
7. 车二进一　将6平5
8. 车二平三　车6退8
9. 炮一进一　红胜

图 9-17

1. 车八平六　士5进4
2. 仕五退四　车9进1[①]
3. 仕六进五　卒4平5
4. 帅五平六　卒5进1
5. 车六进三　将4平5
6. 车六退四　将5进1
7. 马七进六　将5退1
8. 车六平五　象7进5
9. 车五进四　红胜
注①：
2. 仕五退四　卒4平5
3. 车六平三　车9平7
4. 车三平五　车7退1
5. 车五进五　士4退5
6. 车五退一　将4进1
7. 马七退九　车7平9
8. 马九进八　红胜

图 9-18

1. 前兵平五　将4平5
2. 车八进八　将5退1
3. 兵四平五　将5平4
4. 兵五平六　将4平5
5. 兵六进一　车8平5
6. 仕四退五　车5退1
7. 帅五平六　将5平6
8. 兵六平五　炮3平7
9. 车八进一　红胜

图 9-19

1. 车一进四　士4退5[①]
2. 车一退一　士5进6
3. 车一平四　将5退1
4. 兵五进一　卒5进1
5. 帅四平五　马2退4
6. 帅五平四　卒4平5
7. 兵五进一　将5平4
8. 兵五平六　将4平5
9. 车四平五　红胜
注①：
1. 车一进四　卒5平6
2. 帅四进一　前卒平7
3. 帅四退一　士4退5
4. 车一退一　士5进6
5. 车一平四　将5退1
6. 兵五进一　卒7进1
7. 帅四平五　马2退4
8. 车四进二　红方胜定

图 9-20

1. 车三进一　将5进1
2. 车三平五　将5退1
3. 马二退四　将5进1
4. 马四退六　将5平4
5. 马六退五　马1退2
6. 马五退七　将4平5
7. 仕五进六　卒4平3
8. 炮二退五　马2进1
9. 马七进五　红胜

图 9-21

1. 马四退五　车4平3[①]
2. 车五平七　象7进5
3. 炮九平一　卒7进1
4. 炮一进八　士5进6
5. 车七退一　将4退1
6. 炮一进一　象5退7
7. 马二退三　象7进9
8. 马三进四　象9退7
9. 车七进一　红胜
注①：
1. 马四退五　象7进5
2. 车五退一　将4平5
3. 兵四进一　将5退1
4. 炮九平一　车4进4
5. 炮一进九　红胜

图 9-22

1. 兵五进一　将4平5
2. 马六退四　将5平4
3. 炮七平一　士5退6
4. 炮一进一　士6退5
5. 马四进三　士5进6
6. 马三进四　士6退5
7. 兵四平五　前炮平5
8. 马四退三　炮5退4
9. 马三退五　红胜

图 9-23

1. 车七退二　炮1进3[①]
2. 车七进九　象5退3
3. 马八进六　将5平4
4. 炮三平六　炮7平4
5. 兵八平七　将4进1

6. 马六进八　炮4平5
7. 马八退七　将4进1
8. 马七退六　将4平5
9. 兵四平五　红胜
注①：
1. 车七退二　炮1平4
2. 马八退九　炮7平1
3. 兵八平七　红方胜定

图 9-24

1. 兵三进一　卒4平5
2. 兵三进一　炮3退1
3. 兵三进一　炮3平9
4. 兵八平七　炮9退6
5. 兵七平六　炮9平4
6. 兵三平四　卒1进1
7. 后兵平五　卒1进1
8. 兵五进一　马3退5
9. 兵四平五　红胜

图 9-25

1. 马四进六　将5平6
2. 炮五退三　士5进6
3. 车六平四　车5进1
4. 帅六进一　士4进5
5. 兵七平六　车1平2①
6. 兵三平四　将6平5
7. 兵四平五　士6退5
8. 兵六平五　将5平4
9. 车四进四　红胜
注①：
5. 兵七平六　车5退2
6. 兵六平五　车5平3
7. 车四退三　车3平6
8. 兵三平四　红胜
注①：
5. 兵七平六　车1进1
6. 兵六进一　车1平4
7. 车四进二　士5进6
8. 兵六平五　红胜

图 9-26

1. 马六进七　车6平3
2. 车八平五　士6进5
3. 炮三平七　卒1平2
4. 车五平九　车1平3①
5. 车九平四　车3平1
6. 炮七进一　车1平3
7. 兵二平三　卒7平6
8. 车四退六　车3进5
9. 车四进九　红胜
注①：
4. 车五平九　卒7平6
5. 帅五平四　士5进6
6. 车九进三　红方胜定

图 9-27

1. 炮一退八　车5平6①
2. 炮一平五　车1平5
3. 前车进三　将5退1
4. 前车进一　将5退1
5. 前车进一　将5进1
6. 后车进六　将5进1
7. 前车平五　将5平6
8. 车五平四　将6平5
9. 车四退八　红方胜定
注①：
1. 炮一退八　车1平3
2. 前车平一　车5平9
3. 炮一平五　将5平6
4. 车一平四　红胜

图 9-28

1. 马九进七　将5平6
2. 车二进四　将6进1
3. 马七进五　将6平5
4. 车二平五　将5平6
5. 马五退六　将6进1
6. 车五进四　卒5平6
7. 帅四平五　前卒平5
8. 帅五平四　卒6进1
9. 马六退五　红胜

图 9-29

1. 马二退四　将5平6
2. 车三平四　将6平5
3. 车四平五　将5平6
4. 马四进六　士6进5
5. 车五平四　将6平5
6. 马六进五　将5平4
7. 车四平六　将4平5
8. 马五退三　将5平6
9. 车六平四　红胜

图 9-30

1. 车二平五　象3进5
2. 马八退六　将5平4①
3. 车五平六　象5进7
4. 马六进四　将4平5
5. 车六进三　将5进1
6. 马四退五　士6进5
7. 车六退二　士5退6
8. 车六平五　将5平6
9. 车五进二　红胜
注①：
2. 马八退六　将5退1
3. 车五平八　象5退3
4. 车八平三　士4进5
5. 马六进七　将5平4
6. 车三平六　士5进4
7. 车六进二　红胜

图 9-31

1. 兵六进一　将5平4
2. 前马进八　将4平5
3. 马六进七　将5平4
4. 马七退五　将4平5
5. 马五进三　车6退7
6. 炮二退三　象3进5
7. 炮二平五　车7进1
8. 马八退六　将5平4
9. 炮五平六　红胜

图 9-32

1. 兵五进一　将4进1
2. 兵四平五　将4进1
3. 前车平六　车4退5
4. 仕四退五　卒2平3①
5. 马一进三　卒6平5
6. 帅五进一　卒3平4
7. 帅五平四　卒7进1
8. 车五平六　车4进1
9. 马三退四　红胜
注①：
4. 仕四退五　车4进5
5. 车五平六　车4退4
6. 马一进三　象5进7
7. 马三退四　将4平5
8. 马四退六　将5退1
9. 兵五平四　红方胜定

图 9-33

1. 炮五平四　士6退5
2. 马七退五　将6退1
3. 马五进三　将6进1
4. 马三退四　士5进6
5. 马四退二　士6进5
6. 马二进三　将6退1
7. 马三进二　将6进1
8. 炮四平一　车4退6
9. 炮一进六　红胜

图 9-34

1. 马六进七　将5进1
2. 炮六平九　将5平4
3. 炮九进三　将4退1
4. 兵七平六　马4退3
5. 炮九退六　卒8平7
6. 炮九平六　马3进4
7. 兵六进一　将4平5
8. 马七退六　马4退5
9. 兵六进一　红胜

图 9-35

1. 马六进四　士5进6
2. 车六进五　将5进1
3. 车六退一　将5退1
4. 炮九进三　象3进1
5. 炮九平二　卒7平6
6. 炮四平五　将5平6
7. 炮二退六　卒6平5
8. 炮五退六　卒5进1
9. 帅六平五　红方胜定

图 9-36

1. 兵四进一　士5进6
2. 炮二平四　士6退5
3. 炮四进二　将6平5①
4. 炮四平一　士5退6
5. 车二进九　象5退7
6. 炮一进一　车2平5
7. 炮一平三　士6进5
8. 炮三平六　士5退6
9. 车二平四　红胜
注①：
3. 炮四进二　士5进6
4. 车二进九　将6进1
5. 车二退二　士4进5
6. 车二进一　将6退1
7. 兵六平五　车2退1
8. 车二平四 红胜

图 9-37

1. 兵七平六　炮6平4
2. 车五进四　将5平6
3. 车五进一　将6进1
4. 炮五平四　卒6平7
5. 炮七平四　卒7平6

6. 前炮平六 卒6平7
7. 车一进六 前卒进1
8. 炮六退三 卒5平4
9. 帅六平五 红方胜定

图 9-38

1. 炮八平五 车5平2
2. 帅六平五 车2进1
3. 帅五退一 卒3平4
4. 帅五平四 车2退1
5. 车四平五 车2退5
6. 炮五平四 车2进5
7. 炮四平六 卒4平5
8. 车五退一 车2退5
9. 车五进二 红胜

图 9-39

1. 车四退四 车8进2
2. 车四进八 将5平6
3. 车二进一 将6进1
4. 马二进三 将6进1
5. 车二退九 前炮平7
6. 车二平三 炮9退2
7. 车三平二 炮9平5
8. 相三退五 卒2平3
9. 车二进七 红胜

图 9-40

1. 帅四进一 前卒平2
2. 马六退八 后卒平5
3. 帅四进一 卒2平3
4. 马八退六 卒3平4
5. 马六进七 将5退1
6. 马四退五 后卒平5
7. 帅四平五 卒5平4
8. 帅五平四 后卒平5
9. 马五进三 红胜

图 9-41

1. 兵三进一 将6退1①
2. 车二进五 象5退7
3. 车二平三 将6进1
4. 车三平二 士5进4
5. 车二退一 将6退1
6. 兵三平四 将6平5
7. 兵四进一 士4进5
8. 车二进一 士5退6
9. 车二平四 红胜

注①：

1. 兵三进一 士5进4
2. 兵三平四 将6平5
3. 车二进四 将5退1
4. 兵四进一 士4进5
5. 车二进一 士5退6
6. 车二平四 红胜

图 9-42

1. 帅四进一 炮1平6
2. 帅四平五 前炮进6
3. 帅五平四 前炮平5
4. 炮三进二 炮5退2
5. 相九进七 炮6平5
6. 相七退五 炮5平2
7. 相五进七 炮2进6
8. 帅四退一 炮2退1
9. 炮三平六 红胜

图 9-43

1. 后炮进四 前车平5
2. 车四平一 车5进1
3. 车一进一 士5退6
4. 车六进一 将5平4
5. 车一平四 车5退3
6. 兵七进一 将4进1
7. 车四平五 卒2平3
8. 兵九平八 卒3平4
9. 兵八平七 红胜

图 9-44

1. 车四平二 士6退5
2. 车二进三 将6进1
3. 车二退二 将6退1
4. 炮六退二 炮2平3
5. 帅五退一 炮3平2
6. 炮六平七 炮2平1
7. 炮七平八 炮1进2①
8. 炮八进一 士5进4
9. 车二平四 红胜

注①：

7. 炮七平八 车9进1
8. 炮八进一 士5退4
9. 炮八平一 红方胜定

图 9-45

1. 马二进三 将5平6
2. 炮一进三 士4进5
3. 马三进二 将6平5
4. 炮一平五 士5退6
5. 马二退三 将5平6
6. 兵四平五 士6进5
7. 马三进二 将6退1
8. 炮五平一 卒6平5
9. 炮一退一 红胜

图 9-46

1. 兵五平四 马5进4①
2. 炮二平五 车6平5
3. 前炮退一 车2进2
4. 车二进八 马4进3
5. 兵四进一 炮2退5
6. 兵四平五 士4进5
7. 兵五进一 将5平4
8. 兵五平六 将4平5
9. 车二平五 红胜

注①：

1. 兵五平四 马5进6
2. 炮二平五 车6平5
3. 马三进四 将5进1
4. 车二进八 红胜

图 9-47

1. 马七进九 象3退1
2. 马六进八 马3退2
3. 马八进七 马2进4①
4. 车八进五 士5退4
5. 车八平六 将5进1
6. 车六退一 将5退1
7. 车六平四 将5平4
8. 车四进一 将4进1
9. 马七退六 红胜

注①：

3. 马八进七 将5平4
4. 车八平六 士5进4
5. 车六平三 将4平5
6. 车三退四 红方胜定

图 9-48

1. 车一进一 象9退7
2. 车一平三 士5退6
3. 车三平四 将5进1
4. 前车退一 将5退1①
5. 后车平六 车8进1
6. 炮四退五 士4进5
7. 车六进六 马8退7
8. 车四平五 马7退5
9. 车六进一 红胜

注①：

4. 前车退一 将5进1
5. 炮四平五 后卒进1
6. 后车进五 红胜

图 9-49

1. 前车进四 士5退6
2. 炮二进六 士6进5
3. 兵四进一 将5平6
4. 炮二平七 将6进1
5. 炮七退七 后卒平4①
6. 后车平四 炮5平6
7. 车一退一 将6退1
8. 车四进三 士5进6
9. 车一平六 红方胜定

注①：

5. 炮七退七 炮5平4
6. 后车平四 士5进6
7. 车一退一 将6退1
8. 车一平六 红方胜定

图 9-50

1. 相五进七 炮3退2
2. 炮六退一 卒4进1
3. 帅五平四 卒4平5
4. 帅四进一 车2退1
5. 帅四进一 车2平4
6. 后兵平六 车4退5
7. 兵六平七 车4退2
8. 兵五平六 将4进1
9. 兵一进一 红方胜定

图 9-51

1. 马一进二 车7退2
2. 车一退一 将6退1
3. 兵六平五 士6退5
4. 车一平五 车7进3
5. 车五退一 卒1进1
6. 车五平六 将6平5
7. 马二退三 卒1进1
8. 车六平五 将5平4
9. 马三退五 红方胜定

图 9-52

1. 后车平四 炮1平6
2. 车一平六 炮2平8
3. 车四退二 炮8进9
4. 车四退一 车1平3
5. 相七进五 车3平2
6. 相五退七 炮8平6
7. 炮一进一 卒7平6
8. 炮一进六 后炮平5
9. 炮一平八 红方胜定

图 9-53
1. 炮四平九　车 1 进 1
2. 帅五进一　车 1 退 1
3. 帅五进一　车 1 进 1
4. 仕四进五　车 1 退 1
5. 仕五退六　车 1 进 1
6. 帅五退一　车 1 退 1
7. 帅五退一　车 1 进 1
8. 炮九平三　车 1 退 3
9. 炮三进七　红胜

图 9-54
1. 兵四平三　将 5 平 6
2. 马一退二　炮 2 进 2
3. 兵三进一　将 6 平 5
4. 马二退四　炮 2 退 1
5. 马四进六　炮 2 平 4
6. 马六退八　卒 1 平 2
7. 马八进七　卒 2 平 3
8. 马七退六　卒 3 平 4
9. 马六进四　红胜

图 9-55
1. 马七退五　将 6 退 1
2. 马五进三　将 6 进 1
3. 炮七进七　士 6 退 5
4. 马三退五　将 6 进 1
5. 马五退三　将 6 退 1
6. 马三进二　将 6 进 1
7. 炮七退一　士 5 进 4
8. 炮七平一　卒 7 平 6
9. 炮一退一　红胜

图 9-56
1. 兵六平七　卒 1 进 1
2. 兵七进一　卒 1 平 2
3. 炮二退二　象 9 退 7
4. 炮二平八　象 7 进 5
5. 炮八平五　卒 2 平 3
6. 帅五平六　卒 3 平 4
7. 帅六进一　卒 4 进 1
8. 炮五退一　卒 4 进 1
9. 帅六进一　红胜

图 9-57
1. 车三退一　车 4 平 7
2. 马四进三　将 5 平 4
3. 车八平六　炮 3 平 4
4. 炮五平六　将 4 进 1
5. 车六进一　将 4 进 1
6. 炮六退一　车 7 平 5
7. 仕六进五　炮 9 进 2
8. 炮六退一　炮 9 平 6
9. 炮九平六　红胜

图 9-58
1. 车二进六　将 6 进 1
2. 车二退一　将 6 退 1
3. 炮四进五　士 6 进 5[①]
4. 车二进一　将 6 退 1
5. 炮四进一　将 6 平 5
6. 车二进一　士 5 退 6
7. 炮四平三　将 5 进 1
8. 炮一进七　将 5 进 1
9. 车二退二　红胜

注①：
3. 炮四进五　将 6 平 5
4. 车二进一　将 5 退 1
5. 炮一进八　士 6 进 5
6. 炮四进二　红胜

图 9-59
1. 炮四平一　炮 5 平 9
2. 车二平一　炮 9 平 6
3. 车一进三　士 5 退 6
4. 车一平三　卒 5 进 1
5. 炮一进八　炮 6 退 4
6. 车三平四　将 5 进 1
7. 炮一退一　马 6 退 8
8. 马三进二　车 2 平 9
9. 马二退三　红方胜定

图 9-60
1. 车六平五　将 5 平 6
2. 车五退二　后马进 8
3. 车五平四　将 6 平 5
4. 兵六进一　车 1 平 4
5. 车四平五　将 5 平 6
6. 兵六平五　将 6 退 1
7. 兵五进一　马 7 退 8
8. 车五平二　前马进 7
9. 车二进四　红胜

图 10-1
1. 兵四进一　将 5 平 4
2. 炮三进二　将 4 进 1
3. 炮三退一　将 4 退 1
4. 炮五平六　士 4 退 5
5. 炮六进二　士 5 进 4
6. 炮六平八　将 4 平 5
7. 兵八平七　士 6 进 5
8. 炮三平五　士 4 退 5
9. 炮八进一　士 5 退 4
10. 兵七平六　红胜

图 10-2
1. 车一进二　士 5 退 6
2. 前炮进一　士 6 进 5
3. 前炮平七　士 5 退 6
4. 炮三进二　士 6 进 5
5. 炮三退四　士 5 退 6
6. 炮三平九　车 3 平 2
7. 炮九进四　车 2 退 8
8. 炮七平四　车 2 平 1
9. 炮四平九　将 5 进 1
10. 炮九退一　红胜

图 10-3
1. 炮三平四　车 6 平 8
2. 马二退四　车 8 平 6
3. 马四进五　车 6 平 8
4. 马五退四　车 8 平 6
5. 马四进三　车 6 平 7
6. 马三退五　炮 2 进 3
7. 兵六进一　卒 5 进 1
8. 帅六平五　炮 2 平 5
9. 马五退四　炮 5 平 6
10. 兵六平五　红胜

图 10-4
1. 车四平二　士 5 退 6
2. 车二进二　将 5 平 4
3. 车二平四　将 4 进 1
4. 车四平五　车 3 退 2
5. 兵四平五　将 4 进 1
6. 兵八平七　象 5 退 7
7. 兵七平六　将 4 平 5
8. 兵六平五　将 5 平 4
9. 车五平七　前卒进 1
10. 车七退二　红胜

图 10-5
1. 马八退六　车 1 平 4
2. 炮九进九　士 4 进 5
3. 车四平五　将 5 进 1[①]
4. 兵五进一　将 5 进 1
5. 炮九退二　车 2 退 6
6. 车六平五　将 5 平 6
7. 帅六平五　炮 8 平 6
8. 车五进三　将 6 退 1
9. 车五进一　将 6 进 1
10. 马六退五　红胜

注①：
3. 车四平五　将 5 平 4
4. 车五平六　将 4 进 1
5. 马六进八　将 4 平 5
6. 车六进四　将 5 退 1
7. 车六进一　将 5 进 1
8. 炮九退一　红胜

图 10-6
1. 车五平六　将 4 平 5
2. 车六平八　将 5 平 4[①]
3. 车八进四　将 4 进 1
4. 车八退二　将 4 退 1
5. 兵五平六　将 4 平 5
6. 兵六进一　将 5 平 6
7. 车八平四　将 6 平 5
8. 车四进一　卒 4 进 1
9. 兵六平五　将 5 平 4
10. 车四进一　红胜

注①：
2. 车六平八　士 6 退 5
3. 车八进三　士 5 退 4
4. 车八平二　将 5 平 6
5. 兵五平四　将 6 平 5
6. 兵四进一　士 4 进 5
7. 车二进一　士 5 退 6
8. 车二平四　红胜

图 10-7
1. 车一进四　士 5 退 6
2. 炮二进五　士 6 进 5
3. 车三进五　士 5 退 6
4. 车三退四　士 6 进 5
5. 炮二退七　士 5 退 6
6. 车三平五　将 5 平 4
7. 车一平四　将 4 进 1
8. 车五平六　将 4 平 5
9. 炮二平五　车 3 平 5
10. 车六退五　红方胜定

图 10-8
1. 车三进四 士5退6
2. 马五进六 将5进1
3. 车三退一 将5进1
4. 车三退一 将5退1
5. 马六退四 将5退1①
6. 车三退二 马1退2
7. 车三平五 士4进5
8. 马四进三 将5平4
9. 车五平六 士5进4
10. 车六进二 红胜
注①：
5. 马六退四 将5平6
6. 车三平五 士6进5
7. 兵二平三 卒3平4
8. 马四进二 红胜

图 10-9
1. 车五平六 将4平5①
2. 车六退三 卒7平6
3. 车六平五 将5平4
4. 兵七进一 将4退1
5. 车五平六 士5进4
6. 兵七平六 将4退1
7. 兵六进一 将4平5
8. 车六平五 将5平6
9. 前兵平四 将6进1
10. 车五平四 红胜
注①：
1. 车五平六 士5退4
2. 马五进四 士4进5
3. 兵七进一 红胜

图 10-10
1. 后车平六 后卒平4
2. 车六退一 卒3平4
3. 车一平九 卒2进1
4. 车九退三 卒6平5
5. 炮一平五 前卒平5
6. 帅五进一 卒2平1
7. 兵三进一 象7进5
8. 兵三进一 卒4进1
9. 炮二进八 卒4进1
10. 兵三进一 红方胜定

图 10-11
1. 车四进一 将5平6
2. 马三进二 将6平5
3. 马一进三 将5平6
4. 马三退五 将6平5
5. 马五进三 将5平6
6. 车六进一 将6进1
7. 马二退三 将6进1
8. 车六平四 士5退6
9. 前马进五 士6进5
10. 炮五进六 红方胜定

图 10-12
1. 炮二进三 士5退6
2. 炮九平五 士4进5
3. 车八进二 车6退7
4. 车八平五 车6平5
5. 车六平四 将5平4
6. 车四进三 将4进1
7. 车四平七 炮9进7
8. 仕四进五 象7进9
9. 车七退一 将4退1
10. 车七平五 红方胜定

图 10-13
1. 炮三进二 象5退7
2. 车二平五 前卒平4
3. 帅六进一 卒3进1
4. 帅六退一 卒3进1
5. 帅六平五 卒5进1
6. 车五退六 卒6平5
7. 帅五进一 象7进9
8. 前兵平五 士6进5
9. 兵六进一 象9退7
10. 兵六平五 红方胜定

图 10-14
1. 炮一进四 士5进4
2. 炮一平六 象5进7
3. 兵六平五 士4退5
4. 车一平六 士5进4
5. 车六平九 士4退5
6. 兵五平六 士5进4
7. 车九进一 士6进5
8. 车九进一 将4退1
9. 兵四平五 卒4平5
10. 车九进一 红胜

图 10-15
1. 炮三退一 象5进7
2. 车二进二 马7退9
3. 炮三进二 马9退8
4. 炮三退二 马8进6
5. 炮三进一 士4进5
6. 炮三进一 马6退8
7. 车二进一 将5平4
8. 炮三退一 士5退6
9. 车二平四 将4进1
10. 炮一退一 红胜

图 10-16
1. 兵七平六 将5退1
2. 兵六进一 将5退1
3. 炮四平五 卒2进1①
4. 兵六进一 将5进1
5. 车六进七 将5进1
6. 车六退一 将5退1
7. 兵三平四 车5进2
8. 帅六进一 车5退1
9. 帅六进一 车5进1
10. 车六进一 红胜
注①：
3. 炮四平五 车5平7
4. 炮五退八 车7退5
5. 炮五平四 车7进7
6. 车六平五 将5平6
7. 车五平四 将6平5
8. 车四进七 红方胜定

图 10-17
1. 炮二平五 象5进3
2. 兵七平六 将5退1
3. 后兵平五 士6进5
4. 兵五进一 将5平6
5. 兵六进一 车1退2
6. 兵六平五 车1平5
7. 炮五进三 象3退5
8. 炮五平六 卒9平8
9. 炮六退八 卒5平4
10. 帅四进一 红方胜定

图 10-18
1. 车四进三 车9平6
2. 炮二平五 将5平6
3. 仕四进五 车6平7
4. 车一平五 车7进5
5. 仕五退四 卒2平3
6. 帅六平五 卒3平4①
7. 炮五平四 卒4进1
8. 帅五平六 车7平6
9. 帅六进一 车6平7
10. 炮四平一 红方胜定
注①：
6. 帅六平五 车7平6
7. 帅五进一 车6退1
8. 帅五退一 车6平7
9. 炮五平一 卒3平4
10. 炮一进五 红胜

图 10-19
1. 车二进九 象5退7
2. 车二平三 士5退6
3. 车三平四 车5退8
4. 车四退八 车5进9
5. 帅六平五 车2进1
6. 帅五进一 卒7平6
7. 帅五平四 车2平9
8. 炮一平二 车9退9
9. 兵三进一 车9平8
10. 兵三平二 红方胜定

图 10-20
1. 车一进二 炮1平5
2. 相五退七 卒7平6
3. 帅五退一 后卒平5
4. 仕六进五 卒5进1
5. 帅五平六 卒6进1
6. 车一退二 卒6平5
7. 车一平五 炮5进3
8. 相七进五 炮5平6
9. 兵九平八 炮6退8
10. 兵五平四 红方胜定

图 10-21
1. 前兵进一 士4进5
2. 兵四平五 将5平6
3. 前兵进一 将6平5
4. 马二进四 将5平6
5. 前马进二 将6平5
6. 马四进三 将5平6
7. 马三退五 将6进1
8. 马五退三 后马退7
9. 马二退三 将6进1
10. 兵一平二 红方胜定

图 10-22
1. 前车进五 士5退6
2. 前车平四 将5平6
3. 车二进八 象5退7
4. 车二平三 将6进1
5. 车三退一 将6退1
6. 兵四进一 将6平5

7. 兵四进一 将5平4
8. 兵四平五 象3进5
9. 车三平四 卒3平4
10. 车四进一 红胜

图10-23

1. 兵五进一 马3进5
2. 兵六平五 将5进1
3. 车三进五 将5退1
4. 车三平七 车2进2[①]
5. 相五退七 车2退8
6. 车七进一 将5进1
7. 车二进一 将5进1
8. 车七平五 将5平4
9. 车五平六 将4平5
10. 马五进六 红胜

注①：

4. 车三平七 车5平4
5. 车二平五 将5平4
6. 车七进一 将4进1
7. 兵八平七 红胜

注①：

4. 车三平七 马1退2
5. 车二平五 将5平4
6. 车五平六 将4平5
7. 车六进一 士6进5
8. 车六平五 将5平4
9. 车七进一 红胜

图10-24

1. 兵七平六 将4退1
2. 马八进九 象7进5[①]
3. 马七进八 将4平5
4. 马九退七 将5平4
5. 马七退五 将4平5
6. 马五进三 马8进6
7. 兵六进一 卒4进1
8. 帅五进一 卒7平6
9. 帅五进一 卒1平2
10. 兵六进一 红胜

注①：

2. 马八进九 卒7平6
3. 马七进八 将4平5
4. 马九退七 将5平4
5. 马七退五 将4平5
6. 马五进三 红胜

图10-25

1. 炮一退二 卒2平3
2. 炮一平五 前卒平5
3. 车五退四 卒1平2
4. 兵一平二 象1退3
5. 兵二平三 象3进5
6. 兵三平四 卒6平7
7. 车五进一 卒7进1
8. 车五平八 象3退1
9. 车八进六 卒7平6
10. 兵七平六 红胜

图10-26

1. 车二平八 将5平4[①]
2. 马二进四 马2退1
3. 车八平七 炮6平3
4. 相七退九 马1退3
5. 兵九平八 马3进5
6. 车七平五 车1平3
7. 车五退六 车3退2
8. 车五平六 士5进4
9. 车六进六 车3平4
10. 兵八平七 红胜

注①：

1. 车二平八 炮6平2
2. 车八平六 炮2平6
4. 马二进四 红胜

图10-27

1. 炮五平七 炮2平4
2. 马七退五 将6退1
3. 马五进三 将6进1
4. 炮七进四 士6退5
5. 马三退五 将6进1
6. 马五退三 将6退1
7. 马三进二 将6进1
8. 炮七退一 士5进4
9. 炮七平一 卒7平6
10. 炮一退一 红胜

图10-28

1. 车八退一 卒5平6[①]
2. 车八平五 将5平6
3. 车五平四 将6平5
4. 车四退四 士4退5
5. 炮三平五 将5平4
6. 炮五退七 前卒平5
7. 车四平六 将4平5
8. 兵七进一 卒5进1
9. 帅四进一 卒5平4
10. 车六退二 红胜

注①：

1. 车八退一 士4退5
2. 车八平五 将5平4
3. 兵七进一 前卒进1
4. 帅四平五 前卒平5
5. 帅五平四 后卒平6
6. 兵七进一 将4退1
7. 车五平六 红胜

图10-29

1. 兵九平八 卒1进1
2. 兵八平七 卒1进1
3. 兵七平六 卒1平2[①]
4. 兵六平五 卒2进1
5. 车四退二 卒2平3
6. 兵五平四 士5进6[②]
7. 车四平五 士4进5
8. 车五退三 卒3进1
9. 车五平三 卒3平4
10. 车三平五 红方胜定

注①：

3. 兵七平六 象5进7
4. 兵六进一 卒1平2
5. 车四退二 卒2平3
6. 兵六进一 将5平4
7. 车四平六 将4平5
8. 车六退六 红胜

注②：

6. 兵五平四 卒3平4
7. 兵四进一 士5进6
8. 兵四进一 将5平6
9. 车四进一 将6平5
10. 车四进二 将5进1
11. 车二进六 将5进1
12. 车四退二 红胜

图10-30

1. 车九平五 后车退2
2. 兵七平六 将4平5
3. 兵六进一 将5平6
4. 马一进二 将6退1
5. 炮三平四 士6退5
6. 马二退四 士5进6
7. 马四退二 士6退5
8. 马二进三 将6进1
9. 兵六平五 后车进1
10. 马三退四 红胜

图10-31

1. 车四进一 将5平4
2. 兵六平五 士6退5
3. 车四退六 将4退1
4. 车四平六 士5进4
5. 马三退四 将4退1
6. 车六进四 将4平5
7. 车六平三 将5平4
8. 车三进二 将4进1
9. 车三退六 将4退1
10. 车三退一 红方胜定

图10-32

1. 车三平五 卒7平6[①]
2. 车五退四 卒3平4
3. 炮三退五 马9进7
4. 兵二平三 卒8平7
5. 车五平三 马7退6
6. 兵三平四 马6进5
7. 车三平五 卒5进1
8. 兵四进一 卒5进1
9. 兵四平五 将5平6
10. 兵六进一 红胜

注①：

1. 车三平五 后卒进1
2. 炮三平八 前卒平6
3. 帅四进一 卒7进1
4. 帅四退一 卒7进1
5. 帅四进一 卒8平7
6. 帅四进一 马9退7
7. 帅四平五 将5平6
8. 兵六平五 卒5进1
9. 炮八进三 红胜

图10-33

1. 前炮进四 车6平9
2. 车二进五 炮6退8
3. 车三退一 前卒平4
4. 帅六平五 车7平5
5. 帅五平四 车5退3
6. 车三进三 车5平6
7. 帅四平五 卒4进1
8. 帅五进一 车6平5
9. 相七进五 车9平8
10. 车三平六 红胜

图10-34

1. 车八进九 炮3退4
2. 车八平七 车3退6

3. 炮二退六　车5平6
4. 炮二平四　车3进9[①]
5. 炮四平七　车6平3
6. 兵四进一　车3进1
7. 帅六进一　车3平6
8. 兵五平四　将6平5
9. 前兵平五　将5平4
10. 兵六进一　红胜
注①：
4. 炮二平四　车3进6
5. 兵五平四　将6进1
6. 兵四进一　将6退1
7. 兵四进一　将6平5
8. 兵四平五　红胜

图 10-35

1. 炮一平六　车4平6
2. 帅五平六　卒5进1
3. 炮六进五　卒6进1
4. 相三进五　炮1进7
5. 车二进二　炮2平8
6. 中兵平四　卒6平5
7. 车一平五　炮1平5
8. 后兵平二　炮8平9
9. 兵二平一　炮9平8
10. 兵三平二　红方胜定

图 10-36

1. 炮二退七　士5退6
2. 车三平五　象3退5
3. 车五进一　将5平4
4. 车五平六　将4平5
5. 炮二平五　车2平5
6. 车一平四　将5平6
7. 车六进二　车5退1
8. 车六平五　将6进1
9. 车五退一　将6退1
10. 车五平九　红方胜定

图 10-37

1. 马五进七　将4进1
2. 后兵平五　象5进3
3. 前兵平二　炮4平7
4. 兵五平六　将4平5
5. 马七进八　士5退4
6. 兵三平四　卒5平6
7. 帅四进一　卒6进1
8. 帅四退一　卒6进1
9. 帅四进一　卒4平5
10. 帅四退一　红胜

图 10-38

1. 兵五平六　车3平4
2. 车三平六　将4进1
3. 炮一退八　卒1进1
4. 马二进三　将4平5
5. 炮一平五　将5平4
6. 马三进五　将4退1
7. 马五进七　象5进3
8. 马七退九　卒5平4
9. 马四退六　士4退5
10. 炮五平一　红方胜定

图 10-39

1. 前兵平五　将5平4[①]
2. 炮一进一　将4退1
3. 炮一平六　士5进4
4. 兵三平四　卒6平5[②]
5. 兵五进一　后卒平4
6. 兵五平六　将4进1
7. 兵六进一　将4退1
8. 兵六进一　将4退1
9. 兵六进一　将4平5
10. 兵六进一　红胜
注①：
1. 前兵平五　将5平6
2. 兵六平五　卒6进1
3. 后兵平四　卒6进1
4. 兵四进一　红胜
注②：
4. 兵三平四　卒6进1
5. 兵五进一　士6进5
6. 兵六平七　红胜

图 10-40

1. 炮五平四　炮3平6
2. 仕四退五　炮6平5
3. 帅五平四　炮5平2
4. 仕五进四　炮2平6
5. 炮四进三　卒7平6
6. 仕四退五　卒6进1
7. 帅四进一　将6退1
8. 兵五进一　将6退1
9. 兵五进一　卒6进1
10. 仕五进四　红胜